Juristengenerationen und ihr Zeitgeist

Juristengenerationen und ihr Zeitgeist

Abhandlungen grosser Juristen
aus zwei Jahrhunderten
mit einführenden Worten

Zum 200jährigen Bestehen
des Verlages Schulthess

Herausgegeben von

Hans Merz
Dietrich Schindler
Hans Ulrich Walder

Schulthess Polygraphischer Verlag Zürich 1991

Schulthess Polygraphischer Verlag AG, Zürich 1991
ISBN 3 7255 2881 0

Dank des Verlages

Aus Anlass seines 200jährigen Bestehens möchte der Verlag Schulthess mit dem vorliegenden Band Werke und Meinungen, die von bedeutenden Vertretern der Jurisprudenz in diesem und dem vergangenen Jahrhundert niedergeschrieben wurden, der heutigen Generation von Juristen wieder zugänglich machen.

Der Verlag dankt in erster Linie den Herausgebern, den Herren Professoren Hans Merz, Dietrich Schindler und Hans Ulrich Walder, die das Werk umsichtig betreut, die Auswahl der Beiträge getroffen und die vorangestellten Einleitungen verfasst haben.

Dank gebührt sodann den Herren Professoren Anton Heini, Walter Ott, Niklaus Schmid, Claudio Soliva sowie Herrn Dr. Felix H. Thomann, welche Beiträge aus ihrem Spezialgebiet ausgewählt und mit einführenden Worten begleitet haben.

Zu danken gilt es auch Frau Dr. Verena Stadler von der Dokumentationsstelle für Universitätsgeschichte an der Universität Zürich. Sie war um das Bildmaterial besorgt.

22. März 1991   *Schulthess Polygraphischer Verlag*

Werner Stocker

Vorwort

Der Verlag, dem dieser Band gewidmet ist, hat zwei Jahrhunderte hinter sich. Die Zusammenhänge, aus denen heraus juristische Autoren einem Verlag sich zuwenden oder von ihm gewonnen werden, sind verschiedenster Art. Das gilt ebensosehr für die Rechtsgelehrten selber wie für die von ihnen behandelten Gebiete; auch die Art der Behandlung wechselt über die Zeiten hinweg. Die hier vorgelegte Zusammenstellung erfasst Werke von Juristen, die in irgendeiner Form einmal etwas für den Verlag Schulthess oder den heute mit ihm vereinigten Polygraphischen Verlag geschrieben haben. Sie enthält Beiträge aus einer Zeitspanne von über hundert Jahren. Meist stammen sie aus Sammelwerken oder aus Zeitschriften, vereinzelt sind es Monographien oder Bestandteile von solchen. Es ging den Herausgebern darum, Beispiele aus einer möglichst grossen Zahl von Rechtsgebieten zusammenzutragen, wobei die wiedergegebenen Abhandlungen nicht durchwegs im jubilierenden Verlag erschienen sind. Sie wurden je mit einer kurzen, den Autor und das Thema beschreibenden Einleitung durch einen heutigen Fachkollegen versehen, was neben der Würdigung des jeweiligen Verfassers ersichtlich machen soll, welche Entwicklung (allenfalls gerade dank dem betreffenden Text) die behandelte Materie in Gesetzgebung, Lehre oder Praxis genommen hat. Es wurden nur Texte von heute nicht mehr lebenden Autoren berücksichtigt.

Die in den Band aufgenommenen Vorträge, Aufsätze oder Teile von solchen haben bei aller Verschiedenheit etwas gemeinsam, nämlich das hohe Verantwortungsbewusstsein der Autoren der Leserschaft gegenüber, verbunden mit einer der wissenschaftlichen Zielsetzung verpflichteten Aussage. So ergibt sich ein Ausschnitt aus dem, was unsere mancherlei Lehrmeinungen offenstehenden juristischen Verlage bis heute zu präsentieren vermochten und, geordnete politische Verhältnisse vorausgesetzt, weiterhin zu ermöglichen beabsichtigen. Der Band kann einerseits als «Lesebuch» für vielseitig interessierte Juristen und Verlagsfreunde, anderseits aber auch als Dank an frühere Juristengenerationen verstanden werden, aus deren Reihen 22 Verfasser für sich sowohl wie stellvertretend für andere zu Worte kommen. Dank bedeutet er schliesslich für die über alle Generationen hinweg geleistete Verlagsarbeit. Ohne die Sorgfalt, die der Verlag jedem Werk von der Planung bis zum Erscheinen zukommen liess, wären die zum Feiern berechtigenden Resultate nicht erreicht worden.

22. März 1991   *Die Herausgeber*

Hans Merz
Dietrich Schindler
Hans Ulrich Walder

Inhaltsverzeichnis

Ernst Hafter

Ernst Hafter

1876—1949

ERNST HAFTER[1] wirkte in den Jahren 1904 bis 1942 als Professor an der Universität Zürich. Wie damals üblich, war sein Lehrauftrag anfänglich ausserordentlich breit gefächert und umfasste — so seine Lehrumschreibung bei der Wahl zum Extraordinarius im Jahre 1904 — «Rechtsenzyklopädie und Rechtsphilosophie sowie Mitvertretung des Strafrechtes und der beiden Prozesse». Auch unter seinen ersten grösseren Publikationen figurieren Werke (z. B. der im Jahre 1910 erschienene Band im Rahmen des Berner Kommentars zum Personenrecht), die weit über jenen Teil der Rechtswissenschaft hinausreichen, mit welchem der Name ERNST HAFTERS auch bei späteren Juristengenerationen verbunden war und heute noch ist, nämlich dem Straf- und Strafprozessrecht.

ERNST HAFTER gehört zu den herausragenden schweizerischen Strafrechtlern der 1. Hälfte des 20. Jahrhunderts. Er repräsentiert dabei in verschiedener Hinsicht gleichsam eine Zwischengeneration: Einerseits zählt er noch zu jenen Strafrechtlern, die in ihrer Anfangszeit massgeblich durch den um die Jahrhundertwende im Gange befindlichen Schulenstreit um Vergeltungs- oder aber Zweckstrafe geprägt wurden. Wie andere (auch Schweizer) Fachkollegen jener Generation gewann HAFTER entscheidende Eindrücke bei FRANZ VON LISZT (1851—1919), bei dem er während seines Berliner Aufenthaltes im Jahre 1901/1902 an seiner Habilitationsschrift arbeitete. Dieser herausragende Strafrechtslehrer hatte mit seinem im Jahre 1882 erschienenen «Marburger Programm» den Übergang vom Vergeltungs- zum Zweckstrafrecht eingeleitet. LISZT's Ideen lebten nicht zuletzt in seinen Schweizer Schülern weiter, die in der Folge wesentlichen

---

[1] Eingehend zum Leben und Wirken Ernst Hafters CATERINA NÄGELI, ERNST HAFTER, Leben und Werk, Zürcher Studien zur Rechtsgeschichte Bd. 14, Zürich (Schulthess Polygraphischer Verlag) 1988.

Anteil an der Schaffung des vereinheitlichten Schweizerischen Strafgesetzbuches haben sollten. Anderseits gehört HAFTER mit zu jenen wegbereitenden schweizerischen Rechtslehrern, die mithalfen, den Übergang von den kantonalen Strafrechten zum einheitlichen schweizerischen Strafrecht herzustellen. Wie seine fast eine Generation älteren Freunde und Kollegen CARL STOOSS (1849—1934) und EMIL ZÜRCHER (1850—1926) übte er einen entscheidenden Einfluss auf die Gestaltung des vereinheitlichten schweizerischen Strafrechtes und das schliesslich am 21. Dezember 1937 verabschiedete Strafgesetzbuch aus. STOOSS und ZÜRCHER hatten vor allem die entscheidenden Vorarbeiten geleistet. HAFTER hingegen wirkte in bestimmender Weise einerseits in den Jahren 1912 bis 1916 in der grossen (II.) Expertenkommission mit. Anderseits liegt das grosse Verdienst ERNST HAFTERS darin, dass er — wie erwähnt gleichsam als Angehöriger einer Zwischengeneration — die Brücken vom alten, kantonal geprägten Strafrecht zur Einführung und Anwendung des ab dem Jahre 1942 geltenden Schweizerischen Strafgesetzbuches bauen half. Wesentlichen Anteil hatte hier — neben zahlreichen kleineren Beiträgen vorab in der Schweizerischen Zeitschrift für Strafrecht — sein dreibändiges Lehrbuch zum schweizerischen Strafrecht, das in den Jahren 1926—1943 erschien und im Jahre 1946 durch die Neubearbeitung des Allgemeinen Teils abgerundet wurde. HAFTER schuf damit das erste schweizerische Strafrechts-Lehrbuch. Dieses Werk stellt die erste systematische Durchdringung des neu geschaffenen schweizerischen Strafrechtes dar und ist zugleich ein eindrücklicher Beweis dafür, dass parallel mit den Bemühungen zur Schaffung eines Strafgesetzbuches auch eine eigenständige schweizerische Strafrechtswissenschaft herangewachsen war.

ERNST HAFTER fühlte sich jedoch nicht nur für das Werden sowie das Lehren und Vermitteln des neuen schweizerischen Strafrechtes verantwortlich. Neben universitären bekleidete er auch richterliche Ämter, so als Mitglied und Präsident des Kassationsgerichtes des Kantons Zürich sowie in der Militärjustiz, hier schliesslich in schwierigster Zeit, nämlich in den Jahren 1935—1945, als Präsident des Militärkassationsgerichtes. Er betätigte sich in weiteren Fachgremien, ebenso als Verwaltungsrat in wirtschaftlichen Unternehmen. Er scheute sich auch nicht, das Recht in Kursen und Vorträgen Nichtjuristen näherzubringen.

Diese breit ausgerichteten, auch die schönen Künste einschliessenden Interessen spiegeln sich in HAFTERS zahlreichen

Publikationen[2]. Eine Sonderstellung, den universellen Geist HAFTERS besonders zum Ausdruck bringend, stellt hier die im Jahre 1944 erschienene Schrift *Wir Juristen — Erfahrungen und Gedanken*[3] dar. Wie HAFTER im Vorwort schreibt, wollte er damit, auf seine jahrzehntelange Erfahrung als akademischer Lehrer, Richter und Mitarbeiter an Gesetzgebungen zurückgreifend, beschreiben, was Juristen sind, was sie wollen, was sie können und was sie nicht können. Er wollte damit einerseits seinen Fachgenossen einen Spiegel vorhalten, aber auch bei Nichtjuristen Missverständnisse beseitigen. In dem gut 150 Seiten umfassenden, handlichen Büchlein werden in flüssig geschriebener, sehr lebendiger und anschaulicher Form und mit zahlreichen persönlichen Erinnerungen gespickt zunächst eher praktische Themen im Zusammenhang mit den Voraussetzungen beim angehenden Juristen («Geborene Juristen?»), dem Studium oder den verschiedenen Möglichkeiten der Berufsausübung behandelt. Die Schrift befasst sich aber auch mit der Arbeits- und Denkweise des Juristen sowie seiner Sprache und führt dem Leser das Entstehen eines Gesetzes anhand der von ihm ja selbst mitgetragenen Schaffung des Strafgesetzbuches vor. — Manches an HAFTERS *Wir Juristen* ist überholt oder erscheint aus heutiger Sicht kaum mehr einfühlbar, so, wenn er schreibt, dass er sich «eine Frau auf dem Stuhl eines Bundesrichters oder eines kantonalen Oberrichters» kaum vorstellen könne. Vieles ist aber heute noch — in der Distanz eines halben Jahrhunderts — noch lesens- und bedenkenswert. Einige Passagen aus den Teilen IV und VII mögen dies belegen!

Niklaus Schmid

---

[2] Vgl. das Verzeichnis bei NÄGELI S. 247 ff.
[3] Erschienen bei Schulthess & Co. AG, Zürich.

Wir Juristen –
Erfahrungen und Gedanken [*]

(Teilabdruck)

von Ernst Hafter

IV. Rechtsausübung und Rechtsanwendung. Richtertum

Richtertum ist in einem gewissen Sinne das Höchste juristischer Tätigkeit. Zum Richter kommen die Menschen mit ihren grossen und kleinen Sorgen. Von ihm erwarten sie die Lösung ihrer Konflikte. Er soll gestörtes Gleichgewicht wieder herstellen. Und auf einer andern Seite sind dem Strafrichter Menschenschicksale in die Hand gegeben. Er kann und muss unter Umständen Existenzen zertrümmern. Er kann aber auch Existenzen retten.

Das sind Aufgaben von einer Schwere und Grösse, die die Forderung gerechtfertigt erscheinen lassen, dass nur hochstehende Menschen zum Richtertum berufen sein sollen. Mit dem Juristentum allein ist es nicht getan. Menschenkenntnis, Lebenserfahrung, gefestigte Überzeugungen, integre Lebensführung müssen dazu kommen.

Vielleicht sind das zu hohe Worte. Aber sie sollen das — was gewiss selten genug voll erreichte — Richterideal kennzeichnen.

Die gesetzlichen Bestimmungen über die Richterbestellung und über die Stellung des Richters greifen nicht so hoch. Sie sind nüchterner. Aber aus einigen Normen ergibt sich, dass der Gesetzgeber den Richter auf ein besonderes Niveau stellen wollte.

Einmal betont er den Grundsatz der *Unabhängigkeit*. Sie kann freilich nur in einem sehr relativen Sinne verstanden werden. Wir alle sind durch unzählige Bande mit der Umwelt verknüpft, von ihr beeinflusst, von ihr

[*] Aus «Wir Juristen», erschienen bei Schulthess, Zürich 1944, S. 36 ff.

abhängig. Einen im vollsten Sinne unabhängigen Menschen kann es nicht
geben. Das Gesetz muss sich daher auf gewisse äusserliche Schutzbestimmungen beschränken: Dem Richter wird z. B. nicht nur die Bekleidung
anderer Ämter und Berufe untersagt. Er darf auch nicht bei Vereinigungen
oder Anstalten, welche einen Erwerb bezwecken, die Stellung von Direkto-
ren oder von Mitgliedern der Verwaltung, des Vorstandes oder des Auf-
sichtsrates einnehmen. So bestimmt mit besonderer Strenge das Gesetz
über die Organisation der Bundesrechtspflege für die *Mitglieder des Bundesgerichts.* Massgebend ist dabei nicht nur die Überlegung, dass der Bundesrichter sich ausschliesslich seinem Amt widmen soll. Er soll auch möglichst frei sein von fremden Einflüssen, die sich aus einer wirtschaftlichen
Tätigkeit ergeben können. — Allgemein weisen ferner die Prozessordnun-
gen auf Fälle hin, in denen der Richter in einem Prozess von seiner Mitwirkung absehen, von sich aus in den Ausstand treten muss oder wenigstens
von den Rechtssuchenden abgelehnt werden kann. Ausstands- oder Able-
nungsgründe sind gegeben, wenn eine Befangenheit besteht oder auch nur
vermutet werden muss. Die Gesetze pflegen in ausführlicher Kasuistik
solche Fälle zu umschreiben.

Bemerkenswert ist das gelegentlich in der Gesetzgebung vorkom-
mende, zu wenig bekannte Verbot des «Berichtens». Nach ihm ist es den
Prozessparteien untersagt, Privatbesuche bei den Richtern zu machen, um
sie von ihrer Sache zu unterrichten und sich ihrer Gunst zu empfehlen. Der
Richter soll vom Antichambrieren, das bei Verwaltungsbehörden stark im
Schwang ist, frei sein. Von Interesse ist auch, dass, wenigstens in älteren
Gesetzen — nicht mehr im eidgenössischen Strafgesetzbuch —, die Rich-
terbestechung als erschwerter Fall der Beamtenbestechung hervorgehoben
wurde.

Alle diese besonderen Normen lassen das gesetzgeberische Bemühen
erkennen, die richterliche Unabhängigkeit zu festigen. Sie kommt überdies,
besonders eindrucksvoll, darin zur Geltung, dass keine Behörde, kein Parlament, keine Regierung sich in ein schwebendes Gerichtsverfahren einmi-
schen soll. Ausgeschlossen soll auch die Einwirkung einer höhern Instanz
auf den vor einer Unterinstanz hängigen Prozess sein. Ganz anders verhält
es sich im Bereich der Verwaltungsbehörden.

Der Grundsatz der richterlichen Unabhängigkeit zeigt sich auch noch
— allerdings weniger in der Schweiz als zum Teil im Ausland — in Bestimmungen über die Dauer des Richteramtes. Aus der dem Richter zukommenden Stellung hat man die Unabsetzbarkeit abgeleitet. Mit der schweizerischen Demokratie steht er nicht im Einklang. Aber bemerkenswert ist

doch, dass z. B. in Zürich die Richter (neben den Notaren) auf sechs und nicht nur auf vier Jahre, wie die Verwaltungsbeamten, gewählt werden. Sie sollen damit der Ungunst der Wahlbehörden und des Publikums besser standhalten können. Für die Schweiz bleibt die höchst unerfreuliche Tatsache, dass auch die Richterwahlen der parteipolitischen Einwirkung nicht entzogen sind. Das geht hinauf bis zur Bundesversammlung, der die Wahl der Mitglieder des Bundesgerichts und des eidgenössischen Versicherungsgerichtes zukommt. Nur in ganz seltenen Fällen, über die ich jedes Mal eine besondere Freude empfinde, macht man sich, im Bund und in den Kantonen, von solchen parteipolitischen Überlegungen frei. Die Parteien wollen ihre Leute unterbringen, erheben sogar einen Anspruch darauf. Dass dabei die Wahl immer auf den Tüchtigsten und Würdigsten fällt, darf niemand behaupten. Ein Glück ist, dass das System der Proportionalwahl, das auch für Richterwahlen schon vorgeschlagen wurde, sich gesetzgeberisch nicht hat durchsetzen können.

*

In einer Novelle, die ich kürzlich las, legt der Autor einem amerikanischen Richter folgende Worte in den Mund: «Isn't justice always unfair? Isn't it always composed of injustice and luck and platitude in unequal parts?» (William Faulkner: Smoke). Das ist eine ganz üble Verzeichnung, die gewiss auch den amerikanischen Richter nicht treffen darf. Wäre die Zeichnung richtig, so wäre die Rechtspflege zum Zusammenbruch reif.

Ich will eine Widerlegung solcher merkwürdigen Anschauungen mit einer Darlegung der richterlichen Aufgabe und Tätigkeit versuchen. Das soll nicht eine Erörterung einzelner prozessrechtlicher Bestimmungen und prozessualer Theorien sein. Es soll, ganz allgemein, auch dem Nichtjuristen die Arbeitsweise des guten Richters klar gemacht werden:

Die erste Aufgabe des Richters muss immer die *Feststellung des Sachverhalts* sein. Auch sonst im Leben kann sich kein Weiser ein Urteil anmassen, bevor er nicht die zu beurteilenden Tatsachen klargestellt hat. Für die Tatsachenfeststellung steht dem Richter ein fein ausgebildetes System von Hilfen zur Verfügung. Was unklar und bestritten ist, muss bewiesen werden — durch die Parteien und ihre Anwälte, durch amtliche Erhebungen, durch die Beiziehung von Sachverständigen bei Zweifelsfragen, für deren Lösung die richterlichen Erfahrungen und Kenntnisse nicht ausreichen.

Das ist gleichsam juristische Vorarbeit. Erst wenn sie geleistet ist, kann die Urteilsbildung beginnen. Für sie steht nichts im Wege, dass der Richter in gewissen Fällen zunächst sein Rechtsgefühl walten lässt. Aber das ist ein

Vorgang, der kaum nach aussen tritt, ein vorläufiges Tasten nach einer Lösung, bei dem man das Gesetzbuch noch nicht zu öffnen braucht. Dazu muss es aber selbstverständlich kommen. Grundsätzlich ist der Richter an das Gesetz gebunden. Es steht über ihm, auch dann wenn die gesetzliche Ordnung im Einzelfall seiner persönlichen Anschauung nicht entspricht. Der erste Absatz des berühmten Art. 1 des schweizerischen Zivilgesetzbuches erklärt kategorisch: Das Gesetz findet auf alle Rechtsfragen Anwendung, für die es nach Wortlaut oder Auslegung eine Bestimmung enthält. Aber weil kein Gesetz vollkommen ist, versagt unter Umständen der gesetzliche Wortlaut, und auch alle Mittel der Auslegung führen nicht zu einer sinnvollen Lösung. Hier setzt der zweite Absatz des Art. 1 mit dem Rezept ein: Kann dem Gesetze keine Vorschrift entnommen werden, so soll der Richter nach Gewohnheitsrecht und, wo ein solches fehlt, nach der Regel entscheiden, die er als Gesetzgeber aufstellen würde. Der dritte Absatz fügt hinzu: Er — der Richter — folgt dabei bewährter Lehre und Überlieferung. Damit hat der Gesetzgeber die Rechtsquellen bezeichnet, aus denen der Richter der Reihe nach schöpfen kann. Eine kühne Lösung, namentlich insofern, als der Richter, wenn die Not es erfordert, auf die Höhe des Gesetzgebers erhoben wird.

Zu beachten ist, dass diese Vorschriften für das gesamte Gebiet des Privatrechts Gültigkeit haben, darüber hinaus aber auch z. B. für das Recht der öffentlichen Verwaltung von Bedeutung sind. Sehr anders ist es dagegen im Strafrecht. Der Art. 1 des eidgenössischen Strafgesetzbuches ist eine Art Gegenstück zum zweiten und dritten Absatz des ersten Zivilgesetzartikels. Die Bindung des Strafrichters an das Gesetz ist abschliessend. Das Gesetz schreibt ihm vor: Strafbar ist nur, wer eine Tat begeht, die das Gesetz ausdrücklich mit Strafe bedroht. Man hat den Satz nulla poena sine lege als die Magna Charta des Rechtsbrechers bezeichnet. Jedermann soll gesetzliche Klarheit über die Folgen seiner Handlungen besitzen. Der Satz hat die Bedeutung einer jedem einzelnen Bürger zukommenden Garantie der persönlichen Freiheit und Unverletzlichkeit gegenüber dem Staat. Nur wenn ein gesetzlich festgestelltes, genau umschriebenes Delikt verübt wird, entfallen Freiheit und Unverletzlichkeit. England ist die Heimat des Satzes. Die Magna Charta von 1215, die die englischen Barone König Johann abtrotzten, stellte ihn auf. Die Verfassungen nordamerikanischer Staaten entwickelten ihn, und seine scharfe Formulierung erhielt er in der Erklärung der Menschen- und Bürgerrechte durch die französische Nationalversammlung von 1789. — Die Konsequenzen, die sich aus dem Strafrechtssatz, verglichen mit dem Art. 1 des Zivilgesetzbuches, ergeben, sind deutlich genug: Im Strafrecht soll es kein zu Ungunsten eines Beschuldigten wirkendes Gewohnheitsrecht und keine dem Richter anheimgestellte Rechtsbildung geben, auch dann nicht, wenn die Überzeugung besteht, dass bestimmte, vielleicht in hohem Masse verwerfliche Handlungen *strafwürdig* erscheinen. Solange der Gesetzgeber nicht gesprochen hat, darf der Richter auch einer einheitlichen und vielleicht sachlich begründeten Volksüberzeugung nicht nachgeben. — Der Satz: Keine Strafe ohne Gesetz hat heute die Kraft eines Dogmas. Aber wie alle Dogmen ist er nicht unangefochten geblieben. Es ist bemerkenswert, dass das kanonische Strafrecht, das Recht der katholischen Kirche, den Satz nicht kennt. Und grösstes Aufsehen, auch ausserhalb der Juristenkreise, hat die im Jahr 1935 erfolgte Neugestaltung des zweiten Paragraphen des deutschen Strafgesetzbuches erregt. Sie hat den Satz aufgehoben, das sogenannte Analogieverbot über Bord geworfen. Das neue deutsche Recht bestimmt, dass nicht nur die durch das Gesetz für strafbar erklärte Tat erfasst werden soll, sondern auch eine Tat, «die nach dem Grundgedanken eines Strafgesetzes und nach gesundem Volksempfinden Bestrafung verdient». Ja wenn der Richter immer sicher und einwandfrei — namentlich in turbulenten Zeiten — erkennen könnte, was das «gesunde Volksempfinden» ist. Es ist ein Mysterium. Auch die deutsche Literatur und die Rechtsprechung sind bei der Auslegung und Anwendung des § 2 noch keineswegs zu klarer Einheitlichkeit gekommen. Es bleibt abzuwarten, ob die neue Lehre sich auf die Länge halten kann. Möglich schiene das nur, wenn es den vollkommenen, den idealen Strafrichter, der das «gesunde Volksempfinden» einwandfrei zu erkennen vermöchte, jemals geben könnte.

Auf den beschriebenen Wegen hat der Richter den von ihm festgestellten Sachverhalt an die Rechtsnormen heranzuführen. Er hat, gestützt auf sie, die *Subsumption* vorzunehmen. Es ist hier nicht der Ort, alle Schwierigkeiten aufzudecken, die sich aus dem vielleicht nicht klaren Wortlaut eines Gesetzes, in der Auslegung, aus der Zweifelsfrage, ob eventuell eine gewohnheitsrechtliche Norm zur Geltung gebracht werden muss, ergeben können. Auf jeden Fall muss der Richter zu einem Schluss kommen. Er darf nicht die Hände in den Schoss legen und erklären, dass ihm ein Rechtssatz nicht zur Verfügung steht. Deshalb ermächtigt und verpflichtet ihn auch der schon genannte Art. 1 des Zivilgesetzbuches, im Notfall, insbesondere im Zivilrecht, eine Regel zu finden, «die er als Gesetzgeber aufstellen würde».

Aber die Subsumption ist nur der eine Teil der Urteilsfindung. Im andern sind die Konsequenzen zu ziehen, die Sanktionen zu bestimmen: Verbot, etwas zu tun, Gebot, etwas zu unterlassen, Verurteilung zur Gutmachung eines verursachten Schadens, zur Leistung einer Genugtuung und im Strafrecht, wenn Schuld und Verantwortlichkeit festgestellt sind, Verurteilung zu einer Strafe. Das sind einige Beispiele dafür, wie die richterliche Tätigkeit das *Urteil vollendet*.

In unendlich vielen Fällen ist dieses Abschiessen das Allerschwierigste, deshalb, weil der Richter im Rahmen, den ihm das Gesetz zur Verfügung stellt, sein *freies Ermessen* spielen lassen muss. Was ist, um nur einige Beispiele zu nennen, unter Berücksichtigung aller Umstände, der richtige Schadenersatz? Art. 49 des Schweizerischen Obligationenrechts sieht ferner vor, dass der in seinen persönlichen Verhältnissen schwer Verletzte bei Verschulden des Verletzers nicht nur Ersatz des Schadens, sondern auch Leistung einer Geldsumme als Genugtuung beanspruchen kann. Und das Gesetz fügt hinzu, dass der Richter anstatt oder neben dieser Leistung auf eine andere Art von Genugtuung erkennen kann. Worin liegt im Einzelfall die richtige, auch den Verletzten befriedigende Genugtuung?

Besonders empfindlich wirkt sich das Spiel des freien Ermessens in der strafrechtlichen Urteilsfindung aus. Nur in ganz wenigen Fällen — in der Schweiz Todesstrafe im Militärstrafrecht und lebenslanges Zuchthaus — ist der Richter an ein absolutes Strafmass gebunden. In allen andern Fällen ist ihm ein in der Regel weitgespannter Strafrahmen zur Verfügung gestellt. Innerhalb dieses Rahmens mit den fast zahllosen Möglichkeiten muss er die «richtige» Strafe finden. Das eidgenössische Strafgesetzbuch hat für die Strafzumessung dem Richter allerdings sorgfältig überdachte Regeln an die Hand gegeben: Die Strafe soll nach dem Verschulden des Täters bemessen, die Beweggründe, das Vorleben, die persönlichen Verhältnisse, bei der Geldstrafe auch die finanzielle Lage des Täters, sollen berücksichtigt werden. In der Person des Täters liegende mildernde oder schärfende Umstände müssen beachtet werden. Aber gewährleistet das alles im Einzelfall die «richtige» Strafe? Wie kann ich mit ganz ruhigem Gewissen erklären, für einen Diebstahl, für eine Körperverletzung seien zwei Monate Gefängnis das Richtige? Das primitive alttestamentliche Prinzip des Aug' um Aug', Zahn um Zahn ist uns heute Gottseidank fremd. Aber eine sichere Proportion zwischen der schuldhaften Tat und der Strafe haben wir nicht gefunden, werden wir nie finden können. Ich habe deshalb auch immer dann, wenn ich eine Strafzumessung vorzunehmen hatte, ein Gefühl des Unbehagens nicht los werden können. Ein anderer Richter wäre vielleicht zu einem schärfern, wieder ein anderer zu einem mildern Urteil gekommen. Die Kritik, die gelegentlich die Strafzumessung mit einer Lotterie verglichen hat, ist daher nicht ganz grundlos.

Das sind Juristensorgen, die nie eine restlose Lösung finden werden.

Noch eine andere Frage, die auch in das Gebiet des richterlichen Ermessens, genauer in die dem Richter anheimgegebene freie Würdigung der Beweise, hineinspielt, ist hier zu berühren. Der Richter kommt immer wieder in die Lage, Fragen lösen oder berücksichtigen zu müssen, die seiner Bildung, seinen Kenntnissen fernliegen. Die Jurisprudenz lässt ihn im Stich, wenn er in einem Prozess über naturwissenschaftliche, technische, medizinische Dinge befinden, sie unter Umständen zur Grundlage seines Urteils machen muss. Die Prozessgesetze bestimmen, dass der Richter Sachverständige zuziehen soll, wenn es sich um Tatsachen handelt, deren Wahrnehmung oder Beurteilung besondere Fachkenntnisse voraussetzt. In einer besondern, schlechthin verbindlichen Vorschrift, erklärt, um ein anderes Beispiel zu nennen, der Art. 13 des eidgenössischen Strafgesetzbuches, dass ein taubstummer oder vermutlich epileptischer Beschuldigter in jedem Fall durch Sachverständige untersucht werden muss. — Das Gutachten des Sachverständigen ist ein Beweismittel, wenn es Tatsachen aufdeckt, die der Richter aus eigenem Können überhaupt nicht wahrzunehmen in der Lage war, z. B. die Todesursache in einem zweifelhaften Todesfall. Der Sachverständige gilt als Richtergehilfe, wenn er eine bereits dem Richter bekannte Tatsache, z. B. die Dauer der Arbeitsunfähigkeit nach einer Verletzung, das Wesen und die Wirkung eines vom Täter verwendeten Giftes, lediglich auszudeuten hat. — Je länger je häufiger werden namentlich im Strafprozess psychiatrische Untersuchungen von Beschuldigten angeordnet. Das ist gut, weil bei der Verübung eines Deliktes der Verdacht auf eine geistige Störung des Täters oft nicht von der Hand zu weisen ist. Aber ich habe, gestützt auf Erfahrungen namentlich in den letzten Jahren, den Eindruck, dass die sogenannte Psychiatrisierung allzu häufig veranlasst wird. Weil es, wie ich kühnlich behaupte, den restlos normalen Menschen gar nicht gibt, ist zu erwarten, dass bei fast allen psychiatrischen Untersuchungen irgendein pathologischer Zug aufgedeckt wird. — Das Entscheidende für den Richter ist aber, dass er jedem Expertengutachten frei gegenübersteht. Soweit es ihn überzeugt, wird er es selbstverständlich in seinem Urteil berücksichtigen. Aber nicht selten ergibt sich eine eigenartige Situation, die ich an einem Beispiel aus der Praxis erklären kann: Ein erster, von einem Gericht zugezogener Gutachter hat einen Angeklagten als ausgesprochenen Schizophrenen, als völlig unzurechnungsfähig erklärt. Ein zweites von einer andern Stelle erhobenes Gutachten verneinte jede schizophrene Belastung und stellte nur eine charakterologische Abwegigkeit fest, bezeichnete den jungen Mann als einen moralisch defekten Psychopathen, bei dem die Notwendigkeit einer ärztlichen Behandlung nicht gegeben sei. Ein drittes Gutachten gelangte im wesentlichen zu gleichen Schlüssen wie der zweite Gutachter: Keine Geisteskrankheit, keine Schizophrenie, dagegen Haltlosigkeit, moralische Minderwertigkeit und, auf psychopathischer Grundlage, eine verminderte Zurechnungsfähigkeit leichten Grades. — Aus solchem Dilemma gibt es für den Richter nur einen Ausweg: die auf sein Ermessen gegründete freie Würdigung der verschiedenen, ihm unterbreiteten Anschauungen. Die letzte Entscheidung darüber, ob ein Beschuldigter als zurechnungsfähig, als vermindert zurechnungsfähig oder als unzurechnungsfähig zu betrachten ist, liegt nicht beim ärztlichen Experten, sondern beim Richter. Was derart für die Beziehung Richter–Psychiater gilt, muss sich selbstverständlich in entsprechender Weise gegenüber irgendeinem andern Expertengutachten auswirken.

*

Zivilrichter. Strafrichter. Nur von ihnen und ihrer unterschiedlichen Aufgabe soll hier noch einiges gesagt werden. Die neueste Zeit hat auch die Verwaltungsgerichtsbarkeit, z. B. in Steuersachen, stark entwickelt. Die soeben allgemein für das Richtertum dargestellten Grundsätze, das Prinzip der Unabhängigkeit insbesondere, gelten auch für den Verwaltungsrichter. Hier seine besondern Aufgaben zu erörtern, ist aber für das, was mir am Herzen liegt, nicht notwendig.

Ich täusche mich nicht mit der Feststellung, dass bei nicht wenigen Juristen die Tätigkeit als Zivilrichter beliebter ist als strafrichterliche Wirksamkeit. Als Begründung dafür hört man gelegentlich auch die Anschauung, die von den Zivilgerichten zu entscheidenden Fragen seien interessanter, juristisch bedeutender als Strafrechtsfälle. Das ist gewiss nicht zutreffend. Gerade heute erkennen wir in unserm Land besonders intensiv, wie reich das Strafrecht an juristischen — und andern — Problemen ist. Seit dem 1. Januar 1942 gilt das neue eidgenössische Strafgesetzbuch. Man braucht nur in die juristischen Entscheidungssammlungen und in die Zeitungsberichte aus der letzten Zeit hineinzusehen, um auf die grosse Zahl strafrechtlicher Probleme und Zweifelsfragen aufmerksam zu werden.

Anderes ist noch zu beachten. In der grossen Mehrzahl der Zivilprozesse handelt es sich um Geld und Gut, um vermögensrechtliche Streitigkeiten. Über sie Recht zu sprechen, wenn möglich gestörtes Gleichgewicht wieder herzustellen, ist selbstverständlich eine wichtige Aufgabe. Der Zivilrichter hat überdies den Schutz der Persönlichkeit gegen ungerechtfertigte Eingriffe zu wahren, das Eherecht, das Eltern- und Kindesrecht, das Vor-

mundschaftsrecht zu betreuen. Ganz anders das Strafrecht und der Strafprozess. Ihnen ist der Schutz der höchsten Güter anvertraut — des Staates,
der Allgemeinheit, des Einzelnen gegen Angriffe und Gefährdungen von
besonderer Schwere. Das ist doch wohl wichtiger als der Streit darüber, ob
einer einem andern eine Summe Geldes schuldet, ob ein privatrechtlicher
Vertrag eingehalten oder verletzt worden ist. Aber Strafrecht und Strafprozess sind noch in einem andern Masse als das Zivilrecht mit Problemen
belastet: mit dem unheimlichen Problem der menschlichen Schuld und der
Frage, ob es eine Willensfreiheit gibt oder ob es sie nicht gibt, mit den tief in
Menschenschicksale eingreifenden Fragen der Strafen und der sichernden
Massnahmen, die gegen den Rechtsbrecher zur Geltung gebracht werden
sollen. Ich will hier, um besondere strafrechtliche Schwierigkeiten aufzuzeigen, auch noch eine Frage berühren, die seit dem Inkrafttreten des Schweizerischen Strafgesetzbuches besondere Bedeutung gewonnen hat. Bisherige
Gesetze haben weitgehend der sogenannten *Erfolgshaftung* angehangen,
sie, wenigstens in gewissen Fällen, der *Schuldhaftung* vorangestellt. Besonders deutlich kann das an der Behandlung der Körperverletzungsdelikte
gezeigt werden: Einer hat einen andern schwer verletzt, ihn für eine lange
Zeit arbeitsunfähig gemacht, ihn vielleicht verstümmelt. Aus der Untersuchung ergibt sich, dass der Täter wohl zuschlagen, aber keineswegs den
verursachten schweren Erfolg bewirken wollte, ja ihn auch nicht voraussehen konnte. Er ist aus der Ungunst der Umstände entstanden. Ältere
Rechte haben darauf wenig Rücksicht genommen. Sie haben vor allem den
objektiven Sachverhalt berücksichtigt. Jetzt aber bestimmt der Art. 124 des
eidgenössischen Strafgesetzbuches unter der Bezeichnung «Zufällige Folgen einer Körperverletzung»: Hat der Täter die schwere Folge, die er verursacht, weder verursachen wollen, noch voraussehen können, so gilt für
ihn die Strafe der Körperverletzung, die er verursachen wollte. Hat also der
Täter seinem Opfer nur eine leichte Züchtigung zugedacht, ihm aber, zu
beider Unglück, ein Auge ausgeschlagen, so soll das Urteil nur auf leichte,
nicht auf schwere Körperverletzung lauten. Die erwähnte Bestimmung ist
übrigens nur die Konsequenz aus der allgemeinen Strafzumessungsregel
(Art. 63), dass der Richter die Strafe nach dem Verschulden des Täters
zuzumessen hat. — Es ist nicht verwunderlich, dass die Zurückdrängung
der Erfolgshaftung zugunsten der Schuldhaftung bei der Gesetzesberatung
auf einigen Widerstand gestossen ist. Man hat auch, wenigstens mit einem
Schein von Berechtigung, darauf hingewiesen, dass die neue Ordnung dem
Volksempfinden widerspricht. Ein Rückert'scher Vers kommt mir in den
Sinn:

Der Erfolg ist offenbar,
Die Absicht aber ist niemals klar,
Drum wird man alle Menschengeschichten,
Ewig nach dem Erfolge richten.

Trotz alledem halte ich die Ordnung des neuen Rechts für richtig. Das Strafrecht soll den Satz, dass die Strafe nach der Schuld zu bemessen ist, soweit als möglich immer durchführen. Davon lässt sich mit der Zeit vielleicht auch die Anschauung weiter Volkskreise überzeugen. Aber für den Strafrichter ergibt sich nicht nur die Aufgabe, diese neuen Anschauungen zu fördern, sondern in jedem Einzelfall mit besonderer Sorgfalt zu prüfen, wie weit die Schuld eines Angeklagten gereicht hat.

*

Zu den Betrachtungen über das Richtertum gehört auch noch ein Wort über den *Laienrichter.* Zwischen ihm und dem sogenannten *gelehrten Richter* — der gewiss nicht immer ein Gelehrter ist — hat man gelegentlich im Ausland scharf unterschieden. In der Schweiz ist der Gegensatz von geringer Bedeutung. Es entspricht unserer historischen Entwicklung und auch unsern heutigen Anschauungen, dass die Wahl zum Richter nicht notwendig juristische Bildung voraussetzt. Überall im Lande sitzen, insbesondere in den Untergerichten, Laien in grosser Zahl auf dem Richterstuhl. Das geht, wenigstens dem Grundsatz nach, bis hinauf zum Bundesgericht. Das die Bundesrechtspflege ordnende Organisationsgesetz bestimmt in Art. 2: In das Bundesgericht kann jeder Schweizerbürger gewählt werden, der in den Nationalrat wählbar ist. Und nach Art. 75 der Bundesverfassung ist jeder stimmberechtigte Schweizerbürger weltlichen Standes in den Nationalrat wählbar. Eine — seltene — Ausnahme bildet der Kanton Bern, der für die Mitglieder des Obergerichtes und für die Gerichtspräsidenten in den Amtsgerichten den Besitz eines bernischen Fürsprecher- oder Notariatspatentes voraussetzt (bernische Verfassung Art. 59).

In der Praxis hat sich aber je länger je mehr, namentlich bei Wahlen in das Bundesgericht und in andere höhere Gerichte, eine Auslese durchgesetzt. Das ist bei der Kompliziertheit der heutigen Rechtspflege und bei den hohen juristischen Anforderungen, die sie an den Richter stellt, gut. Aber ich bin weit davon entfernt, mich gegen den Laienrichter zu wenden und denke dabei nicht nur an die Geschworenen. In meiner juristischen Anfängerzeit habe ich auf einem ländlichen zürcherischen Bezirksgericht unter der Führung eines Präsidenten, eines Laienrichters, arbeiten können, der seiner Aufgabe durchaus gewachsen war. Er war ein älterer, aus dem Lehrerstand hervorgegangener Mann, klug, erfahren und gütig. Wenn eine schwierige Frage an ihn herantrat, zögerte er nicht, uns, seine jungen Helfer, heranzurufen und sie nach ihrer Meinung zu fragen. Die fünf Richter, aus denen sich damals dieses ländliche Gericht zusammensetzte, waren alle Nichtjuristen, aber lebenserfahrene Männer. Die Urteile, die das Gericht fällte, konnten sich sehen lassen. Bei diesem System kommt allerdings, wie in alter Zeit, dem Gerichtsschreiber, namentlich für die Redaktion der Urteile, eine besondere Bedeutung zu. Er ist bei uns, anders als im Ausland, nicht ein untergeordneter Beamter, sondern regelmässig ein durchgebildeter Jurist mit erhöhter Stellung.

Auf das Laienrichtertum der Geschworenen will ich nur hindeuten. Die Entwicklung auch in der Schweiz ist, wenigstens dem Geschworenengericht im alten, klassischen Stil, eher ungünstig. Dass das Schwurgericht eine Forderung der Demokratie wäre, ist purer Unsinn.

*

Eines liegt mir, zum Abschluss meiner Betrachtung über das Richtertum, noch am Herzen. Wer das Wesen des Rechts, der Jurisprudenz und der richterlichen Aufgaben erfasst hat, der weiss um die Relativität der juristischen Lösungen und Urteile. Ein Urteil zu finden ist nicht gleich der Lösung einer Rechenaufgabe, die restlos aufgeht. In unendlich vielen Fällen bleiben Zweifel, bleibt für die an einem Prozess Beteiligten ein bitterer Rest. Wäre es anders, so wäre auch nicht zu verstehen, dass die Möglichkeit besteht, bestehen muss, Urteile an eine höhere Instanz weiterzuziehen. Der Idee nach soll die obere Instanz das bessere, abgeklärtere Urteil finden. Ob es ihr immer gelingt, ist eine andere Frage.

Dabei muss ich auf eine Tatsache hinweisen, die, wenn sie nicht betrüblich wäre, belustigend wirken könnte: Das Urteil einer untern Instanz wird von den Parteien an ein höheres Gericht weitergezogen. Es gibt — glücklicherweise selten — Richter, die schon darüber empört sind, dass man ihr Urteil anzufechten und zu kritisieren sich anmasst. Kommt dann die obere Instanz zu einer Urteilsänderung, so wächst die Empörung. Jeder, der richterliche Tätigkeit ausübt, weiss von solchen Fällen. Liegt solchem Gehaben die Vorstellung von der absoluten Richtigkeit eines einmal gefällten Urteils zu Grunde, oder ist es nicht vielmehr Überheblichkeit und verletzte Eitelkeit? Das ist ein Charakterfehler, der einem Richter schlecht ansteht. Ich erinnere mich an einen hohen zürcherischen Richter, einen in seiner Art bedeutenden Mann und guten Juristen, der, wenn ein unter seiner Leitung gefälltes Urteil von einer über ihm stehenden Instanz nicht gebilligt wurde, das nie ohne scharfen Widerspruch hinnehmen konnte. Er spie Gift und Galle. Offenbar fehlte ihm die Erkenntnis, dass auch einem von ihm betreuten Urteil Mängel anhaften könnten. Der gute Richter muss aber auch eine von seiner Auffassung abweichende Meinung, wenn sie zulänglich begründet wird, mit Grazie ertragen können.

VII. *Juristensprache. Juristenstil*

Das ist ein heikles Kapitel. Zwar sind wir heute über sonderbare Zustände früherer Zeiten hinaus. Die Juristen sprechen und schreiben keine Geheimsprache mehr. Zum mindesten bemühen sie sich, allgemein verständlich zu reden und zu schreiben. Mir scheint, dass wir darin andern wissenschaftlichen Berufen gegenüber einen Vorsprung haben. Der Laie, der eine streng wissenschaftliche medizinische Abhandlung zu lesen versucht, kommt nicht durch, weil ihm die Begriffe fehlen und weil ihm der medizinische Wortschatz unbekannt ist. Aber aus der Stellung der Medizin gegenüber der Bevölkerung lässt sich vielleicht rechtfertigen, dass auch der Mediziner von heute sich, wenigstens in vielen Fällen, seiner besondern, auch dem gebildeten Laien nicht ohne weiteres zugänglichen Sprache bedient. Ganz hilflos steht der Laie, um noch ein anderes Beispiel zu nennen, der chemischen Literatur gegenüber. Sie erstickt in Fremdwörtern und komplizierten Wortkombinationen. Ob das geändert werden könnte und ob es im allgemeinen Interesse geboten wäre, kann ich nicht entscheiden.

Aber für den Juristen besteht das Gebot, allgemeinverständlich zu reden und namentlich zu schreiben. Das gilt für den Gesetzgeber, über den in einem nächsten Abschnitt noch Besonderes gesagt werden soll. Das gilt in hohem Masse auch für den Richter. Er hat seinen Urteilsspruch schriftlich zu begründen. Sein Urteil wendet sich an die Parteien, die das Recht bei ihm gesucht haben. In einer bedeutenden Sache geht das Urteil vielleicht auch in die Welt hinaus und ist dazu berufen, auf weite Kreise zu wirken. Das erreicht es nur, wenn es in vollem Umfang auch vom Nichtjuristen verstanden wird.

Aber wir dürfen uns keiner Selbsttäuschung hingeben. Studium und Praxis haben den Juristen mit zahlreichen juristischen Begriffen und Ausdrücken vertraut gemacht, die ihm mit der Zeit selbstverständlich — im eigentlichen Sinn des Wortes — erscheinen. Leicht vergisst er, dass dem Laien dagegen viele unserer Begriffe unklar sind. Man kann hier immer wieder bemerkenswerte Erfahrungen machen, auch wenn es sich nicht um juristische Raritäten, sondern um Begriffe, die im täglichen Leben eine Rolle spielen, handelt: Gewahrsam, Besitz, Eigentum; Schuldbrief und Gült; Zahlungsbefehl, Rechtsvorschlag, Verlustschein; Beklagter und Angeklagter; Rekurs, Berufung, Kassationsbeschwerde, Revision; Offizial- und Antragsdelikt, Privatstrafklage; Verleumdung, üble Nachrede und Beschimpfung und vieles andere mehr. Wir Juristen wissen um die Unterschiede und die verschiedene Tragweite dieser Begriffe. Der Nichtjurist kennt vielleicht das Wort, aber nicht den Inhalt, es sei denn, dass ihm durch eigenes Erleben eine gewisse Klarheit über Einzelnes geworden ist.

Schon in anderm Zusammenhang habe ich auf *Fremdwörter* hingewiesen, die in der Juristensprache allgemein üblich und schwer durch eigenes Sprachgut zu ersetzen sind. Ich will noch zwei weitere Beispiele erörtern: Insbesondere im Haftpflichtsrecht und im Strafrecht spielt die Theorie von der adäquaten Kausalität eine grosse Rolle. Der Jurist weiss sofort, was damit gemeint ist: Ein menschliches Verhalten soll nur dann für einen eingetretenen Erfolg als verursachend gelten, wenn das Verhalten nach der Lebenserfahrung geeignet war, den Erfolg herbeizuführen. Davon, ob eine so gestaltete Kausalität vom Richter als gegeben oder als nicht gegeben angenommen wird, kann es abhängen, ob ein Beklagter für haftpflichtig, ein Angeklagter für strafbar erklärt wird. Steht nun in einer Urteilsbegründung nicht mehr als der Worthinweis auf die adäquate Kausalität, so kann man mit Sicherheit annehmen, dass nur wenige Nichtjuristen die Bedeutung dieser Feststellung voll erfassen. Daraus ergibt sich die Forderung, dass die Urteilsbegründung einmal den Begriff der adäquaten Kausalität erklären und zum andern die Tatsachen hervorheben muss, die den Schluss rechtfertigen, die Rechtskausalität sei anzunehmen oder abzulehnen. — Entsprechendes gilt für den im Strafrecht ausserordentlich häufig verwendeten Begriff des dolus eventualis. Der — halbdeutsche — Ausdruck: Eventualvorsatz bringt die Erklärung noch nicht. Sie ist auch dem Laien gegenüber nicht ganz einfach. Bei der Beurteilung einer Tötung oder einer Körperverletzung ist z. B. die für den Angeklagten überaus wichtige Frage zu entscheiden, ob ihm Vorsatz oder blosse Fahrlässigkeit zur Last gelegt werden muss. Nach den jetzt im eidgenössischen Strafgesetzbuch gegebenen Umschreibungen handelt ein Täter vorsätzlich, wenn er seine Tat mit Wissen und Willen ausführt. Blosse Fahrlässigkeit ist dagegen anzunehmen, wenn der Täter die schädigende Folge seines Verhaltens aus pflichtwidriger Unvorsichtigkeit nicht bedacht oder darauf nicht Rücksicht genommen hat. Wo ist die Grenze zwischen Vorsatz und Fahrlässigkeit, welch letztere zu einer viel leichteren Strafe, ja in vielen Fällen zur Straflosigkeit führt, zu ziehen? Ich versuche, das an zwei Beispielen, die ich auch schon an anderm Ort verwertet habe, zu zeigen: Ein von spielenden Kindern belästigter Arbeiter wirft in der Wut die von ihm benutzte schwere Eisenschaufel mitten unter die Kinderschar. Er verletzt ein Kind. Ferner: «Till Eulenspiegel — das war ein arger Kobold — auf zu neuen Streichen! Wartet nur, ihr Duckmäuser! Hop! zu Pferde mitten durch die Marktweiber.» Das steht in der Originalpartitur zu Richard Strauss «Till Eulenspiegel». Eine Frau wird dabei zu Tode geritten. Hat der kühne Reiter mit Vorsatz oder mit blosser Fahrlässigkeit getötet? Aus den Umständen einer solchen Tat lässt sich zunächst sicher feststellen, dass der Täter den von ihm verursachten Erfolg für möglich halten musste. Zur Annahme eines Vorsatzes genügt das aber noch nicht. Dazu muss kommen, dass der Richter die Überzeugung gewinnt, der Täter habe trotz der Voraussicht der Erfolgsmöglichkeit sich vom Handeln nicht abhalten lassen. Dann ist der Schluss erlaubt, der Täter habe den Erfolg gebilligt. Bei dieser Sachlage ist aber weiter die Annahme zulässig, der Erfolg sei gewollt oder wenigstens mitgewollt. Eine namentlich in der deutschen Strafrechtswissenschaft viel beachtete Formel erklärt den Eventualdolus so: Kommt man zu dem Ergebnis, dass der Täter auch bei bestimmter Kenntnis der Tatumstände gehandelt hätte, so ist der Schluss auf den Vorsatz gerechtfertigt; kommt man zu dem Ergebnis, dass er bei bestimmter Kenntnis die Handlung unterlassen hätte, so ist der Vorsatz zu verneinen.

Es ist mir klar, dass die soeben angestellten Erörterungen, insbesondere über den Eventualdolus, dem in juristischen Gedankengängen Ungeübten nicht ohne weiteres eingehen. Aber gerade deswegen war dieses exercitium — man verzeihe den schulmeisterlichen Ausdruck — notwendig. Er zeigt, dass die Jurisprudenz um gewisse besondere Lehren, Begriffe und Ausdrücke nicht herumkommen kann. Wenn sie in einem Urteil Verwendung finden müssen, dann darf der Richter nicht einfach den «gelehrten» Ausdruck hinstellen. Er muss ihn mit deutlicher Beziehung auf den zu beurteilenden Sachverhalt erklären. Er muss das in einer nach Möglichkeit allgemein verständlichen Form tun. Eine Urteilsbegründung ist nicht eine um der Wissenschaft willen geschriebene Abhandlung. Sie ist für die Parteien zu schreiben — zu ihrer Aufklärung und Belehrung und zugleich als Rechtfertigung des richterlichen Entscheides.

Da die für die Parteien bestimmte Urteilsbegründung nicht eine wissenschaftliche Abhandlung sein soll, ergeben sich noch andere Fragen. Zunächst die Frage: Soll man bei der Redaktion ausführlich die juristische Literatur berücksichtigen und sie zitieren? Dass namentlich junge Juristen, wenn sie zur Urteilsredaktion berufen werden, in schwierigen Fragen in der Literatur Rat holen, erscheint selbstverständlich. Dass aber jede konsultierte Schrift, die sich zu der zu lösenden Frage äussert, ausgeschrieben oder auch nur zitiert werden soll, ist ganz unnötig. Die Parteien selbst, an die das Urteil sich wendet, interessieren sich für solche Zitate kaum. Ihnen liegt nur daran zu erfahren, wie das Gericht ihren besondern Fall entschieden hat, wie es die Entscheidung begründet. Eine Auseinandersetzung mit der Literatur erscheint mir nur dann geboten, wenn in einer Streitfrage die literarischen Anschauungen sehr weit auseinandergehen. Der Richter hat Stellung bezogen. Er hat sich im Streit der Meinungen zu einer in der Literatur vertretenen Auffassung bekannt, oder er ist, entgegen aller Literatur, zu einer eigenen Meinung gelangt. Dann soll er es sagen und seine Anschauung mit aller Sorgfalt begründen. Unterlässt er das, so muss er den Vorwurf mangelnder Orientierung an sich herankommen lassen. — Die, anders zu beantwortende Frage ist, ob und wie weit in der Urteilsbegründung auf frühere, in gleichen oder ähnlichen Fällen ergangene Entscheidungen hingewiesen werden soll. Die Frage ist, namentlich bei den obern Gerichtsinstanzen, um der Rechtssicherheit willen von grosser Bedeutung. Von einem übertriebenen Präjudizienkultus wird sich der gute Richter zwar fernhalten. Wenn aber ein Gericht sich einmal in einem wohlbegründeten Urteil für die bestimmte Auslegung eines Gesetzessatzes ausgesprochen hat, dann darf es nicht ohne Not von der einmal als richtig erklärten Auffassung abgehen. Wenn ein Gericht eine Frage heute so und morgen anders entscheiden würde, so wüssten die Rechtssuchenden nicht, woran sie sich in Zukunft halten sollen. Der hier angedeutete Gedanke kommt auch in der Prozessgesetzgebung zur Geltung. In Art. 23 des Bundesgesetzes über die Organisation der Bundesrechtspflege heisst es z. B.: Wenn eine Abteilung des Bundesgerichtes eine Rechtsfrage abweichend von einem frühern Entscheide einer andern Abteilung oder des Gesamtgerichtes beurteilen will, so ist die Sache dem Gesamtgericht vorzulegen. Der Streitfall ist darauf auf Grundlage des Plenarbeschlusses endgültig zu entscheiden. Diese Bestimmung zielt deutlich auf die möglichste Einheitlichkeit und Gleichmässigkeit der dem Bundesgericht obliegenden Rechtsprechung ab. In musterhafter Weise hält sich das Bundesgericht an diese Grundsätze. In seinen Urteilsbegründungen stützt es sich immer wieder auf die bisherige Praxis, verweist auf früher ergangene Entscheidungen. Wenn von ihnen abgegangen wird, so erwähnt das neue Urteil in der Regel ausdrücklich, dass eine Änderung der Rechtsprechung vorgenommen wurde. Dass in solchen Fällen eine besonders sorgfältige Begründung gegeben werden muss, ist selbstverständlich.

Ich habe, als ich in jüngern Jahren nicht wenige Urteile selbst zu redigieren hatte, versucht, die entwickelten Grundsätze zu beachten: Klarheit, Einfachheit in der Diktion, Gemeinverständlichkeit, Erklärung von spezifisch juristischen Begriffen und Fachausdrücken. Ob es mir immer gelang, eine allgemein verständliche Urteilsbegründung zustande zu bringen, ist mir freilich oft genug zweifelhaft gewesen. Ganz besonders habe ich möglichste Kürze und Vermeidung von Wiederholungen erstrebt. Namentlich in der letzten Zeit muss ich bei täglich mir zu Gesicht kommenden militärgerichtlichen Urteilen häufig eine ganz unnötige Umständlichkeit und Weitläufigkeit feststellen: Zuerst die Wiedergabe der ausführlichen Anklageschrift des öffentlichen Anklägers, dann im eigentlichen Urteil die ebenso ausführliche Wiederholung des zu beurteilenden Sachverhalts. Kürze und Raschheit sollten aber in besonderm Masse der militärgerichtlichen Rechtsprechung eigen sein. Die Gründlichkeit braucht darunter nicht zu leiden.

Wenn ich erkläre, dass die Urteilsbegründungen der Gerichte keine wissenschaftlichen Abhandlungen zu sein brauchen, so schliesst das die wissenschaftliche Auswertung der Entscheidungen selbstverständlich nicht aus. Sie haben von jeher die Wissenschaft angeregt und gefördert.

Endlich noch: Die Grundsätze, die mir für eine gute Urteilsredaktion massgebend erscheinen, können in entsprechender Weise auch für die Rechtsschriften der Anwälte gelten. Vielleicht kann der Anwalt noch ein Übriges tun, zur Unterstützung seines Standpunktes dem sachverständigen Gericht gegenüber ausführlich sich mit der Literatur auseinandersetzen. Damit regt er die richterliche Prüfung an.

Meine Auffassung von der besondern Zweckbestimmung der Gerichtsurteile und auch der Anwaltsschriften hat mich dazu geführt, sie von der juristischen Literatur, in einem engern Sinn verstanden, abzuheben. Für sie gelten andere Forderungen. In ihr soll sich die Forschung ausleben. Sie hat dem bereits bestehenden Schrifttum und der Rechtsprechung der Gerichte nachzugehen und sie kritisch auszuwerten. Wenigstens soll das die Regel sein. Darüber kann sich nur hinwegsetzen, wer so neue und originelle

Gedanken vorzubringen vermöchte, dass er die Anknüpfung an früher schon Gedachtes und Gesagtes nicht nötig hat. Für wie wenige trifft das zu. Wir in der Jurisprudenz sind Epigonen.

*

Besonderheiten der Juristensprache wird es immer geben müssen. Das ist in der Jurisprudenz nicht anders als auf andern Lebens- und Wissensgebieten. Gibt es aber auch einen besondern *Juristenstil?* Ja und nein. Bildung und sprachliche Erziehung müssen den Juristen selbstverständlich dazu führen, auf die Pflege der Sprache allergrössstes Gewicht zu legen. Er sollte keine Rechtsschrift, kein Urteil, keine Abhandlung aus der Hand geben, bevor sie auch sprachlich hohen Anforderungen genügt. Der Jurist ist darin in der gleichen Lage wie jeder andere «Schriftsteller», ja wie jeder andere Mensch, der auf ein gewisses Mass von Bildung hält.

Aber darüber hinaus gibt es wohl doch einen besondern Juristenstil. Das französische Sprichwort: Le style c'est l'homme wird gewöhnlich so gedeutet, dass die Art, wie ein Mensch schreibt, Schlüsse auf seine Persönlichkeit, seinen Charakter zulassen. Das ist gewiss richtig. Aber ich meine noch weitergehend, dass der Stil eines Schriftstückes häufig auch den Beruf des Schreibers offenbart. Nicht nur dann, wenn der Theologe, der Mediziner, der Jurist, der Techniker, der Kaufmann sich in ihrem besondern Gebiet äussern, und der Inhalt einer Schrift die Berufszugehörigkeit zeigt, sondern auch in Briefen und andern Äusserungen. Ich glaube mich mit der Annahme nicht zu täuschen, dass der — gute — Jurist, unter dem steten Einfluss seiner beruflichen Tätigkeit, in seiner Schreibweise einen besondern Stil entwickelt. Damit fälle ich selbstverständlich nicht das Werturteil, dass ein solcher Juristenstil etwas besonders Hohes darstellt. Ich will nur zum Ausdruck bringen, wie stark berufliche Arbeit und Gewöhnung auch die Stilformung beeinflussen. Gewiss gibt es Juristen, die, wenn sie über nichtfachliche Dinge sich äussern, ihren Juristenstil beiseite zu schieben vermögen. Das ist ein Beweis von Vielseitigkeit und geistiger Beweglichkeit, das Gegenteil einer déformation professionnelle. Aber in der Regel wird der Jurist an seinem Stil zu erkennen sein.

Was aber ist seine Besonderheit, oder sollte es sein? Einfachheit, Klarheit, Nüchternheit, Vermeidung langer Satzperioden, strenge Beschränkung auf das, was notwendig gesagt werden muss. Das entspricht der Aufgabe, die eine juristische Schrift zu erfüllen hat. Grosse Worte, gewagte Bilder und Vergleiche sind nicht am Platz. Das mag vielleicht in mündlichen

Plädoyers, z. B. vor Geschworenen, zulässig sein, namentlich in Ländern, in denen die forensische Beredsamkeit eine bedeutendere Rolle spielt als bei uns.

Meine Auffassung mag Widerspruch finden. Um sie deutlicher zu machen, will ich auch hier auf persönliche Erfahrungen hinweisen:

In meiner juristischen Anfängerzeit schrieb ich einen kleinen Aufsatz, den ich CARL STOOSS, dem Verfasser der Vorentwürfe zum Schweizerischen Strafgesetzbuch, für die von ihm geleitete Zeitschrift zusandte. Das Manuskript kam mit einem liebenswürdigen Brief an mich zurück. Mit dem Inhalt des Aufsatzes erklärte sich STOOSS einverstanden. Meinen Stil beanstandete er. In seiner zierlichen, schwer leserlichen Schrift hatte er an meinem opus eine Reihe von Änderungen vorgenommen, Sätze anders geformt, unnötige Füllwörter weggestrichen, einige gewagte bildhafte Vergleiche ausgemerzt. Ich habe mich von dem ersten Schreck rasch erholt, die Berechtigung der Kritik erkannt. Die Veröffentlichung des kleinen Aufsatzes erfolgte schliesslich in einer Form, die nur zum Teil mein eigenes Werk war. — CARL STOOSS schrieb einen in seiner Klarheit und Einfachheit fast klassisch zu nennenden Stil. Er hat mich ein langes Leben hindurch beeinflusst. Für die erste Kritik, die STOOSS an mir übte, bin ich ihm besonders dankbar geworden.

Seitdem habe ich, namentlich in meiner Dozententätigkeit, meine jungen Studenten immer wieder auf die Pflege der Form hingewiesen. Dazu war Anlass genug. Ich habe mich, bei der Begutachtung schriftlicher Arbeiten, oft genug über die ungeschickte, häufig saloppe Form gewundert. Bei Anfängern mochte man das Ungeschick einigermassen mit der Ungewohnheit, juristische Gedankengänge klar zu Papier zu bringen, zu erklären. Aber ich habe auch zahlreiche Anfängerarbeiten zu Gesicht bekommen, die in der Form befriedigten. Worin liegt der Grund, dass so oft mangelhaft geschriebene Arbeiten vorgelegt wurden? Trifft nicht auch die Mittelschule eine Schuld? Eine der vornehmsten Aufgaben der Mittelschulen ist es gewiss, das Sprachgefühl der jungen Leute zu entwickeln, sie zu einem einwandfreien Sprachstil zu erziehen. — An der Form unzulänglichen Seminararbeiten selbst herumzukorrigieren habe ich weder Zeit gehabt noch schulmeisterliche Lust verspürt. Aber auf die Mängel habe ich mit ernster Deutlichkeit hingewiesen. — Und erst die Dissertationen, deren Prüfung und Begutachtung die crux des Dozenten ist. Eine grosse Zahl war stilistisch gut durchgearbeitet. Aber bei nicht wenigen kam ich leider nicht darum herum, selbst die bessernde Hand anlegen zu müssen. Ein undankbares Beginnen. War die Form allzu übel und nachlässig, so wies ich nach mühsamer Lektüre der ersten zwanzig Seiten das Manuskript zur Umarbeitung zurück. Das half in der Regel. Ich habe dafür von Einsichtigen Dank geerntet, aber — selten — auch das Gegenteil erlebt, wenn Überheblichkeit und Einbildung allzu gross waren. Dagegen ist kein heilendes Kraut gewachsen. In solchen Fällen war der Stil wirklich ein den Charakter blosslegendes Zeichen.

Wer in der Zeit der juristischen Ausbildung seinen Stil nicht zu formen vermag, der wird auch später in der Praxis, bei der Redaktion von Urteilen und Rechtsschriften, mit Schwierigkeiten zu kämpfen haben. Das sehe ich oft genug. Als Gerichtsvorsitzender habe ich einmal die Kühnheit gehabt, mit einem in der Form liebenswürdigen Schreiben die Eingabe eines Anwalts zurückzuweisen. Sie war so unklar und verworren, dass damit nichts anzufangen war. Das ist selbstverständlich ein seltener Ausnahmefall. Ich weiss gut genug um die Not, in die der vielbeschäftigte Anwalt durch die ihm für seine Eingaben gesetzten Fristen geraten kann. Aber es ist nicht richtig, dass eine komplizierte Rechtsschrift in den letzten zur Verfügung stehenden Stunden aus dem Handgelenk in die Schreibmaschine diktiert wird. Eine Rechtsschrift soll ein kleines Kunstwerk sein, das Zeit und Musse erfordert.

*

Zum Abschluss dieses Abschnittes will ich noch eine spezifisch schweizerische Frage erörtern. Mit der Überschrift: Juristensprache — Juristenstil steht sie freilich nur in einem losen Zusammenhang.

Die Bundesverfassung erklärt: Die drei Hauptsprachen der Schweiz, die deutsche, französische und italienische, sind Nationalsprachen des Bundes. Unsere Gesetze sind in diesen drei Sprachen redigiert. Vor das Bundesgericht, das eidgenössische Versicherungsgericht, das Militärkassationsgericht und vor die Verwaltungsbehörden des Bundes gelangen Fälle aus allen drei Sprachgebieten. Daraus ergibt sich die Notwendigkeit, dass die Richter der Bundesgerichtsbarkeit und auch gewisse Verwaltungsorgane des Bundes unsere drei Nationalsprachen so weit beherrschen, dass sie Akten und Urteile in allen drei Sprachen zu lesen vermögen. Ein Bundesrichter kann sich nicht dahinter verschanzen, eine unserer drei Sprachen sei ihm völlig fremd. Deshalb, aber auch mit dem Hinweis auf unsere enge nationale Zusammengehörigkeit, habe ich meine Studenten oft genug auf die Pflicht zur Pflege unserer Nationalsprachen hingewiesen. Für den Juristen ist das nicht nur ein vaterländisches, sondern auch ein berufliches Gebot.

Die Bedeutung dieses Gebotes zeigt ein kürzlich erlebter Fall: Als Präsident des Militärkassationsgerichtes hatte ich ein italienisch auszufertigendes Urteil zu unterzeichnen. Den Urteilsentwurf hatte ich geprüft. Er war in Ordnung. Zur Ausfertigung gelangte er an ein Schreibmaschinenfräulein, die vom Italienischen nicht die geringste Ahnung hatte. Was sie schrieb, war ein groteskes Kauderwelsch. Da ich den Grundsatz habe, nichts ungelesen zu unterzeichnen, erkannte ich das Missgeschick sofort und konnte es gut machen. Was hätten wohl unsere fratelli ticinesi gesagt, wenn ihnen das mit den Unterschriften eines eidgenössischen Gerichts versehene Elaborat in einer unmöglichen Sprache zu Gesicht gekommen wäre?

Paul Mutzner

Paul Mutzner

1881 — 1949

Als der junge Bündner Anwalt PAUL MUTZNER 1908 seine noch keine zwei Jahre zuvor eröffnete und gut in Gang gebrachte Anwaltskanzlei aufgab und nach Bern übersiedelte, tat er dies in der Absicht, sich an der dortigen Universität für die Gebiete des Privatrechts und der Rechtsgeschichte zu habilitieren. Die Verwirklichung dieses Vorhabens schien ihm in der Universitätsstadt, im näheren Kontakt mit seinem von ihm hochverehrten Lehrer EUGEN HUBER und neben der neugewählten Tätigkeit als Bundesbeamter wohl leichter durchführbar als in Chur in der Stellung eines freierwerbenden, mit Auf- und Ausbau der eigenen Praxis voll ausgelasteten Rechtsanwaltes.

Das Geschlecht der MUTZNER stammt aus der Valsersiedlung Mutzen (Guscha) bei Maienfeld. PAUL MUTZNER, Sohn des geachteten Schlossermeisters CHRISTIAN MUTZNER, welcher im ausgehenden 19. und beginnenden 20. Jahrhundert eine ganze Reihe moderner Wasserleitungen im Kanton erstellt hatte, wurde 1881 in Chur als Bürger von Maienfeld und Chur geboren. In der rätischen Kapitale verbrachte er die Jugend- und Schulzeit, vor allem die glücklichen und seine Persönlichkeit stark mitprägenden Jahre am Literargymnasium der Bündner Kantonsschule. Das Studium der Rechte absolvierte er an den Universitäten von Lausanne, Leipzig und Bern; an letzterer promovierte er 1907 bei EUGEN HUBER mit einer bemerkenswerten Dissertation über die Geschichte des Grundpfandrechtes in Graubünden. In der Folge war es denn auch der berühmte Doktorvater, welcher PAUL MUTZNER zur Habilitation aufforderte und ihm auch den mit einem Wechsel in der beruflichen Tätigkeit verbundenen Umzug nach Bern nahelegte. Zehn Jahre war er hier, zunächst im Wasserwirtschaftsamt und dann im Justiz- und Polizeidepartement des Bundes beschäftigt. Daneben aber widmete er die ganze ihm ausserhalb der beruflichen Inanspruchnahme zur Verfügung stehende Zeit der wissenschaftlichen Arbeit; er habilitierte sich im

Jahre 1913 und wurde 1916 zum nebenamtlichen Extraordinarius an der Berner Universität ernannt. Auf das Wintersemester 1918 erfolgte seine Berufung zum Ordinarius für Rechtsgeschichte und Privatrecht an die Rechts- und staatswissenschaftliche Fakultät der Universität Zürich, wo er die Nachfolge von GEORG COHN (1845—1918) antrat und sich hier nun, befreit vom Druck der Amtsgeschäfte, endlich ganz der Lehre und Forschung widmen konnte. Ich lasse «den Mut, bzw. die Hoffnung, später einmal nach meinen Neigungen arbeiten zu können, nicht sinken», hatte er Jahre zuvor in einem Brief an EUGEN HUBER geschrieben[1]. Jetzt war es soweit. «Wenn ich auch noch immer sehr vieles nachzuholen habe, so kann ich es in Zukunft doch mit weniger Hast und daher planmässiger tun, was meine Arbeitsfreudigkeit noch bedeutend steigern wird», kann er am 28. Dezember 1919 seinem Lehrer, den er immer noch respektvoll mit «lieber Herr Professor» anredet, mitteilen. Und tatsächlich: Mit beispielhaftem Arbeitswillen und bewundernswürdigem Einsatz entfaltet PAUL MUTZNER in Zürich nun eine überaus weitgespannte Lehrtätigkeit, welche neben der Rechtsgeschichte alle Teile des Zivilgesetzbuches, das Internationale Privatrecht sowie Marken-, Urheber- und Erfinderrecht in Vorlesungen und Übungen umfasste und ständig auch die Betreuung einer grossen Anzahl von Dissertationen mit sich brachte. Auch sein literarisches Werk ist dementsprechend reichhaltig und beachtlich. Hier sei daraus hervorgehoben zunächst sein Kommentar über das intertemporale Recht des Schlusstitels des ZGB, mit welchem er sich schon 1916 würdig unter die ersten Kommentatoren des neuen, vereinheitlichten Rechtes eingereiht hatte und dessen 2. Auflage er 10 Jahre später in seiner Zürcher Zeit vorlegte. Bedeutungsvoll waren sodann sein Referat für den schweizerischen Juristentag 1921 über «Die öffentliche Beurkundung im schweizerischen Privatrecht» sowie verschiedene Aufsätze zum Wasserrecht. Einen ganz besonderen Zugang aber zur eher bescheidenen und zurückhaltenden Persönlichkeit MUTZNERS eröffnet seine feinfühlige und mit deutlich spürbarer Verehrung gezeichnete biographische Skizze, welche er als Nachruf seinem am 23. April 1923 verstorbenen Lehrer EUGEN HUBER gewidmet hat. Dieses schöne Lebensbild, das dem Leser die Persönlichkeit des grossen

[1] Brief vom 24. Oktober 1912; dieser sowie die nachfolgend zit. Briefe finden sich nebst andern im Bundesarchiv, Sign. J. I. 109. 444 (Mutzner); die entspr. Briefe EUGEN HUBERS an PAUL MUTZNER konnten bis dato leider nicht ausfindig gemacht werden.

Schweizer Juristen wirklich nahebringt, verrät ihm gleichzeitig manches von der Persönlichkeit des Schreibers, der seinem Lehrer menschlich und fachlich so sehr verbunden gewesen ist.

EUGEN HUBER hat den jungen Bündner Juristen an die Rechtsgeschichte und an das schweizerische Privatrecht herangeführt und ihm seinen Weg gewiesen, auf welchem er sich «die Pflege der schweizerischen Rechtsgeschichte zu einer Lebensaufgabe gemacht habe und daher gerne bereit sei, eine allfällige Berufung in die Kommission (des schweizerischen Juristenvereins) für die Sammlung schweizerischer Rechtsquellen anzunehmen», wie er aus konkretem Anlass am 12. Dezember 1920 EUGEN HUBER mitteilt.

Bei solcher Auffassung scheint auch die Wahl der Thematik für die nachfolgend neu herausgegebene «immer noch lesenswerte Zürcher Antrittsrede» (KARL S. BADER) fast vorgegeben: MUTZNER spricht vor seinem neuen Auditorium über sein Hauptfach *Rechtsgeschichte* und über deren Bedeutung für die Ausbildung der Juristen. Wenn auch unserem heutigen Verständnis die eine oder andere Aussage nicht mehr voll entsprechen mag (so etwa die Bedeutung der langsamen Ablösung der schweizerischen Eidgenossenschaft vom Reich für die weitere Entwicklung des Privatrechtes; vielleicht die Überbetonung des germanischen Anteils an der Entwicklung desselben, oder die Bewertung der Historischen Rechtsschule des 19. Jahrhunderts), so haben doch seine wesentlichen Feststellungen über den Wert der Rechtsgeschichte (eine Generation später wird HEINRICH MITTEIS vom «Lebenswert der Rechtsgeschichte» sprechen), vor allem auch für die Ausbildung akademisch geschulter, selbständig und kritisch denkender Juristen, auch heute noch ihre unwidersprechbare und von massgeblicher Seite auch weitgehendst unwidersprochen gebliebene Gültigkeit. Er stellt es zwar nicht so pointiert heraus, aber die Meinung ist doch diese: die didaktische Rechtfertigung des Faches liegt nicht zuletzt in der Tatsache begründet, *dass die rechtshistorische Betrachtung eine ganz wesentliche Form der geistigen Auseinandersetzung auch mit dem geltenden Recht darstellt* und daher durchaus aktuell, von erheblicher Gegenwartsrelevanz und somit schlicht unverzichtbar ist, auch wenn die Erkenntnis, Beschreibung, systematische Erfassung und Einordnung, sowie Anwendung der gegenwärtigen Ordnung zur Diskussion stehen.

In diesem Sinne war auch die 2. Auflage von EUGEN HUBERS grossem Werk «System und Geschichte des Schweizerischen Privatrechts» (Basel 1886—1893) geplant. Die Bezeichnung als

2. Auflage mag verlegerisch gerechtfertigt gewesen sein — von der Sache her war sie es nur sehr bedingt. Das ursprüngliche, sehr bald vergriffene und heute noch in keiner Weise etwa ersetzte, Werk bot in seinen ersten drei Bänden eine vergleichende Darstellung der kantonalen Privatrechte und ihrer historischen Grundlagen; der gewichtige vierte Band war der zusammenfassenden Betrachtung der Quellen und der Entwicklung des schweizerischen Privatrechts gewidmet. So wie diese Darstellung die Vorbereitung des bedeutsamen kodifikatorischen Unternehmens des schweizerischen Zivilgesetzbuches gewesen war, so sollte nun das neue Werk als gewissermassen wissenschaftlich krönender Abschluss desselben das vereinheitlichte, jetzt auch in seiner äusseren Form wirklich schweizerische Privatrecht (selbstverständlich unter Einbezug seiner historischen Grundlagen) zur Darstellung bringen. EUGEN HUBER hat damit gleich nach Inkrafttreten des ZGB im Jahre 1912 begonnen, sah sich aber bald ausserstande, die Arbeit alleine zu leisten. Nach MUTZNERS Berufung an die Universität Zürich hat er sich dessen Mitarbeit versichert; sein bald darauf erfolgter Tod setzte diesem Planen ein Ende.

Nun war es PAUL MUTZNER, der entsprechend dem Wunsche seines verehrten Lehrers und auf Ersuchen des Verlages zu Beginn der dreissiger Jahre diese Aufgabe selbständig in Angriff nahm; in rascher Folge erschienen die ersten drei Lieferungen, «noch heute eine Fundgrube zuverlässigster Orientierung» (MAX GUTZWILLER) — an der Fortsetzung wurde er durch lange Krankheit und den frühen Tod am 17. Juli 1949 verhindert. Seit zwei Jahrzehnten wird nun hierzulande an der Wiederholung des so bedeutenden Unternehmens gearbeitet; es steht zu hoffen, dass die jetzige und die kommende Generation zu einem Abschluss finden werden. PAUL MUTZNER hat uns ein Erbe weitergegeben, das verpflichtet; dieses und seinen Beitrag wollen wir neu überdenken und an der uns allen gestellten Aufgabe weiterarbeiten.

Claudio Soliva

Vom Wert der Rechtsgeschichte[*]

von Paul Mutzner

Hochgeehrte Damen und Herren!
Liebe Kommilitonen!

Es sind jetzt gut 100 Jahre her, seitdem die deutsche Wissenschaft, geführt von Männern wie SAVIGNY, EICHHORN und GRIMM gegenüber der damals herrschenden Lehre des Naturrechts, die als allein wahres Recht ein unmittelbar aus der Vernunft zu entnehmendes, in Ewigkeit umwandelbares und überall sich selbst gleiches Menschenrecht postulierte, mit Nachdruck auf das geschichtliche Wesen des Rechtes hinwies. Die neue Richtung erlangte rasch die Oberhand über die Gedankenwelt des Naturrechts. Die auf sie aufbauende historische Rechtsschule stellte nunmehr die geschichtliche Forschung in den Mittelpunkt der ganzen Rechtsbetrachtung und prägte auf diese Weise der Rechtswissenschaft des 19. Jahrhunderts den Charakter einer vorwiegend historischen Disziplin auf. Gewaltiges ist in dieser Zeit insbesondere auch mit Bezug auf die tiefere historische Begründung und Entwicklung des germanischen Rechts geleistet worden.

In neuester Zeit, d. h. etwa seit der Jahrhundertwende, hat nun eine starke Bewegung gegen die sogenannte geschichtliche Methode in der Rechtswissenschaft eingesetzt. Wenn wir den Gründen, die ins Feld geführt werden, näher nachgehen, so erkennen wir unschwer, dass sie in der Hauptsache auf die nicht zu leugnende einseitig-geschichtliche Betrachtungsweise der letzten Dezennien des vorigen Jahrhunderts zurückzuführen sind, durch die andere, für die harmonische Gesamtbetrachtung notwendige Zweige der Rechtswissenschaft, insbesondere auch die Forschung nach den letzten Fragen der Rechtsphilosophie, in bedauerlicher Weise verkürzt wurden. Demgemäss verweisen denn auch gerade die überzeugend-

[*] Akademische Antrittsrede, gehalten am 17. Mai 1919, erschienen bei Schulthess, Zürich 1919.

45

sten Einwände der neuen Bewegung auf Irrtümer der bisher vorherrschenden historischen Methode und deren üble Folgen, und es verlieren ihre Argumente an Überzeugungskraft, je mehr sie sich von diesem Boden entfernen. Wie aber fast alle an sich begründeten neuen Bewegungen das Merkmal aufweisen, dass sie einen erkannten Irrtum durch eine in entgegengesetzter Richtung liegende Einseitigkeit zu bekämpfen suchen, so fehlt es auch dieses Mal nicht an Stimmen, die den Wert der geschichtlichen Forschung für die Rechtswissenschaft überhaupt bestreiten oder ihn doch in einer Weise herabmindern, die einer nähern Prüfung nicht stand hält.

Wir haben uns für heute nicht die Aufgabe gestellt zu prüfen, inwieweit die der historischen Schule gegenüber erhobenen Vorwürfe als zutreffend anzuerkennen sind und brauchen deshalb auch die nach dieser Richtung vorgebrachten Argumente nicht aufzuzählen. Vielmehr wollen wir ganz allgemein die Frage prüfen, *welche Dienste die rechtsgeschichtliche Forschung und der rechtsgeschichtliche Unterricht für die Erkenntnis vom Wesen des Rechts und für die Anwendung und Fortbildung unseres heutigen Rechts uns zu leisten berufen sind,* und wenden uns deshalb den Haupteinwänden zu, die *gegen die rechtsgeschichtliche Betrachtungsweise überhaupt* vorgebracht werden. Es wird darauf hingewiesen, dass die Rechtswissenschaft ein durchaus praktischen Zwecken der Gegenwart gewidmetes Erkenntnisgebiet sei. Sie habe, wie ihr Objekt, das Recht, nur die Aufgabe, das Leben der Gegenwart so gestalten zu helfen, dass das Ideal des sozialen bonum et aequum in der Form und innerhalb der Grenzen, wie es uns jetzt vorgezeichnet ist, so getreu und vollkommen wie irgend möglich verwirklicht werde. Die Rechtswissenschaft könne daher lediglich auf die Erforschung der gegenwärtigen Rechtsordnung, nicht der vergangenen, veralteten Rechtsinstitute gerichtet sein. Ein Rechtssatz sei uns regelmässig erklärt durch seinen Zweck, und er sei schon rudimentäres Organ, wenn er sich nur noch historisch erklären lasse. Die Kenntnis der Rechtsvergangenheit, die Erforschung des Weges, auf welchem das jetzige Recht aus dem frühern hervorgegangen ist, gehöre nicht der Rechtswissenschaft, sondern der von ihr von Grund aus verschiedenen Geschichtswissenschaft an. Während letztere auf die Erforschung der Vergangenheit und ihrer kausalen Zusammenhänge gerichtet sei, habe die Rechtswissenschaft den Bedürfnissen der Gegenwart zu dienen, sei also teleologisch orientiert. Die Rechtswissenschaft müsse prüfen, ob die gerade geltenden rechtlichen Normen dem Gebote der Gerechtigkeit entsprechen; wie diese Normen entstanden seien, könne ihr gleichgültig sein. Die Rechtsgeschichte vermöge uns auch keinen Einblick zu gewähren in das Wesen des Rechts, das nur in kritischer

Erwägung, niemals auf geschichtlichem Wege zu ermitteln sei. Aus diesen Gedankengängen heraus wird dann weiter behauptet, dass durch die historische Schule die Grenzen zweier Wissensgebiete verschoben worden seien. Die Rechtswissenschaft habe einen fremden Regenten erhalten, und diese Fremdherrschaft habe ihr einen fremden, falschen Charakter aufgezwungen. An die Stelle der Bewältigung der eigenen Probleme der Rechtswissenschaft ist jene Manier getreten, «die nur darstellt und beschreibt, aber nie mit einem Urteil lästig werden will». Viele unserer Rechtsgelehrten seien vorwiegend verkappte Historiker oder verkappte Philologen. Es müsse das nächstliegende Bestreben der Rechtswissenschaft sein, sich endlich dieser Fremdherrschaft zu entledigen und wieder ihrer eigenen Aufgabe gerecht zu werden.

Wir würden der uns heute gestellten Aufgabe nicht gerecht werden, wenn wir nun in analytischer Betrachtungsweise prüfen wollten, inwieweit diese Argumente als begründet anzuerkennen sind. Denn es soll ja nicht ein weiterer Beitrag zur Kritik der sogenannten historischen Methode geliefert, sondern eine positive Antwort gesucht werden auf die Frage: «Welchen Wert hat die Rechtsgeschichte für das Rechtsleben der Gegenwart?» Diese Aufgabe erfordert eine selbständige Betrachtungsweise. Sofern dabei der Nachweis gelingt, dass die Rechtsgeschichte ein den übrigen Zweigen *ebenbürtiger Bestandteil der juristischen Wissenschaft* ist, werden die für diese Auffassung vorgebrachten Erwägungen auch die beste Widerlegung der gegen den Wert der Rechtsgeschichte vorgebrachten Argumente bilden.

Es ist bis jetzt nicht gelungen, auf das Grundproblem der Rechtswissenschaft, d. h. auf die Frage: «Was ist das Recht?» eine allgemein anerkannte Antwort zu erteilen. Die versuchten Definitionen variieren nicht nur nach den einzelnen Zeitabschnitten, sondern es treten auch innerhalb der gleichen Epoche Gegensätze hervor, die in letzter Linie im Zwiespalt der Weltanschauungen wurzeln und deshalb wohl nie ganz verschwinden dürften. Es liegt deshalb die Frage nahe, ob die Rechtsgeschichte geeignet ist, unsere Erkenntnis *vom Wesen des Rechts* zu fördern. Und hier hat nun kein geringerer als STAMMLER darauf hingewiesen, dass die Rechtsgeschichte ihrem Gegenstande nach nur eine Darstellung der Besonderheiten gewisser Rechte in ihrer geschichtlichen Veränderung zu bieten vermöge und dass es nicht angehe, den Begriff des Rechtes etwa aus gehäufter Aufzählung von besonderen Rechtserfahrungen herausziehen zu wollen. Denn jede gerade geltende rechtliche Norm sei bereits eine eigene Anwendung des allgemeinen Begriffs «des Rechts» und setze deshalb den letzteren zu ihrer Feststellung logisch voraus. Die Einsicht aber, ob die Norm dem Begriff des

Rechts entspreche, d. h. ihr auch die Eigenschaft des objektiv Richtigen zukomme, könne nicht auf geschichtlichem Wege, sondern nur durch kritische Selbstbesinnung gewonnen werden. Von anderer Seite wird, namentlich in Anlehnung an die geschichtsphilosophischen Untersuchungen von WINDELBAND, RICKERT und SIMMEL, hervorgehoben, dass die Geschichte kein objektives Bild der Geschehnisse zu geben vermöge. Schon die ungeheure Mannigfaltigkeit der Ereignisse veranlasse den Geschichtsforscher, das Wesentliche vom Unwesentlichen auszuscheiden. Die Werturteile aber, die er diesem Verfahren zu Grunde lege, finde er nicht in der Geschichte selbst. Er müsse sie schon vorher durch Besinnung auf normativ-allgemeine, auf soziale Kulturwerte gewonnen haben; diese Werturteile bildeten also das Apriori des geschichtlichen Erkennens, oder mit anderen Worten: das Verstehen müsse dem Erfahren vorausgehen.

Wir geben ohne weiteres zu, dass die Frage nach dem Wesen des Rechts dem Gebiete der Rechtsphilosophie angehört und dass ihre Lösung auf spekulativem Wege versucht werden muss. Allein von dieser Erkenntnis aus den weitern Schluss ziehen zu wollen, dass die Rechtsgeschichte nicht imstande sei, unser Verständnis vom Wesen des Rechts zu fördern, wäre ein verhängnisvoller Irrtum. Auch das rechtsphilosophische Denken ist bedingt durch die beiden Richtungen unseres Bewusstseins: durch das Wahrnehmen und durch die aus der Vernunft fliessende Beurteilung der Dinge. Die gewonnenen Ergebnisse werden daher um so zuverlässiger sein, je reicher das Wahrnehmen ist und je mehr wir uns bei der Beurteilung bemühen, die Urteile anderer zum Zwecke der Selbstkritik heranzuziehen.

Das Recht als Ordnung des menschlichen Zusammenlebens bildet einen Bestandteil des letztern, und so wenig das blosse Wahrnehmen der gegenwärtigen Gemeinschaftsgestaltung eine zuverlässige Grundlage für die Erforschung der menschlichen Gemeinschaft selbst bieten kann, ebensowenig kann die Frage nach dem Wesen des Rechts lediglich auf die Wahrnehmung des heutigen Rechtslebens basiert werden. Der unerlässliche Einblick in das Rechtsleben der Vergangenheit aber wird uns durch die rechtsgeschichtliche Forschung vermittelt. Gewiss wird der Rechtshistoriker, wenn er sich in dem ungeheuren Material zurechtfinden soll, bereits mit Werturteilen, die er sich schon früher gebildet hat, an die Bearbeitung seines Gegenstandes herantreten. Aber ebenso gewiss ist es, dass sein Urteil mit fortschreitender Arbeit geläutert und nicht selten in mancher Beziehung auch geändert wird.

Was nun aber die auf Grund des Wahrgenommenen erfolgende Beurteilung der Dinge selbst anbelangt, so soll dieselbe selbstverständlich in geistiger Freiheit und Unabhängigkeit von aller Autorität erfolgen. Allein im Bewusstsein der Beschränktheit der eigenen persönlichen Kräfte werden wir uns doch der Aufgabe nicht entziehen dürfen, unser Ergebnis durch Vergleichung mit dem Urteil derer, die dieselbe Sache mitbeurteilen, einer heilsamen Kontrolle zu unterziehen. Und zwar dürfen wir uns dabei nicht auf die eigenen Zeitgenossen beschränken. Auch die Urteile früherer Denker, die in engster Fühlung mit dem damaligen Rechtsleben entstanden sind, dürfen uns nicht gleichgültig sein. Ihre Heranziehung ist für uns um so wertvoller, als sie geeignet ist, uns blosse Tagesströmungen leichter als solche erkennen zu lassen.

So dürfen wir denn die bisherigen Ausführungen dahin zusammenfassen, dass hinsichtlich der Frage nach dem Wesen des Rechts die Rechtsphilosophie und die Rechtsgeschichte sich in unausgesetzter Arbeit gegenseitig befruchten. Wird einerseits das uns von der Geschichte überlieferte Material am Massstabe des menschlichen Bewusstseins nach seiner Bedeutung gewertet, so wird andererseits die geschichtliche Forschung immer wieder zum Prüfstein für die auf spekulativem Wege gewonnenen Werturteile. Daraus erklärt sich denn auch das begriffliche Bestreben vieler Rechtsphilosophen, die bisherige geschichtliche Entwicklung als Argument für die Richtigkeit ihrer Auffassung heranzuziehen. Auch STAMMLER bemerkt im letzten Abschnitt seines grossen Werkes über die «Theorie der Rechtswissenschaft»: «Aber das Vertrauen auf das Richtige, das immer mehr durchdringen werde, das einmal im besonderen Falle auf kurze Zeit nur zurückzudrücken sei, um stets stärker sein Haupt zu erheben, — es will nicht von uns lassen. Und obgleich kein zweifellos gefasster Beweis dafür ohne weiteres geführt zu werden vermag, so kommt ihm doch die Beobachtung des Gesamtverlaufes der uns bekannten Geschichte zu Hilfe.»

Wir wollen diesen Abschnitt nicht verlassen, ohne in aller Kürze auf die wichtigen Fortschritte in der Erkenntnis vom Wesen des Rechts hinzuweisen, die wir der rechtsgeschichtlichen Betrachtungsweise des letzten Jahrhunderts verdanken. Im Gegensatz zu der Auffassung des Naturrechts wissen wir heute, dass nicht nur die Gestalt der menschlichen Gemeinschaft unter dem Einfluss der wechselnden Lebensbedingungen sich unablässig ändert, sondern dass auch das Recht, in Anpassung an die veränderten Verhältnisse, einer fortwährenden Umbildung unterliegt. Die ethischen Auffassungen, die politischen und wirtschaftlichen Faktoren eines jeden Zeitalters stellen immer wieder neue Anforderungen an die Rechtsbildung. Die Kenntnis dieser Faktoren ist daher für das Verständnis des Rechtslebens einer Epoche notwendig, wie umgekehrt das Rechtsleben auch wiederum

Rückschlüsse zulässt auf die ethischen, politischen und wirtschaftlichen Bedürfnisse, die in der Rechtsordnung ihren energischen Ausdruck gefunden haben. So tritt denn auch die Rechtsgeschichte aus ihrer Isoliertheit heraus und wird zu einem wichtigen Teile der Kulturgeschichte. Und wie die Gegenwart nur eine Etappe bildet in der allgemeinen Kulturentwicklung, so ist auch das heute geltende Recht nur als eine Etappe im ewigen Werdegang der Dinge aufzufassen.

Die geschichtliche Rechtsbetrachtung hat aber auch noch einen andern fundamentalen Irrtum der Naturrechtslehre aufgedeckt. Wenn wir auch gewisse einheitliche Züge der Rechtsentwicklung bei allen Völkern feststellen können, die auf das einigende Moment des allgemeinen Menschentums zurückzuführen sind, so liegt doch der Schwerpunkt der Entwicklung nicht in einem gleichförmigen Weltrecht, sondern in der Rechtsbildung in kleinern Kreisen, die durch Abstammung, gemeinsame Geschichte und Anschauungen sowie gemeinsame Interessen zu einer Rechtsgemeinschaft verbunden erscheinen. Wie diese Gemeinschaft selbst, so hat auch ihr konkretes Recht seine besondere Physionomie. Was von der Sprache gilt, gilt auch vom Recht: Die Konstruktion eines einförmigen Weltrechts flösst uns nicht mehr Vertrauen ein als die Erfindung einer Weltsprache. Den augenfälligsten Nachweis für diese Erkenntnis haben uns die Vertreter des Naturrechts selbst geliefert, die ihr System eines anscheinend allgemeinen Menschenrechts mehr oder weniger unbewusst zum grossen Teil auf Ideen aufgebaut haben, die wir heute als spezifisch germanische Rechtsgedanken in verjüngter Gestalt zu erkennen vermögen.

Aber nicht nur bei der Forschung nach dem Wesen des Rechts, sondern auch bei der *Anwendung eines positiv gegebenen Rechts* leistet uns die Rechtsgeschichte unentbehrliche Dienste. Zwar kann kein Zweifel darüber bestehen, dass beim gegenwärtigen Vorherrschen des Gesetzesrechts und bei der spekulativ-systematischen Rechtsformulierung der heutigen Gesetze bei der Rechtsanwendung die Dogmatik den ersten Platz einnimmt. Dagegen lehrt uns die Erfahrung, dass eine einseitig-dogmatische Betrachtungsweise der modernen Gesetze zu einer dem Leben abgewandten, unfruchtbaren Begriffsjurisprudenz und damit zu einer Verkennung der der Rechtswissenschaft obliegenden Aufgabe führt. Besonders neue grosse Rechtskodifikationen bringen die Gefahr mit sich, dass, in Überschätzung des Gesetzeswortes, der Zusammenhang der einzelnen Rechtssätze untereinander in rein formaler Weise hergestellt und damit einer rein doktrinären, scholastischen Behandlung des Rechts die Wege geebnet werden. Wäre mit dieser Paragraphenjurisprudenz die Aufgabe der Rechtswissenschaft bei der Auslegung des geltenden Rechts erschöpft, so hätte die Rechtsgeschichte an ihr allerdings keinen Anteil. Dem ist nun aber nicht so. Die Rechtssätze sind keine mathematischen Begriffe, sondern sie sind in Worte gekleidete Versuche, eine nicht genau begrenzte Summe von Erscheinungen einheitlich zu erfassen. Der Rechtssatz ist daher nie absolut und erschöpfend wie die Zahl. Und da jeder Rechtssatz die Ordnung des menschlichen Handelns bezweckt, und damit implicite eine Billigung oder Missbilligung eines bestimmten Verhaltens in sich schliesst, oder m. a. W. ein Werturteil enthält, will er auch bei seiner Auslegung in seiner Wertbedeutung erfasst sein. Die Auslegung der Rechtssätze kann daher nicht durch eine rein formale Gedankenoperation erfolgen, sondern sie verlangt gleichzeitig eine Betätigung der Urteilskraft. An dieser Art der Auslegung aber nimmt auch die Rechtsgeschichte hervorragenden Anteil.

Es wird in neuerer Zeit mehr als früher auf den grossen Wert der Rechtsvergleichung hingewiesen, und es ist gewiss nicht zu verkennen, dass die vergleichsweise Heranziehung der Rechte verwandter Völkerschaften mit ähnlichen Auffassungen und Bedürfnissen für die Bildung unseres Werturteils sehr förderlich ist. Durch die Gegenüberstellung verschiedener Rechte werden wir in den Stand gesetzt, die Besonderheiten unseres eigenen Rechts besser zu erkennen und richtiger einzuschätzen, und wenn uns bei der Auslegung die eigene Rechtsordnung einmal im Stiche lassen sollte, kann uns unter Umständen die Entscheidung, die der konkrete Fall nach einer verwandten Rechtsordnung zu finden hätte, den Weg weisen, den wir bei der Auslegung des eigenen Rechts zu gehen haben.

Aber noch unentbehrlicher als die Heranziehung fremden Rechts ist die historische Erfassung und Beherrschung des eigenen Rechts. Wie das heutige Gemeinschaftsleben den vorläufigen Abschluss bildet der Entwicklung der Jahrhunderte, die vor uns gewesen sind und nur im Zusammenhang mit dieser Entwicklung tiefer erfasst werden kann, so verhält es sich auch mit der Rechtsordnung, die einen Bestandteil des Gemeinschaftslebens selbst bildet. Die Werturteile, die in den heute geltenden Rechtssätzen enthalten sind, sind aufgebaut auf die Werturteile der uns vorangegangenen Generationen. Diese Werturteile der Vorzeit sind zum Teil unverändert von uns übernommen worden, zum Teil haben sie in Anpassung an die veränderten Verhältnisse eine Umwandlung erfahren. Soweit sie sich gleichgeblieben sind, verdient die Überlieferung schon aus dem Gesichtspunkte der Selbstkontrolle unserer eigenen Urteilskraft die gleiche Beachtung wie die Gerichtspraxis und die wissenschaftlichen Darbietungen der Gegenwart, wobei unter der Überlieferung nicht nur die früheren Gesetze und Urteile, sondern auch die Übungen im Rechtsverkehr zu verstehen sind. Mit Bezug auf die eingetretenen Änderungen aber kann nicht genug betont werden, dass gerade die Gegenüberstellung des frühern Rechtszustandes mit dem heutigen uns die eingetretenen Wandlungen besser erkennen und richtiger einschätzen lässt. Die Rechtsgeschichte erfüllt also in dieser Richtung eine ähnliche Funktion wie die vergleichende Rechtswissenschaft, wobei sie allerdings ein noch unentbehrlicheres Hülfsmittel darstellt, weil die Aufdeckung der geschichtlichen Zusammenhänge ganz besonders geeignet ist, gegenüber den im Laufe der Zeit eingetretenen Änderungen in Einzelheiten uns die gleich gebliebenen Grundlagen in Erinnerung zu rufen und da, wo die Grundlagen selbst sich verändert haben, das Zweckmoment dieser einschneidenden Wandlung besser hervortreten zu lassen.

Die Vertreter der antihistorischen Richtung in der Rechtswissenschaft können nicht wohl leugnen, dass die meisten der heutigen Rechtsinstitute in der Vergangenheit wurzeln und dass daher — in Anbetracht der Unmöglichkeit, das bestehende Recht in der Gesetzgebung erschöpfend zum Ausdruck zu bringen — die Kenntnis der geschichtlichen Entwicklung dieser Institute wünschbar sei. Manche unter ihnen lassen denn auch den Wert der Rechtsgeschichte für die Erklärung dieser Institute gelten, möchten jedoch in der Regel nicht hinter die jüngste Vergangenheit zurückgehen, wobei die so beschränkte rechtshistorische Betrachtung mit der dogmatischen Behandlung der betreffenden Institute zu verbinden wäre.

Diese Auffassung übersieht jedoch, dass die Rechtsentwicklung nicht restlos in die Entwicklung der einzelnen Rechtsinstitute aufgelöst werden kann. Sowenig wir für das geltende Recht durch die isolierte Betrachtung der einzelnen Institute zu einem abgeschlossenen Rechtsbild gelangen können, ebensowenig kann uns die isolierte geschichtliche Betrachtung der einzelnen Rechtsinstitute ein Gesamtbild der ganzen Rechtsentwicklung bieten. Wenn wir auch genötigt sind, die Rechtsordnung in ihre Bestandteile aufzulösen, um sie successive in unser Bewusstsein aufnehmen zu können, so dürfen wir doch nicht vergessen, dass die einzelnen Rechtssätze und Rechtsinstitute in einem innern Zusammenhang untereinander stehen. Auf diesen Zusammenhang ist denn auch die heutige Systematik in der Rechtswissenschaft und in der Gesetzgebung aufgebaut; sie beruht auf einer Einteilung der Rechtssätze und der Rechtsinstitute nach den Zusammenhängen, die wir für die überwiegenden halten. Allein wir dürfen nicht übersehen, dass jede äussere Systematik etwas Willkürliches hat und dass neben den in ihr zum Ausdruck gebrachten Zusammenhängen noch andere bestehen. Im geltenden Recht kehren die gleichen Grundgedanken in verschiedenen Rechtsinstituten immer wieder, und in der Rechtsgeschichte ziehen sich gewisse Entwicklungsrichtungen oder Entwicklungstendenzen wie ein roter Faden durch die verschiedensten Rechtsinstitute. Diese Grundgedanken in der Rechtsentwicklung aufzudecken ist auch für die Auslegung des geltendes Rechts von der grössten Bedeutung. Die einzelnen Rechtsinstitute mögen mit den veränderten Verhältnissen untergehen. Die Entwicklungsrichtungen aber bleiben und verschaffen sich in der Ausbildung neuer oder in der Umbildung übernommener Rechtsinstitute immer wieder Geltung. Sie sind die treibenden Kräfte bei der Rechtsbildung und dienen uns als Kompass bei der Anwendung des Rechts in seinen Einzelheiten.

Von den Vertretern der antihistorischen Richtung wird vielfach ausgeführt, dass die sogenannte historische Methode die unheilvolle Kluft zwischen Theorie und Praxis geschaffen oder dieselbe doch in einer zum Verhängnis gewordenen Weise vergrössert haben. Prüfen wir diese Behauptung im Hinblick auf das schweizerische Privatrecht, so können wir feststellen, dass das strikte Gegenteil unumstösslich feststeht. Dank der historischen Betrachtungsweise, die auf dem Gebiete des schweizerischen Privatrechts von jeher vorherrschend war, sind wir auf diesem wichtigen Rechtsgebiet von jener unheilvollen Spaltung bis auf den heutigen Tag verschont geblieben. Wir verdanken das der — unsern demokratischen Einrichtungen entsprechenden — überwiegenden Anteilnahme des Volkes an der Rechtsbildung und Rechtsprechung. Der dem bodenständigen Sinn der Landesbevölkerung innewohnende feste Wille und die Fähigkeit, das von den Vorfahren übernommene Recht in selbständiger Weise den neuen Bedürfnissen anzupassen, bilden den charakteristischen Grundzug der schweizerischen Privatrechtsentwicklung. Sie verhinderten vor 400 Jahren die Verdrängung des einheimischen Volksrechts durch das fremde Juristenrecht und haben in origineller Weiterentwicklung des überlieferten Rechts den namentlich im Volksstaat so wichtigen Kontakt zwischen dem Rechtsleben und dem Volksleben aufrechterhalten. Diesem Zuge der Rechtsentwicklung entsprechend hat denn auch der schweizerische Juristenstand seine besten Kräfte der Weiterbildung des einheimischen Rechts gewidmet. Als vor hundert Jahren die neue Zeit zu dessen tieferer Erfassung und zur Schaffung der kantonalen Kodifikationen drängte, hat der Zürcher Romanist KELLER in eindringlicher Weise darauf hingewiesen, dass das Studium des römischen Rechts nur als bestes Bildungsmittel für die theoretische Entwicklung und sichere praktische Anwendung des zürcherischen Rechts zu betrachten sei. Nach ihm hat BLUNTSCHLI die inzwischen durch EICHHORN zu neuem Leben erweckte germanistische Wissenschaft in den Dienst der Erforschung des auf germanischer Grundlage erwachsenen zürcherischen Rechts gestellt. Und nach dem Erlass der kantonalen Kodifikationen hat sich die schweizerische Rechtswissenschaft dem vergleichenden Studium der kantonalen Rechte zugewandt und damit die Grundlage für das von EUGEN HUBER redigierte Schweizerische Zivilgesetzbuch geschaffen. Dass dieses einheitliche Recht — der bisherigen Rechtsentwicklung entsprechend — ein volkstümliches sein musste, drücken die Erläuterungen zum Vorentwurf mit den prägnanten Worten aus: «Die Gesetzgebung spricht nur das durch die allgemeine Entwicklung gegebene Wort für die Gedanken aus, die ohnedies vorhanden sind, die aber eines solchen Ausdruckes bedürfen, weil sie ohne diese Hilfe nur schwer zu voller Klarheit durchzudringen vermöchten. Das Gesetz muss aus den Gedanken des Volkes heraus gesprochen sein. Der verständige Mann, der es liest, der über die Zeit und ihre Bedürfnisse nachgedacht hat, muss die Empfindung haben, das Gesetz sei ihm vom Herzen gesprochen. Keine Nachahmung, keine Wissenschaft keine Phantasie vermag hier den eigentlichen Lebensnerv zu ersetzen.» Demgemäss sind denn auch alle Volkskreise zur Mitarbeit herangezogen worden. Unser volkstümliches Recht aber ist zum weitaus grössten Teil das durch die Jahrhunderte hindurch weitergebildete, von modernem Geist durchdrungene germanische Recht. Dass eine solche Kodifikation — sei es in den sie beherrschenden allgemeinen Grundgedanken, sei es in ihren einzelnen Rechtsinstituten — nur aus der geschichtlichen Entwicklung heraus richtig gewürdigt werden kann, dürfte auf der Hand liegen. Es sei beispielsweise nur kurz hingewiesen auf die reiche Ausgestaltung des germanischen Gedankens der Gemeinschaft, auf die Herausbildung der modernen Hypothek aus der mittelalterlichen Gült, auf die geschichtliche Grundlage des modernen Grundbuchrechts, auf die Rechte an eigener Sache. Das ZGB macht es uns denn auch in Art. 1 Abs. 3 noch ausdrücklich zur Pflicht, nicht nur bei der richterlichen Rechtsfindung, sondern auch bei der dogmatischen Auslegung des Gesetzes- und Gewohnheitsrechts der bewährten Lehre und Überlieferung zu folgen.

Die Tragweite dieses Rechtssatzes ist um so grösser, als das ZGB die Tendenz verfolgt, sich so wenig als möglich in Einzelheiten einzulassen, sondern durch eine Begriffsbildung nach oben die allgemeinen Grundsätze um so eindringlicher hervorzuheben. Diese Methode hat den grossen Vorteil, dass die Rechtsentwicklung im einzelnen den wechselnden praktischen Bedürfnissen um so besser angepasst werden kann; sie gewährt dem Richter mehr Spielraum, stellt aber andererseits auch grössere Anforderungen an seine Urteilskraft. Denn sie verlangt von ihm, dass er die in der Überlieferung enthaltene reiche Fülle von Werturteilen auf ihre Bewährung prüfe, und dass er — im Rahmen der allgemein gehaltenen Gesetzesnormen — nötigenfalls den Anforderungen, die neue ethische Auffassungen oder veränderte Bedürfnisse des politischen und wirtschaftlichen Lebens an das Rechtsleben stellen, bewusst Rechnung trage. Das sind Anforderungen, denen der Richter nur gestützt auf rechtshistorische Kenntnisse zu genügen vermag.

Mit der zunehmenden Bedeutung des Verkehrs und der grösseren Mannigfaltigkeit der wirtschaftlichen Entwicklung werden auch die Anforderungen, die an das Rechtsleben gestellt werden, immer grösser. Es liegt auf der Hand, dass heute Doktrin und Praxis in weit höherm Masse, als das früher der Fall war, darauf angewiesen sind, auch die Errungenschaften anderer Kulturvölker sich zu Nutze zu machen. Insbesondere die schweizerische Rechtswissenschaft hat allen Anlass, sich der Förderung, die ihr durch die Beziehungen zur Rechtswissenschaft ihrer grossen Nachbarstaaten in so reichem Masse zu Teil geworden ist und weiter zu Teil wird, bewusst zu sein. Der Wert der vergleichenden Rechtswissenschaft, auf den bereits in anderem Zusammenhange hingewiesen worden ist, kann nicht leicht zu hoch angeschlagen werden. Sollte jedoch die kritische Vergleichung einer kritiklosen Nachahmung Platz machen, so wird sie zu einer Gefahr für die eigene Rechtsentwicklung und damit für die Selbstständigkeit auf einem der wichtigsten Gebiete des Geisteslebens. Um dieser Gefahr wirksam begegnen zu können, müssen wir vor allem unser Recht in seiner Zweckfunktion verstehen, damit wir nicht in Versuchung geraten, das den eigenen Bedürfnissen besser entsprechende bodenständige Recht fremden Rechtsanschauungen, die mit einem grössern wissenschaftlichen Apparat aufzutreten in der Lage sind, zu opfern. Dieses Verständnis können wir uns aber nur erwerben, wenn mit der dogmatischen die rechtsgeschichtliche Ausbildung Hand in Hand geht.

Gestatten Sie mir, zum Schlusse noch die Frage zu streifen, welche Dienste uns die Rechtsgeschichte für die Weiterbildung des Rechts auf dem Wege der *Gesetzgebung* zu leisten vermag. Vor allem gilt es hier, den Irrtum zu zerstören, dass die geschichtliche Betrachtungweise naturgemäss dazu führen müsse, über der pietätvollen Pflege des überlieferten Rechts die Anforderungen zu verkennen, die die neuen Bedürfnisse an das Rechtsleben stellen. Das gerade Gegenteil ist der Fall. Wer Einblick erhalten hat in die Kräfte, die die Rechtsordnung bestimmen, der weiss, dass die beständige Umwandlung zum Wesen des Rechts gehört und dass auch das geltende Recht nur eine Etappe darstellt in dem ewigen Werdegang der Dinge.

Er muss also neben der Auslegung des geltenden Rechts auch seine zeitgemässe Umbildung als die Hauptaufgabe der Gegenwart auf dem Rechtsgebiet betrachten. Aber mehr als das. Die Erfahrung, die die heutige Generation durch das rechtsgeschichtliche Studium sich aneignen kann, setzt sie in den Stand, besser zu erkennen, in welcher Weise sie selbst durch bewusste Umgestaltung des Rechtslebens in diesen Entwicklungsprozess eingreifen kann.

Es ist in anderm Zusammenhange darauf hingewiesen worden, dass jeder Rechtssatz eine aus der Vernunft fliessende Beurteilung des menschlichen Handelns enthalte. Schon daraus ergibt sich, dass Recht nicht etwa gleichbedeutend ist mit Macht, und die Geschichte lehrt uns, dass die Rechtsfrage nicht ungestraft zu einer Machtfrage degradiert wird. Sie lehrt uns andererseits aber auch, dass wir in unserm Bestreben, in der Ordnung des Zusammenlebens die Gerechtigkeit zu verwirklichen, nicht vollständig frei sind, sondern dass unser Wollen bedingt ist durch die Macht der Verhältnisse mit denen wir zu rechnen haben. Eugen Huber hat uns unlängst in seiner tiefgehenden Abhandlung über die «Realien der Gesetzgebung» diese tatsächlichen Verhältnisse und den Einfluss, der ihnen bei der Gesetzgebung zukommt, in anschaulicher Weise zum Bewusstsein gebracht. Hier sei nur erwähnt, dass zu den Mächten, mit denen der Gesetzgeber zu rechnen hat, auch die Überlieferung gehört. Und wie könnte es anders sein! Haben wir doch früher gesehen, dass sich die Rechtsbildung zum überwiegenden Teil in kleinern Kreisen vollzieht, die durch gemeinsame Merkmale zusammengehalten und zu einer Rechtsgemeinschaft verbunden werden, und dass jedes positive Recht gleich der Gemeinschaft, für die es bestimmt ist, eine besondere Physionomie aufweist. Daraus ergibt sich u. a., dass Nachahmungen von einem Staate zum andern nur insoweit zulässig sind, als die bisherigen Unterschiede der beiden Rechtsordnungen nicht innerlich begründet, also mehr zufälliger Natur sind. Andernfalls bleibt das nachgeahmte Recht ein Fremdkörper und führt zu einer Kluft zwischen dem Volksleben und dem Rechtsleben, die namentlich im demokratischen Volksstaat nur schwer ertragen wird. Keine Wissenschaft vermag uns in diesem Falle über das Unbefriedigende eines solchen Zustandes hinwegzuhelfen. Die Geschichte ist reich an derartigen Beispielen und auch an solchen, in denen es später mit grossen Anstrengungen gelungen ist, den zerrissenen Faden der eigenen Rechtsentwicklung wieder anzuknüpfen.

Wenn nicht alles trügt, stehen wir heute vor neuen und wichtigen Aufgaben der Gesetzgebung. Nach dem Gesagten kommt alles darauf an, dass diese Aufgaben in einer Weise gelöst werden, die der Entwicklungstendenz unseres eigenen Rechts und damit der wahren Denkart unseres Volkes entspricht. Sie wollen mir deshalb gestatten, noch kurz auf einen der wichtigsten Wesenszüge der germanischen und damit auch der schweizerischen Rechtsentwicklung hinzuweisen.

Das Recht ist die Ordnung der menschlichen Gemeinschaft, es setzt also zweierlei voraus: das Individuum und die Gemeinschaft. Demgemäss finden wir denn auch in jeder Rechtsordnung Sätze, die ausgehen vom Individuum und andere, die ausgehen von der Gemeinschaft. Man kann die ersteren bezeichnen als *Individualrecht,* die letzteren als *Sozialrecht.* Während also das Individualrecht von der relativen Selbständigkeit des Individuums ausgeht und dessen Rechte und Pflichten gegenüber den andern Individuen und gegenüber der Gemeinschaft abgrenzt, geht das Sozialrecht aus von einer Gemeinschaft von Personen, und ordnet die Stellung des Individuums als Glied dieser Gemeinschaft. Bei den einen Völkern überwiegt die individuelle, bei den andern die soziale Betrachtungsweise des Rechts. Während das römische Recht stark individualistisch gefärbt ist, erfasst das germanische Recht die mannigfaltigsten Lebensverhältnisse als eine Gemeinschaft von Personen, die durch gemeinsame Interessen verbunden erscheinen, und ordnet dann die Stellung des Einzelnen in dieser Gemeinschaft. Dabei kehrt überall der Gedanke wieder, dass dem grössern Recht die grössere Pflicht entspreche. Derjenige, dem die grössere Gewalt in der Gemeinschaft zukommt, hat auch die Pflicht, den schwächern Gliedern Schutz und Fürsorge zu Teil werden zu lassen. Dieser Gedanke durchzieht das ganze Rechtsleben, von der Stellung des Ehemannes und Vaters bis zum Gemeinschaftsverhältnis zwischen dem Lehensherrn und dem Vasallen, zwischen dem Grundherrn und dem Hörigen. Die mit der Arbeitspflicht verbundene personenrechtliche Gebundenheit ist heute verschwunden und niemand wird das bedauern. Was wir aber zu bedauern allen Anlass haben, ist der Umstand, dass damit auch der erwähnte Gedanke, wonach Recht und Pflicht der tatsächlichen Stellung der in gemeinsamer Arbeit vereinten Personen entsprechen soll, in den Hintergrund getreten ist und einem rein individualistisch gefärbten obligationenrechtlichen Verhältnis Platz gemacht hat. Der damit geschaffene Zustand wird um so unhaltbarer, je grösser die Zahl der unselbständig erwerbenden Personen wird. Zwar haben wir auch im modernen Recht Einrichtungen, in denen jener Gedanke wiederkehrt. Ich erinnere an die den konzessionierten Eisenbahn- und Dampfschiffahrtsunternehmungen auferlegten Verpflichtungen, an die Fabrikgesetzgebung, an die Haftung gewisser Geschäftsherren auch für Unfälle, die auf Zufall zurückzuführen sind, jetzt ersetzt durch die obligatorische Unfallversicherung. Auf dieser Grundlage gilt es, weiterzubauen. So gut als bei den frühern Grundherrschaften besteht heute bei den grossen Unternehmungen eine Interessengemeinschaft aller Beteiligten: alle sind an der Prosperität des Unternehmens interessiert. Andererseits aber ist hier das tatsächliche Übergewicht des Dienstherrn ein derartiges, dass man dem ganzen Verhältnis nur durch die Anerkennung des Gedankens einer umfassenden, den heutigen Verhältnissen entsprechenden Fürsorgepflicht gerecht wird. Diejenigen aber, die von einer rein individualistischen Auffassung der ganzen Rechtsordnung sich nicht leicht trennen können, mögen bedenken, dass ein Versagen der Gesetzgebung nach dieser Richtung notwendig dazu führen müsste, alle Pflichten, die nach den Grundsätzen einer gerechten Interessenverteilung dem Geschäftsherrn obliegen, einfach auf den Staat, d.h. auf die Allgemeinheit, abzuwälzen. Damit kämen wir aber zu einer Allgewalt des Staates, die das Individuum vollständig absorbieren würde und damit zu einer Erstarrung des geistigen Lebens führen müsste.

Alois Troller

Alois Troller

1906—1987

ALOIS TROLLER wurde am 15. Mai 1906 in Bad Knutwil (LU) geboren. Er studierte Rechtswissenschaft an den Universitäten Bern, Basel und Freiburg i.Ue., wo er im Jahre 1937 zum Dr. iur. promovierte. 1938 legte er in Luzern das Anwaltsexamen ab und eröffnete dort 1941 eine eigene Praxis. Neben dieser Tätigkeit nahm er von 1950 bis 1976 einen Lehrauftrag für Immaterialgüterrecht an der Universität Freiburg i.Ue. wahr und von 1971 bis 1978 zusätzlich einen für Rechtsphilosophie. Schon 1957 wurde er in Anerkennung seiner Verdienste zum Titularprofessor ernannt; ausserdem verliehen ihm die Rechtsfakultäten in Lund (1967) und in Lausanne (1980) den Dr. iur. h.c.

Neben seiner Anwalts- und Lehrtätigkeit war ALOIS TROLLER auch publizistisch aussergewöhnlich schaffensfreudig: Sein Werk umfasst über 600 Publikationen aus den Gebieten des Patent-, Marken-, Urheber-, Muster-, Modell- und Wettbewerbsrechts sowie der Rechtsphilosophie. Eine umfassende Bibliographie findet man in der Festgabe für ALOIS TROLLER zum 80. Geburtstag, Formalismus und Phänomenologie im Rechtsdenken der Gegenwart (Berlin 1987). Sein berühmtes Hauptwerk zum Immaterialgüterrecht erschien in drei Auflagen (1948, 1959 bis 1962, 1983 bis 1985). Dieser Teil seines Wirkens wurde mit einer Festschrift zum 70. Geburtstag unter dem Titel «Homo creator» (Basel und Stuttgart 1976) gewürdigt.

Auf dem Gebiet der Rechtsphilosophie publizierte er 1962 «Rechtserlebnis und Rechtspflege. Ein Fussweg zur Jurisprudenz, für Ungeübte begehbar», 1965 «Überall gültige Prinzipien der Rechtswissenschaft», 1971 «Die Begegnungen von Philosophie, Rechtsphilosophie und Rechtswissenschaft», 1975 «Grundriss einer selbstverständlichen juristischen Methode und Rechtsphilosophie», 1986 «Das Rechtsdenken aus bürgerlicher und marxistisch-leninistischer Perspektive». Dieses letzte Buch ist im Schulthess Polygraphischen Verlag erschienen.

Die Beziehungen TROLLERS zum Verlag Schulthess reichten bis ins Jahr 1940 zurück, als er seinen ersten Aufsatz in der Schweizerischen Juristen-Zeitung 37 (1940/41) S. 167 ff. über ein familienrechtliches Thema publizierte, und dauerten bis ins Todesjahr 1987, als die neun letzten Rezensionen erschienen. Insgesamt publizierte er 12 Aufsätze in der SJZ und nicht weniger als rund 170 Rezensionen! TROLLER stellte sich dem Verlag auch als Kommentator zur Verfügung (Zürcher Kommentar, Der Verlagsvertrag, Art. 380—393 OR, 3. Aufl. Zürich 1976). Zu erwähnen ist ferner sein Beitrag zur 1983 erschienenen Festschrift für FRANK VISCHER.

Der folgende Aufsatz — ein Vortrag, gehalten am 8. März 1979 vor dem Zürcherischen Juristenverein — skizziert zunächst den Bereich der Rechtsphilosophie und zeigt den Bezug zur Rechtspraxis auf. Anschliessend wird auf drei wichtigere Strömungen der modernen Rechtsphilosophie eingetreten: auf den Positivismus, auf die Naturrechtslehren und auf die marxistische Rechtstheorie. Abschliessend wird auf die Aufgabe der Rechtsphilosophie bei der Gestaltung der Rechtsordnung hingewiesen.

Nach TROLLER hat der Positivismus, «der die Ordnung so, wie sie in einem Staate als verbindlich erklärt ist und notfalls durch staatliche Organe erzwungen werden kann, anerkennt», nach wie vor zentrale Bedeutung. In diesem Sinne sind wir alle Positivisten. Dies gilt selbst dann, wenn wir gewisse Teile unserer oder einer fremden Rechtsordnung als unrichtig ablehnen, ihnen sogar den Charakter von Recht absprechen. Damit haben wir sie nicht aus der Ordnung eliminiert. Es ändert nichts daran, dass eine solche Ordnung besteht. Am Gesetzespositivismus kritisiert TROLLER das Vertrauen in die Lückenlosigkeit der Gesetze in Verbindung mit der Vorstellung, die Rechtsanwendung erschöpfe sich in einer blossen logischen Subsumtion. — An KELSENS Reiner Rechtslehre rühmt er, dass sie alle anarchistischen Impulse in die Schranken weist, tadelt dagegen ihre verengende Sichtweise. — Dem Dänen ALF ROSS gesteht er zu, dass Ideologien im Richterrecht nicht selten Bedeutung haben, lehnt aber dessen Auffassung, das richterliche Urteil sei *stets* Ausdruck einer interpersonalen Ideologie. — TROLLER hält ferner den sprachanalytischen Ansatz des Engländers HERBERT HART (*1907) für wichtig, kritisiert aber, dass unser Erkenntnisvermögen nicht auf eine Befragung der Sprache reduziert werden sollte (was HART m. E. auch nicht tut).

Die internationale Diskussion um den Rechtspositivismus ist unterdessen weitergegangen (es handelt sich hier offenbar um ein ewiges Thema der Rechtsphilosophie); besonders zu erwähnen ist, dass eine neue Theorie des Rechtspositivismus entwickelt worden ist, nämlich der sog. Institutionalistische Rechtspositivismus MacCormicks und Weinbergers (vgl. MacCormick/Weinberger, Grundlagen des Institutionalistischen Rechtspositivismus, Berlin 1985).

Die zweite Strömung, die Troller behandelt, ist das Naturrecht. Zu Recht weist er auf das Schillernde des Naturrechtsbegriffes hin, der in der Neuzeit eine solche Ausweitung erfahren hat, dass mitunter alle Denker, die glauben, etwas über die Richtigkeit des Inhaltes des Rechts aussagen zu können, als Naturrechtler bezeichnet werden (in diesem Sinne wäre z.B. sogar Kant ein Naturrechtler gewesen). Zweckmässiger wäre daher, wie Zippelius vorschlägt, ein engerer Naturrechtsbegriff. Darunter würden nur solche Gerechtigkeitsprinzipien fallen, «die — angeblich — in der bestehenden Weltordnung überhaupt, in der Natur der Sache oder in der Natur des Menschen selber angelegt sind». — Nach Troller ist es nicht möglich, in der Fülle der Lehren, die der heutige (weitere) Naturrechtsbegriff fasst, ein gemeinsames Fundament nachzuweisen. Selbst wenn man das Gebundensein des Rechts an menschliches und gesellschaftliches Sein bejaht, finden wir doch stets nur zwingend oder wahlweise vorgegebene *Elemente* des Rechts, aber nie eine vorgegebene *vorpositive Ordnung*. An dieser Problematik hat sich bis heute nichts geändert. — Da sich offenbar nichts oder nur wenig Allgemeingültiges über den Inhalt des Rechts sagen lässt, stehen in der Gegenwart *prozedurale* Formen der Gerechtigkeit im Vordergrund der Diskussion. Dazu gehören die überraschende Auferstehung von Gesellschaftsvertragslehren (John Rawls, Robert Nozick, James Buchanan) sowie die sog. Diskursethik (Karl-Otto Apel und Jürgen Habermas).

Als dritte Strömung behandelt Troller die marxistische Rechtstheorie. Dabei lehnt er die politisch-ideologischen Thesen von der absoluten Richtigkeit und Überlegenheit des sozialistischen Gesellschaftssystems so klar ab, dass er sie gar nicht behandelt. Geradezu prophetisch klingt aus heutiger Sicht der Satz, beim politisch-ideologischen Axiom des Marxismus, dem Dogma von dem gesellschaftlichen Eigentum an den Produktionsmitteln, handle es sich getreu dem dialektischen Materialismus um ein ökonomisches Grossexperiment, über dessen Tauglichkeit die Ergebnisse, die menschlichen und ökonomischen, entscheiden sollen. Dies ist inzwischen mit nicht überbietbarer Eindeutigkeit geschehen.

Trotzdem hält er den Marxismus in gewisser Hinsicht für eine interessante Theorie. Die Unterschiede unseres Rechtsdenkens zum marxistischen ergeben sich nach ihm beim *Werten* des Erkannten und der daraus abgeleiteten Regelung der gesellschaftlichen Beziehungen, nicht aber beim *Erkennen.* Um das zu verstehen, muss man sich vergegenwärtigen, dass TROLLER wie kein anderer deutschsprachiger Rechtsphilosoph sich auf die HUSSERLSCHE Phänomenologie stützte. Und die Phänomenologie in der Fassung, die TROLLER ihr gegeben hat, stimmt nun in hohem Masse mit der marxistischen Widerspiegelungstheorie überein (vgl. dazu WALTER OTT/PETER HIGI, Das Troller'sche Modell der Erkenntnis und die sowjetmarxistische Widerspiegelungstheorie, in: Formalismus und Phänomenologie im Rechtsdenken der Gegenwart, Festgabe für ALOIS TROLLER zum 80. Geburtstag, Berlin 1987, S. 377ff.). Beiden Modellen ist die Prämisse unterstellt, die Welt sei erkennbar. Man kann sie daher als erkenntnistheoretisch-realistische Konzeptionen bezeichnen. Instrument des Erkennens ist übereinstimmend das *Bewusstsein* des erkennenden Individuums, und zwar wird das Wesen eines Objekts über einen *aktiven* Prozess des Bewusstseins erfasst. Nach TROLLER wird im Bewusstsein das Bild der wahrzunehmenden gesellschaftlichen Wirklichkeit vom erkennenden Subjekt, unter Einfluss seiner individuellen und kollektiven Perspektive sowie seines Vorverständnisses und der Sprache, aktiv gebildet (TROLLER, Erkenntnistheoretische Parallele von Widerspiegelungstheorie und Phänomenologie im praktischen Rechtsdenken, ARSP Supplementa Vol. I Part 3, 1983, S. 63). Ähnlich schreibt KERIMOW, Philosophische Probleme des Rechts (dt. Übersetzung Berlin-DDR 1977) S. 49: «Die juristische Erkenntnis beginnt ihren langen und komplizierten Weg mit der Widerspiegelung der rechtlichen Wirklichkeit. Das ist keine einfache, mechanische und photographische Abbildung.» Damit sind das TROLLERSCHE Bewusstseinsbild und die marxistische Widerspiegelung genuin subjektiv, interessegebunden, denn Erkennen ist primär eine individuelle Bewusstseinstätigkeit. Ihre Wahrheit im Sinne einer Übereinstimmung mit der Wirklichkeit ist folglich nicht direkt gegeben, sondern erst über eine Phase der kritischen Überprüfung und, falls notwendig, über eine Ergänzung oder Änderung erreichbar. — Man darf gespannt sein, was aus der marxistischen Rechtstheorie nach dem Umbruch im Osten werden wird. Werden KLENNER, WAGNER, PESCHKA, NASARENKO, TUMANOW, KERIMOW und wie sie alle heissen lediglich Modifikationen an der marxistischen Rechtstheorie vornehmen oder sie ganz aufgeben? (Vgl. zum neuesten Stand der marxistischen Rechtstheorie vor dem Umbruch PETER HIGI, Sein und Sollen in der marxistischen Rechtstheorie, Zürcher Studien zur Rechts- und Staatsphilosophie, Band 2, Zürich 1988.) Niemand kann das heute voraussagen.

Zum Abschluss betont TROLLER, dass das wirkliche Recht sich nicht etwa nur im Prozess ereignet, sondern im Formen der zwischenmenschlichen Beziehungen im einzelnen «im täglichen, stündlichen, ja ununterbrochenen Mitwirken der Individuen, seien sie als Behördenmitglieder Vertreter der Gemeinschaft oder handeln sie im Hinblick auf ihre eigenen Interessen, jedoch eingedenk ihrer Verantwortung gegenüber der Gemeinschaft». Die Rechtsphilosophie bewirkt eine Bewusstseinserhellung und soll dadurch helfen, dass diese schwierige Aufgabe besser erfüllt wird.

Walter Ott

Heutige Strömungen der Rechtsphilosophie [*]

von Alois Troller

I. Der Bereich der Rechtsphilosophie

Die Grenzen der Rechtsphilosophie werden nicht gleich gezogen. REHBIN-
DER überlässt ihr nur Gerechtigkeitsvorstellungen und Werte [1]. Ich meine,
dass sie alles erfassen soll, was zum grundsätzlichen Denken über das Recht
gehört. Ihr Bereich lässt sich nicht allgemein bestimmen. Nicht nur das
Objekt, sondern vor allem das Wie des Denkens macht dieses zum rechtsphilosophischen. Rechtspraxis, Rechtsdogmatik und Rechtsphilosophie
sind unlösbar verflochten. Es gibt keinen Rechtspraktiker und keinen
Rechtsdogmatiker, der nicht — in der Regel ohne das zu merken — rechts-
philosophisch überlegt [2]. Weil ich davon überzeugt bin, wage ich es, zu
Ihnen über ein Thema zu sprechen, das Stoff für ein mehrbändiges Werk
bereithält. Ich greife aus der Fülle heutiger rechtsphilosophischer Ideen
einige heraus, die mir für die tägliche juristische Arbeit in Praxis und Wissenschaft wichtig erscheinen. Ich wiederhole, was ich schon oft gesagt habe,
dass ich getreu der sokratisch-maïeutischen Methode nur darauf aus bin,
Ihnen das bewusst zu machen, was Sie schon wissen, aber manchmal nicht
genügend beachten [3].

[*] Erschienen in Schweizerische Juristen-Zeitung 75 (1979), S. 373—381.

[1] M. REHBINDER: Rechtssoziologie (1977) 11.
[2] W. BURCKHARDT: «In der Wissenschaft hängt alles zusammen; das Recht mit der Rechtsphilosophie, und die Rechtsphilosophie mit der allgemeinen Philosophie.» Brief vom 31. Juli 1926
an A. Gysin, in A. GYSIN: Rechtsphilosophie und Grundlagen des Privatrechts, Begegnung
mit grossen Juristen (1969) 191; R. DREIER: Was ist und wozu Allgemeine Rechtstheorie?
Recht und Staat in Geschichte und Gegenwart, 444/445 (1975) 33, sagt in Abwandlung eines
Popperschen Satzes: «Alle Juristen haben eine Rechtsphilosophie, nur die meisten wissen es
nicht, und die Folgen sind verheerend. So verheerend allerdings auch wieder nicht, denn sonst
würde unser Rechtssystem nicht funktionieren. Aber dass es Funktionsstörungen gibt, liegt
auf der Hand.»
[3] A. KAUFMANN: Wozu Rechtsphilosophie heute? (1971) 9: «Die Aussagen der Rechtsphilosophie dürfen vielmehr nur im Sinne einer negativen Aufgabe verstanden werden, nämlich die
Rechtsdogmatik fort und fort kritisch zu hinterfragen . . .» Zu hinterfragen ist aber nicht nur
die Rechtsdogmatik, sondern alles Rechtsdenken.

Ich habe gesagt, dass alle Juristen fortwährend rechtsphilosophischen Problemen begegnen (Frage nach der richtigen Lösung, Bedeutung der Sprache, Erkenntnismöglichkeit und Erkenntnismittel im Prozess usw.). Sie sind aber deswegen nicht Rechtsphilosophen. Das werden sie dann, wenn sie sich über das rechtsphilosophische Denken Rechenschaft geben, dieses systematisch ordnen, das Ergebnis zusammenfassen und mitteilen. Dabei verweilen sie zum Teil in Spezialgebieten, die sie mit aller Gründlichkeit erforschen, zum Teil in philosophisch-spekulativen Ideen, zum Teil in möglichster Nähe der juristischen Praxis. Zu diesen letzteren gehöre ich. Vom festen Boden des vieltausendjährigen Rechtsgeschehens aus sehe ich die Rechtsphilosophie als eine Strömung im Strom der Philosophie und die einzelnen Theorien als Teilströmungen, machmal auch nur als Wirbel. Deshalb spreche ich nicht über Richtungen. Jede Theorie, mag sie auch noch so originell und kühn erscheinen, kommt aus dem uralten Ideenstrom, zieht mehr oder weniger Blicke auf sich und wird dann als Theorie ein Moment der Geschichte. Sie kann aber das Rechtsgeschehen für einige Zeit (Kelsens Reine Rechtslehre), durch Jahrhunderte (Nominalismus), über Jahrtausende hinweg (Aristotelische Gerechtigkeitslehre) beeinflussen und es wesentlich verändern (Marxismus-Leninismus). Solche gewaltige Strömungen vermag ich in der heutigen Rechtsphilosophie und in ihrem Ursprung, der zeitgenössischen Philosophie, nicht zu sehen.

II. Einige deutlich erkennbare Strömungen

1. Einleitende Bemerkungen

Ende August 1979 findet in Basel der Weltkongress für Rechts- und Sozialphilosophie statt. Als Themen wurden bestimmt: Analytische Jurisprudenz (als Beispiel des Positivismus), Naturrecht, marxistische Rechtstheorie und Orientalische Rechtstheorien. Ich folge dieser Einteilung, indem ich die praktische Bedeutung positivistischer, naturrechtlicher und marxistisch-leninistischer Strömungen für unser Denken der sechzigminütigen Dauer meines Vortrages entsprechend kurz erwäge. Ich betrachte dabei die Rechtstheorie als Teil der Rechtsphilosophie, weil auch die Rechtstheorie ihr Fundament in der allgemeinen Philosophie hat. So bezeichnen die marxistisch-leninistischen Rechtsdenker ihre rechtlichen Grundthesen als Rechtstheorie, obgleich sie unlösbar mit ihrer materialistischen Philosophie verbunden sind. Die Rechtstheoretiker können sich über ihren Erkenntnisvorgang und ihre Entscheidungen nur auf philosophischer Grundlage klar werden.

Zwei Denkrichtungen sind beim Betrachten aller Strömungen zu beachten: die theoretische und die ideologische. Hier spreche ich nur ausdrücklich von Richtungen. Die theoretische und die ideologische Betrachtungsweise sind nicht entgegengesetzte, sondern vom gleichen Grund aus auf ein anderes Ziel gerichtete Denkmethoden. Ich folge dabei dem dänischen Rechtsdenker STIG JÖRGENSEN. Theorie und Ideologie sind Annahmen über Tatsachen und ihre Verbindung und Auslegung, die wissenschaftlicher Forschung zugrunde gelegt werden. Die Theorie ist ein offenes System, das durch Experimente zu bewähren ist. Die Ideologie hingegen verlangt von der Realität, dass sie sich ihren Axiomen anpasse. Geraten Theorie und Realität in Konflikt, so gibt die Theorie nach. Widerspricht die Realität der Ideologie, so zieht die Realität den kürzeren[4].

2. *Der Positivismus*

Über den Positivismus hat im letzen Vortragsjahr Kollege WALTER OTT zu Ihnen gesprochen. Zudem haben wir seine umfassende und klare Habilitationsschrift zur Hand[5]. Ich lasse es daher bei einigen Bemerkungen zur praktischen Relevanz positivistischer Theorien oder Ideologien bewenden.

Gesetzespositivismums, das Vertrauen in die Lückenlosigkeit der Gesetze und in Verbindung damit das Betrachten der Rechtsanwendung als blosse Subsumtion des Sachverhalts unter die Norm, wird wohl von niemandem mehr verteidigt. Der Rechtspositivismus, der die Ordnung so, wie sie in einem Staate als verbindlich erklärt ist und notfalls durch staatliche Organe erzwungen werden kann, anerkennt, hat nach wie vor eine für das Rechtsleben zentrale Bedeutung. Dieser Positivismus bewährt sich in der Regel. Jede Gesetzgebung setzt ihn voraus. So weit sind wir alle Positivisten. Die Gegner dieses gemässigten Positivismus gehen von einzelnen Normen oder Instituten aus, die ihrer Ansicht vom richtigen Recht widersprechen. Zu fragen ist aber nach der Geltung und Richtigkeit der gesamten Ordnung. Unsere positivistische Überzeugung hindert uns nicht daran, in

---

[4] STIG JÖRGENSEN: Values in Law, Ideas, principles an rules (1978) 14 f.
[5] WALTER OTT: Der Rechtspositivismus, Kritische Würdigung auf der Grundlage eines juristischen Pragmatismus (1976).

unserer oder einer fremden Rechtsordnung gewissen Teile als unrichtig abzulehnen, ihnen sogar den Charakter von Recht abzusprechen. Damit haben wir sie jedoch nicht aus der Ordnung eliminiert. Wie wir sie bezeichnen, ist ein terminologisches Problem. Wir können sie kritisieren und, wenn wir selber von solchen Normen erfasst sind und den Mut zum Widerstand haben, den Gehorsam verweigern und die Zwangsfolgen auf uns nehmen. Das ändert jedoch nichts daran, dass eine solche Ordnung besteht.

Ein anderes Problem ist es, dass jene, die für diese Ordnung und ihre Anwendung verantwortlich sind, nach einem Umsturz vom Standpunkt einer andern Überzeugung vom richtigen Recht aus sich zu verantworten haben und verurteilt werden[6].

Paraktisch bedeutsam sind auch jene positivistischen Thesen, die das Recht und das Rechtsdenken axiomatisch einengen, indem sie einen Aspekt herausgreifen und das Recht oder das Rechtsdenken nur in seinem Bereich gelten lassen. Gerade durch ihre Einseitigkeit bringen sie uns wesentliche Elemente des Rechts zum Bewusstsein.

So sind die Kelsensche Grundnorm (Verfassung) und der Stufenbau in jeder komplexeren Rechtsordnung unvermeidlich. Sie sind Wesenselemente (ontologisch vorgegeben) und nicht nur, wie Kelsen im neukantianischen Sinne es verstand, transzendental-logisch, denknotwendig[7].

Kelsens Rechtslehre gibt der Kompetenzzuteilung das ihr gebührende Gewicht und lässt uns alle anarchistischen Bemühungen als unrealisierbar verwerfen[8]. Dies ist der bleibende Gehalt, währenddem das Beschränken der Rechtslehre darauf als Selbstverstümmelung der Rechtstheorie und -philosophie abzulehnen ist.

Ein anderes Beispiel, das viel beachtet wurde, ist die Lehre des dänischen Rechtstheoretikers Alf Ross. Er rückte in den Mittelpunkt seiner Auffassung vom Recht das Problem der Geltung. Dass eine Norm gelte, bedeute nichts anderes, als dass sie von den Richtern empfunden und ange-

---

[6] Das ist eindrücklich dargetan im Hinblick auf die Nürnberger Urteile von VILMOS PESCHKA: Grundprobleme der Modernen Rechtsphilosophie (1974) 149—155, der — worin ich ihm nicht folge — die nachher als widerrechtlich erfassten Normen, solange sie in Geltung sind, als rechtlich gerecht bezeichnet.

[7] CHRISTOPH MÜLLER: Hans Kelsens Staatslehre und die marxistische Rechtstheorie, in Reine Rechtslehre und marxistische Rechtstheorie; Schriftenreihe des Hans-Kelsen-Instituts, Bd. 3 (1978) 173, bezeichnet Kelsens Rechts- und Staatstheorie als Widerspiegelung realer gesellschaftlicher Strukturen.
Kelsens ontologische Strukturanalyse wurde auch von mir dargetan (A. TROLLER, Grundriss einer selbstverständlichen juristischen Methode und Rechtsphilosophie [1975] 88).

[8] Dieser überzeitliche Gehalt der Kelsenschen Lehre wurde deutlich hervorgehoben in Vorträgen am Symposium über «Reine Rechtslehre und marxistische Rechtstheorie» (s. vorn Anm. 7).

wendet werde[9]. «Nach Ross ist das geltende Recht der Ausdruck einer Ideologie, die den Richter tatsächlich beseelt und deshalb seine Entscheidung motiviert. Die Kenntnis dieser Ideologie eröffnet die Möglichkeit, das Verhalten des Richters vorauszusagen, das seinerseits die einzige empirisch feststellbare Grundlage einer wissenschaftlichen Behandlung darstellt[10].» Diese Ideologie wird von Ross als interpersonale normative Ideologie verstanden[11]. Gewiss können wir einer derartigen Einengung des Rechts und der Behauptung, das im Urteil erscheinende Recht sei stets der Ausdruck einer interpersonellen Ideologie, nicht zustimmen. Wir werden jedoch eindrücklich darauf hingewiesen, dass Ideologien im Richterrecht nicht selten Bedeutung haben. Dass Gerichtsurteile eine wichtige Grundlage der Rechtsordnung im anglo-amerikanischen Rechtskreis, aber auch im kontinental-europäischen bilden, ist offensichtlich. Fragen werden wir uns bloss, ob der Aufwand der Rossschen Lehre notwendig war, um uns das als Teilwahrheit seiner Thesen bewusst zu machen. Ähnliches ist vom amerikanischen Rechtsrealismus (z.B. Holmes, Llewelyn) zu sagen, der auch auf die Anwendung der Normen durch Richter oder Beamte abstellt[12].

Die analytischen Theorien, die ausgehend von Wittgenstein die Sprache befragen und als neopositivistisch bezeichnet werden, vermitteln uns ebenfalls wichtige Einsichten in das Rechtsdenken und -leben. Ich zitiere HART: «Viele wichtige, aber nicht unmittelbar offensichtliche Unterscheidungen zwischen Typen sozialer Situationen und Beziehungen können dadurch am besten ans Licht gebracht werden, dass man den Standardgebrauch der entsprechenden Worte untersucht und erforscht, wie diese vom sozialen Kontext abhängen. Dies wird ja häufig nicht direkt ausgesprochen. Hier können wir uns durchaus von J.L. Austin sagen lassen, dass ‹ein geschärftes Bewusstsein für Worte unsere Wahrnehmung der Phänomene schärfen wird›[13].» HART tritt allen Einengungen des Rechts auf bestimmte Funktionen oder Anwendungsfälle (z.B. Austins Imperativentheorie oder dem Abstellen auf die Anwendung durch den Rechtsstab) entgegen. Er wirft ihnen vor, was für viele andere Thesen ebenso gilt, dass sie «die angenehme Uniformität ihres Rechtsmodelles, auf das sie alle Normen reduziert haben, zu einem viel zu hohen Preis einhandeln». HART sieht die Hauptfunktion

---

[9] OTT (vorn Anm. 5) 71; vgl. Zu Ross: JÖRGENSEN, Values in Law (vorn Anm. 4) 151ff.; JÖRGENSEN: Argumentation and Decision, Festskrift tie Alf Ross (1964) 261ff.

[10] JÖRGENSEN: Grundzüge der Entwicklung der skandinavischen Rechtswissenschaft, Juristenzeitung 1970, 533.

[11] JÖRGENSEN, Argumentation and Decision (vorn Anm. 9) 262.

[12] OTT (vorn Anm. 5) 87f.

[13] H.L.A. HART: Der Begriff des Rechts (1973) 8.

des Rechts in den verschiedenen Weisen, wie das Recht genützt wird, um das Leben ausserhalb des Gerichts zu kontrollieren, zu führen und zu planen[14].

So sehr wir die Nützlichkeit der analytischen Methode anerkennen, so lassen wir unser Erkenntnisvermögen doch nicht auf die Befragung der Sprache reduzieren.

Noch viele andere Erkenntnisse, die uns im alltäglichen Umgang mit dem Recht zustatten kommen, können wir bei HART finden.

Als Ausnahme von der unmittelbaren praktischen Relevanz erscheint mir die juristische Logik. Sie ist aus der einen Richtung des Neopositivismus (Carnap) hervorgegangen. Ihre Vertreter wollen die Umgangssprache, weil sie wissenschaftlich ungenügend sei, durch ein System von Formeln von ihren «Ungenauigkeiten und Mehrdeutigkeiten» reinigen[15]. Es fällt auf, dass die Beiträge zum Kongress «Logische Strukturierungs- und Entscheidungsprobleme des Rechts» in Salzburg (November 1976) keine Beispiele für die praktische Anwendung enthalten. Im Vorwort haben denn auch die Redaktoren I. TAMMELO und H. SCHREINER erklärt, dass die «laufende rechtslogische Arbeit nicht unbedingt eine Gegenwartsbedeutung habe, sondern sich zur Zeit wegen ihrer Unbekanntheit unter den Rechtspraktikern weithin mit einer praktischen Aufgabe in der Zukunft begnügen muss»[16].

Wie die juristische oder die mathematische Logik[17] diese Aufgabe erfüllen wird, muss also die Zukunft erweisen.

3. Das Naturrecht

Der Begriff des Naturrechts lässt sich heute nur noch bestimmen als das umfassend angelegte Unternehmen alle Vorgegebenheiten aufzuzeigen, an die der Gesetzgeber gebunden ist, «seien dies Werte, Normen, Wesensstrukturen, das menschliche Miteinander, geschichtliche Institutionen, Rol-

---

[14] HART (vorn Anm. 13) 61, 63, vgl. die wichtigen Folgerungen für das Internationale Recht, S. 293 ff.

[15] I. TAMMELO: Erneuerungsvorschläge für die logische Terminologie und Notation, in: Strukturierungen und Entscheidungen aus Staat und Recht 43 (1978) 53.

[16] Strukturierungen und Entscheidungen (vorn Anm. 15) S. VI.

[17] Ihre Anwendung an Stelle der juristischen oder Normlogik empfiehlt Yoshino, der feststellt, «dass die bisherige Rechtslogik, von einigen Ausnahmen abgesehen, nicht in der Lage gewesen ist, bei der Analyse der rechtstheoretischen und rechtspraktischen Probleme effektiv zu helfen». «Die Systeme dieser Logik sind zwar philosophisch interessant, aber weder als Methode solide festgelegt worden, noch nützlich» (H. YOSHINO: Zu Ansätzen der juristischen Logik, Strukturierungen und Entscheidungen [vorn Anm. 5] 277).

len und Lagen oder was immer sonst» [18]. Solche Naturrechtsthesen sind weit enfernt von der bis zum Beginn des 20. Jahrhunderts geltenden Ansicht, «dass ‹Naturrecht› die Summe der immer und überall richtigen obersten Sollensgesetze und ihre Anwendung in der konkreten Situation» bezeichne [19]. Gemeinsam ist den naturrechtlichen Thesen auch heute noch die Bindung an ein von menschlicher Praxis nicht gesetztes Seiendes; aber der Naturbegriff wird ersetzt durch die Anerkennung eines Unverfügbaren [20]. Gesprochen wird nicht nur vom Naturrecht mit wandelndem, sondern auch mit werdendem Inhalt [21].

Es ist nicht möglich, in der Fülle der Lehren, die der heutige Naturrechtsbegriff umfasst, ein gemeinsames Fundament nachzuweisen [22]. Alle unter ihnen, die nicht von spekulativen Axiomen oder Ideologien ausgehen, lenken unser Augenmerk auf wesentliche Elemente des Rechts. So bleibt die von Aristoteles erkannte Polarität des Menschen (Individuum und gesellschaftliches Wesen) die Leitidee für die Gestaltung jeglicher Rechtsordnung. Zudem lehrt uns die Erfahrung, dass damit nur die beiden Eckpfeiler angezeigt sind, dass wir nur wissen, dass jede Person zur Geltung kommen und dass sie zudem sich in die Gesellschaft einfügen muss. Welche Kompetenzen dem Einzelnen und welche der Gemeinschaft zuzuteilen sind, hängt von den Tätigkeitsbereichen, von dem Individualitätsbedürfnis der vom Recht Erfassten, von der ökonomischen Struktur usw. ab. Zu den in der Natur des Menschen gegründeten Elementen des Rechts sind auch sein Erkenntnisvermögen und seine Sprache zu zählen, die z. B. das Prozessrecht entscheidend bestimmen. Aber so sehr wir das Gebundensein des Rechts an menschliches und gesellschaftliches Sein bejahen, so finden wir doch stets nur zwingend oder wahlweise vorgegebene Elemente des Rechts, aber nie eine vorgegebene vorpositive Ordnung.

---

[18] G. ELLSCHEID: Das Naturrechtsproblem in der neueren Rechtsphilosophie, in: A. KAUFMANN / W. HASSEMER (Hrsg.), Einführung in Rechtsphilosophie und Rechtstheorie der Gegenwart (1977) 28. Vgl. auch R. ZIPPELIUS: Das Wesen des Rechts. Eine Einführung in die Rechtsphilosophie (4. A. 1979) 77: «Der Naturrechtsbegriff wird teils in einem weitern, teils in einem engeren Sinn gebraucht. Im weiteren Sinn bezeichnet er schlechthin die unabhängig vom positiven Recht gültigen Grundsätze zwischenmenschlicher Beziehungen. In einem engeren Sinne bezeichnet er solche Gerechtigkeitsprinzipien, die — angeblich — in der bestehenden Weltordnung überhaupt in der Natur der Sachen oder in der Natur des Menschen selber angelegt sind.»

[19] A. KAUFMANN / W. HASSEMER: Grundprobleme der zeitgenössischen Rechtsphilosphie und Rechtstheorie (1971) 18.

[20] ELLSCHEID (vorn Anm. 18) 28.

[21] H. HENKEL: Einführung in die Rechtsphilosophie, Grundlagen des Rechts (2. A. 1977) 513 ff.

[22] Ich verweise auf Naturrecht oder Rechtspositivismus, herausgegeben von W. MAIHOFER (1962), wo auf 577 Seiten 32 Aufsätze Auskunft geben. Die Bibliographie des naturrechtlichen Schrifttums zwischen 1945 und 1960 beansprucht 42 klein bedruckte Seiten.

Der Begriff Naturrecht verleitet aber immer wieder dazu, den Bestand eines solchen «absoluten» Naturrechts als Gegensatz zu positivem Recht anzunehmen. Es wäre daher besser, den Begriff «Naturrecht» nur noch in der Geschichte der Rechtsphilosophie zu verwenden und nicht zur Kennzeichnung von Strömungen, die irgendein Seiendes als unvermeidliches Element des Rechtsdenkens anerkennen. So sagt HENKEL: «Alle hier entwickelten Überlegungen lassen es als geboten erscheinen, den Ausdruck ‹Naturrecht›, mag er auch das Gewicht des Herkömmlichen besitzen, in den weiteren Bemühungen um das Rechtsverständnis aufzugeben[23].» Kaufmann schrieb treffend, durch den von ihm vertretenen «hermeneutisch-ontologischen Denkansatz» werde «der Streit zwischen den feindlichen Brüdern: Naturrecht und Rechtspositivismus dorthin verbannt, wohin er gehört, nämlich in die rechtshistorische Rumpelkammer»[24].

Wir können jedoch nicht hoffen, dass auf den Begriff «Naturrecht» zur Bezeichnung von rechtsphilosophischen Strömungen verzichtet wird. Solange wir uns dessen bewusst sind, dass das Ideengut, das unter dem Begriff «Naturrecht» zusammengefasst wird, Bauelemente, aber keine fertigen Teile der Rechtsordnung vorweisen kann, ist die Wahl der Bezeichnung nur ein terminologisches und nicht ein sachliches Problem. Keinesfalls sollten uns gewisse spekulative oder dogmatisch-axiomatische Thesen davon abhalten, dass wir die Seinsgesetzlichkeiten des Rechts stets bedenken und uns von Naturrechtlern dazu anregen lassen. Dabei haben wir auch unsere rational-kritisch begründete Ablehnung von wissenschaftlich nicht beweisbaren Behauptungen kritisch zu betrachten. Wir haben zuzugeben, dass das Sein unendlich grösser ist als unser Wissensbereich und dass das Recht ein vom Menschen erfasstes und in seiner Verantwortung gestaltetes Seinswerk ist. Dieser Verantwortung lässt sich auch nicht durch eine Überzeugung von dem letztlich metaphysisch gegründeten menschlichen Sein ausweichen. Gerade ein solches Zutrauen sollte im Gegenteil das Verantwortungsgefühl stärken[25].

---

[23] HENKEL (vorn Anm. 21) 520; A. TROLLER (vorn Anm. 7) 84: «Wegen der Unbestimmtheit des Naturrechtsbegriffs und der mit ihm verbundenen irrigen Vorstellungen sollte er nicht mehr verwendet werden, um heutiges Rechtsdenken zu charakterisieren.»

[24] A. KAUFMANN: Recht und Gerechtigkeit in schematischer Darstellung, in: Einführung in Rechtsphilosophie und Rechtstheorie der Gegenwart (vorn Anm. 18) 290.

[25] R. M. UNGER: Law in Modern Society (1976) 267: «But now we see that to resolve its own dilemmas, social theory must once again become, in a sense, both metaphysical and political. It must take a stand on issues of human nature and human know-ledge for which no ‹scientific› elucidation is, or may ever be, available.»

4. Marxistische Rechtstheorie

Die meisten Juristen aus nichtsozialistischen Ländern meinen, die marxistische Rechtstheorie sei etwas derart anderes und unannehmbares, dass es sich nicht lohne, sich mit ihr zu beschäftigen. Marxistische Rechtsdenker sind an diesem Vorurteil mitschuldig. Sie behaupten die Unvereinbarkeit unserer rechtsphilosophischen Ideen mit ihrer Rechtslehre. Charakteristisch für diese ideologisch begründete Stellungnahme ist der Umstand, dass in gewissen marxistischen rechtstheoretischen Werken die Kritik an dem «bürgerlichen» oder «kapitalistischen» Rechtsdenken das Hauptthema ist [26].

Aus dieser Kritik sind jedoch zugleich wichtige Aussagen über die marxistische Rechtstheorie zu erfahren [27]. Dabei müssen wir unterscheiden zwischen den politisch-ideologisch begründeten Angriffen gegen das bürgerliche Gesellschaftssystem und den wissenschaftlich gut fundierten Einwendungen gegen nicht marxistische rechtsphilosophische und rechtstheoretische Thesen, z. B. gegen verschiedene Strömungen des Positivismus, des Naturrechts, des existentialistischen Rechtsdenkens, der idealistischen Phänomenologie usw. Die politisch-ideologischen Thesen, die von der absoluten Richtigkeit und Überlegenheit des sozialistischen Gesellschaftssystems ausgehen, lasse ich hier beiseite. Sie sind zur Genüge bekannt.

Auch die wissenschaftlich fundierte Kritik ist nicht ideologiefrei. H. WAGNER stellt fest, dass der Marxist voll seine Ideologiegebundenheit und Parteilichkeit bejahe, eine marxistische Rechtstheorie könne nicht ideologiefrei sein [28]. E. W. NASARENKO behauptet sogar: «Klassencharakter und Parteilichkeit der sozialistischen Rechtsideologie bedingen folglich ihre Wissenschaftlichkeit [29].» Leider fehlt mir hier die Zeit, um diese Eigenschaft der marxistischen Rechtstheorie zu analysieren. Würde sie nur bedeuten, dass der Marxist das Recht von seiner Perspektive, von seinem Vorverständnis aus betrachtet, dann wäre dagegen nichts einzuwenden. Doch widerspricht eine derartige Berücksichtigung der subjektiven Ansicht dem

---

[26] Vgl. z. B. H. KLENNER: Rechtsphilosophie in der Krise (1976); W. A. TUMANOW: Bürgerliche Rechtsideologie (deutsche Übersetzung 1975); V. PESCHKA (vorn Anm. 6).

[27] R. DREIER: Reine Rechtslehre und marxistische Rechtstheorie (vorn Anm. 7) 126, stellt fest: «... dass sich die marxistische Rechtstheorie zwar als kritische Theorie bürgerlicher Staaten herausbildet, inzwischen aber um eine affirmative Theorie des Rechts sozialistischer Staaten erweitert hat.»

[28] H. WAGNER: Reine Rechtslehre und marxistische Rechtstheorie (vorn Anm. 7) 119.

[29] E. W. NASARENKO: Sozialistisches Rechtsbewusstsein und Rechtsschöpfung (deutsche Übersetzung 1974) 41. Ferner a.a.O. 22 «Das politische Bewusstsein ist die ideologische Grundlage des Rechtsbewusstseins, es trägt die Idee der Parteilichkeit in das Rechtsbewusstsein.»

marxistischen Anspruch auf objektive Richtigkeit der politischen Grundthese. Das hat zur Folge, dass in allen marxistischen rechtstheoretischen Schriften die Darstellung der Wirklichkeit sich dem Axiom anpassen muss. So werden bei der Kritik der bürgerlichen Rechtsphilosphien und -theorien vor allem jene Elemente herausgegriffen, die auch wir als wirklichkeitsfremd und theoretisch spekulativ ablehnen können. Aber die Kritik ist trotz dieser Beschränkung in der Regel so klar entwickelt, dass uns mühsame eigene Forschungen erspart sind. Zugleich wird uns durch ideologisch übertriebene Polemik die Kritik an der Kritik erleichtert[30].

Ich spreche über marxistische Rechtstheorie auf der Grundlage der Schriften einiger weniger Autoren. Ich darf das tun, weil sie typische Thesen der heutigen marxistischen Rechtstheorie mitteilen. Die Aussagen jener, die in sozialistischen Ländern leben (KLENNER [DDR], NASARENKO und TUMANOW [UdSSR], PESCHKA [Ungarn]) dürfen wohl zum mindesten als autorisierte Auffassung gelten. Sie lassen bedeutende Wandlungen im marxistischen Rechtsdenken erkennen. WAGNER, der in Westberlin lebt, ist ein gründlicher Kenner und offensichtlich auch ein überzeugter Vertreter marxistischer Lehre.

Trotz der Übereinstimmung in den Grundthesen, ergeben sich im einzelnen Unterschiede, die ich hier jedoch nicht darlegen kann. Ich lasse es bei der Feststellung bewenden, dass die weit verbreitete Meinung, die marxistische Philosophie und damit auch die Rechtstheorie seien einheitlich und wandeln sich kaum, falsch ist[31].

Grundlegend für das Verständnis der marxistischen Rechtstheorie ist das Erfassen des dialektischen Materialismus. Die Materie im philosophischen Sinn als Basis der Erkenntnis ist, wie WAGNER sagt, in der heutigen

---

[30] KLENNER (vorn Anm. 26) 9: «Es gehört zum Anliegen der hiermit vorgelegten streitbaren Studien, die späte Blüte bürgerlicher Rechtsphilosophie alles in allem als *Scheinblüte* nachzuweisen.»
Ein Beispiel ist die gemäss obiger Zielsetzung von KLENNER ideologisch erklärbare Umdeutung einer Stelle in meiner Studie «Die Aufgabe der Rechtsphilosophie», SJZ 1973, 97. Ich hatte auch dort die Aufgabe der Rechtsphilosophie vor allem in der Bewusstseinserhellung gesehen. KLENNER schrieb jedoch dazu (a.a.O. 17): «So entpuppt sich selbst bei kritisch angelegten, von hartnäckigen Zweifeln geplagten Rechtsphilosophen als ihr eigentliches Anliegen, die Rechtsordnung so, wie ‹wie sie hier und jetzt besteht›, in den Grundzügen zu bejahen. Ganz sicher zielt auch diese Art, das immanente Selbstverständnis der existenten Rechtsordnung zu rechtfertigen, objektiv auf die Apologie der bürgerlichen Gesellschaft selbst.»
Mein Anliegen war es jedoch, das immanente Selbstverständnis des Rechtsdenkens als Folge von vorgegebenen überzeitlichen und von der Gesellschaftsform unabhängigen Strukturen der Rechtsordnung und des Rechtsdenkens darzutun.
[31] Vgl. T. HANAK: Die Entwicklung der marxistischen Philosophie (1976). Zu Wandlungen im sowjetrussischen Rechtsdenken vgl. u. a. N. REICH: Hans Kelsen und Evgenij Paschukanis und P. RÖMER: Die Kelsensche Lehre vom Zwangscharakter des Rechts (beide Studien in Reine Rechtslehre und marxistische Rechtstheorie [vorn Anm. 7], REICH 19 ff., RÖMER 147 ff.).

marxistischen Lehre «von substanz- und stoffgebundenen Vorstellungen und darüber hinaus von allen konkreten Erscheinungsformen der materiellen Welt (Atome, Körper, Elementarteilchen) gelöst». «Materie» ist daher an keine jeweiligen und also überholbaren physikalischen Erkenntnisse mehr gebunden, sondern bezeichnet ausschliesslich das unabhängig vom Bewusstsein Existierende. Zur Materie gehören alle gesellschaftlichen Verhältnisse, das gesellschaftliche Sein. «Zum Materialismus gehören dann alle Weltanschauungen, nach denen die Materie gegenüber dem Bewusstsein das Ursprüngliche und Bestimmende ist[32].» Damit wird die Materie im philosophisch-marxistischen Materialismus identisch mit dem gesellschaftlichen Sein. So sagt PESCHKA: «Die marxistische Rechtstheorie betont die materielle Einheit der Welt, erkennt den Sollen-Charakter der Rechtsnorm an, hält aber dieses Sollen für eine eigentümliche Widerspiegelung des Seins[33].» Zu diesem gesellschaftlichen Sein gehört nach Peschka der allgemeine Wille der herrschenden Klasse und die zwingende Macht des Staatsapparates[34]. TUMANOW lässt das gesellschaftliche Sein nicht nur materielle Dimensionen, sondern auch solche geistiger Art erfassen[35].

Mit der Ableitung des Rechts aus dem gesellschaftlichen Sein gehört die marxistische Rechtstheorie zum weiten Bereich heutiger Naturrechtstheorien[36]. Die marxistische Kritik am Naturrecht gilt denn auch nur der Anerkennung von apriorisch gegebenen Rechtsnormen[37]. Sie trifft sich darin mit der heute herrschenden Überzeugung in unserem Rechtsdenken.

Die These, dass das gesellschaftliche Sein des Menschen das Fundament der Rechtsordnung ist und sein muss, stimmen wir wohl alle gerne zu. Wir werden auch die Bedeutung der sozioökonomischen Verhältnisse nicht verkennnen, sie aber nicht als ausschliesslich bestimmenden Faktor gelten lassen. auch die marxistische Theorie weicht davon ab. Ich zitiere TUMANOW: «Wenn man die Menschenrechte mit der Tatsache ihres gesellschaftlichen Seins verbindet, steht der Marxismus der revolutionären

---

[32] H. WAGNER: Recht als Widerspiegelung und Handlungsinstrument, Beitrag zu einer materialistischen Rechtstheorie (1976) 38 f.
[33] V. PESCHKA (vorn Anm. 6) 62 f.
[34] V. PESCHKA (vorn Anm. 6) 62.
[35] W. A. TUMANOW (vorn Anm. 26) 293
[36] W. A. TUMANOW (vorn Anm. 26) 289 sagt im Hinblick auf die ausschliessliche Determiniertheit des zum Gesetz erhobenen Klassenwillens durch materielle Lebensbedingungen, man könne die grundlegenden Prinzipien der sozialistischen Ordnung «auch als etwas dem Naturrecht Ähnliches auffassen».
[37] V. PESCHKA (vorn Anm. 6) 25 ff.; W. A. TUMANOW (vorn Anm. 26) 288 ff.

Naturrechtsdoktrin über die unveräusserlichen Rechte des Menschen und Bürgers nahe[38].»

Ebensowenig wie der Materialismus in der dargelegten Bedeutung ist unserem Rechtsdenken die Dialektik oder Widerspiegelung fremd. Ich zitiere PESCHKA: «Die ontologischen Fragen der modernen bürgerlichen Rechtsphilosophie hinsichtlich des Wesens und des Inhalts des Rechts beantwortet die marxistische Rechtstheorie mit der Widerspiegelungstheorie der materialistischen Dialektik[39].» Die Widerspiegelung ist aber nicht eine photokopische Abbildung der gesellschaftlichen Verhältnisse im Bewusstsein[40]. Die Widerspiegelung als dialektischer Vorgang ist durch die Aktivität des Bewusstseins bestimmt. Wiederum zitiere ich PESCHKA: «Schon die Untersuchung des im Recht formulierten Tatbestandes zeigt, dass der rechtliche Inhalt nicht nur der Wirklichkeit der Sozial- und Wirtschaftverhältnisse entstammt, sondern ihre Aufarbeitung, Ausprägung, ihre Widerspiegelung sich im Bewusstsein abspielen.» «Die soziale Bestimmung des Rechts liegt gerade darin, die Formierung und Verwirklichung der zu regelnden sozialen Verhältnisse in einer bestimmten Richtung und Art durch die Vorschrift des Verhaltens in einer gegebenen Situation zu sichern[41].» Diese Sicherung ist die Fortsetzung des dialektischen Vorganges. Die im Bewusstsein aus dem Sein abgeleiteten Regeln (das Sollen, wie es PESCHKA nennt) wirken als Rechtordnung auf die gesellschaftlichen Verhältnisse ein. Das Recht ist ein Handlungsinstrument[42].

TUMANOW zitiert dazu KERIMOW: «Kriterium für den Wert der Rechtsnormen muss nicht nur die Tatsache einer exakten und allseitigen Widerspiegelung der materiellen und geistigen Wirklichkeit in ihnen sein, sondern auch der Grad, in welchem diese Normen die von ihnen geregelten gesellschaftlichen Verhältnisse verändert haben[43].» Auch KLENNER erfasst die Dialektik als Zusammenwirken von Widerspiegelung und dem Weiter-

---

[38] W. A. TUMANOW (vorn Anm. 26) 292; E. W. NASARENKO (vorn Anm. 29) 20: «Die Determiniertheit durch die ökonomischen Verhältnisse darf nicht als direkte Abhängigkeit jeder rechtlichen Idee nur von der ökonomischen Struktur der Gesellschaft verstanden werden. Das Rechtsbewusstsein widerspiegelt die Ökonomie nicht direkt...» «Auf den Inhalt des Rechtsbewusstseins übt notwendigerweise die Gesamtheit der gesellschaftlichen Verhältnisse unter konkreten historischen Umständen Einfluss aus, das in der Gesellschaft geltende Recht, die Moral, das Niveau der allgemeinen Kultur, Traditionen u. a.»
[39] V. PESCHKA (vorn Anm. 6) 209.
[40] V. PESCHKA (vorn Anm. 6) 63, 210 f.
[41] V. PESCHKA (vorn Anm. 6) 211; vgl. zur Aktivität des Bewusstseins H. WAGNER (vorn Anm. 32) 59 ff.
[42] H. WAGNER (vorn Anm. 32) 13.
[43] W. A. TUMANOW (vorn Anm. 26) 294.

entwicklen[44]. Dabei muss auch der Marxist die im Bewusstsein widerge-
spiegelte gesellschaftliche Wirklichkeit werten. Dabei lehnt er es meines
Erachtens zu Recht ab, sich von vorbestehenden Werten leiten zu lassen[45].
Anerkannt ist zudem, dass die Widerspiegelung das juristische Bewusstsein
zu erhellen hat, wie NASARENKO das für die Rechtswissenschaft festhält,
wobei sie erstaunlicherweise die Anwendung der Rechtserkenntnis auf die
Rechtspraxis negiert und jener nur die Aufgabe belässt, «die Entwicklung
und Umgestaltung der Gesellschaft im ganzen zu erklären»[46]. Die marxistische Rechtstheorie anerkennt auch die Komplexität der Widerspiegelung.
Ich zitiere wiederum NASARENKO: «Obwohl das Rechtsbewusstsein der
Individuen das gesellschaftliche Sein und das gesellschaftliche Bewusstsein
der Epoche widerspiegelt, kann es jedoch nicht vollkommen identisch mit
dem gesellschaftlichen Bewusstsein sein. Im Rechtsbewusstsein der Individuen existieren nicht nur objektive Grundzüge der Epoche, sondern auch
subjektive Lebensumstände des Individuums, seine persönlichen Eigenschaften, Bildung, Erziehung, Beruf, Teilnahme an gesellschaftlicher Tätigkeit, die seine Mikrosphäre bilden, sowie seine Besonderheiten, sein Charakter, seine Herkunft[47].» NASARENKO unterscheidet zu Recht, wie das
schon EUGEN HUBER getan hatte[48], individuelles und kollektives
Bewusstsein, wobei die Besonderheiten der Rechtspraxis der Kollektive
und der gesellschaftlichen Organisationen auch die «Unterschiede im Inhalt
ihres Gruppen-Rechtsbewusstseins» bestimmen[49]. Um dann trotzdem zu
einem einheitlichen Rechtsbewusstsein zu kommen, zieht NASARENKO die
Rechtsideologie heran: «Die Rechtsideologie wird als theoretisches
Bewusstsein der Klassen im Ergebnis der Tätigkeit von Ideologen geschaffen: der Wissenschaftler, der politischen Führer von Klassen und Parteien,
und wird in organisierter Form in das Bewusstsein der Klassen und der
Massen der Gesellschaft hineingetragen[50].» Aber auch dabei gibt sie eine
Schwierigkeit in der Auseinandersetzung mit dem individuellen
Bewusstsein zu: «Aber sogar in dem Falle, in dem das Individuum der
Ideologe ist, kann es nicht die Mannigfaltigkeit rechtlicher Erscheinungen
erfassen, und folglich kann sein Rechtsbewusstsein nicht mit der Rechts-

---

[44] H. KLENNER (vorn Anm. 26) 41; vgl. dazu auch E. W. NASARENKO (vorn Anm. 26) 52 ff.
[45] W. A. TUMANOW (vorn Anm. 26) 292 f.
[46] E. W. NASARENKO (vorn Anm. 29) 57.
[47] E. W. NASARENKO (vorn Anm. 29) 25.
[48] EUGEN HUBER: Das Absolute im Recht (1922) 15 f.
[49] E. W. NASARENKO (vorn Anm. 29) u. a. 26, 64.
[50] E. W. NASARENKO (vorn Anm. 29) 32.

ideologie der Klasse identisch werden[51].» Nasarenko behauptet einerseits die
«Einheit der Bewertung des sowjetischen Rechts und neuer rechtlicher
Ideen» und damit die «Einheit des sozialistischen Rechtsbewusstseins des
Sowjetvolkes», anerkennt aber anderseits, dass die Einheit des sozialistischen
Rechtsbewusstseins «keine Identität der rechtlichen Ansichten, Ideen und
Gefühle der sowjetischen Menschen, ihrer Kollektive und sozialen Gruppen»
bedeute. Massgeblich sei jedoch «die führende Rolle der Rechtsideen der
Arbeiterklasse»[52]. Schliesslich geht sie davon aus, dass das berufliche Rechtsbewusstsein der Mitarbeiter des Staatsapparates durch eine besonders vollständige Vorstellung über die angewandten Normen charakterisiert werden
und sich gegenüber den gewöhnlichen Vorstellungen über das Recht durch
ein höheres Niveau auszeichne[53]. Da jedoch das Kollektivbewusstsein gleich-
wohl nur über das individuelle Bewusstsein sich erfahren lässt, ist es nicht
möglich, die von NASARENKO zugestandenen subjektiven Faktoren auszuschliessen. Damit muss auch der dialektische Materialismus die phänomenologischen und hermeneutischen Stadien des Erkenntnisweges benützen:
Berücksichtigung der Perspektive, der Vorurteile, der Intentionalität, Ein-
klammerung des Erlernten und dogmatisch Fixierten, um das selbständig
Erfahrene oder aus Mitteilungen Entnommene kritisch zu sichten, Unterscheidung der Widerspiegelung von in der Aussenwelt wahrgenommenen
Elementen des Bewusstseins von jenen, die aus der eigenen Intuition stammen, Kontrolle der im eigenen Bewusstsein konstituierten Annahme von
Wahrheit und Richtigkeit durch intersubjektive Verständigung[54]. Ebenso hat
der dialektische Materialismus die Rolle der Sprache zu berücksichtigen, sie
anzuerkennen und zu überwachen[55]. Die Kritik der marxistischen Autoren
erfasst denn auch nur die idealistischen Varianten dieses Erkenntnisweges
oder greift Teile heraus, isoliert sie und demonstriert derart ihr Ungenügen[56].

---

[51] E. W. NASARENKO (vorn Anm. 29) 34.
[52] E. W. NASARENKO (vorn Anm. 29) 38.
[53] E. W. NASARENKO (vorn Anm. 29) 31.
[54] Die Komplexität der Widerspiegelung ist einlässlich analysiert von H. WAGNER (vorn Anm.
32), der die Parallele zur Phänomenologie jedoch nicht erwähnt. Vgl. hingegen M. VAJDA:
Phänomenologie und bürgerliche Gesellschaft, in Phänomenologie und Marxismus Bd. 3
Sozialphilosophie (1978) 122: «Marx hätte den Begriff des ‹menschlichen Wesens› niemals
radikal umdeuten können, wäre er kein Phänomenologe gewesen, so wie er auch ohne Ausübung der phänomenologischen Methode niemals imstande gewesen wäre zu entdecken, dass
die Produktionsverhältnisse im wesentlichen von den zwischenmenschlichen Verhältnissen
bestimmt werden.»
[55] Vgl. zur sprachlichen Determinierung der Widerspiegelung H. WAGNER (vorn Anm. 32) 84 ff.
[56] Zum Beispiel H. KLENNER (vorn Anm. 26) 77 ff., indem er die Hermeneutik als jahrtausende-
altes Instrumentarium juristischen Denkens anerkennt, ihr aber vorwirft, sie interpretiere und
verändere nicht. Die Erkenntnis hat jedoch der Wertung als Grundlage der Veränderung vor-
anzugehen. Die Hermeneutik wiederum ist nur ein Teil des komplexen Erkenntnisvorganges.

Ich meine, mit dieser leider sehr summarischen Analyse der materialistischen Dialektik als Grundlage sozialistischen Rechtsdenkens ihre erkenntnistheoretische Übereinstimmung mit der seit jeher in der guten Rechtspraxis (eingeschlossen Gesetzgebung) angewandten juristischen Methode dargetan zu haben.

Die Unterschiede unseres Rechtsdenkens zum marxistischen ergeben sich nicht beim Erkennen, sondern beim Werten des Erkannten und bei der daraus abgeleiteten Regelung der gesellschaftlichen Beziehungen. Ich verweise auf die politisch-ideologischen Erklärungen zur Herrschaft der Arbeiterklasse, ebenso auf das Zugeständnis, dass das Rechtsbewusstsein letztlich von der kommunistischen Partei bestimmt wird[57], dass das sozialistische Recht ein «unverzichtbares Leitungsinstrument der politischen Organisation der Werktätigen unter Führung der Arbeiterklasse und ihrer Partei», ein Mittel zur Beherrschung gesellschaftlicher Gesetzmässigkeit ist[58]. Die möglichen Ergebnisse des dialektisch-materialistischen Erkenntnisweges werden dem ideologisch-politischen Axiom untergeordnet, insbesondere dem Dogma von dem gesellschaftlichen Eigentum an den Produktionsmitteln. Getreu dem dialektischen Materialismus wäre zu sagen, dass es sich dabei um ein ökonomisches Grossexperiment handle, über dessen Tauglichkeit die Ergebnisse, die menschlichen und ökonomischen, entscheiden sollen.

Es scheint mir, dass die Ideologie der marxistischen Rechtstheorie auch die Gerechtigkeit als Zuteilungsmassstab verletzt. Dass die Formel «Jedem das Seine» als Leerformel abgelehnt wird, ist wohl begründet. Aber auch die marxistischen Rechtsdenker kommen nicht darum herum, gemäss der von Thomas von Aquin analysierten und bejahten Ulpianischen Formulierung sich unablässig zu bemühen, jedem das Seine unter Berücksichtigung aller Gegebenheiten zuzuteilen. Von dieser Detailarbeit an der Rechtsordnung befreit sie die Ausrichtung auf die Herrschaft der Arbeiterklasse und das Unterordnen unter das Rechtsbewusstsein der Partei nicht.

III. Schlusswort

Leider bin ich nicht fähig, über heutige orientalische rechtsphilosophische Strömungen, die am Basler Kongress ebenfalls zu Wort kommen, zu reden.

---

[57] E. W. NASARENKO (vorn Anm. 29) 36f.
[58] H. KLENNER (vorn Anm. 26) 132.

Doch kommen mir Berichte über chinesische und japanische Rechtsweisheit sehr gelegen, um unter Berufung auf sie vom Versuch abzuraten, das Rechtsdenken und damit die Rechtsordnung durch wissenschaftlich exakte Methoden beherrschbar zu machen.

Nicht der Kampf ums Recht, sondern das Suchen nach einem Ausgleich, nach Verständigung entspreche traditioneller chinesischer und japanischer Rechtsüberzeugung [59].

Das sollte auch unser Grundsatz sein, nicht nur bei Rechtsstreitigkeiten, sondern ebenso beim Gestalten der Gesetze und der individuellen zwischenmenschlichen Beziehungen. Dabei geht es nicht um widerwillige rationale Kompromisse, sondern um das bestmögliche Gleichgewicht der Zustände und Handlungen. Die Rechtsordnung ist das Gemeinschaftswerk von allen Mitgliedern unserer demokratischen Gesellschaft. Mögen auch Juristen und Politiker Gesetze entwerfen und beschliessen und die Gerichte Lücken ausfüllen, so ergibt sich daraus nur ein System von Handlungsmodellen. Mit ihrer Hilfe sollen die gesellschaftlichen Verhältnisse bestätigt oder verbessert werden. Das wirkliche Recht ereignet sich aber im Formen der Beziehung im einzelnen im täglichen, stündlichen, ja ununterbrochenen Mitwirken der Individuen, seien sie als Behördenmitglieder Vertreter der Gemeinschaft oder handeln sie im Hinblick auf ihre eigenen Interessen, jedoch eingedenk ihrer Verantwortung gegenüber der Gemeinschaft [60]. Die Rechtsphilosophie soll durch die Bewusstseinserhellung dazu helfen, dass diese schwierige Aufgabe zielstrebiger und besser erfüllt wird. Ihre Grundsätze sollten auch bei uns ebenso gut allgemein bekannt sein wie Grundelemente der Mathematik, Naturwissenschaft und Medizin.

Ich danke Ihnen, dass Sie mir Gelegenheit gegeben haben, diesen utopischen Wunsch in Ihrem Kreis auszusprechen.

---

[59] Vgl. R. MAY: Verständigung und Argumentation. Versuch zu einer rhetorischen Argumentationstheorie unter Berücksichtigung chinesischer Geistigkeit, in: Recht und Sprache, Archiv für Rechts- und Sozialphilosophie, Beiheft neue Folge 9 (1977) 63 ff.; K. ZWEIGERT / H. KÖTZ: An Indroduction to Comparative Law, Volume I (1977) 354 ff., 362 ff.

[60] R. BRUNS: Zivilprozessrecht (2. A. 1979) 7: «Es ist an der Zeit, die die Gesetzgebung beherrschende Doktrin, Zweck des Prozesses sei die Bewährung der Rechtsordnung, als eine Irrlehre, ja als eine rechtszersetzende Fehlvorstellung zu entlarven.
Die wahre *Bewährung* der Rechtsordnung geschieht *ohne Prozess* durch die bewegenden Kräfte des wirtschaftlichen Verkehrs.»

Johann Caspar Bluntschli

Johann Caspar Bluntschli

1808—1881

JOHANN CASPAR BLUNTSCHLI war einer der vielseitigsten und
produktivsten Schweizer Juristen des 19. Jahrhunderts. Sein
Leben zerfällt in drei klar getrennte Perioden: Zürich 1808—
1848, München 1848—1861, Heidelberg 1861—1881. Er absolvierte sein Studium zuerst am Politischen Institut in Zürich, das
1833 in die Universität überging, sodann in Berlin und in Bonn.
In Berlin war er vor allem von F. C. VON SAVIGNY, dem führenden
Romanisten und Begründer der Historischen Rechtsschule,
beeindruckt, der sein späteres Wirken massgebend prägte.
BLUNTSCHLI setzte sich für eine organische Entwicklung des
Gewordenen ein und lehnte radikale Neuerungen ab. In Zürich
wurde er 1833 Professor für römisches Recht an der neu gegründeten Universität. Daneben betätigte er sich aktiv in der Politik
seines Heimatkantons und der Eidgenossenschaft, die in jener
Zeit der Regeneration und der Gründung des Bundesstaates
besonders bewegt war. Er wurde Führer der «Gemässigten» oder
«Konservativen» des Kantons und damit Gegner der «Radikalen». Nach dem «Züri-Putsch» von 1839, der zum Sturz der radikalen Regierung führte, wurde er Mitglied der kantonalen Regierung und zugleich Tagsatzungsabgeordneter. Im Kanton und in
der Eidgenossenschaft trat er für eine Politik der Mitte und für
einen Ausbau der bestehenden staatenbündischen Struktur der
Eidgenossenschaft ein. Nachdem er 1845 in der Wahl zum Bür-
germeister (Präsident der Kantonsregierung) einem radikalen
Kandidaten unterlegen war und der Gang der Bundesreform
nicht seinen Vorstellungen entsprach, trat er 1846 aus der Regierung zurück und übersiedelte 1848 nach München, wo er eine
Professur erhielt.

Tiefere Spuren als die politische Tätigkeit hinterliess in
Zürich sein rechtshistorisches und gesetzgeberisches Wirken.
1838/39 erschien seine «Staats- und Rechtsgeschichte der Stadt
und Landschaft Zürich», die zum Ausgangspunkt der rechtshi-

storischen Forschung der Schweiz und zur massgebenden Grundlage für das Privatrechtliche Gesetzbuch des Kantons Zürich wurde, das BLUNTSCHLI von 1840 an im Auftrag der Regierung und des Grossen Rates ausarbeitete und das in den 1850er Jahren in Kraft trat. Anders als die romanistisch geprägten deutschen Kodifikationen knüpfte es an deutschrechtliche eigene Rechtstraditionen an und wurde dadurch Vorbild für andere Kantone und für das Schweizerische Zivilgesetzbuch von 1907. Im Verlag Schulthess erschien 1847 seine «Geschichte der Stadt und Republik Zürich», ferner in den 1850er Jahren der «Kommentar zum privatrechtlichen Gesetzbuch des Kantons Zürich», der erste bei Schulthess erschienene mehrbändige Gesetzeskommentar. Bereits ins Staatsrecht wies seine «Geschichte des schweizerischen Bundesrechts von den ersten ewigen Bünden bis auf die Gegenwart», die 1849 und 1852 erschien.

In *München* (1848—1861) lehrte BLUNTSCHLI deutsches Privatrecht und Staatsrecht. 1853 veröffentlichte er das zweibändige «Deutsche Privatrecht», in dem er den nationalen Charakter der Rechtsbildung gegenüber dem römisch-rechtlichen Einfluss betonte. Wichtiger für diese Periode wurde das Staatsrecht. 1852 erschien sein «Allgemeines Staatsrecht», das er 1875 zur dreibändigen «Lehre vom modernen Staat» ausbaute. Dieses Werk beruht auf einer vergleichenden Untersuchung der Staaten seiner Zeit und der Vergangenheit. 1857—1870 veröffentlichte er zusammen mit CARL BRATER das elfbändige «Deutsche Staatswörterbuch», dem 1871—1875 eine dreibändige Ausgabe bei Schulthess folgte. BLUNTSCHLIS staatsrechtliche Werke beeindrucken noch heute durch die Weite und Offenheit des Blicks, durch ihre Klarheit und leichte Lesbarkeit. Sie sind noch nicht von dem positivistischen Grundzug und der Abschliessung nach aussen gezeichnet, der für die Staatsrechtslehre des deutschen Kaiserreichs von 1871 typisch wurde. Sie wurden gelegentlich mit MONTESQUIEUS Schriften verglichen. Einzelne Besonderheiten, wie der Vergleich des Staates mit dem menschlichen Körper oder die Betonung der positiven Eigenschaften der Arier, wirken allerdings abwegig.

In der *Heidelberger Periode* (1861—1881) trat das Völkerrecht in den Vordergrund. 1866 erschien BLUNTSCHLIS Werk «Das moderne Völkerrecht der zivilisierten Staaten». In Anlehnung an seine gesetzgeberische Tätigkeit im Kanton Zürich fasste er das gesamte Völkerrecht in Form einer vorbildlich knapp und präzis gefassten, leicht verständlichen Kodifikation, bestehend aus 862

Paragraphen, zusammen. Dieses Werk und die «Lehre vom modernen Staat» wurden in mehrere andere Sprachen übersetzt und trugen wesentlich zum internationalen Ansehen bei, das die deutsche Rechtswissenschaft damals gewann.

Der wiedergegebene Aufsatz «Die schweizerische Nationalität» wurde in der Zeit der grossen nationalen Zusammenschlüsse in Europa geschrieben, als sich der Schweiz die Frage nach ihrer Rechtfertigung im neu gestalteten Europa stellte. Unter Nationalität versteht BLUNTSCHLI jene Eigenschaften, die ein Volk innerlich zusammenhalten und es von anderen Völkern unterscheiden. Während des Ersten Weltkriegs, als die Schweiz innerlich gespalten war und eine Identitätskrise durchlief, wurde die Studie neu herausgegeben. Heute, wo die europäische Integration die Schweiz erneut vor die Frage ihrer Identität und des Fortbestandes ihrer historisch gewachsenen staatlichen Eigenart stellt, kommt der Schrift eine neue Aktualität zu.

Veranlasst wurde die Schrift durch CARL HILTYS Buch «Vorlesungen über die Politik der Eidgenossenschaft» (1875), dessen erstes Kapitel den Titel «Die schweizerische Nationalität» trägt. Einige Angaben darüber mögen zum Verständnis von BLUNTSCHLIS Ausführungen nützlich sein. HILTY führt aus, die Eidgenossenschaft beruhe weder auf Rasse noch auf Stammesgenossenschaft noch auf gemeinsamer Sprache und Sitte noch auf Natur und Geschichte, sondern einzig auf einer Idee, «einem politischen, sich zu immer grösserer Klarheit entwickelnden Denken und Wollen». HILTYS Ausführungen gipfeln in der Feststellung: «Was die Schweiz zusammenhält gegenüber und inmitten dieser grossen Reiche ihrer nächsten Blutsverwandten und Stammesgenossen ist ein *idealer* Zug, das Bewusstsein, einen in vielen Hinsichten *besseren* Staat zu bilden, eine Nationalität zu sein, die hoch über der blossen Bluts- und Sprachverwandtschaft steht» (Hervorhebungen durch HILTY). BLUNTSCHLI hielt diese Darstellung für einseitig und unvollständig und wohl auch für zu stark idealisiert. Er zeichnet demgegenüber ein Bild sämtlicher Faktoren, welche die Schweiz zusammenhalten und den Typus des Schweizers ausmachen: der «landschaftlich eigentümliche Charakter» der Schweiz, der besondere Charakter der schweizerischen Politik, wie Freiheitsliebe, republikanische Gesinnung, der praktische Sinn für die Lösung von Aufgaben, daneben allerdings auch «harter Egoismus, der rücksichtslos auf Erwerb und Geldgewinn los geht», ferner die Neutralität, welche bewirke, dass die Schweizer sich «mehr dem innern, vaterländischen Leben zuwenden» und die grosse Politik nur aus der Ferne beobachten. Einen besonderen Charakterzug sieht BLUNTSCHLI darin, dass die Schweiz «aus Bestandteilen zusammengefügt und zusammengewachsen ist, welche ursprünglich verschiedenen Nationen angehörten und heute noch mit andern grösseren Nationalitäten in lebendiger Verbindung sind». Obwohl BLUNTSCHLI es ablehnt, die Schweiz als Musterstaat zu betrachten, kommt er zum Schluss: «Die Schweiz hat in der Tat ein schweres Problem für sich glücklich gelöst, das für Europa noch nicht gelöst ist». Wenn dereinst die europäische Staatenwelt ebenso friedlich zusammenlebe, dann möge die internationale Schweizer Nationalität in der grösseren europäischen Gemeinschaft aufgelöst werden.

Dietrich Schindler

Die schweizerische Nationalität[*]

von Johann Caspar Bluntschli

Der Gedanke, dass es eine eigenartige *schweizerische Nationalität* gebe, den neuestens Professor C. HILTY in Bern in seinen «Vorlesungen über die Politik der Eidgenossenschaft» (Bern 1875) wissenschaftlich zu begründen gesucht hat, ist in der Schweiz nicht neu. Im Grunde ist schon der berühmte Geschichtschreiber der schweizerischen Eidgenossenschaft JOHANNES MÜLLER zu Ende des vorigen Jahrhunderts und vor der helvetischen Revolution von demselben Gedanken ausgegangen. Er schilderte die Eidgenossen als eine eigentümliche Nation, deren Glieder in Länder und Städte geteilt, aber eng verbündet waren, welche die alte Freiheit wider die Gewaltherrschaft männlich verteidigt, durch ihre Tapferkeit Ruhm erworben, durch ihre republikanischen Tugenden die öffentliche Wohlfahrt gefördert und geachtete glückliche Gemeinwesen geschaffen habe. Damals freilich unterschied man noch nicht so vorsichtig, wie es die heutige Wissenschaft tut, zwischen dem Kulturbegriffe Nation und dem staatsrechtlichen Begriffe Volk. Da es ein Schweizervolk unzweifelhaft gab, damals freilich noch ohne einheitliche Organe seines Willens und gespalten in die selbständigen Kantone, so schloss man daraus auf die schweizerische Nationalität. Der Glaube an die Existenz einer besonderen Schweizernation neben der deutschen, der französischen, der italienischen Nationalität hat zwar seit JOHANNES MÜLLER schwere Angriffe erfahren und ist in der herkömmlichen, naiven Form durch die geschichtliche Kritik als unhaltbar und irrtümlich bezeichnet worden, er hat sich aber trotzdem in der Volksmeinung erhalten. Heute wird er neuerdings in gereinigter Fassung wieder gelehrt.

[*] Zuerst veröffentlicht in der Zeitschrift «Gegenwart», Band VIII (1875), Nrn. 49 und 51 vom 4. und 18. Dezember 1875, später in Bluntschlis «Gesammelten Kleinen Schriften», Band 2, Nördlingen 1881, S. 114 ff., sowie als separate Publikation in «Schriften für Schweizer Art und Kunst», Heft 5, Rascher & Cie., Zürich 1915.

Die Frage verdient wohl eine nochmalige Prüfung: *Gibt es eine schweizerische Nationalität?* Wir haben in unserm «nationalen Zeitalter» die Macht des Nationalgefühles erfahren; wir sehen überall, dass die heutige Staatenbildung mehr als früher von der Nationalität ihren Anstoss erhält und aus dem nationalen Gemeinbewusstsein ihre besten Kräfte zieht. Es ist daher für die Existenz und die Sicherheit der Schweiz nicht gleichgültig, ob sie ein *nationales* oder, wie die herrschende Meinung behauptet, eher ein *internationales* Staatswesen sei. Je nach der Antwort auf diese Grundfrage wird die schweizerische Politik ihren Geist und ihre Richtung erhalten.

Damit eine neue Nationalität in der Geschichte sich bilde, muss eine eigentümliche Geistesart, welche die nationalen Massen verbindet, auch in dem äusseren Leben deutlich sich offenbaren und sogar erblich in den Familien fortgepflanzt werden, und es muss überdem diese besondere Weise so entschieden die Gemeinschaft bewegen, dass sie sich von den anderen, nun fremd gewordenen Nationen, mit denen sie früher zusammenhing, lostrennt und sich von denselben abhebt. Es können verschiedene geistige Momente auf die Bildung der Nationalität einwirken, aber niemals entsteht eine Nation ohne einen besonderen Geist. In alter Zeit hat die *Religion* öfters die Menschen geschieden und verbunden und so national gespalten. Später wirkte der Unterschied der *Sprachen* und der *Literaturen* stärker auf die Scheidung der Nationen. Zuweilen hat der Gegensatz der *Interessen* und der *Wohnsitze* die Trennung der einen von den anderen verursacht.

Wenn von schweizerischer Nationalität gesprochen wird, so kann dieselbe nicht auf die Sprache oder die Religion und nicht auf die Interessen begründet werden. In allen diesen Beziehungen sind die Schweizer von jeher mit den grossen Nationen, welche die Schweiz umschliessen, den Deutschen, den Franzosen, den Italienern nicht bloss stammverwandt, sondern innig verbunden. Die Schweizer sprechen daher unbedenklich selber von der deutschen Schweiz und von der welschen (romanischen), von der französischen und italienischen Schweiz.

Die schweizerische Nationalität wird vielmehr als das Werk der *politischen Idee* dargestellt. «Wir sind *niemals* vor 1291 (dem ältesten Bunde)», schreibt HILTY, «ja man darf sagen, wir sind vor 1798 (der helvetischen Revolution) *keine Nation gewesen*. Durch die beständig wirkende Macht wahrhafter Freiheit und Wohlfahrt über die blosse Gewohnheit, der politischen bewussten Idee über die rohe Naturanlage haben wir seither angefangen und müssen noch immer fortfahren, *eine Nation zu werden.*» Die Bildung der schweizerischen Nationalität wird also nicht mehr in die Anfänge der Schweizergeschichte zurückverlegt, sie wird vielmehr als der Abschluss der früheren Geschichte und als die langsam herangereifte Frucht der Gegenwart betrachtet.

Wenn die heutige Staatenbildung eine nationale genannt wird, so denkt man sich die Nationalität als die bewegende Kraft, als die *Ursache* und den nationalen Staat als die *Wirkung* dieser Ursache. In der obigen Erklärung der schweizerischen Nationalität wird das Verhältnis umgedreht. Die Nationalität wird zur Wirkung, das schweizerische Staatswesen zur Ursache.

Gewiss ist es möglich, dass ebenso wie im Altertum die Religion neue Nationalitäten von anderen Nationen getrennt und zu besonderer Kulturgemeinschaft verbunden hat, so die Politik eine ähnliche Wirkung äussere. Schon in dem hellenischen Altertum wurden die Spartiaten und die Athener als besondere Nationalitäten betrachtet, wenngleich jene und diese durch die Religion, die Sprache, die Sitte und das Recht zu der gemeinsamen hellenischen Nationalität gehörten. Ebenso haben im Mittelalter Genuesen, Florentiner, Venetianer sich für besondere Nationalitäten gehalten. In der Schweiz selber standen sich ähnlich Zürcher und Berner bald zur Seite, bald gegenüber, wie besondere Nationen. In allen diesen Beispielen war der staatliche Zusammenschluss und der politische Gemeingeist die entscheidende Kraft, welche der Nationalität ihr Gepräge aufdrückte. Freilich wurden diese engen und unvollkommenen Nationalitäten später aufgelöst, als das Bewusstsein nationaler Zusammengehörigkeit in den weiteren Kreisen erwachte und die Politik grössere Staatswesen verlangte und verwirklichte.

Die Nationalitätenbildung kraft der politischen Idee zeigt sich in neuerer Zeit vorzüglich bedeutsam und nachhaltig in der Unterscheidung der nordamerikanischen Nationalität von der englischen, mit welcher sie ursprünglich eine gewesen war, und mit der sie in Religion, Sprache und Recht heute noch verbunden ist.

Freilich hat der Gegensatz zweier Weltteile, die durch das weite Meer geschieden sind, und völlig anderer Lebensbedingungen auf dem amerikanischen Kontinente als auf den altbevölkerten britischen Inseln einen sehr bedeutenden Anteil an dieser Spaltung der alten und der Ausbildung einer neuen Nationalität gehabt. Die Bildung der amerikanischen Nationalität hatte schon erhebliche Fortschritte gemacht, bevor sich die Kolonien von England lossagten. Die nordamerikanische Staatenbildung war daher wesentlich Wirkung, nicht Ursache der neuen Nationalität. Aber es lässt sich nicht leugnen, der Gegensatz der politischen Verfassung und der politischen Idee hat den Unterschied zwischen der englischen und der nordamerikanischen Nationalität schärfer ausgebildet und gekräftigt. Es zeigt sich also hier auch die Wechselwirkung der Nation und des Volkes.

Mich wundert, dass HILTY nicht neben der politischen Idee die *Natur des Landes* zu Hilfe rief, um den Gedanken der schweizerischen Nationalität annehmbarer zu machen. In der Tat hat die Schweiz einen landschaftlich eigentümlichen Charakter. Wenn sich die Schweizer wie eine besondere Nationalität fühlen, so entspringt dieses Gefühl vornehmlich der Liebe zu ihrer schönen Heimat. Die wilden beschneiten und felsigen Hochalpen, die sonnigen Höhen des Mittelgebirgs mit ihrer reinen Luft, ihren herrlichen Aussichten, ihren saftigen Viehweiden, die jugendlich talwärts stürzenden Bäche und Flüsse, die blauen Seen, die wohlbebauten Täler, die schmucken Höfe, Dörfer, Städte lassen in der Seele der Schweizer liebe Bilder zurück, welche die Freude an ihrem Vaterlande immer wieder neu entzünden und erheitern und in der Ferne die Sehnsucht des Heimwehs stacheln. Der Schweizer fühlt sich als Sohn der Gebirgsnatur im Gegensatze zu dem Flachländer und als Binnenländer zugleich im Gegensatze zu dem Küstenbewohner. Wohl gibt es auch ausserhalb der Schweiz Alpen, Berge, Seen und Flüsse; aber das Schweizerland bildet doch ein so abgerundetes und reich gegliedertes Naturganzes, dass auf diesem Boden wohl ein eigenartiges Gefühl gemeinsamer Heimat aufwachsen kann, welches die Bewohner, wenngleich sie in verschiedenen Tälern hausen und verschiedene Sprachen reden, doch gleichsam als Söhne desselben Vaterlandes verbindet.

Die Politik wirkt nur insofern und in dem Masse nationalitätenbildend, als sie nicht bloss die Staatsverfassung bestimmt und das Staatsleben leitet; denn darin bewährt sich die Volksindividualität, sondern ausserhalb der Staatseinrichtungen und Staatshandlungen die Sitten und die Lebensweise der Bevölkerung eigentümlich gestaltet und von anderen Nationen unterscheidet.

Dass die Übung schweizerischer Politik auch derartige Wirkungen hervorgebracht habe, kann nicht bestritten werden.

Die von den Vorfahren ererbte, von den Nachkommen treu gehegte Freiheitsliebe, die Erinnerung an schwere und siegreiche Kämpfe zur Behauptung der Volksfreiheit wider die Herrschsucht der Fürsten und den Druck des Adels, die fortwährende Übung eines jeden in männlicher Selbsthilfe, die festgewurzelte republikanische Gesinnung und die Bewahrung republikanischer Tatkraft haben eine bedeutende Einwirkung gehabt auf den Charakter und das ganze Verhalten der Schweizer überhaupt. Sie haben ihr Selbstvertrauen gestärkt, ihr Bewusstsein von Menschenwürde gehoben, ihre Fähigkeit, jede Aufgabe des wechselvollen Lebens mit prakti-

schem Sinne zu erfassen und mutig einzugreifen, wo es nötig wird, entwik-
kelt. Ein offener Sinn für natürliche Verhältnisse, gesunden Menschenver-
stand, praktische Gewandtheit sind in der Schweiz keine seltenen Eigenschaften. Auch der gemeine Mann urteilt innerhalb des Bereiches der ihm
bekannten Verhältnisse mit einer Klarheit und Einsicht, welche den höher
gebildeten Fremden oft überrascht. Neben den lichten Tugenden fehlen
freilich auch die Schatten nicht. Der Opferbereitschaft für öffentliche
Zwecke steht ein harter Egoismus gegenüber, der rücksichtslos auf Erwerb
und Geldgewinn los geht. Nur mühsam kann sich mitten unter dem realisti-
schen Getriebe das feinere idealistische Streben Anerkennung verschaffen.
Die Demagogie bemächtigt sich gelegentlich der Führung der Massen. Die
Liebe zur Freiheit artet zuweilen in rohe Frechheit aus. Die Gewandtheit,
sich in verschiedenen Lagen zurecht zu finden, und der öftere Wechsel
sowohl der Ämter als der Berufe wird auch zu einen Hindernisse höherer
Berufstüchtigkeit und macht das Leben unsicher und schwankend.

Aber diese Züge sind bis auf einem gewissen Grad *nationale Charakter-
züge* geworden. Sie geben dem schweizerischen Wesen eine eigenartige
Gestalt, welche dasselbe von den anderen Nationen unterscheidet, und sie
verbinden die deutschen mit den romanischen Schweizern zu einer *Kulturgemeinschaft.*

Eine ähnliche Wirkung übt die *äussere* Politik auf die Sitten und die
Denkweise der Schweizer aus. Seit den unglücklichen Versuchen der
Schweizer, eine europäische aktive Politik zu verfolgen, welche zu Anfang
des sechzehnten Jahrhunderts in Norditalien unternommen worden sind,
ist die schweizerische *Neutralität* zu einem Grundzuge der eidgenössischen
Politik geworden. Die sogenannte ewige Neutralität der Schweiz ist eine
Garantie ihres Friedens und eine Schutzwehr ihrer republikanischen Freiheit. Aber sie bedeutet auch Enthaltsamkeit von auswärtiger Politik, Nicht-
teilnahme an den grossen Kämpfen und Taten der europäischen Mächte.

Diese Gewöhnung an die Neutralität hat die Schweizer schärfer von
den grossen Nationen abgetrennt, welche sie umgeben, und ihren Sinn wie
ihre Lage mehr dem inneren vaterländischen Leben zugewendet. Die
Schweizer beobachten die grosse Politik aus der Ferne, mit weniger Aufmerksamkeit als ihre kleineren Parteistreitigkeiten. Sie haben auch für jene
ein geringeres Verständnis als für schweizerische Angelegenheiten. Die
Schweiz ist nicht stark genug, nicht mächtig genug, um einen tätigen Anteil
an den europäischen Kämpfen zu nehmen. Der Verzicht darauf ist ein
Gebot bescheidener Klugheit, keine Bewährung der Tatkraft. Aber er wirkt
mit dazu, den Schweizern das Gefühl einer für sich bestehenden Nationali-

tät zu geben und zu erhalten. Würde die Schweiz diese Neutralitätspolitik aufgeben, so würde sie, einmal in die mächtige Strömung der grossen Nationen hineingerissen, in Gefahr geraten, dass ihre verschiedenen Bestandteile, von den verwandten Nationen angezogen nach dem Attraktionsgesetze, das wie in der Physik auch in der Politik seine Macht bewährt, mit denselben zusammenflössen und so die bisherige internationale Bedeutung der Schweiz von den nationalen Mächten zerrissen würde.

Inwiefern die Nationalität ihre Eigenschaften von dem Staatsleben erhält und ein Ergebnis der Politik ist, insofern dient sie nicht zur Erklärung und nicht zur Begründung des Staates. Sie wird vielmehr selber aus dem Staate erklärt. Sie fällt dann mit dem staatlichen Volksbegriff zusammen. Ihre Grenzen sind die Staatsgrenzen. Sie kann wohl auf einzelne Individuen auch ausserhalb des Staatsgebietes in fremden Ländern noch eine Weile fortwirken und ihre Eigenart in denselben darstellen, aber nicht in grösseren Massen. Eine solche Nationalität verstärkt wohl das Selbstgefühl des Volkes und steigert seine Gemeinschaft, aber sie steht und fällt mit dem Staate, aus dem sie geboren ist, der sie gross gezogen hat und der sie erhält. Sie kann den Staat nicht überdauern, sie gewährt unter günstigen Umständen einen Anhalt, um den geschwächten und sinkenden Staat eine Weile noch aufrechtzuerhalten und dessen Wiederherstellung zu ermöglichen, aber sie bedarf zu ihrer Existenz voraus der staatlichen Hilfe und Sorge, sie wird durch den Staat zusammengehalten.

Indem die schweizerische Nationalität ohne Rücksicht auf Sprache, Literatur, Religion, Wissenschaft, Interessen, Abstammung, Natur lediglich politisch begründet und erklärt wird, als das Werk der politischen Idee und des staatlichen Gemeinlebens, wird auch die *Unvollständigkeit* und die *Unvollkommenheit* dieser Nationalität zugestanden. Diese Mängel werden auch nicht durch die Höhe der politischen Aufgaben und Ziele gehoben, welche dem Schweizervolke zugleich als die Befriedigung seiner besonderen Nationalität und als leuchtendes Ideal gezeigt werden.

Wie die Schweiz einen eigentümlichen Charakter als zentraleuropäisches Gebirgsland hat, von dem aus die grossen europäischen Ströme, der Rhein, die Donau und der Po ihren Hauptursprung nehmen, und welches die grossen Nationen von Deutschland und Italien, von Frankreich und Österreich auseinanderhält und doch wieder friedlich verbindet, so haben das Schweizervolk und die schweizerischen Republiken, sowohl die kantonalen als die Gesamtrepublik der Eidgenossenschaft, auch grosse eigentümliche Lebensaufgaben, welche nicht bloss eine lokale, sondern eine europäische Bedeutung haben. Die zwar kleinen, aber kräftigen und in dem Vollgenusse politischer Gemeinfreiheit befindlichen Volksstaaten können und sollen die Fragen, welche das Schicksal und die Entwicklung der Menschheit an die europäischen Nationen stellt, in ihrem befriedeten Lande, selbsttätig und mit natürlichem Sinne aufgreifen und für sich verständig und zeitgemäss erledigen. Sie wirken insofern auch vorbildlich für andere Völker und haben auch einen Anteil an der Fortbildung der Menschheit. Sie haben weniger Schwierigkeiten zu überwinden als die grossen Mächte, sie greifen rascher zu und packen die Probleme derber an; sie finden sich in den einfacheren, gleichmässigeren Zuständen bequemer zurecht. Vor allen Dingen sind sie sich bewusst, dass sie ein geschichtliches Anrecht darauf haben, entschlossene und eifrige Vertreter bürgerlicher und politischer Freiheit zu sein, und sie sind stolz auf diese Freiheit. Solange das Schweizervolk diese Aufgaben mutig zu erfüllen trachtet und diesen Idealen nachstrebt, wird auch der europäische Fortbestand der Schweiz nicht ernstlich gefährdet werden und wird auch die Eigenart der schweizerischen Nationalität sich fortbilden.

In der Schweiz begegnet man hier und da dem Glauben an einen schweizerischen *Musterstaat* in dem Sinne, dass die schweizerische Republik die vollkommenste und höchste Staatenbildung in Europa, wenn nicht bereits sei, doch zu werden bestimmt sei, welche die übrigen Völker nur nachzuahmen haben, um glücklich zu werden. Die Heranbildung dieses Musterstaates wird dann als das höchste Ziel der schweizerischen Nationalität bezeichnet. Auch in den Vorlesungen von Professor HILTY schimmert dieser Glaube durch, wenngleich er besonnen vor jeder propagandistischen Politik warnt. Dieser Glaube schmeichelt der Selbstgefälligkeit und reizt zur Selbstüberschätzung, aber er hat keinen realen Boden und keinen Kern; er ist hohl und eitel.

Wir finden auch bei vielen anderen Völkern einen ähnlichen Glauben. Auch anderwärts rühmen die Leute, indem sie das Bild ihres Vaterlandes mit Liebe beschauen, ihren heimischen Staat als den herrlichsten und vollkommensten in Europa oder gar in der Welt. Nicht bloss die Franzosen waren von dem Glauben erfüllt, die erste Nation der Welt und die Schöpfer des wahren modernen Staates zu sein, und sie sind sogar heute nach den furchtbaren Verfassungswechseln und nach den schweren Niederlagen, die sie erduldet haben, nicht völlig von dieser Eitelkeit geheilt. Der englische Stolz sieht ebenso mit wohlwollender Geringschätzung auf die übrigen Staaten herab und zweifelt nicht, dass der englische Staat der vornehmste Musterstaat der Erde sei. Lächelnd betrachten die Nordamerikaner diese Einbildung ihrer Vettern und halten jeden Zweifel für töricht, ob wirklich die Union der vollkommenste und freieste Staat der Welt sei. Hunderttausende halten es für selbstverständlich, dass schliesslich alle anderen Völker dem nordamerikanischen Vorgange und Vorbilde nachfolgen werden. Die deutsche Nation war freilich während der letzten Jahrhunderte in der Periode der inneren Zerbröckelung und des Zwiespaltes, im Gefühle ihrer zerstörten Einheit und ihrer Schwäche gegenüber den fremden Grossmächten, zu einer bescheideneren Auffassung ihres Staatslebens genötigt worden. Aber im Mittelalter hatte sie auch das gehobene Gefühl, die mächtigste Nation in Europa und der Erbe der römischen Weltherrschaft zu sein. Und heute, nachdem sie endlich wieder einen nationalen Staat glücklich errungen hat und ihrer Macht wieder bewusst geworden ist, hat wieder die freudige Befriedigung die Meinung hervorgerufen, dass das Deutsche Reich keinem anderen Staate der Welt nachstehe und dass die übrigen Staaten noch manche und wichtige Dinge von ihm lernen können.

Kein einziges unter diesen Kulturvölkern betrachtet die Schweizerrepublik als seinen Musterstaat. Keines denkt an Nachbildung der schweizerischen Einrichtungen. Jedes von ihnen ist überzeugt, dass die Schweizer Verfassung, so passend und zeitgemäss sie für die Schweizer sein möge, ganz ungeeignet und unfähig wäre, auf die weiteren Länder und die grösseren Nationen mit ihren mächtigen Gegensätzen und ihren bedrohlicheren Gefahren, mit einer ganz verschiedenen Anlage und Geschichte, übertragen und angewendet zu werden.

Wenn der Glaube an den eigenen Musterstaat die Kräfte der Nation zu tüchtigster Leistung spannt und antreibt, wenn er die Selbstvervollkommnung fördert, so mag man ihn ungestört wirken lassen. Wenn derselbe aber ein Volk verleitet, andere Völker gering zu schätzen und der eiteln oder hochmütigen Selbstüberschätzung zu fröhnen, dann muss er bekämpft und zerstört werden.

In der bisherigen Erwägung der schweizerischen Nationalität ist aber eine Hauptsache noch nicht beachtet worden, die geradezu entscheidend ist. Es ist eine merkwürdige Eigenschaft der schweizerischen Politik und der schweizerischen Nationalität, dass sie wesentlich aus Bestandteilen zusammengefügt und zusammengewachsen ist, welche ursprünglich verschiedenen Nationen angehörten und heute noch mit anderen grösseren Nationalitäten in lebendiger Verbindung sind. Wenn es eine schweizerische Nationalität gibt, so hat dieselbe in hohem Grade einen *internationalen Charakter.*

Die ursprüngliche Eidgenossenschaft der acht alten Orte, welche die schweizerische Freiheit begründeten (Uri, Schwyz, Unterwalden, Zürich,

Bern, Luzern, Zug und Glarus), hatte diesen internationalen Charakter noch nicht. In den beiden ersten Jahrhunderten der Schweizergeschichte war die Zusammengehörigkeit der eidgenössischen Städte und Länder mit dem *Deutschen Reiche,* und das Bewusstsein, dass die fast ausschliesslich *alamannischen* Bürger und Landleute *Deutsche* seien, sehr lebendig. Eben um die deutsche Nationalität und die deutsche Reichsunmittelbarkeit zu bewahren oder zu erkämpfen, waren die ersten Kriege der Eidgenossen mit den österreichischen Fürsten und ihrem Adel geführt worden. Auch als im fünfzehnten Jahrhundert diese Kämpfe mit der österreichischen Landesherrschaft nicht mehr die Abwehr derselben, sondern das Übergewicht und die Ausbreitung der eigenen Macht in den oberen Landen bezweckten, dachte doch niemand daran, die Eidgenossenschaft von dem Deutschen Reiche abzutrennen, und noch weniger daran, die deutsche Nationalität zu verleugnen.

Seit den *Burgunderkriegen* und seit dem *Schwabenkriege* änderte sich das. Der steigende Einfluss der *französischen Könige* auf die schweizerische Politik, und die schroffere Unterscheidung der *Schweizer* — der Name war ursprünglich ein Spottname, den die Zürcher zur Zeit ihrer Fehde mit den Schwyzern, den Verbündeten der Schwyzer beigelegt hatten — von den *Deutschen,* die allmähliche Ablösung von dem Deutschen Reiche, die Verbindung mit *savoyischen Städten,* die Eroberung *italienischer* Vogteien und *savoyischer Herrschaften,* die Ausbreitung der kantonalen Herrschaft über *romanische* Gebiete, bewirkten eine starke *Mischung deutscher und welscher* Elemente.

Auch die Eidgenossenschaft der dreizehn Orte, welche nun während drei Jahrhunderten ohne grosse Änderung fortdauerte, war noch sehr überwiegend aus *deutschen* Ständen gebildet. Von den fünf neuen Ständen (Freiburg, Solothurn, Basel, Schaffhausen und Appenzell) hatte nur Freiburg eine überwiegend *französisch*redende Bevölkerung, und das herrschende Patriziat war auch da deutsch. Aber das deutsche Bern hatte bereits eine grosse französische Provinz gewonnen. Die zugewandten Orte *Neuenburg, Genf, Wallis, Graubünden* gehörten ganz oder doch teilweise den *welschen* Nationalitäten an. Die Südabhänge der Alpen mit ihren lombardischen und *italienisch*sprechenden Bewohnern waren unter die eidgenössische Herrschaft geraten. Die französischen Kriegsdienste und die französischen Pensionen zogen auch einen grossen Teil der regierenden Familien in den deutschen Kantonen von der deutschen Verbindung ab und knüpften engere Beziehungen zu dem *französischen Hofe* an.

So wurde nach und nach eine *Mischung* von *deutscher* und *französischer* beziehungsweise romanischer Sprache Sitte, Kultur hervorgebracht, welche dem schweizerischen Wesen eine internationale Färbung gab. Am deutlichsten zeigte sich diese Mischung in dem mächtigsten Kantone Bern, indem die Berner Patrizier sogar im Verkehre unter sich und mit ihren Landsleuten eine Sprache redeten, von der niemand sagen konnte, dass sie deutsch oder französisch sei, sie war aus beiden Sprachen gemischt und wechselte fort und fort ab zwischen deutschen und französischen Ausdrükken.

Diese Unsitte ist heute ziemlich aufgegeben; aber auch heute noch sind die Schweizer in gewissem Sinne *zweisprachig*. Es gehört zu der Erziehung der gebildeten Deutschschweizer, dass sie Französisch lernen, und der gebildeten Welschschweizer, dass sie Deutsch lernen. Wenn auch selten einer beide Sprachen leicht und sicher spricht, so verstehen doch sehr viele die beiden Sprachen. In den schweizerischen Räten wird von dem einen deutsch, von dem andern französisch gesprochen. Der Redner rechnet darauf, dass er von allen oder doch den meisten verstanden werde.

Obwohl auch später die grosse Mehrheit der Schweizer deutschschweizerisch blieb und nur im Westen und Süden romanische Kantone entstanden sind, so bekam das französische Element in den letzten Jahrhunderten eine weit grössere Bedeutung, als die Volkszahl erwarten liess. Die Hauptgründe dieser Steigerung des französischen Einflusses waren die Ohnmacht des römisch-deutschen Reiches, die Übermacht des französischen Königtumes, die Anziehungskraft und die Kulturmacht von Paris und der bedenkliche Unterschied der Volkssprache von der nationalen Kultursprache in der deutschen Schweiz, indem das alamannische Volk den alamannischen Dialekt beibehielt und nur in den Druckschriften die deutsche Sprache kennenlernte, während in der französischen Schweiz die gebildeten Klassen überall die französische National- und Weltsprache redeten, und das Patois nur als Redeweise der unteren Klassen fortdauerte.

Die erstern Ursachen haben sich in unserem Jahrhundert gründlich geändert; die letzteren wirken heute noch fort. Auch heute noch sprechen hochgebildete Deutschschweizer untereinander im *alamannischen Dialekte,* und der Deutsche, der nach der Schweiz kommt, wird oft seltsam berührt, wenn er feine Damen der guten Gesellschaft geläufig alamannisch und nur mühsam und ungeschickt deutsch reden hört, eine Erfahrung, die er in Deutschland doch nur in bäuerlichen Klassen zu machen pflegte. Nur das hat sich geändert, dass die Predigt und dass die Reden in den Ratssälen in neuerer Zeit entschiedener als früher «schriftdeutsch» geworden sind.

Das *«Schweizerdeutsch»* hat es aber nicht wie das Holländische zu einer eigenen Literatur gebracht. Wohl gibt es alamannische Gedichte und Erzählungen, zum Teil vortreffliche. Aber der Reichtum der deutschen Literatur, an welcher die Deutschschweizer beständig in produktiver und receptiver Weise Teil nehmen, und die Enge des alamannisch-schweizerischen Gebietes verhinderten die Ausbildung des Dialektes zu einer eigentümlichen Sprache und zu einer selbständigen Literatur.

Eben deshalb ist auch der innere geistige Zusammenhang der deutschen Schweiz mit Deutschland niemals abgerissen worden. Er ist heute vielseitiger, inniger, lebendiger als in den letzten Jahrhunderten. Die Schule, die Predigt, die Amtsprache, die Presse der deutschen Schweiz sind deutsch. Die Schriften der deutschen Klassiker sind überall bis in die unteren Volksklassen bekannt und werden fleissig und gern gelesen. Die deutsche Wissenschaft, die deutsche Kunst haben auch in der deutschen Schweiz eine sichere Heimstätte. In den schweizerischen Volksschulen, Gymnasien, Universitäten gibt es viele deutsche Lehrer. Hinwieder leben und wirken auch an deutschen höheren Schulen viele geborene Deutschschweizer. Die Verbindung ist eine enge; die wechselseitigen Beziehungen sind zahlreich. Die politische Nationalität ist nicht stark genug und nicht so leidenschaftlich einseitig, um diese Kulturgemeinschaft zu durchbrechen und zu entzweien. Die deutschen Schweizer bleiben in ihrer ganzen geistigen Kulturbildung *Angehörige* und *Genossen* der grossen *deutschen Nation*.

Ganz ähnlich ist es in der romanischen Westschweiz. Die französischen Schweizer unterhalten nähere Beziehungen zu der deutschen Schweiz und zu der deutschen Wissenschaft als die Franzosen. Fortwährend studieren sehr viele französische Schweizer auf deutschen Universitäten. Aber trotzdem fühlen sie sich in der Sprache, in den Sitten, in der Literatur, in der gesamten Geisteskultur als Genossen der *französischen Nationalität*. In der Geschichte der französischen Literatur und Wissenschaft nehmen die Genfer, die Waadtländer, die Neuenburger noch eine hervorragendere Stellung ein als die Zürcher, Basler, Berner in der deutschen Kulturgeschichte. Der nationale Verband der westschweizerischen Bevölkerung mit der grossen Gemeinschaft des französischen Geisteslebens ist niemals abgebrochen worden. Er wirkt heute noch in voller Stärke.

Wenn wir daher eine relative Eigenartigkeit einer politischen Schweizernationalität anerkennen, so dürfen wir doch niemals die Fortdauer der *nationalen Kulturgemeinschaft* der deutschen Schweizer mit der deutschen Nation, der französischen Schweizer mit der französischen Nation und der italienischen Schweizer mit der italienischen Nation ausser acht lassen. Die schweizerische Nationalität muss mit diesem ursprünglichen und mächtigen *Nationalitätsverbande* rechnen. Ihre Teile sind unablöslich mit den

grossen Nationen zu einer Kulturgemeinschaft geeinigt, die ihr geistiges
Leben bedingt. Um deswillen muss die politische Nationalität der Schweizer in allen Kulturbeziehungen *international* bleiben. Je entschiedener die
eigentliche Nationalität Kulturgemeinschaft bedeutet, um so bedeutsamer
macht sich dieser internationale Charakter der schweizerischen Nationalität geltend. Er ist zu einem Lebensprinzip der Schweiz geworden und gibt
ihr in der europäischen Staatenfamilie eine Bedeutung, welche eine kleine
einsprachige Völkerschaft von dritthalb Millionen Menschen nimmermehr
behaupten könnte.

Die Schweiz hat in der Tat ein schweres Problem für sich glücklich
gelöst, das für Europa noch nicht gelöst ist. Es ist ihr gelungen, die deutsche, die französische und die italienische Nationalität, soweit sie in Bruchstücken in ihr vertreten sind, friedlich zu verbinden und gleichzeitig mehreren Nationalitäten gerecht zu werden. Die Lösung der Aufgabe ist dadurch
erleichtert worden, dass die einzelnen *Kantone* meistens *einsprachig* sind,
dass die Bevölkerungen der Kantone entweder ausschliesslich oder ganz
überwiegend bald deutsch, bald französisch, einmal italienisch sind. Aber in
der Bundesregierung und in der Bundesversammlung, in der Armee und
auf den Volksfesten sind doch deutsche, französische und italienische
Schweizer miteinander verbunden und gemischt. Alle werden geeinigt
durch das öffentliche Recht und durch die Liebe zu dem gemeinsamen
Vaterlande. Die volle *Freiheit*, welche in allen Kulturbeziehungen den verschiedenen Nationalitäten gestattet wird, so dass jeder, der Deutsche und
der Welsche, nach seiner Weise leben und sprechen kann, wie es ihm natürlich ist und wie er Lust hat, bewirkt die Zufriedenheit aller. Aber sie allein
erklärt nicht den grossen Erfolg, denn die Freiheit für sich allein kann auch
die Gegensätze schroffer ausbilden und zum Streite reizen. Zu der Achtung
der Freiheit ist das *Rechts-* und *Staatsbewusstsein* hinzugetreten, welches
seinem Wesen nach nicht *national*, sondern *menschlich* ist und die *notwendigen Grundbedingungen* eines *friedlichen* und *freundlichen Nebeneinanderseins und Zusammenwirkens* ebenso der verschiedenen Nationalitätsangehörigen wie der verschiedenen Konfessionsgenossen erkennt und als
Rechtsinstitutionen und Rechtsgesetze ausprägt.

Dadurch hat die Schweiz in ihrem Bereiche Ideen und Prinzipien
geklärt und verwirklicht, welche für die ganze *europäische Staatenwelt*
segensreich und fruchtbar, welche bestimmt sind, dereinst auch den Frieden
Europas zu sichern. Sie hat der Freiheit und dem freundlichen Zusammenwirken der grossen romanischen, germanischen, und weshalb nicht auch
der slawischen Nationalitäten als Genossen der zivilisierten Menschheit

durch ihr Beispiel die Wege gezeigt. Wenn dereinst das Ideal der Zukunft verwirklicht sein wird, dann mag die internationale Schweizernationalität in der grösseren europäischen Gemeinschaft aufgelöst werden. Sie wird nicht vergeblich und nicht unrühmlich gelebt haben.

Fritz Fleiner

Fritz Fleiner

1867—1937

Fritz Fleiner absolvierte die Kantonsschule Aarau, studierte Rechtswissenschaft an den Universitäten Zürich, Leipzig, Berlin und Paris und habilitierte sich 1892 als 25jähriger in Zürich für Kirchenrecht, ein Gebiet, dem seine Dissertation und seine Habilitationsschrift gewidmet waren. 1895 wurde er zum Extraordinarius befördert. Er hielt auch Vorlesungen über staatsrechtliche Themen. 1897 wurde er als Ordinarius an die Universität Basel berufen, der er bereits 1901 als Rektor vorstand. 1906 erfolgte seine Berufung nach Tübingen, 1908 nach Heidelberg. Als er auf das Wintersemester 1915/16 als Ordinarius für öffentliches Recht und Kirchenrecht nach Zürich zurückkehrte, hatte er in Deutschland bereits den Ruf einer der ersten Autoritäten des Staats- und Verwaltungsrechts erlangt. Eines seiner Hauptwerke, die «Institutionen des deutschen Verwaltungsrechts» hatte schon die dritte von insgesamt acht Auflagen erlebt. Die achte und letzte Auflage erschien 1939 als «Neudruck für die Schweiz» im Polygraphischen Verlag. Schon vor seiner Rückkehr in die Schweiz begann Fleiner mit der Vorbereitung seines zweiten Hauptwerks, des «Schweizerischen Bundesstaatsrechts» das 1923 in Tübingen erschien. 1949 veröffentlichte der Polygraphische Verlag eine völlig neue Bearbeitung desselben von Z. Giacometti. Ein Sammelband «Ausgewählte Schriften und Reden» wurde 1941 im selben Verlag veröffentlicht.

Fleiners Vorlesungen genossen legendären Ruf. Jede seiner Vorlesungsstunden beruhte auf «gründlichster Vorbereitung, die ihm alsdann einen völlig freien Vortrag gestattete, ohne je in Improvisation zu verfallen», wie August Egger in einem Nachruf schrieb. In den Vorlesungen wie auch in seinen Publikationen ging es Fleiner darum, aus der Fülle des Stoffes die leitenden Grundlinien herauszuarbeiten und sie in eine systematische Ordnung zu bringen. Im Vorwort zum «Bundesstaatsrecht» schrieb er: «Unser harrt die Aufgabe, bis zu den einfachsten Rechtsgedanken vorzustossen, aus denen die Vorschriften des geltenden Rechts hervorquellen... Nur auf diesem Wege gelingt es uns — zumal in unserer Demokratie, in der sogar die Vollziehung der Gesetze von der Politik umspült wird —, das Recht geistig zu beherrschen und in ihm neben den geschriebenen Sätzen die ungeschriebenen, nicht minder unverbrüchlichen, zu erkennen.» FLEINERS Methode wurde als «ein mit durchdringender Geisteskraft vollzogener Reduktionsprozess» bezeichnet (A. EGGER).

Der nachfolgend wiedergegebene Aufsatz — es handelt sich um die 1916 in Zürich gehaltene Antrittsrede — ist ein Musterbeispiel der auf einfachste Grundgedanken zurückgeführten Darstellungsweise FLEINERS. FLEINER stellt darin Staatstheorien dar, die in der Schweiz ihren Ursprung hatten, von hier aus auf ausländische Staaten einwirkten und später als «fertige staatsrechtliche Forderungen» in ihr Ursprungsland zurückkehrten. Als erste nennt FLEINER die Lehre vom «Staatsvertrag», nämlich jener freien Vereinbarung, durch die die Menschen den Staat begründen, eine Lehre, die seit der Reformationszeit von vielen Autoren vertreten wurde, aber erst durch ROUSSEAUS «Contrat social» (1762) «zündende und revolutionierende Kraft» erhielt. FLEINER erklärt diese Kraft in erster Linie damit, dass ROUSSEAU die demokratischen Institutionen seiner Heimatstadt Genf — die Bürgerversammlung — aus persönlicher Anschauung kannte und davon tief beeindruckt war. FLEINER schreibt: «Über den Mann, der aus der überfeinerten Kultur der französischen Hauptstadt bereits den Weg zurück zur Natur und zur Überzeugung von der Gleichheit aller Menschen gefunden hatte, gewannen diese Genfer Erinnerungen und Eindrücke eine magische Gewalt». In der deutschen Schweiz verbanden sich im 19. Jahrhundert ROUSSEAUS Ideen mit alten germanischen Rechtsgedanken, wie sie besonders in den Landsgemeinden verwirklicht waren, woraus die heute verwirklichte «reine Demokratie» hervorging.

Auch die Gegenlehre zu ROUSSEAU, die konservative Staatstheorie, hat ihren Ursprung in der Schweiz. Ihr geistiger Vater war KARL LUDWIG VON HALLER, der zu Beginn des 19. Jahrhunderts die Ungleichheit der Menschen betonte und die Rückkehr zur alten Ordnung befürwortete. HALLERS Lehre wirkte sich auf die preussischen Konservativen aus, die bis 1848 dem preussischen Staat das Gepräge gaben. Auch HALLERS Wirkung führt FLEINER auf die enge Verbindung mit den staatsrechtlichen Verhältnissen der Schweiz zurück. Er schreibt: «Auch seine Wirkung, die sich im übrigen mit der ROUSSEAUS nicht vergleichen lässt, geht im letzten Grund auf eine ihm mit ROUSSEAU gemeinsame Eigenschaft zurück, in der wir die schweizerische Eigenart beider erkennen: auf die unmittelbare Anschauung der Verhältnisse, aus denen ihre Staatstheorie emporgewachsen ist, und auf die Anhänglichkeit an den Boden des heimatlichen Kleinstaats.»

Als dritte von der Schweiz ausgegangene und wieder auf sie zurückwirkende Staatstheorie wird die Lehre CALVINS angeführt: Die Kirchenorganisation wurde durch sie auf eine demokratische Basis gestellt und damit vom Staat ablösbar. Überdies setzte CALVIN den Glauben höher als den staatlichen Zwang. In Amerika führte diese Lehre zusammen mit englischen Rechtsvorstellungen zur Idee unveräusserlicher, angeborenere Menschenrechte, die ihrerseits wieder auf den europäischen Kontinent zurückwirkte.

Der heutige Leser mag nach den Ursachen fragen, die es möglich machten, dass zwischen dem 16. und dem 19. Jahrhundert so bedeutsame politische Ideen in der Schweiz entstehen und weltweite Verbreitung finden konnten. Seit jener Zeit sind von der Schweiz keine politischen Lehren von ähnlicher Wirkung mehr ausgegangen, wenn man von den — unpolitischen — Ideen HENRY DUNANTS — des dritten Genfers nach CALVIN und ROUSSEAU — absieht. Der lockere Staatenbund, in dem jeder eidgenössische Ort mit ausländischen Staaten in unmittelbarer Beziehung stand und den geistigen Strömungen des Auslandes stärker ausgesetzt war als heute, bot vermutlich die günstigeren Voraussetzungen für die Entstehung neuer politischer Ideen als der 1848 gegründete Bundesstaat. So notwendig und glücklich der engere Zusammenschluss von 1848 war, führte er zu einer stärkeren politischen Abschliessung nach aussen und lenkte den Blick der Behörden und des Volkes vorwiegend auf den Ausbau des nunmehr errichteten Staates. FLEINER macht keinerlei Andeutungen in dieser Richtung, doch geben seine Ausführungen Anlass zu solchen Überlegungen.

Dietrich Schindler

Entstehung und Wandlung moderner Staatstheorien in der Schweiz*

von Fritz Fleiner[1]

Wenn im Leben der Völker ein neues Geschlecht heraufzieht, so tritt es mit neuen Forderungen an den Staat heran. Ablehnung und Kälte ist der Empfang, der ihm bereitet wird von denen, die am Ruder des Staates stehen, und noch gegen jede junge Generation hat sich der Satz gekehrt: «Sei im Besitze und du wohnst im Recht.» Dann wird der Kampf die Losung — der Kampf des neuen Rechts mit dem alten. Was die Emporstrebenden begehren, ist jeder rechtlichen Garantie bar, aber sie fordern es unter Berufung auf eine höhere, der geltenden Rechtsordnung überlegene Macht, heisse sie nun Religion, Philosophie, Gerechtigkeit oder «die ewigen Gesetze der Natur». Die Wissenschaft bezeichnet ein solches Zukunftsstaatsrecht als Staatstheorie. Jede Staatstheorie geht von der Kritik des Bestehenden, von der Unhaltbarkeit des geltenden Rechts aus. Aber sie wirkt zugleich schöpferisch dadurch, dass sie die Rechtsgedanken entwickelt, mit deren Hilfe der Staat neu aufgebaut werden soll. Es gibt Staatstheorien — ein Teil der anarchistischen Theorien zählt dazu —, die in dem weltfremden Gehirn eines einsamen Denkers entstanden und dazu verurteilt sind, fürderhin ihr Dasein als seltene Treibhauspflanzen in den Werken der Philosophen zu fristen. Sie fallen für uns ausser Betracht. Eine Wirkung auf die Welt haben zu allen Zeiten nur die Staatstheorien auszuüben vermocht, die aus der Anschauung des Lebens heraus geboren worden sind und daraus die Kraft zu staatlicher Umgestaltung geschöpft haben. Sie sind ihrer Natur nach einseitig und international. Einseitig, weil sie von einer einzigen zentralen Idee aus das staatliche Leben zu meistern unternehmen; international oder rich-

---

* Erschienen bei Orell Füssli, Zürich 1916, sowie im Sammelband «Ausgewählte Schriften und Reden» Fritz Fleiners, Polygraphischer Verlag, Zürich 1941.

[1] Akademische Antrittsrede vom 4. Dezember 1915, durch einige Zusätze erweitert.

tiger anational, insofern sie mit dem Anspruch auftreten, das Rezept für die Einrichtung des besten Staates zu liefern.

In keiner Epoche der Geschichte haben Staatstheorien eine grössere Macht entfaltet als in dem Jahrhundert der Französischen Revolution, aus der der moderne Staat hervorgegangen ist. Die grossen Staatstheorien der französischen Revolutionszeit sind ohne Ausnahme anti-absolutistisch, d. h. sie richten sich gegen die Allmacht der Fürsten und der aristokratisch-republikanischen Obrigkeiten. Auf die Ausbildung dieser Theorien und ihrer Gegenlehren haben politische Ideen und Einrichtungen der Schweiz bestimmenden Einfluss gewonnen. Als fertige staatsrechtliche Forderungen sind sie alsdann in ihre geistige Heimat zurückgekehrt und haben auf die Entwicklung unseres eigenen Rechts eingewirkt.

In erster Linie gilt dies von dem Zentraldogma der Französischen Revolution und der Auklärung, der *Lehre vom Staatsvertrag*, dem Contrat social[2]. Die Vorstellung, dass der Staat durch freie Vereinbarung der Menschen, durch einen Staatsvertrag, entstanden sei, hat seit der Reformation die politischen Geister erfüllt. Sie ist auf spekulativem Weg, zum Teil unter Verwertung antiker Gedanken gewonnen worden und dazu ausersehen gewesen, den Staat und die staatliche Herrschaft nach dem Wegfall der theokratisch-religiösen Idee rein menschlich zu erklären. Ihre sichtbarste praktische Wirkung übte diese Theorie aus, als der Kronjurist der Stuarts, Thomas Hobbes, aus ihr ein zweites Element, einen Herrschaftsvertrag, ableitete, vermöge dessen das staatgründende Volk sich der unbeschränkten Gewalt eines Fürsten unterworfen haben sollte. Erst der grosse citoyen de Genève, Jean-Jacques Rousseau, hat jedoch der Theorie vom Contrat social die zündende und revolutionierende Kraft eingehaucht. Die Erklärung hiefür liegt nicht etwa bloss in der schriftstellerischen Begabung Rousseaus, die ihn über seine Vorgänger weit hinaushebt, sondern in erster Linie darin, dass Rousseau demokratische Institutionen aus persönlicher Anschauung gekannt und diese nun in die bisher farblose Lehre vom Staatsvertrag hineingetragen hat. Der Contrat social spiegelt ein Stück Genfer Verfassungsleben und die Vorstellungen wider, die sich das Genfer Volk von einer Ideal-Verfassung machte.

In Genf stand die oberste Gewalt seit dem 16. Jahrhundert bei der Bürgerversammlung, dem Conseil Général des citoyens et bourgeois, einem

[2] GIERKE, Johannes Althusius und die Entwicklung der naturrechtlichen Staatstheorien, 2. Ausgabe, 1906, S. 76 ff.; Das deutsche Genossenschaftsrecht, Bd. IV, 1913, S. 372 ff., 447 ff. ROBERT REDSLOB, Die Staatstheorien der französischen Nationalversammlung v. 1789, Leipzig 1912, S. 18 ff., 46 ff. ESMEIN, Eléments de droit constitutionnel, 5e éd., 1909, p. 215.

Kollegium, das zu Rousseaus Zeiten etwa 2000 Aktivbürger umfasste; das waren die «magnifiques, très-honorés et souverains seigneurs». Aus der Bürgergemeinde gingen die Räte, die Gemeindebehörden, hervor: «le Conseil des 25» und «le Conseil des 200», deren Mitglieder jedoch als «membres du souverain» Sitz und Stimme in der Bürgerversammlung beibehielten. Diese Räte wurden im Laufe der Zeit der Sitz eines Patriziats, das die wichtigsten Rechte des Souveräns, des Conseil Général, an sich riss. Mit dem 18. Jahrhundert hoben die Kämpfe des Peuple en bas gegen den allmächtigen Patriziat an. Rousseaus Vater, der Uhrmacher Isaac Rousseau, gehörte diesem Peuple en bas an, und in des Jean-Jacques Jugendzeit und Jugendspiele hinein klang der Nachhall der im Jahr 1707 geführten Kämpfe um die Wiederherstellung der Macht der Gemeindeversammlung. Aber auch als Jean-Jacques die Vaterstadt verlassen hatte, blieb er ihrem politischen Leben und den Ereignissen nahe, die im Jahr 1738 zu der «Mediation» führten, durch welche dem Conseil Général das Recht zur Wahl der vier Syndics und zur Abstimmung über die Gesetze und wichtigsten Verwaltungsakte der Republik zurückerobert wurde. Aus Rousseaus eigenem Zeugnis wissen wir, welch tiefen Eindruck er bei einem Besuch der Vaterstadt im Jahre 1754 von einer Versammlung des Conseil Général in der Kathedrale St-Pierre und von seinen Mitbürgern, den membres du souverain, empfing. Wie in seinen Jugendtagen, so trat ihm damals in der versammelten Bürgerschaft der Staat leibhaftig vor Augen. Über den Mann, der aus der überfeinerten Kultur der französichen Hauptstadt bereits den Weg zurück zur Natur und zur Überzeugung von der Gleichheit aller Menschen gefunden hatte, gewannen diese Genfer Erinnerungen und Eindrücke eine magische Gewalt, und im Jahr 1762 verkündigte der «Contrat social» diese Lehren als ewige Gesetze alles Staatsrechts («principes du droit politique»)[3]. Wie war der Staat entstanden? Aus der Vereinbarung der Menschen, die zum ersten Mal zur Volksversammlung, zu einem Conseil Général, zusammengetreten waren. Jeder Bürger dem andern rechtsgleich und jeder eine Partikel des grossen Souverain, wie er in der Volksgemeinde in die Erscheinung trat. Damit hatte Rousseau mit einem Schlag aus der Lehre

---

[3] ANT. TRONCHIN, L'état du gouvernement présent de la république de Genève, 1721 (s. den von Favre besorgten Abdruck in den Mémoires et documents publiés par la Société d'histoire et d'archéologie, 2me série, t. V (Genève 1893/1901, p. 219). SIMLER-LEU, Von dem Regiment der lobl. Eidgenossenschaft, 2. Aufl., 1735, S. 631 ff. GOTTFRIED KOCH, Die Verfassung von Genf und Rousseaus Contrat social (Historische Zeitschrift, Bd. 55 [1886] S. 192 ff.). H. FAZY, Les constitutions de la République de Genève, 1890. GASPAR VALLETTE, Jean-Jacques Rousseau Genevois, 2e éd., 1911, p. 6, 174, 267, 279, 294. DIERAUER, Geschichte der Schweiz. Eidgenossenschaft, IV (1912) S. 323 ff., 358 ff.

vom Staatsvertrag den Herrschaftsvertrag ausgemerzt. Träger der Staatsgewalt ist das Volk, in dem Volksbeschluss verkörpert sich der Wille des Staats. Das Gesetz ist nicht anderes als der allgemeine Wille, «la volonté générale»; ihm unterwirft sich jeder gern, denn jeder gehorcht im Gesetze nur seinem eigenen Willen. Darum keine Volksvertretung; die Souveränität kann nicht vertreten werden. Wohl aber zwingt das Bedürfnis zur Einsetzung eines «corps intermédiaire établi entre les sujets et le souverain» zum Vollzug der Gesetze und zur Beschützung der Freiheit der Bürger; es ist die Regierung, le gouvernement, deren Mitglieder vom Volke gewählt werden als seine «commissaires» oder «officiers», die aber selbst Glieder des souveränen Volkes bleiben. Rechtsgleichheit und Volkssouveränität — das hat mit einer Überzeugungskraft ohnegleichen der Citoyen de Genève verkündet. In der Gestalt, die der grosse Sohn Genfs diesen Ideen gegeben hat, haben sie ihren Siegeszug durch die Welt angetreten. Sie haben in Frankreich die Revolution vorbereitet und in der «Déclaration des droits de l'homme et du citoyen» vom Jahr 1789 ihren Ausdruck gefunden. «Le principe de toute souveraineté réside essentiellement dans la nation» — «la loi est l'expression de la volonté générale». Die Garantie der Rechtsgleichheit ist in die meisten modernen Verfassungen aufgenommen worden, in die monarchischen so gut wie in die republikanischen. Die Lehre von der Volkssouveränität aber hat in Nordamerika die Trennung vom Mutterland England juristisch gerechtfertigt und in Belgien einen neuen Staat gegründet; «tous les pouvoirs émanent de la nation», sagt die belgische Verfassung. «Es gibt keine einzige politische Idee, die im Laufe der letzten Jahrhunderte eine ähnliche Wirkung ausgeübt hätte, wie Rousseaus Volkssouveränität; bisweilen zurückgedrängt und nur die Meinungen bestimmend, aber dann wieder hervorbrechend, offen bekannt, niemals realisiert und immer eingreifend, ist sie das ewig bewegliche Ferment der modernen Welt.» (Ranke, Englische Geschichte III, 287.)

Die politische Bewegung, die Rousseaus Contrat social in seiner Vaterstadt selbst auslöste, die Verurteilung des Buches, zusammen mit dem Erziehungsroman «Emile», durch den Kleinen Rat Genfs am 19. Juni 1762, das erneute Eingreifen Rousseaus in die Kämpfe der Vaterstadt durch seine «Lettres écrites de la montagne» 1764 — all das soll hier nur erwähnt, nicht dargestellt werden[4]. In dem Pazifikationsedikt vom Jahr 1768 erlangte das

---

[4] E. Rod, L'affaire J.-J. Rousseau, 1906, p. 89. Phil. Godet, Histoire littéraire de la Suisse française, 1890, p. 254. G. Vallette, Jean-Jacques Rousseau Genevois, p. 235. Dierauer, Geschichte der Schweiz. Eidgenossenschaft, IV, S. 326.

Volk zwar die angestrebte Rehabilitation Rousseaus nicht, wohl aber eine stärkere Sicherung der Volksrechte und die Befugnis zur Wahl der Hälfte der Grossratsmitglieder. In der übrigen Schweiz blieb die Wirkung des Buches zunächst eine rein literarische, bis die von Frankreich aufgezwungene Verfassung der Helvetischen Republik vom 17. April 1798 die Hauptlehren des Contrat social auch für die Schweiz in Verfassungsgrundsätze umformte. So vor allem die Volkssouveränität: «l'universalité des citoyens est le souverain», sagt der Art. 2 der Helvetischen Verfassung. Mit dem Zusammenbruch der Helvetik (1803) und Napoleons Mediation, die zur Wiederherstellung des förderativen Prinzipes führte, traten diese Gedanken in der Schweiz in den Hintergrund. Aber sie blieben während der ganzen Mediations- und Restaurationszeit die Leitsterne der liberalen Parteien. Auf den Schultern Rousseaus steht die liberale Theorie, wenn sie in deren Mittelpunkt streng individualistisch das Verhältnis des Bürgers zum Staate rückt und demgemäss zur Forderung der Rechtsgleichheit und der Volkssouveränität gelangt. Bewusst von Rousseau entfernt dagegen hat sich der schweizerische Liberalismus durch die Anerkennung der Repräsentativverfassung und der repräsentativen Demokratie. Darin liegt kein Abfall von Rousseau, sondern eine Weiterbildung der Rousseauschen Ideen; denn die Rousseausche Volksversammlung setzt den Stadtstaat und kleine Verhältnisse voraus[5].

Für die Fortbildung der Rousseauschen Staatstheorie in liberalem Sinne hat das Beste ein Schweizer geleistet, *Benjamin Constant* von Lausanne[6]. Wiewohl Constant schon in jungen Jahren dauernd nach Frankreich über-

---

[5] P. FEDDERSEN, Geschichte der schweizerischen Regeneration von 1830—1848 (Zürich 1867). W. OECHSLI, Geschichte der Schweiz im neunzehnten Jahrhundert, II (1913) S. 567 ff.

[6] *Benjamin Constant de Rebecque,* geboren am 25. Januar 1767 in Lausanne, gestorben am 8. Dezember 1830 in Paris. MONTET, Dictionnaire biographique des Genevois et des Vaudois, 1877, I, p. 192. ROSSEL, Histoire littéraire de la Suisse romande, II, 318. GODET, Histoire littéraire de la Suisse française, p. 415. OECHSLI, Geschichte der Schweiz im neunzehnten Jahrhundert, I, 744. LADY BLENNERHASSETT, Frau v. Staël und ihre Freunde, 3 Bde., 1887 ff., insbes. II 189, III 441. Weitere Literaturnachweise über Constant s. bei HANS BARTH, Bibliographie der Schweizergeschichte Bd. II (1914) S. 163. — Das im Text erwähnte Werk Constants führte bei seinem ersten Erscheinen (1817—1820) den Titel: «Collection complète des ouvrages publiés sur le gouvernement représentatif ou Cours de politique constitutionnelle», 4 vol.; die i.J. 1836 in 2 Bänden veröffentlichte Neuausgabe nannte sich kurzweg «Cours de politique constitutionnelle». — Am schärfsten tritt der Gegensatz Constants gegen Rousseau hervor in der i.J. 1815 erschienenen Schrift von Constant: «Principes de politique, applicables à tous les gouvernements représentatifs». Über den Einfluss Constants urteilt G. JELLINEK, Allg. Staatslehre S. 346: «Sehr interessant wäre es, alles, was in einem Staate ungeschrieben als konstitutionell oder parlamentarisch geboten gilt, auf seine Herkunft zu prüfen. Sicherlich würde in vielen Punkten weder die englische Praxis noch die französische auf Grund der Charte, sondern die Theorien Benthams und Benjamin Constants und seiner Nachfolger als Quelle erscheinen.»

siedelte und dort unter der Regierung Karls X. das Haupt der liberalen Opposition wurde, so blieb er doch in enger Geistesgemeinschaft mit den protestantischen Ideen seiner schweizerischen Heimat und dem Kreis der Madame de Staël in Coppet. Das Werk von Constant «Cours de politique constitutionnelle» (1817—1820) hat dem schweizerischen Liberalismus den Weg zur Versöhnung der Volkssouveränität mit der Repräsentativverfassung gewiesen.

Mit dem Beginn der dreissiger Jahre des 19. Jahrhunderts hebt die eigenartigste Entwicklung unsres öffentlichen Rechts an: die Lehre Rousseaus, die Staatstheorie Genfs, tritt in Berührung mit den kraftvollsten *altgermanischen Rechtsgedanken* der deutschen Schweiz[7]. Ich brauche die Institutionen nur zu nennen, um ihren innern Zusammenhang mit den Ideen des Contrat social aufzuweisen: die Landsgemeinde und das förderative Gemeindereferendum im Oberwallis und in Graubünden. In diesen Einrichtungen war seit dem Mittelalter die germanische Vorstellung lebendig geblieben, es stehe in allen wichtigen Angelegenheiten des Landes der Entscheid dem versammelten Volk, den Aktivbürgern, zu. Aus der Verschmelzung dieser Gedanken mit der Theorie Rousseaus ist der schweizerische Staat der Gegenwart, die *reine Demokratie*, hervorgegangen.

Diese Verbindung wird zuerst in den Bestimmungen der «regenerierten» Kantonsverfassungen über die Verfassungsrevision sichtbar[8]. Das Prinzip der geschriebenen Verfassung hatte sich in den Neu-England-Kolonien aus den königlichen Freibriefen entwickelt gleichzeitig mit der Anschauung, dass eine solche Verfassung die Fundamentalartikel des staatlichen Zusammenlebens enthalte. Von Nordamerika übernahm die Französische Revolution den Grundsatz und leitete ihn in der Helvetik auch der Schweiz zu. Eine erste, aber nur lose Anknüpfung des erwähnten Prinzips an Rousseausche Gedankengänge zeigt sich in der Vorschrift, derzufolge die zweite helvetische Verfassung vom Jahre 1802 dem Volke zur Abstimmung hat vorgelegt werden müssen. Dann verschwindet der Grundsatz, um erst wieder bei der Umgestaltung der Kantonsverfassungen der dreissi-

---

[7] BLUMER, Staats- und Rechtsgeschichte der schweizerischen Demokratien I (1850) S. 265 ff., II. (1857) S. 95 ff. ANDREAS HEUSLER, Rechtsquellen des Kantons Wallis (Zeitschrift für Schweiz. Recht, n. F. VII. 1888, S. 134 ff. [Einleitung]). RUDOLF A. GANZONI, Beiträge zur Kenntnis des bündnerischen Referendums, 1890. HEINRICH RYFFEL, Die schweizerischen Landsgemeinden, 1903. OECHSLI, Geschichte der Schweiz im neunzehnten Jahrhundert II 752 (Referendum in Graubünden).

[8] THOMAS BORNHAUSER, Verfassungen der Kantone der schweizerischen Eidgenossenschaft, 2 Bde., 1833/36. BLUMER-MOREL, Handbuch des Schweiz. Bundesstaatsrechts, I (3. Aufl.), 1891, S. 81 ff. BORGEAUD, Etablissement et révision des constitutions en Amérique et en Europe, 1893, S. 317.

ger Jahre in der Forderung aufzutauchen, dass jede Revision einer Kantons-
verfassung dem Volke zur Abstimmung zu unterbreiten sei. In dieser Vorschrift aber hat die Lehre praktische Gestalt gewonnen, die in der Verfassung den staatgründenden Akt, den Contrat social, erblickt, der nur durch
die freie Zustimmung des Volkes, d.h. des Mehrheitswillens, zustande
kommen kann. Diese Anschauung hat die Bundesverfassung des Jahres
1848, wie die des Jahres 1874 zum gemeinschweizerischen Prinzip erhoben;
auf ihr beruht heute das obligatorische Verfassungsreferendum in Kantonen
und Bund.

Die gegenseitige Durchdringung deutschschweizerischer und Rous-
seauscher Rechtsgedanken zeigt sich aber weiterhin in der veränderten
Auffassung der Volkssouveränität[9]. Seit dem Jahr 1830 wird in allen neuen
Kantonsverfassungen das souveräne Volk als die letzte Quelle der staatlichen Macht bezeichnet, aber diese Anerkennung eingeschränkt durch den
dem Arsenal Constants entstammenden Satz, dass das Volk, soweit es seine
Rechte nicht selbst ausübe, durch die Volksvertretung, den Grossen Rat,
repräsentiert werde. Aus dieser Auffassung heraus hat man in den Kantonen mühelos das allgemeine Wahlrecht einführen können. Vor allem aber
ist, in bewusster Ablehnung der Montesquieuschen Forderung von der
séparation des pouvoirs, der Grosse Rat nicht auf die Ausübung der
Gesetzgebung beschränkt, sondern mit der Stellvertretung des souveränen
Volks nach allen Richtungen betraut worden. So ist, durchaus im Sinne
Rousseaus, nicht die séparation, sondern die concentration des pouvoirs
das Kennzeichen des schweizerischen demokratischen Staats. Wiewohl eine
besondere vollziehende und eine besondere richterliche Gewalt neben den
Grossen Rat gestellt sind, so spricht die Vermutung stets für die Zuständigkeit des Grossen Rats, des Delegierten des souveränen Volkes. Diese
umfassende Gewalt der Volksvertretung äussert sich in der unmittelbaren
Teilnahme der Grossen Räte an der Verwaltung. Am deutlichsten aber wird
uns die souveränitätsähnliche Stellung der Volksvertretung vor Augen
geführt dort, wo der Grosse Rat verfassungsmässig berufen ist, Kompe-
tenzkonflikte zwischen der richterlichen und der vollziehenden Gewalt zu
entscheiden. Diese Auffassung der Volksvertretung ist aus dem kantonalen

---

[9] Vgl. z. B. Verfassung des Kantons Bern vom 6. Juli 1831 Art. 3: «Die Souveränität beruht auf
der Gesamtheit des Volkes. Sie wird einzig durch einen Grossen Rath, als Stellvertreter des
Volkes, verfassungsmässig ausgeübt. Der Grosse Rath überträgt dem Regierungsrathe kraft
der Verfassung die nöthige Gewalt zur Handhabung und Vollziehung der Gesetze, und den
Gerichtsstellen die Gewalt zur Beurteilung der Streitsachen und Straffälle. Als der höchsten
Staatsgewalt bleibt jedoch dem Grossen Rathe die Oberaufsicht sowohl über die vollziehenden als über die gerichtlichen Behörden und das Begnadigungsrecht.»

Recht in das eidgenössische übergegangen. «Unter Vorbehalt der Rechte des Volkes und der Kantone wird die oberste Gewalt des Bundes durch die Bundesversammlung ausgeübt», sagt Art. 71 der Bundesverfassung vom 29. Mai 1874. Der Bundesversammlung ist infolgedessen auch die Beurteilung von Kompetenzstreitigkeiten zwischen der vollziehenden und der richterlichen Gewalt des Bundes übertragen (Bundesverfassung Art. 85, Ziff. 13).

Von hier aus ist der Übergang von der repräsentativen zur reinen Demokratie mit Volksgesetzgebung und Volksinitiative nur eine Rückbildung zu alten Formen, eine Wiederherstellung der vollen Volkssouveränität, gewesen [10]. Politisch hat sich dieser Übergang dargestellt als ein Widerruf des unbeschränkten Amtsauftrages der Grossen Räte durch das souveräne Volk. Die Rechtfertigung der rein-demokratischen Bewegung und ihre wissenschaftliche und politische Begründung haben überall in der Schweiz die Ideen Rousseaus geliefert. Nicht als ob die demokratischen Parteiführer mit dem «Contrat social» in der Hand für ihre Forderungen gefochten hätten. Aber die Ideen Rousseaus haben sich von ihrem Urheber und seinem Werke abgelöst und sind politisches Gemeingut geworden. Neue Gedanken von ähnlicher Kraft hat die Folgezeit nicht hervorgebracht. Von der Schweiz aus sind in unseren Tagen die demokratischen Einrichtungen und Vorstellungen hinübergewandert nach den Vereinigten Staaten von Amerika als eine Gegengabe an das Land, das uns zuerst den Begriff der geschriebenen Verfassung geschenkt hat [11].

Auch das zweite Hauptelement der Rousseauschen Theorie ist Schritt für Schritt zur Reife gelangt. Der Art. 4 unserer Bundesverfassung, der die Gleichheit der Schweizer vor dem Gesetze, die Rechtsgleichheit, gewährleistet und alle Untertanenverhältnisse und Vorrechte und alle Standesun-

---

[10] DUBS, Die schweiz. Demokratie und ihre Fortentwicklung, 1868. GUSTAV VOGT, Referendum, Veto, Initiative in den neuern schweizerischen Kantonsverfassungen (Tübinger Zeitschrift für die gesamte Staatswissenschaft, 1873, Bd. 29). DUBS, Das öffentliche Recht der schweiz. Eidgenossenschaft, 2. Auflage, 2 Bände, 1878. THEODOR CURTI, Geschichte der schweizerischen Volksgesetzgebung, 2. Aufl., 1885; Geschichte der Schweiz im 19. Jahrhundert, S. 591; Art. «Referendum und Initiative» im Handwörterbuch der schweiz. Volkswirtschaft, III, 438. A. DUNANT, Die direkte Volksgesetzgebung in der schweiz. Eidgenossenschaft und ihren Kantonen, 1894. SCHOLLENBERGER, Grundriss des Staats- und Verwaltungsrechts der schweiz. Kantone, I, 1900, S. 58 ff. WILLIAM E. RAPPARD, The Initiative, Referendum and Recall in Switzerland. (Annals of the American Academy, 1912, p. 110 ff.)
[11] FREUND, Das öffentliche Recht der Vereinigten Staaten von Amerika, 1911 (Das öffentliche Recht der Gegenwart Bd. XII) S. 11, 76, 121, 175, 183, 235; Jahrbuch des öffentlichen Rechts der Gegenwart VIII (1914), S. 479. BRYCE, American commonwealth, I, chap. 39. ESMEIN, Eléments de Droit constitutionnel p. 360. ELLIS PAXON OBERHOLTZER, The Referendum in America, new ed. 1912. G. JELLINEK, Allgemeine Staatslehre, S. 729.

terschiede aufhebt, ist ein Stück des Contrat social[12]. Es gehört zu den eigenartigsten Erscheinungen unsres Rechtslebens, dass dieser Grundsatz nicht durch den Gesetzgeber, sondern durch den Richter, durch das Schweizerische Bundesgericht, zu voller Entfaltung gebracht worden ist. Jeder kantonale Erlass, der den Grundsatz der Rechtsgleichheit verletzt, muss auf den Rekurs des Verletzten hin vom Bundesgericht als verfassungswidrig aufgehoben werden. Damit habe ich gleichzeitig die Stelle in dem Rousseauschen System bezeichnet, von der aus in der Gegenwart auch im Ausland ein Ausbau der Rechtsgleichheit durch die Rechtsprechung sich anzubahnen begonnen hat. Zu den grossen und bleibenden Verdiensten der neuesten deutschen Verwaltungsrechtsprechung, vorab der des Preussischen Oberverwaltungsgerichts, gehört die Durchführung des Satzes, dass im Rechtsstaat alle staatlichen Eingriffe in Freiheit und Eigentum der Bürger nach einem für alle gleichen Massstab erfolgen müssen.

Aus der Theorie Rousseaus hat der schweizerische Volksstaat unschätzbare Kräfte gezogen. Aber verschweigen wir es nicht — er hat auch deren Einseitigkeiten in Kauf genommen. Ein Beispiel möge dies erläutern. Die Landsgemeinde-Demokratien haben uns die schöne germanische Rechtsauffassung überliefert, die die Autorität des Beamten auf das Vertrauen des Volkes gründet, und aus dem Ideenschatze Rousseaus stammt die Erklärung, dass der Beamte durch die «commission», die er vom Volk empfange, der Diener des Volkes werde. Gestützt auf diese beiden Erwägungen ist in das Programm der reinen Demokratie die Volkswahl von Verwaltungsbeamten hineingekommen. Auf diese Weise hat die Volkswahl als Schutzwehr gegen eine bürokratische und sachlich unrichtige Handhabung der Gesetze dienen sollen. Wir wissen heute, dass sie das nur im beschränkten Mass zu leisten vermag und dass die Krönung des Rechtsstaats nicht durch den Ausbau der Volkssouveränität zu erreichen ist, sondern allein durch die Aufrichtung einer unabhängigen Verwaltungsgerichtsbarkeit. Aber auch hier zeigt es sich, wie stark wir in den Tugenden und Fehlern unsres nationalen Lebens bis zum heutigen Tag im Banne Rousseaus stehen. Er ist der einzige grosse Theoretiker der reinen Demokratie geblieben.

Wie die Schweiz die geistige Heimat der radikal-liberalen Staatstheorie ist, so ist aus ihr auch ihre Gegenlehre, die *konservative Staatstheorie*, hervorgegangen. Der Restaurator der Staatswissenschaft, der Berner *Karl Ludwig v. Haller,* der Enkel des grossen Albrecht v. Haller, ist der einfluss-

---

[12] W. BURCKHARDT, Kommentar der Schweiz. Bundesverfassung vom 29. Mai 1874, 2. Aufl. 1914, S. 57 ff. FLEINER, Institutionen des Deutschen Verwaltungsrechts, 3. Aufl., 1913, S. 125 ff.

reichste der contrerevolutionären Schriftsteller in deutschen Landen geworden[13]. Er war ein echter Spross des stadtbernischen Patriziats und durch
Familientradition und persönliche Überzeugung mit der aristokratischen
Regierungsform verbunden, deren Tugenden und Vorzüge Albrecht v. Hallers Staatsromane in helles Licht gerückt hatten[14]. Mit seinen Standesgenossen durch die Revolution aus der alten privilegierten Stellung verdrängt,
empfing Karl Ludwig v. Haller seine entscheidenden Eindrücke in Wien,
dem Zentrum der contrerevolutionären Politik[15]. Als er im Jahre 1806 in die
Vaterstadt an die neugegründete Akademie berufen wurde, übernahm er
das Lehramt für Staatskunde und Geschichte am 2. November 1806 mit
einer Rede «Über die Notwendigkeit einer andern obersten Begründung
des allgemeinen Staatsrechts», die bereits eine offene Absage an die Lehre
des Contrat social enthielt. Das im Jahr 1808 veröffentlichte «Handbuch
der allgemeinen Staatenkunde nach den Gesetzen der Natur» und endlich
die in sechs Bänden erschienene «Restauration der Staatswissenschaft»
(1816—1834) brachten eine Vertiefung und Weiterbildung seiner Ideen. Sie
sind mit wenigen Strichen charakterisiert. Die Menschen, so sagt Haller,
sind von Natur ungleich; der Contrat social, der von der Gleichheit aller
ausgeht, ist eine Chimäre. Der der Natur entsprechende Zustand ist die
rechtliche Ungleichheit. Wir brauchen nur einen Blick ins Leben zu werfen,
um die Beweise dafür zu erkennen: die Dienstherrschaft herrscht über die
Dienstboten, der Arme ist vom Reichen, der Schwache vom Mächtigen
abhängig. Auf Macht und Abhängigkeit ist unsere ganze Lebensordnung
gegründet. Darum ist auch der Staat nichts anderes, als eine Reihe von
Macht- und Herrschaftsverhältnissen bis hinauf zum Fürsten. Nur durch
Über- und Unterordnung entsteht ein geselliger Verband. Die Staatsmacht

---

[13] *Karl Ludwig v. Haller*, geboren am 1. August 1768 in Bern, gestorben am 20. Mai 1854 in
Solothurn. Über seine Persönlichkeit und seine Staatstheorie: BLÖSCH, Art. «K. L. v. Haller»
in der Allg. Deutschen Biographie. OECHSLI, Geschichte der Schweiz im neunzehnten Jahrhundert I, 748 ff., II, 540 ff. LOOSER, Entwicklung und System der politischen Anschauungen
K. L. v. Hallers, Berner Diss. 1896. R. v. MOHL, Geschichte und Literatur der Staatswissen-
schaften, II, 529. G. JELLINEK, Allgemeine Staatslehre, S. 200. G. v. BELOW, Der deutsche Staat
des Mittelalters, 1914, S. 1 ff. EWALD REINHARD, Karl Ludwig v. Haller (Schriften der Görres-
Gesellschaft, 1915).

[14] TILLIER, Geschichte des eidgenössischen Freistaats Bern bis 1798, 5 Bde., 1838—1840.
BLÖSCH, Die aristokratische Verfassung im alten Bern (Politisches Jahrbuch der schweizerischen Eidgenossenschaft, Bd. IV). OECHSLI, Geschichte der Schweiz im neunzehnten Jahrhundert, I, 51 ff.

[15] F. MEINECKE, Weltbürgertum und Nationalstaat, 2. Aufl., 1911, S. 216 ff. (Haller und der Kreis
Friedrich Wilhelms IV); Radowitz und die deutsche Revolution, 1913, S. 5, 6, 13, 24, 25, 32.
LEONIE V. KEYSERLING, Religiöse und politische Entwicklung der Brüder Gerlach 1816—1820,
Heidelberger Diss., 1913, S. 14 ff. ERICH MARCKS, Bismarck, I, 214 ff., 232 ff.

aber ist entstanden aus dem Grundeigentum. Der Fürst ist ein grosser Grundeigentümer; das gibt ihm das Glücksgefühl der Unabhängigkeit. Darauf beruht der Vorzug der Monarchie vor den andern Staatsformen. Die Republik unterscheidet sich von der Monarchie nur durch die Kollektivität des Fürsten. Die Epoche, die diesen der Natur allein gemässen Zustand, den Patrimonialstaat, verwirklicht hat, ist die alte Zeit, das Mittelalter, gewesen. Darum vernehmen wir bei Haller denselben Ruf wie bei Rousseau: Zurück zur Natur. Nur dass uns bei Haller der Rückweg mitten ins Ancien régime hineinführt. Der Übertritt Hallers zur katholischen Kirche, der ihn aus seinen Stellungen in Bern verdrängt hat, ist nur die logische Folgerung aus seinem System gewesen. Denn die katholische Kirche stellt die vollendetste Organisation der von Haller gepriesenen Ungleichheit und die konsequenteste Gegnerin der Revolution dar. FRIEDRICH STAHL hat Haller schon zu seinen Lebzeiten «den Rationalisten unter den contrerevolutionären Schriftstellern» genannt, weil er gleich der naturrechtlichen Theorie *ein* oberstes Prinzip mit absoluter Folgerichtigkeit durch alle Verhältnisse durchgeführt hat. Dieses Prinzip ist eine gottgewollte vorstaatliche Eigentumsordnung, aus der alle Macht und alles Privatrecht mit Naturnotwendigkeit fliesst, und derselbe Mann, der den «Götzen des bürgerlichen Vertrags» (contrat social) als ein künstliches Gebilde hat entthronen wollen, hat seine eigene Theorie auf ein ungeschichtliches vorstaatliches Schemen aufgebaut. Auch seine Wirkung, die sich im übrigen mit der Rousseaus nicht vergleichen lässt, geht im letzten Grund auf eine ihm mit Rousseau gemeinsame Eigenschaft zurück, in der wir die schweizerische Eigenart beider erkennen: auf die unmittelbare Anschauung der Verhältnisse, aus denen ihre Staatstheorie emporgewachsen ist, und auf die Anhänglichkeit an den Boden des heimatlichen Kleinstaats. Man vergleiche die charakteristischen Worte Hallers im Schlussband seiner «Restauration der Staatswissenschaft» (VI 571), wo der ehemalige Professor der Geschichte davon spricht: «Einige scheinen zu glauben, ich hätte das bisher entwickelte System bloss aus der Geschichte des Mittelalters geschöpft und den damaligen Zustand der Dinge zur allgemeinen Norm erheben wollen... Ich gestehe unverhohlen, kein einziges Buch über das sogenannte Mittelalter gelesen zu haben... Nicht am Alten und Unbekannten, sondern an dem, was vor unsern Augen liegt, an den alltäglichen geselligen Verhältnissen selbst haben wir jene ewigen Gesetze wahrgenommen.» Diese alltäglichen Verhältnisse aber waren für den Berner Patrizier die Vogteien, Grundherrschaften und Untertanenländer der Stadt und Republik Bern, die entschwundene Welt Hallers und seiner aristokratischen Standesgenossen.

Wiederholt versuchte Haller mit Hilfe seiner Lehre unmittelbar in den Gang der Ereignisse einzugreifen. So unternahm er es, nach dem Sturz Napoleons in der auf Neujahr 1814 erschienenen Schrift «Was ist die alte Ordnung?» Stadt und Land von der Notwendigkeit zur Wiederherstellung der alten aristokratischen Zustände zu überzeugen. Diese Zustände aber bestanden nach Hallers eigenen Worten «in der Herstellung des alten Landesherrn und in dem Wiedereintritt desselben in seine Freiheit, seine Güter oder Besitzungen und die damit verbundenen Rechte und Pflichten.» Sein Ruf verhallte wirkungslos, und auch später konnte in der Schweiz von einer Rückbildung im Hallerschen Sinne vollends keine Rede mehr sein, seitdem selbst die konservativen Parteien — ich erinnere an den katholischen Vorort Luzern — gelernt hatten, die Volkssouveränität in den Dienst der katholischen Interessen zu stellen.

Um so grössern Einfluss gewann der Konvertit Haller auf den protestantischen Norden, auf die Staatsauffassung der preussischen Konservativen. Nach dem Sturz Napoleons I. trat mit elementarer Gewalt im geistigen Leben Deutschlands die romantisch-historische Richtung hervor, die aus dem Studium des Mittelalters die Kräfte für eine Wiedergeburt des öffentlichen Lebens gewinnen wollte. Mit dieser Richtung kreuzte sich die konstitutionelle Bewegung, die gemäss der Verheissung der Deutschen Bundesakte vom Jahre 1815 (Art. XIII) auf die Einführung von Verfassungsurkunden und auf eine Beschränkung der fürstlichen Gewalt abzielte. Im Königreich Preussen hatte die Reaktivierung der Provinzialstände im Jahre 1823 die Entscheidung über die Verfassungsfrage hinausgeschoben, und nun verband sich die rückwärtsschauende romantisch-historische Bewegung mit dem politischen Programm der Königstreuen, die das Heil der Monarchie in dem Festhalten an der angestammten Herrschergewalt erblickten. Sie scharten sich um den Thronfolger, den spätern König Friedrich Wilhelm IV. Doch nur unvollkommen waren die Waffen, die die Romantik lieferte. Denn mit unklaren Gefühlen und der Bewunderung des deutschen Mittelalters waren die grossen Verfassungsfragen nicht zu lösen. In diese Kreise drang die «Restauration der Staatswissenschaft» Hallers hinein. Es war, wie wenn in eine im Halbdunkel versammelte Schar unsicher schwärmender Romantiker der rotbackige, untersetzte Berner in Person getreten wäre, mit der Faust auf den Tisch geschlagen und in dogmatischer Sicherheit die Lehre von der Ursprünglichkeit und Unbeschränkbarkeit des Herrscherrechts als einer von der Natur geforderten Einrichtung gelehrt hätte. Wie gross der Einfluss Hallers auf diese Männer war, bezeugt einer von ihnen, Leopold v. Gerlach; er und seine Freunde, so schreibt er, hätten sich nach der Lektüre des Hallerschen Werks das Wort gegeben, keine Gesellschaft, zu der sie geladen würden, fürderhin zu verlassen, ohne vorher wenigstens ein Zeugnis für Haller abgelegt zu haben. Bis hinauf zu den Spitzen des Staats, zum Kronprinzen, ja selbst bis zu Hardenberg drang die Staatstheorie des konservativen Berners. Ihr Ansehen wuchs, als sie mit der Thronbesteigung Friedrich Wilhelm IV. die offizielle Anschauung des Hofes und der Intimen des Königs wurde. Von diesem Kreis aus aber fanden die Hallerschen Ideen ihren Weg hinaus auf die Rittergüter und zu den Sitzen der Adeligen und nicht zuletzt zu dem Gutsherrn Ernst v. Bülow und zu Adolf v. Thadden, dem Gutsnachbarn und Gesinnungsgenossen des jungen Landedelmannes Otto v. Bismarck auf Kniephof. Im Verkehr mit diesen Männern lernte Bismarck die Hallerschen Anschauungen kennen. Denn Hallerscher Geist war es, wenn dem jungen und von stolzem Unabhängigkeitsgefühl erfüllten Landedelmann der Gutsnachbar Thadden darlegte, der König sei ein grosser Grundbesitzer, der Gutsherr ein kleiner König, daher möge er, der Gutsherr, seine patrimonialen Rechte und Pflichten behaupten, um dem König in freiem Gehorsam gegenüberzustehen, als ein freier Mann königlichen Sinnes. Ein unabhängiges, jeden Pakt mit der Revolution verschmähendes Königtum und ein auf sich selbst gestellter, dem König freien Sinnes gegenübertretender Adel — das waren die Vorstellungen, die sich im Geiste Bismarcks bereits zu politischen Forderungen zu verdichten begannen. Hier in dem politischen System des Berners trat ihm ihre theoretische Rechtfertigung entgegen, und wir wissen, wie die Männer um Friedrich Wilhelm IV., die diese Hallerschen Ideen für die preussischen Verhältnisse nutzbar zu machen suchten, in dem jungen Bismarck ein auserwähltes Rüstzeug glaubten gefunden zu haben. Mit dem Eintritt in den Vereinigten Landtag begann sich Bismarck von diesen Ideen loszulösen. Sein politisches Genie sprengte den Kreis des politischen Clans und der Hallerschen Clangesinnung. Es war der geschichtliche Moment, da der 79jährige Haller von Solothurn aus den preussischen Ereignissen eine Wendung nach seinem Sinn zu geben versuchte, indem er in einem eingehenden staatsrechtlichen Gutachten die Zugeständnisse, welche das Königliche Patent vom 3. Februar 1847 zur Einberufung des Vereinigten Landtages gemacht hatte, restriktiv interpretierte und das Königtum von jeder weitern Konzession an die politischen Forderungen der Zeit zurückzuhalten unternahm. Die Entwicklung schritt über Hallers Protest hinweg. Denn zwei Jahre vorher, im Jahre 1845, war mit FRIEDRICH STAHLS «Philosophie des Rechts» das Werk erschienen, das mit Klarheit, Bestimmtheit und Wärme sich fest auf den Boden der konstitutionellen Theorie stellte, dabei aber an dem monarchischen Prinzip festhielt. Demgemäss verlangte STAHL die Einsetzung einer Volksvertretung als eine Beschränkung der königlichen Gewalt. Das Königtum werde dadurch nicht angetastet, es stehe auf sich selbst und ruhe nicht auf der Verfassung, wie denn auch das Gesetz erst durch den König seine Kraft erhalte. In dieser Weise wies STAHL den Weg, auf dem unter voller Wahrung des monarchischen Prinzipes und unter Ablehnung des französisch-englischen Parlamentarismus das Königtum den liberalen Forderungen Gehör schenken konnte, ohne sich seiner Rechte und seiner traditionellen Stellung in Preussen zu begeben. Die Forderungen STAHLS wurden das Programm der konservativen Partei Preussens nach 1848. Die politischen Anschauungen Bismarcks wandelten sich unter der Einwirkung STAHLS. Die geistige Herrschaft des Restaurators der Staatswissenschaft war nach der Verbindung der konservativen Strömung mit der liberalen in der Preussischen oktroyierten Verfassung vom 5. Dezember 1848 endgültig gebrochen. Sie hatte ihre staatsrechtliche Aufgabe erfüllt, gegenüber dem ersten Ansturm des Liberalismus die konservative Staatsauffassung zu verteidigen.

Ihr Niedergang fällt zeitlich zusammen mit den ersten europäischen Erfolgen der dritten grossen Staatstheorie, die sich unter dem bestimmenden Einfluss schweizerischer Rechtsgedanken entwickelt hat: der *Theorie der politischen und religiösen Freiheit*. Ihr Ursprung liegt in Genf und in der Gedankenwelt des Calvinismus. Was Genf, die Vaterstadt Rousseaus, die geistige Heimat Calvins für die Ausbildung des modernen Staats geleistet hat, das gereicht ihm zu unvergänglichem Ruhm.

Seine endgültigen kirchenrechtlichen Grundsätze hat Calvin aus der Anschauung des Genfer Stadtstaats und dessen demokratischer Verfassung und aus dem republikanischen Beispiel Zwinglis gewonnen [16]. Im Gegen-

---

[16] KAMPSCHULTE, Johann Calvin, seine Kirche und sein Staat in Genf, 2 Bde., 1869—1899. ERICH MARCKS, Gaspar von Coligny, I, 1892, S. 281 ff. E. DOUMERGUE, Jean Calvin, 1899 ff. KARL MÜLLER, Kirchengeschichte, II (1902) § 221. TRÖLTSCH, Die Soziallehren der christlichen Kirchen I, (1912) S. 605 ff. SOHM, Kirchenrecht I, 1892, S. 648 ff. HEIZ, Calvins kirchenrechtliche Ziele (Theolog. Zeitschrift aus der Schweiz, X, 1893, S. 10). E. CHOISY, La théocratie à Genève au temps de Calvin, Thèse, 1897. RIEKER, Grundsätze reformierter Kirchenverfassung, 1899, S. 59 ff. HANS VON SCHUBERT, Calvin, 1909, S. 14 ff. KARL HOLL, Johannes Calvin, 1909, S. 5 ff. PAUL WERNLE, Johannes Calvin, 1909, S. 14 ff. N. SCHNECKENBURGER, Vergleichende Darstellung des lutherischen und des reformierten Lehrbegriffs, 2 Bde., herausgegeben von Güder, 1855. HUNDESHAGEN, Beiträge zur Kirchenverfassungsgeschichte und Kirchenpolitik, I, 1864, S. 52 ff., 366 ff., 389 ff. Über den Einfluss Zwinglis auf Calvin: HUNDESHAGEN, Beiträge zur Kirchenverfassungsgeschichte I 288. GUSTAV V. SCHULTHESS-RECHBERG, Luther, Zwingli und Calvin in ihren Ansichten über das Verhältnis von Kirche und Staat, Zürich, Diss. 1909. P. WERNLE, in der Zeitschrift für Theologie und Kirche, XXIII (1913), S. 33. MAX LEHMANN, Luther und Zwingli (Preuss. Jahrbücher, 1916, Bd. 163, S. 13).

satz zu Luther ist für Calvin die Kirche keine Anstalt zur Heiligung der Gläubigen, sondern eine Gemeinschaft der Gläubigen selbst. Die Gläubigen machen die Kirche. Die sichtbare Kirche ist demgemäss Gemeinde, Bekenntnis- und Volkskirche, Freiwilligkeits- und Zwangsgemeinschaft zugleich. Freiwilligkeitsgemeinschaft, insofern sie die freie Übereinstimmung ihrer Mitglieder mit ihrem Bekenntnis voraussetzt, Zwangsgenossenschaft darum, weil Calvin den Beitritt als die notwendige Folge der Erkenntnis der religiösen Wahrheit auffasst. Die politische Gemeinde Genf spiegelt sich in der kirchlichen Gemeinde wider, und den im politischen Leben betätigten Gemeinsinn der Bürger hat daher Calvin ohne weiteres auch für das kirchliche Leben nutzbar machen können. Aus ihm leitet der Calvinismus die Beteiligung der Gemeinde an der Wahl der Pfarrer und Diakone und an der Handhabung der Kirchenzucht ab, und daraus hat sich für ihn andrerseits die Möglichkeit ergeben, auf alle Lebensinteressen einzugehen. So erklärt sich in Genf die Unterwerfung alles öffentlichen Lebens unter die Gebote des Evangeliums, die Herrschaft des Gotteswortes über den Staat. *Ein* Herr regiert in Staat, Kirche und Gesellschaft, Christus. Das Monogramm Christi im Genfer Wappen hat die Erinnerung daran bis zum heutigen Tage festgehalten. Aber gerade in dieser Genfer Theokratie hat Calvin eine kirchliche Organisation aufgerichtet, die ohne weiteres vom Staate ablösbar geworden ist und den Calvinismus befähigt hat, in dem dem Evangelium feindlichen Staat selbständige Kirchen «unter dem Kreuz» zu gründen[17]. Das Bewusstsein der göttlichen Erwählung des Einzelnen, die Prädestination, hat den Calvinisten gelehrt, den Glauben über den staatlichen Zwang zu setzen. Auf diesen Momenten beruht die kirchenbildende Kraft und die internationale Verbreitung des Calvinismus. Der Calvinismus ist die Haupt- und Weltmacht des Protestantismus geworden. Die weltgeschichtliche Bedeutung der Schweiz in der Reformationszeit gründet sich darauf, dass die mächtigsten reformierten Orte durch ihr Bündnis mit Genf, diesem geistigen Zentrum des Calvinismus, dem protestantischen Rom ihren vollen politischen und militärischen Schutz gewährt haben[18].

Der demokratische Gedanke, auf den die Verfassung der Genfer Kirche aufgebaut war, wurde Ende des 16. Jahrhunderts in England von Robert

---

[17] KARL MÜLLER, Kirchengeschichte II § 222 ff.; Calvin und die Anfänge der französischen Hugenottenkirche (in den Preuss. Jahrbüchern 1903, Bd. 114, S. 371). ERICH MARCKS, Gaspar von Coligny, I, 1892, S. 281 ff., 326 ff. RIEKER, Grundsätze reformierter Kirchenverfassung, S. 6 ff., 174 ff.
[18] OECHSLI, Orte und Zugewandte (Jahrbuch für Schweizergeschichte, XIII, 452). DIERAUER, Schweizergeschichte, III, 218 ff.

Browne in der von ihm gegründeten religiösen Gemeinschaft verwirklicht[19]. In England verfolgt, bildete sich der Brownismus in Holland zum Kongregationalismus aus, der die Unabhängigkeit vom Staat und souveränen Individualismus auf religiösem Gebiet forderte. Mit den Kongregationalisten wanderte diese Auffassung hinüber nach Nordamerika. Dort lehrte der Independent Rodger Williams, dass das Gewissen des Menschen nicht dem Staat gehöre. Bald verband sich diese Auffassung mit der Grundanschauung des englischen Rechts, derzufolge die Staatsgewalt bei der Beherrschung des Individuums an rechtliche Schranken gebunden wurde. Leben, Freiheit, Eigentum des Engländers, das waren nach Lockes Lehre unantastbare Grössen für den Herrscher. Von Nordamerika kamen diese Ideen nach Europa zurück, und in Frankreich zuerst fand die Vorstellung von unveräusserlichen, angeborenen Menschenrechten ihren klassischen Ausdruck in der Déclaration des droits de l'homme et du citoyen vom Jahr 1789[20]. Die Helvetische Verfassung (1798) brachte diese Ideen auch nach der Schweiz. Wohl hörte mit dem Sturz der Helvetik ihre formelle Geltung auf, denn die Mediation (1803) und vor allem die Restauration (1815) stellten soweit als möglich das Prinzip der Staatsautorität gegenüber dem Individuum wieder her. Aber die Literatur und der politische Druck der Restaurationszeit hielten die Erinnerung an die gewährleisteten Menschen- und Bürgerrechte der helvetischen Verfassung wach; sie sind der unsterbliche Teil der Helvetik geblieben. Als mit der Julirevolution des Jahres 1830 in der Mehrzahl der Schweizerkantone der Liberalismus, der Erbe der französischen Revolutionsideen, zur Herrschaft gelangte, da führte er als das wichtigste Stück seines Programms, die Gewährleistung des Eigentums und der persönlichen Freiheit mit ihren Ausstrahlungen (Glaubensfreiheit, Pressefreiheit, Vereinsfreiheit u.a.m.) in die regenerierten Kantonsverfassungen

---

[19] HUNDESHAGEN, Über den Einfluss des Calvinismus auf die Ideen von Staat und staatsbürgerlicher Freiheit, 1842. GEORG JELLINEK, Die Erklärung der Menschen- und Bürgerrechte, 2. Aufl., 1904 (Staats- und völkerrechtliche Abhandlungen, herausgegeben von Jellinek und Anschütz, I, Heft 3). GEORG JELLINEK, Die Entstehung des modernen Staats (Ausgewählte Schriften und Reden, II, 45 ff.). TRÖLTSCH, Soziallehren der christlichen Kirchen, I, 681 ff., 702 ff., 729 ff.; Die Bedeutung des Protestantismus für die Entstehung der modernen Welt (Historische Zeitschrift, Bd. 97, S. 1 ff.). MAX WEBER, Die protestantische Ethik und der «Geist» des Kapitalismus (Archiv für Sozialwissenschaft, Bd. 20 und 21). ROTHENBÜCHER, Die Trennung von Staat und Kirche, 1908, S. 19 ff., 28 ff. REDSLOB, Staatstheorien der französischen Nationalversammlung, S. 75 ff. PAUL SEIPPEL, Escarmouches, 1910 (Genève et la tradition de la liberté). HERMANN WEINGARTEN, Die Revolutionskirchen Englands, 1868, S. 20 ff. LOOFS, Art. «Kongregationalismus» in Herzogs Realenzyklopädie für protestantische Theologie und Kirche, Bd. 10, S. 680 ff. OTTO MAYER, Art. «Staat und Kirche» in Herzogs Realenzyklopädie für protestantische Theologie und Kirche, Bd. 18, S. 707 ff.

[20] GEORG JELLINEK, in den Ausgewählten Schriften und Reden, II, 64 ff.

über. Von diesen hat sie bei der Gründung des Bundesstaates im Jahre 1848 die Bundesverfassung der Schweizerischen Eidgenossenschaft übernommen. Allein bei der Aufnahme in das schweizerische Staatsrecht haben diese Freiheitsrechte, denen die Rechtsgleichheit zur Seite getreten ist, eine Wandlung durchgemacht. Als Normen der Verfassungen nehmen diese Gewährleistungen Teil an der staatsrechtlichen Besonderheit des Verfassungsgesetzes. Sie zeichnen sich nicht bloss durch eine erhöhte formelle Gesetzeskraft aus wie in Deutschland, sondern sie erscheinen als Sätze eines höhern Gesetzgebers und sind darum unverbrüchlich für die einfache Gesetzgebung, für die Verwaltung und für die Rechtsprechung. Die Krönung der Entwicklung hat die Bundesverfassung des Jahres 1874 durch die Aufrichtung einer besonderen Verfassungsgerichtsbarkeit gebracht. Das Bundesgericht ist berufen, Rekurse wegen Verletzung verfassungsmässiger Rechte der Bürger zu beurteilen und den dem verfassungsmässigen Recht widerstrebenden kantonalen Akt aufzuheben, sei er nun ein Gesetz, eine Verfügung oder ein Gerichtsurteil. Was ist geschehen? Die unverbrüchlichen Rechte des Individuums sind unter den Schutz des in der Verfassung verkörperten Contrat social gestellt worden. Rousseaus staatsrechtliche Grundlehre hat sich mit dem durch den Calvinismus ausgebauten englischamerikanischen Freiheitsbegriff zu einer organischen Einheit verbunden.

In diesem Prozess hat sich in der Schweiz die religiöse Freiheit, von der doch die ganze moderne Freiheit ausgegangen ist, von der allgemeinen Entwicklung abgelöst und ist ihre eigenen Wege gegangen[21]. Die Wiederaufrichtung der kantonalen Souveränität durch Napoleon I. bedeutete die Wiederherstellung der Kantone als selbständige Staaten. Deren wesentlicher Charakterzug aber war ein bestimmtes katholisches oder reformiertes Staatskirchentum. Denn nirgends ist seit der Reformation die Verbindung des Staates mit der Landeskirche so enge gewesen wie in der Schweiz. Seine Physiognomie hat das Volksleben jedes Kantons durch die im Kanton herrschende Konfession empfangen. Darum das Zwiespältige in den neuen Kantonen mit konfessionell gemischter Bevölkerung, in denen das Gleichgewicht nur durch eine äusserliche, mechanische Parität hat erreicht werden können. Diese Rückkehr zu dem alten konfessionellen Charakter liessen die Verfassungen der Restaurationszeit in voller Schärfe erkennen; an ihrer Spitze verkündigten sie die Wiedereinsetzung der Landesreligion mit ihren alten Privilegien. Allein die veränderte geistige Wertung der Religion, die im

---

[21] L. R. v. Salis, Die Entwicklung der Kultusfreiheit in der Schweiz, 1894. F. Fleiner, Die Entwicklung der Parität in der Schweiz (Zeitschrift für Schweiz. Recht, n. F., XX, 1901, S. 97 ff.).

18. Jahrhundert angebahnt und in der Revolution zum Durchbruch gekommen war, drängte trotz der Restaurationsverfassungen in steigendem Masse das Religiöse aus der Sphäre des staatlichen Zwanges in das Gewissen des Einzelnen zurück. Die regenerierten Kantonsverfassungen der dreissiger Jahre brachten dies zum Ausdruck durch die Gewährleistung der individuellen Gewissensfreiheit. Die freie Ausübung des Kultus dagegen blieb grundsätzlich ausserhalb der Landeskirche verboten; die Kantone hielten an dem alten System der Beherrschung der Kirche durch den Staat, am Staatskirchentum, fest. Unter dem Schutz der Gewissensfreiheit begann die Abkehr von der Landeskirche und die Zulassung Andersgläubiger im Kantonsgebiet. Nun hatte aber der Calvinismus von jeher einem nicht von seinem Glauben erfüllten Staat jedes Eingreifen in die Kirche verwehrt. Es war deshalb kein Zufall, dass aus calvinistischen Kreisen der Ruf nach Nichteinmischung des konfessionslos werdenden Staates in die Kirche, das Verlangen nach Kultusfreiheit erscholl. In seinem berühmten «Mémoire en faveur de la liberté des cultes» (1826) erhob ALEXANDRE VINET zuerst diese Forderung im Interesse evangelischer Freiheit, und er wies auf das Beispiel Nordamerikas hin, allwo aus der grossen religiös-politischen Bewegung calvinischen Gepräges gleichzeitig die Demokratie und die Trennung von Kirche und Staat geboren worden war[22]. In seiner zweiten grossen Abhandlung (1842) — «Essai sur la manifestation de convictions réligieuses et sur la séparation de l'église et l'état» — bezeichnete Vinet die Trennung von Kirche und Staat geradezu als das Mittel zur Belebung wahrer Religiosität. Vinet schrieb unter dem Eindruck bestimmter Zeitereignisse, nämlich der Eingriffe der weltlichen Obrigkeit in das innerkirchliche Leben. Sie führten in seiner waadtländischen Heimat zur Bildung der ersten grossen reformierten Freikirche (1845)[23] und spornten die Gesinnungsgenossen in Genf

---

[22] ALEXANDRE VINET, geb. 17. Juni 1797 in Ouchy, gest. 4. Mai 1847 in Clarens. Siehe über ihn: EUGÈNE RAMBERT, Alexandre Vinet, 4² éd., herausg. von Philippe Bridel, 1912. ARNOLD RÜEGG. Art. «Vinet» in Herzogs Realenzyklopädie für protest. Theologie und Kirche, Bd. 20, S. 680 ff. E. CHOISY, Art. «Vinet» im Wörterbuch «Die Religion», V, S. 1683 und dort zitierte Literatur. TRÖLTSCH, Sozialehren, I 741. ROTHENBÜCHER, Trennung von Staat und Kirche, 1908, S. 84 ff. W. LÜTTGE, Religion und Dogma, ein Jahrhundert innerer Entwicklung im franz. Protestantismus 1913 S. 35 ff. Weitere Literaturnachweise bei HANS BARTH, Bibliographie der Schweizergeschichte, Bd. II (1914) S. 372.

[23] Waadt: Die Werke von Jacques Cart, Histoire du mouvement religieux et ecclésiastique dans le canton de Vaud (1798—1847), 6 vol. 1870/80; Histoire de la liberté des cultes dans le canton de Vaud (1798—1889), Lausanne 1890; Histoire des cinquante premières années de l'Eglise Evangélique libre du canton de Vaud (1847—1897), Lausanne 1897. R. DUPRAZ, Fondation de l'église évangélique libre du Canton de Vaud, 1897. — Neuenburg: CH. MONVERT, Histoire de la fondation de l'Eglise évangélique Neuchâteloise indépendante de l'Etat (publiée pour le 25ᵉ anniversaire), 1898. — Genf: A. BOST, Défense de ceux des fidèles de Genève qui se sont constitués en églises indépendantes, 1825. HERMANN VON DER GOLTZ, Die reformierte Kirche

und später in Neuenburg zur Nacheiferung an[24]. Denn nach dem innersten Prinzip des Calvinismus gibt es gegen die Beeinträchtigung des wahren Bekenntnisses durch den Staat nur das eine Mittel: Loslösung vom Staat und Verselbständigung der Kirche in demokratischen Formen. Die Genfer Staatsverfassung des Jahres 1847 schützte das Freikirchentum durch eine weitgehende Gewährleistung der Kultusfreiheit zugunsten aller nicht landeskirchlichen Kulte. Die Bundesverfassung des Jahres 1848 (Art. 44) hat dem gleichen Grundsatz in der ganzen Schweiz zur Geltung verholfen[25]. Die Wirkung des calvinischen Freikirchentums reicht aber noch weiter. Den Gedanken einer vom Staate unabhängigen Kirche und der religiösen Freiheit hat CAMILLO CAVOUR zuerst bei seinen Genfer Freunden de la Rive und aus Vinets Schriften kennengelernt und ihn in seinem berühmten Wort von der «Libera chiesa in libero stato» zum kirchenpolitischen Programm Italiens erhoben; ein neuer Beweis dafür, welche gewaltige Wirkung dem Protestantismus bei der Entstehung des modernen Staates zukommt[26]. Die Gründung der Freikirchen in der Schweiz hat an sich die Landeskirchen nicht angetastet. Aber seitdem die Bundesverfassung die unbeschränkte Bildung freier christlicher Genossenschaften ermöglicht und im Jahre 1874 die Kultusfreiheit durch die Gewährleistung der Gewissensfreiheit ergänzt hat, ist die Axt an die Wurzel des Landeskirchentums gelegt. Sobald die Staatskirche nicht mehr durch das geschlossene Bekenntnis der Mehrheit der Staatseinwohner gestützt wird und faktisch aufhört, Volkskirche zu sein, ist die Entstaatlichung nur eine Frage der Zeit. Sie bereitet keine

---

Genfs im 19. Jahrhundert, 1862. EMILE BROCHER, Notice sur l'église évangélique libre de Genève, publiée à l'occasion du 50ᵉ anniversaire de la fondation, 1899. — Zu vergleichen sind weiter: Die Bibliographie der evang.-reform. Kirche in der Schweiz, II. Heft (franz. Schweiz), zusammengestellt von H. Vuilleumier, 1911, S. 29 ff. (Bibliographie der Schweiz. Landeskunde, V 10 e α). HANS BARTH, Bibliographie der Schweizergeschichte II 727, 730. S. ferner die allgemeinen Darstellungen: FINSLER, Kirchliche Statistik der reformierten Schweiz, 1854, S. 439 ff., 509 ff., 556 ff. E. BLÖSCH, Geschichte der schweiz.-reformierten Kirchen, II (1899), S. 207 ff., 303 ff. CORREVON, Art. «Freikirchen» in Herzogs Realenzyklopädie für protest. Theologie und Kirche, VI, 252. PLATZHOFF-LEJEUNE, Art. «Freikirchen (schweizerische)» im Wörterbuch «Die Religion», II, S. 1037. BERTHOLD VAN MUYDEN, La Suisse sous le Pacte de 1815 (Lausanne 1890), I, S. 460 ff.

[24] *Constitution de la République et Canton de Genève,* du 24 Mai 1847, Art. 10: «La liberté des cultes est garantie, chacun d'eux a droit à une égale protection de la part de l'Etat...»

[25] *Bundesverfassung* der Schweizerischen Eidgenossenschaft v. 12. Herbstmonat 1848, Art. 44: «Die freie Ausübung des Gottesdienstes ist den anerkannten christlichen Konfessionen im ganzen Umfange der Eidgenossenschaft gewährleistet. Den Kantonen sowie dem Bunde bleibt vorbehalten, für Handhabung der öffentlichen Ordnung und des Friedens unter den Konfessionen die geeigneten Massnahmen zu treffen.»

[26] W. DE LA RIVE, le Comte de Cavour, récits et souvenirs, 1862. FRANCESCO RUFFINI, le origini elvetiche della formula del Conte di Cavour «libera chiesa in libero stato» (Festschrift Emil Friedberg zum 70. Geburtstag gewidmet von seinen Schülern, 1908, S. 199 ff.).

erhebliche organisatorische Schwierigkeit. Denn aus der republikanischen Staatsverfassung seiner Heimat hat das reformierte Kirchentum in den Gemeindekirchenpflegen und Synoden demokratische Organe zur Selbstregierung herübergenommen und auf diese Weise auch dem Katholizismus den Weg zu einer staatfreien Kirchenorganisation gewiesen. Von dieser Erwägung aus ist Genf (1907), nachdem seine Bevölkerung durch den Zuzug vom Ausland in der Mehrheit katholisch geworden war, zur Trennung von Staat und Kirche geschritten, und Basel-Stadt hat (1910) mit Rücksicht auf seine der reformierten Landeskirche fremd gegenüberstehenden starken konfessionellen Minderheiten durch Verfassungsrevision die Verselbständigung aller Kulte gegenüber dem Staate durchgeführt. Welche Fügung der Geschichte! Von Genf waren die religiösen Anschauungen des Calvinismus hinausgegangen, um in der anglo-sächsischen Welt in Bund zu treten mit den Ideen der Freiheit und der Demokratie. Nicht wider ihre Natur, sondern ihr gemäss. In der Gegenwart sind sie zu uns zurückgekehrt. Ohne Verletzung ihrer Grundsätze haben die Anhänger Calvins im Jahre 1903 dem wegen Irrlehre unter der Theokratie Calvins zum Tod verurteilten spanischen Arzt Servet ein Sühnedenkmal errichtet als einem Zeugen der Glaubensfreiheit, und unter Berufung auf Calvin hat in unsern Tagen der konfessionslos gewordene Genfer Staat die Kirche Calvins entthront. Doch damit habe ich die letzte und höchste Umbildung gekennzeichnet: die Verwandlung einer Kirchenlehre in eine moderne Staatstheorie — eine Staatstheorie, der die Zukunft gehört[27].

Gebend und empfangend, so steht die Schweiz an der Grenzscheide dreier grosser Nationen. Was der Kleinmut als ihr Verhängnis beklagt, hat sich als eine Quelle ihres staatlichen Reichtums erwiesen. Aus der Enge des Gebiets ist die Freude am Staat emporgewachsen, und die Berührung germanischen und romanischen Geistes hat die politischen Kräfte und Ideen freigemacht, die zu Bausteinen der modernen Staaten geworden sind.

---

[27] CARL CHRISTOPH BURCKHARDT, Neuzeitliche Wandlungen des Verhältnisses zwischen Staat und Kirche in der Schweiz (Politisches Jahrbuch der Schweiz. Eidgenossenschaft, XXIV, 1910, S. 61 ff.). — Über Genf insbesondere: Polit. Jahrbuch der schweiz. Eidgenossenschaft XXI (1907) S. 523, XXII (1908) S. 416. ROTHENBÜCHER, Trennung von Staat und Kirche S. 387 ff. CH. GENEQUAND, l'église de Genève 1907—1911, rapport 1911. A. GUILLOT, l'église de Genève et la restauration de l'indépendance, 1914. — Über Basel: Bericht des Basler Justizdepartements an den Basler Regierungsrat über die Kirchenfrage, v. 31. August 1906 (Verfasser: C. Chr. Burckhardt); Ratschlag des Basler Regierungsrates an den Grossen Rat, v. Sept. 1908 (Verfasser: C. Chr. Burckhardt). EDUARD SCHWEIZER, Das Basler Kirchen- und Schulgut in seiner Entwicklung bis zur Gegenwart (Basler Zeitschrift für Geschichte IX, 1910, S. 181 ff.). HERMANN HENRICI, Die Entwicklung der Basler Kirchenverfassung bis zum Trennungsgesetz, 1912 (Sonderabdruck aus der Zeitschrift d. Savigny-Stiftung für Rechtsgeschichte, Bd. XXXV, Kanonistische Abteilung IV).

Max Huber

Max Huber

1874—1960

MAX HUBER entstammte einer alten Zürcher Familie. Sein Vater war einer der führenden Industriellen der «Gründerzeit» der zweiten Hälfte des 19. Jahrhunderts. Sein juristisches Studium schloss MAX HUBER 1897, als $22\frac{1}{2}$jähriger, in Berlin mit höchster Auszeichnung ab. Seine Dissertation über die Staatensukzession blieb jahrzehntelang die massgebende Publikation zum Thema. Seine Absicht, eine diplomatische oder wirtschaftliche Laufbahn einzuschlagen, wurde 1901, als er sich auf einer Weltreise in Ostasien befand, durch die völlig unerwartete Berufung als Professor für öffentliches Recht an der Universität Zürich durchkreuzt. Nach einigem Zögern nahm er die Professur an. Er behielt sie bis 1921. In dieser Zeit veröffentlichte er eine grössere Zahl staats- und völkerrechtlicher Abhandlungen, von denen diejenige über «Die soziologischen Grundlagen des Völkerrechts» von 1910 (1928 neu herausgegeben) die stärkste Wirkung behielt. In einer vom Rechtspositivismus beherrschten Periode begnügte sich der Verfasser nicht damit, das Recht als logisches System von Normen zu begreifen, sondern forschte nach dessen Hintergründen und Wachstumsbedingungen. Seine Absicht, diese Studie zu einem grösseren Werk auszubauen, liess sich wegen der an ihn herantretenden neuen Aufgaben nie verwirklichen.

Während seiner Professur in Zürich wurde MAX HUBER 1907 vom Bundesrat als einer der drei Schweizer Delegierten an die II. Haager Friedenskonferenz in Den Haag abgeordnet, an welcher er durch neue Ideen (z.B. die erst 1920 verwirklichte Idee der «Fakultativklausel» bei der Einführung der obligatorischen zwischenstaatlichen Gerichtsbarkeit) Aufmerksamkeit erregte. An dieser Konferenz wirkte er auch bei der Kodifikation des völkerrechtlichen Neutralitätsrechts mit (zwei Haager Abkommen über die Neutralität im Landkrieg und im Seekrieg). 1918 wurde er im Hinblick auf die Probleme, die die Gründung des Völkerbundes für die schweizerische Neutralität stellte, als Rechtsberater ins Eidgenössische Politische Departement berufen. Er verfasste u. a. die Botschaft des Bundesrates über den Beitritt der Schweiz zum Völkerbund, die bis heute eines der wichtigsten Dokumente der schweizerischen Aussenpolitik geblieben ist.

Bei den erstmaligen Wahlen in den neu gegründeten Ständigen Internationalen Gerichtshof in Den Haag wurde MAX HUBER 1921 als der jüngste der 15 Richter gewählt. Er gewann rasch hohes Ansehen, so dass er 1925 zum Präsidenten gewählt wurde. Neben der Tätigkeit am Gerichtshof wurde er in zwei berühmten zwischenstaatlichen Streitfällen der zwanziger Jahre (USA—Niederlande über die Insel Palmas, Grossbritannien—Spanien über Marokko) von den Parteien als Einzelschiedsrichter bestimmt. Seine damaligen Schiedssprüche gehören noch heute zu den meist zitierten der völkerrechtlichen Literatur und Judikatur. 1928 übernahm er das Präsidium des Internationalen Komitees vom Roten Kreuz in Genf und verzichtete deshalb auf eine Wiederwahl in den Gerichtshof. Während des Zweiten Weltkriegs führte er das IKRK, dessen Tätigkeit gewaltig anschwoll, mit grosser Autorität. Seine über das Rote Kreuz verfassten Schriften prägen auch heute noch die Doktrin des Roten Kreuzes.

MAX HUBERS Aufsätze und Vorträge wurden zwischen 1947 und 1957 in vier Bänden neu herausgegeben (Gesammelte Aufsätze und Ansprachen, Atlantis Verlag, Zürich). Im Verlag Schulthess erschienen mehrere seiner Schriften («Tagebuchblätter aus Sibirien, Japan, Hinter-Indien, Australien, China, Korea», 1906; «Grundlagen nationaler Erneuerung», 1934; «Die Verfassung des alten Zürich», 1936). Überdies war MAX HUBER mit dem Leiter und Mitinhaber des Unternehmens, DR. HANS SCHULTHESS (1872—1959), freundschaftlich verbunden.

Beim wiedergegebenen Aufsatz handelt es sich um einen Vortrag, den MAX HUBER zu Beginn des Jahres 1957 im kleinen Kreis einer alten Zürcher Gesellschaft hielt. Anlass zu dem Thema hatte die Niederwerfung des ungarischen Volksaufstandes von Anfang November 1956 gegeben. Dieses Ereignis hatte das Schweizer Volk zutiefst erschüttert und bei einem Teil der Bevölkerung, vorwiegend bei der jüngeren Generation, zur Forderung geführt, die Schweiz solle sich aktiv für die Sache der Freiheit einsetzen und die traditionelle Neutralitätspolitik aufgeben. Der Aufsatz stellt die Neutralität in grössere historische Zusammenhänge. Er legt Zeugnis ab von der Objektivität und der Offenheit, um die sich MAX HUBER stets bemühte. Seit der

Abfassung des Vortrags hat sich die politische Lage naturgemäss stark verändert. So wird darin etwa von der Möglichkeit gesprochen, der Europarat könnte sich zu einem europäischen Bundesstaat entwickeln, eine Idee, die schon wenig später endgültig überholt war. Der Gedanke eines europäischen Bundesstaates wird heute mit der EG verbunden, deren wichtigster Teil, die EWG, im Zeitpunkt des Vortrags noch gar nicht bestand. Trotz solchen Veränderungen bildet der Aufsatz aber auch heute noch eine wertvolle Orientierung und fordert zu Vergleichen mit der heutigen Situation heraus.

Dietrich Schindler

Krise der Neutralität? [*]

von Max Huber

Vorfragen

Zu den *Vorfragen*, die sich fast zu jedem Thema stellen, gehört als vordringlichste die Bestimmung der Begriffe, von denen die Rede sein soll.

1. *Krisis*, Krise bedeutet Unterscheidung, Entscheidung, «vor einen Entscheid gestellt sein». Solche Entscheidungen, Wendepunkte, stellen sich unter anderem dann ein, wenn durch den unaufhaltsamen Wandel der Verhältnisse sich die Frage erhebt, ob nicht bestehende Ansichten, Traditionen und Institutionen überprüfungs- und vielleicht änderungsbedürftig oder sogar obsolet geworden sind.

2. Die *Neutralität* als völkerrechtliches Institut ist der Inbegriff der Rechte und Pflichten von im Friedenszustande verharrenden Staaten zu Staaten, die im Kriegszustande sind. In der Entwicklung dieses Institutes sind Krisen zu konstatieren, so am Ende des XVIII. Jahrhunderts, als sich eine Reihe von Seemächten zur «bewaffneten Neutralität» verbanden, namentlich aber, als am Ende des 1. Weltkrieges durch den Präsidenten der Vereinigten Staaten die neue Idee der «kollektiven Sicherheit» aufgebracht wurde. Diese neue Idee sollte auch eine moralische Abwertung der Neutralität als einer individualistischen, passiven Maxime bedeuten.

3. Mit dieser allgemeinen Krise der Neutralität war auch eine solche der besondern *dauernden Neutralität der Schweiz* entstanden, die durch den

---

[*] Erschienen in den «Schweizer Monatsheften», April 1957, sowie in Band IV von Max Hubers «Gesammelten Aufsätzen und Ansprachen», Zürich 1957.

Wiener Kongress und den Pariser Frieden von 1814/15 zu einem Gegenstand des europäischen Völkerrechts geworden war. Sie wurde durch die Erklärung des Völkerbundsrates vom 13. Februar 1920, welche der Schweiz eine Sonderstellung im Völkerbund einräumte, behoben.

Von der Schlacht von Marignano 1515, von dem Zeitpunkt an, mit dem die Eidgenossen den Rat des heiligen Nikolaus von Flüe zu territorialer Selbstbeschränkung sich aneigneten, bis zur Eroberung der Schweiz 1798 durch die Franzosen, war die schweizerische Neutralität lediglich eine schweizerische Staatsmaxime. Aber schon 1801, im Vertrage von Lunéville, wurde in Aussicht genommen, die Neutralität wieder herzustellen, ein Versprechen, das 1814/15 durch den Wiener Kongress und den Pariser Frieden in Gestalt der «Anerkennung der schweizerischen Neutralität», vom 20. November 1815, eingelöst wurde, nachdem die Tagsatzung am 27. Mai 1815 die ihr von dem Wiener Kongress angebotene «transaction» angenommen hatte.

Seit dem 1. Weltkrieg sind zwei Ereignisse eingetreten, welche diese Neutralitätserklärung berühren können: Die russische Revolution, welche die Stellung der Sowjetunion zu den Verpflichtungen des Zarenreiches unsicher gestaltete, und das Auftreten der Vereinigten Staaten auf dem europäischen Kriegsschauplatz, die sich nie der Pariser Deklaration angeschlossen haben.

Die Gültigkeit der Deklaration von 1815 als solcher ist nie in Frage gestellt worden, sondern vielmehr von einzelnen ihrer Unterzeichner bzw. deren Rechtsnachfolgern bei Anlass der beiden Weltkriege bzw. bei der 1938 erfolgten Rückkehr zu einer integralen, von allen Bindungen an den Völkerbund gelösten Neutralität, anerkannt worden.

Ebenso wichtig, tatsächlich wichtiger ist, dass die Schweiz nicht nur die Neutralität, wie sie 1815 anerkannt worden war, als ihre aussenpolitische Richtlinie in Kriegszeiten strikte befolgt, sondern überdies auch in Friedenszeiten eine konsequente *Neutralitätspolitik* eingehalten hat, deren Ziel ist, alle Bindungen zu vermeiden, die unter Umständen die Innehaltung der Neutralität erschweren könnten[1]. So ist der Beitritt zur Uno 1945 oder seither nicht in Frage gekommen, wohl aber ist die Schweiz in Spezialorganisationen der Uno oder andere Verbände eingetreten, die eine solche Gefahr

---

[1] MAX HUBER, Neutralität und Neutralitätspolitik, im Schweizerischen Jahrbuch für internationales Recht. Bd. V, 1948, und in Gesammelte Aufsätze und Ansprachen, Band IV, Zürich 1957, S. 279 ff.

nicht mit sich bringen können. Der Bundesrat bezeichnet diese Politik als
«neutralité et solidarité».

4. Es ist selbstverständlich, dass ein so wichtiges politisches Prinzip wie die
dauernde Neutralität immer wieder, im Blick auf die sich wandelnden Verhältnisse, überprüft werden muss. Fraglich ist nur die *Opportunität einer
öffentlichen Diskussion* dieser Fragen. Die demokratische Form unseres
Staates lässt den Ausschluss der Öffentlichkeit nicht zu, aber diese fordert
eine Zurückhaltung und Sachlichkeit, die es vermeidet, dass in fremden
Staaten und namentlich den an der Führung von Kriegen auf dem europäischen Festland unter Umständen beteiligten Staaten irgendwelche Zweifel
an der durch eine während Jahrhunderten befolgte Tradition bewiesene
Stabilität der schweizerischen Neutralität aufkommen. Überdies ist es
wichtig, dass die für diese Stabilität so wesentliche Selbstverständlichkeit,
welche die Neutralitätspolitik für die grosse Mehrheit der Schweizer hat,
nicht zerstört wird. Auch dann, wenn, wie gegenwärtig, eine Art Krise für
unsere Neutralität durch eine häufige Erörterung dieses Themas in der
Tagespresse und in Vorträgen in Erscheinung tritt und in einem edlen Verantwortungsgefühl, das durch die tragischen Vorgänge in Ungarn, insbesondere in der jüngeren Generation, erwacht ist, seine Wurzel hat, ist es ein
Gebot für alle Aussenpolitik, insbesondere eines kleinen Staates, in gefahr-
voller Lage von den Leitideen des Masses und der Besonnenheit nie abzu-
weichen.

Gründe für eine allfällige Neuorientierung

Die Gründe für eine allfällige Neuorientierung der Aussenpolitik sind man-
nigfaltig und zahlreich.

1. *Politische Gründe*

Unter diesen steht in vorderster Linie die Tatsache, dass Europa, mit dessen
Schicksal die Schweiz restlos verknüpft ist, seinen von der Zeit der Entdek-
kungen bis 1900 durch Eroberung und Kolonisation erworbenen politischen und wirtschaftlichen Primat über den Erdball verloren hat. Es ist
merkwürdig, dass die Schweiz bis jetzt davon nicht mehr Rückwirkungen
zu spüren bekommen hat. Mit dem Niedergang der Bedeutung Europas ist
auch diejenige jedes seiner Staaten relativ gesunken.
    Durch die infolge der zwei Weltkriege eingetretene Schwächung aller
früheren europäischen Grossmächte, mit Ausnahme Russlands, ist der

Kampf um das europäische Gleichgewicht, welches die Situation für die schweizerische Neutralität vom XVI. bis zum XX. Jahrhundert gewesen war, zu einem Gegensatz namentlich der Vereinigten Staaten und der UdSSR geworden. Allerdings ist auch heute die Schweiz stets nahe der Grenze des West- und Ostblockes, wie sie es in den bisherigen Jahrhunderten noch unmittelbar zwischen den kontinentalen Grossmächten Europas war.

Während in den früheren Jahrhunderten die schweizerische Neutralität moralisch unanfechtbar schien, da unser Land an den Kämpfen um die Vormachtstellung der Habsburger und Bourbonen oder an den sog. Kabinettskriegen kein Interesse haben konnte, oder mit Rücksicht auf die eigenen Spannungen und verschiedenen Elemente unseres Volkes in den Religionskriegen und später in den Nationalitäten-Kriegen des XIX. Jahrhunderts geboten war, befindet sich unser Volk in dem Kampf zwischen freiheitlicher und totalitärer Ideologie in seiner ganz grossen Mehrheit mit der einen Gruppe der Staatenwelt solidarisch. Indessen kann man eine Tradition von Jahrhunderten, die nicht aus ideologischen Rücksichten, sondern durch die Sorge um unsere militärische Sicherheit und Unabhängigkeit bestimmt war, nur im Blick auf längere Zeiträume in ihrer Gültigkeit beurteilen, nicht auf Grund geistiger Strömungen, die im Laufe weniger Jahrzehnte sich wandeln können.

Der blosse Hinweis darauf, dass es ganz unwahrscheinlich sei, dass die Schweiz noch ein drittes Mal unversehrt durch einen allgemeinen Krieg hindurchkäme und es besser sei, sich von vornehrein auf das Unvermeidliche einzurichten, ist eine unhaltbare und unbeweisbare, defaitistische Haltung.

2. *Militärische Gründe*

a) Bis zum Ende des 1. Weltkrieges befand sich die Schweiz, wenigstens seit der nationalen Einigung Deutschlands und Italiens, zwischen vier Mächten, die nach den damaligen Massstäben als Grossmächte galten. Heute hat die Schweiz im Osten einen relativ kleinen neutralen Staat als Nachbar und die drei andern — abgesehen von der erst jetzt im Anfang der Wiederaufrüstung begriffenen westdeutschen Bundesrepublik — sind durch den letzten Krieg und seine sozialen Folgen so geschwächt, dass ihre Stellung in Anbetracht der dominierenden Rolle der Vereinigten Staaten und der UdSSR vorläufig wenigstens nicht mehr derjenigen entspricht, die sie selbst noch im Beginn des 2. Weltkrieges innehatten. Die Stellung der Schweiz zwischen zwei ungefähr im Gleichgewicht sich haltenden Blöcken ist vielleicht schwieriger wegen deren Machtpotential, unwichtiger vielleicht wegen der Erweiterung des Raumes der militärischen Operationen.

b) Durch das Aufkommen der Aviatik und der ferngelenkten Geschosse und die Einführung der Nuklearwaffen sind der Krieg und seine völkerrechtlichen Aspekte wohl noch tiefer verändert worden als seinerzeit durch die Einführung der Feuerwaffen. In Hinsicht auf die Neutralität sind diese Folgen namentlich wichtig wegen des Luftraums.

In Analogie zum Zivilrecht, wo auch die Luftsäule über dem Grundeigentum meist als ein Teil desselben angesehen wird — eine übrigens auch für das Zivilrecht fiktive Annahme —, wird auch im Völkerrecht die These des auch in der Höhe territorial bestimmten Luftraums vertreten. Eine Verantwortung des Neutralen für Behauptung der Integrität des Luftraumes ist unmöglich, da selbst die Mächte mit den stärksten Luftflotten das Eindringen feindlicher Flugzeuge nicht verhindern können und auch im allgemeinen nicht versuchen, es zu tun. Die Benützung des Luftraumes über neutralen Staaten durch Ferngeschosse, die u. U. über mehrere Staaten hinweggehen, kann ohnehin nicht verhindert werden. Da aber aus jeder beliebigen Höhe schädigende Wirkungen — von Spionage abgesehen — auf das neutrale Gebiet ausgehen können, muss der Neutrale das Recht haben, mit geeigneten Mitteln die Anwesenheit kriegführender Flugzeuge zu verhindern, die jederzeit riskieren, von solchen des Gegners bekämpft zu werden. Eine solche Abwehr ist nach dem V. Haager Abkommen von 1907 Behauptung der Neutralität und bedeutet nicht ein Heraustreten aus ihr.

Dem Neutralen muss überdies ein Anspruch auf Entschädigung zugebilligt sein für Schäden, die auf seinem Gebiete durch Flugzeuge anderer Staaten entstehen.

Es ist klar, dass, wenn in grosser Höhe Luftkämpfe stattfinden, eine Beobachtung und daherige Vermeidung neutralen Gebietes, wie dies ordentlicherweise für Landtruppen möglich ist, praktisch ausgeschlossen ist. Diese Gefährdung des neutralen Raumes im modernen Krieg kann für den Neutralen jedoch kein Grund sein, auf die Neutralität als auf eine Unmöglichkeit zu verzichten. Durch Aufgabe der Neutralität würde er zu dem vorerwähnten Luftrisiko alle andern Gefährdungen des Kriegszustandes auf sich nehmen. Man muss als Neutraler trachten, eben «aussi bien que mal» durchzukommen: weder darf das Völkerrecht dem Neutralen unmögliche Verantwortungen auferlegen, noch darf es den Kriegführenden mehr als die Haftung für die von ihnen auf neutralem Gebiet bewirkten Schäden zumuten, ausser der Pflicht zu grundsätzlicher Vermeidung des Luftraums über neutralem Gebiet. Die Haftung für die indirekten Schäden, welche durch die Verwendung von Nuklearwaffen auf neutralem Gebiet entstehen können, scheint vorderhand ein unlösbares Problem zu sein.

c) In der Diskussion über die schweizerische Neutralität ist auch darauf hingewiesen worden, dass, wenn nach Aufgabe der Neutralität die Schweiz eine aktivere Aussenpolitik treiben könnte, sich eine *grössere Bereitschaft zum Militärdienst* zeigen würde. Das mag vielleicht für einen Teil der jüngeren Generation zutreffen, kaum aber für die älteren Jahrgänge, die Landwehr und die zahlreiche Zivilbevölkerung, die ihre Wehrbereitschaft in der Landwirtschaft, in der Fabrik und im Zivilschutz durch einen stark erhöhten persönlichen Arbeitseinsatz beweisen muss. Das eine klare Ziel, auf das der Wehrwille heute gerichtet ist und allein gerichtet sein kann, die Verteidigung des eigenen Heimatbodens, ist letzten Endes wohl die sicherste Grundlage unseres Wehrwillens.

Vor- und Nachteile der Beibehaltung bzw. Aufgabe der Neutralität

Bei den Vor- und Nachteilen der Beibehaltung bzw. Aufgabe der Neutralität ist zu unterscheiden zwischen solchen für die Schweiz und solchen für die Staatengemeinschaft. Nur die letztere, nicht ein beliebiger kriegführender Staat kann hier in Betracht kommen, denn nur dieser Gemeinschaft gegenüber, sofern sie wirklich die Interessen des Friedens und der Gerechtigkeit vertreten will und kann, kann eine moralische Verantwortung bestehen.

Es ist klar, dass man sich in der Abschätzung der aus der neutralen oder nichtneutralen Stellung der Schweiz zu erwartenden Vor- und Nachteile auf dem Boden äusserst unsicherer Vermutungen befindet, aber es ist doch auf alle Fälle notwendig, die verschiedenen Möglichkeiten gegeneinander abzuwägen.

Hier handelt es sich zunächst nur um die unmittelbaren Folgen, Nutzen und Schäden. In einer Welt wie der politischen, die in erster Linie durch den nur durch ein wenig entwickeltes Verantwortungsbewusstsein eingedämmten krassen Egoismus der souveränen Staaten und Staatengruppen bestimmt ist, darf und muss jeder Staat zuerst an sein eigenes Interesse, an seine Selbstbehauptung denken.

Daneben ist es wichtig zu überlegen, was an die Stelle der eventuell aufzugebenden Neutralität treten soll und was für einen Wert an sich die Neutralität besitzt oder darstellen kann. Nur unter Berücksichtigung aller dieser Faktoren kann man sich ein Urteil über die moralische Verantwortbarkeit, sei es des Festhaltens, sei es der Preisgabe der Neutralität, bilden.

a) *Für die Schweiz* hätte die Preisgabe der prinzipiellen, dauernden Neutralität nicht wie für einen Grossstaat eine erhöhte Freiheit der Entschliessung zur Folge, sondern im Gegenteil wahrscheinlich eine erhöhte Abhängigkeit von andern Staaten, auf die wir keinen massgebenden Einfluss haben könnten. Allianzen kleiner Staaten mit viel grösseren sind für erstere im allgemeinen gefährlich. Dass auch grosse Staaten sich nicht eine «aktivere» Politik erlauben können, hat die Suezkrise gezeigt. Wie sollte die Schweiz von sich aus etwas «Aktives» unternehmen, wenn nicht die für die Weltpolitik massgebenden Staaten zu etwas derartigem selber bereit wären, noch wie könnte die Schweiz diese zu einer Aktion veranlassen, wie sie vielleicht unserem moralischen Verantwortungsbewusstsein entspräche! Auf eigene Faust handeln, scheint kaum denkbar.

Eine andere Frage ist die, ob die Schweiz, die um der Verbindung mit andern Staaten willen auf die Neutralität verzichtet hätte, in einem Kriege eine grössere Sicherheit für ihre Verteidigung haben würde denn als isolierter Neutraler. Die Vorteile einer vorbereiteten, gemeinsamen Verteidigung würden mindestens zum Teil kompensiert durch die erhöhte Gefahr eines effektiven Angriffes, wenn eine Kriegspartei aus strategischen Gründen an Schweizergebiet interessiert wäre oder an der Zerstörung bzw. Ausnützung des industriellen Potentials der Schweiz.

Endlich ist zu bedenken, dass zur Zeit die Wehrkraft der Schweiz und die verhältnismässig, im Vergleich zur Bevölkerung, zahlreiche Armee dazu führen könnte, dass von der Schweiz ein für sie sehr erheblicher Beitrag an die Gesamtverteidigung verlangt würde.

b) Vom Standpunkt der *anderen Staaten bzw. ihrer Organisationen* aus böte die Aufgabe der Neutralität einen Zuwachs an Wehrkraft für sie, ferner die unbeschränkte Benutzungsmöglichkeit des schweizerischen Gebietes für militärische Operationen und die Verfügung über das wirtschaftliche, namentlich industrielle Potential unseres Landes.

Die Frage muss eigentlich so gestellt werden: was ist für die Verteidigung Europas — um nur diesen, wahrscheinlichsten Fall zu erwähnen — wichtiger: eine durch den vollen für sie möglichen Einsatz selbst verteidigte, eine feste Barriere bildende, unabhängige, neutrale Schweiz oder eine aktiv und passiv in den Krieg einbezogene verbündete Schweiz? Diese Frage ist wohl nicht eindeutig im letzteren Sinne zu beantworten.

Der Wert der Neutralität

Es stellt sich nun noch die Frage des Wertes der Neutralität neben derjenigen der durch sie bedingten Vor- und Nachteile. Die Neutralität hat sich erst im Laufe des XVIII. und namentlich des XIX. Jahrhunderts ausgebildet und schärfer profiliert. Eine grundsätzliche Abneigung gegen die Neutralität als eine egoistische, unsoziale Haltung bestand vor dem 1. Weltkrieg nicht. Neutralität als eine Haltung des Friedens konnte gegenüber der blossen Koexistenz souveräner Staaten, die ein indiskriminiertes Recht zum Kriege beanspruchen, nicht als ein moralisch abzuwertender Begriff betrachtet werden. Bei den Haager Verhandlungen von 1907 über die beiden Konventionen betr. die Rechte und Pflichten der Neutralen ist ein solcher Gedanke nicht zum Vorschein gekommen und würde Erstaunen erweckt haben.

Bereits 1815 wurde in der Erklärung der schweizerischen Neutralität diese als «im Interesse Europas» liegend bezeichnet. Auch die 1839 Belgien auferlegte Neutralität galt als ein Akt von europäischem Interesse, wie die früheren sog. Barrierenverträge in jener Zone Europas.

Schon seit dem Wiener Kongress hat die Diplomatie des europäischen Konzertes der Grossmächte in schwierigen, unlösbar scheinenden Fragen Zuflucht zur Neutralität genommen (Krakau, Aalandinseln). In der Genfer Konvention von 1864 wurde der besondere, geschützte Status der Rotkreuzpersonen und Anstalten mit dem an diesem Platze juristisch unpassenden und seither ersetzten Begriff der Neutralität bezeichnet. Einen wesentlichen Beitrag zur Wertschätzung der Neutralität im XIX. Jahrhundert leistete der Aufstieg der Vereinigten Staaten zur Grossmacht, die durch ihren aussenpolitischen Isolationismus und ihre Abneigung gegen alle «entangling alliances» eine neutrale Haltung bekundeten und im Sezessionskriege verteidigten (Alabama-Fall).

Auch nachdem mit dem Ersten Weltkrieg eine der Neutralität feindliche Strömung aufkam, ist der Schweiz durch die Londoner Erklärung vom 13. Februar 1920 der besondere neutrale Status durch den Völkerbund zuerkannt worden. Noch 1928 glaubten die Vereinigten Staaten, die den Völkerbund im Stiche gelassen hatten, den Kelloggpakt vorschlagen zu sollen, welcher den Krieg als Mittel der nationalen Politik verdammte. Ein Staat, der den Krieg nur noch als Mittel zur Verteidigung seines Gebietes anerkennt, befindet sich tatsächlich in der Lage der dauernd neutralen Schweiz, die, wie auch schon vor ihrem Beitritt zum Kelloggpakt, nie — auch seit sie nicht mehr ausschliesslich von hochgerüsteten Grossmächten umgeben ist — einen Krieg aktiv unternehmen kann, da sie nicht imstande wäre, ihn mit einem positiven Resultat für sich zu beendigen.

Die Vereinten Nationen, die 1945 jede Konzession an den Gedanken der Neutralität ablehnten, griffen doch im Koreakonflikt zur Bildung von Kommissionen aus «neutralen» Vertretern, von welchen wirklich neutrale nur in sehr geringer Zahl aufzutreiben waren. 1955 schlossen die Grossmächte des Sicherheitsrates Frieden mit Österreich, das sie als neutral und als Mitglied der Uno zuliessen. Endlich konnte die Schweiz im Suezkonflikt und im Konflikt von Uno-Staaten mit Ägypten solchen als Schutzmacht Dienste leisten.

Immer, wo Konflikte, insbesondere akute militärischen Charakters, bestehen, besteht auch das Bedürfnis nach Organen von Staaten, die weder rechtlich noch moralisch und psychologisch an eine der Parteien gebunden noch verpflichtet erscheinen: eben die Neutralen. Um als neutral gelten zu können, ist es wichtig, dass es sich um die stabile Neutralität handelt und um eine einheitliche Neutralitätspolitik.

Für die Aufgaben einer Schutzmacht, deren Existenz schlechterdings eine kulturelle Notwendigkeit bedeutet, wären an sich die Grossmächte, wegen ihres grossen diplomatischen und konsularischen Apparates und ihren Ressourcen, besonders geeignet; leider sind sie es, die regelmässig die Protagonisten, wenn auch in der hintern Linie, in den Konflikten sind. Die Tendenz der Allianzen in den beiden Weltkriegen nach deren möglichster Ausweitung, wie des Völkerbundes und der Uno nach Universalität, haben zur Folge, dass nur noch wenige Staaten übrigbleiben, die in der Lage und gewillt sind, die nur Neutralen möglichen politischen und humanitären Aufgaben zu übernehmen. So ist der Schweiz die wichtige Rolle einer ziemlich allgemeinen Schutzmacht zugefallen.

Sind die humanitären Leistungen, die durch die Neutralen und namentlich durch deren Vermittlung erfolgt sind, vielleicht klein im Verhältnis zur Totalität der vom Kriege verursachten Leiden und Schäden, so haben sie doch in den beiden Weltkriegen für Millionen von Verwundeten, Gefangenen, Internierten und grosse Teile der Bevölkerung besetzter Gebiete eine sehr grosse materielle und seelische Erleichterung gebracht. Wenn man die Zahl der zu Grunde gegangenen oder vermissten Kriegsgefangenen in Ländern, in denen das Rote Kreuz oder andere neutrale Organisationen frei wirken konnten, mit den Zahlen der anderen kriegführenden Länder vergleicht, so kann gewagt werden zu sagen, dass ohne die Schutzmachttätigkeit und die humanitäre Hilfe einige Millionen Menschen mehr zu Grunde oder verlorengegangen oder doch während Jahren in einer überaus traurigen Lage gewesen wären. Wer durch Verzicht auf die Neutralität oder ihre Unterdrückung diese neutralen Aktionen verhindert, nimmt sicher keine geringere Verantwortung auf sich, als wer meint, durch Einmischung in den Krieg der von ihm als gerecht erachteten Sache selber aktiv zu helfen. Ohne dieses Dritte, das die Neutralen sind, besteht die Gefahr, dass ein Ausweg aus dem Kriege und ein nachheriger Aufbau noch schwerer zu finden sind und der Krieg hinter dem die Parteien trennenden «Eisernen Vorhang» in eine noch ärgere Barbarei als bis anhin ausarten würde.

Was dann?

Wo in einer Krise eine Entscheidung darüber zu fallen hat, ob eine — wirklich oder vermeintlich bewährte — Sache, Idee oder Institution aufzugeben ist, ist es jedenfalls das wichtigste, darüber klar zu sein, was an die Stelle des bisherigen treten soll: *Die Antwort auf die Frage: Was dann?*

Diese Alternative ist unausweichlich; könnte aber wohl kaum eine völlig planlose Haltung sein, ein laisser aller. Auch würde die Schweiz, wenn sie auf die Neutralität verzichtet, in den Vereinten Nationen kaum eine neutralitätsähnliche Stellung wie etwa Schweden einnehmen können; sie müsste sich sozusagen zu den «Aktivisten» in der Uno stellen.

Doch bevor nach neuen Alternativen gesucht wird, ist noch die Frage zu prüfen: Kann, und wenn ja, in welcher Weise, die Schweiz sich von ihrer dauernden Neutralität lösen? Dies kann sich jedenfalls nicht einfach stillschweigend vollziehen. Zwar ist der Schweiz die dauernde Neutralität nicht von den Mächten auferlegt worden, so dass sie sich nur mit deren Zustimmung davon befreien könnte. Wohl aber hat die Schweiz auf dem Wiener Kongress die Anerkennung ihrer Neutralität verlangt, und es ist infolgedessen jenes transaktionelle Verfahren zustande gekommen, dessen Abschluss die Erklärung vom 20. November 1815 war. Dieses vertragliche Element hat im Zonenhandel die schweizerische These obsiegen lassen.

Da die Schweiz die Anerkennung ihrer Neutralität selber verlangt hatte, scheint ein Rückzug dieses Begehrens zulässig, nicht aber jederzeit und ex abrupto, z. B. im Hinblick auf ein momentanes Interesse während eines Krieges. Es müsste in normalen Zeiten durch eine solenne Notifikation erfolgen.

Welches wären alsdann die der Schweiz offenstehenden Möglichkeiten?

a) *Vorbehaltloser Eintritt in die Vereinten Nationen* als nicht privilegiertes Mitglied erscheint als das nächstliegende. Dabei wäre es inkonsequent und unfair, sich der Ausweichstellen (vertragliche Abmachung mit der Uno) zu bedienen, um sich der Auswirkung von Beschlüssen des Sicherheitsrates bei Kollektivaktionen zu entziehen. Die bisherige Neutralitätspolitik ist eine einseitige, aber bestimmte. Als Mitglied der Uno müsste die Schweiz, um dann dem diese politische Wendung eventuell durchsetzenden Teil des Schweizervolkes Rechnung zu tragen, auf eine Stärkung der Uno und ihrer Aktivität drängen. Die Haltung der Weltsicherheitsorganisation in der Suezangelegenheit hat gezeigt, dass selbst Grossmächte keine aktive Politik in der Uno treiben können, wenn diese nicht in das weltpolitische Gesamtkonzept der massgebenden Mächte passt. Die Schweiz hätte als Nicht-Neutraler für Ungarn nichts tun können, jedenfalls sogar weniger, als was ihr als neutraler Staat möglich war.

Professor PAUL GUGGENHEIM hat in zwei Artikeln der «NZZ», Nr. 3753 und 3760 vom 28. und 29. Dezember 1956, auf die organischen Mängel der Uno hingewiesen, die namentlich durch die Blockierung des Sicherheitsrates als Folge des Vetorechtes der unter sich nicht einigen Grossmächte bedingt ist. Die Uno hat aber auch nicht die geeigneten Mittel, um selbst grobe interne Rechtsbrüche, die sich für eine rechtliche Erledigung wohl eigneten, zu unterbinden oder zu entscheiden, da sie die im Haag überbetonte Bedeutung der Schiedsgerichtsbarkeit ihrerseits einseitig in den Hintergrund stellte.

b) Es ist als Ersatz der Neutralität das direkte Gegenteil, der Abschluss von *Militärpakten* vorgeschlagen worden. Die Möglichkeit zu solchen, für welche wohl nur die Nachbarstaaten in Betracht kämen, scheint gering, da es schwer einzusehen ist, was die Schweiz mehr bieten könnte als die Sicherung von Flanken, die durch die Neutralität jetzt vielleicht noch zuverlässiger geschieht. Anbietung eigener Truppen und Zusicherung von Stützpunkten und Durchzugsrechten würde die Schweiz schwächen bzw. gefährden.

c) *Anschluss an die NATO* scheint vom Standpunkt der militärischen Sicherheit aus eher aussichtsreicher als der von der Uno zu erwartende Schutz. In Anbetracht der Aufgabe dieses defensiven Militärbündnisses und des Umstandes, dass die Mehrheit seiner Mitglieder zum engeren atlantischen Raum gehören, ist es für einen kleinen mitteleuropäischen Staat zu ungewiss, welche Gebiete unter allen Umständen bis zum äussersten verteidigt werden, ein Interesse, das wegen der Behandlung besetzter

Gebiete durch die UdSSR von geradezu vitaler Bedeutung ist. Die Probleme, die sich schon bei der Selbstverteidigung eines Bundesstaates zeigen, sind viel akuter und schwieriger bei einer räumlich so ausgedehnten und so heterogen zusammengesetzten Basis, namentlich wenn man zum Machtzentrum des Defensivbundes so peripher und der Berührungslinie der beiden Blöcke so nahe liegt[2].

d) Endlich käme für die Schweiz, eventuell schon ohne Aufgabe der Neutralität, eine engere Zusammenarbeit mit dem *Europarat* in Betracht. Wenn es diesem gelingen sollte, Europa (in welchem Umfang?) zu einem kohärenten und soliden Bunde zu integrieren, der neben den USA und der UdSSR etwas wie eine wirkliche dritte Grossmacht sowohl unter den Staatengruppen der freien Welt und der asiatisch-afrikanischen Kontinente als auch innerhalb der Vereinten Nationen darstellen würde, so könnte gegenüber einer so völlig neuen Situation die Frage unserer Neutralität einen neuen Aspekt darbieten. Ob und wann und in welcher Form dieser Europa-Staat zustande kommt, ist noch sehr unsicher, wenn man bedenkt, welchen Hemmnissen und Zögerungen die Integration der unter sich räumlich nahen und politisch und kulturell viel homogeneren, wenig zahlreichen Benelux- und skandinavischen Staaten begegnet. Es ist denkbar, dass im Falle einer stärker nach Europa orientierten Politik Grossbritanniens die Europafrage in einen rascheren Fluss kommt; aber immerhin ist das alles noch ganz unsicher. Dass die von ihrer Neutralität befreite Schweiz zu einem Hauptvorkämpfer der Europa-Integration werden könnte, ist eine der in die Neutralitätsdiskussion geworfenen Ideen, die wohl mehr einem Wunschdenken als politisch-realistischer Sicht entsprechen.

Sollte ein wirklicher euopäischer Bundesstaat zustande kommen, wäre es vielleicht nicht ausgeschlossen, dass dieser sich die geniale Idee der Eidgenossen aneignete, die 1501 Basel und Schaffhausen ausdrücklich als neutrale Bundesglieder aufnahmen. Ein Europabund könnte ein Interesse haben, für seine inneren Konflikte Neutrale zur Verfügung zu haben, aber vielleicht auch für Möglichkeiten der Kontaktnahme mit Staaten ausserhalb des Bundes.

Die Souveränität ist u. a. eine Folge der Auflösung des mittelalterlichen Reichsgedankens durch die divisio regnorum. Wenn die imperiale Idee in der Form von nach Universalität tendierenden Staatenbünden eine Art Wiedererstehung feiert, ist der starre schematische Gedanke der Souveräni-

---

[2] MAX HUBER, Strategie und Staatsrecht, in «Schweizer Monatshefte», 34. Jahrgang, Heft 5, August 1954, und in Gesammelte Aufsätze und Reden, Band IV, Zürich 1957, S. 259 ff.

tät ein Hindernis der Überwindung von Konflikten zwischen den grossen Blöcken oder solchen der nahezu universalen Organisationen mit Aussenseitern. Wenn die Staaten nichts über sich anerkennen, befinden sie sich in Konfliktsfällen bald auf dem toten Punkt, wenn nicht ein Drittes, ausserhalb und unabhängig von ihnen besteht. Das ist das Element der Neutralität, sei es in der Neutralität, sei es in der klassischen Form des völkerrechtlichen Instituts, sei es in einer de facto politisch ähnlichen Form. Aber bevor man auf diesen Punkt kommt, sollte der direkte Kontakt zwischen Staaten, mag ein solcher auch Gefahren in sich schliessen, nicht aufgegeben werden. Der totale Abbruch der Beziehungen, nicht nur der diplomatischen, führt zu einer nicht weniger gefährlichen Situation als jene, die aus Beziehungen zu einem Staate entsteht, der solche sucht, um seine, durch ihren revolutionären Grundzug letzten Endes feindliche Einstellung zu tarnen. Übrigens sind ein Volk und seine Regierung nie identisch. Der Satz, dass man in der Politik nie «niemals» sagen soll, gilt auch für jede schematische, abstrakte Haltung. Auch eine Politik, die nur sich selbst und seine Freunde oder aber nur Feinde kennt und das irrationale Element der Neutralität leugnet, ist dem Leben fern und damit auch der Wahrheit.

Ich bin mir bewusst, wie wenig kompetent ich bin, über so heikle, politische und namentlich militärische Fragen zu reden. Aber als Bürger der schweizerischen Demokratie ist es unsere Pflicht, uns zu bemühen, soweit wir dazu fähig sind, in allen Fragen unseres Landes eine eigene Meinung zu haben. Ich darf vielleicht darauf hinweisen, dass ich als Berater des Politischen Departementes in den Jahren 1918 bis 1921 in intensivster Arbeit und persönlicher Verantwortung an der politischen und diplomatischen Wahrung unserer Neutralität und in den Jahren 1928 bis 1944 als Präsident des Internationalen Komitees vom Roten Kreuz an der Leitung dieser auf der schweizerischen Neutralität beruhenden Institution beteiligt gewesen bin. Unter diesen Umständen glaube ich das Folgende sagen zu dürfen und sagen zu müssen als Folgerung aus den vorstehenden Betrachtungen:

1. Wenn wir die Geschichte der schweizerischen Neutralität in den Epochen von 1515 bis zum Zusammenbruch der Alten Eidgenossenschaft, vom Wiener Kongress 1814/15 bis zum Ausbruch des 1. Weltkrieges und schliesslich von diesem bis zur Gegenwart ernstlich betrachten, sowohl im Blick auf die besondere geschichtliche und geographische Lage unseres Landes wie, in der Gegenwart, im Blick auf die weltpolitischen Zusammenhänge, so sind wir uns bewusst, welche tiefe Wandlungen politischer, rechtlicher, geistesgeschichtlicher Art vor sich gegangen sind. Angesichts dieser

Tatsache ist eine ernste, von momentanen Tatsachen unbeeinflusste Überprüfung der Voraussetzungen und Aussichten unserer traditionellen Neutralität eine vaterländische Pflicht, der wir nicht ausweichen dürfen, auch
nicht aus Gründen blosser Opportunität. Mit der Besonnenheit und mass-
vollen Zurückhaltung, mit der wir an diese Prüfung herantreten, müssen
wir auch unsere Entscheidungen fällen.

2. Die der Natur der Sache nach unsichere Abschätzung der aus einer allfäl-
ligen Preisgabe der Neutralität für die Sicherheit und die Unabhängigkeit
unseres Landes möglichen Folgen lässt uns eher auf deren erhöhte Gefährdung schliessen, ohne dass wir dafür auf die erhoffte Möglichkeit eines
aktiven Wirkens für die Hochziele unserer Politik, Gerechtigkeit, Freiheit
und Humanität, zählen könnten.

3. Die Betrachtung der Alternativen, die sich als Ersatz für das Aufgeben
der Neutralität im Bereiche des heute politisch Möglichen und Realen bieten, führen zu ähnlichen Feststellungen. Der voraussichtlich erhöhten
Gefährdung der Sicherheit der Schweiz stünde keine vermehrte Möglichkeit für sie gegenüber, die Organe der Friedenssicherung merklich zu stärken. Über den optimistischen Vorstellungen einer aktiveren konstruktiven
Politik darf der praktische und ethische Wert der auf Grund der Neutralität
bisher tatsächlich möglichen humanitären und sonstigen Leistungen nicht
unterschätzt werden. Die Beibehaltung unserer Neutralität, die zu jeder mit
dieser vereinbaren Solidarität bereit ist, kann deshalb moralisch sehr wohl
verantwortet werden. Dabei muss betont werden, dass unter Neutralität
nur eine *bewaffnete Neutralität* verstanden werden darf, und zwar eine auf
dem unerschütterlichen Willen zur Selbstbehauptung beruhende, bis zu
den Grenzen unserer wirtschaftlichen und menschlichen Leistungsfähigkeit
sich auf die Kraftprobe vorbereitende Neutralität[3]. Nicht als ein juristisch
isolierter und privilegierter Teil Europas, sondern nur als ein, wenn möglich
für unsern Raum gleich widerstandsfähiger Staat hätte die Schweiz in der
Dynamik eines in Europa geführten Krieges stets, aber besonders in einer
durch ein halbes Jahrhundert von Kriegen und Revolution in ihrem Rechtsbewusstsein tief erschütterten Welt Aussicht, in ihrer Eigenstaatlichkeit und
Neutralität geachtet zu werden.

---

[3] Oberstdivisionär ERNST UHLMANN, Die militärpolitische Lage der Schweiz, Neujahrsblatt
der Feuerwerker-Gesellschaft, Zürich 1957, insbesondere der Schlussabschnitt «Bewaffnete
Neutralität».

Dietrich Schindler sen.

Dietrich Schindler sen.

1890—1948

DIETRICH SCHINDLER SEN. doktorierte 1916 in Zürich mit cincr von Fritz Fleiner betreuten Dissertation über «Die Rechtsbeziehungen zwischen Bund und Kantonen im Heerwesen». Nach kürzerer Betätigung in der Industrie und einem Studienaufenthalt in den USA habilitierte er sich 1921 für Staats- und Verwaltungsrecht an der Universität Zürich. Seine Habilitationsschrift behandelte das Thema «Über die Bildung des Staatswillens in der Demokratie» (Schulthess & Co., Zürich 1921). In den folgenden Jahren kamen das Völkerrecht und die Rechtsphilosophie zu seinen Lehrgebieten hinzu. 1927 wurde er Extraordinarius, 1936 Ordinarius. SCHINDLERS wissenschaftliches Interesse galt im besonderen den ausserrechtlichen Voraussetzungen des Staatsrechts und des Völkerrechts. Davon zeugt sein am stärksten beachtetes Werk «Verfassungsrecht und soziale Struktur» (Schulthess & Co., Zürich 1932), dem der nachfolgende Beitrag entnommen ist. Auch seine an der Haager Akademie für internationales Recht 1933 gehaltene Vorlesung «Contribution à l'étude des facteurs sociologiques et psychologiques du droit international» liegt in diesem Interessenbereich. Einen anderen Schwerpunkt seiner Forschung bildete die zwischenstaatliche Schiedsgerichtsbarkeit. Das Hauptwerk hierüber war «Die Schiedsgerichtsbarkeit seit 1914 — Entwicklung und heutiger Stand» (Stuttgart 1938).

Wie viele schweizerische Staats- und Völkerrechtler war SCHINDLER in hohem Masse auch für die Behörden seines Landes tätig. Während des Zweiten Weltkriegs wurde er durch eine grosse Zahl von Gutachten für das Eidgenössische Politische Departement zum eigentlichen völkerrechtlichen Berater dieses Departements. Dazu kamen zahlreiche weitere Verpflichtungen, so eine Zeitlang als Mitglied des Zürcher Kantonsrates, in der Armee, als Präsident des Verwaltungskomitees der «Neuen Zürcher Zeitung» und, erst kurz vor seinem Tod, als Mitglied des Internationalen Komitees vom Roten Kreuz.

Eine grössere Zahl seiner Aufsätze, ergänzt durch Entwürfe aus dem Nachlass, wurde 1948 im Sammelband «Recht, Staat, Völkergemeinschaft — Ausgewählte Schriften und Fragmente aus dem Nachlass», (Verlag Schulthess & Co. AG, Zürich) vereinigt.

Der nachfolgend wiedergegebene Text bildet ein zentrales Kapitel des Buches «Verfassungsrecht und soziale Struktur». Dieses Buch war veranlasst worden durch die scharfen Kontroversen über die Methoden der Staatsrechtswissenschaft, die in der Zwischenkriegszeit, insbesondere im deutschsprachigen Gebiet, geführt wurden, so die Kontroversen zwischen normativer und soziologischer Betrachtungsweise und zwischen normativen und dezisionistischen Lehren. Zur Spaltung in der Wissenschaft kam die Zerklüftung des politischen Denkens, insbesondere in Deutschland, hinzu, die so tief ging, dass sie die parlamentarische Demokratie unmöglich machte. SCHINDLER wandte sich gegen das eindimensionale Denken, das die wissenschaftlichen und die politischen Lehren kennzeichnete. Er erkannte, dass jede dieser Lehren die Antithese zu einer anderen Lehre war und diese andere Lehre voraussetzte, ja ohne diese nicht hätte bestehen können. Durch die dialektische Methode, welche die gegenseitige Bezogenheit und Bedingtheit aller Antinomien offenlegt, versuchte er, die Gegensätze und Einseitigkeiten zu überwinden und eine Synthese zu erreichen. Das Recht wie auch jede politische Theorie muss, wie er ausführte, stets zusammen mit dem stillschweigend Vorausgesetzten, dem Hintergründigen, dem Unterbewussten, dem Impliziten gesehen werden. SCHINDLER vergleicht an einer anderen Stelle des Buches die Gesamtheit des Vordergründigen und des hintergründig Vorausgesetzten mit einer im Wasser schwimmenden Kugel und erklärt: «Die im Staat verwirklichten Elemente ragen gleichsam über den Wasserspiegel hinaus, während die andern, im Ausserrechtlichen verwirklichten, vom Wasser bedeckt sind: aber das, was über dem Wasser sich befindet, wird getragen und gestützt von dem, was unter dem Wasser ist; das eine gehört zum anderen, und es ist für die Gestalt der Kugel (das soziale Ganze) unwesentlich, was über und was unter dem Wasser ist.» SCHINDLER nimmt Bezug auf die alte Staatsformenlehre, nach welcher jede Staatsform eine sie ergänzende Gestaltung des Ausserrechtlichen (oder Ausserstaatlichen) voraussetzt. MONTESQUIEU nannte als Voraussetzung der Demokratie die «vertu», womit die Bindung des Volkes an feste Werte, die in der Religion oder in einer besonders intensiven

Staatsgesinnung liegen, gemeint ist. Als Voraussetzung der Aristokratie wurde die «modération» angeführt, d.h. die Mässigung als Gegengewicht zu den dieser Staatsform eigenen Vorrechten, als Voraussetzung der Monarchie «l'honneur», das Gegenstück zu der für diese Staatsform typischen Unterordnung. Der Verlust der einer Staatsform zugrunde liegenden Voraussetzungen führt zur Entartung und zum Untergang der betreffenden Staatsform. Wie am Beispiel der Staatsformen gezeigt, muss das Recht stets in Verbindung mit den komplementären ausserrechtlichen Elementen gesehen werden, für die die Bezeichnung «Ambiance» gewählt wird. Sie sind unabdingbare Voraussetzungen der Wirksamkeit des Rechts. Das nachfolgend wiedergegebene Kapitel enthält allgemeine Überlegungen zum Verhältnis zwischen dem Recht und dem Ausserrechtlichen. Die angeführten Untertitel sind dem Inhaltsverzeichnis des Buches entnommen. Im Text des Buches sind nur die die Reihenfolge markierenden grossen Buchstaben angebracht.

Dietrich Schindler jun.

Recht und Ambiance *

von Dietrich Schindler sen.

A. Die Bedeutung der Ambiance

Es ist oben festgestellt worden, dass in jeder Rechts- oder Staatstheorie das Bewusste und Unterbewusste, das Vordergründige und Hintergründige, das Explizite und Implizite zu unterscheiden sei. Das Gleiche gilt auch für das verwirklichte Recht. Denn das Recht ist gleichsam die bewusste Ergänzung des Unterbewussten. Was im Recht zur Realisation gelangt, ist nur das Vordergründige, das Explizite, kurz das, was im vollen Licht des Intellektes lag. Es ist sehr wohl möglich, dass auch dies nicht ganz verwirklicht wurde, doch das ist hier nebensächlich. Was hier festzuhalten ist, ist die Tatsache, dass das Hintergründige, Implizite usw. neben dem Recht bestehen bleibt, dass seine Inhalte nicht ins Recht überführt wurden, sei es, weil das Bewusstsein ihrer Erheblichkeit fehlte, sei es, weil sie als ohnehin wirksam angesehen wurden, sei es, weil eine Transposition ins Rechtliche der Natur der Sache nach unmöglich ist. Trotzdem handelt es sich um Dinge, die für den zum Recht gewordenen Inhalt wesentlich sind. Denn sie bilden die Umgebung des Rechts, sein Milieu, in das es hineingehört und mit dem es sinnvoll wird, jenen Teil der umgebenden Welt, mit welchem oder gegen welchen es ein Ganzes bilden soll. Für die Bezeichnung dieses Ausserrechtlichen in seiner Relation zum Recht und in seiner besonderen Gestalt und Funktion eignet sich am besten der französische Ausdruck «ambiance». *Die positive Rechtsordnung setzt somit eine Ambiance voraus.* Jede besondere Art und Gestalt des positiven Rechts, vorab jede Art einer Staatsverfassung, setzt eine besondere Art und Gestalt der Ambiance voraus.

* Aus «Verfassungsrecht und soziale Struktur», erschienen bei Schulthess, Zürich 1932, S. 92–103 (5., unveränderte Neuauflage 1970).

154

B. *Entartung der Staatsformen und Rechtsinstitute als Vernichtung des kompensatorischen Charakters der Ambiance*

Da nun die Ambiance nicht Recht ist, kommt ihr auch nicht die gleiche Festigkeit zu wie dem Recht. In der Verschiedenheit der Änderungsleichtigkeit, der Änderungsursachen und der Änderungsform von Recht und Ambiance liegt der Grund für die allmählich entstehende Disharmonie zwischen dem Recht und der das Recht ergänzenden, tragenden und balancierenden Umgebung.

Wir haben hier vor allem dem Fall Aufmerksamkeit zu schenken, in dem das Recht, z.B. eine Staatsform, in bisheriger Form bestehen bleibt, aber die Ambiance sich ändert. Und zwar ändert sie sich wegen des Wechsels der äussern (z.B. wirtschaftlichen) Bedingungen, oder — was uns hier interessiert — deshalb, weil sie dem hellen Bewusstsein entrückt ist und infolgedessen allmählich der Vergessenheit anheimfällt, während umgekehrt die im Brennpunkt der Aufmerksamkeit stehenden Rechtsprinzipien in ihre einseitigen Konsequenzen ausgebaut werden und ihrerseits auf das Ausserrechtliche übergreifen, wodurch dessen kompensatorischer Charakter abgeschwächt, wenn nicht aufgehoben wird. Hierhin, in dieser *Vernichtung des kompensatorischen Charakters der Ambiance, liegt der Grund der Entartung der Staatsformen und Rechtsinstitute.* Es ist eine tragische Erscheinung, dass oft ein Rechtsprinzip, das einmal gesund war und wohltuend wirkte, im Laufe der Zeit entartet und schädliche Folgen erzeugt[1]. Die Änderung liegt aber weniger im Recht selbst als im Ausserrechtlichen. Denn alles objektive Recht ist starr und formal und *verleiht regelmässig umfangreichere subjektive Rechte und Kompetenzen,* als dem sozialen Ganzen eigentlich zuträglich ist. Aber das Recht kann nicht anders, weil die notwendig allgemeine Formulierung des Rechtssatzes eine feiner abgestufte Normierung nicht zulässt. Wohl aber zählt es darauf, dass diese subjektiven Rechte und Kompetenzen nicht bis zu ihren äussersten Möglichkeiten ausgenützt werden. *Denn die Entartung eines Rechtsinstituts besteht in der zur Regel werdenden äussersten Ausnützung der von ihm gebotenen formalrechtlichen Möglichkeiten.* Es liegt an der unvermeidlichen Einseitigkeit jeder juristischen Formulierung, dass ein Rechtssatz seine soziale Funktion nur dann richtig erfüllen kann, wenn das dem formulierten Rechtsprinzip ent-

---

[1] Vgl. Ortega y Gasset in einem Ausatz über Kant (Neue Schweizer Rundschau, Mai 1930, S. 385): «Aus einem vollkommen genauen Ausdruck für einen bestimmten Kulturwillen verwandelt sich mit der Zeit jeder grosse philosophische Standpunkt durch Abnützung in eine Formel der Widerkultur.» Das gilt häufig auch für Staatsverfassungen.

gegengesetzte Prinzip als sein polarer Gegensatz im Ausserrechtlichen wirksam ist und verhindert, dass die im Rechtssatz selbst liegende Möglichkeit bis zum Äussersten ausgenützt wird. Je primitiver eine Rechtsordnung ist, desto mehr ist die kompensatorische Wirkung der Rechtsambiance unentbehrlich, je entwickelter sie ist, desto mehr ist die polare Gegenposition ins Recht selbst aufgenommen worden.

Alles starre Recht bedarf der ausserrechtlichen Kompensation. Wenn diese allein nicht mehr genügt, wird das kompensatorische Prinzip ins Recht selbst aufgenommen. Das geschah beispielsweise mehrfach dadurch, dass ein besonderes Billigkeitsrecht neben dem starren Recht in die Rechtsordnung eingefügt wurde, wie die römische æquitas und die englische equity. Zahlreiche moderne Entwicklungen gehen in der gleichen Richtung, so die Einschränkung der Vertragsfreiheit durch Arbeiterschutzgesetze, des Privateigentums durch die zahlreichen öffentlichrechtlichen Schranken[2], der Geltendmachung eines Privatrechts überhaupt durch das Verbot des Rechtsmissbrauchs: überall hat sich die im Ausserrechtlichen liegende Hemmung der schrankenlosen Ausnützung einer subjektiven Berechtigung als ungenügend erwiesen, weshalb die erforderlich erscheinenden Schranken als gesetzliche Vorschrift in die Rechtsordnung selbst aufgenommen wurden.

Vor allem sind es aber zahlreiche staatsrechtliche Normen, welche dieser Kompensation bedürfen, aber sie nur im Ausserrechtlichen finden können. Denn hier müssen die Normen einfach und formal sein, weil sie der Öffentlichkeit, als der politisch letzten Instanz im Staat[3], verständlich sein und auch in der Anwendung verständlich bleiben müssen. Dahin gehören die Kompetenzen der obersten Staatsorgane, wie z.B. das Vetorecht der Regierung gegenüber dem Parlament. Die Ausübung dieses Rechts könnte bei Ausnützung der äussersten Möglichkeiten zu unerträglichen Zuständen führen: es sind nicht rechtliche, sondern rein politische Gründe, die davon abhalten. Das einer Minderheit zustehende Initiativrecht, in Verbindung mit der Volksgesetzgebung, könnte dazu führen, dass in kurzen Zeiträumen die Staatsverfassung immer wieder von neuem geändert wird oder dass doch — wenn die Initiativen in den Abstimmungen unterliegen — in kurzfristiger Wiederholung Verfassungskämpfe heraufbeschworen werden, welche die Konsolidierung eines Staates verhindern und positive politische Arbeit sabotieren: es sind keine rechtlichen Gründe, und es können keine

---

[2] Vgl. die neue, diese Schranken berücksichtigende Auffassung des Privateigentums bei R. Haab, Kommentar zum schweizerischen ZGB, Sachenrecht, S. 42; H. Fehr, Recht und Wirklichkeit, S. 115 ff.
[3] Vgl. *mein* «Über die Bildung des Staatswillens in der Demokratie», 1921, S. 63/64.

solchen sein, welche einen Missbrauch der Initiative zu Zwecken der Destruktion verhindern, sondern allein politische Einsicht und der gesunde Sinn des Volkes[4]. Aber weil hier, wo es sich um das oberste Organ des Staates, die Aktivbürgerschaft, handelt, gesetzliche Schranken gegen Missbrauch nicht möglich sind — weil kein Organ vorhanden ist, das feststellen könnte, was Missbrauch ist, ohne dass es dem Volke übergeordnet würde, was der obersten gesetzgebenden Gewalt des Volkes widerspräche —, gerade deshalb kann ein Missbrach der Volksrechte nicht durch eine Änderung dieses oder jenes Punktes im Verfassungstext verhindert werden, sondern der Missbrauch stellt, wenn er unerträgliche Zustände herbeiführt, die Staatsform selbst in Frage. Mit besonderer Deutlichkeit zeigt sich hier die Abhängigkeit des Rechts von im Ausserrechtlichen wirksamen, dem Prinzip des positiven Rechts selbst entgegengesetzten Prinzipien.

Ein weiteres Beispiel bieten die Freiheitsrechte. Ob ihr Zweck, die freie Betätigung und Entfaltung des Individiuums zu sichern, erreicht wird, hängt völlig von ausserrechtlichen Verhältnissen ab. Die Freiheit der wirtschaftlichen Betätigung hat zu weitgehenden wirtschaftlichen Bindungen geführt; die Vertrustung, die das Resultat dieser Freiheit sein kann, ist das Gegenteil dessen, was mit der wirtschaftlichen Freiheit erreicht werden sollte. Die Frage taucht auf, ob hier nicht ein Fehler im Ausgangspunkt liegt. Das wird später zu untersuchen sein.

C. *Aussergewöhnliche Fälle*

Die Wichtigkeit des Ausserrechtlichen für das Recht erhellt vor allem dann, wenn das Ausserrechtliche eine andere Gestalt als üblich annimmt und dadurch das Recht selbst tiefgehend beeinflusst wird. Die Einwirkung der geographischen Lage eines Landes auf die Verfassung wird in der Regel übersehen werden; sie wird aber offenbar, wenn z.B. für England festgestellt wird, dass «die Insellage eine Verfassung ersetze[5]». Auch für die Schweiz gilt ohne Zweifel, dass die geographischen und ethnographischen

---

[4] Über den politischen Charakter des Schweizervolkes, der den Radikalismus seiner politischen Institutionen kompensiert, vgl. FLEINER, Bundesstaatsrecht S. 19, 309 ff., ferner Schweizerische und deutsche Staatsauffassung, 1929, S. 8. Dennoch ist in der Schweiz die Frage des Missbrauchs des Initiativrechts in Verbindung mit einer Initiative auf Vermögensabgabe (1922), deren Annahme destruktiv gewirkt hätte und deren blosse Lancierung wirtschaftlich schädigend war, lebhaft diskutiert worden. Vgl. auch *mein* «Verfassungsleben im Kanton Zürich», 1928, S. 49 f.
[5] C. SCHMITT, Verfassungslehre, 1928, S. 50.

Verhältnisse, die ihre Geschichte bestimmten, ihre Verfassung entscheidend beeinflussten; z.B. wäre der für das kleine Gebiet auffällige Föderalismus ohne die geographischen und ethnographischen Verschiedenheiten nicht denkbar. Ähnliches lässt sich für andere Staaten nachweisen.

Ein weiteres Beispiel: das normale Spiel demokratischer Institutionen setzt ein mehr oder weniger homogenes Volk voraus. Das bleibt vorerst — so lange alle beobachteten Demokratien homogene Bevölkerungen haben — unbewusst, es wird erst erkannt, wenn der Blick auf Staaten geworfen wird, wo diese Homogenität fehlt. Dazu gehören z.B. die Südstaaten der amerikanischen Union infolge der Mischung schwarzer und weisser Bevölkerung. Über die dortigen politischen Verhältnisse berichtet einer der besten Kenner Amerikas: «Es ist beinahe tragisch, zu sehen, wie die Anwesenheit der Neger überall, wo sie in grossen massiven Blöcken ansässig sind, das politische Leben ertötet und das normale Spiel der freien politischen Institutionen unmöglich gemacht hat[6].» Denn die Weissen suchen in erster Linie die «Rassenfront» zu wahren.

Die Demokratie bedarf nicht nur der Homogenität, sondern auch einer gewissen Tradition und vor allem der Staatsgesinnung. Wo diese Voraussetzungen fehlen, kann trotz demokratischer Institutionen keine Demokratie bestehen. So führt K. v. SCHUMACHER[7] über Mexiko aus, dass die formell bestehende Demokratie faktisch Diktatur sein muss, um beim Fehlen jeder Tradition und jedes Staatsgedankens etwas wie Einheit in die bunte und herrschaftshungrige Masse der Indianer, Mestizen, Kreolen und Fremden bringen zu können.

Noch ein Beispiel für das «Vorausgesetzte» im *internationalen Leben*: In der internationalen Politik sind militärische Rüstungen «one of the most formidable tacit elements». Die Schwäche der Rüstungen scheint Schwäche des Staates in den internationalen Beziehungen zu bedeuten. Dass Rüstungen nicht unbedingt nötig sind, sofern andere ebenso bedrohliche «tacit elements» zur Verfügung stehen und angewendet werden können, zeigt die Sowjetunion. Sie kann Totalabrüstung fordern «because she is the first to have evolved an alternative instrument of policy... Her foreign policy being one, needs but one method everywhere, and this method, the fostering of a communistic revolution in every nation, has no need of Russian armaments...[8]».

---

[6] A. SIEGFRIED, Die Vereinigten Staaten von Amerika, 1928, S. 210.
[7] Mexiko und die Staaten Zentralamerikas, in «Aufbau moderner Staaten», Band III, Zürich 1929. Auch erwähnt in Archiv des öffentlichen Rechts 19, S. 132.
[8] MADARIAGA, Disarmament, 1929, S. 51.

D. *Organisatorische Massnahmen zur Verbindung des Rechts mit der Ambiance*

Das positive Recht kann daraufhin geprüft werden, ob und welche Vorkehrungen ergriffen worden sind, um die Verbindung des Rechts mit dem es umgebenden Ausserrechtlichen möglichst wirksam herzustellen. Darüber sollen nur wenige Bemerkungen folgen.

Diese Vorkehrungen liegen in erster Linie in der Organisation des Gesetzgebungsapparates. Das Individuum, das in der Gesetzgebung mitwirkt, stellt, da es beiden Sphären angehört, die Verbindung her. Je mehr der Kreis der Mitwirkenden sich der Gesamtheit der Bürger annähert, um so vollständiger kommt auch das Ausserrechtliche in der Gesetzgebung zur Geltung. Die reine Demokratie scheint in dieser Hinsicht die beste Staatsform zu sein. Allein nicht notwendig. Denn das Maximum dieses Einflusses ist nicht dessen Optimum. Vielmehr besteht bei einem zu weit gesteigerten Einfluss die Gefahr, dass das Recht zur blossen Funktion des Ausserrechtlichen wird, und das dem Recht Spezifische (wodurch es die ihm im sozialen Ganzen zukommende Funktion erfüllt), die dialektische Einheit der genannten vier Momente* zu sein, zu kurz kommt.

Es ist auch möglich, in der *Rechtsanwendung* die Ambiance mehr oder weniger zur Geltung zu bringen und demgemäss das Recht je nachdem mehr als ein in sich selbst geschlossenes System oder mehr als *einen* der Faktoren des sozialen Ganzen auszulegen. Einzelne Rechtsgebiete (wie z. B. Prozessrecht, Wechselrecht) eignen sich mehr für die erste, andere (wie z. B. das Verfassungsrecht) mehr für die zweite Methode der Auslegung. Das kommt gelegentlich auch in der Art der damit betrauten Behörden zum Ausdruck. So hat es einen guten Sinn, die Auslegung verfassungsrechtlicher Normen im Streitfall nicht den ordentlichen Gerichten, sondern einem für solche Fragen geschaffenen Spezialgericht oder sogar den politischen Behörden anzuvertrauen. Denn es kommt hier alles darauf an, die Norm in Verbindung mit der Ambiance zu sehen und entsprechend auszulegen. Vor allem gilt das, wenn die Verfassungsvorschrift neu und wenig präzis ist und ihr Inhalt durch die Entscheidungspraxis allmählich bestimmter gestaltet werden soll. Es war deshalb begründet, wenn die schweizerische Bundesverfassung von 1848 den Entscheid über Beschwerden der Bür-

---

* Die vier Momente des Rechts, auf die hier Bezug genommen wird, werden an früherer Stelle des Buches behandelt. Das Ordnungsmoment und das Machtmoment bilden die formalen, die ethischen Forderungen und die vitalen Notwendigkeiten die inhaltlichen Momente (Anm. des Hrsg.).

ger wegen Verletzung verfassungsmässiger Rechte in die Hände der Bundesversammlung, also der gesetzgebenden Behörde, legte. Freilich hat sich diese Regelung aus praktischen und organisatorischen Gründen nicht bewährt[9]. Die Verfassung von 1874 legte den Entscheid in die Hände des Bundesrates und des Bundesgerichts, und die Kompetenz des letzteren ist zu ungunsten des ersteren seither immer mehr erweitert worden; das geschah, je mehr sich die von der *politischen* Behörde inaugurierte Praxis befestigt hatte. Je durchgebildeter das Recht ist, desto mehr ist der Ausgleich mit der Ambiance und ihre Einfügung in Begriffe und Systematik des Rechts gelungen, desto leichter kann daher die Anwendung dem Gericht überlassen bleiben. Je weniger fein ausgeglichen das Recht ist, desto mehr muss die Auslegung einer Behörde anvertraut werden, die den Blick für die Ambiance hat und zur Geltung bringen darf. Das Ideal wären Männer, die die Unparteilichkeit des Richters mit dem Weitblick des begabten Gesetzgebers verbänden.

E. *Recht und Ambiance im zeitlichen Nacheinander*

Die Ambiance des Rechts kann sich im Laufe der Zeit ändern, ohne dass sich das Recht selbst ändert. Aus der dem Recht günstigen, kompensatorischen Ambiance kann eine solche werden, welche der vollen Ausnützung formalrechtlicher Möglichkeiten keinen Widerstand mehr bietet. Das Absterben der Ambiance kann um so leichter geschehen, als diese den meisten nur halb bewusst ist und ihr notwendig ergänzender Charakter zum Recht häufig verkannt wird, weshalb man sie widerstandslos langsam zerbröckeln lässt. Oft auch wird sie absichtlich zerstört; ja es kommt nicht selten vor, dass diejenigen, die an der Aufrechterhaltung einer Rechts- und Sozialordnung selbst interessiert sind, ahnungslos an der Zerstörung der tragenden und ergänzenden Ambiance mithelfen. Aber auch abgesehen von gewollter Zerstörung kann die Veränderung der wirtschaftlichen Verhältnisse, der Lebensgewohnheiten, der moralischen und religiösen Vorstellungen, zu einem Hinfall der Ambiance führen mit der Folge, dass im neuen Milieu das alte Recht anders als früher wirkt. Die individuellen Freiheitsrechte zum Beispiel, die unter den früheren Verhältnissen lebensfördernd und Hemmungen lösend zu wirken vermochten, können unter den neuen

---

[9] Dubs, Das öffentliche Recht der schweiz. Eidgenossenschaft II, S. 82.

Verhältnissen zur Ursache kultureller Destruktion werden. Ist ein solcher Zustand eingetreten, so leidet das soziale Ganze; weder im Rechtlichen noch im Ausserrechtlichen ist Halt, Sicherheit und Klarheit zu finden. Es sind die nun mangelnden sozialen Strukturelemente, nach welchen ein steigendes Bedürfnis erwacht, damit das soziale Ganze das für seine Existenz notwendige innere Gleichgewicht finde. Diese Strukturelemente, die früher nur halbbewusst waren, dann gänzlich in Vergessenheit gerieten — obschon sie lange Zeit unterbewusst noch wirksam waren —, treten, nachdem ihr Mangel das Ganze in seiner Existenz bedroht hat, in die volle Helle des Bewusstseins; sie werden als Postulat aufgestellt, das nun die vorerst ideelle Kompensation zu der an chaotischer Freiheit leidenden Wirklichkeit darstellt; schliesslich werden sie verwirklicht, in der einzigen Form, in der das möglich ist, in der Form des Rechts. Dieses Recht, das Ordnung, Disziplin, Autorität verkörpert, findet seinerseits die Ambiance in der als latente Möglichkeit weiter vorhandenen anarchischen Freiheit. Wie bisher, so geht die Bewegung in formal gleicher Weise weiter. Die masslose Freiheit, vorerst eine jederzeit realisierbare Möglichkeit, versinkt allmählich — wenn sie nie mehr realisiert wird — ins Halbbewusste einer fernen Erinnerung und wird schliesslich zu blosser Geschichte, der jeder Aktualitätswert mangelt, was für die praktische Politik so viel wie Vergessenheit bedeutet. Dann aber fehlt dem autoritären, freiheitsfeindlichen Recht die Kompensation im entgegengesetzten Ausserrechtlichen. Die eintretende Erstarrung wird als ein die Existenz und den Fortschritt des Gemeinwesens bedrohender Mangel empfunden. Die Aufmerksamkeit lenkt sich auf das, was dem sozialen Ganzen fehlt: Freiheit, Bewegung, Fortschritt. Und schliesslich werden auch diese wieder in der Form rechtlicher Institutionen verwirklicht. Neuerdings stehen anfänglich Recht und Ausserrechtliches (das autoritäre Element, das in den Gewohnheiten weiter lebt) in fruchtbarer kompensatorischer Spannung zueinander, bis die Ambiance des Rechts ins Halbbewusste und ins Vergessen versinkt. Darauf muss die Kompensation von der andern Seite her erfolgen, vorerst in der Form des Postulats, sodann als Verwirklichung im Recht. So erscheint das einzelne soziale Strukturelement, das sich im Ausserrechtlichen befindet, als in einem Kreislauf begriffen: vorerst im Vordergrund der öffentlichen Aufmerksamkeit stehend, verschwindet es allmählich in der Vergessenheit; die dadurch im sozialen Ganzen eintretenden Störungen lassen den Wunsch entstehen, den Mangel zu beheben, und das geschieht durch Änderung des Rechts. An Stelle der freiheitlichen Staatsordnung tritt eine autoritäre oder umgekehrt. Das Strukturelement, das im Recht verwirklicht ist (z.B. Freiheit), bleibt unverändert, während das polar entgegengesetzte, im Ausserrechtlichen wirkende (Autorität), den geschilderten Kreislauf vollzieht, bis es dann, neuerdings voll bewusst, selbst zum Recht wird und das andere Element, nun in die Ambiance gekommen, in die Bewegung eintritt[10].

Was hier skizziert wurde, ist nichts anderes als die seit dem Altertum als «Zyklentheorie» bekannte Lehre von der Aufeinanderfolge der Verfassungsformen[11]. Plato hat die Abfolge verschiedener Staatsverfassungen als Phasen eines stufenförmigen Auflösungsprozesses erkannt. Seine psychologische Begründung ist von POLYBIUS und CICERO[12] und deren Auffassung wiederum von MACCHIAVELLI übernommen worden, der schreibt: «Die Kraft erzeugt Ruhe, die Ruhe Müssigkeit, diese Unordnung, die Unordnung Zerrüttung, und ebenso entsteht aus der Zerrüttung Ordnung, aus Ordnung Kraft, aus dieser Ruhm und gutes Glück[13].» Freilich darf in diesem Kreislauf nicht eine notwendige Fortbewegung erblickt werden; es ist wohl auch die Auffassung der genannten Autoren, dass es sich lediglich um eine Entwicklungs*tendenz* handelt, die sich dann auswirkt, wenn ihr nicht andere Faktoren entgegenstehen. Auch bleibt die Darstellung der Abfolge als eine solche von Monarchie — Aristokratie — Demokratie im Äusserlich-Organisatorischen stecken. Aber anderseits erhellt aus der gegebenen psychologischen Motivierung die Einsicht in die untrennbare Verschmelzung des Staatlichen und Ausserstaatlichen. Und was das kompensatorische Verhältnis dieser beiden Sphären anbetrifft, so ist es besonders von ARISTOTELES bemerkt worden. In der Tat sieht er die Übertreibung des einer Regierungsform zugrunde liegenden Prinzips als Hauptursache jedes Umsturzes an: «Vor allem dieses aber darf nicht übersehen werden, was die entarteten Verfassungen tatsächlich übersehen: die Mitte. Vieles, was volkstümlich scheint, löst die Demokratien, und vieles, was oligarchisch scheint, die Oligarchien auf. Es gibt in der Politik Leute, die das einzige Heil in der

---

[10] Man nehme diese Darlegungen als das, was sie sind: als schematische Vereinfachungen. Die zu Grunde liegende Erkenntnis lässt sich kaum anders als in Bildern verständlich machen. Vgl. den folgenden Text für eine Einschränkung. — WILHELM GLUNGLER, Rechtsschöpfung und Rechtsgestaltung, 2. Auflage 1930, S. 20 ff., gebraucht für eine ähnliche Erscheinung wie die hier geschilderte des Nicht-mehr-Übereinstimmens von Recht und Ambiance den aus der Elektrotechnik übernommenen Begriff der Phasenverschiebung. Solche Analogien sind gefährlich, wenn sie mehr sein sollen als Krücken des Denkens, die man möglichst bald beiseite stellt. In dieser Weise sind auch die Ausführungen des Textes zu verstehen.

[11] Ihre Richtigkeit wird neuerdings anerkannt von KOELLREUTTER, Artikel Staat im Handwörterbuch der Rechtswissenschaft, Bd. V S. 595. Vgl. ferner den dort zit. RICH. SCHMIDT.

[12] CICERO, De republica I 29, 44, 45.

[13] Vgl. DILTHEY, Gesammelte Schriften, II. Bd., S. 31. P. JANET, Histoire de la science politique, I, S. 150/51.

Übertreibung erblicken und nicht wissen, dass auch die Eigenart einer Verfassung ihre Grenzen hat [14].»

Ausser den grossen Umwandlungsperioden, die sich in der Änderung der Staatsform, also des Rechts, äussern können (nicht müssen), gibt es auch Wandlungen innerhalb kürzerer Perioden, die mehr Schwankungen im Ausserrechtlichen bedeuten, aber auf der gleichen soziologischen Notwendigkeit beruhen. Hieher gehört der periodische Wechsel zwischen einer Rechts- und Linksregierung, wie sie häufig parlamentarisch regierte Länder wie Grossbritannien und Frankreich [15] aufweisen. Durch die neue politische Richtung sollen jeweilen die Mängel der bisherigen überwunden werden. Man könnte somit «langwellige» und «kurzwellige» Perioden unterscheiden, welch letztere sich innerhalb der ersteren abspielen würden. Freilich scheint es, dass gerade das Balancespiel zwischen den Rechts- und Linksparteien den Umsturz der Staatsverfassung zu verhindern vermag, so dass der Wechsel mit «kurzer Wellenlänge» (der wenig tief greift) sich nicht *innerhalb* derjenigen mit «langer Wellenlänge» abspielt, sondern an seine Stelle tritt und der Wechsel der regierenden Parteien den Wechsel der Staatsformen zu verhindern vermag. Doch kann diese Frage hier nicht weiter verfolgt werden.

Die hier angedeutete Tendenz des Schwankens zwischen polaren Möglichkeiten beschränkt sich nicht auf das Gebiet der Politik, sondern ist im Wesen der menschlichen Psyche tief begründet. Der Drang zur stärkeren Betonung der in einer gegebenen Lage nicht genügend entwickelten Strukturelemente oder Funktionen ist identisch mit dem, was SPRANGER gelegentlich den «Drang nach dem ungelebten Leben» nennt, und woraus er die «Kontrastbewegung der Generationen» herleitet. Es ist der dem Lebendigen innewohnende, sich oft höchst unharmonisch gebärdende Wille zur harmonischen Gestaltung. Da aber die Verwirklichung immer nur mit einer gewissen Einseitigkeit zu gelingen scheint, so sucht das Denken, vorab das politische, die Ergänzung in entgegengesetzter Richtung. Es scheint in seinem Hin und Her einem «law of the pendulum» zu folgen [16]. Doch soll damit nicht behauptet werden, dass ein Gleichgewichtszustand, in dem das polar Gegensätzliche dauernd harmonisch vereinigt ist, unmöglich wäre [17].

---

[14] ARISTOTELES, Politik, V. Buch, 9. Kapitel. (Deutsche Ausgabe, Verlag Meiner, S. 176).
[15] Für letzteres vgl. A. SIEGFRIED, Tableau des Partis en France, 1930, S. 123 ff.
[16] J. DICKINSON, Democratie realities and democratic dogma, The American Political Science Rewiew, 24 (1930), S. 283.
[17] Die Antike hat die Lösung in der gemischten Staatsform gefunden.

Zaccaria Giacometti

Zaccaria Giacometti

1893—1970

ZACCARIA GIACOMETTI entstammte einer alten protestantischen Bergeller Familie, der auch die drei Künstler AUGUSTO, GIOVANNI und ALBERTO GIACOMETTI angehörten. Sein juristisches Studium schloss er in Zürich mit einer kirchenrechtlichen Dissertation bei FRITZ FLEINER ab. 1924 habilitierte er sich in Zürich für Staats-, Verwaltungs- und Kirchenrecht mit einer Habilitationsschrift «Über die Grenzziehung zwischen Zivilrechts- und Verwaltungsrechtsinstituten in der Judikatur des Schweizerischen Bundesgerichts». 1927 wurde er Extraordinarius, 1936 Ordinarius. Vier grosse Werke, die alle im Polygraphischen Verlag erschienen, kennzeichnen sein Lebenswerk. 1933 erschien sein Buch «Die Verfassungsgerichtsbarkeit des Schweizerischen Bundesgerichts (Die staatsrechtliche Beschwerde)», welches die erste umfassende Darstellung der staatsrechtlichen Beschwerde war und für Praxis und Wissenschaft wesentliche Anstösse gab. 1941 wurde sein «Staatsrecht der schweizerischen Kantone» veröffentlicht, die bisher einzig gebliebene systematische und vergleichende Darstellung des Verfassungsrechts der Kantone. 1949 folgte das «Schweizerische Bundesstaatsrecht», das dem Ursprung nach eine Neubearbeitung des gleichnamigen Werks von FRITZ FLEINER war, tatsächlich aber eine überwiegend neue Gesamtdarstellung wurde. Als letztes Werk erschienen 1960 die «Allgemeinen Lehren des rechtsstaatlichen Verwaltungsrechts (Allgemeines Verwaltungsrecht des Rechtsstaates)» (1. Band).

GIACOMETTI zeichnete sich durch einen kompromisslosen Einsatz für Rechtsstaatlichkeit und individuelle Freiheit aus. In den 1930er Jahren kämpfte er gegen die Missbräuche des Dringlichkeitsrechts, im Zweiten Weltkrieg gegen solche des Vollmachtenrechts. Die Schriften, die er zu diesem Zweck veröffentlichte, fanden einen starken Widerhall in der Politik. In seiner strengen wissenschaftlichen Grundsätzlichkeit, die mit grosser persönlicher Liebenswürdigkeit gepaart war, entsprach GIACOMETTI freilich nicht dem Typus des Politikers. Er lebte, wie WERNER KÄGI in einem Nachruf schrieb, nach MAX WEBERS Wort «Der praktische Politiker muss Kompromisse machen, aber der Gelehrte darf sie nicht decken».

Der nachfolgend wiedergegebene Aufsatz war GIACOMETTIS Rektoratsrede von 1955. Die darin vertretene These, dass die Verfassung nicht nur die ausdrücklich aufgezählten Freiheitsrechte gewährleiste, sondern jede individuelle Freiheit, die rechtlich relevant wird, leitet GIACOMETTI aus dem freiheitlichen Wertsystem der liberal-demokratischen Verfassungen ab. GIACOMETTI hatte diese Auffassung bereits 1941 im «Staatsrecht der Kantone» (S. 169 ff.) und 1949 im «Bundesstaatsrecht» (S. 241/2) vertreten; in diesem Aufsatz führt er sie aber näher aus. Der wiedergegebene Aufsatz dürfte — zusammen mit HANS HUBERS Schriften [1] — am stärksten darauf hingewirkt haben, dass das Bundesgericht nach langem Zögern 1959 dazu überging, ungeschriebene verfassungsmässige Rechte anzuerkennen: 1959 die Eigentumsgarantie (die jedoch 1969 in Art. 22ter BV ausdrücklich verankert wurde), 1961 die Meinungsäusserungsfreiheit, 1963 die persönliche Freiheit, 1965 die Sprachenfreiheit und 1970 die Versammlungsfreiheit. Allerdings lehnt das Bundesgericht GIACOMETTIS Auffassung, dass jede praktisch werdende Freiheit aus einem liberalen Wertsystem abgeleitet werden könne ab (so ausdrücklich in BGE 97 I 49). Es anerkennt nur solche Rechte als ungeschriebene verfassungsmässige Rechte, «welche die Voraussetzung für die Ausübung anderer (in der Verfassung genannter) Freiheitsrechte bilden oder sonst als unentbehrliche Bestandteile der demokratischen und rechtsstaatlichen Ordnung des Bundes erscheinen» (so u. a. BGE 115 Ia 268, 104 Ia 96, 100 Ia 400). Überdies stellt es in neueren Entscheiden (so in den angeführten) zusätzlich darauf ab, «dass das in Frage kommende Recht bereits einer weitverbreiteten Verfassungswirklichkeit in den Kantonen entspreche und von einem allgemeinen Konsens getragen sei».[2] GIACOMETTIS

---

[1] Insbesondere HANS HUBER, Probleme des ungeschriebenen Verfassungsrechts, Berner Festgabe für den Schweizerischen Juristenverein, ZBJV, Band 91bis, 1955, S. 95 ff., bes. 104/5. Schon in der Abhandlung «Die Garantie der individuellen Verfassungsrechte», ZSR 1936, S. 153 aff., hatte HANS HUBER das Problem behandelt.

[2] ANDRÉ GRISEL fasst in seiner Studie «Les droits constitutionnels non écrits», Festschrift für ULRICH HÄFELIN, Zürich 1989, S. 53 ff., die vom Bundesgericht aufgestellten Voraussetzungen der Anerkennung ungeschriebener verfassungsmässiger Rechte in folgender Weise neu zusam-

Einfluss auf die Rechtsprechung des Bundesgerichts ist trotz Ablehnung der theoretischen Begründung unverkennbar. Im vorliegenden Aufsatz zeigt GIACOMETTI nämlich neben der von ihm befürworteten theoretischen Fundierung auch praktische Wege, um durch Auslegung der geschriebenen Verfassung zum gewünschten Resultat zu gelangen. So weist er etwa darauf hin, dass die ausdrücklich gewährleistete Pressefreiheit nur einen Teilaspekt der umfassenderen Meinungsäusserungsfreiheit bilde und die Bundesverfassung deshalb implizit auch die umfassendere Meinungsäusserungsfreiheit gewährleiste. Ferner erklärt er, die Eigentumsfreiheit und die persönliche Freiheit seien «die notwendige Voraussetzung für die Betätigung bestimmter ausdrücklicher Freiheitsrechte der Bundesverfassung, wie der Handels- und Gewerbefreiheit und der Pressefreiheit, und erscheinen daher für die Anwendung der diese Freiheitsrechte garantierenden Verfassungsnormen unbedingt erforderlich». Etwas später führt er aus: «Auch die Demokratie könnte nur unvollständig funktionieren, wenn nicht alle Freiheiten, die für das richtige Spielen der demokratischen Einrichtungen erforderlich sind, verfassungsrechtlich garantiert wären.» Die vom Bundesgericht genannten Voraussetzungen der Anerkennung ungeschriebener verfassungsmässiger Rechte («Voraussetzung für die Ausübung anderer Freiheitsrechte» und «unentbehrliche Bestandteile der demokratischen und rechtsstaatlichen Ordnung des Bundes») entsprechen fast genau GIACOMETTIS Umschreibungen. Abgesehen davon lenkte aber der vorliegende Aufsatz wie kein anderer Beitrag der Wissenschaft auf die Notwendigkeit hin, ungeschriebene Freiheitsrechte anzuerkennen.

Dietrich Schindler

men: 1. Das verfassungsmässige Recht muss von wesentlicher Bedeutung sein; 2. es muss von einem allgemeinen Konsens getragen sein; 3. es muss justiziabel sein (S. 57 ff.). Neuestens zum Thema UELI KIESER, Die Anerkennung von ungeschriebenen Freiheitsrechten in der bundesgerichtlichen Rechtsprechung, SJZ 1991, S. 17 ff.

Die Freiheitsrechtskataloge als Kodifikation der Freiheit[*]

von Zaccaria Giacometti

I.

Die schweizerische Staatsidee, wie sie in der Bundesverfassung und in den Kantonsverfassungen ihr rechtliches Abbild findet, ist vorab eine freiheitliche und föderalistische. Sie verlangt die Anerkennung der Persönlichkeit des Individuums im Staate, und zwar sowohl im Sinne der Gewährleistung einer staatsgewaltsfreien Sphäre der Menschen wie der Heranziehung der Einzelnen zur staatlichen Willensbildung. Die föderalistische Idee ihrerseits fordert einen genossenschaftlichen Aufbau des Staates. Dementsprechend garantieren Bundesverfassung und Kantonsverfassungen eine gleiche individuelle Freiheit durch Gewährleistung von Freiheitsrechten; sie garantieren eine gleiche politische Freiheit in der Gestalt von politischen Rechten, und zwar im Sinne des Ausbaues des Staates zur Referendumsdemokratie; sie garantieren eine genossenschaftliche Freiheit auf Grund der territorialen Gliederung des Landes in die historisch überkommenen kantonalen und Gemeindegebilde. Ergänzt wird dieser in den Verfassungen verkörperte freiheitliche und föderalistische schweizerische Staatsgedanke durch die Idee der politischen Nation, indem die Bundesverfassung und die Verfassungen der mehrsprachigen Kantone die Vielsprachigkeit des Landes anerkennen und gewährleisten.

Tragende Säule dieses freiheitlichen und föderativen Aufbaues des schweizerischen Staates ist nun zweifellos das verfassungsrechtliche Abbild der individuellen Freiheit, der Katalog der Freiheitsrechte. Als solchen

[*] Erschienen im Jahresbericht 1954/55 der Universität Zürich und in Zeitschrift für Schweizerisches Recht 74 (1955), S. 149—171.

bezeichnet man den Normenkomplex der Verfassung, der die Freiheitsrechte garantiert und in der Regel einen besonderen Abschnitt in der Verfassungsurkunde bildet. Dieser Katalog erscheint als die Seele des Ganzen.
Denn die Freiheitsrechte stellen bekanntlich sowohl die ideelle als die funktionelle Grundlage der Demokratie sowie auch eine Stütze des Föderalismus dar; zeigt ja der Zentralismus ausser autoritären auch totalitäre Tendenzen. Umgekehrt erscheinen Demokratie und Föderalismus als Instru-
mente der individuellen Freiheit, indem sie eine Verteilung der staatlichen
Macht bewirken und damit eine weitere Schranke gegen die Staatsallmacht
errichten und auf diese Weise die Freiheitsrechte schützen. Demokratie und
Föderalismus sind also zugleich Geschöpfe und Helfer der Freiheitsrechte.
Ebenso wird die Vielsprachigkeit des Landes durch den Katalog der Freiheitsrechte im Sinne der Sprachenfreiheit sichergestellt. Aber auch die Trennung der Gewalten als Prinzip einer freiheitlichen Organisation der staatlichen Behörden hat ihre geistige Wurzel in der Idee der individuellen Freiheit und bildet eine sehr wichtige Sicherung der Freiheitsrechte.

Eine solche tragende Säule ist aber der Katalog der Freiheitsrechte aus
dem Grunde, weil er gewissermassen den Staatsethos des Landes als einen
auf den Menschen ausgerichteten Ethos versinnbildlicht. Die Freiheitsrechte der Verfassung sollen nämlich den Eigenwert und die Würde des
Menschen als vernunftbegabtes Wesen in der staatlichen Kollektivität
sicherstellen und damit die Staatsgewalt rechtlich beschränken. Darum
heissen die Freiheitsrechte auch Menschenrechte. Das ist gewissermassen
das Axiom des Freiheitsrechtskataloges. Die Freiheitsrechte sind also der
juristische Ausdruck eines freiheitlichen politischen Wertsystems, dahingehend, dass der Staat um der Einzelnen willen da ist und nicht der Einzelne
um des Staates willen; der Sinn des Staates soll mit andern Worten darin
bestehen, die Entfaltung des Individuums als des Schöpfers der geistigen,
kulturellen, wirtschaftlichen Werte in der Staatsgemeinschaft zu ermöglichen und den Einzelnen zu fördern. Restlos verwirklicht erscheint dieses
durch den Katalog der Freiheitsrechte konstituierte freiheitliche politische
Wertsystem jedoch erst dann, wenn die Freiheitsrechte nicht nur nach
Massgabe der Gesetze garantiert, sondern auch für den Gesetzgeber absolut verbindlich sind, und wenn überdies der Menschenrechtskatalog durch
die Legislative unabänderbar ist. Diese Voraussetzungen sind im allgemeinen in der Schweiz erfüllt, während andererseits die Freiheitsrechte
noch vergeblich eines Schutzes gegenüber dem Bundesgesetzgeber durch
eine Verfassungsgerichtsbarkeit harren. Allerdings ist die Begrenzung der
Staatswirksamkeit durch den Katalog der Freiheitsrechte nur in dem Falle

sinnvoll, dass die Freiheitsidee in der Vorstellung der Einzelnen lebt und das politische Bewusstsein des Volkes beherrscht. Wenn die Freiheitsrechte nicht von einer freiheitlichen politischen Tradition und einer freiheitlichen politischen Atmosphäre getragen sind, werden sie vom nächsten Windstoss weggefegt werden oder bilden nur eine Attrappe.

Haben aber die Menschenrechte als freiheitliches politisches Wertsystem die Würde und den Eigenwert des Einzelnen und die Entfaltung des Individuums in der staatlichen Gemeinschaft sicherzustellen, so kann andrerseits deren Ausübung von der Verfassung sinnvollerweise auch nicht schrankenlos gewährleistet sein; denn das würde ein geordnetes menschliches Zusammenleben verunmöglichen und damit zum Untergang des freiheitlichen Staates und infolgedessen auch der Freiheitsrechte führen. Der Einzelne geniesst vielmehr den Schutz der Verfassung bei der Ausübung der Menschenrechte nur in dem Masse, als diese Ausübung nicht entweder die Interessen anderer verletzt, wie schon die französische Erklärung der Menschen- und Bürgerrechte von 1789 sagt, und damit mittelbar das öffentliche Wohl beeinträchtigt oder unmittelbar der staatlichen Gemeinschaft schädlich ist. Die Ausübung der Freiheitsrechte ist mit anderen Worten, wie die Verfassung bestimmt und das Bundesgericht näher definiert hat, allein unter dem Vorbehalt der gesetzlichen Beschränkungen, die den Anforderungen der öffentlichen Ordnung im weiteren Sinne, im Sinne der öffentlichen Sicherheit, der öffentlichen Ruhe, der öffentlichen Gesundheit und Sittlichkeit sowie von Treu und Glauben im Verkehr entsprechen, verfassungsrechtlich geschützt. Unter diesem Gesichtspunkte erscheinen auch Massnahmen gegen Störungen der Freiheit durch Private in Ausübung dieser Freiheit, wie zum Beispiel Beschränkungen der Vertragsfreiheit zum Schutze der Wirtschaftsfreiheit gegen private Monopole oder der Informationsfreiheit, als zulässig; denn die Freiheit des Einzelnen findet eben ihre Grenze an der Freiheit der anderen. Ausserdem können noch aus weiteren Gründen des allgemeinen Wohls verfassungsrechtliche Schranken der Freiheitsausübung in Frage kommen, so unter dem Gesichtspunkte des Schulwesens, Militärwesens und des Staatsschutzes. Alle diese Beschränkungen der Freiheitsrechtsbetätigung bedürfen aber im Rechtsstaate selbstverständlich einer präzisen Rechtsgrundlage und haben sich innerhalb der freiheitlichen Zone zu bewegen; diese Beschränkungen müssen sich mit anderen Worten unter dem Gesichtspunkte der Freiheitsidee, die dem betreffenden Freiheitsrechte zugrunde liegt, und nicht allein nach Massgabe des Willkürverbotes der Verfassung rechtfertigen lassen. Daher bilden die Freiheitsrechte Spezialbestimmungen zum Willkürverbot und gehen diesem vor. Manche Freiheitsbeschränkungen können eben, ohne willkürlich zu sein, vor den Freiheitsrechten nicht Bestand haben. Alle Freiheitsbeschränkungen, die sich im Rahmen der freiheitlichen Zone halten, sind unechte, alle anderen echte Freiheitsbeschränkungen. Unter dem gleichen Vorbehalt widerspricht auch der moderne Wohlfahrtsstaat nicht dem freiheitlichen Staate, dessen Sinn ja, wie gesehen, im Schutze und in der Förderung der Persönlichkeit des Einzelnen in der Staatsgemeinschaft liegt. Freiheitsrechte und positive Leistungen des Staates stehen so lange im Einklang miteinander, als die öffentlichen Interessen, die mit diesen Leistungen verfolgt werden, auch nach freiheitlicher Auffassung schutzwürdig erscheinen.

II.

Die den freiheitlichen Staat kennzeichnenden Kataloge der Menschenrechte garantieren nun aber ihrem Wortlaute nach nur ganz bestimmte Freiheitsrechte. So gewährleistet beispielsweise die schweizerische Bundesverfassung lediglich die Religionsfreiheit, Pressfreiheit, Vereinsfreiheit, Niederlassungsfreiheit, Handels- und Gewerbefreiheit nebst einzelnen Seiten der persönlichen Freiheit im Sinne des Verbotes von körperlichen Strafen und des Schuldverhaftes sowie im Sinne des Post- und Telegraphengeheimnisses. Es drängt sich deshalb die für den Einzelnen wichtige, ja vitale Frage auf, ob es dabei sein Bewenden habe. Garantiert also die Verfassung lediglich diejenigen Freiheitsrechte, die sie ausdrücklich erwähnt, so dass der Katalog der Freiheitsrechte sich als freiheitliches politisches Wertsystem in der Gewährleistung dieser Menschenrechte erschöpft, analog der demokratischen Ordnung der schweizerischen Verfassungen, die die politischen Rechte der Bürger auf eidgenössischem und kantonalem Boden in abschliessender Weise festlegen? Oder schützen etwa die Kataloge der Freiheitsrechte neben den ausdrücklich garantierten Freiheiten auch jede weitere Seite der individuellen Freiheit, das heisst der natürlichen Freiheit des Einzelnen gegenüber der Staatsgewalt (im Gegensatz zur metaphysischen Freiheit, zur Willensfreiheit), die praktische Bedeutung erlangt? Garantieren sie also jede weitere Einzelfreiheit, die durch den Staat gefährdet wird? — Es ist dasselbe, ob man von Richtungen der individuellen Freiheit als einer allgemeinen Freiheit gegenüber dem Staate oder von Einzelfreiheiten spricht. Hat, wie vorher ausgeführt, der Freiheitsrechtskatalog die Bedeutung einer verfassungsrechtlichen Beschränkung der staatlichen Macht zugunsten der individuellen Freiheit, so können eben neue Arten der staatlichen Machtäusserung für den Einzelnen Eingriffe in solche Freiheiten darstellen, die bisher nicht praktisch waren und daher in der Verfassung auch nicht ausdrücklich garantiert wurden. Das ist um so mehr der Fall, als der Aufgabenbereich des modernen Staates immer grösser wird und als die Freiheitsrechtskataloge vielfach summarisch gehalten sind und etwas antiquiert anmuten, wie zum Beispiel die schweizerischen, die aus der Regenerationszeit stammen. Da erhebt sich dann die Frage, ob auch diese neuen Seiten der individuellen Freiheit, die aktuelle Bedeutung erlangt haben, den Schutz der Verfassung geniessen oder nicht. Steht also mit anderen Worten das Individuum auf Grund des Freiheitsrechtskatalogs allseitig unantastbar da in seiner Freiheit gegenüber der staatlichen Kollektivität? Diese Frage ist für uns Zeitgenossen, die wir einen Höhepunkt im säkulären Kampfe zwischen Freiheit und Unfreiheit erleben, auch von grossem aktuellem Interesse. Das uns hier beschäftigende Problem ist aber, wie es sich schon aus der Formulierung der Fragestellung ergibt, was jedoch noch präzisiert werden soll, ein schlicht positivrechtliches und nicht etwa ein politisches oder metaphysisches; es frägt sich lediglich, ob die modernen Verfassungen, die einen Katalog der Freiheitsrechte enthalten, damit auch jede neue Einzelfreiheit, die aktuell wird, garantieren, und nicht, ob sie solche neue Einzelfreiheiten in Hinblick auf ein politisches Dogma oder wegen bestimmter ethischer oder religiöser Überzeugungen garantieren sollen.

Für die Schweiz erhebt sich diese Frage in allererster Linie im Zusammenhang mit der Bundesstaatlichkeit des Landes. Gibt es ja 26 schweizerische Verfassungsurkunden und dementsprechend 26 Freiheitsrechtskataloge. Diese Kataloge weichen aber bekanntlich hinsichtlich der Zahl und des Umfanges der darin ausdrücklich geschützten Freiheitsrechte voneinander ab — wobei allerdings die Gewährleistungen der Kantonsverfassungen angesichts der derogatorischen Kraft des Bundesrechtes in dem Falle keine rechtliche Bedeutung mehr besitzen, dass die betreffenden Freiheitsrechte zugleich namentlich in der Bundesverfassung garantiert sind. Infolgedessen erhebt sich die Frage, ob die schweizerischen Verfassungen die Freiheitsrechte in verschiedenem Umfange gewährleisten.

So geht die Bundesverfassung in der ausdrücklichen Gewährleistung von Freiheitsrechten weniger weit als die Kantonsverfassungen. Sie garantiert, im Gegensatz zu den meisten Kantonsverfassungen, ihrem Wortlaute nach weder die Meinungsäusserungsfreiheit noch die persönliche Freiheit in umfassender Weise und ebensowenig die Unverletzlichkeit der Wohnung sowie die Versammlungsfreiheit. Ist es somit die Meinung der Bundesverfassung, dass zum Beispiel zwei grundlegende, umfassende Freiheitsrechte, die manche andere einschliessen, wie sie die Meinungsäusserungsfreiheit und die persönliche Freiheit darstellen, gegenüber der Eidgenossenschaft nur in beschränktem Masse geschützt sein sollen? Gewährleistet mit anderen Worten die Bundesverfassung die Meinungsäusserungsfreiheit lediglich in der Gestalt der Glaubens- und Gewissensfreiheit, Press- und Vereinsfreiheit? Garantiert sie die persönliche Freiheit, das ist im Sinne der Kantonsverfassungen die Garantie gegen ungesetzliche Verhaftung sowie das Recht auf Ausschluss von körperlichen Strafen und von Zwangsmitteln zur Erzielung von Geständnissen, allein in der Gestalt des Verbotes körperlicher Strafen und des Schuldverhaftes? Oder sind nicht vielmehr alle Ausstrahlungen der Denkfreiheit und der Freiheit des künstlerischen Erlebens, die ja ihrem Wesen nach rechtlich nicht erfassbar sind, also alle Seiten der Meinungsäusserungsfreiheit in der Bundesverfassung geschützt? Hat also der Einzelne nicht auch das Recht gegenüber dem Bunde, seine Meinung ausser durch die Presse auch durch das geschriebene oder das gesprochene Wort in der Gestalt zum Beispiel einer Rede, einer Theateraufführung, der Vorführung eines Filmes bzw. durch das Mittel des Radios oder des Fernsehens zu äussern, oder seine künstlerischen Empfindungen ausser in literarischen Erzeugnissen auch in Werken der bildenden Kunst oder in musikalischen Aufführungen kundzutun? Oder besitzt das Individuum gemäss der Bundesverfassung nicht auch die Garantie gegen ungesetzliche Festnahme durch Bundesorgane? Ferner stellt sich die Frage, ob die Bundesverfassung die Eigentumsfreiheit nicht schütze, so dass der Bundesgesetzgeber die Eigentumsordnung des Zivilgesetzbuches abschaffen dürfte, oder ob die wichtige institutionelle Garantie der Demokratie in der Gestalt der Versammlungsfreiheit in der Eidgenossenschaft nicht verfassungsrechtlich sichergestellt sei. Das sind schwerwiegende Probleme, deren praktische Bedeutung proportional wächst mit der Ausdehnung der Bundeskompetenzen. Hat ja der Bund unter dem Vollmachtenregime des letzten Krieges weitgehend in diese Freiheiten eingegriffen.

Dieselbe Problematik erhebt sich auch im Verhältnis zwischen den Kantonen, indem die Kantonsverfassungen nicht im selben Umfange Freiheitsrechte garantieren. So gewährleistet eine ganze Reihe von Kantonsverfassungen die Versammlungsfreiheit und Unterrichtsfreiheit nicht, und einzelne von ihnen ebensowenig die persönliche Freiheit und die Unverletzlichkeit der Wohnung sowie die Eigentumsfreiheit.

In dieser Frage nach dem Umfang der schweizerischen Freiheitsrechtskataloge ist aber zugleich auch die Frage mitenthalten, ob diese Kataloge alle praktisch werdenden Einzelfreiheiten schützen. Mag man das Problem zunächst auch nur im Hinblick auf ein bestimmtes Freiheitsrecht stellen und zum Beispiel fragen, ob die Bundesverfassung die in vielen Kantonsverfassungen geschützte Meinungsäusserungsfreiheit ebenfalls gewährleiste oder nicht, so ist damit eben das Problem gestellt, ob die Bundesverfassung auch andere Freiheitsrechte als diejenigen, die sie ausdrücklich enthält, garantiere, und infolgedessen zugleich auch gefragt, ob sie überhaupt jede aktuell werdende Freiheit schütze. Das Problem der sachlichen Gleichheit der Freiheitsrechtsverbürgungen ist identisch mit demjenigen der Unbegrenztheit der Freiheitsrechtskataloge.

Die eminent wichtige Frage, ob sich die Menschenrechtskataloge in der Gewährleistung der von ihnen ausdrücklich anerkannten Freiheitsrechte erschöpfen, erhebt sich jedoch selbstverständlich nicht allein mit Hinblick auf die Bundesstaatlichkeit des Landes, also nicht lediglich im Sinne des Problems des Umfanges der Freiheitsrechtsverbürgungen in der Bundesverfassung und in den Kantonsverfassungen. Diese Frage ist vielmehr von allgemeinster Bedeutung und stellt sich damit ebensosehr im Einheitsstaate. Es wäre auch eine gar zu provinzielle Problemstellung, wenn man diese Dinge nur unter dem schweizerischen bundesstaatlichen Aspekte, also unter dem Gesichtspunkte betrachten wollte, ob die schweizerischen Verfassungen die sogenannten klassischen Freiheitsrechte nach dem Vorbild der nordamerikanischen und französischen Erklärungen der Menschenrechte in gleicher Weise gewährleisten.

Höchste Aktualität hat das Problem der rechtlichen Tragweite der Menschenrechtskataloge angesichts der verschiedenen Arten totalitärer Tyrannis, die unsere Zeit heimgesucht haben, erhalten. Die Erniedrigung der Menschenwürde durch die vielen Unmenschlichkeiten der modernen totalitären Staaten hat die Frage nach den Grenzen der staatlichen Macht und damit aber auch die Problematik der rechtlichen Tragweite der Freiheitsrechtskataloge wieder grell in die volle Helle des Bewusstseins gerückt. Und zwar drängt sich überall naturgemäss die Frage auf, ob die Freiheiten, die in den Schrecknissen unserer Tage gefährdet und mit Füssen getreten wurden und werden, auch beim Schweigen der Verfassungsrechtskataloge gewährleistet seien. So erhebt sich zunächst die Kardinalfrage, gibt es ein Recht auf Leben, oder können die staatlichen Machthaber über das menschliche Leben verfügen? Gibt es ein Recht auf sonstige körperliche Unversehrtheit, so ein Recht gegen die Anwendung körperlicher Strafen, gegen zwangsweise Unfruchtbarmachung, gegen die Anwendung der Tortur oder noch raffinierterer Methoden zur Erzwingung falscher Geständnisse, wie zum Beispiel gegen seelische Gewaltanwendung, wie sich die neue italienische Verfassungsurkunde ausdrückt; gibt es ein Recht gegen die Anwendung der Narkoanalyse oder des Lügendetektors? Gibt es, mit andern Worten, eine Freiheit gegen den auf körperlichen Eingriffen beruhenden staatlichen Geistesdirigismus? Existiert auch ohne ausdrückliche Gewährleistung im Menschenrechtskatalog eine Bewegungsfreiheit gegenüber dem Staate im Sinne zum Beispiel eines Rechtes gegen administrative Internierung, gegen zwangsweise Anweisung eines Wohnsitzes, gegen Zwangsarbeit und andere Formen der modernen Sklaverei? Man kann alle diese Rechte als persönliche Freiheit im weiteren Sinne des Wortes bezeichnen. Insofern eine solche persönliche Freiheit in der Verfassung ausdrücklich garantiert sein sollte, würde diese Frage zusammenfallen mit derjenigen, ob sich derartige staatliche Massnahmen unter freiheitlichen Gesichtspunkten noch rechtfertigen lassen. Besteht eine Auswanderungsfreiheit? Praktisch ist das identisch mit dem Anspruch auf Aushändigung eines Passes und damit letzten Endes auf Nichtentzug der Staatsangehörigkeit. Gibt es eine Radioempfangsfreiheit? Existiert eine gleiche Freiheit für alle, so zum Beispiel ohne Rücksicht auf die Rasse und damit eine Rassengleichheit? Aktuell ist zum Beispiel heute auch die Frage der Informationsfreiheit, die eine Voraussetzung und Ergänzung der Pressfreiheit, und zwar im Sinne einer Freiheit zur Beschaffung, Übermittlung und Verbreitung von Nachrichten bildet. Angesichts des Zusammenbruchs, den die individuelle Freiheit im totalitären Staat erlitten hat, ist neuerdings in einzelnen Ländern eine Sichtung der Menschenrechtskataloge erfolgt. Dementsprechend haben verschiedene moderne Verfassungsurkunden wie die westdeutsche und italienische sowie auch die Erklärung der Menschenrechte der Vereinten Nationen neue Einzelfreiheiten, die Aktualität erlangt haben, ausdrücklich garantiert.

Auch in der Schweiz sind schon vereinzelt als Reaktion gegen staatliche Eingriffe in die Persönlichkeit des Einzelnen Freiheiten zur Geltung gebracht worden, die, weil nicht zu den klassischen Freiheitsrechten gehörend, in keiner Verfassungsurkunde ausdrücklich stehen. Diese Fälle muten allerdings im Vergleich zu dem, was sich die staatliche Kollektivität in anderen Ländern gegenüber dem Individuum zuschulden kommen liess, recht idyllisch an. So wurde zum Beispiel im Jahre 1930 eine staatsrechtliche Beschwerde gegen ein Verbot des Gemeinschaftsbadens in Appenzell-Innerrhoden erhoben und damit implizite eine Badefreiheit beansprucht[1].

---

[1] H. HUBER: Die Garantie der individuellen Verfassungsrechte, Verhandlungen des Schweiz. Juristenvereins 1936, S. 1 aff.

So machte man gegen ein Verbot des Regierungsrates von Luzern von 1919 auf Einführung der fakultativen Feuerbestattung in der Stadt Luzern ein Recht des Einzelnen geltend, über das Schicksal seiner sterblichen Hülle frei verfügen zu können[2]. So wurde in der Referendumskampagne von 1949 gegen das neue eidgenössische Tuberkulosegesetz, das die periodische Zwangsdurchleuchtung der gesamten Bevölkerung vorschrieb, die Existenz eines Rechtes des Individuums gegenüber dem Bund auf freie Verfügung über den eigenen Körper angenommen[3]. Solche Beispiele liessen sich vermehren.

III.

Das wäre die Problemstellung. Und nun die Problemlösung, insofern eine solche überhaupt möglich ist. Es soll, wenn auch nur andeutungsweise, versucht werden, zu einer positiven Beantwortung unserer Frage zu gelangen. Ein solcher Versuch, das ist die Lösung des verfassungsrechtlichen Problems, ob die Freiheitsrechtskataloge nicht nur die ausdrücklich aufgezählten Einzelfreiheiten, sondern auch jede andere Freiheit, die praktisch wird, garantieren, hat naturgemäss mit den Mitteln der juristischen Hermeneutik, das ist auf dem Wege der Auslegung oder der Ausfüllung echter Lücken der Verfassung zu erfolgen. Dabei frägt es sich, ob man zu einem positiven Ergebnis schon auf Grund der Interpretation einzelner Verfassungsartikel oder aber allein des Katalogs der Freiheitsrechte als Ganzen gelangen könnte, oder ob dieser Katalog echte Lücken enthalte, die somit der Ausfüllung bedürfen.

So liesse sich die Frage aufwerfen, ob neue Einzelfreiheiten, die durch staatliche Massnahmen praktisch werden, nicht bereits nach Massgabe des im Gleichheitssatz der Verfassung enthaltenen Willkürverbotes geschützt seien. So hat das Bundesgericht wiederholt Beschwerden wegen Verletzung der individuellen Freiheit unter dem Gesichtspunkte der Willkür beurteilt, so zum Beispiel die Frage der Zulässigkeit des Verbotes einer öffentlichen Versammlung in einem Kanton, dessen Verfassung die Versammlungsfreiheit nicht ausdrücklich garantiert[4], und ebenso auch das Kremationsverbot

---

[2] BGer 45 I 119 ff.
[3] Vgl. z.B. den Aufsatz: Die staatspolitische Bedeutung des neuen Tuberkulosegesetzes, Neue Zürcher Zeitung 1949, Nr. 632.
[4] Vgl. H. HUBER: a.a.O. S. 22a.

von Luzern[5]. Das Willkürverbot vermag aber naturgemäss nicht in allen Fällen der Verletzung neuer individueller Freiheiten zu helfen; denn die Beschränkungen von Einzelfreiheiten, die die Verfassung nicht ausdrücklich gewährleistet, lassen sich auf Grund des Willkürverbotes, wie bereits angetönt, sehr oft auch unter solchen Gesichtspunkten rechtfertigen, die vor der ratio der individuellen Freiheit keinen Bestand haben. Die echte Freiheitsbeschränkung ist eben nicht immer identisch mit dem Willkürakt, mit dem ungesetzlichen Zwang; es gibt vielmehr auch freiheitswidrigen gesetzlichen Zwang. So hätte sich meines Erachtens zum Beispiel auch das Luzerner Kremationsverbot vom Standpunkt der Willkür wohl rechtfertigen lassen; bei diesem Verbot spielten nämlich nach der Annahme des Bundesgerichtes Rücksichten auf die Lehre der katholischen Kirche eine Rolle, so Rücksichten auf can. 1203 des Codex juris canonici, wonach die Pflicht besteht, die Leichen der verstorbenen Gläubigen zu begraben und die Leichenverbrennung verworfen wird; unter diesem Gesichtspunkte liesse sich aber das genannte Verbot in einer katholischen Landesgegend offensichtlich begründen; unzulässig war das freiheitswidrige Verbot hingegen schon mit Hinblick auf die Vorschrift des Art. 49 Abs. 4 der Bundesverfassung, dahingehend, dass die Ausübung bürgerlicher oder politischer Rechte durch keinerlei Vorschriften oder Bedingungen kirchlicher oder religiöser Natur beschränkt werden darf.

Ferner liesse sich fragen, ob man die Einzelfreiheiten, die praktische Bedeutung erlangen und nicht ausdrücklich verfassungsrechtlich garantiert sind, nicht etwa als Freiheitsrechte auf dem Interpretationswege oder im Sinne einer Lückenausfüllung aus bestimmten ausdrücklichen Freiheitsrechten des Katalogs ableiten könnte. Das ist in beschränktem Masse zweifellos möglich. So kann man zum Beispiel sagen, dass die Pressfreiheit eine bestimmte Richtung, ja das Kernstück der Meinungsäusserungsfreiheit sei, und dass der Presseartikel der Bundesverfassung infolgedessen auch die übrigen Bestandteile der Meinungsäusserungsfreiheit im Sinne der Wortfreiheit, der Brieffreiheit, der Freiheit der bildenden Darstellung, der Informationsfreiheit, der Radiofreiheit im Sinne der Freiheit des Programmbetriebes gewährleiste[6]; es wäre kaum sinnvoll, dass die Bundesverfassung

---

[5] BGer 45 I 132 ff. Ebenso wurde z.B. in BGer I 317 und 46 I 215 die Frage der Verletzung der individuellen Freiheit nur unter dem Kriterium des Willkürverbotes im Sinne des ungesetzlichen Zwanges geprüft.

[6] In diesem Sinne z.B. FLEINER: Schweiz. Bundesstaatsrecht, S. 372; A. FAVRE: L'Evolution des droits individuels de la constitution, Verhandlungen des Schweiz. Juristenvereins 1936, S. 291 a ff.; R. BÄUMLIN: Die rechtsstaatliche Demokratie, 1954, S. 100 ff.

dem Einzelnen nur die Freiheit garantieren sollte, seine Meinung durch das Mittel der Presse und nicht auch in anderer Art und Weise zu äussern und zu verbreiten. Die bundesgerichtliche Judikatur hat allerdings diese Auffassung bisher nicht geteilt und meines Wissens sogar die Frage offengelassen, ob die Pressfreiheit auch jede andere Form der mechanischen Gedankenwiedergabe, als diejenige durch das Mittel der Presse, wie durch Grammophonplatten und Film schütze. Das ist insbesondere angesichts der rechtsschöpferischen Art, in der das Bundesgericht den Gleichheitssatz der Bundesverfassung handhabt, auffallend. Die Judikatur in den Vereinigten Staaten nimmt zum Beispiel an, dass die Freiheit der Meinungsäusserung durch den Film den Schutz der Pressfreiheit geniesse[7]. Ebenso erscheint die Ableitung der Auswanderungsfreiheit aus der Niederlassungsfreiheit möglich. So kann man weiter fragen, ob sich in der Eidgenossenschaft einzelne Freiheiten wie die Eigentumsfreiheit oder die persönliche Freiheit im umfassenden Sinne eines Rechtes auf körperliche Unversehrtheit und auf Bewegungsfreiheit nicht auf dem Wege der Ausfüllung echter Lücken der Bundesverfassung als Freiheitsrechte nachweisen liessen; diese Freiheiten sind eben die notwendige Voraussetzung für die Betätigung bestimmter ausdrücklicher Freiheitsrechte der Bundesverfassung, wie der Handels- und Gewerbefreiheit und der Pressfreiheit, und erscheinen daher für die Anwendung der diese Freiheitsrechte garantierenden Verfassungsnormen unbedingt erforderlich. Wenn auch der Richterstuhl kein Lehrstuhl ist, so könnte eine Jurisprudenz, die nicht zu sehr auf dem Buchstaben der Verfassungsbestimmungen des Menschenrechtskatalogs beharrt, sondern mehr nach dem Sinngehalt dieser Verfassungsnormen forscht, aus den ausdrücklich garantierten Freiheitsrechten manches herausholen. Zu einer allseitigen positiven Beantwortung der Frage nach der verfassungsrechtlichen Fundierung aller aktuell werdenden Freiheiten durch die Menschenrechtskataloge käme man jedoch auch auf diese Weise wohl nicht. Die Zahl der ausdrücklich gewährleisteten Freiheiten ist eben naturgemäss begrenzt, während die Einzelfreiheiten, die praktische Bedeutung erhalten können, entsprechend den unbegrenzten Möglichkeiten der sie aktualisierenden staatlichen Machtäusserungen unerschöpflich sind. Darum lässt sich nicht jedes Freiheitsrecht, auf das man Anspruch erhebt, aus anderen, von der Verfassung ausdrücklich garantierten Freiheitsrechten ableiten. So schliesst zum Beispiel die Vereinsfreiheit der Bundesverfassung kaum eine allgemeine Versammlungsfreiheit in sich, und ebensowenig könnte offensichtlich die Gewährlei-

---

[7] Vgl. z.B. U.S. Supreme Court 334 (1948) S. 166; 343 (1952) S. 495.

stung der Unverletzlichkeit der Wohnung in bestimmten Vorschriften der Bundesverfassung erblickt werden.

Eine allseitige positive Lösung unserer Frage erscheint meines Erachtens nur dann vorstellbar, wenn man die garantierten Freiheitsrechte nicht isoliert, sondern in ihrem geistigen Zusammenhange im Sinne einer Gesamtschau betrachtet, wenn man, mit anderen Worten, auf den Wesensgehalt des Freiheitsrechtskatalogs als Ganzes zurückgeht und die darin gewährleisteten Freiheitsrechte als Einzeläusserungen des freiheitlichen politischen Wertsystems, das der Menschenrechtskatalog normiert, auffasst[8]. Wenn die Freiheitsrechtsverbürgungen, wie gesehen, als freiheitliches politisches Wertsystem die menschliche Würde und den Einzelwert des Individuums in der Staatsgemeinschaft sicherstellen und infolgedessen die Funktion einer rechtlichen Beschränkung der Staatswirksamkeit haben sollen, so muss dementsprechend auch jede neue Gefährdung der menschlichen Würde und des Eigenwertes des Einzelnen durch den Staat eine Schranke am Freiheitsrechtskatalog finden. Mit anderen Worten, jede neue Seite der individuellen Freiheit, die als Gegensatz solcher neuer Eingriffe in die menschliche Würde oder Persönlichkeit des Einzelnen konkrete Gestalt erlangt, muss sinnvollerweise ebenfalls im Menschenrechtskatalog gewährleistet sein. Da aber, wie gesehen, die Möglichkeit neuer staatlicher Einbrüche in die individuelle Freiheit faktisch unbegrenzt erscheint, so muss dementsprechend auch der Katalog der Freiheitsrechte in der Gewährleistung von Freiheiten gegenüber dem Staate unbegrenzt sein; sonst wäre diese durch den Menschenrechtskatalog gebildete verfassungsrechtliche Schranke der staatlichen Macht entgegen ihrem Sinne beschränkt. Die Zerlegung der individuellen Freiheit in einzelne Freiheitsrechte in den Freiheitsrechtskatalogen der Staatsverfassungen kann daher nicht endgültig sein; sie ist vielmehr historisch zu erklären, indem die Verfassungen nach dem Vorbild der nordamerikanischen und französischen Erklärung der Menschen- und Bürgerrechte diejenigen Freiheiten, die damals aktuell waren, das heisst durch den Staat gefährdet erschienen, gewährleisteten. Die Aufzählung einzelner Freiheitsrechte in den modernen Menschenrechtskatalogen ist also nur beispielhaft. Das liegt in der Logik der freiheitlichen Verfassung. Praktisch erscheint ja auch keine andere Art der Gewährleistung der individuellen Freiheit möglich; denn das Leben ist stets im Flusse, und der Verfassungsgesetzgeber vermag infolgedessen nicht alle Einzelfreiheiten, die einmal Aktualität erlangen können, vorauszusehen und daher

---

[8] Vgl. zum Folgenden auch mein Staatsrecht der Kantone, 1941, S. 169 ff.

von vorneherein ausdrücklich zu garantieren. Es wäre aber unvorstellbar, dass der Freiheitsrechtskatalog einzelne bestimmte Freiheiten garantiere, andere ebenso wichtige aber ohne Gewährleistung liesse; es wäre zum Beispiel undenkbar, dass die Bundesverfassung zwar die Pressfreiheit, aber nicht die übrigen Komponenten der Meinungsfreiheit, die einmal praktische Bedeutung erlangen können, gesamthaft gewährleiste, ja dass sie die persönliche Freiheit in weiterem Sinne, die die Bedingung für die Wirksamkeit vieler anderer Freiheiten bildet, ungeschützt lassen sollte, so dass Bund und Kantone nicht in gleichem Masse freiheitliche Gemeinwesen sein würden. Auch die Demokratie könnte nur unvollständig funktionieren, wenn nicht alle Freiheiten, die für das richtige Spielen der demokratischen Einrichtungen erforderlich sind, verfassungsrechtlich garantiert wären. Eine solche partielle Gewährleistung der individuellen Freiheit liesse sich unter dem Gesichtspunkte der Freiheitsidee, die dem Katalog der Freiheitsrechte zugrunde liegt, nicht begründen; damit wäre ja entgegen dem Sinne der Menschenrechtskataloge auch die menschliche Würde und der Eigenwert der Persönlichkeit des Einzelnen, die mit der Garantie von Freiheitsrechten geschützt werden sollen, gegenüber der Staatsgewalt nur partiell gesichert. Soll jedoch der Freiheitsrechtskatalog die menschliche Würde und den Eigenwert des Individuums sicherstellen, was ja sein Wesensgehalt, sein axiomatisches Prinzip ist, so müssen sinnvollerweise menschliche Würde und Eigenwert des Einzelnen auch umfassend, allseitig geschützt sein. Entweder enthält eben der Freiheitsrechtskatalog ein freiheitliches politisches Wertsystem oder nicht. Tertium non datur. Muss man das aber annehmen, so ist dann in der ausdrücklichen Gewährleistung einzelner Freiheiten durch den Menschenrechtskatalog der Verfassung zugleich die Garantie aller in Zukunft aktuell werdenden Freiheiten mitenthalten. Auch hier steckt im Besonderen das Allgemeine. Der Freiheitsrechtskatalog schliesst mit anderen Worten grundsätzlich, das heisst seiner Idee nach, die innerstaatliche Koexistenz von Freiheit und Unfreiheit aus. In diesem Sinne einer prinzipiellen Unmöglichkeit der Paarung von Freiheit und Unfreiheit auf Grund des Wesensgehaltes der Freiheitsrechtskataloge kann man auch von einer Unteilbarkeit der Freiheit sprechen, welchem Begriff man heute in der politischen Literatur und in der Presse öfters begegnet. In unserem Zusammenhang kann die Unteilbarkeit der Freiheit jedenfalls nur diese Bedeutung haben. Denn das Recht kann die Freiheit teilen. Das ist im freiheitlichen Staate dann der Fall, wenn die Freiheitsrechtskataloge aus bestimmten Gründen der Staatsräson einzelne Freiheiten von der Gewährleistung besonders ausschliessen oder den Wesensgehalt von Freiheitsrechten, die sie ausdrücklich garantieren, begrenzen, also echte Freiheitsbeschränkungen vorsehen oder zulassen. So hat zum Beispiel die Bundesverfassung die Unterrichtsfreiheit mit Rücksicht auf die kantonale Schulhoheit nicht garantieren wollen; so wird die Handels- und Gewerbefreiheit in den neuen Wirtschaftsartikeln der Bundesverfassung nur noch unter dem Vorbehalte weitgehender Abweichungsmöglichkeiten geschützt; ebenso ist die Niederlassungsfreiheit der Bundesverfassung aus föderalistischen Motiven lediglich im Rahmen gewisser systemwidriger Schranken gewährleistet, indem die Niederlassung unter bestimmten Voraussetzungen verweigert oder entzogen werden kann. Desgleichen stehen einzelne Freiheitsrechte der Bundesverfassung, wie die Niederlassungsfreiheit, nur dem Schweizerbürger zu. Hieher gehören ferner die seinerzeit im Interesse der Erhaltung des religiösen Friedens erlassenen konfessionellen Ausnahmebestimmungen der Bundesverfassung. Dementsprechend muss man ergänzend sagen, dass die Freiheitsrechtskataloge zwar alle aktuell werdenden Freiheiten gewährleisten, aber nur unter dem Vorbehalte ausdrücklicher Ausnahmen[9].

Die Auffassung, wonach die Freiheitsrechtskataloge alle Seiten der individuellen Freiheit garantieren, wird auch ideenhistorisch erhärtet. Die französische Erklärung der Menschen- und Bürgerrechte von 1789, die den späteren Menschenrechtskatalogen als Vorbild diente, sagt in ihrem Artikel 2, dass der Zweck jedes Gemeinwesens die Erhaltung der natürlichen und unverlierbaren Rechte des Menschen sei, und zählt zu diesen Rechten neben dem Eigentum, der Sicherheit und dem Widerstandsrecht in erster Linie die Freiheit schlechthin. Diese wird dann im Artikel 4 näher definiert als die Freiheit, alles tun zu dürfen, was den anderen nicht schadet, während in den nachfolgenden Artikeln der Erklärung einzelne typische Freiheiten, die damals aktuell waren und die heute noch die klassischen Menschenrechte bilden, proklamiert werden. Daraus lässt sich schliessen, dass die französische Erklärung der Menschen- und Bürgerrechte jegliche individuelle Freiheit erfassen wollte. Auf diesem Standpunkte stehen offensichtlich die französischen Publizisten DUGUIT und HAURIOU, wenn sie sagen, dass diese Erklärung der Menschenrechte der genaue Ausdruck «de la doctrine

---

[9] Dieser Vorbehalt bildet, im Gegensatz zur Annahme von BRÜHWILER: Die Freiheitsrechte der Kantonsverfassungen in ihrem Verhältnis zur Bundesverfassung, 1948, S. 94, keinen Widerspruch zu der These, dass alle rechtlich relevanten Seiten der individuellen Freiheit den Schutz der Verfassung geniessen. Wenn diese Auffassung der Tatsache, dass die Verfassungen nur einzelne bestimmte Freiheiten ausdrücklich garantieren, nicht widerspricht, so kann sie offensichtlich um so weniger im Widerspruch stehen zu den ausdrücklichen Vorbehalten der Verfassung zu diesen formellen Gewährleistungen.

individualiste» sei[10] bzw. dass der Staat durch diese Erklärung zur Gewährleistung des «ordre individualiste» verpflichtet sei[11].

Dementsprechend verneint HAURIOU die Frage, ob die Aufzählung der
Freiheitsrechte in der französischen Menschenrechtserklärung abschliessend sei; das gilt dann auch für das gegenwärtige französische Verfassungsrecht, da diese Erklärung von 1789 in Frankreich noch immer in Kraft steht;
so verweist auch die französische Verfassung von 1946 in ihrer Präambel auf
diese Proklamation[12]. Auch sonst begegnet man in der älteren Literatur vereinzelt Aussagen oder Andeutungen nach der Richtung, dass die Freiheitsrechtskataloge alle praktisch werdenden Freiheiten gegenüber dem Staate
garantieren[13].

Ebenfalls in der Rechtspraxis werden vielfach solche Freiheiten anerkannt, die nicht ausdrücklich in der Rechtsordnung verankert sind. So kann
in England der Richter gegen jede Freiheitsbeschränkung angerufen werden[14], wobei allerdings die Freiheitsrechte nicht katalogisiert sind, sondern
dem Gewohnheitsrecht angehören, so dass sie auf dem Wege der Gewohn-
heitsrechtsbildung ergänzt werden können[15]. Auch in der schweizerischen
Praxis finden sich, wie schon bemerkt, einzelne Ansätze in diesem Sinne, so
wenn das Bundesgericht ein Recht auf Verfügung über den eigenen Körper
nach dem Tode annimmt oder sonst in seiner Judikatur mit der individuel-

---

[10] DUGUIT: Traité de droit constitutionnel, 2. Aufl., 3. Band, S. 568.
[11] HAURIOU: Précis de droit constitutionnel, 2. Aufl., S. 625.
[12] Praktisch wäre allerdings diese Feststellung für Frankreich ohne Bedeutung, da die Freiheitsrechte der Menschenrechtserklärung nach französischer Auffassung lediglich nach Massgabe
der Gesetze garantiert sind.
[13] So vorab bei G. JELLINEK, wenn er den status negativus als einen durchaus einheitlichen
bezeichnet, der nicht aus einer gesonderten Anzahl von Rechten besteht, System der subjektiven öffentlichen Rechte, S. 113; vgl. auch seine Allgemeine Staatslehre, 2. Aufl., S. 420. Vgl. ferner z.B. SANTI ROMANO: Principii di diritto costituzionale generale, S. 124. In diesem Sinne
sind wohl auch O. MAYER: Deutsches Verwaltungsrecht, Band 1, 3. Aufl., S. 71, und KELSEN:
Allgemeine Staatslehre, S. 154, zu verstehen.
Die Schlussfolgerung, dass der Freiheitsrechtskatalog alle rechtlich erheblichen Freiheiten
schütze, lässt sich dagegen offensichtlich kaum aus dem Verteilungsprinzip von CARL
SCHMITT folgern, wonach die Freiheitssphäre des Einzelnen prinzipiell unbegrenzt, während
die Befugnis des Staates zu Eingriffen in diese Sphäre begrenzt sei, da dieses Verteilungsprinzip sich nicht aus der Verfassung ergibt, also keine rechtliche Beschränkung ist, die der Verfassungsgesetzgeber der Staatsgewalt auferlegt in der Gestalt der Freiheitsrechtskataloge, sondern einer naturrechtlichen Ideologie der Grundidee der bürgerlichen Freiheit entspricht und
nur seinen Ausdruck in einer Reihe von Menschenrechten findet, Verfassungslehre, S. 126 f.,
168. Damit ist offensichtlich noch nicht gesagt, dass der Katalog nicht abschliessend sei, sondern lediglich, dass die Idee der bürgerlichen Freiheit in der Gestalt dieser Reihe von Menschenrechten ihre Realisierung erfahren habe.
[14] Vgl. W. SCHAUMANN, Die Landesplanung, 1950, S. 197, und die dort erwähnte Literatur.
[15] Vgl. HAURIOU: a.a.O. S. 625.

len Freiheit operiert[16], oder wenn es offensichtlich die Auffassung vertritt, dass die Eigentumsfreiheit auch in denjenigen Kantonsverfassungen garantiert sei, die sie nicht ausdrücklich schützen[17], wie das bei der Tessiner Verfassung der Fall ist. Ebenso halten sich die Kantone im allgemeinen auch an diejenigen klassischen Freiheitsrechte, die sie nicht ausdrücklich gewährleisten und die ebenfalls nicht in der Bundesverfassung stehen. Das gilt zum Beispiel für die Versammlungsfreiheit und die Unterrichtsfreiheit, die faktisch auch in den Kantonen geschützt werden, deren Verfassungen sie nicht formell garantieren.

In der gleichen Richtung wie diese Ansätze der Praxis weist auch eine bestimmte Vorschrift von zwei Verfassungsurkunden hin. So statuiert der Zusatzartikel 9 der Verfassung der Vereinigten Staaten, dass die Aufzählung gewisser Rechte in der Verfassung nicht als Versagung oder Kürzung anderer dem Volke zukommender Rechte ausgelegt werden solle. So bestimmt die Verfassung von Appenzell-Innerrhoden in ihrem Artikel 2, dass durch die Verfassung grundsätzlich volle Freiheit anerkannt sei und dass folgende Recht von selbst gewährleistet seien, worauf eine Aufzählung der klassischen Freiheitsrechte folgt.

Auf Grund der Auslegung des Normenkomplexes der Freiheitsrechtskataloge nach Massgabe seines Wesensgehaltes, seines axiomatischen Prinzipes lässt sich somit die These vertreten, dass die Menschenrechtskataloge der modernen Verfassungsurkunden nicht nur die einzelnen Freiheiten, die sie aufzählen oder die sich aus den einzelnen, namentlich geschützten Freiheitsrechten ergeben, garantieren, sondern dass sie vielmehr unter dem Vorbehalt ausdrücklicher Vorbehalte jede individuelle Freiheit, die rechtlich relevant wird, gewährleisten[18]. Genauer gesagt, neben den bereits aktu-

---

[16] Wenn es auch diese Fälle einzig nach Massgabe des Willkürverbotes beurteilt. Vgl. Anm. 1, S. 14.

[17] BGer 35 I 571.

[18] Diese Konzeption scheint denn auch in der Schweiz allmählich Wurzel zu fassen; vgl. z.B. W. KÄGI: Zur Entwicklung des schweizerischen Rechtsstaates seit 1848, Festgabe zum Zentenarium der Zeitschrift für schweizerisches Recht, 1952, S. 192; H. MARTI: Die Handels- und Gewerbefreiheit, 1950, S. 26 f.; H. MEISSER: Demokratie und Liberalismus in ihrem Verhältnis zueinander, 1941, S. 82; K. SPÖNDLIN: Die verfassungsmässige Garantie der persönlichen Freiheit, 1945, S. 52 ff.; C. HEGNAUER: Das Sprachenrecht der Schweiz, 1947, S. 27; W. SCHAUMANN: a.a.O. S. 197; H. G. LÜCHINGER: Die Auslegung der schweizerischen Bundesverfassung, 1954, S. 179 ff.; E. RICHNER: Umfang und Grenzen der Freiheitsrechte der Beamten nach schweizerischem Recht, 1954, S. 52 ff.
Praktisch zu einem ähnlichen Ergebnis wie der Text, wenn auch mit ganz anderer Begründung, kommt H. HUBER: a.a.O. S. 143a und 153a, wenn er die Freiheitsrechte als Postulate, Programme auffasst und das Fehlen von Freiheitsrechten als Programmlücken, die der Verfassungsgerichtshof unter Umständen auszufüllen habe.

ellen und in den Freiheitskatalogen ausdrücklich geschützten Freiheiten werden auch die potentiellen Freiheiten im Moment ihrer Aktualisierung von Verfassungsrechts wegen gewährleistet und damit zu ungeschriebenen Freiheitsrechten. Die ausdrückliche Aufnahme eines solchen Freiheitsrechtes in die Verfassungsurkunde, zum Beispiel der Informationsfreiheit in den geplanten neuen Presseartikel der Bundesverfassung, bedeutet dann nichts anderes als die Umwandlung von ungeschriebenem in geschriebenes Verfassungsrecht.

Als Verfassungsrecht teilen aber die ungeschriebenen Freiheitsrechte das rechtliche Schicksal der geschriebenen. So sind selbstverständlich die ungeschriebenen Freiheitsrechte gleich den geschriebenen allein im Rahmen der öffentlichen Ordnung im vorher erwähnten Sinne garantiert. Dementsprechend sind aber umgekehrt auch staatliche Eingriffe in ungeschriebene Freiheitsrechte aus Gründen der öffentlichen Ordnung und des öffentlichen Wohles nur in dem Falle zulässig und damit unechte Freiheitsbeschränkungen, dass sie sich innert der Schranken der freiheitlichen Zone halten, und nicht schon dann erlaubt, wenn solche Einbrüche unter dem Gesichtspunkte der Willkür oder der Freiheit von ungesetzlichem Zwang gerechtfertigt werden können. Damit sind auch alle ungeschriebenen Freiheitsrechte Spezialbestimmungen zum Willkürverbot der Bundesverfassung und gestalten dieses allseitig freiheitlich. Ferner sind wie die geschriebenen auch die ungeschriebenen Freiheitsrechte in der Schweiz verfassungsmässige Rechte gemäss Artikel 113 der Bundesverfassung und geniessen daher den Schutz des Bundesgerichtes. Als verfassungsmässige Rechte stehen jedoch auch die ungeschriebenen gleich den geschriebenen Freiheitsrechten der Kantonsverfassungen angesichts des Vorranges des Bundesrechtes vor dem kantonalen Recht nur so weit in Geltung, als sie nicht zugleich in der Bundesverfassung garantiert sind. Da aber nach der vorher entwickelten Auffassung die Freiheitsrechtskataloge und damit auch die Bundesverfassung alle Freiheiten garantieren, so haben die Menschenrechtskataloge der Kantonsverfassungen keine rechtliche Bedeutung mehr, sondern sind lediglich noch historische Grössen. Diese zentralistische Auswirkung der Freiheitsrechtsverbürgungen der Bundesverfassung steht aber nur scheinbar im Gegensatz zum föderalistischen Prinzip, da ja auch diesem die Freiheitsidee zugrunde liegt. Allein eine allseitig freiheitliche Eidgenossenschaft vermag die Kantone zu sichern.

Zusammenfassend lässt sich auf Grund der vorhergehenden Ausführungen sagen, dass die Freiheitsrechtskataloge eine lückenhafte Aufzählung, aber, unter dem Vorbehalte ausdrücklicher Ausnahmen, eine lückenlose Gewährleistung der individuellen Freiheiten enthalten, so dass man von einer formalen Lückenhaftigkeit, aber sachlichen Lückenlosigkeit dieser Freiheitsrechtsverbürgungen reden kann, im Gegensatz zur bundesstaatlichen oder demokratischen Kompetenzordnung, die formal lückenlos, aber sachlich als Machtverteilung notwendigerweise lückenhaft sein müssen[19]. Die sachliche Lückenlosigkeit des Freiheitsrechtskataloges ergibt sich aus dessen Wesenheit als freiheitliches Wertsystem, die formale Lückenhaftigkeit des Menschenrechtskatalogs aus der Unbegrenztheit der Möglichkeiten staatlicher Eingriffe in die Persönlichkeit des Einzelnen und damit aus der Unbegrenztheit der Freiheit. Wenn jedoch der Freiheitsrechtskatalog sachlich lückenlos erscheint, also alle Freiheiten zu einer abschliessenden rechtlichen Ordnung zusammenfasst, so stellt er gleichsam eine Kodifikation der individuellen Freiheit dar.

---

[19] Da eine lückenlose sachliche Machtverteilung im Bundesstaate zum Einheitsstaat oder Staatenbund, in der Demokratie zur Aufhebung der letzteren oder zur Konzentration der Staatsgewalt bei der Aktivbürgerschaft führen würde.

Max Imboden

Max Imboden

1915—1969

MAX IMBODEN wirkte bis 1953 in Zürich, hierauf bis zu seinem frühzeitigen Tod in Basel. In St. Gallen geboren und aufgewachsen, schloss er sein Studium 1939 an der Universität Zürich ab mit einer von Z. GIACOMETTI betreuten Dissertation «Bundesrecht bricht kantonales Recht — Ein Beitrag zur Lehre vom Bundesstaat unter Verarbeitung der schweizerischen Staatsrechtspraxis». Nach ein paar Jahren Gerichtspraxis habilitierte er sich 1944 an der Universität Zürich mit einer Habilitationsschrift «Der nichtige Staatsakt — eine verwaltungsrechtliche Studie», die im Polygraphischen Verlag erschien. 1946 wurde er Rechtskonsulent des Zürcher Stadtrates, 1949 nebenamtlicher Extraordinarius an der Universität Zürich. Zu seinen Lehrgebieten in Zürich gehörten insbesondere Finanz- und Steuerrecht sowie kantonales Verwaltungsrecht. Seine Vorlesungen erfreuten sich bald grosser Beliebtheit. Das für den Schweizerischen Juristentag 1947 verfasste Referat «Erfahrungen auf dem Gebiet der Verwaltungsrechtsprechung in den Kantonen und im Bund» (ZSR 66/1947, S. 1 a ff.) bildete den Anfang seines langjährigen Einsatzes für den Ausbau der Verwaltungsgerichtsbarkeit. Er erstellte die ersten Entwürfe sowohl des zürcherischen Verwaltungsrechtspflegegesetzes von 1959 als auch der Ergänzung des Bundesgesetzes über die Organisation der Bundesrechtspflege im Hinblick auf den Ausbau der Verwaltungsgerichtsbarkeit und des Bundesgesetzes über das Verwaltungsverfahren von 1968.

Die 1953 erfolgte Wahl zum Ordinarius für öffentliches Recht an der Universität Basel leitete die für die Wissenschaft fruchtbarste Periode in MAX IMBODENS Leben ein. Sie dauerte jedoch nur wenige Jahre, denn schon bald wurde er durch andere Aufgaben in wachsendem Masse absorbiert. Er wurde Mitglied des Grossen Rates von Basel-Stadt und des Verfassungsrates für einen wiedervereinigten Kanton Basel, den er 1962 präsidierte. 1963/64 war er Rektor der Universität Basel, von 1965 an erster Präsident des neu geschaffenen Schweizerischen Wissenschaftsrates. Gleichzeitig gehörte er auch dem Nationalrat an. Zu Beginn seiner Basler Zeit konnte er seine Kraft ganz für die Wissenschaft einsetzen und zwar nunmehr für alle Teile des öffentlichen Rechts. Insbesondere wandte er sich den ideengeschichtlichen Grundlagen des Staatsrechts zu. Aus dieser Zeit stammen seine Schriften «Montesquieu und die Lehre von der Gewaltenteilung» (1959), «Rousseau und die Demokratie» (1963) und «Johannes Bodinus und die Souveränitätslehre» (1963). Das Hauptwerk dieser Periode ist aber das 1959 erstmals erschienene Buch «Die Staatsformen — Versuch einer psychologischen Deutung staatsrechtlicher Dogmen». In Anlehnung an C. G. JUNG beschritt IMBODEN darin neue Wege. Von der Feststellung ausgehend, dass die Staatslehre seit dem 19. Jahrhundert infolge des vorherrschenden Positivismus ihrer ideengeschichtlichen Verankerung mehr und mehr verlustig gegangen sei, greift er die klassische Staatsformenlehre wieder auf und versucht, die Staatstruktur als einen Spiegel der menschlichen Psyche zu begreifen. Eine weitere anregende Schrift aus dem Jahre 1962 trägt den Titel «Die politischen Systeme». Diese Publikationen bildeten Vorstufen zu einem grösseren Werk über Allgemeine Staatslehre, das IMBODEN in Aussicht nahm, jedoch nicht verwirklichen konnte. Ebenfalls in der frühen Basler Zeit erschien 1960 die erste Auflage der seither zum Standardwerk gewordenen «Schweizerischen Verwaltungsrechtsprechung», ein Werk, das 1976 in einer von RENÉ A. RHINOW besorgten Neubearbeitung neu herausgegeben und 1991 durch einen Zusatzband ergänzt wurde. IMBODENS Anliegen war, schweizerische Entscheidungen zu den allgemeinen Grundsätzen des Verwaltungsrechts der Wissenschaft und der Praxis besser zu erschliessen, nachdem diese sich bisher in weitem Masse an der ausländischen (vorwiegend deutschen) Verwaltungsrechtslehre orientiert hatten. In den sechziger Jahren wurde MAX IMBODEN die massgebende Triebkraft für die Totalrevision der Bundesverfassung. Das Anliegen, eine Totalrevision durchzuführen, wurde erstmals — zunächst abseits der Politik — in dem von ihm mit Studenten der Universität Basel ausgearbeiteten Entwurf «Die Bundesverfassung — wie sie sein könnte» (1959) sichtbar. In die Politik getragen wurde es durch seine 1964 erschienene vielbeachtete Schrift «Helvetisches Malaise», der weitere Publikationen folgten.

MAX IMBODENS kleinere Schriften wurden nach seinem Tod in dem Sammelband «Staat und Recht — Ausgewählte Schriften und Vorträge» (1971) neu herausgegeben.

Der nachfolgend wiedergegebene Aufsatz, der auf einen 1954 gehaltenen Vortrag zurückgeht, stammt aus der Anfangszeit von IMBODENS Basler Periode. Er markiert einen Wendepunkt in der wissenschaftlichen Betrachtung des Bundesstaates. Seit der Zeit des deutschen Kaiserreichs von 1871 hatte sich die Staatsrechtslehre vorwiegend mit der Frage der Souveränität im Bundesstaat und der Kompetenzverteilung zwischen Bund und Gliedstaaten befasst. IMBODEN schildert in beispielhafter Knappheit und Klarheit die seit dem 19. Jahrhundert einander folgenden Theorien über den Bundesstaat und stellt fest, dass die Lehre sich im Kreis herum gedreht habe. Er will sich von der einseitig auf die juristische Konstruktion des Bundesstaates ausgerichteten Betrachtungsweise lösen und den Bundesstaat in einer umfassenden Weise, insbesondere von seiner inneren Rechtfertigung her betrachten. Diese neue Blickrichtung hat sich seither allgemein durchgesetzt. IMBODEN greift auf die Väter der Bundesstaatslehre zurück, insbesondere auf den «Federalist», auf MONTESQUIEU und auf TOCQUEVILLE, und wendet sich alsdann Einzelfragen des schweizerischen Föderalismus zu. Der heutige Leser wird sich bewusst sein müssen, dass IMBODEN mit diesem Aufsatz weitgehend Neuland beschritt und somit in mancher Hinsicht improvisieren musste. Seither ist der Föderalismus in der Schweiz und in anderen Bundesstaaten in vielfältiger Weise nicht nur von Juristen, sondern auch von Volkswirtschaftlern und Politologen intensiv durchleuchtet worden. Heute würde IMBODEN den Aufsatz zweifellos anders schreiben und die Gewichte teilweise verschieden setzen. Von seinen Vorschlägen ist die Forderung nach Stärkung der Justiz seither weitgehend erfüllt worden, während die Forderung nach stärkerer Trennung von Regierung und Verwaltung durch Einführung von Zwischengliedern zwischen Bundesrat und Verwaltung zwecks Überwindung der «centralisation administrative» noch grösstenteils unerfüllt ist, an Aktualität aber stark gewonnen hat. IMBODENS Kritik am «Überreichtum von Dezentralisationsformen» in der Schweiz und an der Art der Ermittlung des Ständemehrs wird man heute dagegen kaum mehr die gleiche Bedeutung beimessen wie 1955. Am Schluss des Aufsatzes findet man erste Anzeichen der Forderung nach einer Totalrevision der Bundesverfassung. Obwohl die Verhältnisse sich seither geändert haben, beeindruckt der vorliegende Aufsatz auch heute noch durch die Schärfe der Beobachtungen, den Blick für das Wesentliche und die Originalität seiner Gedanken.

Dietrich Schindler

Die staatsrechtliche Problematik des schweizerischen Föderalismus *

von Max Imboden

Zu den übereinstimmenden Feststellungen jener, die sich — in einiger Entfernung von den Fragen der schweizerischen Tagespolitik — um eine Sichtung und Klärung der staats- und verfassungspolitischen Probleme unseres Landes bemühen, gehört der Hinweis auf ein Schwächerwerden der föderalistischen Kräfte, auf ein Verblassen der föderativen Struktur unseres Landes. Im allgemeinen freilich sieht der schweizerische Staatsbürger in dieser Erscheinung keinen Grund zu besonderer Besorgnis; er neigt gerne dazu, diese Entwicklungstendenz als eine sich aus dem Wesen des modernen Sozial- und Wirtschaftsstaates ergebende Fatalität hinzunehmen. Gelegentlich aber kommt es zu fast dramatischen Durchbrüchen des verdrängten föderalistischen Gewissens — so etwa, wenn einer vorgeschlagenen neuen eidgenössischen Institution oder einem neuen Gesetzeserlass des Bundes der Einwand entgegengestellt wird, es gehe darum, «den letzten Rest lokaler Autonomie zu bewahren». Die Emphase dieser Erklärungen entspricht gewiss nicht immer der Bedeutung des in Frage stehenden Gegenstandes; verständlich wird sie nur, wenn man in ihr den Ausdruck einer latent vorhandenen, sehr viel allgemeineren und sehr viel tiefer liegenden Beunruhigung sieht. Mehr noch sollten uns jene Stimmen zum Nachdenken veranlassen, die darauf hinweisen, dass sich nicht nur in den politischen Auseinandersetzungen die föderalistischen Kräfte immer mehr als die schwächeren erweisen, sondern dass «wir überhaupt nicht mehr grundsätzlich föderalistisch zu denken und zu handeln vermögen». Was kann bei einer Betrach-

---

* Erschienen in Zeitschrift für Schweizerisches Recht 74 (1955) S. 209—241, und in Max Imboden, Staat und Recht, Ausgewählte Schriften und Vorträge, Helbing & Lichtenhahn, Basel/Stuttgart 1971, S. 175—187.

tung der heutigen Verfassungslage und aus einem Rückblick auf die staatsrechtliche Entwicklung unseres Bundesstaates zu diesem schwerwiegenden Einwand gesagt werden?

I.

Die Problematik des Föderalismus als politische Gestaltungskraft findet eine auffallende Parallele in der *Desorientierung der wissenschaftlichen Lehre vom Bundesstaat*[1]. Ihre Fragestellung hat sich, wie HANS HUBER in seiner bedeutsamen Schrift über «Recht, Staat und Gesellschaft» kürzlich festgestellt hat, «als veraltet und zu eng erwiesen; sie gestattet nicht, dem Wesen des Bundesstaates beizukommen»[2]. Diese Feststellung ist so gewichtig, dass wir sie hier — obwohl uns vor allem die schweizerische Rechtswirklichkeit beschäftigen soll — nicht einfach übergehen können. Ein kurzer Überblick über die Entwicklung der Lehrmeinungen zu den Staatenverbindungen ist unerlässlich. — Vereinfachend lässt sich sagen, dass sich die Entwicklung der modernen Bundesstaatslehre in vier Etappen vollzogen hat:

a) Am *Ausgangspunkt* steht eine jede überspitzte begriffliche Differenzierung vermeidende, aber doch von eminenter Grundsätzlichkeit getragene Deutung des Bundesstaates. Sie findet ihren Ausdruck vor allem im «Federalist[3]», in jenem bedeutsamen Gemeinschaftswerk von Hamilton, Madison und Jay, durch das die Prinzipien der Unionsverfassung von 1787 nicht nur für den amerikanischen Bürger anschaulich und zugänglich gemacht, sondern zugleich auch in überragender Weise auf das Allgemeine und Prinzipielle zurückgeführt worden sind. Die durch das Verfassungswerk getroffenen fundamentalen Entscheidungen wurden klargelegt; die innere Komplexität der bundesstaatlichen Ordnung, die den Föderativstaat bestimmenden Antinomien wurden aufgezeigt. Von einem ähnlichen Geist getragen war auch jenes Werk, das vielleicht noch mehr als der Federalist selbst in Europa zum Verständnis der neuen Staatsschöpfung beitrug, nämlich ALEXIS DE TOCQUEVILLES «De la démocratie en Amérique»[4].

---

[1] Vgl. hiezu USTERI, Theorie des Bundesstaates, Zürcher Diss. 1954.
[2] HANS HUBER, Recht, Staat und Gesellschaft, Bern 1954, S. 10.
[3] Vgl. für das Folgende die Ausgabe von MAX BELOFF, Oxford 1948.
[4] Vgl. für die nachstehenden Ausführungen die zweibändige Ausgabe im Rahmen der «Œuvres Complètes» von ALEXIS DE TOCQUEVILLE, herausgegeben von J. Laski, Paris 1951.

b) Seit der Mitte des vorigen Jahrhunderts — und damit nimmt die zweite Entwicklungsetappe ihren Anfang — beschäftigt sich, unter dem Eindruck der politischen Einigungsbestrebungen, immer mehr auch die deutsche Staatslehre mit dem Phänomen des Bundesstaates. Anknüpfend an die von TOCQUEVILLE mehr nur am Rande seiner Erörterungen gemachte Bemerkung, wonach der Bundesstaat wesentlich auf einer Spaltung der Souveränität beruhe[5], wurde von GEORG WAITZ[6] die wissenschaftliche *Souveränitätsteilungslehre* begründet. Nicht nur im Sinne eines beiläufigen äusseren, sondern eines innerlich wesensbestimmenden Merkmales wurde für den Bundesstaat die Teilung der Souveränität zwischen dem Bund und den Bundesgliedern in den Vordergrund gerückt. Mit dieser Betrachtung glaubte die Lehre, für die komplexe Erscheinung des Bundesstaates eine einfache begriffliche Formel gefunden zu haben. Dem Souveränitätsteilungsdogma war insbesondere in der schweizerischen Lehre Erfolg beschieden, ja eigentlich sogar ein grösserer Erfolg als in Deutschland selbst. Es war die in der zweiten Hälfte des vorigen Jahrhunderts vorherrschende[7], von einzelnen Autoren[8] noch nach der Jahrhundertwende weiter vertretene Konzeption. Ihre Übernahme war um so naheliegender, als sie im Wortlaut des Art. 3 der Verfassung von 1848 und 1874 eine direkte Bestätigung zu finden schien.

c) Die Vorstellung einer Souveränitätsteilung hatte es in sich, einer grundsätzlichen Kritik zu rufen. Wie lässt sich eine Gegebenheit, die wie die Souveränität eben «summa potestas» bedeutet, überhaupt teilen? Abgesehen von dem naheliegenden logisch-begrifflichen Einwand bietet auch der Nachweis keine Mühe, dass Bund und Bundesglieder in keinem Bundesstaat gleichen Rechtes sind, ja, dass sie gemäss einer inneren Notwendigkeit nicht gleichen Rechtes sein können. Der Bund, wird er nicht eben zum Staatenbund, hat seinen Gliedern in jedem Fall die sogenannte Kompetenzkompetenz voraus. Er ist es, der — durch Erlass und Änderung der

---

[5] a.a.O., S. 169, vgl. auch S. 115.
[6] G. WAITZ, Das Wesen des Bundesstaates, Allgemeine Monatsschrift für Wissenschaft und Literatur, 1853, S. 494 ff.; DERSELBE, Grundzüge der Politik, 1862, S. 153 ff.
[7] J. DUBS, Das öffentliche Recht der Schweiz. Eidgenossenschaft, 2. Aufl., 1878, Zweiter Teil, S. 23 ff.; BLUMER-MOREL, Handbuch des schweiz. Bundesstaatsrechtes, zweite Auflage, I S. 176 ff. (in der dritten Auflage des Werkes — vgl. Bd. I S. 214 ff. — wurde dann die «früher allgemein herrschende Theorie der Teilung der Souveränität» preisgegeben); RÜTTIMANN, Das nordamerikanische Bundesstaatsrecht, verglichen mit den politischen Einrichtungen der Schweiz, 1. Teil, 1867, S. 71.
[8] J. SCHOLLENBERGER, Das Bundesstaatsrecht der Schweiz, 1902, S. 3—5; A. AFFOLTER, Grundzüge des schweiz. Staatsrechtes, 1904, S. 11/12; U. LAMPERT, Das schweiz. Bundesstaatsrecht, 1918, S. 13.

Bundesverfassung — die Obliegenheiten der Gliedstaaten überhaupt erst festlegt und sie potentiell jederzeit zu verringern vermag. Auf Grund dieser kritischen Erkenntnis wurde eine neue Lehre konzipiert — eine Lehre, die zwar allein dem Bund die Souveränität zuerkannte, aber die die Vorstellung von der Staatlichkeit der Gliedstaaten doch zu wahren versuchte. Diese Lehre ist in Deutschland vor allem verbunden mit den Namen von GEORG MEYER[9], PAUL LABAND[10] und GEORG JELLINEK[11] und in der Schweiz mit dem Namen von FRITZ FLEINER[12]. Der Gliedstaat, der Kanton, ist zwar keine souveräne Gebietskörperschaft, aber er hat immerhin die Staatsgewalt «kraft eigenen Rechtes[13]» inne; und dieses Merkmal der *eigenen Herrschaftsgewalt* unterscheidet ihn vom blossen Selbstverwaltungskörper, der Gemeinde; sie erklärt und sichert seine Staatlichkeit.

d) Was aber heisst es, wenn wir eine Gebietskörperschaft zwar nicht als souverän, aber immerhin doch als eigenen Rechtes anerkennen? War die Frage einmal so gestellt, dann musste zwangsläufig auch diese Bundesstaatskonzeption den gegen sie erhobenen kritischen Einwänden erliegen. Ein rechtswesentlicher, d. h. ein nicht in politisch-soziologischen Gegebenheiten liegender Unterschied zwischen den üblicherweise mit «Bundesstaaten» und den üblicherweise mit «Einheitsstaaten» gekennzeichneten Gebilden liess sich dann nicht mehr finden. Der Bundesstaat wurde zum bloss «weitgehend dezentralisierten Einheitsstaat[14]»; er wurde in seinem politischen Grundprinzip, dem Gedanken des Staatenstaates, zur «rechtlich unkonstruierbaren Anomalie[15]». Um diesem ernüchternden Ergebnis zu entgehen und erneut eine begrifflich-dogmatische Trennung des Bundesstaates vom Einheitsstaat zu begründen, wurde freilich noch ein letzter geistvoller Versuch unternommen[16]: Die bundesstaatliche Rechtsordnung wurde aufgelöst nicht in zwei, sondern in drei Komponenten: nämlich erstens in die *gliedstaatliche Teilordnung,* das kantonale Recht; zweitens in jene rechtlichen Vorschriften, die die *zentralstaatliche Teilordnung* — das an

---

[9] G. MEYER, Staatsrechtliche Erörterungen über die deutsche Reichsverfassung 1872.

[10] P. LABAND, Das Staatsrecht des Deutschen Reiches, 4. Aufl., Bd. I, S. 51 ff.

[11] G. JELLINEK, Allgemeine Staatslehre, 3. Aufl., 1929, S. 769 ff.

[12] F. FLEINER, Schweiz. Bundesstaatsrecht, 1923, S. 54.

[13] Hiezu D. SCHINDLER, Verfassungsrecht und soziale Struktur, S. 112.

[14] FLEINER/GIACOMETTI, Schweiz. Bundesstaatsrecht, 1949, S. 45.

[15] BILFINGER, Der deutsche Föderalismus, 1924, S. 49.

[16] Vgl. hiezu H. KELSEN, Die Bundesexekution, Festgabe Fleiner 1927, S. 127 ff.; DERSELBE, Allgemeine Staatslehre, 1925, S. 199; H. NAWIASKY, Der Bundesstaat als Rechtsbegriff, 1920; DERSELBE, Aufbau und Begriff der Eidgenossenschaft, 1927. Auf die methodologischen Verschiedenheiten dieser in ihrem Grundkonzept gleichartigen Deutungen des Bundesstaates soll hier nicht eingegangen werden.

die Seite der Gliedstaaten gestellte, räumlich umfassendere Gebilde — konstituieren, und drittens in die sogenannte *Gesamtverfassung*, d.h. in jene Normen, die das Verhältnis von Gliedstaat und Zentralstaat, ihr Zusammenwirken und ihre gegenseitigen Befugnisse, bestimmen. Der *Bund* wurde in diesem Sinne der *Eidgenossenschaft* gegenübergestellt. Bund ist der mit den Kantonen konkurrierende Zentralstaat. Die Eidgenossenschaft hingegen entsteht aus der Synthese von Kantonen und Bund; sie ist — staatsrechtlich gesprochen — der Inbegriff jener Verfassungsvorschriften, die die Grenzen und Beziehungen zwischen dem Bund und den Kantonen festlegen[17]. In dieser Betrachtung werden Zentralstaat und Gliedstaat, Bund und Kanton, zu zwei in gleicher Weise dem Gesamtstaat, d.h. der Eidgenossenschaft, *subordinierten* und in eben dieser *gemeinsamen* Subordination *einander koordinierten* Körperschaften. Der Einwand gegen diese Konstruktion muss kaum lange gesucht werden; sie bleibt eben im eigentlichen Sinn eine gedanklich-konstruktive Annahme. Gewiss wäre es denkbar, dass der Gesetzgeber ein staatsrechtliches Gebilde nach diesem Schema schüfe. Aber keine der bekannten Bundesverfassungen ist diesem Konzept gefolgt — vielleicht in einem ganz entfernten Sinn noch die österreichische Bundesverfassung von 1920 —; keine der geltenden Verfassungen hat Zentralstaat und Gesamtstaat getrennt. Der Bund wurde *zugleich* in die Rolle der die Bundesglieder zusammenfassenden wie der im Innern einheitliches Recht schaffenden, die Zentralverwaltung tragende Körperschaft verwiesen. So bedeutet dieses Konzept letztlich die Zuflucht zu einer nur *vorgestellten* Ordnung. Die These der wesensmässigen Verschiedenheit von Bundesstaat und Einheitsstaat wird gerettet um den Preis einer völligen Abstraktion von der Wirklichkeit.

«Der Bundesstaat ist ein weitgehend dezentralisierter Einheitsstaat» — das also ist das kaum besonders befriedigende und ermutigende Ergebnis der modernen Bundesstaatslehre. In dieser These liegt im Grunde nicht anderes als das Eingeständnis, sich im Kreise herum bewegt zu haben und auf einem Umweg wieder an den Ausgangspunkt zurückgelangt zu sein. Worin liegt die tiefere Ursache dieses Irrganges?

Analysiert man die verschiedenen, sich gegenseitig folgenden und ablösenden Bundesstaatstheorien, so lässt sich feststellen, dass sie sich alle im wesentlichen nur an *eine* der für den modernen Bundesstaat charakteristischen Gegebenheiten halten, nämlich an die Kompetenz-Aufgliederung zwischen Gliedstaat und Bund, an die Verteilung der Staatsaufgaben

---

[17] Nawiasky, Aufbau und Begriff der Eidgenossenschaft, S. 24/25.

sowohl auf die lokalen wie auf die zentrale Körperschaft. Diese Kompetenzteilung ist gewiss ein wesentlicher Grundzug der mit «Bundesstaaten» bezeichneten Staatsverbindungen; in allen Bundesverfassungen — am ausgeprägtesten aber vielleicht in der schweizerischen [18] — erweist sich das Bestreben nach einer möglichst genauen Festlegung der gliedstaatlichen und der zentralstaatlichen Rechtssphäre als eines der gesetzgeberischen Grundanliegen. Diese Erscheinung wird von den herrschenden Bundesstaatstheorien eigentlich allein ausgewertet; sie alle sind im Grunde nichts anderes als Abwandlungen, als begrifflich-dogmatische Verkleidungen dieser *einen* Tatsache, dass im Bundesstaat die Staatsaufgaben von *zwei* Körperschaften erfüllt werden: daher das Konzept der Souveränitäts*teilung;* daher die Klassierung des Bundes und der Bundesglieder als Körperschaften, die in gleicher Weise «eigenen Rechtes» sind; daher schliesslich die These, Bund und Gliedstaaten stehen sich im Rahmen der sogenannten Gesamtverfassung als gleichgeordnete Körperschaften gegenüber. Hält man sich allein an die Gegebenheit der Kompetenzteilung, dann wird es das grundlegende Anliegen jeder staatsrechtlichen Dogmatik, unter irgendeinem Gesichtspunkt die prinzipielle Gleichstellung von Bund und Gliedern dartun zu können; denn nur zwischen gleichgeordneten Subjekten kann im eigentlichen Sinn eine Teilung erfolgen. Das Wesen der überkommenen Lehre beruht denn auch in einer immer wieder in neuem Gewand auftretenden Gleichordnungs-Fiktion.

Nun ist aber die Kompetenzteilung nicht das alleinige charakteristische Merkmal der bundesstaatlichen Organisationsform. Immer wieder haben auch im deutschen Rechtskreis namhafte Juristen auf diesen Umstand hingewiesen [19]; ihre Stimmen vermochten sich indessen nicht genügend Gehör zu verschaffen. Gewiss setzt jeder Bundesstaat eine Aufgliederung der materiellen Staatsaufgaben voraus. Aber auch jede andere Form von Dezentralisation, vor allem etwa die Selbstverwaltung durch die Gemeinden, setzt eine Verlagerung der Zuständigkeiten auf lokale und zentrale Instanzen voraus. Hält man sich allein daran, dass sich im Bundesstaat zwei Einheiten in die Erfüllung der Staatsaufgaben teilen, dann ist es ausgeschlossen, die föderative Staatenverbindung vom dezentralisierten Einheitsstaat zu unterscheiden. Die Gleichheitsfiktion stösst sich an der als

---

[18] Keine andere Bundesverfassung hat den Kompetenzbestimmungen einen so weiten Raum gewährt wie die schweizerische. Die Zuständigkeitsbegrenzung ist im schweiz. Bundesstaate eine ausserordentlich differenzierte; damit verbindet sich zwangsläufig die Gefahr, dass die tragenden Gesichtspunkte leicht verwischt werden.
[19] Vgl. hiezu z.B. A. HAENEL, Deutsches Staatsrecht, 1892, S. 200 ff.

Realität wahrnehmbaren Unterordnung der Bundesglieder unter den Bund. Das enttäuschende Endergebnis der überkommenen Bundesstaatslehre erweist sich als zwangsläufig.

Die Aufgabenteilung macht indessen nicht das ganze Wesen und den vollen Sinngehalt des Bundesstaates aus. Sie ist nur das formal-konstruktive Mittel, dessen sich diese Staatsform bedient, um den ihr eigenen Grundgedanken zu verwirklichen. Nicht die Aufgabenteilung als solche kennzeichnet die bundesstaatliche Organisationsform; entscheidend ist vielmehr, in welchem Sinn, mit welcher Rechtfertigung und unter welchem Gestaltungsprinzip die Obliegenheiten des Ganzen und der Glieder bestimmt und gegeneinander abgegrenzt werden.

Wird aber die Frage nach dem Wesen der bundesstaatlichen Organisationsform in dieser Weise gestellt, dann müssen zwei von der überkommenen Lehre vielfach verkannte Gegebenheiten als Grundgegebenheiten des Bundesstaates in den Vordergrund rücken: Einmal wird hervorgehoben werden müssen, *nach welchem inneren Kriterium im Bundesstaat die lokale und die zentrale Rechtssphäre voneinander geschieden* sind, und sodann wird aufzuzeigen sein, *wie sich die lokalen Körperschaften als Ganzes* — nicht nur mit der Seite ihrer materiellen Zuständigkeiten — *in die bundesstaatliche Föderation eingliedern.*

II.

MONTESQUIEU und seinem Werke «De l'esprit des lois» verdanken wir nicht nur die wegweisend gewordene Begründung und Postulierung des Prinzips der Gewaltentrennung; wir finden bei ihm — vier Jahrzehnte vor der Gründung des amerikanischen Bundesstaates — auch eine der eindrücklichsten, eben wegen ihrer Schlichtheit besonders einprägsamen Begründungen der bundesstaatlichen Organisationsform: «Si une république est petite, elle est détruite par une force étrangère; si elle est grande, elle se détruit par un vice intérieur.» Dieser doppelten Fatalität entgeht, wie MONTESQUIEU meint, nur die «république fédérative». Das Wesen dieses Staates wird in folgende Worte gefasst: «Composé de petites républiques, il jouit de la bonté du gouvernement intérieur de chacune; et à l'égard du dehors, il a, par la force de l'association, tous les avantages des grandes monarchies [20].»

---

[20] MONTESQUIEU, De l'esprit des lois, livre IX, chapitre I.

Diese Sätze wurden für die Autoren des *Federalist* zu einem der Funda-
mente des soliden Gebäudes ihrer praktischen Forderungen. Aufgabe des
Bundes ist es — wie HAMILTON schreibt —, zur Wahrung der Freiheit und
des Friedens der Bundesglieder «Spaltungen zu unterdrücken, die innere
Ordnung zu gewährleisten und die äussere Macht und Sicherheit zu mehren[21]». Und JAKOB DUBS — der in seinem politischen Denken vielleicht am
schärfsten profilierte Bearbeiter des schweizerischen Bundesstaatsrechtes,
auf alle Fälle aber der Autor, der den gedanklichen Ursprüngen der bundesstaatlichen Eidgenossenschaft am nächsten steht — hat über das Grundprinzip des Verfassungswerkes von 1848 gesagt, dass es zwei Dinge ver-
einige, «die vormals unvereinbar zu sein schienen, nämlich Einigung der
nationalen Kraft mit Festhaltung grosser individueller Freiheit[22]».

Stärke nach aussen, Freiheit im Innern — das ist, auf eine einfache Formel gebracht, die grundlegende Antinomie der bundesstaatlichen Lebensform. Sinnvoll gemacht wird dieser Gegensatz, dieses Nebeneinander freilich erst dadurch, dass das eine in den Dienst des anderen gestellt wird. Die
Stärke nach aussen soll es möglich machen, die Freiheit im Innern zu
bewahren; darin liegt die Rechtfertigung der Bundesgründung. Nur so weit
soll die Herrschaft der zentralen Körperschaft reichen, als diese notwendig
erscheint, um alle der Freiheit — der freien Entfaltung der innerstaatlichen
Kollektivitäten wie der Individuen — drohenden inneren und äusseren
Gefahren zu bannen. Man kann dieses Verhältnis als *Subsidiaritätsprinzip*
bezeichnen. Dadurch ist freilich wiederum nur eine rein formale Beziehung
ausgedrückt; es muss das Wissen darüber dazukommen, auf welches End-
ziel die ihrem Wesen nach subsidiären zentralen Anordnungen auszurichten, welchem Wert sie unterzuordnen sind.

Hinsichtlich des praktischen Weges, der die Verwirklichung der bundesstaatlichen Grundidee — die Schaffung und Erhaltung dieser Spannung
von Freiheit und Zwang, von Unterordnung und Selbstbestimmung —
ermöglicht, schöpfen wir eine der grundlegenden Einsichten aus dem
Werke von ALEXIS DE TOCQUEVILLE. In Worten, die sich zwar nur unzurei-
chend in exakte staatsrechtliche Begriffe umsetzen lassen, denen aber doch
eine sehr klare Einsicht zugrunde liegt, stellt TOCQUEVILLE im ersten Band
seiner «Démocratie en Amérique» die «centralisation gouvernementale»
der «centralisation administrative» gegenüber[23]. Aufgabe des Bundesstaa-

---

[21] The Federalist, Nr. IX, Absatz 5 (vgl. a.a.O., S. 37).
[22] DUBS, a.a.O., 2. Teil, S. 33.
[23] DE TOCQUEVILLE, a.a.O., Bd. I, S. 87 («Des effets politiques de la décentralisation administrative aux Etats-Unis»).

tes ist es, die erste — die centralisation gouvernementale — zu verwirklichen, ohne der zweiten — der centralisation administrative — zu rufen. Der Bund darf daher trotz aller Notwendigkeit zur Schaffung zentraler Institutionen und vereinheitlichten Rechtes niemals selbst in die persönlichsten und konkretesten Seiten des menschlichen Gemeinschaftslebens vordringen; er soll diese Funktion den dem Einzelnen näherstehenden und ihm vertrauteren lokalen Körperschaften überlassen. Der Bund möge um des Ganzen willen die grossen Richtlinien der staatlichen Aktivität bestimmen; die konkreten Gestaltungsaufgaben, das unmittelbare Handeln und Helfen, das sichtbare Schaffen und Fördern habe er seinen Gliedern, den innerstaatlichen Kollektivitäten, zu belassen.

Betrachtet man von diesem Blickpunkt aus die grossen Linien der schweizerischen Verfassungsentwicklung seit 1848, so muss man wohl vorab feststellen, dass sich zwei in der jüngeren Verfassungsgeschichte abzeichnende Tendenzen als eine sehr wirksame Unterstützung und als konstruktive Fortgestaltung des föderativen Organisationsprinzips erwiesen haben: Zu erwähnen ist einmal der in der Schweiz konsequenter als in jedem anderen Bundesstaat befolgte Grundsatz, die *Vollziehung der Gesetze* auch da nach Möglichkeit *den Kantonen zu belassen,* wo sich im übrigen die Notwendigkeit einer vereinheitlichten bundesrechtlichen Regelung geltend gemacht hat. Und sodann ist auf die sich im vorigen Jahrhundert abzeichnende *Bewegung nach Stärkung, Ausbau und Sicherung der kommunalen Autonomie* hinzuweisen. Gewiss stand diese Entwicklung, die auf der ehemals herrschaftlich regierten Landschaft erst die schweizerische Gemeinde in ihrer heutigen Form schuf, kaum in einem direkten Zusammenhang mit der Umgestaltung der Verfassungsstruktur des Bundes. Sie hat sich indessen insoweit, als sie die Basis der administrativen Dezentralisation verbreitete und damit das Bollwerk gegen die dem Bundesstaat gefährliche «centralisation administrative» festigte, als eine bedeutsame Stärkung des föderativen Prinzips erwiesen.

Auf der anderen Seite aber lassen sich, wenn man sich am ursprünglichen Bild der bundesstaatlichen Organisationsform orientiert, auch die unserer Konföderation im Widerspruch mit ihren tragenden Grundgedanken eingefügten Elemente, gewissermassen die Einbruchstellen artfremder Prinzipien, nicht übersehen. Auf dreierlei ist hinzuweisen:

1. Dass mitunter *ohne hinreichende Notwendigkeit die Kompetenzen des Bundes erweitert* worden sind, ist eine fast zum Gemeinplatz gewordene Tatsache. Nicht schon damit lässt sich die Übertragung einer neuen Auf-

gabe an den Bund rechtfertigen, dass sich eine vereinheitlichte und gleichmässig durchgeführte Ordnung als wirksamer erweise und sachliche Vorteile biete. Nur wo um der ungestörten Erhaltung des Ganzen, um der äusseren Stärke und des allgemeinen Friedens willen, eine Obliegenheit zentral
erfüllt werden muss, ist das Motiv für eine Erweiterung der Bundeskompetenzen gegeben. Allein die *rationellere Ausübung* einer Obliegenheit erlaubt
keine Aufgabenübertragung an den Zentralstaat; innerhalb einer staatlichen
Organisationsform, die eben durch ihre Vielgestaltigkeit die bewusste Ver-
leugnung verwaltungstechnischer Rationalität bedeutet, kann dem rein
technischen Vorzug der Zentralisierung als Argument kein Gewicht
zukommen. Man kann nicht den Bundesstaat wollen und die durch ihn
bedingten unvermeidbaren föderativen Unkosten ablehnen. Was heute vielfach — und zwar im Verhältnis Gemeinde / Kanton so gut wie im Verhältnis
Kanton / Bund — eine schematische Zentralisierung fördert, ist wohl vor
allem zweierlei.

a) Einmal lässt sich eine vielfach allzu grosse Geneigtheit gegenüber dem
Argument der *Gleichheit und Gleichmässigkeit* feststellen. Das Gewicht des
Gleichheitsargumentes wächst, je mehr sich die staatliche Aktivität auf
Gebiete verlegt, in denen die gewährten Leistungen und die gestellten For-
derungen zahlenmässig messbar erscheinen — von den Normen über den
Ausbau der Autostrassen bis zur Höhe staatlicher Zuwendungen und den
Tarifen staatlicher Betriebe. Gemäss innerer Notwendigkeit sind es daher
vor allem die *ökonomischen Belange,* die der Zentralisierung rufen. Je mehr
man aber im Verhältnis der verschiedenen Gebietskörperschaften der
Gleichheit gesetzgeberischer und administrativer Lösungen um ihrer selbst
willen den Vorzug gibt, desto mehr rückt man vom Grundgedanken der
bundesstaatlichen Organisation ab, desto mehr verfällt man — wie Toc-
QUEVILLE geistvoll sagt — dem Irrtum jener Gläubigen «qui adorent la sta-
tue, oubliant la divinité qu'elle représente[24]». Gewiss besteht auch ein durch
das Wesen des Bundesstaates gefordertes Prinzip der Solidarität, des Ein-
stehens der starken Glieder für die Schwachen. Charakteristisch für die Verzeichnung der Begriffe und Massstäbe bleibt aber, dass die Grenzen zwischen einem durch das Solidaritätsprinzip verlangten Ausgleich und der
Angleichung um der Gleichheit willen heute vielfach verwischt sind.

b) Sodann gehört es zu einer in unserem Denken stark verwurzelten, allzu
sehr am äusserlich Greifbaren haftenden Neigung, den Förderalismus

---

[24] a.a.O., Bd. 1, S. 91.

vorab als *Abbild vorbestandener äusserer Gegensätze* — Verschiedenheiten der Sprache, der Konfession, der Lebensgewohnheiten und Lebensverhältnisse — zu deuten. In dem Masse, in dem diese äusseren Verschiedenheiten zurücktreten, in dem sich die Lebensgewohnheiten annähern — und wer könnte übersehen, dass darin ein unaufhaltsamer Prozess liegt —, schwindet für manchen die Rechtfertigung regional differenzierter Rechtsordnungen. Der Bundesstaat ist indessen nicht nur ein technisches Mittel, um den natürlichen Verschiedenheiten der Bevölkerung und der menschlichen Lebensverhältnisse Rechnung zu tragen. Dieser Gesichtspunkt genügt wohl, um eine blosse Dezentralisation zu begründen, nicht aber, um das Nebeneinander selbständiger lokaler und zentraler Körperschaften zu motivieren. Auch bei Gleichartigkeit der äusseren Gegebenheiten bleibt Raum für ein selbständiges Wirken regionaler Einheiten.

Neben der allgemeinen Feststellung einer gelegentlich zu grossen Leichtigkeit in der Kompetenzzuweisung an den Bund — einer Feststellung, die man eben in ihrer Allgemeinheit als wenig verpflichtend empfinden mag — lässt sich aber über die eingeschlagene Entwicklungstendenz doch auch Konkreteres sagen. Von den insgesamt 52 Partialrevisionen, die die geltende Verfassung seit 1874 erfahren hat, berühren mehr als die Hälfte die Übertragung neuer oder doch erweiterter legislativer und administrativer Kompetenzen an die Eidgenossenschaft. Im Gegensatz dazu betreffen von den 22 Zusätzen zur amerikanischen Verfassung *primär* nur *einer* — nämlich das 1913 in Kraft getretene Amendment über das Recht des Bundes zur Erhebung von Einkommenssteuern — die Kompetenzabgrenzung zwischen der Union und den Einzelstaaten; einige weitere beeinflussen diesen Fragenkomplex immerhin sekundär. Aber auch die Verfassungsrevision von 1913 sollte der Union eigentlich nicht eine *gänzlich neue* Befugnis übertragen; sie diente vielmehr dazu, eine alte und durch einen Entscheid des obersten Gerichtshofes nunmehr zum Nachteil des Bundes entschiedene Streitfrage zu beseitigen[25].

Die bedeutsamste rechtsvergleichende Studie zum modernen Bundesstaatsrecht, nämlich das 1953 in dritter Auflage erschienene Werk «Federal Government» des Engländers WHEARE, gelangt zu der bedeutsamen Feststellung, dass sich von allen zum Vergleich herangezogenen klassischen Bundesverfassungen keine einzige so leicht im Sinne einer Konzentration der Wirtschafts- und Sozialgesetzgebung in der Hand des Bundes umgestalten und fortentwickeln liess wie diejenige der Schweizerischen Eidge-

---

[25] Vgl. KELLY/HARBISON, The American Constitution, 1948, S. 562 ff. und 612 ff.

nossenschaft[26]. Die landläufige Vorstellung, der Bund habe seit 1874 in einem fortlaufenden Prozess den Kantonen Kompetenzen *entzogen*, bedarf dabei freilich der Berichtigung. Diese Vorstellung ist im wesentlichen nur zutreffend für die Justizgesetzgebung. Hier aber hat die Rechtsvereinheitlichung das bundesstaatliche Gefüge gewiss nicht entscheidend zu berühren vermocht. Insbesondere führte sie nicht zu einer Vermehrung der *administrativen* Zuständigkeiten des Bundes. Die Handhabung des vereinheitlichten Rechtes liegt weiterhin in der Hand des kantonalen *Richters*, dem trotz der bundesgerichtlichen Rechtsprechung gewisse Gestaltungsfreiheiten belassen wurden. Ausserhalb der Justizgesetzgebung aber hat der Bund in der Regel nicht einfach die Nachfolge des Kantons angetreten. Die weitaus bedeutsamste Kompetenzvermehrung ist vielmehr der Eidgenossenschaft daraus erwachsen, dass ihr alle jene Obliegenheiten neu übertragen worden sind, die mit der Schaffung des modernen Sozial- und Wirtschaftsstaates überhaupt erst Staatsaufgaben wurden. Die vom Staate im Verlaufe der letzten hundert Jahre neu erschlossenen Tätigkeitsbereiche sind in der Schweiz aller Regel nach von vorneherein dem Bund zugewiesen worden, und so liegt vielleicht die Tragweite der neuen Wirtschaftsartikel von 1947 noch mehr in dem, was sie dem Bund an neuen Zuständigkeiten übertragen, als in dem, was sie dem Bürger an Beschränkung der Handels- und Gewerbefreiheit auferlegen. Zur Erklärung dieser Erscheinung genügt der blosse Hinweis auf die Kleinheit unseres Territoriums nicht. Es drückt sich in ihr eine für die Entwicklung unseres Bundesstaates charakteristische konservative Tendenz aus, die Tendenz nämlich, die einmal vorhandene Kompetenzsphäre der Kantone *möglichst unversehrt zu belassen*, sie nach Möglichkeit *nicht zu schmälern, aber andererseits auch nicht zu mehren*.

Wie sich die Kantone — von der Justizgesetzgebung abgesehen — im allgemeinen mit Erfolg gegen Eingriffe in ihren überkommenen Aufgabenbereich widersetzt haben, überliessen sie umgekehrt mit einer betonten Bereitwilligkeit alle *neuen* staatlichen Obliegenheiten der übergeordneten Körperschaft. So wie eine rechtsvergleichende Betrachtung zur Feststellung der relativ ausgedehnten Befugnisse des Bundes im Bereiche der Wirtschaftspolitik und der Sozialfürsorge führt, erweist es sich andererseits — und das ist nun das auffallende Gegenstück —, dass etwa die Besteuerungskompetenzen des Bundes[27] und seine polizeilichen Befugnisse[28] wegen des

---

[26] K. C. WHEARE, Federal Government, 3. Aufl., Oxford 1953, S. 136 und 155 und die weiteren Darlegungen in den Kapiteln VII und VIII.
[27] WHEARE, a.a.O., Kapitel VI.
[28] WHEARE, a.a.O., S. 176.

erfolgreichen Widerstandes der Kantone heute schmälere sind als die entsprechenden Befugnisse der meisten anderen Bundesstaaten. So sei etwa vermerkt, dass nach der Konzeption des Federalist, dem man gewiss nicht mangelnde Grundsätzlichkeit nachsagen kann, eine umfassende, mit den entsprechenden Befugnissen der Einzelstaaten konkurrierende zentrale Steuerhoheit — also eine Ordnung, wonach Bund und Bundesglieder in möglichster Freiheit die ihren Bedürfnissen konformen Steuern erheben — als die dem Wesen des Bundesstaates entsprechende Lösung bezeichnet wird[29]. Dieses auffallende Divergieren in der gründsätzlich eingenommenen Haltung — hier die offene Hand in der Zuweisung neuer Staatsaufgaben an den Bund und da die betonte Zurückhaltung in der Öffnung von Steuerquellen — mag die ausserordentliche staatspolitische Tragweite des mit «Bundesfinanzreform» bezeichneten Problemkreises dartun.

Nun trifft es gewiss zu, dass die moderne Wirtschaftsgesetzgebung und — weniger ausgeprägt freilich — auch die mit ihr zusammenhängende Sozialgesetzgebung selbst nach dem Grundprinzip der bundesstaatlichen Kompetenzordnung in weiten Teilen typische Bundesbelange sind. Gerade für die Schweiz mag es in besonderem Masse richtig sein, dass viele ihrer interventionistischen Massnahmen die Anpassung an eine von aussen geschaffene Situation bilden und dass sie daher — weil es um die äussere und innere Stärke des Bundes geht — in die Hand der zentralen Körperschaft gehören. Dennoch aber bleibt die Erkenntnis gültig, dass die Kantone heute vor allem als Träger der Wirtschafts- und Sozialgesetzgebung verkümmerte Gebilde sind und dass sich in eben diesen staatlichen Tätigkeitsbereichen vielleicht die ernsthaftesten Aspekte für den schweizerischen Föderalismus ergeben.

2. Dieser Sachverhalt wird durch eine weitere Feststellung unterstrichen. Auch da, wo nach der Stellungnahme des Gesetzgebers keine Notwendigkeit eines *zentralen* Gesetzesvollzuges besteht, wurde die «centralisation administrative» in einer grundsätzlich oft zu wenig überlegten und nach ihren Auswirkungen vielfach verhängnisvollen Weise gefördert. Die Erscheinungen sind freilich keine einheitlichen; es lassen sich nur beispielhaft einige ihrer hauptsächlichsten Aspekte aufzeigen.

a) Es gehört zu den grundlegenden Erkenntnissen der älteren Bundesstaatslehre, dass der Föderativstaat zur Erhaltung und Sicherung des inne-

---

[29] Federalist, Nr. XXXIV (a.a.O., S. 163); vgl. auch WHEARE, a.a.O., S. 113.

ren Gleichgewichtes seiner Glieder, aber auch als wirksames Gegengewicht gegenüber den zentralisierenden Tendenzen des Bundesgesetzgebers und gegenüber dem Anwachsen der Bundesadministration einer *starken richterlichen Gewalt* bedürfe. Die Verkümmerung der Justiz, vor allem das Fehlen einer unabhängigen Verfassungs- und Verwaltungsgerichtsbarkeit, bildet wohl den hauptsächlichsten organisatorischen Mangel des Verfassungswerkes von 1848 — ein Mangel, der im Verlaufe der späteren Entwicklung, vor allem mit der Verfassungsrevision von 1874, wohl erträglicher gemacht, aber keineswegs behoben wurde. Um so folgenschwerer aber musste es sein, wenn während der letzten Jahrzehnte in einem wenig beachteten, aber deswegen nicht weniger bedeutsamen Sektor des eidgenössischen Rechtes, allerdings vielfach mehr durch die Praxis als durch eine Änderung der Gesetzgebung, sogar noch eine *Rückbildung* der richterlichen Funktionen festzustellen ist; nämlich in der Verhängung der zur Durchsetzung der Verwaltungsgesetze erforderlichen Sanktionen. Das überkommene, dem Wesen des Föderativstaates entsprechende *régime judiciaire*[30] — d.h. die Sicherung der Verwaltungsgesetze und der Verwaltungsbefehle durch richterliche Strafe — wich in zunehmendem Masse dem *régime administratif*[31]. Die Verwaltungsbehörden, und zwar vorab eben die eidgenössischen Verwaltungsbehörden, nahmen die Zwangsdurchsetzung der administrativen Anordnungen selbst in die Hand. Damit zog die Bundesverwaltung eine Aufgabe an sich, die — da sie unmittelbar an die persönlichsten Belange des Bürgers rührt — nach dem Grundgedanken der bundesstaatlichen Ordnung doch wohl nicht ihre Sache sein kann. Das Netz der «centralisation administrative» wurde um einige Maschen enger.

b) Kritischer Würdigung bedarf aber auch jene Entwicklung, die an die Stelle der überkommenen föderativen Form des eidgenössischen Gesetzesvollzuges — des Vollzuges der Bundesgesetze durch die Kantone — eine grundsätzlich *andere Form der Dezentralisation* setzt. Die Rechtsanwendung wird auf spezielle, ausserhalb des überkommenen Verwaltungsaufrisses stehende, oft von privaten Vereinigungen mitbestimmte Körperschaften und Institutionen übertragen, sei es (wie z.B. im Vollzug der Alters- und Hinterlassenenversicherung) auf eine *Mehrzahl* unter sich koordinierter

---

[30] Das *régime judiciaire* ist nicht nur ein Postulat des Volksstaates (vgl. FLEINER, Beamtenstaat und Volksstaat, Ausgewählte Schriften und Reden, 1941, S. 154/156); es ist auch ein solches des Föderativstaates.

[31] Vgl. über diese Entwicklung IMBODEN, Rechtsstaat und Verwaltungsorganisation, Zentralblatt für Staats- und Gemeindeverwaltung, Bd. 52, 1951, S. 9/10 (siehe auch unten S. 455 f.).

Einheiten[32], oder sei es (wie etwa im Rahmen des Uhrenstatutes) auf nur eine *einzige* Sondereinheit[33]. Eine Heranziehung von privaten Institutionen ist gewiss sinnvoll im Rahmen des kollektiven Arbeitsrechtes; sie entspricht der Natur des Gesamtarbeits*vertrages*. Anders aber verhält es sich hinsichtlich des Vollzuges allgemeinen staatlichen Rechtes.

Was freilich auch in diesem Bereich die Durchbrechung des überkommenen Verwaltungsaufrisses vielfach nahelegt, ist oft sehr weitgetriebene sachliche Spezialisierung eines Erlasses; es werden durch sie, wie eben das Uhrenstatut illustriert, von vorneherein nur ganz bestimmte Gebiete der Schweiz, nur eine Minderzahl aller Kantone berührt. Indessen vermag auch dieser Umstand die weitgehende Ausschaltung der Kantone kaum zu begründen. Denkbar wäre es — und im kommunalen Bereich lassen sich mannigfache Vorbilder für solche Lösungen finden —, die am Vollzug eines derart hoch spezialisierten Bundeserlasses interessierten Stände zu einer besonderen institutionellen Einheit zusammenzuschliessen. Jede andere Art eines dezentralisierten Gesetzesvollzuges als die durch Einschaltung der Kantone vermehrt gemäss einer inneren Notwendigkeit indirekt die Kompetenzen der eidgenössischen Zentralinstanzen. Es ist kein Zufall, dass heute z. B. die Ausgleichskassen einer eidgenössischen Verwaltungskontrolle unterstehen, die in ihrer Intensität weit über das hinausgeht, was dem Bund hinsichtlich der von den *Kantonen* vollzogenen eidgenössischen Verwaltungsgesetzgebung obliegt. Die Schaffung einer sich überschneidenden mehrfachen Dezentralisation — hier die überkommene territoriale Dezentralisation nach Kantonen und da eine besondere sachliche Dezentralisation nach Ausgleichskassen z. B. — mehrt zwangsläufig den Einfluss und die Einwirkungsmöglichkeiten des an der Spitze stehenden eidgenössischen Verwaltungskörpers. Man kann einen lebendigen Föderalismus in einem *Überreichtum von Dezentralisationsformen* ersticken. Es ist kein Zufall, dass das Erstarken der Gemeinde im Verlaufe des vorigen Jahrhunderts vielfach — am ausgeprägtesten vielleicht im Kanton Zürich — mit einem wohlüberlegten Abbau allzu vielfältiger und sich allzu sehr überwuchernder Dezentralisationsformen zusammenging[34].

c) Wenn früher auf den Zusammenhang zwischen dem Gleichheitsargument und dem Bestreben nach Mehrung der gesetzgeberischen Bun-

---

[32] So die Ausgleichskassen.
[33] So die Schweizerische Uhrenkammer.
[34] Imboden, Die Organisation der schweizerischen Gemeinden, Zentralblatt f. Staats- u. Gemeindeverwaltung, Bd. 46, 1945, S. 357.

deskompetenzen hingewiesen worden ist, so bleibt nunmehr nachzutragen, dass dieser Hinweis nicht weniger bedeutungsvoll ist für die *Rechtsanwendung*. Woran manche Zweige der eidgenössischen Administration vor allem kranken, ist ihre gewiss den lautersten Motiven der Rechtlichkeit entstammende Gleichheitsakribie. Die Intensivierung des eidgenössischen Verwaltungszentralismus ist sowohl da, wo der Bund selbst vollziehende Instanz ist, wie da, wo er lediglich die Kantone überwacht, kaum zu verkennen. Wenn demgegenüber darauf hingewiesen werden muss, dass das bundesstaatliche Organisationsprinzip eine gewisse Liberalität in der Gesetzeshandhabung durch die Zentralbehörden als unerlässlich voraussetzt, dann geht es nicht, wie schon gesagt worden ist, um eine «generelle Aufweichung der Rechtsbegriffe». Eine gewisse Zurückhaltung dürfte nur schon deshalb naheliegen, wenn man um die Relativität der den Zentralbehörden zur Verfügung stehenden Mittel zur Abklärung und Würdigung konkreter Tatbestände weiss.

3. Noch eine weitere, unserer Bundesverfassung von Anfang an inhärente Schwäche hat aber die Neigung zu einer einem lebendigen Föderalismus gefährlichen «centralisation administrative» verstärkt. Es war wiederum JAKOB DUBS, der schon in den siebziger Jahren des vorigen Jahrhunderts nachdrücklich auf die durch das Departementssystem bedingte Gefährdung der Einheit der schweizerischen Regierung hingewiesen hat. Und FRITZ FLEINER, der im übrigen mehr nach einer Entwicklung des immanenten Sinns unserer Institutionen als nach ihrer kritischen Analyse strebte, hat vier Jahrzehnte später in seinem Vortrag über «Zentralismus und Föderalismus in der Schweiz» mit anderen Worten das gleiche zum Ausdruck gebracht — kaum je wie hier eine sonst geübte Zurückhaltung preisgebend[35]. Mit der Doppelstellung des einzelnen Bundesrates als Vorsteher einer sich immer mehr vergrössernden Verwaltungsabteilung und als Mitglied der kollegial zusammengesetzten Spitzenbehörde hat man ein in Kanton und Gemeinde gewachsenes und bewährtes System auf die Eidgenossenschaft übertragen. Den von Anfang an bestehenden und durch die spätere Entwicklung noch immer mehr akzentuierten Verschiedenheiten in der Funktion und den Aufgaben der Bundesregierung einerseits und der lokalen Exekutiven andererseits wurde durch diese Übernahme nicht genügend Rechnung getragen. Die wachsende Arbeitslast und Verantwortung

---

[35] Vgl. FLEINER, Zentralismus und Föderalismus in der Schweiz, Ausgewählte Schriften und Reden, S. 208.

des Ressortchefs beeinträchtigte die dem Kollegium als erste Aufgabe zuge-
dachten freien Überwachungs- und Regierungsfunktionen. Departementsvorsteher und Gesamtbehörde wurden zu eng an konkrete Verwaltungs-
geschäfte gebunden und zu wenig von der ihr unterstellten Administration
abgerückt. Es lässt sich — sit venia verbo — eine Veradministrierung der
Bundesregierung oder, um mit TOCQUEVILLE zu sprechen, eine Verdrängung der «centralisation gouvernementale» durch die «centralisation administrative» feststellen. Eine grundsätzliche Lösung wird nur möglich sein,
wenn man sich einerseits auf die Lehren der klassischen Bundesstaatslehre
besinnt, wenn man andererseits aber auch manche zur Selbstverständlichkeit gewordene ausländische Erfahrung auswertet. Die grundsätzliche
Trennung zwischen Regierung und Verwaltung ist schärfer zu ziehen;
gewisse funktionelle und institutionelle Verflechtungen zwischen den beiden Bereichen sind zu lösen. Die *eine* der durchzuführenden praktischen
Reformen wird in der Verselbständigung und Verstärkung des Rechtsschut-
zes, vor allem im Ausbau der eidgenössischen Verwaltungsgerichtsbarkeit,
liegen. Daneben gilt es, stärker verselbständigte Zwischenglieder zwischen
Regierung und Verwaltung zu schaffen; es ist die helvetische Form des
sogenannten «Staatssekretärs» zu suchen und zu verwirklichen.

III.

Das Hervorheben der Kompetenzteilung, die Betonung und Verabsolutierung dieses *einen* Momentes als charakteristisches Merkmal des Föderativstaates, führte dazu, dass noch an einer zweiten Grundgegebenheit der
bundesstaatlichen Organisationsformen weitgehend vorbeigesehen wurde.
Die Gleichheits-Fiktion liess es nicht zu, die Bundesglieder in einem
Abhängigkeitsverhältnis vom Bund zu sehen. Dabei ist die Unterordnung
eine unleugbare Realität; für die Autoren des Federalist war sie eine Selbstverständlichkeit. Das die moderne bundesstaatliche Ideologie bestimmende
Konzept des sogenannten «Staatenstaates», des Zusammenschlusses und
der Eingliederung mehrerer Staaten in einen neuen Staat, bringt das Unter-
ordnungsmoment in aller Klarheit zum Ausdruck: denn wenn sich Körperschaften ihrerseits zu einem genossenschaftlichen Zusammenschluss verbinden, dann steht die sich in ein höheres Ganzes einordnende Einheit
zwangsläufig im gleichen Verhältnis zu dieser wie der einzelne Bürger zu
der ihn direkt erfassenden Körperschaft.

Freilich hat es in der bundesstaatlichen Organisationsform nicht einfach bei der Unterordnung der Glieder unter den Zentralstaat sein Bewenden. Das Subordinationsverhältnis wird vielmehr, entsprechend der spannungserfüllten inneren Struktur des Bundesstaates, von einer im Gegensinne wirkenden Beziehung durchkreuzt und ausgeglichen. So ist denn die Unterordnung nur *eine* der beiden gegensätzlichen Relationen, die erst in ihrem Zusammenwirken, in ihrem dialektischen Gegeneinander und Miteinander, die staatsrechtliche Wirklichkeit des Bundesstaates wiedergeben. Die in der Gegenrichtung wirkende Kraft hat den Bund seinerseits von seinen Gliedern abhängig gemacht, und zwar dadurch, dass die Bundesglieder zugleich massgeblich auf die Entschlüsse der Konföderation einzuwirken vermögen, dass sie Träger der politischen Willensbildung im Bunde sind. Diese *Mitwirkungsrechte der Gliedstaaten* bilden einen Wesenszug aller modernen Bundesstaaten.

Wie die Bundesstaatslehre durch die Brille der Gleichordnungs-Fiktion die Unterordnung der Bundesglieder zu leugnen suchte, zeigte sie sich vielfach auch reichlich verständnislos gegenüber dieser Beteiligung der Gliedstaaten an der Willensbildung im Bund. Ja, ein so nüchtern denkender und im Grunde so undogmatischer Wissenschafter wie der Engländer WHEARE geht so weit, in dieser Mitbeteiligung geradezu einen *Einbruch* in das bundesstaatliche Organisationsprinzip zu sehen — in ein Organisationsprinzip, das nach seiner Meinung durch die Selbständigkeit und gegenseitige Unabhängigkeit von Bund und Bundesgliedern gekennzeichnet ist. Mit dem Blick auf die schweizerische Bundesverfassung stellt er etwa konkret fest, es *widerspreche* dem bundesstaatlichen Prinzip, den Entscheid über Wahlart und Besoldung der Ständeräte den Kantonen zu überlassen[36]. Wenn man die Unterordnung der Gliedstaaten unter den Bund nicht wahrhaben will, dann darf es folgerichtigerweise auch keine Abhängigkeit der Konföderation von ihren Gliedern geben.

Es mag immer wieder erstaunen, wie wenig vielfach die spätere Bundesstaatslehre von ihren Ursprüngen wusste. Für die Schöpfer der amerikanischen Unionsverfassung wie auch für die Väter der schweizerischen Verfassung von 1848 lag in der aktiven Heranziehung der Stände als Träger der politischen Entscheidungsgewalt des Bundes ein wesentlicher Ausdruck, ja geradezu eine Bewährung föderativer Gestaltung. Freilich wurde das 1832/33 in der Schweiz misslungene Experiment[37], die Willensbildung im Bund

---

[36] WHEARE, a.a.O., S. 17/18.
[37] Vgl. den von der Revisionskommission der Tagsatzung ausgearbeiteten Entwurf einer «Bundesurkunde der Schweiz. Eidgenossenschaft» vom 15. Dezember 1832.

allein auf die Repräsentation der Kantone zu stützen, nicht mehr wiederholt. Im Aufbau der gesetzgebenden Körperschaft des Bundes und in der Gestaltung des Verfassungsrevisionsverfahrens sollten vielmehr — wie sich die Materialien zur Verfassung von 1848[38] in völliger Übereinstimmung mit den Autoren des Federalist[39] ausdrückten — sowohl das «nationale» wie das «föderative» Element Berücksichtigung finden: das nationale Element in der Volkskammer und in dem für Abänderungen des Grundgesetzes erforderlichen Volksmehr, das föderative Element in der Ständekammer und im Ständemehr. Es wurde also innerhalb jener Organisation, in die die Gliedstaaten ein- und untergeordnet sind, wiederum eine Synthese zwischen zwei gegensätzlichen Gestaltungsprinzipien verwirklicht.

Sowohl in der Schweiz wie in Nordamerika, das hier den Schöpfern unserer Verfassung vor allem als Vorbild diente, hat freilich die spätere Weiterentwicklung der bundesstaatlichen Organisation eine Schwächung der ursprünglichen föderativen Komponente gebracht. Wie sich indessen in unserem Lande in der Zusammensetzung der obersten Bundesgewalt die föderative Note von Anfang an weniger deutlich abzeichnete als in der nordamerikanischen Union, so zeigte sich das föderative Element auch im späteren Ablauf als weniger lebenskräftig. In der Abwertung der gliedstaatlichen Mitwirkungsrechte, an der gewiss die Doktrin mit ihrem Anteil hat, liegt eines der praktisch bedeutsamsten Probleme des schweizerischen Föderalismus. Um dieses in seiner ganzen Tragweite zu erkennen, sollen die verschiedenen institutionellen Aspekte dieses Mitwirkungsrechtes kurz beleuchtet werden.

1. Am prinzipiell bedeutungsvollsten mag das Mitbeteiligungsrecht der Stände bei *Verfassungsrevisionen,* das *Ständemehr in den Verfassungsabstimmungen* erscheinen. Es machte die Kantone in jenem Verfahren, in dem die Suprematie des Bundes voll zu ihrer Geltung gelangt, zu massgeblichen Mitträgern der letzten Entscheidungsgewalt. Im Gegensatz zur nordamerikanischen Union, wo für die Ratifikation von Verfassungszusätzen neben einer Zweidrittelsmehrheit in beiden Abteilungen des Kongresses eine Dreiviertelsmehrheit der einzelstaatlichen Legislativen bzw. der einzelstaatlichen Verfassungsräte erforderlich ist, kennt freilich unser Grundgesetz kein qualifiziertes, sondern nur ein einfaches Ständemehr. Noch im Verfassungsvorschlag vom 15. Dezember 1832 war vorgesehen gewesen, dass es

---

[38] Bericht über den Entwurf einer Bundesverfassung vom 8. April 1848, erstattet von der Revisionskommission der Tagsatzung, S. 9.
[39] Federalist, Nr. XXXIX (a.a.O., S. 194/195).

zur Ratifikation von Änderungen der Bundesurkunde fünfzehn Standesstimmen bedürfe — wobei das Quorum noch dadurch erhöht wurde, dass
in den geteilten Kantonen die Stimmen nur zählten, wenn sie übereinstimmten. Im Verzicht auf jedes qualifizierte Mehr bei Verfassungsrevisionen, im Bestreben, Verfassungsrevisionen möglichst zu erleichtern — «weil
es», wie es im Bericht der Revisionskommission der Tagsatzung heisst, «ein
Ausfluss der Souveränität ist, dass ein Volk die Verfassung ändern könne,
wann dasselbe es notwendig findet[40]» —, in der Scheu vor jeder institutionellen Behinderung einer freien Entfaltung des Volkswillens liegt ein
Grundzug des Verfassungswerkes von 1848. Das dem reinen Volksmehr,
den 51 % der Stimmenden entgegengesetzte föderative Korrektiv blieb
gewissermassen auf seinen minimalsten Einwirkungsgrad beschränkt. Ja,
durch die Verfassungsrevision von 1874 hat das Erfordernis des Ständemehrs nochmals wesentlich an Wirksamkeit eingebüsst. Ohne viel Aufhe-
bens wurde damals die Vorschrift in das Grundgesetz aufgenommen: «Das
Ergebnis der Volksabstimmung in jedem Kantone gilt als Standesstimme
desselben» (BV Art. 123 Abs. 3). In dieser Bestimmung liegt unverkennbar
ein systemwidriger Einbruch in den kantonalen Bereich, der — was bisher
zu wenig beachtet wurde — auch praktisch von nicht unwesentlicher
Bedeutung ist. Gewiss lassen sich gute Gründe dafür anführen, von Bundesrechts wegen die Abgabe der Standesstimme durch ein Plebiszit zu verlangen und weiter auch die eidgenössische Volksabstimmung und die kantonale Abstimmung über das Standesvotum zeitlich zu koordinieren.
Grundsätzlich unrichtig, wenn auch praktisch vielleicht nicht allzu bedeutungsvoll — sofern nicht etwa einzelne Kantone das Frauenstimmrecht einführen sollten — ist es aber, für das Plebiszit über die Standesstimme die
eidgenössischen und nicht die kantonalen Stimmrechtsvorschriften als massgeblich zu erklären. Und von recht erheblicher praktischer Bedeutung ist
es, dass durch die bestehende Regel über die Errechnung der Standesstimme den politischen Behörden der Kantone jeder Einfluss auf die Willensbildung ihres Standes genommen wird. Da es sich um eine eidgenössische Abstimmung handelt, bleibt es ihnen versagt, auch nur mit einer
Abstimmungsempfehlung an die Stimmbürger des Kantons zu gelangen.
   Die gänzliche Ausschaltung der kantonalen Behörden in einer Abstimmung, die zu einem Standesvotum, d. h. zu einer Stellungnahme des Kantons als solchen, führen soll, widerspricht einer echt föderativen Gestaltung. Das Ständemehr sinkt dadurch zu einem rein statistischen Datum

---

[40] Bericht (vgl. oben Anm. 38), S. 76.

einer eidgenössischen — einer ausschliesslich vom Bund bestimmten — Volksabstimmung herab. Wie die Abstimmungsstatistik beweist, stellt den auch das Ständemehr kein irgendwie ins Gewicht fallendes Qualifikationsmoment mehr dar. Wer in der Schweiz das Volksmehr für sich hat, der hat — bei der heutigen Bevölkerungszusammensetzung — aller Wahrscheinlichkeit nach auch eine Volksmehrheit in einer Mehrheit der kantonalen Abstimmungskreise für sich. Der einzige Fall, in dem bis zum Jahre 1955 das Ständemehr das Schicksal einer Verfassungsvorlage bestimmte, ereignete sich *vor* 1874, nämlich 1866 bei der Abstimmung über den Artikel über Mass und Gewicht. Bei einem gesamtschweizerischen Zufallsmehr von nur 2800 Einzelstimmen gab das negative Verhältnis der Standesstimmen den Ausschlag [41]. Nun hat sich freilich in der jüngsten Verfassungsabstimmung vom 13. März 1955 über das Volksbegehren zum Schutze der Mieter und Konsumenten diese Situation wiederholt [42], angesichts eines Zufallsmehrs von rund 12 000 Einzelstimmen gab wiederum das negative Verhältnis der Standesstimmen den Ausschlag. Dieses Ergebnis erklärt sich indessen daraus, dass sich in jener Abstimmung die Interessen der städtischen und der ländlichen Bevölkerung in besonderer Zuspitzung gegenüberstanden.

In der Abwertung des Ständemehrs liegt mit ein Grund, warum die schweizerische Bundesverfassung heute von allen föderativen Grundgesetzen dasjenige ist, das am leichtesten geändert werden kann und auch praktisch am meisten geändert wird: seit 1874 folgt sich im Durchschnitt alle anderthalb Jahre eine Verfassungsrevision, während umgekehrt das Revisionsintervall der amerikanischen Verfassung rund 15 Jahre beträgt. Auch die Verfassungen der Kantone erweisen sich als wesentlich stabiler als diejenige des Bundes. Die Stabilität der schweizerischen Verfassung ist heute in einem solchen Masse in Frage gestellt, dass man um jenes Gleichgewicht fürchten muss, das die unerlässliche Voraussetzung jeder föderativen Ordnung bildet.

2. Von den weitern durch die Bundesverfassung den Kantonen eingeräumten Mitwirkungsrechten hat sowohl die Befugnis zur *Einberufung der*

---

[41] Die drei Beispiele *eidgenössischer Gesetzesabstimmungen* (Zivilstand und Ehe 1874, Schuldbetreibung und Konkurs 1889, Eidg. Strafgesetzbuch 1938), in denen sich zwar eine Volksmehrheit, nicht aber eine (hier allerdings gar nicht erforderliche) Mehrheit von Ständen für eine eidg. Gesetzesvorlage ergab, beziehen sich bezeichnenderweise alle auf den *gleichen* Fragenkomplex, nämlich die Vereinheitlichung der Justizgesetzgebung. Es liegt nahe, dass vor allem gegenüber einheitlichem eidg. Justizrecht die lokalen Divergenzen besonders hervortraten.

[42] Das Volk befürwortete die Initiative mit 392 588 Ja gegen 381 130 Nein; 13 ganze und 4 halbe Stände lehnten indessen gegenüber den befürwortenden 6 ganzen und 2 halben Ständen ab.

Bundesversammlung wie das *Referendumsrecht* keinerlei praktische Bedeutung erlangt. Im übrigen zeigt der Umstand, dass für das Referendumsbegehren acht Standesstimmen — mehr als ein Drittel — erforderlich sind, während wenige Prozent der Stimmberechtigten — 30 000 Einzelpersonen[*] — ein gleichartiges Begehren zu stellen vermögen, wie bei der Einführung des fakultativen Gesetzesreferendums die Akzente gesetzt worden sind. Die Vorschrift, wonach acht Stände das Referendum ergreifen können, nimmt sich heute aus wie die Anerkennung eines Prinzips, an dessen innere Berechtigung man eigentlich nur noch wenig glaubte.

Zu einer gewissen bescheidenen Bedeutung ist hingegen das den Kantonen zustehende Recht auf *Einreichung einer Standesinitiative* gelangt, wenn man auch darin einen grundsätzlichen Mangel erblicken muss, dass die Standesinitiative in jedem Fall nur als Antrag an die Bundesversammlung gilt und dass selbst eine Mehrheit von Kantonen nicht wenigstens in Verfassungsfragen die Möglichkeit hat, einen Antrag an den eigentlichen Verfassungsgesetzgeber — Volk und Stände — zu stellen.

3. Das *praktische Schwergewicht* der Beteiligung der Kantone an der Willensbildung im Bund liegt indessen auch heute noch in der Institution des *Ständerates*. Gewiss ist infolge der mehr und mehr zum Prinzip gewordenen Volkswahl der Ständeräte und ihrer immer ausgesprocheneren parteimässigen Auslese nicht mehr jene enge Verbindung zwischen den Angehörigen der Ständekammer und den durch sie repräsentierten Kantonen vorhanden, wie sie zu Beginn unseres Bundesstaates bestand. Und doch möchte man unserem Lande niemals ein System wünschen, das sich — wie in Deutschland — die zweite Kammer ausschliesslich aus Regierungsvertretern und Verwaltungsfachmännern zusammensetzt. Wenn man davon spricht, der Ständerat sei heute nicht mehr im ursprünglichen Sinn ein Kollegium von Kantonsvertretern, er sei vielmehr unter Veränderung seines Repräsentationscharakters zu einer zweiten und verkleinerten Volkskammer geworden, dann weist man auf eine Entwicklung hin, die vielleicht wohl besteht, zu deren Korrektur es aber gewiss keiner grundlegenden institutionellen Änderungen bedarf. Es mangelt hier ganz einfach daran, dass die Kantone in eidgenössischen Fragen, die sie in besonderem Masse berühren, gelegentlich nicht mehr den Weg zu ihren Standesvertretern finden. Und wenn wegen der zunehmenden Verlagerung der Gesetzgebungsarbeiten auf das verwaltungsinterne Vorbereitungsstadium eine Interven-

---

[*] Heute 50 000 (Anm. des Hrsg.).

tion in der Ständekammer heute vielfach verspätet ist und nicht mehr ihre volle Wirksamkeit hat, so lässt sich sehr einfach durch einen Ausbau und eine bessere Ordnung des sogenannten *Vernehmlassungsrechtes* Remedur schaffen. Bundeserlasse, die sich auf die neuen Wirtschaftsartikel stützen, *müssen* den Kantonen von Verfassungs wegen zur vorgängigen konsultativen Äusserung unterbreitet werden (BV Art. 32 Abs. 2); hinsichtlich anderer eidgenössischer Erlasse wird dieses Vorgehen vielfach aus freien Stücken gewählt. Darin liegt, vor allem mit dem Blick auf den wachsenden eidgenössischen Verwaltungsstaat, ein konstruktiver Weg, die heute in weiten Bereichen fragwürdig gewordenen Mitwirkungsrechte der Kantone zu aktivieren. Um so mehr Bedenken muss es dann freilich erwecken, wenn der Bund — die Bundesverwaltung vielfach — in völliger Freiheit über dieses Vernehmlassungsverfahren befindet und dabei mit der einen Hand oft wieder nimmt, was mit der anderen gegeben wurde. Gemäss einer grundsätzlichen Äusserung der Eidg. Justizabteilung soll es zum Beispiel genügen, wenn ein Entwurf zu einem Bundeserlass, der gemäss den Wirtschaftsartikeln den Kantonen unterbreitet werden muss, einer Konferenz kantonaler Departementsvorsteher zur Kenntnis gebracht wird[43]. Darin liegt eine grundsätzliche Verkennung des Wesens der bundesstaatlichen Mitwirkungsrechte. Gewährt die Verfassung den Kantonen ein Vernehmlassungsrecht, dann liegt es ausschliesslich bei ihnen, die Behörde zu bezeichnen, die gegenüber dem Bund den kantonalen Standpunkt zu vertreten hat; zu verkehren hat der Bund mit der kantonalen Regierung.

4. Nicht ohne innere Beziehung zu den eigentlichen Mitwirkungsrechten bleibt schliesslich die Befugnis der Stände, in *staatsrechtlichen Auseinandersetzungen zwischen dem Bund und den Bundesgliedern einen Entscheid des Staatsgerichtshofes zu erwirken*. Diese Möglichkeit steht den Kantonen heute insoweit zu, als sie beim Bundesgericht den sogenannten *Kompetenzkonflikt* zu erheben vermögen. Dieses bundesgerichtliche Schiedsverfahren ist indessen seinem Gegenstande nach in doppelter Hinsicht beschränkt: es kann sich nicht auf Bundesgesetze und allgemeinverbindliche Bundesbeschlüsse beziehen (BV Art. 113 Abs. 3) — in Zukunft werden vielleicht auch die dem Finanzreferendum unterstehenden Beschlüsse ausscheiden —, und es vermag weiter nur, wie es schon der Name sagt, *Zuständigkeitsstreitigkeiten* zu erfassen. Im übrigen aber ist die heutige eidgenössische Verfassungsgerichtsbarkeit fast ausschliesslich — und im Gegensatz etwa zur

---

[43] Verwaltungsentscheide der Bundesbehörden, Heft 21, 1951, Nr. 11.

neuen deutschen Ordnung[44] — Gerichtsbarkeit über *individuelle Verfassungsbeschwerden*, über die behauptete Verletzung individueller Verfassungsrechte. Darin liegt eine für das schweizerische Staatsrecht charakteristische Einengung der unabhängigen Verfassungsjustiz[45]. Dem Charakter des Föderativstaates würde es entsprechen, vorab auch die Rechte der Bundesglieder durch einen ausgebauten institutionellen Verfassungsschutz zu sichern und die Stände zum Träger der Parteirechte vor dem Staatsgerichtshof zu machen. Wohl mit der zu engen Basis der spezifisch bundesstaatlichen Verfassungsgerichtsbarkeit hängt es zusammen, dass das Bundesgericht auch da, wo es bereits nach geltendem Recht Konflikte zwischen dem Bund und den Kantonen zu entscheiden hat, einige Mühe hat, sich in die Rolle des Mittlers zwischen den lokalen und den zentralen Interessen einzudenken[46].

IV.

Wenn man die schweizerische Staatsidee üblicherweise aus drei Grundkomponenten — dem föderativ-genossenschaftlichen, dem liberalen und dem demokratischen Prinzip[47] — entwickelt, dann hat man sich zu vergegenwärtigen, dass diesen verschiedenen ideellen Gestaltungsprinzipien nicht in gleicher Weise ein fester formelhafter Ausdruck gegeben werden kann. Die praktischen Lösungen, denen der *demokratische* Gedanke ruft, werden sich wohl stets mit einiger Eindeutigkeit feststellen lassen. Weit schwieriger ist es bereits, die konkreten Auswirkungen *liberalen* Denkens und Gestaltens zu erkennen. Vollends aber versagt jede formelhafte Deutung hinsichtlich jener staatsrechtlichen Grundkomponente, die wir als die *föderative* bezeichnen. Zwar mag es einleuchten, dass ein Übermass zentraler Kompetenzen und eine Verkümmerung der gliedstaatlichen Mitwirkungsrechte der bundesstaatlichen Organisationsform gefährlich werden müssen. Und doch wird nur schon in dieser sehr allgemein gehaltenen Feststellung auf

[44] Vgl. hiezu Friesenhahn, Wesen und Grenzen der Verfassungsgerichtsbarkeit, Zs. f. schweiz. Recht, 1954, S. 129 ff.
[45] H. Huber, Die Verfassungsbeschwerde, 1954, S. 8.
[46] Vgl. z.B. den Entscheid vom 19. März 1952 (BGE 78 I, S. 14 ff.) und die von H. Huber an diesem Urteil mit Recht geübte grundsätzliche Kritik (Zentralblatt f. Staats- und Gemeindeverwaltung, Bd. 55, 1954, S. 481 ff.).
[47] Vgl. Fleiner/Giacometti, S. 30 ff.

einen zunächst noch ungewissen, erst noch zu schaffenden Massstab Bezug genommen. Was nämlich gibt uns das Recht, hier von einem *Übermass* und da von einer *Verkümmerung* zu sprechen? Wo liegt das Kriterium einer solchen Wertung?

Die föderative Lebensform lässt sich, anders als die blosse Dezentralisation, kaum jemals durch institutionelle Reformen erzwingen. Lebendiger Föderalismus ist vielmehr das Abbild eines in sich ausgewogenen staatlichen Ganzen. Gewiss ist die Dezentralisation eine formale Vorbedingung des Föderalismus. Sie ist als institutionelle Massnahme aber auch nicht mehr als eine blosse Vorbedingung; sie bedeutet noch keine *Gewähr* der föderativen Lebensform. Die Ausgewogenheit echt föderalistischer Gestaltung ist da erreicht, wo über die Dezentralisation hinaus die grundlegenden staatlichen Funktionen, die Gewalten und Behördengruppen, nach einem klaren Plan ihre klar umrissene Aufgabe zugewiesen erhalten haben, wo die Gewichte und Gegengewichte deutlich und überlegt verteilt sind und wo in der Spannung der Gegensätze jede Einseitigkeit und Ausschliesslichkeit gebannt wird. Nichts ist der föderativen Lebensform gefährlicher als das unbestimmte Vermengen und Vermischen, als das Aufgehenlassen des seinem Wesen nach Gegensätzlichen in einem undifferenzierten Ganzen. Dieser Ausgewogenheit bedarf es freilich nicht nur im Verhältnis der lokalen und der zentralen Gewalten. Es genügt nicht, allein Bund und Gliedstaaten in der Erfüllung ihrer Aufgaben in ein lebendiges, von der Spannung wahrer Eigenständigkeit bestimmtes Zusammenwirken zu bringen. Auch in allen anderen Bereichen der Verfassung bedarf es einer klärenden Differenzierung. Dieser Einsicht standen die grossen Begründer der bundesstaatlichen Lehre sehr viel näher als wir heutigen.

So ist die Problematik des schweizerischen Föderalismus zu einem wesentlichen Teil die Folge einer Verzerrung und Verzeichnung anderer Teile unseres staatlichen Gefüges. In diesem Sinne wird es für die Zukunft unserer bundesstaatlichen Organisationsform wohl vor allem entscheidend sein, das Gleichgewicht der staatlichen Grundgewalten durch eine Stärkung der Justiz zu festigen, im Bund die administrative Funktion schärfer von der Regierungsfunktion abzuheben und schliesslich allgemein das Gewicht und die Stabilität unseres Grundgesetzes, der Bundesverfassung, zu mehren. Die staatsrechtliche Problematik des schweizerischen Föderalismus spiegelt in weitem Masse andere strukturelle Probleme unseres Bundesstaates wider. Wohl nur aus einer solchen *umfassenden* kritischen Schau kann die für ein konstruktives Weitergestalten unerlässliche Einsicht werden.

Peter Noll

Peter Noll

1926—1982

PETER NOLL dürfte einer der wenigen Rechtslehrer unserer Tage sein, der über seinen engeren Fachbereich hinaus einer breiten Öffentlichkeit bekannt wurde. Der Grund dafür liegt in der Tatsache, dass seine Interessen und die Stossrichtung seiner öffentlichen Aktivitäten nicht auf sein wissenschaftliches Hauptgebiet, nämlich Strafrecht, Strafprozessrecht und Gesetzgebungslehre, beschränkt blieben. Vielmehr hat er stets philosophische, religiöse und künstlerische Themen verfolgt, ja ursprünglich sogar eine Laufbahn als Schriftsteller anvisiert. Er wandte sich der Juristerei anfänglich deshalb zu, weil er annahm, mit diesem Studium am meisten Zeit für die Schriftstellerei zu haben. Unter seinen vielen Schriften[1] befinden sich bezeichnenderweise, für einen Rechtslehrer wohl eher ungewöhnlich, solche mit literarischer oder religiöser Thematik.

PETER NOLL wurde in seinen frühen Jahren durch die Basler Schule von OSCAR A. GERMANN (1889—1979) geprägt, bei dem er im Jahre 1949 doktorierte und unter dessen Ägide er sich im Jahre 1955 an der Universität Basel habilitierte. NOLL verband diese erste akademische Lehrtätigkeit mit einer Gerichtsschreiberstelle am Obergericht des Kantons Basel-Land. Im Jahre 1961 folgte er einem Ruf an die Universität Mainz. In diesen frühen Jahren seines akademischen Wirkens galt das Interesse NOLLS vorwiegend grundsätzlichen Themen des Strafrechts und der Kriminalpolitik. Anklänge finden sich bereits in seiner Dissertation und seiner Habilitationsschrift, die Fragen der Rechtfertigung gewidmet waren. In diesen ersten wie auch in seinen späteren Schriften hat NOLL immer wieder aus einer ideologie- und normkritischen Haltung heraus in eindrücklicher Weise Fragen der Legitimation

---

[1] Vgl. das Literaturverzeichnis in: *Gedächtnisschrift für Peter Noll*, hrsg. von ROBERT HAUSER, JÖRG REHBERG und GÜNTER STRATENWERTH, Zürich 1984, S. 415 ff.

des Strafrechtes und der Gesetzgebung behandelt. Vorab in seiner Mainzer Antrittsrede zur ethischen Begründung der Strafe[2] versuchte er, das Strafrecht auf eine rationale Basis zurückzuführen und ihm allein die Aufgabe eines rechtsstaatlich begrenzten Mittels der Sozialkontrolle und vor allem der Rückführung des Rechtsbrechers in die Rechtsgemeinschaft zuzuweisen. Strafrechtliche Sanktionen sollten dem Staat aber nur zugestanden werden, wenn dies zum Schutze der wichtigsten Rechtsgüter des Einzelnen wie auch der Gemeinschaft unerlässlich ist. Die Begrenzung der staatlichen Macht mit den Mitteln des Rechts blieb lebenslang ein zentrales Anliegen PETER NOLLS. Diese Überzeugungen veranlassten PETER NOLL sodann, aus der Beschaulichkeit des rein wissenschaftlichen Wirkens aktiv und immer klar Stellung beziehend in die kriminalpolitische Diskussion und die Erneuerung des Strafrechtes einzugreifen. So beteiligte er sich an verschiedenen Entwürfen und Alternativ-Entwürfen zum deutschen Strafgesetzbuch, die die Strafrechtsrevisionen in Deutschland mitprägten. In seinen letzten Jahren wirkte er in der Expertenkommission für die Schaffung eines neuen Besonderen Teils des Schweizerischen Strafgesetzbuches mit.

Im Jahre 1969 wurde NOLL an die Universität Zürich berufen, an der er bis zu seinem Tode im Jahre 1982 tätig war. Er fesselte seine Studenten nicht nur durch seine durch Scharfsinn, Lebensnähe und Ironie geprägten Lehrveranstaltungen. Beeindruckend war vielmehr auch, in welcher Weise er versuchte, seine Mithörer aktiv und als voll anerkannte Partner ins Lerngeschehen einzubeziehen und zu kritischen Juristen, die das Bestehende in Frage zu stellen wagen, zu erziehen. Seiner Neigung für grundsätzliche Fragen folgend, führte er an der Zürcher Hochschule das Fach «Gesetzgebungslehre» ein. Er veröffentlichte zu diesem Thema als erster eine grundlegende Studie[3]. In seinen letzten Lebensjahren widmete er sich verschiedenen Studienbüchern zum Straf- und Strafprozessrecht, schrieb aber auch Werke, die weit über diesen Bereich hinausführten. Alle diese Publikationen zeichnen sich dadurch aus, dass darin stets sein am Grundsätzlichen interessierter, die bestehenden Verhältnisse und Zustände in Frage stellender Geist zum Ausdruck kommt. Erwähnt seien hier nur ein für die Studenten bestimmtes Vorlesungsskriptum «Straf-

[2] Die ethische Begründung der Strafe, Tübingen 1962.
[3] Gesetzgebungslehre, Rowohlt Taschenbuch Verlag, Hamburg 1973.

prozessrecht»[4] sowie die Studie über die Todesurteile gegen Landesverräter im Zweiten Weltkrieg[5]. Sodann begann er mit der Herausgabe eines auf mehrere Bände angelegten Lehrbuches zum schweizerischen Strafrecht. Der im Jahre 1981 erschienene Band «Schweizerisches Strafrecht, Allgemeiner Teil I»[6], eine sehr konzise, kritische Darstellung der allgemeinen Voraussetzungen der Strafbarkeit, liess er durch KASPAR FISCHERS Zeichnungen anreichern, die auf humorvolle Weise die Absurdität mancher der im Strafrecht seit Generationen unausrottbar wiederkehrenden Kathederbeispiele illustrieren. Im Vorwort zu diesem Werk teilte PETER NOLL mit, er wolle «sub condicione Jacobea» (Jakobusbrief 4, 15) diesem ersten Bande weitere folgen lassen. Ob NOLL damals bereits sein nahes Ende erahnte, ist dem Schreibenden nicht bekannt. Jedenfalls war er nicht mehr in der Lage, sein Vorhaben zu verwirklichen. Der folgende Band, «Schweizerisches Strafrecht Besonderer Teil I», erschien erst nach seinem Tode[7]. Das Werk, das PETER NOLL in grossen Bevölkerungsschichten bekannt machte und hohe Auflageziffern erreichte, erschien ebenfalls erst nach seinem Tode. In den «Diktaten über Sterben & Tod»[8] schildert PETER NOLL in einem Tagebuch die letzten, von schwerer Krankheit gezeichneten Monate seines Lebens, ein Werk, das zahllose Menschen ergriff.

In diesen Werken wie auch in seinem übrigen Wirken kommt sein vielfältiges und kritisches Engagement für aktuelle Zeitfragen zum Ausdruck. Dieses Engagement bewog ihn ebenfalls, politisch Stellung zu beziehen und sich etwa in den Massenmedien prononciert zu allgemeinen Fragen wie zur Tagesaktualität zu äussern, selbst wenn er damit gegen etablierte Meinungen verstiess und Kollegen manchmal brüskierte. Seine Tätigkeit als Ersatzmann und Mitglied des Kassationsgerichtes des Kantons Zürich (1971—1982) war geprägt vom Bestreben, die nach seiner Überzeugung notwendigen Änderungen der Rechtsprechung zur Verstärkung der rechtsstaatlichen Garantien des in ein Strafverfahren verwickelten Bürgers herbeizuführen.

---

[4] Schulthess Polygraphischer Verlag, Zürich 1977.
[5] Landesverräter. 17 Lebensläufe und Todesurteile 1942—1944, Verlag Huber, Frauenfeld und Stuttgart 1980.
[6] Erschienen bei Schulthess Polygraphischer Verlag, jetzt 3. Auflage herausgegeben von Stefan Trechsel, Zürich 1990.
[7] Schulthess Polygraphischer Verlag, Zürich 1983.
[8] pendo-Verlag, Zürich 1984.

PETER NOLLS lebenslange Auseinandersetzung mit Grundfragen des Rechts, vor allem der Norm, aber auch der Macht sowie der Religion wird deutlich in der erstmals 1968 erschienenen Studie «Jesus und das Gesetz»[9], die hier als Beispiel seines engagierten, die engen Bereiche der Strafrechtsdogmatik sprengenden Denkens wiedergegeben sei.

Niklaus Schmid

[9] Jesus und das Gesetz. Rechtliche Analyse der Normkritik in der Lehre Jesu, in: Sammlung gemeinverständlicher Vorträge und Schriften aus dem Gebiet der Theologie und Religionsgeschichte, Heft 253, Tübingen 1968, S. 3 ff.; abgedruckt auch in: PETER NOLL, Gedanken über Unruhe und Ordnung, pendo-Verlag, Zürich 1985, S. 48 ff.

Jesus und das Gesetz *

Rechtliche Analyse der Normenkritik in der Lehre Jesu

von Peter Noll

Die folgenden Ausführungen enthalten nichts weniger als die Behauptung und den versuchten Nachweis, dass die Aussagen Jesu zu den Geboten der Tora rechtstheoretische Erkenntnisse, insbesondere über die Funktion von Normen, vermitteln, die von der Rechtswissenschaft bis heute noch nicht eingeholt und auch in der theologischen und philosophischen Ethik in ihrer ganzen Tragweite teils nicht gesehen, teils absichtlich verdunkelt worden sind. Jesu grundlegende Normen- und Sanktionenkritik ist auf jede rechtliche, ethische und soziale Ordnung anwendbar und muss sich in der geschichtlichen Dimension durch ihr radikales Infragestellen als Impuls zu permanenter Reform gegebener Ordnungen auswirken. Darin liegt auch die Erklärung dafür, dass es über blosse Machtkämpfe hinausgehende Rechts- und Sozialkritik und Rechts- und Sozialreform nur im Raum der jüdisch-christlichen Tradition gegeben hat.

Um Missverständnissen vorzubeugen, sind drei Voraussetzungen hervorzuheben, die dem folgenden Gedankengang zugrunde liegen.

a) Jesus war nicht Jurist und hat nicht als Rechtsgelehrter gesprochen. Er hat die «Juridik» sogar ausdrücklich relativiert und in enge Grenzen gewiesen. Er war nicht normenfreundlich (anders als die sogenannte Ordnungstheologie), sondern normenkritisch eingestellt. Ihn interessierte die Aus-

---

* Erschienen bei J.C.B. Mohr, Tübingen 1968 sowie im Band «Gedanken über Unruhe und Ordnung», pendo-Verlag, Zürich 1985, S. 48 ff.

nahme mehr als die Regel, der Einzelne mehr als die Gesellschaft. Gerade dadurch aber bekommen seine Aussagen eine rechtstheoretische und sozialethische Relevanz, deren geschichtliche Wirksamkeit nicht zu übersehen ist. Es könnte auch dem theologischen Interpreten Gewinn bringen, diese Seite der Verkündigung Jesu und ihren weltlichen Folgenreichtum zu sehen. Es könnte ihn vor einer Art religiöser Rede und Beschwichtigung bewahren, die sich von aller einzelmenschlichen und sozialen Realität fernhält und diese und die Zuhörer unberührt lässt.

b) Das Anliegen Jesu war individualethischer Natur. Es ging ihm um das Verhältnis des Einzelnen zu Gott und den Mitmenschen. Die Absicht, eine Gesamtordnung zu entwerfen und von daher einzelne Normen zu postulieren oder zu kritisieren, lag ihm fern. Wir finden bei ihm denn auch keine Aussagen zum Tun des Staates und seiner Repräsentanten, ein Umstand, der nicht zuletzt dazu beigetragen haben mag, dass, nachdem die christliche die herrschende Lehre geworden war, mit der Bibel stets die gerade bestehenden Ordnungen gerechtfertigt wurden (vor allem durch das ominöse 13. Kapitel des Römerbriefes), da sie doch darin keine Kritik fanden.

Die individualethische Forderung hat aber, sofern sie das zwischenmenschliche Verhältnis betrifft, immer zugleich einen sozialethischen Aspekt, sobald viele oder alle Individuen sich nach ihr richten. Somit ist der objektive Sinn der Aussagen Jesu auch sozialethisch, selbst wenn sie subjektiv nur individualethisch gemeint sein mögen.

c) Die überlieferten Aussagen Jesu werden im folgenden nicht historisch nach dem Kriterium der Echtheit gesiebt. Denn einmal sind nicht Echtheit, sondern nur Richtigkeit und Relevanz für den Wert einer Aussage entscheidend, und zum zweiten haben die entscheidenden Aussagen des Neuen Testamentes unabhängig von ihrer textkritischen Bewährung normative Bestimmungsfunktion übernommen und sind damit geschichtliche Wirklichkeit geworden.

1. Die Ethik Jesu ist anthroprozentrisch

«Der Sabbat ist um des Menschen willen gemacht, und nicht der Mensch um des Sabbats willen. So ist des Menschen Sohn ein Herr auch über den Sabbat.» (Mk. 2, 27. 28. Alle Bibelzitate sind der 1956 revidierten Luther-Übersetzung entnommen.) In den häufigen Stellungnahmen Jesu zum

Gebot der Sabbatruhe wird ein fundamentales Prinzip der Ethik und vor allem des Rechts sichtbar: Normen sind um des Menschen willen gesetzt. Nach dem Urtext ist zwar die Annahme ausgeschlossen, dass Jesus die gesetzlichen, sozialen und ethischen Normen schlechthin als Menschenwerk betrachtete, worauf Luthers Übersetzung («gemacht») hindeuten könnte, denn im Griechischen steht dafür das Wort «egeneto», woraus sich wie aus vielen anderen Aussagen ergibt, dass er die Normen des mosaischen Gesetzes zunächst als von Gott gegeben hinnimmt; dies ändert aber nichts an seiner normenkritischen Grundposition, welche darin besonders deutlich wird, dass des Menschen Sohn als ein Herr auch des Sabbats bezeichnet wird. Jesus begnügt sich also nicht damit, die geltenden Normen, wie noch zu zeigen sein wird, teleologisch, nach ihrem vernünftigen Sinn und Zweck, auszulegen und ihren Anwendungsbereich auf das Mass dessen zu beschränken, was für die Entfaltung des Menschen und ein gedeihliches Zusammenleben erforderlich ist, er bestreitet ihre Existenzberechtigung überhaupt, wenn sie solchen Zwecken nicht dienen. Besonders eindrücklich zeigt sich dies in Matthäus 15, 11 ff.: «Was zum Munde eingeht, das macht den Menschen nicht unrein; sondern was zum Munde ausgeht, das macht den Menschen unrein. ... Merkt ihr noch nicht, dass alles, was zum Munde eingeht, das geht in den Bauch und wird durch den natürlichen Gang ausgeworfen? Was aber zum Munde herausgeht, das kommt aus dem Herzen, und das macht den Menschen unrein. Denn aus dem Herzen kommen arge Gedanken, Mord, Ehebruch, Unzucht, Dieberei, falsch Zeugnis, Lästerung. Das sind die Stücke, die den Menschen unrein machen. Aber mit ungewaschenen Händen essen macht den Menschen nicht unrein.»

Jesus bestreitet an dieser Stelle die Existenzberechtigung von Essvorschriften, weil sie Konventionen und Tabus darstellen, die mangels eines Bezuges auf die Zwischenmenschlichkeit mit der Unterscheidung von Gut und Böse nichts zu tun haben. Von ihrer möglichen hygienischen Funktion, die selten vorhanden ist und damals jedenfalls nicht bekannt war, sieht er ab, zumal der mögliche Sozialbezug einer blossen Selbstgefährdung erst mit der Entdeckung der Genese ansteckender Krankheiten bekannt geworden ist. Den Tabus, den zwecklosen reinen Verhaltensnormen, die ein Verhalten um seiner selbst willen, ungeachtet seiner sozialen Auswirkungen, gebieten oder verbieten, stellt Jesus die Delikte des Mordes, Ehebruchs, der Unzucht, der Dieberei, des falschen Zeugnisses und der Lästerung entgegen, die allesamt einen offensichtlichen Sozialbezug aufweisen, entweder, wie man in der heutigen Strafrechtslehre sagen würde, Rechtsgüterverletzungen darstellen oder doch Äusserungen von krassem Egoismus.

Primitive Rechts- und Gesellschaftsordnungen enthalten eine Fülle von Tabus, Zwangsvorschriften und Ritualen, die keinen ersichtlichen Schutzzweck verfolgen, der Entfaltung des Einzelnen und der Gesellschaft nicht förderlich sind, sondern im Gegenteil nur schädliche Auswirkungen zeitigen und unter Umständen sogar die Existenz der nach ihnen lebenden Gesellschaft bedrohen. Als bekanntestes Beispiel sei hier nur die Heiligkeit der Kühe nach der hinduistischen Religion erwähnt. Die Rationalisierung der Rechtsordnung, ihre Befreiung von Normen, die mehr schaden als nützen, mehr Freiheit zerstören als Freiheit schaffen, und ihre Ersetzung durch Normen, die die optimale Entfaltung des Einzelnen und der Gesellschaft ermöglichen, indem sie nur reale Rechtsgüter wie Leben, Gesundheit, Freiheit, Eigentum usw. schützen, ist die wichtigste Aufgabe der Rechtswissenschaft. Da jede Norm einen Zwang bedeutet, ist ihre Setzung nur berechtigt, wenn das Gut, das sie schützt, wertvoller ist als die Freiheit, zu tun oder zu unterlassen, was sie verbietet oder gebietet. Einer von der Wissenschaft beeinflussten Rechtsentwicklung liegt immer diese Erkenntnis zugrunde. Sie führt zu einem Abbau sinnloser Zwangsvorschriften oder dazu, dass ursprünglich irrationalen Normen ein rationaler Sinn untergeschoben wird und dass sie entsprechend umgestaltet werden. So hat etwa das Strafrecht sich im Laufe der Zeit mehr und mehr von den ursprünglichen Gedanken des Opfers, der Rache und der Vergeltung entfernt und die strafrechtlichen Sanktionen auf die Zwecke der Resozialisierung, der Sicherung und der Abschreckung ausgerichtet.

Die Einsicht, Normierungen um der Freiheit willen auf das vom Zweck her Notwendige zu beschränken, hat ihren klassischen Ausdruck in Art. 5 der Erklärung der Menschenrechte von 1789 gefunden: «Das Gesetz hat nur das Recht, Handlungen zu verbieten, die der Gesellschaft schädlich sind.» Es kann wohl nicht mit Grund bestritten werden, dass es Jesus bei seiner Auseinandersetzung mit der pharisäischen Gesetzlichkeit zumindest *auch* um die Befreiung des Menschen von einem dichten und starren Geflecht von Normen ging, die seine Spontaneität ersticken und seine Entfaltung verhindern.

Erst der sozialethisch von seiner Aufgabe als Organisator der frühen christlichen Gemeinden notwendigerweise engagierte Paulus hat freilich ein normatives Problem gesehen, das immer auftaucht, wenn rationale Normenkritik sich gegen Vorschriften richtet, die zwar zwecklos, aber im traditionsgläubigen allgemeinen Bewusstsein so fest verankert sind, dass ihre Übertretung bei Menschen, die sich ihnen verpflichtet fühlen, Anstoss und Ärgernis erregt. Ist um des Rechtsfriedens willen auch bei rationaler Überlegung ein normativer Schutz vor Anstoss und Ärgernis zu gewähren und damit ein gewisser Konformismus von Rechts wegen zu erzwingen, dem Toleranten in gewissen Grenzen ein Nachgeben gegenüber dem Intoleranten zuzumuten? Auch die modernen Rechts- und Sozialordnungen hegen tatsächlich keine Bedenken, einen «minimalen Konformismus» zu erzwingen. Wer nackt durch die Strassen geht, wird rasch in polizeilichen Gewahrsam genommen, obwohl er niemand schädigt als bei entsprechender Witterung sich selbst. Das polizeiliche Verhalten ist lediglich symptomatisch für das Bewusstsein der Gesellschaft, auch indem es beispielsweise dazu neigt, seinen Zwang nach rein optisch abweichenden äusserlichen Merkmalen wie Beatlefrisur und Existenzialistenbart auszurichten. Hier freilich ist die Grenze des Bereiches gerechtfertigten konformistischen Zwangs weit überschritten.

Paulus sah deutlich, dass Essvorschriften keinen moralischen Bezug haben und dass daher die Aufhebung des kultischen Zwangs um der Freiheit willen zu fordern ist. Es ist somit den Christen auch nicht verboten, Götzenopferfleisch zu essen: «Essen wir nicht, so werden wir darum nichts weniger sein; essen wir, so werden wir darum nicht besser sein» (1. Kor. 8,8). Erst wenn die Tabuvorschrift in der zwischenmenschlichen Beziehung relevant wird, kann ihre Beachtung gefordert sein: «Sehet aber zu, dass diese eure Freiheit nicht gerate zu einem Anstoss für die Schwachen! ... Darum, wenn die Speise meinen Bruder zur Sünde verführt, wollte ich nimmermehr Fleisch essen, auf dass ich meinen Bruder nicht verführe» (1. Kor. 8,9.13). Paulus geht also zutreffend davon aus, dass Essvorschriften, da sie keine Schutzfunktion haben, nach dem Freiheitsprinzip unverbindlich sind: «Alles, was feil ist auf dem Fleischmarkt, das esset und forschet nicht nach, auf dass ihr das Gewissen nicht beschweret» (1. Kor. 10,25). Nur wenn der «Schwache» dadurch in seinem Glauben unsicher gemacht würde, soll man das Essen von Götzenopferfleisch unterlassen. Paulus behandelt in seiner Kasuistik noch einen weiteren Fall, der besonders tief und in höchst aktueller Weise in die Problematik des Verhältnisses zwischen dem Freiheitssatz und gesellschaftlichem oder rechtlichem Konformitätsdruck hineinführt: «Wenn jemand von den Ungläubigen euch einladet und ihr wollt hingehen, so esset alles, was euch vorgesetzt wird, und forschet nicht nach, auf dass ihr das Gewissen nicht beschweret. Wenn aber jemand würde zu euch sagen: ‹Das ist Opferfleisch›, so esset nicht, um des willen, der es euch anzeigte, auf dass ihr das Gewissen nicht beschweret. Ich rede aber vom Gewissen, nicht deinem eigenen, sondern von dem des andern. Denn warum sollte ich über meine Freiheit lassen urteilen von eines anderen

Gewissen?» (1. Kor. 10,27 bis 29. Bemerkenswert ist, wie stark hier Paulus die Gewissensfreiheit betont. Ähnlich schon Sokrates in der Apologie.) Das bedeutet: wenn der Ungläubige dem Verzehr von Götzenopferfleisch bewusst demonstrative Bedeutung beimisst, soll der Christ das Fleisch nicht essen, obwohl er es sonst dürfte.

Der normative Konflikt, den Paulus zu lösen versucht, ist nahe verwandt mit zwei Rechtsfragen, die in der letzten Zeit die Gerichte und die Öffentlichkeit stark beschäftigt haben: die Zulässigkeit des Schulgebetes und die Verbindlichkeit des Verbotes der Sonntagsarbeit. Der hessische Staatsgerichtshof hat in seinem Urteil vom 27.10.1965 das Schulgebet als verfassungswidrig erklärt, «wenn dadurch ein Schüler gezwungen würde, entweder gegen seinen Willen am Gebet teilzunehmen oder seine abweichende Überzeugung täglich offen zu bekunden, indem er erst nach dem Gebet das Klassenzimmer betritt.» Noch entschiedener hatte der im hessischen Urteil zitierte US-Supreme-Court am 25.6.1962, allerdings von einer anderen verfassungsrechtlichen Grundlage aus, diesen Standpunkt vertreten. Beide Urteile sind bekanntlich auf heftige Kritik gestossen. Uns interessieren in diesem Zusammenhang weniger die juristischen Überlegungen, die zu diesen Entscheidungen geführt haben, als die Parallelen, die sich aus den Ratschlägen des Paulus ergeben. Für Paulus ist die Gewissensfreiheit der ganz zentrale Gedanke, von dem aus er logischerweise zum Toleranzgebot gelangt. Die an sich wertindifferente Handlung — der Verzehr von Götzenopferfleisch — soll unterlassen werden, wenn ihr von anderer Seite, vom «schwachen» Mitchristen, den sie in Versuchung führt, oder vom Andersgläubigen, der dem Christen ein Ärgernis bereiten will, Bekenntnischarakter beigelegt wird. Weil niemand Herr über ein fremdes Gewissen sein kann, soll sich der Christ und sicher auch der Nichtchrist keine mit seinem Glauben im Widerspruch stehende Bekenntnishandlung abnötigen lassen. Die liberalen Verfassungen gehen noch wesentlich weiter, indem sie schon den Zwang zur blossen Anwesenheit bei einer religiösen Handlung verbieten. Nach Paulus darf der Christ bei kultischen Handlungen Andersgläubiger anwesend sein und sie tolerieren; er darf sogar «zu Tische sitzen im Götzenhause» (1. Kor. 8,10), wenn nicht dadurch ein anderer Christ in Gewissenskonflikte geführt wird. Nur mitvollziehen soll er die kultische Handlung nicht. Gewiss wäre Paulus nie auf den Gedanken gekommen, von Andersgläubigen zu verlangen, dass sie ihre kultischen Handlungen in Anwesenheit von Christen unterlassen. Insofern war er wesentlich toleranter und auch gelassener als die ideologisch überempfindlichen Kläger, die verlangen, dass in der Schule nicht gebetet werde. Andererseits ist ein von

Staats wegen verordnetes Beten von der Position des Paulus her auch nicht zu rechtfertigen, da ja kultische Handlungen nach seiner Meinung nur Sinn haben, wenn das individuelle Gewissen sich spontan und voll mit ihnen identifiziert.

Analog wäre nach paulinischen Überlegungen wohl auch das Gebot der Sonntagsheiligung zu beurteilen. Seine formalistische Einhaltung, die Jesus, insofern radikaler als Paulus, abgelehnt hat, würde Paulus wohl dann vom Christen fordern, wenn der «schwache» Mitchrist durch seine Verletzung in seinem Glauben unsicher würde. Darüber, was der Christ vom Nichtchristen zu fordern habe, hat sich Paulus freilich nicht ausgesprochen; sicher aber war für ihn eine Situation unvorstellbar, in der Christen über Nichtchristen Bekenntniszwang ausüben würden, wie es in der Folgezeit üblich wurde.

(Dass Paulus Toleranz auch gegenüber den Andersgläubigen forderte, ergibt sich aus 1. Kor. 10,32: «Gebet kein Ärgernis weder den Juden noch den Griechen noch der Gemeinde Gottes.»)

Auch war der Anstoss, auf den Rücksicht zu nehmen Paulus empfiehlt, ein wirklicher Gewissenskonflikt des Mitchristen und nicht das blosse Konformitätsbewusstsein, das heute beispielsweise die Anzeigen wegen Übertretung der Vorschrift der Sonntagsruhe meistens hervorruft. Die entsprechenden Ländergesetze schützen hier freilich vor dem rein formalen Anstossnehmenmüssen, indem sie massgeblich nicht etwa auf die Ruhestörung abstellen, sondern auf die öffentliche Sichtbarkeit des sonntäglichen Tuns. Die verfassungsrechtliche Zulässigkeit solcher Vorschriften ist bisher höchstrichterlich nicht überprüft worden.

2. Jesus bedient sich der Tora gegenüber einer freien, teleologischen, situationsgerechten Auslegungsmethode

Aus der Erkenntnis der Funktionen der Normen gewinnt Jesus seine grundsätzlich normenkritische Haltung. Wenn die Normen nur bezogen auf den Menschen und den Mitmenschen sinnvoll sein können, müssen sie auch auf diese Beziehung hin interpretiert werden. Wiederum sind die das Gebot der Sabbatheiligung betreffenden Argumentationen in Matthäus 12 für die juristische Methodenlehre sehr instruktiv. Jesus stellt die Vorschrift zunächst in einen historischen und systematischen Zusammenhang, indem er daran erinnert, dass David — und darin ist natürlich auch das argumentum ad auctoritatem sichtbar — ein noch wichtigeres Gebot brach, als er die den Priestern vorbehaltenen Schaubrote im Gotteshaus ass, da ihn hungerte. Alsdann verweist er darauf, dass auch die Priester im Tempel den Sabbat brechen, dass also vom Verbot begründete Ausnahmen bestehen, und erst danach stellt er die Norm überhaupt in Frage. Dass die pharisäische Auslegung formalistisch, sinnwidrig und unpraktikabel ist, zeigt Jesus schliesslich in Matthäus 12,11 und 12: «Welcher ist unter euch, wenn er ein einziges Schaf hat, das ihm am Sabbat in eine Grube fällt, der es nicht ergreife und ihm heraushelfe? Wieviel mehr ist nun ein Mensch als ein Schaf! Darum darf man wohl am Sabbat Gutes tun.» Jesus verwendet hier die in der Rechtsdogmatik, insbesondere in der strafrechtlichen, als Güterabwägungsprinzip bekannte Rechtsfigur, die im Strafrecht z.B. dem übergesetzlichen Notstand, aber auch anderen Rechtfertigungsgründen zugrunde liegt. Wer ein geringerwertiges Rechtsgut verletzt, um ein höherwertiges zu schützen, handelt rechtmässig. Je höherwertig das geschützte Rechtsgut und je niedriger der Rang der verletzten Norm, desto zweifelsfreier die Rechtfertigung. Wenn es erlaubt ist, unter Verletzung des Sabbatgebotes ein Tier zu retten, ist es um so eher erlaubt, am Sabbat einen Menschen zu heilen.

3. Jesus stellt die Kasuistik des Gesetzes unter die Generalklausel des Liebesgebotes

«Du sollst lieben Gott, deinen Herrn, von ganzem Herzen, von ganzer Seele und von ganzem Gemüte. Dieses ist das vornehmste und grösste Gebot. Das andere aber ist dem gleich: Du sollst deinen Nächsten lieben wie dich selbst. In diesen zwei Geboten hängt das ganze Gesetz und die Propheten.» (Mt. 22,37 ff.) «Alles nun, was ihr wollt, dass euch die Leute tun sollen, das tut ihr ihnen auch! Das ist das Gesetz und die Propheten.» (Mt. 7,12)

Das Problem der Spannung zwischen Generalklausel und Kasuistik wird in der Rechtslehre seit langem diskutiert. Die Ergebnisse der Erörterungen sind etwa folgende: Die Kasuistik, die in einer detaillierten Regelung zum Ausdruck kommt, ist genauer, lässt die Entscheidungen sicherer voraussehen, verwirklicht also grössere Rechtssicherheit als die Generalklausel; zugleich ist sie aber auch starrer, weniger anpassungsfähig, sie kann zu widersprüchlichen und ungerechten Ergebnissen führen und veraltet schnell. Die Generalklausel vermeidet diese Nachteile, sie ermöglicht individualisierende Gerechtigkeit, zugleich aber auch Willkür und Rechtsunsicherheit. Die Spannung zwischen den beiden methodischen Prinzipien ist letztlich unaufhebbar, doch gibt es Methoden, sie durch eine sinnvolle Verbindung der beiden Prinzipien zu mildern. Die bewährteste davon ist diejenige, die das Bundesverfassungsgericht anwendet und die ganz offensichtlich auch Jesus vorschwebte. Die Kasuistik wird nicht einfach aufgelöst und durch die Generalklausel ersetzt, wohl aber ist die Generalklausel höherrangig, indem die Einzelnormen und das Ergebnis ihrer Anwendung unter dem Aspekt der Generalklausel zu überprüfen und zu verwerfen sind, wenn sie mit ihr im Widerspruch stehen. So hat das Bundesverfassungsgericht erklärt, dass die Normen der einfachen Gesetze im Lichte der Grundrechte zu interpretieren seien auch dann, wenn sie in zulässiger Weise in Grundrechte eingreifen. Grundsätzlich sind zwar Eingriffe in Grundrechte durch Vorschriften einfacher Gesetze zulässig, doch dürfen sie den Kernbereich des Grundrechts nicht berühren, und weiterhin kann das durch die gesetzliche Norm eingeschränkte Grundrecht seinerseits die Einschränkung des einfachen Gesetzes verlangen. «Die gegenseitige Beziehung zwischen Grundrecht und ‹allgemeinem Gesetz› ist also nicht als einseitige Beschränkung der Geltungskraft des Grundrechts durch die ‹allgemeinen Gesetze› aufzufassen; es findet vielmehr eine Wechselwirkung in dem Sinne statt, dass die ‹allgemeinen Gesetze› zwar dem Wortlaut nach dem Grundrecht Schranken setzen, ihrerseits aber aus der Erkenntnis der wertsetzenden Bedeutung dieses Grundrechts im freiheitlichen demokratischen Staat ausgelegt und so in ihrer das Grundrecht begrenzenden Wirkung selbst wieder eingeschränkt werden müssen.» So kann beispielsweise eine beleidigende Schrift aufgrund des Rechts der freien Meinungsäusserung trotz des gesetzlichen Verbots der Beleidigung rechtmässig sein, wenn sie «einen Beitrag zum geistigen Meinungskampf in einer die Öffentlichkeit wesentlich berührenden Frage durch einen dazu Legitimierten» darstellt. Eine ähnliche Rechtstechnik verwendet der Entwurf 1962 zu einem Strafgesetzbuch, indem er etwa besonders schwere Fälle aufzählt, in denen die Strafe erhöht wird, zugleich aber dem Richter gestattet, von der erhöhten Strafe abzusehen, wenn Unrecht und Schuld nicht über das Normalmass erhöht sind, obwohl formal der Tatbestand des schweren Falles erfüllt ist. Auch Jesus wollte offenbar die gesamte Kasuistik des mosaischen Gesetzes mit dem Liebesgebot jeweils auf den Sinn seiner Anwendung hin überprüfen.

Das Liebesgebot ermöglicht im Bereiche der Individualethik eine Ersetzung der Normativität durch trotzdem nicht ungebundene schöpferische Spontaneität: Dilige et fac quod vis (Augustin). Im Bereiche des Rechts ist freilich das Liebesgebot keine schlechthin praktikable Norm, und die Versuche, ein Recht der Nächstenliebe und dergleichen zu entwerfen, müssen fehlschlagen, weil das Liebesgebot taugliche Richtschnur nur für denjenigen sein kann, der zwischen sich und anderen, nicht für denjenigen, der ausschliesslich zwischen anderen teilen muss, also nicht für Gesetzgeber und Richter. Lieben kann in diesem Bereich nicht Nachgeben und Verzichten heissen, sondern nur: human und gerecht Urteilen. Ausserdem kann das Liebesgebot auch nicht die rein koordinierende Funktion des Rechts übernehmen: Auch wenn alle Menschen gut wären und stets aus Liebe handelten, bedürfte es der Verkehrsregeln und der Fahrpläne. Insofern ist das Gesetz nicht im Liebesgebot enthalten und das Recht gegenüber der Sittlichkeit ein eigenständiger Bereich. Dies bedeutet nicht, dass das Liebesgebot in der Sozialethik ohne Relevanz und Wirkung wäre. Es erweist sich vielmehr als eine starke Kraft der sozialen Entwicklung, da es sich nicht nur gegen Einzelegoismen, sondern auch gegen Gruppenegoismen richtet und von sozialen Klassen, Schichten und sonstigen Gruppierungen verlangt, dass sie auf Forderungen und Privilegien verzichten. Die Gruppenegoismen sind aber die stärksten Kräfte der sozialen Entwicklung. Werden sie durch eine gegenläufige Norm geschwächt, nimmt die Geschichte einen anderen Verlauf, als wenn nur Normen bestehen, die den Gruppenegoismen entgegenkommen und sie bestätigen. Sobald es aber wieder um die Entscheidung *zwischen* den Gruppen geht, also um die gesetzgeberische und richterliche Funktion, mündet das Liebesgebot in das Gerechtigkeitsgebot ein. Um der potentiellen Opfer willen darf der Richter dem Verbrecher nicht einfach verzeihen; aus Liebe muss er vielmehr gerecht sein, muss er beispielsweise Weisse und Schwarze gleichbehandeln, muss der Gesetzgeber Rechtsgleichheit herstellen, unbegründete Privilegien verwerfen, muss er Leistungn belohnen, Bedürfnissen Rechnung tragen, jedem, auch dem Leistungsunfähigen, ein Existenzminimum garantieren. Je mehr sich die Gerechtigkeit wie etwa in der Sozialgesetzgebung auf das Bedürfnisprinzip statt auf das Leistungsprinzip stützt, desto mehr nähert sie sich dem Liebesgebot. Auch Jesus stand häufig in der richterlichen Situation. Er trat dann nach dem Gleichheitssatz stets für die Unterprivilegierten, Diffamierten und Diskriminierten ein, dann freilich notwendigerweise immer auf Kosten der Privilegierten, der Diffamierenden und Diskriminierenden (Lk. 6,24 ff.).

4. Jesus begrenzt und relativiert die Nächstenliebe durch ihre Universalisierung im Gebot der Feindesliebe

Im Liebesgebot wird eine sachlich begründete Grenze zwischen Recht und Ethik sichtbar, die nicht etwa auf die unzulässige Trennung zwischen Staatsmoral und Individualmoral gründet. Vielmehr kann das Recht insoweit sich nicht nach dem Liebesgebot richten, als es zwischen Gegnern, die das Liebesgebot missachten, entscheiden, Konflikte schlichten, im Widerspruch zum Liebesgebot stattfindende Aggressionen präventiv verhüten oder repressiv im Ergebnis wiedergutmachen muss. Dagegen richtet sich das Liebesgebot selbstverständlich auch an Gruppen, insbesondere auch an Staaten, indem es ihnen die Aggression untersagt. Jesus hat die verschiedenen Funktionen von Recht und Sittlichkeit sehr klar und viel deutlicher als Paulus und vor allem die spätere Theologie gesehen. Die Ethik kann sich damit begnügen, Sollensforderungen aufzustellen; das Recht muss zugleich bestimmen, wie zu entscheiden ist, wenn die Forderungen nicht erfüllt, wenn die Normen verletzt werden. Recht und Ethik sind an dem Ideal des «Guten» orientiert; das Recht muss ausserdem mit dem «Bösen» rechnen und Sanktionen aufstellen, die es präventiv eindämmen. Darin ist das Recht auch humaner und wohltätiger als das Sittengesetz, als es mit der Unvollkommenheit der Menschen rechnet und eine Ordnung, in der einigermassen gedeihliches Zusammenleben möglich ist, auch für diejenigen bereithält, die den reinen Sollensforderungen sittlicher oder rechtlicher Natur nicht nachkommen. Dieses von der Rechtstheorie und der philosophischen Ethik bis heute noch nicht richtig erfasste Verhältnis zwischen Sollensnormen einerseits und Präventions- und Reparationsnormen andererseits hat Jesus in seiner mit den Pharisäern geführten Diskussion um die Ehescheidung in verblüffend einfacher und klarer Gedankenführung und Diktion klargelegt. Zunächst stellte er die sittliche und rechtliche Sollensforderung auf: «Was nun Gott zusammengefügt hat, das soll der Mensch nicht scheiden» (Mt. 19,6). Auf den Einwand der Pharisäer, dass das Gesetz Mose die Scheidung gestatte, antwortet er mit dem Hinweis auf den Reparationsnormencharakter der Scheidungserlaubnis: «Mose hat euch erlaubt zu scheiden von euren Weibern um eures Herzen Härtigkeit wegen; von Anbeginn aber ist es nicht also gewesen» (Mt. 19,8). Die katholische Kirche wollte oder konnte im Gegensatz zu allen von ihr unabhängigen Gesetzgebern der zivilisierten Länder diesen weisen Gedankengang nicht mitvollziehen. Zumal in Anbetracht der Dispenspraxis des Vatikans drängt sich der

Verdacht auf, dass das Missverständnis gewollt ist und zu anderen Absichten als zur Herstellung der Sittlichkeit gehandhabt wird. Jesus meinte folgendes: Die Ehegatten schulden einander Liebe, Treue und Beistand bis ans Ende des Lebens, wie es auch in den heute geltenden Gesetzbüchern gefordert ist. Wenn sie aber wegen ihres «Herzens Härtigkeit» diese Forderungen nicht erfüllen können, dann sollen sie nicht zur Strafe lebenslang in einen Käfig von gegenseitiger Abneigung und Unausstehlichkeit eingesperrt werden, sondern dann können sie sündig, aber legal auseinandergehen. Ins Rechtliche übertragen sagt Jesus nicht: sie *können* nicht scheiden; sondern nur: sie *sollen* nicht scheiden. Jesus billigt zwar die Scheidung nicht, er hält sie vielmehr für eine dem Ehebruch gleichstehende Sünde (Lk. 16,18); aber ganz offensichtlich spricht er ausschliesslich den einzelnen an, nicht den staatlichen Gesetzgeber, dem sich die Frage stellt, ob er die Scheidung gesetzlich zulassen soll oder nicht. Höchst bemerkenswert ist, dass die Jünger nach Jesu Worten auf die präventive Funktion eines gesetzlichen Scheidungsverbotes hinweisen: «Steht die Sache eines Mannes mit seinem Weibe also, so ist's nicht gut, ehelich zu werden» (Mt. 19,10). Sie setzten dabei allerdings einen Weitblick voraus, der im Augenblick der Eheschliessung selten vorhanden ist.

Mit dem Gebot der Feindesliebe ist Jesus weit über die bisherigen Morallehren des Judentums und auch der aufgeklärten Antike hinausgegangen, und zugleich hat er sich damit in einen relativen Gegensatz zum Gebot der Nächstenliebe gesetzt. Denn je unbedingter, je schrankenloser, bedenkenloser und unkritischer man den Nächsten, die Familie, die Klasse, die Nation liebt, desto leichter fällt die Rechtfertigung des Hasses und des Kampfes gegen deren Feinde. Ein in seinem personellen Anwendungsbereich begrenztes Liebesgebot führt zur Integration der betreffenden Gruppe und zugleich zur Aggression gegenüber anderen Gruppen. So führen denn die Gläubigen immer wieder heilige Kriege gegen die Ungläubigen, wobei, was immer wieder übersehen wird, hinsichtlich dieser Wirkung es unerheblich ist, ob das Objekt des die Gemeinschaft zusammenhaltenden Glaubens eine Religion, eine Nation, eine Rasse, eine Hautfarbe oder irgendein anderer Bekenntnisgegenstand ist. Das Gebot der Feindesliebe enthält demgegenüber zunächst ein Element des Gleichheitssatzes: Jeder ist der Nächste — womit zugleich die überaus schwierige Frage, wieweit der Kreis der Nächsten zu ziehen sei, sich einleuchtend erledigt, was auch immer die moderne Ethik zugunsten der Beschränkung des Liebesgebotes auf den anschaulicheren Kreis der Nahestehenden vorbringen mag. Deutlich legt Jesus dar, dass Nächstenliebe kein sonderliches moralisches Verdienst enthält, weil sie natürlich ist und weitgehend mit Gruppenegoismus identisch: «Denn so ihr liebet, die euch lieben, was werdet ihr für Lohn haben? Tun nicht dasselbe auch die Zöllner? Und so ihr euch zu euren Brüdern freundlich tut, was tut ihr Sonderliches? Tun nicht die Zöllner auch also?» (Mt. 5,46 f.) Das Gebot der Feindesliebe mag als Radikalisierung des Gebotes der Nächstenliebe von Jesus gemeint gewesen sein; durch die Universalisierung wird aber das Gebot der Nächstenliebe zugleich begrenzt, relativiert und teilweise aufgehoben. Die Identifikation mit Familie, Freundeskreis, Vaterland, Kulturkreis usw. wird fragwürdig. Die Norm der Feindesliebe hat zunächst desintegrierende, «zersetzende» Funktion. Ihr Adressat muss sich von der Gruppe und den Trieben, die ihn an sie binden, distanzieren; er wird sich sofort den Vorwurf eines Verräters zuziehen, weil er auch der gegnerischen Gruppe Verständnis entgegenzubringen bemüht sein muss, und er wird beim Handeln und Entscheiden nicht darum herumkommen, eine sachliche, neutrale, gewissermassen richterliche Position einzunehmen. Der Adressat des Gebotes der Feindesliebe muss alle, die Nahen und die Fernen, gleich lieben und ist ganz einfach gezwungen, sich Gedanken über Gleichheit und damit auch Gerechtigkeit zu machen. Wer dagegen nur seine Nächsten liebt, liebt bloss in sublimierter Form sich selber und bleibt, als Familienvater oder als Verbandssekretär, stets nur Interessenvertreter, mag er auch nicht seine persönlichen Interessen vertreten, diese sogar bis zur Selbstaufopferung verleugnen.

Es ist fast müssig, auf die durch die Geschichte bewiesene Richtigkeit und heute drastisch gegebene Aktualität des Gebotes der Feindesliebe hinzuweisen. Sie ergeben sich aus der dauernd sich vervollkommnenden Technik der Kommunikation einerseits und der Aggression andererseits. Um so verdienstlicher ist es, dass schon ohne diesen Sachzwang die Jünger Jesu, geleitet vom Missionsbefehl, die Universalisierung des Liebesgebotes verwirklichten, wenn auch nicht ohne Diskussionen, wie die in der Apostelgeschichte beschriebene Kontroverse zwischen Petrus und Paulus über die Gleichstellung der Heidentaufe mit der Judentaufe beweist. Es kann Jesus nicht entgangen sein, dass das Gebot der Feindesliebe zugleich eine Begrenzung des Gebotes der Nächstenliebe darstellt: nur auf eigene Kosten, nicht auf Kosten anderer soll der Nächste unbedingt geliebt werden. Die moderne Kommunikationstechnik, die alle Ereignisse auf der Welt, vor allem auch Kriegsereignisse, allgegenwärtig macht, hat die von Jesus schon deutlich gesehene Unhaltbarkeit der Umgrenzung eines Kreises von Nächsten auch für das Gefühl offengelegt. Nur dem Gefühllosen kann es noch möglich sein, seine Hilfsbereitschaft auf die Kriegsbeschädigten des einen Landes zu beschränken, wenn ihm die ununterscheidbaren Bilder der Opfer beider Seiten vor Augen geführt werden.

Stärker ist freilich die moralische Lektion, die die moderne Waffentechnik erteilt hat. Angesichts der unbeschränkten Zerstörungsmacht, über die die Grossmächte mit ihren Kernwaffen und dem unverletzbaren Angriffsapparat verfügen, kann mit Krieg nichts mehr gewonnen werden. Die Aussicht auf Gewinn war aber allemal das Motiv für Angriffskriege. Somit ist, wenn nicht das Gebot der Feindesliebe, so doch das Verbot der Aggression des Feindes eine normative Notwendigkeit für das Überleben der Menschheit geworden. Der von der technischen Zerstörungsmacht ausgehende moralische Sachzwang geht aber noch weiter. Um nicht durch unvorhergesehene Zwischenfälle in einen Atomkrieg hineingezogen zu werden, sind die Grossmächte weltweit daran interessiert, internationale Spannungen und sonstige Krisenherde zu beseitigen. Dazu ist in erster Linie eine Verminderung des Gefälles zwischen reichen und armen, entwickelten und unentwickelten Staaten erforderlich, also tätige Feindesliebe. Dass die Norm nur unvollkommen und nur mit geringem Erfolg erfüllt wird, ändert nichts an ihrer rationalen Notwendigkeit und Gültigkeit.

Gewiss hat Jesus das Gebot der Feindesliebe zunächst nur individualethisch verstanden. Er hat es aber zweifellos nicht zuletzt deshalb aufgestellt, weil er die aggressive Kehrseite einer auf einen irgendwie umschriebenen Kreis von Nächsten beschränkten Liebe erkannte. Seine Position war insofern deutlich ideologiekritisch, gegen die mit jeder Religion oder Ideologie verbundene Funktion der Gruppenintegrierung und der Aggression zwischen den Gruppen und damit letztlich auf Gleichheit gerichtet. «Denn er lässt seine Sonne aufgehen über die Bösen und über die Guten und lässt regnen über Gerechte und Ungerechte (Mt. 5,45).» Es ist, als hätte er die späteren Religionskriege, die zu Unrecht in seinem Namen geführt wurden, vorausgesehen und vor ihnen gewarnt.

5. Der Grund für Jesu radikal normenkritische Haltung ist seine Einsicht in die privilegierende und diskriminierende Funktion der mit den Normen verbundenen Sanktionen

Erst die moderne Soziologie hat die Erkenntnis erarbeitet, dass der «Ursprung der Ungleichheit zwischen den Menschen» (Rousseau) in den rechtlichen und gesellschaftlichen Normen und ihren belohnenden und zurücksetzenden Sanktionen zu suchen ist. Die Menschen unterliegen in ihrem Verhalten dauernd dem Urteil anderer Menschen und Instanzen, das sich nach bestimmten Normen richtet, und erfahren je nachdem Gewinn oder Verlust an Vermögen, Ansehen, gesellschaftlicher Stellung, Macht und Freiheit. Solcherart entstandene gesellschaftliche Positionen jeder Rang-höhe können sich, wiederum durch Normen geschützt, institutionell ver-festigen und sogar vererblich sein, so der Name, die Staatsbürgerschaft und das Vermögen. Normen, selbst solche, die in jedem Einzelfall gerechte Urteile ermöglichen, zeitigen somit, soweit sie nach dem Leistungsprinzip ausgerichtet sind, langfristig und generell das Ergebnis ungerechtfertigter Ungleichheit, wenn sie nicht durch gegenläufige, nach dem Bedürfnisprin-zip ausgerichtete Normen dauernd korrigiert werden. Gesellschaftliche Schichten-, Gruppen- und Kastenbildung, die Integration der Gruppen und die Aggression zwischen ihnen ist somit stets das Resultat von rechtli-chen und gesellschaftlichen Normen und ihren Sanktionen.

Jesus hat diese Zusammenhänge so deutlich wie kein Sozialphilosoph vor und nach ihm erkannt und aus seiner Erkenntnis die Konsequenz einer Normen- und Sanktionenkritik von derartiger Radikalität gezogen, dass dem unbefangenen Leser der Evangelien das Faktum einer jahrhunderte-langen Ordnungstheologie unbegreiflich scheint — es sei denn, dass diese sich selbst bewusst als grossinquisitorische Korrektur an Jesus auffassen wollte. Dies ist der von Herbert Braun vermisste übergeordnete Gesichts-punkt der Morallehre Jesu: die ordnungsliebende Gemüter beängstigende Normen- und Sanktionenfeindlichkeit, die totale, anarchistisch anmutende Ablehnung jeder metaphysischen Rechtfertigung von Gruppen-, Schich-ten-, Hierarchien- und Herrschaftsbildungen. Keiner soll über den andern richten, keiner sich über den anderen erheben, jeder trage des andern Last, die Ersten werden die Letzten sein, die Hohen werden erniedrigt werden. Die Universalisierung der Nächstenliebe relativiert auch die sozusagen natürlichen normativen Bindungen an die eigene Familie und das eigene Volk; denn diese sind nicht heiliger als die fremden Familien und die frem-den Völker. Von dieser Grundposition Jesu her erklärt sich auch, dass er es im Unterschied zu den Essenern und anderen spätjüdischen Sekten ablehnte, seinen Jüngerkreis sektiererisch und esoterisch auf Eingeweihte zu begrenzen, was nicht zuletzt zum äusserlichen Erfolg des Christentums beigetragen haben dürfte. So sind auch die ständig wiederholten Aufrufe Jesu — wie schon der Propheten — zur Umkehr und zur Busse nicht ein-fach als Aufforderung zu verstehen, sich in die depressive Stimmung des Bewusstseins eigener Sündhaftigkeit zu versetzen, sondern als Hinweis auf die menschliche «Offenheit» und die Notwendigkeit dauernder kritischer Überprüfung eigener Strebungen, Handlungen und Positionen. Jesu Kritik richtet sich damit schlechthin gegen den Typ des rigorosen, aggressiven, intoleranten, autoritären, formalistischen, engstirnigen und engherzigen Dogmatisten, wie wir ihn in allen ideologischen Lagern, z. B. im Kommunismus so gut wie im Antikommunismus antreffen können.

Jesus hat seine Kritik an der diskriminierenden und gruppen- und schichtenbildenden Funktion der Normen und Sanktionen demonstrativ vollzogen, indem er geradezu geflissentlich Ärgernis erregte, indem er die Gesellschaft der Diskriminierten, die die Normen schuldhaft oder schuldlos nicht erfüllten, aufsuchte, die Gesellschaft der Samariter, der Zöllner, Huren und Gammler, was ihm denn auch prompt von den Schriftgelehrten und anderen Gerechten vorgeworfen wurde (Mt. 9,11; 11,19; Mk. 2,16; Lk. 5,30; 7,34).

Die Argumentation Jesu, mit der er seine Forderung permanenter Reform des Einzelnen und der Gesellschaft stützt, hat drei Schwerpunkte: die Radikalisierung der anerkannten Normen der Tora, die Kritik der Selbstgerechtigkeit und die Behauptung der höchstinstanzlichen Willkür Gottes. Alle drei Überlegungen sind Mittel eines und desselben Angriffes gegen Positionen, die sich die Menschen vor Gott und den Mitmenschen aufbauen und absichern, indem sie sich auf die Erfüllung von Normen berufen.

Die bisherige Theologie hat die Radikalisierung der ethischen Forderungen in der Bergpredigt vorwiegend unter dem individualethischen Aspekt gesehen. Vor allem Luther erblickte in ihr einen Beweis für die nur durch Gottes Gnade auslöschliche Sündhaftigkeit des Menschen, für die Nichtigkeit der Werkgerechtigkeit und aller Hoffnung auf eine Gegenleistung im Himmel. Der Handel mit dem Himmel ist unmöglich, das Leistungsprinzip versagt hier völlig, anwendbar bleibt allenfalls noch das Bedürfnisprinzip, auf welches die Gnade fundiert ist. Freilich könnte man selbst Luther vorwerfen, dass auch er noch der Himmelsmechanik von Leistung und Gegenleistung verschrieben blieb, wenn er die Werke durch den Glauben — wie immer der Glaubensbegriff gefasst sei — ersetzte. Hier wird ein Dilemma jeder Heilslehre, jeder Theologie und jeder Kirche sichtbar. Ist Gott allmächtig und zugleich willkürlich, wie dies die Prädestinationslehre Calvins annimmt, dann ist jede Aussage über Gott unmöglich, und es hat vor allem auch keinen Sinn, dass der Mensch mit irgendeiner Anstrengung oder einem sonstigen Verhalten die Erwartung auf sein «Seelenheil» verbindet. Die Heilserwartung und das Bedürfnis nach Heilsgewissheit haben zumindest der Christenheit in ihrer Geschichte, einzeln und kollektiv, schwerste Umtriebe und Konflikte verursacht. Unzählige Menschen sind über der Frage umgekommen, welche Opfer Gott akzeptiert und welche er verwirft, welchen Glauben, welche Bekenntnisse, welche Werke, welche Rituale, welche Vereinsmitgliedschaft. Dem späten Betrachter erscheint es unfasslich, dass Jesu Aussagen, deren Sinn der Möglichkeit solchen Streites strikt zuwiderläuft, diese geschichtliche Wirkung haben konnten.

Die sozialethische Bedeutung der Radikalisierung der Gebote in der Bergpredigt ist mindestens so gross wie die individualethische. Die grundsätzliche Gegenposition Jesu zur pharisäischen Gesetzesgerechtigkeit, deren Unmöglichkeit er durch die Radikalisierung der Gebote nachweist, erschöpft sich nicht in der individualethischen Kritik der Selbstgerechtigkeit und der aus dieser Kritik folgenden Forderung, die völlige Angewiesenheit auf Gottes Gnade zu akzeptieren. Jesus sieht vielmehr auch die sozialethisch negative Wirkung des Normenkultes. Der Fromme und Gerechte, der peinlich auf Einhaltung der Normen Bedachte erwirbt Ansehen nicht nur vor sich selber, sondern auch vor den anderen, er gewinnt Machtpositionen und Privilegien, jedenfalls in derjenigen sozialen Umwelt, in der diese Normen für verbindlich gehalten werden. Jesus sieht sehr genau, dass Normen auch durchaus vernünftigen Inhalts, wenn ihre Ergebnisse nicht dauernd durch gegenläufige Normen und Entscheidungen korrigiert werden, ungerechtfertigte Ungleichheiten und verfestigte, unbegründete Privilegien zur Folge haben. Aus Protest gegen diese Schichten- und Gruppenbildung durch Normen, die wir auch im heutigen Alltag leicht beobachten können — durch bestimmtes Sprechen und Verhalten weist man sich als zu einer bestimmten Gesellschaftsschicht gehörig aus —, setzt sich Jesus mit den gesellschaftlich Ausgestossenen und Diffamierten ostentativ zusammen, mit den Zöllnern und Sündern, mit den Bettlern und Dirnen, und erregt dadurch vorsätzlich Anstoss und Ärgernis bei den Frommen. Jesu Entgegnung auf die Vorwürfe der Schriftgelehrten richtet sich individualethisch sowohl gegen die Sünder («Ich bin gekommen, zu rufen die Sünder zur Busse, und nicht die Gerechten» [Mk. 2,17].) als gegen die Selbstgerechten («Gehet hin und lernet, was das sei: Ich habe Wohlgefallen an Barmherzigkeit und nicht am Opfer» [Mt. 9,13].). Unverkennbar ist aber auch die kritische sozialethische Stellungnahme gegen die diskriminierende Funktion von Normen, gegen die gesellschaftliche Isolierung und Degradierung solcher Menschen und Gruppen, die das Normenziel nicht erreichen. (In die gleiche Richtung weist auch die deutliche Ablehnung der

Annahme in Lk. 13,1 bis 5, dass Unglück als Gottes Strafe anzusehen sei, die soziale Degradierung somit eine Folge moralischer Minderwertigkeit darstelle. Diese Gleichsetzung hat sich leider auch in der Strafrechtsgeschichte ausgewirkt; sie kommt heute noch in der Strafbarkeit von Bettelei und Landstreicherei zum Ausdruck.) Selbstgerechtigkeit ist normativ gesehen nichts anderes als die mit der Erfüllung von Normen begründete Behauptung eines eigenen Privilegs, eines höheren Ranges, die sich in der blossen Vorstellung erschöpfen kann, besser und Gott wohlgefälliger zu sein als andere. Da sie sich damit aber selten begnügt, sondern zugleich sich in diskriminierenden Handlungsweisen anderen gegenüber ausdrückt, ist Jesu Angriff gegen die Selbstgerechtigkeit zugleich ein Angriff gegen die zugrunde liegenden rechtlichen und gesellschaftlichen Normen und Sanktionen, mithin zugleich Sozialkritik. Diese Sozialkritik ist auch geschichtlich wirksam geworden, obwohl sich, wie man leider sagen muss, die Kirchen jahrhundertelang dagegen gestemmt haben, indem sie seit Konstantin und Augustin jene ominöse schizophrene Trennung von Staatsmoral und Individualmoral vertraten. Die Bestrebungen zur Abschaffung der Sklaverei, der unmenschlichen Strafen, der Diskriminierung der unehelichen Mütter und Kinder, der wirtschaftlich Unterprivilegierten usw. sind sicher auch eine Folge jener Kritik, und es ist gewiss kein Zufall, dass beispielsweise die Abschaffung der Todesstrafe mit der Ausnahme von Israel überhaupt nur in Ländern mit christlicher Tradition diskutiert wurde und wird, obwohl die Theologen vor Karl Barth — mit der einsamen Ausnahme von Schleiermacher — zu den eifrigsten Befürwortern dieser unmenschlichen und kriminalpolitisch wirkungslosen Sanktion gehörten. Wie übrigens diese theologischen Begründungen der Todesstrafe um den Text von Johannes 8, der, selbst wenn er unecht sein sollte, doch jedenfalls bezeichnend ist für die Ethik Jesu, herumkommen, bleibt einem Juristen, der Präjudizien in Betracht zu ziehen gewöhnt ist, unverständlich. An dieser Stelle hat nämlich Jesus nicht nur die Todesstrafe abgelehnt, sondern sogar die Vollstreckung eines schon rechtskäftig verhängten Todesurteils verhindert und gewissermassen zur Bewährung ausgesetzt, indem er die Ehebrecherin mit den Worten entliess: «Gehe hin und sündige hinfort nicht mehr!» Trotzdem scheinen auch heute noch theologische Äusserungen wie diese möglich zu sein:

> «Sühne ist die notwendige Reaktion der verletzten Gottesordnung auf das Zerstören dieser Ordnung. In einer sühnenden Strafe wird die unbedingte Rechtsgültigkeit der verletzten Ordnung aufgerichtet und wiederhergestellt. Die Tiefe der Verletzung der Ordnung entspricht der Radikalität der Beseitigung dessen, der sich an der Lebensordnung vergangen hat... Nur wenn das Gesetz Gottes auch für die Existenz des Staates als Grundlage anerkannt ist, besteht die

Möglichkeit einer sachgemässen Begründung der Todesstrafe. Sühne kann es nur geben, wenn das geschichtliche Leben in Beziehung zu Gott gebracht wird und wenn Gottes Forderungen als verbindlich für diese Welt Anerkennung finden. Der Sühnecharakter der Todesstrafe weist also zutiefst von den Menschen weg hin auf das Richteramt Gottes selbst. So wird die Todesstrafe zu einem eschatologischen Vorzeichen im Raum der interimistischen und relativen Rechtsordnungen, ein Signum für die Verwerflichkeit des Bösen überhaupt, für den Frevel, sich gegen Gottes Willen zu empören... Im Sühneamt der Todesstrafe vollzieht Gott eine partielle Antizipation des Weltgerichts, das in dieser Vorwegnahme zugleich den Zug der göttlichen Barmherzigkeit trägt.»

Es ist begreiflich, dass angesichts dieses schrecklichen Plädoyers des Theologen Künneth für die Todesstrafe, in welchem die Hinrichtung als eine kultische Handlung, ja geradezu als ein Sakrament gepriesen wird, Senatspräsident Baldus in der Grossen Strafrechtskommission meinte, es werde ein Gott vorgestellt, der die Köpfe rollen sehen will, und man könne derartiges nur als eine völlige Erschöpfung jeglichen religiösen Impulses verstehen.

Wie Jesus die ethischen Normen bis zur Unerfüllbarkeit radikalisiert, ist auch unter normentechnischen Gesichtspunkten höchst instruktiv. Bei der Auslegung des fünften und des sechsten Gebotes verlegt Jesus in der Bergpredigt, wie man gesetzestechnisch sagen würde, die Strafbarkeit nach vorne: Nicht nur wer tötet, verletzt das fünfte Gebot, sondern auch derjenige, der seinem Bruder zürnt und ihm nicht verzeiht; das sechste Gebot verletzt nicht nur der Ehebrecher, sondern schon derjenige, der «ein Weib ansieht, ihrer zu begehren» (Mt. 5,21 ff.). Nach den geltenden Strafrechtsordnungen verläuft die Grenze der Strafbarkeit zwischen Vorbereitungshandlung und Versuch, sofern nicht auch der Versuch nach der gesetzlichen Regelung straflos bleibt. Jesus bezeichnet demgegenüber den Straftatbestand schon dann als erfüllt, wenn der Täter noch nicht einmal einen Vorsatz gefasst, sondern überhaupt erst Triebregungen erfahren hat, die nur unter seltenen Umständen zur Handlung führen. Während beim fünften Gebot die Rückzugsmöglichkeit der Versöhnung mit dem Gegner offenbleibt, ist die Verletzung des sechsten Gebotes endgültig. Offensichtlich kann kein normaler Mensch diese Forderung erfüllen; denn nicht die Entstehung der Triebe, erst ihre Beherrschung ist den Kontrollen von Bewusstsein und Wille zugänglich. Wenigstens erfüllbar, wenn auch nur unter grösster Anstrengung, sind die Gebote des Verzichtes auf Rache, der Feindesliebe, des Verzichtes auf Vermögenserwerb (Mt. 5,38 ff., 43 ff.; Mt. 6,19 ff.; 19,16 ff.; Mk. 10,17 ff.; Lk. 18,18 ff.).

Dem positiven Effekt der Radikalisierung der ethischen Forderungen — Erschütterung der Selbstgerechtigkeit und ihrer diskriminierenden Wirkung — steht, von Jesus wohl nicht beabsichtigt, aber schon von Paulus als

notwendig und sogar erwünscht herausgestellt, eine zumindest fragwürdige
Funktion gegenüber. Gerade diejenigen Menschen, die die Gebote ernst-
nehmen und sich ihre Unerfüllbarkeit bewusstmachen, werden in ein
Schuldbewusstsein und eine Zerknirschung getrieben, die sie sehr leicht in
die Abhängigkeit von weniger schuldbewussten Menschen und ihrer unhei-
ligen Einrichtungen geraten lässt. Da die Erlösung ausschliesslich von der
Gnade Gottes abhängt und ein Bedürfnis nach Gewissheit derselben
menschlich und nicht unerlaubt ist, bilden sich menschliche Einrichtungen,
welche die Gnade gegen Leistungen verschiedenster Art und Grösse vermitteln. Jegliche Art von Angst, insbesondere auch die Angst vor Schuld
und Strafe, ist ein vorzüglicher Nährboden für Terror und terroristische
Systeme, die eine hochentwickelte Technik im Spiel mit Drohung und
Besänftigung auszugestalten pflegen, die, mit Sakramenten und Absolution
die Gnade verwaltend, eine höchst weltliche Macht aufbauen. Dass die
katholische Kirche ihren Reichtum und Einfluss nicht zuletzt mit der Verwaltung der Gnade begründet hat, lässt sich nicht leugnen.

Die Frage bleibt, wieweit Jesus selbst durch seine Berufung auf die
Willkür Gottes und durch seine zahlreichen, oft betont willkürlichen
Androhungen von Höllenpein und ewiger Verdammnis diese ungute
menschliche Reaktion gewollt oder ungewollt provoziert hat (Mt. 22,1—
14; Lk. 17,1—3). Liegt das Gleichnis vom gleichen Lohn für alle Arbeiter,
gleichgültig ob sie längere oder kürzere Zeit im Weinberg gearbeitet haben,
noch auf der Linie seines generellen Angriffes gegen mit Normenerfüllung
aufgerichtete Positionen, indem das Leistungsprinzip durch das Bedürfnisprinzip ersetzt wird, so gibt die Setzung des völlig unbestimmten und
jeder Auslegung zugänglichen Tatbestandes der ewig unverzeihlichen
Sünde wider den Heiligen Geist (Mt. 12,31; Mk. 3,29; Lk. 12,10) denjenigen, die zur authentischen Interpretation des Tatbestandes befugt zu sein
behaupten, gegenüber denjenigen, die solche Autorität anerkennen und an
die Sanktion ewiger Verdammnis glauben, ein leicht zu manipulierendes
Machtinstrument in die Hand.

Während die anderen Sünden nie so schwer sein können, dass sie nicht
von der noch stärkeren Gnade aufgehoben würden, während sonst also das
Prinzip gilt, dass der Mensch auch im Schlechten zu klein ist, um die
Grenze der göttlichen Gnade zu erreichen, so wie er im Guten zu klein ist,
um ihrer nicht zu bedürfen, durch welche Einsicht jede Verabsolutierung
von Normen, ihrer Erfüllung und ihrer Übertretung, unmöglich wird, soll
hier die Gnade plötzlich einen blinden Fleck aufweisen, dessen Ort zudem
überhaupt nicht feststellbar ist. Auch diese letzte und totale Verunsicherung

in der Willkür nicht nur der Gnade, sondern auch der Ungnade glaubte Jesus als Konsequenz seiner Normenkritik ziehen zu müssen.

6. *Korrektur des Jesusbildes*

Das Bild, das die bisherige Theologie von Jesus erarbeitet hat, muss um einen nicht völlig unwesentlichen Zug ergänzt werden. Jesus hat die bestehenden Morallehren und institutionellen Ordnungen staatlicher oder gesellschaftlicher Natur nicht hingenommen oder gar sanktioniert, sondern radikal in Frage gestellt. Er besass mit analytischem Scharfsinn und plastischer, meist polemischer Diktion herausgestellte Einsichten über die Zwiespältigkeit und Problematik normativen Verhaltens der Einzelnen und der Gruppen, der Fragwürdigkeit der «Sozialen Kontrolle» und ihrer Sanktionen, wie sie erst die moderne Sozialforschung wieder zu gewinnen beginnt. Insbesondere muss der unendliche Abstand gesehen werden, welcher Jesus von den antiken Ordnungsphilosophen Plato und Aristoteles mit ihrer ungeheuren und letztlich unkritischen Überschätzung stabiler Ordnungen und desgleichen von den späteren Ordnungstheologen von Thomas bis zu den Lutherepigonen trennt.

Die Ordnungstheologie mag sich auf eine alte und ehrwürdige jüdische, heidnische und christliche Tradition stützen, auf Jesus kann sie sich nicht berufen. Jesu Aussagen und seine hinter ihnen stehende Gestalt mussten in jahrhundertelanger Arbeit im Sinne der jeweils herrschenden Mächte umgedeutet, korrigiert, zugedeckt oder doch verharmlost werden, um zu dem autoritären Normenschema zu gelangen, das der immer noch herrschenden imperativen Rechts- und Moralauffassung zugrunde liegt, nach welcher sämtliche Verhaltensnormen als absolute Befehle, nicht als freie Konventionen anzusehen sind und nach welcher folgerichtig der Gehorsam als solcher, Gegenstück zu einem ganz formalen kategorischen Imperativ, losgelöst vom Inhalt der Norm, als die höchste Tugend gilt. Da der Gehorsam gegenüber Gott schwerer zu definieren ist als der Gehorsam gegenüber kirchlicher oder staatlicher Autorität, hat diese Konzeption zusammen mit dem intensiv gepflegten Sündenkult allemal die bestehenden Machtpositionen gesichert. So gelang es nur selten, die Gehorsamspflicht gegenüber Gott erfolgreich gegen die Gehorsamspflicht gegenüber denjenigen zu setzen, die behaupten, jene zu definieren legitimiert zu sein. Es ist daher nicht erstaunlich, dass fast alle notwendige Rechts- und Sozialkritik und die ihr folgenden Reformen ohne und gegen das offizielle und organisierte Christentum zustande kamen. Gemessen an den Inhalten der traditionellen Ordnungstheologie ist aber auch Jesus selbst, genau wie in den Augen der Pharisäer, ein Häretiker.

Anmerkung. «Der Unglaube führt zum *Ungehorsam* und insofern ist er die *Ursünde*» (Sperrungen im Text; WILHELM ALBERT HAUCK, «Sünde» und «Erbsünde» nach CALVIN, Heidelberg 1938, S. 41). Hinter dieser durchaus nicht originellen, sondern ganz sowohl der katholischen als der reformatorischen Theologie entsprechenden Aussage steht das Bild Gottes als eines autoritären Patriarchen, der dauernd das Opfer der blinden Unterwerfung, aber auch nur dieses, fordert. Die Gehorsamspflicht als oberstes Prinzip einer Ethik ist nicht nur äusserst gefährlich, weil sie die Fähigkeit zu kritischer Einsicht und zur Selbststeuerung und das Bemühen darum ausschliesst und alles darauf ankommen lässt, wer den Befehl gibt oder auslegt, zudem den Befehlsempfänger von jeder Eigenverantwortung freispricht — die Gehorsamsethik widerspricht auch diametral der Haltung, die Jesus selber den damals geltenden Geboten der Tora gegenüber eingenommen hat. Jesus verlangte gerade nicht blinde Unterwerfung unter die gegebenen Normen, sondern freie, spontane und kritische Prüfung unter der Generalklausel des Liebesgebotes.

Repräsentativ sind auch die Ausführungen EMIL BRUNNERS (Der Mensch im Widerspruch, Berlin 1937, S. 501): «Der Urgrund und das Urwesen der Sünde ist die Emanzipation des Menschen von seinem Ursprung, vom liebenden, gnädig schenkenden Gotteswort, das ihn freimacht, indem es ihn bindet, das ihm das Leben gibt, indem es ihn für sich fordert. Diese Abhängigkeit leugnet der Mensch in seinem Autonomiewahnsinn. Die autonome Vernunft, der Mensch, der sich in seiner Vernunft autonom, zum Selbstherrn macht, diese Proklamation der Eigenherrlichkeit und Letztinstanzlichkeit der Vernunft, ist der eigentliche Sündenkern, der Herd des Widerspruchs im Menschenwesen. Denn tatsächlich ist eben die Vernunft nicht autonom, ist der Mensch auch in seiner Vernunft nicht gottgleich, ist er nicht sein eigener Schöpfer und Herr, und wird er am allerwenigsten frei dadurch, dass er sich vom Grund seiner Freiheit, vom Wort Gottes, emanzipiert. Diese Freiheit ist seine Lüge, und diese Lüge manifestiert sich im Widerspruch seines Wesens.» Es ist fast peinlich festzustellen, wie hier die Kritik der Vernunft sich mit der Hegelschen Identifikation von Gehorsam und Freiheit verbindet. Auch die Kritik der Vernunft hat ihre gute theologische Tradition. Sie wäre berechtigt, enthielte sie nur die Aufforderung zur sokratischen Einsicht in die Begrenztheit und Relativität der eigenen Fähigkeiten und Möglichkeiten und von daher das Gebot der Bescheidenheit, Nachsicht und Toleranz und nicht darüber hinaus die Aufforderung, die kritischen Fähigkeiten zurückzustellen und die Selbstverantwortung aufzugeben gegenüber einer Autorität und einem Normenkomplex, dem man sich ein für allemal unterwirft. Ihrer Diktion nach scheinen die Ausführungen BRUNNERS, die man in ähnlicher Weise in vielen Predigten hören kann, hohe und schwer zu erfüllende Ansprüche an den Menschen zu stellen. In Wirklichkeit kommen sie einem elementaren Sicherheits- um nicht zu sagen Bequemlichkeitsbedürfnis entgegen. Anders wäre ihr äusserlicher Erfolg, der sich z. B. im Massenzustrom zeigt, den moderne Erweckungsprediger haben, nicht zu erklären. Ein Verzicht auf die Anstrengung vernünftigen Denkens ist eben leicht zu leisten. Jesus hat diesen Verzicht auch bei seinem Aufrufen zur Metanoia und Nachfolge nie gefordert, sondern er hat viel konkretere und schwerer erfüllbare Forderungen aufgestellt, die oftmals in geradezu skandalöser Weise ordnungsfeindlich waren, wie die Forderung, die Familie zu verlassen oder das gesamte Vermögen unter die Armen zu verteilen.

August Egger

August Egger

1875—1954

AUGUST EGGER gehört zu den Grossen der schweizerischen und
darüber hinaus der europäischen Rechtswissenschaft[1]. Im
St. Gallerland geboren und dort aufgewachsen, hatte er sich
zunächst dem Studium der Theologie zugewendet, sattelte dann
aber um und erwarb sich an deutschen Universitäten und zuletzt
in Bern, wo er bei EUGEN HUBER mit einer Arbeit über den
Schutz der Bauhandwerker doktorierte, eine breite juristische
Bildung. Den jungen Juristen zog damals die Politik fast so mächtig an wie die Wissenschaft. Er klagt, dass er während seiner Studienzeit in München und Leipzig «zu viele weltfremde, an den
Nöten der Welt und dem Ringen der Zeit unbeteiligte Gelehrsamkeit» gefunden habe. Erst bei EUGEN HUBER sei ihm der Weg
in die ihm «adäquate, wirklichkeitsnahe Rechtswissenschaft»
geöffnet worden. EUGEN HUBER war es auch, der ihn veranlasste,
statt der in Aussicht genommenen Advokatur sich der akademischen Laufbahn zuzuwenden. Mit einer rechtshistorischen
Arbeit habilitierte er sich an der damals berühmtesten Universität
Berlin, wurde jedoch bereits 1904 für ein neu geschaffenes
Extraordinariat nach Zürich berufen, um sich der Einführung der
jungen Juristen in das kommende einheitliche Zivilrecht zu widmen. Schon 1905 erfolgte die Beförderung zum Ordinarius, und
dieses Ordinariat für schweizerisches Zivilrecht hatte er dann
volle vierzig Jahre inne. Er war ein begeisternder Dozent, der in
lebendigem Vortrag Geist und Inhalt des Gesetzes zu vermitteln

---

[1] Siehe zum Folgenden die Würdigungen von Persönlichkeit und Werk
August Eggers durch WALTER HUG in «August Egger und das schweizerische Recht» (erschienen 1956, wie fast alle Schriften EGGERS bei Schulthess in Zürich) und in «August Egger 1875—1954» (ZSR 75 I, S. 113—
128). Ein Verzeichnis der Veröffentlichungen AUGUST EGGERS findet sich
am Schluss von Band II der von Walter Hug herausgegebenen «Ausgewählte Schriften und Abhandlungen» (Schulthess Zürich 1957)

vermochte, und er hat es vor allem auch verstanden, seine Schüler zu selbständiger Arbeit in Übungen und Seminarien heranzuziehen.

Die eigentliche wissenschaftliche Arbeit befasst sich, wie die Lehrtätigkeit, mit dem ganzen schweizerischen Privatrecht, einschliesslich des Handelsrechts. Meisterleistungen sind hier einmal die Kommentare zu den Einleitungsartikeln des Zivilgesetzbuches, zum Personenrecht und zum Familienrecht, in erster Auflage das Inkrafttreten des neuen Rechts begleitend, in zweiter Auflage (erschienen in den Jahren 1930 bis 1948) die bisherige Entwicklung souverän verarbeitend. EGGER hat die Aufgabe des Kommentators als widerspruchsvoll und letzten Endes unlösbar bezeichnet. Ihm ist es aber gelungen, die «grossen Gedanken, allgemeinen Wahrheiten», die der schweizerischen Rechtsüberzeugung bewusst oder unbewusst zugrunde liegen (EUGEN HUBER in den Erläuterungen zum Vorentwurf), die rechtspolitischen Grundlagen, eindringlich darzulegen und doch zu den vielen Einzelfragen vorzudringen, die das Rechtsleben aufwirft. Das geltende positive Recht wird durch die Darstellung seiner ethischen Grundlagen verständlich gemacht. So wird beispielsweise im Familienrecht — wir zählen das Jahr 1936! — der Gegensatz zwischen dem Gemeinschaftsgedanken und dem Persönlichkeitsgedanken aufgedeckt, das Ringen «um die Gleichgewichtslage der Individual- und der Kollektivrechte». Der Kampf dieser Gegensätze auf politischem Gebiet darf nur mit gegenseitiger Durchdringung enden, soll nicht kostbarstes Kulturgut verloren gehen. Dieser Kampf drückt auch dem Familienrecht seinen Stempel auf. Der nationalistische Staat des 20. Jahrhunderts stellt, wie der merkantilistische Staat des 18. Jahrhunderts, die Familie in den Dienst seiner Staatspolitik, in den Dienst einer nationalen Eugenik. Das darf nicht die Ordnung des schweizerischen Rechtes sein.

Das Nebeneinander von rechtspolitischer Wertung und nüchterner dogmatischer Einordnung kommt in den vielen Abhandlungen zum geltenden Recht zum Ausdruck. Um nur Weniges zu erwähnen: Die Sterilisation von Menschen als Rechtsproblem; Rechtsprobleme der Familienstiftung; Über Scheinehen; Das Recht der religiösen Kindererziehung; Grundsätze der Vertragsauslegung; Zur Revision des Handelsrechts, des Aktienrechts, des Genossenschaftsrechts.

Selbstverständlich ist für EGGER in allen seinen Arbeiten die Heranziehung der Rechtsvergleichung. Nicht nur das deutsche und französische, sondern auch das österreichische und das italienische Recht bilden den Gegenstand der häufigen rechtsvergleichenden Betrachtungen, und kurze Hinweise streifen etwa auch nordisches und englisches Recht.

Der Weg AUGUST EGGERS blieb bei einer durch Rechtsgeschichte und Rechtsvergleichung vertieften Bearbeitung des geltenden Rechtes nicht stehen. Sie drängte ihn zur «Besinnung auf die tragenden ethischen Werte der Zivilrechtsordnung», zur Besinnung auf ihre Ethos, «das im Werden des Rechts sich durchsetzte, in den Normen des Rechts seinen Niederschlag fand». Auf diese Weise sollte es möglich sein, die Wandlungen aufzuhellen, die sich im Leben und Denken der Völker in den letzten hundertfünfzig Jahren vollzogen hatten, und Richtlinien für die künftige Gestaltung zu gewinnen. Gedanken, die schon in früheren Schriften zum Ausdruck gekommen waren (Die Macht der Rechtsidee, 1916; Die Freiheitsidee in der Gegenwart, 1917; Die deutsche Staatsumwälzung und die schweizerische Demokratie, 1934) führten zu der grundlegenden Schrift «Über die Rechtsethik des Schweizerischen Zivilgesetzbuches» (1936, 2. Auflage 1950). In diesen Zusammenhang gehören auch die methodenrechtlichen Betrachtungen, vor allem in den beiden Rektoratsreden, Zivilgesetzgebung und Rechtsprechung, Zivilgesetzgebung und Rechtswissenschaft (1913/1914) sodann auch in den Stellungnahmen zu Tendenzen der jüngsten Privatrechtsgesetzgebung (1914), und zu Wandlungen der kontinental-europäischen Privatrechtsordnungen in der Ära der Weltkriege (1951).

Es fällt auf, wie parallel äusserer Lebensgang und innere Entwicklung von AUGUST EGGER und dem von ihm verehrten, um eine Generation älteren EUGEN HUBER verlaufen sind. Beide sind in einfachen Verhältnissen aufgewachsen. Beide sahen sich in den entscheidenden Jahren der Berufswahl auf sich selber gestellt und beide wählten aus ähnlichen Gründen das Studium der Rechte, das ihnen Gestaltungs- und Wirkungsmöglichkeiten im Dienste der Gemeinschaft eröffnen sollte. Beide wandten sich dann der akademischen Laufbahn zu, zunächst in rechtshistorischer Richtung als Privatdozenten, HUBER mit vierundzwanzig Jahren an der Universität Zürich, EGGER mit achtundzwanzig Jahren an der Universität Berlin. Beide wurden dann aber bald auf einen schweizerischen Lehrstuhl berufen, HUBER mit einunddreissig, EGGER mit neunundzwanzig Jahren. Beide konnten ihr akademisches Lehramt während vier Dezennien ausüben, HUBER elf Jahre in Basel und Halle und dreissig Jahre in Bern, EGGER in Zürich.

Beide haben es als eine glückliche Fügung betrachtet, ein ganzes Leben im Dienst am Recht zugebracht zu haben.

Die Geschichte des heimischen Rechts war für EUGEN HUBER Grundlage und Ausgangspunkt für die Kenntnis und Fortbildung des geltenden Rechts. Zu diesem produktiven historischen Denken hat sich AUGUST EGGER ausdrücklich bekannt: «Die grossen Werke der schweizerischen Privatrechtswissenschaft sind getragen von der geschichtlichen Erkenntnis, erfüllt von historischem Geiste: das zürcherische und das schweizerische Zivilgesetzbuch. Damit ist auch der Wissenschaft des neuen Rechts der Weg gewiesen. Dieses Recht kann lebenswahr nur dargestellt werden als das Ergebnis der gesamten geschichtlichen Entwicklung» (Schweizerische Rechtsprechung und Rechtswissenschaft, 1914). Und beide blieben bei der vertieften Bearbeitung des geltenden Rechts nicht stehen. Den rechtspolitischen und methodenrechtlichen Betrachtungen EGGERS entspricht EUGEN HUBERS «Recht und Rechtsverwirklichung» (1921), ein Werk, das er als Krönung seiner wissenschaftlichen Arbeit gewürdigt wissen wollte.

Für AUGUST EGGER war EUGEN HUBER seit seiner in Bern verbrachten Studienzeit das grosse Vorbild, das er nie aus den Augen verlor. Immer wieder hat er an seine Gedanken und an sein Werk erinnert. So war es denn auch gegeben, dass er am 74. schweizerischen Juristentag im September 1940 die grosse Festgemeinde nach Oberstammheim führte und bei Anlass der Enthüllung einer Gedenktafel am Geburtshaus EUGEN HUBERS die im folgenden wiedergegebene Ansprache «Eugen Huber als Gesetzgeber» hielt.

Hans Merz

Eugen Huber als Gesetzgeber [*]

von August Egger [1]

«Eugen Huber, der Schöpfer des schweizerischen Zivilgesetzbuches, wurde am 13. Juli 1849 in diesem Hause geboren.»

Hier kam er zur Welt als das jüngste von sechs Kindern des damaligen Bezirksarztes Dr. Konrad Huber und seiner Frau, geb. Widmer.

Hier wuchs er heran, sorglich betreut von seinen Eltern, inmitten der Geschwister und der Gespielen, deren Anführer, deren «Hauptmann» der heranwachsende Knabe in ihren Streifereien durch Dorf und Umgebung wurde.

Hier wurde der Grund gelegt für jene Gesundheit, Arbeitskraft, Zähigkeit und die lange Lebensdauer, deren er zu seiner Lebensarbeit bedurfte.

Hier verlebte er seine Jugend in einer gesegneten, schönen, weiten und offenen Natur, hier wurden in sein empfängliches Gemüt die Keime seiner innigen Heimatliebe gelegt.

Hier besuchte er die Primar- und die Sekundarschule und gewann sich die Liebe seiner Lehrer, hier auch die Kirche — seiner Kirche hat er das ganze Leben hindurch die Treue bewahrt.

Hier wuchs er heran in einem bäuerlichen und handwerklichen Lebensbereich, dem er dann in seinem Lebenswerk ein so grosses Verständnis entgegenbrachte: sein Gesetzbuch enthält eine Fülle von Agrar- und Gewerberecht.

---

[*] Erschienen in Schweizerische Juristen-Zeitung 37 (1940), S. 93—97.

[1] Ansprache, gehalten am 9. September 1940 vor dem Schweizerischen Juristentag bei Anlass der Enthüllung einer Gedenktafel am Geburtshause Eugen Hubers in Oberstammheim.

Hier durfte der Knabe den Vater bei den Krankenbesuchen begleiten; so wurde schon damals in ihm jene Güte und Hilfsbereitschaft geweckt, die aus manchen sozialrechtlichen Bestimmungen des Zivilgesetzbuches uns entgegenleuchtet.

Nach dem frühen Tode des Vaters siedelte die Familie nach Zürich über. Die älteren Geschwister gingen der Arbeit und dem Verdienste nach; das ermöglichte dem jüngsten das Studium. Er besuchte das zürcherische Gymnasium. Schon damals nahm er an den öffentlichen Angelegenheiten innersten Anteil. Er bildete sich sein selbständiges, unabhängiges Urteil und setzte sich mit Leidenschaft für seine Überzeugungen ein. So nannten sie ihn den «Schwärmer», was er mit der Bemerkung quittierte, er könne auch ein *kluger* Schwärmer sein. Schon damals entbrannte in ihm der Wunsch, seine Kräfte in den Dienst des Volkes zu stellen. Tief bewegte den Vielbegabten die Frage, auf welchen Wegen er dies Ziel am besten erreichen könnte. Er wollte Schriftsteller werden, um als Erzieher des Volkes wirken zu können. Oder aber Staatsmann — so entschloss er sich zum juristischen Studium. Er studierte in Zürich, kurze Semester auch in Berlin und Wien, er promovierte im Frühling 1872. Seine Dissertation behandelte die schweizerischen Erbrechte in ihrer Entwicklung seit der Ablösung des alten Bundes vom deutschen Reiche. Die Arbeit bekundet bereits seine rechtshistorischen, rechtsphilosophischen und politischen Interessen und seine ganze Zielstrebigkeit: er will zeigen, wie die Trennung der alten Eidgenossenschaft vom Reich und die Beibehaltung der genossenschaftlich-republikanischen Verfassung unserem Lande eine ungestörte, selbständige und bodenständige Entwicklung auch auf dem Gebiete des Privatrechts sicherte.

Nach der Promotion führt ihn eine Studienreise nach der welschen Schweiz, nach Italien und Frankreich. Dann drängt es ihn zur rechtshistorischen Forschung und zur Lehrtätigkeit — er habilitiert sich in Zürich, bald nachher in Bern. Es drängt ihn aber auch zur Teilnahme an dem damals leidenschaftlich bewegten politischen Leben — er wird Bundesstadt-Korrespondent, dann Redaktor und schon 1875, noch nicht einmal 27 Jahre alt, Chefredaktor der «Neuen Zürcher Zeitung».

Durchdrungen von der Bedeutung der Presse und der Wichtigkeit seiner Aufgabe, geht er mit Feuereifer an die Arbeit. Er nimmt sich besonders der Innenpolitik an, der Rechtsfragen, des Schul- und Erziehungswesens, besonders auch der sozialen Probleme. Aber bei allem Feuereifer bleibt er stets sachlich. Immer ist es ihm um die *Sache* zu tun. Parteistreit ist ihm zuwider; allen Fanatismus weist er von sich; den Kulturkampf lehnt er ab.

Alle Parteien liess er gelten; an alle ihre Programme tritt er nur mit der einen Frage heran, was sie an *guten* und *berechtigten* Postulaten enthielten.

Diese politische und redaktionelle Tätigkeit war gewiss für seine spätere Aufgabe von unschätzbarem Wert. Aber er empfand doch bald das Bedürfnis, sich der politischen Tagesarbeit zu entziehen und sich wiederum wissenschaftlicher Arbeit zu widmen. Schon 1877 tritt er zurück und nimmt, in der Hoffnung auf einige Musse, eine überaus bescheidene Stelle als Verhörrichter in Trogen an. Im Jahr 1881 erfolgt die Berufung an die *Universität Basel* und erschliesst ihm die heissersehnte Lehr- und Forschertätigkeit.

Sehr bald sieht er sich vor eine grosse Aufgabe gestellt. Der Schweizerische Juristenverein erteilt ihm, auf Anregung von Bundesrat Ruchonnet, Ende 1884 den Auftrag zu einer *vergleichenden Darstellung der kantonalen Privatrechte.* Gerne hätte er dieses Werk während Jahren heranwachsen und -reifen lassen. Aber es galt, der Gegenwart zu dienen und sich zu bescheiden. So erschien schon im Jahre 1886 der erste Band und in der erstaunlich kurzen Frist von acht Jahren das ganze Werk mit Einschluss des weit über die Grenzen unseres Landes hinaus berühmt gewordenen vierten rechtshistorischen Bandes. Im Jahre 1888 nimmt er, da das Werk bereits sichergestellt ist, einen Ruf nach Halle an. Auch dieser Auslandsaufenthalt gestaltete sich für ihn fruchtbar. Von dort stund ihm auch der Weg zu den grossen deutschen Universitäten offen. — Aber jetzt werben die schweizerischen Hochschulen um ihn, Basel, Lausanne, Zürich, Bern. Ohne Zögern nimmt er den Ruf nach *Bern* an, als ihn von dort auch der Auftrag des Bundesrates erreichte, den *Entwurf eines Schweizerischen Zivilgesetzbuches* auszuarbeiten. Das war im Jahre 1892. Während vollen dreissig Jahren entfaltete er dann in Bern eine Tätigkeit von grösster Intensität und Fruchtbarkeit als Gelehrter, als Lehrer und als Gesetzgeber. Dann erlahmte die Kraft, ermüdet das Herz, und seine Augen, denen im Leben eine unvergleichliche Leuchtkraft eigen gewesen, erloschen. Er starb in seinem 74. Lebensjahre am 23. April 1923.

Diese *Tafel* soll sein Andenken wach erhalten an der Stätte seiner Geburt. Sie wurde gestiftet vom Zürcherischen Juristenverein und vom Zürcherischen Anwaltsverein. In ihrer beiden Namen wird sie hiemit der Gemeinde Stammheim in treue Obhut, dem Schweizerischen Juristenverein, der Öffentlichkeit übergeben. Die Tafel ist Eugen Huber, dem *Gesetzgeber* gewidmet; ihm soll auch unser heutiges Gedenken gelten.

Das *Schweizerische Zivilgesetzbuch* darf sehr wohl als ein Werk des *Schweizervolkes* angesprochen werden. Es ist der Niederschlag einer jahrhundertelangen politischen, kulturellen, geistigen Entwicklung, die reife Frucht einer alten Rechtskultur.

Aber zugleich ist es ein ganz *persönliches Werk Eugen Hubers.* Es ist dies in so hohem Masse, dass man das vielberufene Wort mit vollem Fuge auf ihn anwenden durfte: Mann und Werk sind eins. In der Tat, seine ganze Kraft, die ganze Fülle und den ganzen Reichtum seiner Persönlichkeit hat er in das Werk hineingelegt. Um ein solches Werk zu schaffen, bedurfte es der tiefen Einsichten in die Gesetze des Gemeinschafts- und Rechtslebens, des praktischen Sinnes, einer sichern Urteilskraft, eines adäquaten Gestaltungs-vermögens und eines nie erlahmenden Willens. Diese Kräfte vermochte Eugen Huber in den Dienst seiner Aufgabe zu stellen.

Es bedurfte der *Einsichten,* nicht nur der Gelehrsamkeit, sondern jener Tiefe der Erkenntnisse, jener universellen Schau, welche die Gegensätze, in denen das Leben sich bewegt, in einer *höhern Einheit* aufzulösen vermag. Unablässig um diese Tiefe der Einsicht zu ringen, lag in der seelischen Struktur Eugen Hubers begründet.

So wurde Eugen Huber unser *Gesetzgeber,* und mit ganzer Kraft hat er sich für das Gesetzgebungswerk eingesetzt. Aber — er stund *über* der Sache; er verfiel nie der Einseitigkeit und dem Fanatismus manch anderer Kodifikatoren. Er blieb Universalist. Das Gesetz ist ihm nicht das einzige Wort und nicht das letzte Wort. Er bleibt sich der *Grenzen* bewusst, die auch einem Gesetzgeber gezogen sind. Er ist ein kritischer Gesetzgeber; er ist zurückhaltend. Neben dem Gesetz gibt es noch andere Quellen der Rechtsbildung. Das Gesetz selbst bleibt immer wieder auf die Betätigung des lebendigen Rechtsbewusstseins angewiesen. Ein Greuel ist ihm der Gedanke, dass wir uns an den Wortlaut des Gesetzes klammern und uns in «inhaltlosen Auslegungen» ergehen könnten. Dann müsste an die Stelle lebendigen Wachstums ein versteinertes Gebilde treten, und das Recht müsste der Erstarrung verfallen (SPR IV 185).

So wurde Eugen Huber der *Unificator* unseres Zivilrechts und blieb doch zugleich ein *Föderalist,* der die Vielheit und den Reichtum unserer Rechte gewahrt wissen wollte. Aus Vielheit und Einheit gewinnt er eine Harmonie: Die Einheit ist ihm nicht Selbstzweck; sie hat gerade die Auf-gabe, das geschichtlich überkommene Recht in seiner Vielgestaltigkeit zu erhalten und zu festigen. Alle Landesteile sollen ihr Recht im neuen Gesetz-buch wieder erkennen. Das neue Recht wird — so erklärt er in der Eintre-tensdebatte im Nationalrat — geschaffen auf der Grundlage der Familien-ähnlichkeit der kantonalen Rechte, aus ihrer ureigenen einheitlichen Grundlage heraus. «Sie wird geschaffen, nicht um das Zivilrecht dem Volke zu entfremden, sondern um der Rechtsanschauung des Volkes Ausdruck zu verleihen. Wir müssen aus der reichen Harmonie, die unsere kantonalen Rechte darstellen, heraus alle die verschiedenen Rechtsinstitute so auswählen und zusammenlegen, dass die besten unter ihnen zu eidgenössischem Rechte erhoben werden und dass die schwächeren durch die Vereinheitlichung eine Stärkung, Erweiterung und Wiederbelebung erfahren, die dem ganzen Lande zugute kommen wird. Das ist *der Geist, aus dem heraus unser nationales Recht unter Mitwirkung der Kantone* geschaffen werden soll.»

So war Eugen Huber der Mann der *Tradition*, zugleich aber war er auch beseelt vom Geiste des *Kritizismus* — ein Konservativer und ein Radikaler zugleich, *Bewahrer* und *Neuerer* in einem. Mit aller Pietät und Erfurcht begegnet er dem geschichtlich gewordenen Recht. Stets ist er bestrebt, die Tradition zu hüten, die Kontinuität zu wahren. So wurde er zum Bewahrer und Schützer alter schweizerischer Rechtskultur. Aber mit all seiner höchst eindringlichen rechtsgeschichtlichen Forschung will er der *Gegenwart* dienen. Auch diese unterliegt den Gesetzen der geschichtlichen Entwicklung. Um ihretwillen durchleuchtet er — im erwähnten vierten Bande seines Schweizerischen Privatrechts — die Gesetze und Grundsätze des rechtlichen Werdens: die *Betrachtung der rechtsgeschichtlichen Entwicklung* läutert das Verständnis für das Recht der Gegenwart. Sie ist geeignet, die Einsicht in die Richtung und Ziele zu erschliessen, nach welchen hin eine vernünftige Entwicklung geleitet werden soll. Die Erfassung des geschichtlichen Zusammenhanges vermag das Rechtsbewusstsein zu klären, so wie eine Rück- und Selbstschau das Bewusstsein des einzelnen Menschen zu klären imstande ist (IV, 4). So will er die rechtsgeschichtliche Erkenntnis in den *Dienst des werdenden Rechtes und der Rechtspolitik* stellen. Und er treibt eine sehr energische, in den Entwürfen oft geradezu kühne Rechtspolitik. Seine Vorlagen sind erfüllt von gewerbe-, agrar-, sozialpolitischen Gedanken und Vorschlägen. Ebensogross wie seine Ehrfurcht vor dem gewordenen Recht ist sein Drang der *Neuerung*, der Fortbildung des Rechtes, der Schaffung eines wirklichkeitsnahen, zeitgemässen Gesetzbuches, wie es das Rechtsbewusstsein seiner Generation fordert.

Dazu aber war weiter vonnöten ein *praktischer Sinn*, ein offenes Auge für die Bedürfnisse von Handel und Wandel und die Nöte und Sorgen des Einzelnen und der Berufsstände, eine Verständnis für die Wirklichkeiten des Lebens. Eugen Huber besass diesen praktischen Sinn. Er war ein «Realist», und es ist kein Zufall, dass er eine eindringliche Studie über die «Realien» im Rechte geschrieben hat. Ebensosehr bedurfte es aber auch der *sicheren Urteilskraft.*

Ein Zivilgesetzbuch gewährt Freiheiten und zieht Schranken. Es fällt Urteile über Recht und Unrecht. Es stellt Gebote und Verbote auf. Es stellt Tafeln hin über das Leben. Es kann gar nicht anders sein: es stellt eine *Werteordnung* auf, es ist getragen von dem ihm eigenen *Ethos*. Virgil Rossel hat einmal das Zivilgesetzbuch — zur Freude Eugen Hubers — la conscience écrite du peuple suisse genannt. Dass es dies wurde, verdanken wird dem hochentwickelten Sinne des Gesetzesredaktors für Recht und Billigkeit, verdanken wir der ethischen Persönlichkeit, der ethischen Genialität Eugen Hubers. Sein leidenschafliches Bemühen war es, dem *Einzelnen* seine freie Sphäre zu sichern und das *Recht der Persönlichkeit* im Gesetz fest zu verankern und zugleich den Anforderungen der *Gemeinschaft* gerecht zu werden. In diesem Sinne war er *Individualist* und *Kollektivist* zugleich. Er hat den ganzen Werdegang des Rechtes durchforscht und immer wieder diese beiden Grundkräfte in ihrem Ringen miteinander angetroffen. Er hat sich auf das Wesen des Rechtes und des Menschen besonnen und überall wieder diese beiden Bewusstseinsgehalte vorgefunden. In einer Zeit, in welcher die Wissenschaft das Privatrecht nur allzugern ausschliesslich vom *Individuum* her aufbaute, erfasste er es als einen «Plan» des Zusammenlebens in der *Gemeinschaft*. Deshalb hat er ein feines Sensorium für das Überborden der einen oder andern Tendenz. Deshalb hat er auch die kommende Wendung des Privatrechts vom liberalen Individualismus zu neuer Gebundenheit mit prophetischen Worten vorausgesagt: die neuzeitliche Rechtsgeschichte habe eine ununterbrochene Steigerung der subjektiven Rechte des Einzelnen gebracht. Das moderne Privatrecht stelle ein evolutionistisches Individuum heraus, ausgerüstet mit grossen rechtlichen Fähigkeiten und grossen Ansprüchen, frei von allen frühern Fesseln, in uneingeschränktem Genuss der Vorteile eines individualistischen Privatrechts. Aber — so schreibt er im Jahre 1893 — das kann nur eine vorübergehende Erscheinung sein. «Am Horizont steigen bereits Anzeichen auf, dass dieses selbe Individuum schwereren Fesseln unterworfen werden könnte, als es früher getragen hat. Das Privatrecht ist mit seiner individualistischen Ausgestaltung nicht an das Ende seiner Gestaltungskraft gekommen. Hat das Zeitalter mit der freien Entfaltung des Einzelnen im Privatrecht genugsam schlimme Erfahrungen gemacht, so wird es nach einer neuen Gebundenheit rufen. Die Ideale des sozialistischen Privatrechts sind als Tendenzen durch die Verhältnisse gegeben und gewiss als förderndes Element berechtigt, verwerflich aber als System, ebenso wie dasselbe anderseits vom individualistischen Privatrecht zu sagen ist. Das Privatrecht soll die *Resultate der verschiedenen Kräfte in der Volksgemeinschaft* sein, und falsch wäre es zu meinen, dass die Wahrheit nur in *einer* Richtung liege. Ja, sie liegt nicht einmal in der Mitte, sondern die Neigung nach links oder rechts ist bedingt durch die wirtschaftlichen Verhältnisse, die bald mehr die Personenvereinigung, bald mehr das Individuum hervortreten lassen.» Glücklich der Staat und die Zeit, ruft er aus, *wo diese beiden Grundelemente der Rechtsbildung sich zu einer erträglichen Harmonie* verbunden haben.

Erfüllt von diesem Ethos räumt der Gesetzgeber Recht und Billigkeit (Art. 4) und Treu und Glaube (Art. 2) den ihnen zukommenden überragenden Platz ein und bringt er «die grossen Gedanken, allgemeinen Wahrheiten, die unserer Rechtsordnung zugrunde liegen», zu klarem Ausdruck, besonders im Personen- und Familienrecht. Aus diesem Ethos heraus weist er die subjektiven Rechte des Einzelnen in ihre Schranken und verleiht dem Gesetzbuch den tiefen, unverlierbaren Zug der Menschlichkeit.

Aber die wissenschaftlichen Erkenntnisse und Einsichten, die umfassende, universelle Schau, die Kraft der Synthese und die Macht des Ethos genügen noch nicht. Das *Werk* selber muss geschaffen werden, und dazu muss der Gesetzgeber aus dem Arsenal seiner Kräfte noch andere Potenzen mobilisieren. Der Gesetzgeber muss seinen Rechtsgedanken den angemessenen *Ausdruck* verleihen. Es ist ein weiter Weg von der künstlerischen Idee zum Kunstwerk, vom Rechtsgedanken zum Gesetzbuch. Es bedarf der Gestaltungskraft, des Formensinnes, der Sprachgewalt. Eugen Huber verfügte auch über sie. Sein Leben lang hatte er ein inniges Verhältnis zur bildenden Kunst, zur Musik, besonders auch zur Literatur. Unsere grossen Dichter deutscher und französischer Sprache, besonders auch die schweizerischen, Jeremias Gotthelf, Gottfried Keller waren ihm Lebensbegleiter. Er selber hat nicht nur in der Jugend einmal daran gedacht, Schriftsteller zu werden, eine wohl von seiner Mutter ererbte Neigung, er hat sich auch immerzu, selbst in den Jahren stärkster Arbeitsbelastung, schriftstellerisch betätigt, hat Erzählungen und Dramen geschrieben. So brachte er auch hierin ein Rüstzeug mit, dessen sich selten ein Gesetzgeber rühmen kann. Die Einfachheit, Schlichtheit, Lesbarkeit, die Frische und Unmittelbarkeit unserers Zivilgesetzbuches sind gewiss durch die schweizerische Tradition bedingt, sie sind aber auch das Werk eines künstlerischen Geistes.

Aber noch einer andern «Kunst» bedurfte es: *der Kunst der Menschenbehandlung.* Eugen Huber konnte und wollte das Gesetzbuch nicht allein schaffen. Er war auf die Mitarbeit von Hunderten von Mitbürgern angewiesen, und darunter waren gewiss viele, die misstrauisch, skeptisch an diese Arbeit herantraten, die widerwillig oder doch höchst eigenwillig waren. Heute wissen wir es kaum mehr, aber damals, etwa in der Expertenkommission, ging es oft stürmisch zu. Grosse Widerstände galt es zu überwinden. Eugen Huber, selber ganz und gar positiv eingestellt, besass in hohem Masse die Gabe, auch die andern zu positiver Mitarbeit heranzuziehen. Er erschrak nicht ob all der Wünsche und Begehrungen, mit denen er bestürmt wurde. Er war von vollendeter Erschlossenheit. Das war keineswegs nur Klugheit und Opportunismus. Seine Konzilianz und Verbindlichkeit, seine Geduld und seine Zuvorkommenheit bei aller Festigkeit im Grundsätzlichen, waren verwurzelt in der Achtung, die er allem partikularen Rechte entgegenbrachte, die er aber auch seinen Mitarbeitern, die diese vertraten, zollte. Die Herzlichkeit seines Umganges mit den Menschen beruhte auf seiner Menschlichkeit und seiner Herzensgüte. Es war die gleiche Wärme, die er auch seinen Schülern entgegenbrachte. So gelang es ihm, eine Atmosphäre des Wohlwollens und des Vertrauens zu schaffen, die sich über das ganze Land erstreckte und die dem Zivilgesetzbuch die Wege ebnete.

Aber alles Wissen und alle Einsicht, alle Urteilskraft und alles Können reichen nicht hin. Es bedurfte des *Einsatzes* dieser Kräfte, der Schaffensfreude, des nie erlahmenden Willens. Unmöglich, den Umfang der Arbeit hier zu schildern, die Eugen Huber in den entscheidenden zwei Dezennien geleistet hat. Unermüdlich war er am Werk, rastlos hat er es vorwärts getrieben, von sich und andern die höchste Leistung verlangend. Sein Freund Walther Burckhardt, der zu unserer Trauer heute nicht mehr zu uns sprechen kann, hat es ausgesprochen: in ihm brannte *«das heilige Feuer».* Dieses Feuer wurde genährt durch einen starken Glauben und eine grosse Liebe.

Er glaubte an die Macht des vernünftigen Bewusstseins. Schon längst hat man in ihm darin einen Geistesverwandten seines engeren Landsmannes Gottfried Keller erkannt, dass er einen wachen Sinn für die Realitäten des Lebens besass und zugleich erfüllt war von der Macht der Ideen, von der verbindlichen und zwingenden Kraft der *Rechtsidee.* Deshalb war er durchdrungen von der hohen Mission des Rechtes und der Rechtsgestaltung. Er war ein Gesetzgeber, der sich von dem Streben leiten liess, das Recht auf die höchsten Ideen auszurichten und nach aller menschlichen Möglichkeit nach ihren Anforderungen zu gestalten. Dieser Glaube — sein rechtsphilosophisches Werk über Recht und Rechtsverwirklichung ist ganz von ihm getragen — beruhte auf seinem *Erlebnis des Rechtes.* Seinem auf Ordnung, Harmonie, Einheit eingestellten Wesen musste die Betätigung der in uns wirkenden «regulativen» Kraft, das Vermögen, wahrer, richtiger, gerechter Beurteilung menschlicher Konflikte zum tiefsten Erlebnis werden. Es beruhte ferner auf seiner vor allem an Kant orientierten Philosophie, letzten Endes aber auf seinem Christenglauben.

Zu diesem unerschütterlichen menschheitlichen Glauben an eine weltordnende Kraft gesellte sich seine *Vaterlandsliebe*. Die Rechtsvereinheitlichung war für ihn eine *vaterländische Tat*. Er war durchaus auf die Zusammenarbeit mit der ausländischen Wissenschaft eingestellt. Aber das hinderte ihn nicht, die Rechtsvereinheitlichung als einen *Akt der nationalen Selbstbehauptung* zu erkämpfen. «Jede Gesetzgebung atmet die Luft der grossen Kulturgemeinschaft aller im modernen Leben stehenden Staaten. Das ist eine wohltätige Erscheinung. Aber *verhängnisvoll* wird *die Beziehung zum Ausland,* wenn dessen Einfluss ein *übermässiger* wird, und das ist er, wenn er nicht mehr durch *die eigenen Bedürfnisse* begründet ist, sondern sich in einer Weise aufdrängt, dass er *die Richtung der eigenen Entwicklung* verändert, die geistigen Elemente, in denen wir leben, alteriert, ihnen einen anderen Charakter gibt. *Kein Land, das etwas auf seine Eigenart und politische Selbständigkeit halten will,* darf einem *solchen übermässigen Einfluss* Eingang in seine Gesetzgebung gewähren» (StenBull. 1905). So schuf Eugen Huber das Zivilgesetzbuch «aus unserer eigenen Nationalität heraus», ein bodenständiges, unserer Tradition und unserem Rechtsbewusstsein entsprechendes, wahrhaft nationales Gesetzeswerk. Dieses ist denn mit ein Fundament unserer *heutigen* nationalen Selbstbehauptung und Selbstverteidigung geworden.

Goethe hat das tiefe Wort gesprochen: «Alles was der Mensch zu leisten unternimmt, es werde nun durch Tat oder Wort oder sonst hervorgebracht, muss aus *seinen sämtlichen vereinigten Kräften* entspringen; alles Vereinzelte ist verwerflich.» Es trifft vollkommen auf das Schweizerische Zivilgesetzbuch zu. Eugen Huber hat es nicht aus einem engen Spezialistentum heraus, er hat es *aus der Fülle seiner sämtlichen vereinigten Kräfte,* aus dem Reichtum seiner Persönlichkeit heraus geschaffen.

Deshalb hat er es auch zum Siege führen dürfen. *Am 10. Dezember 1907* fand in beiden Räten die *Schlussabstimmung* statt. Da war gewiss mancher Föderalist, der an seinem kantonalen Rechte hing, mancher Katholik, dem das Scheidungsrecht des ZGB nicht gefallen konnte, mancher Sozialist in grundsätzlicher Gegnerschaft zur bürgerlichen Rechtsordnung. Aber Eugen Huber hatte in der Eintretensdebatte aufgerufen *zur Erhebung des Geistes,* und diese Erhebung des Geistes hat er erreicht. Alle machten sie Konzessionen, alle brachten sie *Opfer,* eine gemeineidgenössische Haltung, auf die wir immer wieder angewiesen sind. Aber alle erfreuten sich auch der guten Tat und des gelungenen Werkes. Die Abstimmung erfolgte an jenem denkwürdigen Tage in Sitzungen von feierlicher Stimmung. Sie erfolgte unter Namensaufruf und ergab die *einstimmige* Annahme, zuerst im Nationalrat und gleich nachher drüben im Ständerat.

Täglich spricht heute sein Werk zu uns. Zu uns sprechen soll aber auch, ganz besonders in den heutigen Zeiten, der *Geist, aus dem es geschaffen wurde:* der Geist der Sachlichkeit und Objektivität, die Begeisterung für das Recht, der Glaube an die verbindliche und verpflichtende Kraft der Rechtsidee, der Sinn für die Tradition und das Ringen um Recht und Gerechtigkeit, die Achtung vor der Persönlichkeit, die Menschlichkeit, der Gemeinschaftssinn. Eugen Huber hat das Recht gedacht, er hat es gestaltet, er hat es geliebt — mehr: er hat es gelebt. Er lebte jene Civilität, jene weit über Stand und Klasse erhabene Bürgerlichkeit, die dem Zivilgesetzbuch zugrunde liegt und die in der stolzen, freien und zugleich dienenden Zugehörigkeit zur Civitas besteht. Möge dieser Geist allzeit wach und wirksam in uns weiterleben!

Walther Burckhardt

Walther Burckhardt

1871—1939

WALTHER BURCKHARDT «war einer der letzten Forscher und Lehrer, der noch eine umfassende und geschlossene Theorie des Rechts schuf»[1]. Zu den Hauptwerken, die diese Feststellung rechtfertigen, gehören «Die Organisation der Rechtsgemeinschaft», mit dem Untertitel «Untersuchungen über die Eigenart des Privatrechts, des Staatsrechts und des Völkerrechts» (in erster Auflage 1927 noch bei Helbing & Lichtenhahn in Basel erschienen, in zweiter, nach dem Tod Burckhardts von ARNOLD GYSIN neu durchgesehener und ergänzter Auflage 1944 im Polygraphischen Verlag Zürich, mit unverändertem Nachdruck 1971), «Methode und System des Rechts», 1936, und «Einführung in die Rechtswissenschaft», 1939, beide im genannten Zürcher Verlag.

WALTHER BURCKHARDT war von 1899 bis 1905 in Lausanne und von 1909 bis 1939 in Bern Lehrer für allgemeines und schweizerisches Staatsrecht, in Bern auch für Völkerrecht und für die als Anfängervorlesung gedachte Einführung in die Rechtswissenschaft, die viele Studenten am Schluss ihres Studiums ein zweites Mal besuchten. Unvergessen bleibt allen, die daran teilnehmen durften, das in seinem Heim abgehaltene Privatissime über Probleme der Rechtsphilosophie und der Rechtstheorie. Er ist Verfasser des schon zu Anfang des Jahrhunderts in erster Auflage erschienenen Kommentars zur Bundesverfassung, dessen dritte

---

[1] HANS HUBER in der Einführung zum Sammelband WALTHER BURCKHARDT, Aufsätze und Vorträge 1910—1938», Berner Festgabe zum Schweizerischen Juristentag 1970, Verlag Stämpfli, Bern 1970. Biographie. Persönliche und wissenschaftliche Würdigungen in kleiner Auswahl: HANS HUBER in «Schweizer Juristen der letzten hundert Jahre», Verlag Schulthess, Zürich 1945, S. 485—514: ARNOLD GYSIN, «Zum rechtstheoretischen Vermächtnis Walther Burckhardts», ZbJV 107, 1971, S. 23—36; «Walther Burckhardt 1871—1939»; Bern 1939, mit Beiträgen von A. HOMBERGER, TH. GUHL, E. KIRCHHOFER, H. HUBER. Ein von HELENE PFANDER zusammengestelltes Verzeichnis aller Publikationen WALTHER BURCKHARDTS ist in ZbJV 75, 1939, S. 557—569, erschienen.

und letzte Auflage von 1931 ihren Sinngehalt in noch heute gültiger Prägung erschlossen und gesichert hat. Nach dem Wegzug
von Lausanne und bis zur Übernahme der Berner Professur leitete BURCKHARDT im Eidgenössischen Justiz- und Polizeidepartement die Abteilung für Gesetzgebung und Rechtspflege.

Es wäre aber falsch, ihn nur als Vertreter des öffentlichen
Rechts, insbesondere des Staatsrechts anzusehen. Seine Interessen galten von Anfang an dem Ganzen der Rechtsordnung, ihren
massgebenden Grundsätzen und ihren inneren Zusammenhängen. So behandelt die 1895 bei EUGEN HUBER eingereichte Dissertation «Die rechtliche Natur der Personenverbände im
schweizerischen Obligationenrecht» ein Thema, das ihn später
aufs neue beschäftigen sollte, als er das Organisationsrecht der
privaten Verbände dem staatlichen Organisationsrecht gegen-
überstellte. Und die 1896 von der Berner Fakultät angenommene
und leider ungedruckt gebliebene Habilitationsschrift befasst
sich mit dem «Rechtsgrund der concurrence déloyale» und geht
darin der Frage nach, weshalb die Ausübung der freien Konkurrenz unter Umständen Schadenersatzpflichten und Straffolgen
nach sich ziehen kann, obwohl Gewerbefreiheit besteht. Nur
unlauteres Verhalten darf verboten werden, nicht aber Konkur-
renzierung des Mitbewerbers, auch wenn sie ihm unbequem ist
und ihm Schaden bringt, — eine grundsätzliche Feststellung, die
hochaktuell geblieben ist.

Schon hier tritt das Postulat der Einheit der Rechtsordnung
in Erscheinung, das wie ein «roter Faden» alle seine späteren
Arbeiten kennzeichnet (nicht nur die eingangs erwähnten grossen rechtstheoretischen und rechtsphilosophischen Schriften),
eine Einheit, die grundsätzliche (aber nur grundsätzliche) Unterschiede zu beachten, sie aber in eine verbindliche Ordnung zu
bringen hat. Grundlegend ist in dieser Sicht die Unterscheidung
von Verfassungs- und Verhaltensrecht mit der Frage, wer die
Normen menschlichen Verhaltens setzen, anwenden und erzwingen soll. Und grundlegend ist die weitere Frage, ob nur zwingendes Verhaltensrecht gelten soll oder ob der Privatautonomie
Raum zu eigener Betätigung offenzuhalten ist. Wird letzteres
bejaht, so wird damit die Vertragsfreiheit, die Freiheit rechtsge-
schäftlicher Betätigung bejaht. Der Vertrag wird innerhalb der
zwingenden Schranken der Rechtsordnung als Gesetz der Parteien anerkannt.

Wesen und Bedeutung der Privatautonomie und in diesem
Zusammenhang Wesen, Entstehung und Auslegung der Verträge

bilden zentrale Themen; aber — und das ist das Besondere der BURCKHARDT'SCHEN Betrachtung — nicht isoliert in einer Rechtsgeschäftslehre, sondern im Vergleich mit dem Wesen und der Auslegung des Gesetzes. Diesem Vergleich ist der ganze I. Teil «Das Privatrecht und das öffentliche Recht» der «Organisation der Rechtsgemeinschaft» gewidmet mit dem Kernsatz «Rechtssatz und Rechtsgeschäft». Und der Vergleich wird dann in drei Studien und Monographien explicit behandelt, nämlich in «Der Vertrag im Privatrecht und im öffentlichen Recht» (Berner Festgabe für das schweizerische Bundesgericht, Bern 1924), «Die Lücken des Gesetzes und die Gesetzesauslegung» (Bern 1925) und in «Die Auslegung der Verträge» (ZbJV 71, 1935, 425, auch im Sammelband «Aufsätze und Vorträge». Nur dieser letzterwähnte Aufsatz konnte hier abgedruckt werden; er enthält in BURCKHARDT'SCHER Prägnanz die wesentlichen Überlegungen des Verfassers.

«Und das ist eben das Besondere der Verträge; sie sind im Rahmen des gesetzlich Zulässigen frei vereinbar. . . . Die Parteien brauchen sich über die Gründe ihrer vertraglichen Abmachungen nicht auszuweisen; mit anderen Worten, sie brauchen sich nicht an Grundsätze zu halten. . . .

Ganz anders das Gesetz: was der staatliche Gesetzgeber kraft staatlicher Autorität vorschreibt, soll er nicht nach Belieben bestimmen, sondern nach Grundsätzen; es soll der Ausdruck einer begründeten, sachlich zu rechtfertigenden Forderung sein; und das Gesetz tritt auf mit dem Anspruch, das Gerechte und Vernünftige zu sein.»

Diese Richtlinie wird dann für den Vertrag und für das Gesetz in den erwähnten Publikationen näher ausgeführt. Sie liegt auch, mehr oder weniger deutlich dargelegt, der massgebenden Lehre und Rechtsprechung zugrunde. Ziel der *Gesetzesauslegung* ist der «objektive Sinn» der Norm; Elemente der Auslegung sind das grammatische, das systematische, das teleologische, das realistische, das historische Element[2]. Ziel der *Vertragsauslegung* ist dagegen die Feststellung des wirklichen Willens der Parteien; Unklarheiten der Ausdrucksweise und Lücken des Vertrages werden durch eine Objektivierung des Sinnes der Willensäusserungen bereinigt, wobei es jedoch nach der massgebenden

---

[2] ARTHUR MEIER-HAYOZ im Berner Kommentar, Einleitungsband, zur Gesetzesauslegung. Ihm folgen im Grundsätzlichen DESCHENAUX, Schweizerisches Privatrecht II, und TUOR/SCHNYDER. Das schweizerische Zivilgesetzbuch.

Vertrauenstheorie nur darum geht, jede Partei in ihrem Vertrauen auf die Bedeutung des Geäusserten oder auf eine Lückenfüllung zu schützen, die mit dem übrigen Vertragsinhalt und mit den Begleitumständen vereinbar ist[3].

Mit dem Verhältnis der Gesetzesauslegung zur Vertragsauslegung haben sich nur wenige Autoren befasst. OFTINGER, richtungweisend geblieben für die Vertragsinterpretation, kann nicht gefolgt werden, wenn er ausführt, das Ziel der Ausfüllung von Lücken des Vertrages sei «dasjenige der Anwendung ergänzender Gesetzesnormen» ... «Wo ein aus einem lückenhaften Rechtsgeschäft bestehender Tatbestand sich ohne weiteres unter eine Norm ergänzenden Rechts subsumieren lässt», erübrige «sich eine Ergänzung des Rechtsgeschäfts»[4]. Die Ausfüllung von Vertragslücken kann nie völlig von den konkreten subjektiven Gegebenheiten absehen; diese stehen der Heranziehung der dispositiven Norm im Wege oder gestatten nur die modifizierte Anwendung. Nur wenn sich für eine im Vertrag nicht geregelte Frage überhaupt keine subjektiven Anhaltspunkte ergeben, kommt eine nach rein objektiven Gesichtspunkten vorzunehmende Ergänzung durch Heranziehung des gesetzten Rechts in Frage. Der konkrete Vertrag ist dann nur noch als Vertragstypus zu verstehen; nicht für «diesen», sondern für einen «solchen» Vertrag ist zu ergänzen, ein Fall, der nicht häufig vorkommt. ERNST ZELLER vertritt in einem 1989 erschienenen umfangreichen Werk «Die Auslegung von Gesetz und Vertrag» eine einheitliche Auslegungslehre und anerkennt nur gerade den Vorrang des empirisch ermittelten wirklichen Parteiwillens bei der Vertragsinterpretation (OR 18). Er verkennt aber die Bedeutung des Systemgedankens, der bei der Vertragsinterpretation und bei der Ausfüllung von Vertragslücken die Berücksichtigung unzweideutiger subjektiver Gegebenheiten verlangt, während es bei der Gesetzesinterpretation um den Bedeutungszusammenhang der Rechtssätze, des objektiven Rechts geht. Dieser Zusammenhang wird auch verkannt, wenn Übereinstimmung der Rationalitätsvermutung bei Gesetz und Vertrag angenommen wird. Anerkannt wird jedoch, dass es bei der Füllung von Vertragslücken darum geht, Regeln für gerade «diesen» Vertrag zu finden, bei

---

[3] Die Literatur zur Vertragsauslegung ist unübersehbar. Zu verweisen ist auf die Kommentare zu ZGB 2, OR 1 (und insbesondere auch OR 18), und auf die Lehrbuchliteratur.

[4] KARL OFTINGER, «Einige grundsätzliche Gedanken über die Auslegung und Ergänzung der Verkehrsgeschäfte», ZSR 58, 1939, 198 ff.

der Gesetzeslücke dagegen «genug ähnliche und daher zu übernehmende Regeln des geltenden Rechts».

WALTHER BURCKHARDT hat uns in der stets aktuellen Frage der Interpretation von Norm und Rechtsgeschäft auch heute noch, mehr als fünfzig Jahre nach seinem Tod, Entscheidendes zu sagen.

Hans Merz

Die Auslegung der Verträge[*]

von Walther Burckhardt

1. Aufgabe des Richters ist es, rechtliche Normen auf Tatsachen anzuwenden. Die Norm ist der Obersatz; der Tatbestand der Untersatz und das Urteil der Schluss. «Wer fremdes Eigentum beschädigt, soll den Schaden ersetzen»; das ist der Obersatz. Ein unvorsichtiger Automedon hat mir den Gartenzaun zertrümmert; das ist der Untersatz. Also muss er mir den Wert dieses Zaunes ersetzen; das ist der Schluss, den das Urteil aus den Prämissen zieht.

In diesem Schliessen besteht die logische Arbeit, die der Richter zu leisten hat. Gerade das ist aber von seiner Aufgabe der leichteste Teil. Wenn die Prämissen gegeben sind, kann man den Schluss fast nicht verfehlen. Was schwierig ist, ist die Prämissen zu gewinnen: den Rechtssatz und die rechtserheblichen Tatsachen, den sogenannten Tatbestand. Wie der Richter zum Tatbestand komme, lassen wir auf sich beruhen. Uns soll der Rechtssatz, die Norm, beschäftigen.

2. Die Norm nun, unter die der ermittelte Tatbestand zu subsumieren ist, kann eine gesetzliche oder eine rechtsgeschäftliche Norm sein. Im obigen Beispiel war es eine gesetzliche; in vielen Fällen, wohl in den meisten Streitfällen, ist es eine rechtsgeschäftliche, vorab eine vertragliche. Wie der Wagenlenker sich fremdem Eigentum gegenüber zu verhalten hat, sagt das Gesetz; aber wie ein angestellter Wagenlenker sich seinem Dienstherrn gegenüber zu verhalten hat, sagt der Dienstvertrag. Und wenn er sich vertragswidrig verhält, indem er etwa meinen Wagen zum eigenen Vergnügen benutzt, verletzt er die Norm, die wir im Dienstvertrag vereinbart hatten.

Die gesetzlichen Normen sind oft unsicher, weil das Gesetz unklar oder lückenhaft ist. Noch viel mangelhafter aber sind die vereinbarten Nor-

[*] Erschienen in Zeitschrift des Bernischen Juristenvereins 71 (1935) S. 425—439.

men der Verträge. So mangelhaft die gesetzlichen Normen auch sein mögen, sie werden doch durch die Praxis im Laufe der Zeit abgeklärt. Den vertraglichen Normen wird diese Läuterung nicht zuteil, weil ja sozusagen jedem Fall sein besonderes Gesetz gegeben wird und jeder Vertrag dem Richter ein neues, ein anderes und ein noch ungelöstes Problem stellt. Jeder Vertrag, wie noch zu begründen, ist eine Individualität; was für den einen entschieden worden ist, präjudiziert die Auslegung des anderen nicht.

Aber stellt der Vertrag dem Richter *dasselbe* Problem wie das Gesetz? Ich meine: stellt die mangelhafte Norm des Vertrages den Richter, der sie anwenden soll, vor dieselbe Aufgabe wie die mangelhafte Norm des Gesetzes? Sind Verträge auszulegen wie Gesetze?

Das ist die Frage, die ich hier stellen möchte. Ein Vertreter des Völkerrechts darf sie wohl aufwerfen, weil sie sich im Völkerrecht ganz ähnlich, nur noch eindringlicher stellt wie im Landesrecht. Denn dass es im Völkerrecht keine Gesetze gibt, macht die Verträge nicht zu etwas anderem als im Privatrecht; zu etwas anderem als Verträge. Sie sind hier wie dort frei vereinbarte Rechtsgeschäfte.

3. Und das ist eben das Besondere der Verträge: sie sind, im Rahmen des gesetzlich Zulässigen, frei vereinbar. Sie gelten, *wenn* die Parteien sie gewollt haben und so *wie* die Parteien sie wollten. Die Parteien können sie wollen oder nicht wollen; so oder anders wollen, nach Belieben; sie sind einander *vor* dem Vertrage nichts schuldig, und deshalb kann das, wozu sie sich im Vertrage verpflichten, an keinem rechtlichen Massstab gemessen, noch auf seine sachliche Richtigkeit geprüft werden. Die Parteien brauchen sich über die Gründe ihrer vertraglichen Abmachungen nicht auszuweisen; mit andern Worten: sie brauchen sich nicht an Grundsätze zu halten. Ob sie paktieren wollen und wie, ist ihre Privatsache; der Vertreter des öffentlichen Interesses, der Staat, kontrolliert sie darin nicht. Das gehört zum Wesen des Vertrages. Private Eigenschaft, Willkür im Sinne grundsatzfreien Beliebens und Rechtsgeschäft sind nahe Verwandte. Das Rechtsgeschäft ist der Kernbegriff des Privatrechts.

Ganz anders das Gesetz: was der staatliche Gesetzgeber kraft staatlicher Autorität vorschreibt, soll er nicht nach Belieben bestimmen, sondern nach Grundsätzen; es soll der Ausdruck einer begründeten, sachlich zu rechtfertigenden Forderung sein; und das Gesetz tritt auf mit dem Anspruch, das Gerechte und Vernünftige zu sein. Im Lichte dieser Aufgabe muss es verstanden werden: als ein Versuch zum Richtigen.

4. Womit auch der Auslegung der Weg gewiesen ist, wenn das Gesetz unklar ist und der Auslegung bedarf: wenn der Wortlaut nach den Regeln der Sprache zweierlei oder dreierlei bedeuten kann, muss der Richter *die* Deutung wählen, die den *besten* Sinn ergibt; die Deutung, die ein vernünftiger, gerechter Gesetzgeber bevorzugt hätte, wenn er sich seiner Unklarheit bewusst gewesen wäre. Denn die Gerechtigkeit muss ja der Gesetzgeber erstreben. Der Gesetzgeber steht unter der präsumtio juris et de jure, überall das Richtige gewollt zu haben. Diesem Sinn muss der Richter nachforschen, wenn das Gesetz nicht deutlich spricht, nicht dem, was das zufällige Subjekt der Gesetzgebung, die empirischen Menschen, tatsächlich beabsichtigt haben mag. Nicht den zufälligen Gedanken der wirklichen Menschen, sondern dem notwendigen Rufe der Vernunft.

Das soll hier nicht näher begründet werden[1].

5. Wir setzen hier überall voraus, der Vertrag sei gültig abgeschlossen worden, und er sei nicht wegen Willensmängeln anfechtbar. Die Gültigkeit des Vertrages als solchen sei also nicht bestritten, sondern sein Inhalt.

Diese beiden Fragen werden häufig verwechselt: die Frage, was zum Abschluss eines gültigen Vertrages gehört, und die Frage, wie ein als gültig anerkannter Vertrag auszulegen sei, wenn er mangelhaft formuliert ist. Im ersten Fall wird gefragt, wodurch, und damit: in welchem Zeitpunkt ein Vertrag zustande komme: mit der Bildung des übereinstimmenden Willens, mit der Äusserung, mit der Mitteilung an den Partner oder erst mit der Wahrnehmung? Das ist unabhänig von der Auslegung. Die Frage stellt sich auch, wenn über den Inhalt gar kein Zweifel besteht und nur das Zustandekommen oder der Zeitpunkt des Zustandkommens zweifelhaft ist.

Würde für das Zustandekommen der innere Wille gelten, ohne Rücksicht auf die Äusserung, was gesetzgebungspolitisch nicht empfehlenswert und wohl auch nie geltendes Recht gewesen ist, so stellte sich die Frage der Auslegung nicht. Denn jenen Willen kann man nicht feststellen, ohne seinen Inhalt festzustellen. Die Frage stellt sich aber, wenn das Gesetz den *geäusserten* Willen als verbindlich bezeichnet (mit oder ohne Mitteilung oder Wahrnehmung). Geäussert wird der Wille stets durch Zeichen, insbesondere durch Worte, und über die Bedeutung der Zeichen können Zweifel

---

[1] Es ist geschehen in «Die Lücken des Gesetzes und die Gesetzesauslegung», Bern, Stämpfli & Cie., 1925, 62 ff. Dort ist auch gezeigt worden, dass die Auslegung mehrdeutiger Bestimmungen nicht wesentlich verschieden ist von der Ergänzung fehlender oder der Wahl zwischen zwei an sich klaren, aber widersprechenden Bestimmungen. S. 82.

aufkommen. Diese Zweifel gilt es zu bannen. Nicht um die Gültigkeit des Vertrages, sondern um seinen Inhalt zu beurteilen.

Die Gültigkeit kann allerdings auch davon abhangen; wenn nämlich die Übereinstimmung der Worte nach Gesetz nicht genügt, wenn vielmehr *auch* die Übereinstimmung des Willens, des gemeinten Sinnes, dazu erforderlich ist und sich nachträglich herausstellt, dass die Parteien wohl im Ausdruck, aber nicht im Willen übereinstimmten. Dann ist der Vertrag, wenn nicht nichtig, so doch anfechtbar, also im Ergebnis auch unverbindlich. Aber die Gültigkeit ist nicht immer und nicht notwendig in Frage gestellt, wenn der Inhalt zweifelhaft ist. Bei zweifelhaftem Inhalt kann doch die Gültigkeit sicher sein. Und diese Annahme wollen wir, der Einfachheit halber, unserer Untersuchung zugrunde legen. Wir nehmen also an, der Vertrag sei gültig, aber es sei zweifelhaft, mit welchem Inhalt er gelten solle, weil die Erklärung des Willens unklar sei.

6. Nur die Erklärung, die gesprochenen Worte, kann man, wie bemerkt, auslegen. Sie ist zweideutig oder unvollständig und soll nun *eine* Deutung oder eine Ergänzuung erhalten.

Aber welche?

Man antwortet meistens: diejenige, die dem «Willen der Parteien» entspricht!

Auch das ist leider nicht eindeutig: «Wille der Parteien» nennt man häufig, was praktisch, rechtlich, als Inhalt des Vertrages zu gelten hat; der ist sicher verbindlich. Allein so verstanden, würde die Verweisung auf den «Parteiwillen» die Frage mit der Frage beantworten, was als verbindlicher sogenannter Parteiwille zu gelten habe; das suchen wir ja gerade. Der Parteiwille, auf den verwiesen wird, kann also nur das sein, was die Parteien tatsächlich gewollt, was sie mit diesen Worten gemeint haben, das soll verbindlich sein.

Das ist eine klare Antwort. Aber es erheben sich dagegen verschiedene Einwände.

In der Praxis vor allem der, dass die Parteien oft nicht einig waren oder es nachträglich bestreiten. Allein bei diesem Einwand wollen wir uns nicht aufhalten: bestreiten die Parteien den tatsächlich gehabten Willen, so hat eben der Beweis zu entscheiden; uns interessiert nicht die Schwierigkeit des Beweises, sondern das Thema probandum. Waren die Parteien tatsächlich nicht einig, so versagt allerdings dieses Auslegungsmittel. Aber das ist kein Grund, es nicht anzuwenden, wenn sich ein übereinstimmender Wille ermitteln lässt. Angenommen also, die Parteien hätten die unklaren oder unvollständigen Worte gleich verstanden, dürfen sie sich darauf berufen, trotzdem dieser Sinn nicht erklärt worden ist?

Hiegegen wendet sich das grundsätzliche Bedenken: Wie kommt es, hat man gefragt, dass für das Zustandekommen des Vertrages die *Erklärung* des Willens verlangt werde, für die Bestimmung des *Inhaltes* aber der nicht erklärte Wille genüge? Kann der Inhalt nach anderen Maximen bestimmt werden als das Zustandekommen? Der Inhalt gehört doch zum Vertragswillen wie der Inhalt des Gesetzes zum «Gesetzesbefehl», den LABAND davon abtrennte. Soll ich gebunden sein, weil ich erklärt, aber an das gebunden sein, was ich nur gedacht habe?

Die Frage spitzt sich zu, wenn das Gesetz verlangt, dass der Wille in besonderer Form erklärt werde. Soll dann die Bedeutung des so erklärten Willens nach einem Willen bestimmt werden, der nicht so oder gar nicht erklärt worden ist? Dann bedürften gewissermassen die Worte des Vertrages der Form, aber nicht der Inhalt; die Zeichen, aber nicht der Sinn.

Die Einwendung ist nicht zu unterschätzen. Wenn man sie anerkennt, gelangt man zum Ergebnis, dass der nicht erklärte bzw. nicht formgerecht erklärte Wille der Parteien nicht zu berücksichtigen ist. Wenn also die Erklärung, wie sie vorliegt, nicht klar ist, muss sie, um ausführbar zu sein, nach *dem* Sinn gedeutet werden, den ein Unbeteiligter ihr beilegen würde; etwa, bei verkehrsüblichen Formeln, nach dem im Verkehr üblichen Sinn. Das mag der Rechtssicherheit wegen am Platze sein bei verkehrsfähigen Wertpapieren, Vollmachten und ähnlichem. Das positive Recht muss darüber entscheiden, weil es eine Frage sachlicher Richtigkeit, nicht logischer Folgerichtigkeit ist. Aber allgemein, für gewöhnliche Verträge, wird das Gesetz kaum diese formale Deutung nach der Auffassung des unpersönlichen «Verkehrs» vorschreiben. Im Völkerrecht, das keine zwingenden Formvorschriften kennt und auch keine verkehrsfähigen Forderungen, greift man immer auf den tatsächlichen Willen der Parteien zurück.

Folgt man, wie es die Praxis wohl meistens tut, diesem Weg und gelangt man zum Ziel, so kann man die Unklarheit beheben, die Lücke in der Erklärung ausfüllen. Der erklärte mangelhafte Wille wird dann durch den unerklärten ergänzt. Das mag oft eine schwere historische Feststellung sein, aber wenn sie gelingt, zeigt es sich, dass eigentlich keine Unklarheit, keine Lücke im wirklichen Willen bestand (vgl. BGE 47² 26). Oft aber versagt dieser Ausweg: die Parteien haben tatsächlich nichts gewollt, oder sie haben Verschiedenes, Widersprechendes gewollt. Oft würde übrigens auch die Berufung auf die Auffassung des Verkehrs versagen.

Wie soll man dann entscheiden?

7. Rechtsgeschäfte, einseitige und mehrseitige, insbesondere auch Verträge, können, sagten wir, nicht so ausgelegt werden wie Gesetze. Wenn sich die Parteien über die Gründe, d. h. über die Grundsätze ihres rechtsgeschäftlichen Handelns nicht ausweisen können und nicht auszuweisen brauchen; wenn das, was sie unmissverständlich vereinbart haben, verbindlich ist, lediglich weil sie es so vereinbart haben, wie kann man dann den unklaren, lückenhaften Wortlaut nach Grundsätzen auslegen? Was von Anfang an nicht der Ausdruck grundsätzlicher Richtigkeit ist, kann nicht nach Grundsätzen ergänzt werden.

Es kann ja auch nicht gut anders sein: der Vertrag ist ein Kompromiss, ein Vergleich über widersprechende Interessen; subjektive, egoistische, vielleicht sachlich durchaus nicht begründete Interessen. Der Eigentümer will teuer verkaufen, der Käufer billig erwerben. Der Fabrikant bietet mittlere Qualität zu hohem Preise gegen Sicherheit an; der Kunde möchte ohne Sicherheit gute Qualität billig kaufen. Und nun markten sie und feilschen: am Preise, an der Qualität, an der Sicherstellung oder an anderen Dingen, und schliesslich werden sie auf einer mittleren Linie handelseinig; auf der Linie, auf der es ihnen beliebt, sich zu vertragen. Haben sie alles genau festgesetzt, ihre gegenseitigen Rechte und Pflichten in allen Eventualitäten, so ist ihre Abmachung verbindlich wie sie ist. Haben sie es aber an Klarheit (oder an Vollständigkeit) fehlen lassen und hilft das subsidiäre Gesetzesrecht nicht aus, so muss der Richter jene Linie bestimmen. Wie soll er sie aber ziehen? Nach Grundsätzen? Nach der Forderung der Gerechtigkeit?

Selbstverständlich! wird der Idealist rufen; das und nichts anderes soll der Richter tun. Der Appell ist begreiflich; aber er stellt den Richter vor eine unerfüllbare Aufgabe. Unerfüllbar nicht nur, weil es unmöglich ist zu entscheiden, was unter zwei Privatpersonen recht und gerecht sein soll, die sich per definitionem, von Rechts wegen, nichts schuldig sind, als was sie sich versprochen haben, sondern auch weil der Richter sich mit solcher Auslegung, d. h. Ergänzung des Vertrages, in Widerspruch setzen würde mit dem Vertragsprinzip selbst: verbindlich ist ja das Vereinbarte nicht, weil und soweit es gerecht ist, sondern weil und soweit es vereinbart worden ist; lediglich deshalb. Was auf Belieben, auf Willkür beruht, kann nicht nach Grundsätzen verstanden und ausgelegt werden. Wenn der Richter sich nicht an Grundsätze hält, kann man ihm also nicht vorwerfen, die Gerechtigkeit zu missachten; denn der Mangel liegt nicht in der Auslegung des Vertrages; er liegt in der Institution des Vertrages selbst. Die Rechtsordnung, die Verträge und Rechtsgeschäfte zulässt, lässt ein Stück Willkür ins Rechtsgebiet hinein, und das kann man nicht nachträglich durch die «gerechte» Auslegung der zufällig unklaren Verträge korrigieren wollen. Der Richter kann nicht die Gelegenheit einer Unklarheit im Vertrag wahrnehmen, um aus dem empirischen Ausgleich subjektiver Interessen ein Instrument der Gerechtigkeit zu machen. Das wäre nicht nur eine widerspruchsvolle Halbheit; es wäre auch ein aussichtsloses Unterfangen. Wäre es möglich, so müsste man ja wünschen, es möchten recht viele Verträge unklar sein, damit der Richter ihnen die Gerechtigkeit einflössen könne, die ihnen von Hause aus abgeht.

Aber auch wenn man es aufrichtig wollte, man könnte die «Grundsätze» nicht ausfindig machen, die ideal gerecht denkende Vertragsparteien hier zu leiten hätten. Sie ausfindig machen zu wollen, war und ist der Irrtum derjenigen, die von einem «gerechten» Preise sprechen im Tauschverkehr. Gewiss! man kann den einzelnen Vertrag im Vergleich mit den anderen ungerecht finden. Z. B. einen Mietzins von Fr. 2000.— für eine Wohnung, wie sie am gleichen Orte für Fr. 1500.— zu bekommen wäre; oder umgekehrt: von Fr. 1000.— für eben diese Wohnung. Im ersten Fall wird man vom Mieter, im zweiten vom Vermieter sagen, er sei übers Ohr gehauen worden. Aber wenn die Preise infolge Wohnungsmangel *alle* in die Höhe gegangen sind oder infolge Wirtschaftskrise *plötzlich* alle sinken, wird man diese Gleichförmigkeit der Preise auch noch als Beweis ihrer Gerechtigkeit gelten lassen? Ich denke kaum. Im ersten Fall wird man *alle* Hauseigentümer Wucherer schelten; im zweiten wird man sie als die Opfer einer Krisis bemitleiden. Oder soll «gerecht» sein der Preis, der die Verzinsung der Herstellungskosten gestattet? Man braucht die Frage nur zu stellen um einzusehen, dass sie nicht bejaht werden kann. Welchen Preis man immer als gerecht bezeichnen möge, man kann *diese* Forderung der Gerechtigkeit nicht planmässig durchführen, weil es ja jedem freistehen soll, zu mieten oder nicht zu mieten; wären auch alle entschlossen, nur zu diesem als «gerecht» erkannten Normalpreis zu mieten oder zu vermieten, so wäre doch nicht dafür gesorgt, dass alle Wohnungen, die teuren wie die billigen, die bequemen wie die unbequemen, gemietet würden und nicht einige Hauseigentümer gar keinen Mietzins erhielten — was doch am allerungerechtesten wäre —, oder dass umgekehrt alle Mieter für den angebotenen «gerechten» Mietzins eine Wohnung bezögen. Denn wenn jedem *vorgeschrieben* würde, einen bestimmten Mietvertrag zu schliessen, wäre es kein Vertrag mehr; und solange jeder für die Bilanz seiner Privatwirtschaft zu sorgen hat, muss man ihm auch die freie Wahl darüber lassen, welche Verträge er schliessen will. Was man den «gerechten» Preis, was man preis-«wert» nennt, ist der Preis, der *tatsächlich* abgemacht wird; er ist aus dem

Durchschnitt der tatsächlich abgeschlossenen Verträge gewonnen. Aber er kann nicht wieder zur Norm für die abzuschliessenden Verträge gemacht werden. Wenn einmal, unwahrscheinlicher-, aber nicht undenkbarerweise, alle Verträge in diesem Punkte ausgelegt werden müssten, könnte keiner mehr ausgelegt werden.

Also: wenn der Wortlaut eines Vertrages unklar ist, kann sich der Richter nicht an das halten, was eine gerechte Partei, «ein vernünftiger, normaler Mensch» (Danz) stipuliert hätte; d. h. an das, was die Gerechtigkeit fordern möchte. Und das tatsächlich Gewollte ist, wie wir annehmen, unauffindbar.

Und doch soll er, da der Vertrag gültig ist, entscheiden; er darf der vereinbarten sowenig wie der gesetzten Norm gegenüber «die Unvollständigkeit, die Unklarheit oder die Unzulänglichkeit des Gesetzes vorschützen», um die Entscheidung abzulehnen (C c Art. 4).

Diese Schwierigkeit ist grundsätzlich unlösbar; d. h. es besteht keine Gewähr dafür, dass alle Verträge, die unklar und deshalb unvollständig sind, in begründbarer Weise ausgelegt werden können; und es wäre verfehlt, eine solche allgemeine Maxime zu suchen. Die Maximen, die man etwa anführt: der Richter solle gegen die Partei, welche die Vertragsurkunde verfasst hat, oder er solle in dubio zugunsten «des Schuldners» entscheiden, sind fadenscheinige Ausflüchte.

8. Es gibt aber, so scheint mir, doch Verträge, die einen Ausweg lassen.

Der Vertrag ist ein Erzeugnis des subjektiven Beliebens; er braucht nicht der Ausdruck eines grundsätzlich gerichteten Willens zu sein. Aber er kann es doch sein. Verwehrt ist es den Parteien nicht, sich eine grundsätzliche Ordnung zu schaffen, und undenkbar ist es auch nicht. Verträge sind nicht immer rein empirische Kompromisse zwischen entgegengesetzten subjektiven Interessen. Sie *können* auch bestimmt sein, eine relativ objektive Ordnung unter den Parteien herzustellen; nämlich gewisse Grundsätze zu verwirklichen; soweit sich eben Grundsätze der Gerechtigkeit in der zufälligen Beschränkung auf gegebene Vertragsparteien verwirklichen lassen.

Wenn man etwa den Kauf- oder Mietvertrag vergleicht mit dem Gesellschaftsvertrag, wird man sich dieses Unterschiedes sofort bewusst. Der gelegentliche Käufer wird dem Verkäufer, der Mieter dem Vermieter bei der Debattierung des Vertrages als Gegner, nur auf seine subjektiven Interessen bedacht, gegenüberstehen, und was in der Verhandlung herauskommt, ist das zufällige Parallelogramm der sich kreuzenden Kräfte. Es auf einen ethischen Gedanken, auf ein grundsätzliches Postulat zurückzuführen, wäre verfehlt. Schliessen dagegen sechs Familienväter einen Gesellschaftsvertrag über den Bau eines Hauses oder die Anschaffung einer Bibliothek, so gleichen sie wohl unter sich widerstrebende Interessen aus, wie Käufer und Verkäufer, Mieter und Vermieter; aber sie gleichen aus nach einem Gemeinschaftsgedanken, nach einer gemeinsamen sinnvollen Ordnung. Eine Ordnung ist ein Ganzes, dem die besonderen Normen sich als Glieder einfügen, gemäss einem ihnen übergeordneten Grundgedanken; gemäss einem gemeinsamen Gesichtspunkt, unter dem sie zusammen*gehören* und eine ideelle Einheit bilden. Hier ist es der gemeinsame Zweck. Dieser Zweck mag, im Verhältnis zu anderen Zwecken oder zum Zweck der Gesamtheit der Staatsgenossen, beschränkt, zufällig, ja egoistisch, subjektiv sein. Aber bei aller Beschränktheit ist er doch der einheitliche richtende Gesichtspunkt des ganzen Vertragsverhältnisses, der für die Bemessung der einzelnen Pflichten und Rechte bestimmend war, weil er den Abschluss des Vertrages überhaupt bestimmte. Es ist eine Rechtsordnung im kleinen: beschränkt auf die Parteien, beschränkt auf das eine Ziel. Aber doch ein *gemeinsamer* Zweck, den diese Privaten sich zur Richtschnur gesetzt haben und als solchen für sich anerkennen. Wenn also die einzelnen Bestimmungen des Vertrages, etwa über den Austritt, über unvorhergesehene Schäden oder Vergütung gemeinnütziger Arbeit, nichts oder Unklares bestimmen, bleibt doch dem Richter jener richtunggebende Gesichtspunkt des gemeinsamen Zweckes, um sich in der Auslegung des Gesellschaftsvertrages zu entscheiden, wo ihn der tatsächlich Wille der Parteien im Stiche lässt. Er wird dann, was sie tatsächlich nicht gewollt haben, doch als verbindlicher Vertragsinhalt, als ihren «Vertragswillen», als das, was sie als verbindlich anzuerkennen haben, wie wenn sie es tatsächlich gewollt hätten, einsetzen können; als die logische und billige Folge eines von ihnen tatsächlich gewollten Zweckes. Die Teilnehmer wollten ja eine, wenn auch beschränkte Gemeinschaft bilden, was eine gemeinsame Idee voraussetzt. Untadelig braucht ihr Ziel nicht gewesen zu sein; aber ganz vernunftwidrig, ganz sinnlos, kann es auch nicht gewesen sein; denn das hätten sie selbst nicht verstanden. Und das setzt ja der Gesellschaftsvertrag stets voraus: dass sich die Parteien in dem zu erreichenden gemeinsamen Zweck, der der Gesellschaft wesentlich ist (OR 530), verstanden haben.

Darin gerade unterscheidet sich dieser Vertrag von den anderen: er geht auf einen den Parteien gemeinsamen Zweck; die anderen Verträge, die etwa Austauschverträge genannt worden sind, nicht. Der Verkäufer will teuer verkaufen; das ist *sein* Zweck; der Käufer will billig kaufen, das ist der seinige. Wenn sie sich über einen Preis verständigen können, schliessen sie den

Vertrag. Das ist dann allerdings ihr gemeinsames Wollen; sie wollen es beide, dass das Eigentum übergehe und der Preis bezahlt werde und eines das andere bedinge. Sonst wäre es kein Kaufvertrag. Aber was sie da wollen, stellen sie nicht unter einen von beiden gewollten Zweck; als Mittel zu diesem gemeinsamen Zweck. Jeder will den Vertrag als Mittel zu *seinen* Zwecken. Und deshalb ist es so schwer, wenn sie nicht klar gesagt haben, *was* sie wollen, d. h. was jeder unter allen möglichen Gegebenheiten leisten soll, es «rationell», aus Gründen zu ergänzen. Es fehlt das gemeinsame Mass für die Bestimmung eines Inhaltes, den jeder für einen anderen Zweck gewollt hat. Ein solcher Vertrag ist, objektiv gesprochen, ein willkürlicher, beliebiger, zufälliger Kompromiss zwischen entgegengesetzten Zielen, der so gilt, wie die Parteien ihn haben wollten, von dem aber auch die Parteien selbst sagen müssen, wie sie ihn haben wollen.

9. Soweit er nicht *mehr* ist als das. Auch die Parteien solcher kommutativer Verträge *können* ja einen gemeinsamen Zweck verfolgen und ihn ihrem Vertrag als die tragende Idee zugrunde legen. Der Fabrikant verkauft dem Kaufmann seine Spezialität, damit dieser sie «ihm» weiter verkaufe und bekannt mache; er stellt einen technischen Leiter ein, beidseitig in der Meinung, dass der Ertrag der Fabrik dadurch erhöht werden könnte; er bestellt in dieser Voraussicht als Reserve seiner Wasserkraft einen Wärmemotor. Gibt sich der Kaufmann keine Mühe, die Spezialität des Fabrikanten an den Mann zu bringen; will der Fabrikant den Techniker nicht besser stellen, nachdem die Unternehmung besser rentiert, oder bringt die Maschinenfabrik die Wärmeanlage nicht fertig auf den Winter, wo die Wasserkraft abnimmt, so fragt es sich, was nun zu gelten habe. Und der Richter wird vielleicht hier überall auf den «Zweck» abstellen, den die Parteien mit dem Abschluss ihres Kauf-, Dienst- oder Werkvertrages verfolgten, sofern nämlich über die streitigen Punkte nichts vereinbart worden ist. Und er hat recht: wenn sich die Parteien zu solchem gemeinsamen Zweck bekannt und ihren Vertrag gewissermassen in den Dienst dieses Zweckes gestellt haben, darf ihn der Richter auch zur leitenden Idee seiner Auslegung nehmen. Aber ebensooft wird der Vertrag auch ein gesellschaftliches Moment enthalten, wenn es auch nicht bis zum Gesellschaftsvertrag ausgereift ist. Die Parteien sind ja frei, die gesetzlichen Vertragstypen miteinander zu verbinden und einen Kaufvertrag durch gesellschaftliche Momente zu modifizieren oder einen Gesellschaftsvertrag durch Eigentümlichkeiten des Kaufes.

Eine solche Verbindung von Gemeinschafts- und Gegnerschaftsgedanken, von Altruismus und Egoismus ist nicht leicht zu erkennen und zu entwirren; für den Richter eine schwere Aufgabe; aber keine unzulässige, a limine abzulehnende. Sofern nur feststeht, dass die Parteien so etwas gewollt *haben*. Der Richter darf nicht *jedem* Vertrag, a priori, den Gedanken zugrunde legen, dass er unter den Parteien eine Gemeinschaft der Interessen begründe; ein gesellschaftliches Verhältnis der gegenseitigen Förderung. Das tut der Vertrag nicht von Begriffs wegen; per definitionem. Es bleibt immer eine quaestio facti, ob die Parteien es gewollt *haben;* und nur vermöge der *Tatsache,* dass sie es gewollt haben, ist eine sinnvolle, vernünftige, grundsätzliche Ordnung unter ihnen anzunehmen. Alles beruht auf diesem zufälligen, empirischen Willen. Aber der empirische Wille kann doch solchen Inhalt haben.

10. Das ist von besonderer Bedeutung für das *Völkerrecht.* Grundsätzlich ist der Vertrag unter Staaten, wie schon bemerkt, ein Rechtsgeschäft, wie der Privatvertrag: er ist verbindlich, weil er zufällig gewollt und so wie er gewollt worden ist. Die Tatsache des Willens ist der Verpflichtungsgrund. Aber unter Staaten darf man häufiger als unter Privaten als Tatsache annehmen; dass sie eine grundsätzliche, vernünftige Ordnung im gegenseitigen Verkehr begründen wollten. Die Staaten sind zwar hier Parteien eines Rechtsgeschäftes, nicht Schöpfer einer gesetzlichen Ordnung; nach ihrem Belieben also entscheiden sie, ob sie gebunden sein wollen und zu was. Aber sie bleiben doch Staaten, und als solche sind sie berufen, jeder in seinem Machtbereich die Gerechtigkeit zu verwirklichen. Das können sie im gegenseitigen Verkehr nicht ganz verleugnen. Die Ziele, die sie sich in ihrer nationalen Tätigkeit setzen, grundsätzlich begründete Ziele, Ziele der Gerechtigkeit also, sind auch im internationalen Verkehr zu fördern. Der Staat, der im Innern das Verbrechen zu bestrafen und den Streit zu schlichten hat, verfolgt auch in den Rechtshilfeverträgen, die er mit anderen Staaten abschliesst, dieses Ziel. Wo die Staaten sich verständigen über die Verfolgung eines gemeinschaftlichen Zieles oder doch übereinstimmender ideeller Ziele, ist ihr Vertrag durch eine gemeinsame Idee getragen, die der Auslegung zur Richtschnur dienen kann. Der Vertrag ist gewissermassen eine begrenzte internationale Gemeinschaftsordnung. Aber nicht immer ist es so; nicht notwendig. Oft ist der Staatsvertrag auch ein reiner Kompromiss entgegengesetzter subjektiver Interessen; z. B. ein Handelsvertrag, ein Gebietsaustausch. Im Völkerrecht wie im Privatrecht kann der Vertrag eine beliebige Abgrenzung subjektiver Interessen oder aber eine sinnvolle, von einer Idee getragene Ordnung unter den Parteien sein; ein Willensakt als Faktum oder als Erfüllung eines Postulates.

Das ist das Richtige an der Unterscheidung zwischen schlichten Staatsverträgen und gesetzesähnlichen Vereinbarungen (traités-lois, law making treaties): formell, d. h. nach den Voraussetzungen der Verbindlichkeit, sind es alles Verträge, nicht Gesetze; ihre Verbindlichkeit entsteht und erlischt wie die aller Verträge. Aber ihr Inhalt kann in der Tat der einer Gemeinschaftsordnung oder bloss eines empirischen Interessenausgleiches sein.

So fällt auf die Auslegung der Privatverträge doch einiges Licht, wenn man sie vergleicht mit der Auslegung der Staatsverträge einerseits, mit der Auslegung der Gesetze andererseits. Das einzelne kann nur im Rahmen des Ganzen begriffen werden.

Karl Oftinger

Karl Oftinger

1909—1977

Die laudatio, mit welcher die rechts- und wirtschaftswissen-
schaftliche Fakultät der Universität Bern anlässlich des DIES
ACADEMICUS 1972 KARL OFTINGER die Würde eines Doctor
iuris honoris causa verliehen hat, lautet:

KARL OFTINGER, *dem Juristen, der das geltende Recht dogmatisch erforscht und seine inneren Zusammenhänge aufdeckt, der
werdendem Recht ein kämpferischer Wegbereiter ist und dessen
wissenschaftliches und praktisches Wirken vom Glauben an die
zivilisatorische Aufgabe und Kraft des Rechts getragen wird.*

Sie lässt in der gebotenen Prägnanz die Schwerpunkte seines
Wirkens und seiner wissenschaftlichen Arbeit deutlich werden.

Einmal die kritische Durchdringung des geltenden Rechts.
Alle Werke OFTINGERS zeugen von den Eigenschaften, die den
hervorragenden Kenner des positiven Rechts ausmachen: Die
Fähigkeit des analytischen Denkens, des Erkennens und Ord-
nens der einzelnen Elemente einer Norm, eines Rechtsinstituts.
Die Synthese, das Herausarbeiten der gemeinsamen und der
trennenden Grundsätze eines ganzen Rechtsgebiets. Die systematische und zugleich ordnende Gliederung, die eine Summe
von Einzelnormen zum Organismus werden lässt. Auf solche
Weise hat OFTINGER sein «Schweizerisches Haftpflichtrecht»[1]
geschrieben, ein weit über die Landesgrenzen hinaus anerkanntes
Standardwerk zum unübersichtlich gewordenen Recht der aus-
servertraglichen Schädigung.

Sodann der Wegbereiter werdenden Rechts. Die Gabe kritischer Durchdringung des geltenden Rechts deckt die Verbindung
zum rechtspolitischen Gehalt der Arbeiten OFTINGERS auf. Mit
Leidenschaft, aber auch mit Augenmass, will — nach einem Wort

---

[1] Bei Schulthess Polygraphischer Verlag erschienen. OFTINGER war auch
langjähriger Mitherausgeber der im gleichen Verlag erscheinenden
Schweizerischen Juristen-Zeitung, die er mit zahlreichen Aufsätzen
bereichert hat.

Max Webers — Politik betrieben werden, ein Wort, das sich Politiker jener Gattung, die nur noch blinde Leidenschaft zu kennen scheint, merken dürften. Die rechtspolitische Komponente könnte in jeder Veröffentlichung Oftingers aufgedeckt werden. Hier sei nur seine «Lärmbekämpfung als Aufgabe des Rechts» erwähnt, ein Beitrag, wie der Verfasser im Vorwort ausführt, «zur Vermenschlichung einer inhuman gewordenen Technik».

Der Glaube an die zivilisatorische Aufgabe und Kraft des Rechts ist der überhöhende Schwerpunkt im Wirken Oftingers. Wir leben in einer Zeit, die uns tagtäglich vor Augen führt, wohin im grossen und im kleinen Missachtung und Verhöhnung des Rechts führen. Karl Oftinger hat unter diesen Zuständen gelitten. Anfechtungen haben ihn aber nie gehindert, als Mahner aufzutreten. Er wusste, dass auf dieser Welt nur das Recht den Frieden zu garantieren vermag, ein Recht, das der Macht nicht entbehren kann und das darauf angewiesen ist, gegen seine Verächter durchgesetzt zu werden.

In seinem Aufsatz «Die Vertragsfreiheit» schildert Oftinger[2] vorerst in dogmatischer Betrachtung ihren vierfachen Gehalt: Die Freiheit, einen Vertrag abzuschliessen oder es bleiben zu lassen, die Wahl der Gegenpartei, die Gestaltung des Vertragsinhalts, die Befugnis, den Vertrag abzuändern oder aufzuheben. Durch Verträge erwirbt, veräussert und vermittelt der Private Güter, verpflichtet sich zu ihrer Erzeugung, stellt Hilfskräfte an, schliesst sich mit anderen zu gemeinsamer Zweckverfolgung zusammen. Die Vertragsfreiheit wird als wesentliche Auswirkung der Rechts- und Handlungsfähigkeit, allgemeiner ausgedrückt der Persönlichkeit erkannt.

Die idealtypisch charakterisierte Vertragsfreiheit kann in der Wirklichkeit nur begrenzt durch gesetzliche Schranken auftreten. Dass absolute Freiheit in der Rechtsordnung nicht durchführbar ist, fliesst aus zwei Überlegungen: die Freiheit des einen Rechtsgenossen wird durch diejenige des andern eingeengt; und das Leben in der Gesellschaft macht es nötig, der Allgemeinheit auf Kosten des Einzelnen Befugnisse einzuräumen, die notwendig seine Freiheit mindern. Neben die rechtlichen Schranken, die dem Vertrag, wie der Privatautonomie ganz allgemein, immanent sind, treten auch faktische Schranken. Der ökonomisch Schwä-

---

[2] Die Freiheit des Bürgers im schweizerischen Recht, Festgabe zur Hundertjahrfeier der Bundesverfassung, Zürich 1948, S. 315—333. Auch in Karl Oftinger, Ausgewählte Schriften, Zürich 1978, S. 46—62.

chere muss sich dem Willen des Stärkeren beugen, sei es ein Einzelner, sei es vor allem die organisierte Gruppe. Sie nimmt Einfluss auf den Inhalt der individuellem Verträge, diktiert Preise und Konditionen und bestimmt, mit wem überhaupt Vertragsbindungen eingegangen werden dürfen. «Es ist ein Paradoxon des Rechtslebens, dass all dies im Rahmen der (juristischen) Vertragsfreiheit geschieht; der Vertrag als Institut wird mittels der Verträge aufs schärfste beeinträchtigt, indem es Verträge sind, durch die sich die Mitglieder dem Verband unterwerfen.»

In seiner Würdigung der Lage vor mehr als vierzig Jahren kommt OFTINGER zu in die Zukunft weisenden Feststellungen und rechtspolitischen Anregungen. Das geltende Recht ist freiheitlich gedacht, allerdings nicht doktrinär freiheitlich; es gab den aus der Natur des Menschen und den Notwendigkeiten des gesellschaftlichen Lebens fliessenden Bedürfnissen nach Gebundenheit erheblichen Raum. Vermehrt haben sich jedoch Gedankengänge verwirklicht, die mit dem freiheitlichen Grundzug unserer Rechtsordnung nicht im Einklang stehen. Die Gewichtsverteilung zwischen Freiheit und Zwang ist im einzelnen erneut zu überprüfen. Die freiheitsbeschränkenden Massnahmen haben letztlich dem gleichen Ziel zu dienen wie die Freiheit der Person selber — «der Entfaltung im Dienste ihrer sittlichen Bestimmung».... «Der heutige Betrachter hat Grund, sich der immer erneuerten Erfahrung zu erinnern, dass zu viel Macht in öffentlicher und privater Hand nur Unheil bringt.»

Die Mahnungen OFTINGERS sind nicht ungehört verhallt. Es wird auf mannigfache Weise versucht, die Domestizierung der faktischen Schranken der Vertragsfreiheit voranzutreiben. Das Problem einer wirksamen Kontrolle der allgemeinen Vertragsbedingungen harrt allerdings nach wie vor einer Lösung. Die Kontrollen anlässlich des Vertragsschlusses und der Vertragsauslegung vermögen einseitig diktiertes Unbilliges nur gewissermassen zufällig auszuschalten. Als Möglichkeiten einer Rechtsfortbildung de lege lata wird eine Inhaltskontrolle über das Verbot des Rechtsmissbrauchs, über die Missachtung der Ordnungsfunktion des dispositiven Rechts, über den Verstoss gegen die öffentliche Ordnung diskutiert. Die dogmatische Tragfähigkeit dieser Ansatzpunkte wird aber zu Recht in Zweifel gezogen, was dazu geführt hat, eine gesetzliche Regelung in Betracht zu ziehen, als präventive Verwaltungskontrolle oder im Rahmen des Konsumentenschutzes, des Rechts des unlauteren Wettbewerbs oder auch durch ein AGB-Gesetz nach deutschem Vorbild. Einen ersten Ansatz zur Positivierung bildet Art. 8 des revidierten UWG von 1986, eine Norm, die allerdings mehr neue Fragen aufwirft als dass sie alte Probleme löst. Mühsam ist auch der Weg zu einer griffigen Kartellgesetzgebung, noch mühsamer der Weg zu ihrer Durchsetzung. Das revidierte Kartellgesetz von 1985 scheint aber an Durchschlagskraft gewonnen zu haben, — gegen den zähen und noch lange nicht gebrochenen Widerstand jener Wirtschaftskreise, die es im wesentlichen bei Lippenbekenntnissen zum Wettbewerb und zur Marktwirtschaft bewenden lassen.

In der Betrachtung der rechtlichen Schranken der Vertragsfreiheit beklagt OFTINGER, dass die Privatautonomie ungewöhnlich stark zurückgebunden worden sei, durch die ausserordentliche, wie auch durch die ordentliche Gesetzgebung. Die Erlasse der Krisen- und Kriegszeit sind nach 1948 zum grössten Teil aufgehoben worden. Aber nicht nur hat sich in den vergangenen Jahrzehnten im Gebiet des hergekommenen Privatrechts, zur Hauptsache verkörpert im Zivilgesetzbuch und im Obligationenrecht samt zugehörigen Nebenerlassen, die Tendenz zu einer kasuistischen Gesetzgebung verstärkt, die glaubt, alle künftigen Entwicklungen voraussehend regeln zu können. Da und dort verdichten sich diese Regelungen zu eigentlichen Sonderprivatrechtsordnungen, die mit den Grundsätzen der allgemeinen Ordnungen nur noch in losem Zusammenhang stehen oder ihnen geradezu widersprechen. Gleichzeitig engt auch die «Regelungsdichte» des öffentlichen Rechts die Möglichkeiten freiheitlicher Gestaltung zunehmend ein. KARL OFTINGER würde heute, mit verstärktem Nachdruck, eine ständige Überprüfung der Gewichtsverteilung zwischen Freiheit und Zwang postulieren, eine freiheitsbewahrende Rechtfertigung des Zwangs.

Hans Merz

Die Vertragsfreiheit[*]

von Karl Oftinger

Dieser Beitrag soll das *Wesen* der Vertragsfreiheit zeigen (Ziff. I), ihre *heutige Lage* skizzieren (II) und diese einer *Würdigung* unterziehen (III)[1].

Der Vertrag ist ein beherrschendes Institut eines jeden *Privatrechts* vom Zuschnitt des schweizerischen. Seine Regelung oder Anwendung findet er im ganzen Privatrecht: am wenigsten im Personenrecht (wo immerhin — man denke an die Handlungsfähigkeit — wichtige Voraussetzungen des Vertragsschlusses geordnet sind), am meisten im Obligationenrecht, das

[*] Erschienen beim Polygraphischen Verlag in «Die Freiheit des Bürgers im Schweizerischen Recht», Festgabe zur Hundertjahrfeier der Bundesverfassung, Zürich 1948, S. 315—333 sowie in «Ausgewählte Schriften» Karl Oftingers, Schulthess, Zürich 1978, S. 46—62.

[1] *Allgemeine Literaturangabe.* Es werden einige neuere Schriften zitiert, die sich namentlich mit der heutigen Problematik der Vertragsfreiheit beschäftigen und die ihrerseits zum Teil weitere Hinweise enthalten: EGGER, Über die Rechtsethik des schweizerischen Zivilgesetzbuches (Zürich 1939); COMMENT, Les atteintes portées au droit civil par des mesures législatives exceptionnelles, ZSR 57 (1938) 473a, 786a; OFTINGER, Gesetzgeberische Eingriffe in das Zivilrecht, ZSR 57 (1938) 481a, 769a; DERSELBE, Über den Zusammenhang von Privatrecht und Staatsstruktur, SJZ 37 (1941) 225; ESMEIN et HARVEN, L'intervention de l'état dans les contrats, Travaux de l'Association Henri Capitant I (Paris 1946) 118, 134; FLOUR et PIAGET, L'influence du droit public sur le droit privé, Travaux de l'Association Henri Capitant II (1947) 184, 199 (Bibliographie 196); WALINE, L'individualisme et le droit (Paris 1945) 168; SAVATIER, Du droit civil au droit public (Paris 1945) 3, 53; JOSSERAND, Tendances actuelles de la théorie des contrats, Revue trimestrielle de droit civil (Paris 1937) 1; DERSELBE, La publication du contrat, in: Introduction à l'étude du droit comparé, Recueil d'Etudes en l'honneur d'Edouard Lambert V (Paris 1938) 143; DURAND, La contrainte légale dans la formation du rapport contractuel, Revue trimestrielle de droit civil (Paris 1944) 73; RIPERT/BOULANGER, Traité élémentaire de droit civil de Marcel Planiol (2ᵉ éd. Paris 1947) II, nos 13 et s.; RIPERT, Le régime démocratique et le droit civil moderne (Paris 1936) nos 92 et s., 137 et s.; DERSELBE, Aspects juridiques du capitalisme moderne (Paris 1946) nos 15 et s.
Zusätzliche Angaben finden sich in den Fussnoten. Französische Schriften werden hier u. a. deshalb stark herangezogen, weil die Auseinandersetzungen mit unserem Gegenstande in der Literatur zu einem betont freiheitlich gedachten Recht wie demjenigen des Code civil für uns interessant sein müssen, zumal angesichts der grossen wirtschaftlichen und politischen Schwierigkeiten, mit denen Frankreich seit langem kämpft; sie liessen die ganze Problematik sichtbar werden, bevor das in der Schweiz der Fall war.

überwiegend Vertragsrecht ist. Wenn von der Vertragsfreiheit die Rede ist und von ihrer Problematik, so denkt man deshalb gewöhnlich an den schuldrechtlichen, im OR geordneten Vertrag. Er stellt nach Art und Zahl den eindrücklichsten Typus dar. Diese Feststellung wird nicht durch die Tatsache erschüttert, dass Institute vom Rang der Ehe und des ehelichen Güterrechts, der Dienstbarkeiten und des Pfandrechts im gesetzlichen Tatbestand ihrer Entstehung den Vertrag mitenthalten. Die vorliegende Studie wird sich vor allem mit dem *schuldrechtlichen Vertrag* befassen[2].

I. Wesen der Vertragsfreiheit

Die Vertragsfreiheit — liberté contractuelle — bedarf der Bestimmung in *dogmatischer* (A) und *ideologischer* Hinsicht (B); sie ist in allgemeine, rechtliche und ausserrechtliche *Zusammenhänge* zu rücken (A).

A. Dogmatische Betrachtung; Zusammenhänge

Der *Gehalt der Vertragsfreiheit* ist vierfach: Die Freiheit 1. einen Vertrag abzuschliessen oder nicht; 2. der Wahl der Gegenpartei; 3. der Gestaltung des Vertragsinhalts; 4. der Aufhebung des Vertrags[3]. Der Ausdruck «Vertragsfreiheit» formuliert demnach das *Prinzip,* es sei dem Belieben der Partei überlassen, ob sie einen Vertrag eingehen will, mit wem, worüber und ob oder wann der Vertrag wieder beseitigt oder wenigstens abgeändert werden soll.

Das *schweizerische Recht,* besonders das Obligationenrecht, steht mit seiner ganzen Struktur und mit zahlreichen Einzelvorschriften auf dem Boden der Vertragsfreiheit. Sie stellt sich dar als ganz wesentliche Auswirkung der Rechts- und der Handlungsfähigkeit (ZGB 11, 12) oder, knapper gesagt, der Persönlichkeit. Das gilt, obwohl der Grundsatz als solcher nirgends ausgesprochen, sondern nur in einer — seiner auffälligsten — Aus-

---

[2] Über die Vertragsfreiheit im ZGB: von Tuhr / Siegwart, Allgemeiner Teil des schweizerischen Obligationenrechts I (2. A. Zürich 1942) 234—235; Oser / Schönenberger, Kommentar zum Obligationenrecht (2. A. Zürich 1929), Art. 19 N. 5. Gewöhnlich ist im Bereich des ZGB die später erwähnte Freiheit in der Gestaltung des Vertragsinhalts erheblich beschränkt (z. B. bei der Ehe, den beschränkten dinglichen Rechten, nicht aber beim Erbteilungsvertrag).
[3] Auf diese vier lassen sich die zahlreichen Auswirkungen der Vertragsfreiheit zurückführen, die in der Literatur aufgezählt werden: Demogue, Traité des obligations en général I (Paris 1923) nos 27 et s.; Planiol / Ripert / Esmein, Traité pratique de droit civil français VI (Paris 1930) nos 14 (von Cassin); Waline (zit. N. 1) 170.

prägung positivrechtlich niedergelegt ist; in OR 19 I, wo die Freiheit der Gestaltung des Vertragsinhalts erwähnt wird [4].

Mit der Vertragsfreiheit gibt die Rechtsordnung dem Rechtssubjekt — dem Privaten — die Möglichkeit, seine Verhältnisse, soweit sie dem Vertrag überhaupt zugänglich sind, *selber zu gestalten.* Die ehegüterrechtlichen, sachenrechtlichen und namentlich die obligationenrechtlichen Verträge sind das juristische Mittel *wirtschaftlicher Vorgänge* und *Betätigungen;* die letzteren sind prinzipiell dem *Privaten* überlassen. Durch Verträge erwirbt, veräussert und vermittelt er Güter, verpflichtet sich zur Erzeugung von solchen, stellt er Hilfskräfte an, verschafft sich eine Behausung, borgt sich Geld aus, sichert dieses mittels Verpfändung, lässt sich industriell verwertbare Rechte abtreten, schützt sich vor künftigem Schaden. Hinter diesen nüchternen Stichworten stehen die ungeheuren Betätigungsfelder von Handel, Industrie, Gewerbe, Finanz- und Bankwesen, des Wohnungsmarktes, der unselbständigen Arbeit, des Patent-, Urheberrechts- und sonstigen Immaterialgüterwesens, alles im privatwirtschaftlichen Rahmen gedacht. Die Aufzählung erhellt das Anwendungsgebiet des Vertrags und damit die *elementare Bedeutung der Vertragsfreiheit;* sie liegt darin, *dass* dieses Gebiet dem Vertrag offensteht. Die Tragweite des Satzes wird am eindrücklichsten durch die Vorstellung des Gegenteils: eine schlechthin verstaatlichte Wirtschaft, ohne freie Verfügung über irgendwelche Güter, die sämtliche von staatlichen Organisationen und Funktionären erzeugt und umgesetzt werden; jeder wirtschaftliche Vorgang ist durch zwingende Vorschrift reglementiert. Mit der Bemerkung, dass diese (hier als gedankliche Konstruktion angeführte) Ordnung rein öffentlich-rechtlicher Natur wäre, ist gleichzeitig gesagt, dass das gegenteilige System, das vertragliche, bezeichnend ist für das Privatrecht. In der Tat: der als grundsätzlich frei gedachte Vertrag ist ein *Kernstück des Privatrechts* [5]. Ohne Vertrag fehlten ihm wesentliche Teile, wie an einigen Belegen gezeigt sei. Im Personenrecht würden Rechts- und Handlungsfähigkeit teilweise inhaltsleer; die Erbteilung vollzöge sich nicht, wie nach geltendem Recht, vorwiegend durch Vertrag, sondern

---

[4] Das OR von 1881 enthielt diese Vorschrift nicht. Die Vertragsfreiheit wurde als so feststehend vorausgesetzt, dass der Grundsatz auch in den Materialien zu revOR 19 keine nennenswerten Spuren hinterlassen hat. Im Kommentar von HAFNER, Das schweizerische Obligationenrecht (2. A. Zürich 1905) findet sich das Stichwort Vertragsfreiheit nicht. Vor dem OR anerkannten die kantonalen Rechte die Vertragsfreiheit; hinsichtlich des zürcherischen Rechts wurde sie, gewiss übertreibend, von einem Autor als «illimité» eingeschätzt; darüber Iso KELLER, Rechtsethik und Rechtstechnik (Aarau 1947) 89.

[5] WALTHER BURCKHARDT, Methode und System des Rechts (Zürich 1936) 155; DERSELBE, ZBJV 73, 49; DERSELBE, Die Organisation der Rechtsgemeinschaft (2. A. Zürich 1944) 41.

müsste zwingender gesetzlicher Vorschrift und richterlicher Massnahme überlassen bleiben; das Sachenrecht, dass in seinem Kern Eigentumsordnung ist, wäre in der Hauptsache gegenstandslos, weil die wichtigste Befugnis des Eigentümers heute darin besteht, vertraglich über sein Recht zu verfügen; das Obligationenrecht ist ohnehin vorwiegend Vertragsrecht; die Gesellschaften des Handelsrechts und die Genossenschaft arbeiten mittels Verträgen. *Funktionell* gesehen, gibt der Vertrag den Parteien die Befugnis, eine begrenzte, nur gerade ihre Beziehungen betreffende Rechtsordnung zu schaffen. «Les conventions légalement formées tiennent lieu de loi à ceux qui les ont faites», erklärt der französische Code civil (1134) nachdrücklich.

Vorhin ist auf die wirtschaftliche Bedeutung der Vertragsfreiheit hingewiesen worden. Ihr liegt die von der Rechtsordnung getroffene Entscheidung zugrunde, die wirtschaftliche Betätigung sei den Privaten zu überlassen. Die staatsrechtliche Ausprägung dieses Gedankens stellt das Prinzip der *Handels- und Gewerbefreiheit* dar (BV 31 I)[6]. Danach sollen die Privaten im Rahmen der Konkurrenz grundsätzlich frei wirtschaften können. Der Staat will sich sowohl mit Reglementierungen wie mit eigener wirtschaftlicher Aktion zurückhalten[7].

Die bisher gewonnene Charakteristik bedarf einer unerlässlichen Ergänzung. Die Vertragsfreiheit ist zunächst als Idealtyp herausgestellt worden, d. h. eben schlechthin als Freiheit der Betätigung mittels Verträgen. In der Wirklichkeit kann sie nur begrenzt durch gesetzliche *Schranken* auftreten. Dass absolute Freiheit in der Rechtsordnung überhaupt nicht durchführbar ist, fliesst aus zwei Überlegungen: die Freiheit des einen Rechtsgenossen wird durch diejenige des anderen von selber eingeengt; und das Leben in der Gesellschaft macht es nötig, der Allgemeinheit auf Kosten des Einzelnen Befugnisse einzuräumen, die notwendig die Freiheit des Rechtsgenossen vermindern. Folglich muss die Rechtsordnung sich immer vorbehalten, die Vertragsfreiheit nur im Rahmen der von ihr zu steckenden Grenzen zuzulassen, gleich wie sie die subjektiven Rechte durch Schranken und

---

[6] VON TUHR / SIEGWART (zit. N. 2) 233 N. 3; HEDEMANN, Die Fortschritte des Zivilrechts im XIX. Jahrhundert I (Berlin 1910) 4; OFTINGER, SJZ 37, 228 und Zitate dort N. 16. Die Vertragsfreiheit war freilich anerkannt, bevor die BV 1874 die Handels- und Gewerbefreiheit ausdrücklich garantierte. Der scheinbare Widerspruch löst sich durch die Feststellung auf, dass auch vor 1874 die Handels- und Gewerbefreiheit tatsächlich gehandhabt wurde. Ohnehin ist weder sie noch die Vertragsfreiheit je unbeschränkt. Die Revision der Art. 31 ff. BV im Jahre 1947 hat das *Prinzip* der Handels- und Gewerbefreiheit nicht angetastet; SCHÜRMANN, Zbl. 1948, 35.

[7] Es braucht nicht genauer ausgeführt zu werden, dass beides geeignet ist, sowohl die Handels- und Gewerbefreiheit wie die Vertragsfreiheit zu vermindern. Dazu WALTHER BURCKHARDT, Kommentar der schweizerischen Bundesverfassung (3. A. Bern 1931) 228.

komplementäre Pflichten näher umschreibt[8]. So lautet die in OR 19 Abs. I enthaltene Proklamation des Grundsatzes der Vertragsfreiheit nicht absolut, sondern es wird der Vorbehalt «der Schranken des Gesetzes» aufgestellt[9] und dahin erläutert (Abs. II), dass durch zwingende gesetzliche Vorschrift der beliebigen Bestimmung des Vertragsinhalts Grenzen gesetzt seien.

Aus der obigen Bemerkung über die Notwendigkeit der Schranken ergibt sich ihre doppelte *Motivierung*[10]: 1. Zunächst muss die Freiheit vor Missbrauch durch die Beteiligten geschützt werden. Der Einzelne kann von sich aus versucht sein, seine Freiheit durch Vertrag zu weitgehend aufzugeben, oder die Gegenpartei, als die Stärkere, veranlasst ihn dazu. Schrankenlose Freiheit hebt sich leicht selber auf. Deshalb kennt das schweizerische Recht in den Vorschriften zum *Schutz der Persönlichkeit* die eine Gruppe der Vertragsschranken (OR 19 II, ZGB 27). Man darf z. B. nicht durch vorbehaltlose Übertragung der Vermögensverwaltung sich der Handlungsfähigkeit begeben[11]; wer durch eine Konkurrenzklausel dem Verpflichteten jede Möglichkeit wirtschaftlicher Betätigung raubt, hat einen unzulässigen Vertrag abgeschlossen[12]. Die im Schutz der Persönlichkeit liegende Vertragsschranke hilft also dem Schwachen, bindet den Rücksichtslosen und ermöglicht durch die Aufstellung von Spielregeln erst ein erträgliches Funktionieren der freiheitlichen Ordnung[13]. — 2. Die andere Motivierung der Vertragsschranken liegt in der Notwendigkeit des *Schutzes der Gemeinschaft* als solcher, durch Vorschriften, die den vertraglichen Verstoss gegen die «öffentliche Ordnung» (OR 19 II) als unerlaubt erklären; ihre Richtschnur wird gewöhnlich als «öffentliches Interesse» bezeichnet. Dahin gehört z. B. die Schenkung, die eine Beamtenbestechung bezweckt, oder

---

[8] Beispiele: ZGB 641 I über den Inhalt des Eigentums; ZGB 2 als Grundlage einer allgemeinen, mit den subjektiven Rechten verbundenen Pflicht: derjenigen zur *richtigen* Rechtsausübung.

[9] Die Angabe von FICK, Das schweizerische Obligationenrecht (Zürich 1911), Art. 19 N. 1, der Grundsatz der Vertragsfreiheit sei hier «in aller Schärfe» aufgestellt, war deshalb nie richtig.

[10] EGGER, Kommentar zum schweizerischen Zivilgesetzbuch (2. A. Zürich 1930) Art. 27 N. 2 ff.; FELIX WIGET, Der zivilrechtliche Begriff der öffentlichen Ordnung (Diss. Zürich 1939) 37, 112, 143; JAKOB SCHAFFNER, Die Grenzen der Vertragsfreiheit und Treu und Glauben in den Beschlüssen der Generalversammlung (Diss. Bern 1940) 3 ff., 36; EMIL ZÜRCHER, Die Grenzen der Vertragsfreiheit (Diss. Zürich 1902).

[11] ZGB 27 I; BGE 69 II 234 mit etwas anderem Tatbestand.

[12] ZGB 27 II; OR 356 ff.; BGE 39 II 546.

[13] Dazu LIPPMANN, Die Gesellschaft freier Menschen (Bern 1945) 452—453, 366 und passim; RÖPKE, Die Gesellschaftskrisis der Gegenwart (1. A. Erlenbach / Zürich 1942) 357 ff. (4. A. [1942] 364 ff.) und passim; OULÈS, Travaux de l'Association Henri Capitant II (zit. N. 1) 241, 247. Dem gleichen Ziel dient auf anderem Boden das UWG; dazu GERMANN, Concurence déloyale (Zürich 1945) 249, 256.

der Vertrag, mit dem baupolizeilich vorgeschriebene Grenzabstände ausgeschaltet werden sollen.

Die Schranken sind, wie erwähnt, generell in OR 19 vorgesehen; OR 20 sieht als wichtigste zivilrechtliche Sanktion gegen ihre Missachtung die Nichtigkeit des Vertrags vor. Im *einzelnen* können die *Schranken* alle vier Richtungen erfassen, die in ihrer Gesamtheit die Vertragsfreiheit ausmachen. Wir haben dann 1. einen Zwang zum Abschluss eines Vertrags vor uns (Kontrahierungszwang); oder 2. einen solchen in der Wahl der Gegenpartei; es besteht 3. Zwang in der Gestaltung des Inhalts, schliesslich 4. Zwang zur Aufhebung oder Nichtaufhebung des Vertrags. Ein Beispiel für die erste Möglichkeit ist die häufig vorgesehene Versicherungspflicht; die dritte bildet den Hauptfall, verkörpert in zahlreichen Verbotsvorschriften, wie z. B. OR 129, oder auch in Geboten, wie die Anordnung bestimmter Vertragsklauseln (VVG 91 II). Für den zweiten und vierten Fall lassen sich in der herkömmlichen Gesetzgebung [14] kaum anschauliche Belege finden. Die Schranken sind zum Teil in den privatrechtlichen Gesetzen selber niedergelegt, zum grösseren Teil in den verschiedensten Erlassen des öffentlichen Rechts, traditionsgemäss vornehmlich im Polizeirecht. Es soll davon genauer unter Ziff. II, A die Rede sein; hier war zunächst bloss das Grundsätzliche abstrakt festzulegen.

Der Erwähnung bedürfen auch einige dogmatische *Folgerungen* der Vertragsfreiheit. Diese bedeutet, wie sich gezeigt hat, die von der Rechtsordnung gewährte grundsätzliche Befugnis, sich nach Gutdünken vertraglich zu binden. Wenn das Gesetz über den Inhalt der Verträge Vorschriften aufstellt, so müssen sie demnach hauptsächlich dispositiven Rechts sein; zwingendes Recht soll die Ausnahme und als solche kenntlich gemacht sein (OR 19 II). In der Tat ist das Vertragsrecht des OR ganz überwiegend dispositiv. Als eine andere Folgerung haben die Parteien die freie Wahl unter den vom Gesetz (OR 184 ff.) zur Verfügung gestellten Vertragstypen; sie können diese abändern oder kombinieren oder eigene Typen (sog. Innominatkontrakte) schaffen, sind also nicht auf ein gesetzliches Kontraktsystem verpflichtet. Aus der Vertragsfreiheit wird auch das Postulat abgeleitet, der Gesetzgeber habe weitgehend die Formfreiheit zu verwirklichen (OR 11 I).

Der *Rechtstechnik* nach ist die Vertragsfreiheit endlich wie folgt zu kennzeichnen: Die Rechtsordnung besteht in ihrem massgeblichen Inhalt aus dem in den Rechtssätzen formulierten Zusammenspiel von juristischen Tatbeständen und Rechtsfolgen. Die juristische Tatbestand zählt die Vor-

---

[14] Die ausserordentliche Gesetzgebung wird später berücksichtigt.

aussetzungen auf, unter denen eine Rechtsfolge — z.B. eine Leistungspflicht — entstehen kann. Beim Vertrag gehört der gleichgerichtete *Wille* der Parteien zum juristischen Tatbestand. Der Wille erzielt also nicht von sich aus die Rechtsfolge[15], sondern nur, weil er zusammen mit andern juristischen Tatsachen als *Tatbestandsteil* im Hinblick auf die Rechtsfolge berücksichtigt wird[16]. Die als Beispiel erwähnte Leistungspflicht besteht folglich nur deshalb, weil das Gesetz es zulässt, dass sich Parteien zu eben diesem Zweck binden, und weil es nur dann die Pflicht als begründet ansieht, *wenn* willentlich die Bindung eingetreten ist. Leistungspflichten können selbstverständlich auch bestehen, ohne dass auf den Willen abgestellt wird, z.B. eine zwingend vorgesehene Unterhaltspflicht. In seiner Eigenschaft als juristische Tatsache löst demnach der Wille die gesetzlich vorgesehenen, dem Bereich des Vertrags zugänglichen Rechtsfolgen aus. Wo dem Willen diese Wirkung verliehen ist, haben wir eine rechtsgeschäftliche, im besonderen eine vertragliche Regelung; dort gilt Vertragsfreiheit. Somit ist die Rechtsordnung immer vor die Frage gestellt, ob sie im Hinblick auf eine konkrete Sachlage den Willen berücksichtigen oder ohne ihn, von sich aus — zwingend — Rechtsfolgen erzeugen, also von der Vertragsfreiheit absehen soll. Das ist eine wichtige Entscheidung; sie gehört nicht mehr ins Gebiet der Rechtstechnik, sondern ist materieller, letztlich ideologischer Natur. Davon soll als Nächstem die Rede sein.

B. Ideologische Betrachtung

Die gedanklichen Wurzeln der Vertragsfreiheit reichen in die Jahrhunderte zurück[17]; ihre scharfe, ideologisch[18] begründete Betonung und konsequente Auswertung in den neueren Gesetzen ist indessen eine Frucht des europäischen *Liberalismus*, wie er sich nach der Auflösung der alten, in Feudalismus und Korporationen gebundenen Gesellschaft im Gefolge der

---

[15] Zutreffend unterstrichen von WALINE (zit. N.1) 204 ff.; ferner HIPPEL, Einführung in die Rechtstheorie (Berlin 1932) 10 ff.

[16] Daher ist die häufig gegebene Definition des Rechtsgeschäfts unscharf: es sei die Willensäusserung, die auf Begründung, Aufhebung oder Veräusserung eines subjekten Rechts oder eines Rechtsverhältnisses gerichtet ist. Vielmehr ist es der juristische *Tatbestand*, in dem das Gesetz an die auf diese Folgen gerichtete Willensäusserung anknüpft.

[17] GÉNY, Méthode d'interprétation et sources en droit privé positif II (2ᵉ éd. Paris 1919 et 1932) no 171, p. 151—152; RIPERT / BOULANGER (zit. N.1) no 17. Eine Arbeit von SCHERRER, Die geschichtliche Entwicklung der Vertragsfreiheit (Basel) ist bei Abschluss dieser Studie erst angekündigt.

[18] Unter Ideologie verstehe ich auf Wertungen beruhende Vorstellungen davon, wie das menschliche Zusammenleben am besten zu gestalten sei.

Französischen Revolution durchsetzte[19]. Die Formel für die ideologische Grundlage der Vertragsfreiheit ist im Prinzip der *Privatautonomie* — autonomie de la volonté — zu sehen[20]. Sie ist die von der Rechtsordnung den Subjekten des Privatrechts (den Privaten) verliehene grundsätzliche Befugnis, ihre Beziehungen nach eigenem Gutdünken zu ordnen[21]. Der Vertrag ist das eindrücklichste Mittel der Betätigung dieser Autonomie. Durch Rechtsgeschäft, auf Grund einer Einigung mit der Gegenpartei, gestaltet der Private seine Verhältnisse, und zwar grundsätzlich frei, unabhängig von staatlicher Einflussnahme, die sich durch gesetzliche Vorschriften und darauf gestützte behördliche Vorkehrungen äussern würde. Der Mensch wird als autonom gedacht; in eigener Kompetenz bestimmt er juristisch sein Schicksal, schafft er Recht «inter partes». Die ursprüngliche Anschauung[22] fasste die Autonomie vorbehaltlos auf: eine mit der Tatsache des Menschseins gegebene, vorstaatliche Machtvollkommenheit, die der Staat, die Rechtsordnung, als a priori bestehend anzuerkennen haben. Eine modernere, in der Schweiz als herrschend anzusprechende Ansicht ist sich demgegenüber bewusst, dass im positiven Recht die Autonomie nur insoweit Bestand haben kann, als die Rechtsordnung sie vorsieht, dem Grundsatz und dem Umfang nach. Die in der Privatautonomie liegende Machtbefugnis ist dem Privaten *kraft Delegation verliehen*[23]. Damit ist gleichzeitig den Schranken der Vertragsfreiheit, die auf weiterem Plane Schranken der Privatautonomie sind, der Standort angewiesen. Beides, Privatautonomie und

[19] Waline 172 ff.; Savatier 6; Ripert, Régime, nos 137 et s.; derselbe, Capitalisme 37—38; Egger, Rechtsethik 14 ff. (alle zit. N.1); Planiol/Ripert/Esmein VI 21; Demogue, nos 27 et s. (beide zit. N.3); Hedemann (zit. N.6) 3 ff.; Schnitzer, Vergleichende Rechtslehre (Basel 1945) 283; Renner, Die Rechtsinstitute des Privatrechts und ihre soziale Funktion (Tübingen 1929) 179; ferner Eugen Huber, System und Geschichte des schweizerischen Privatrechts IV (Basel 1893) 281, 902—903.
[20] Oftinger, ZSR 57,489 a.
[21] Verschiedene Definitionen bei Wiget (zit. N.10) 1. Auf das Prinzip der Privatautonomie lassen sich einige doktrinäre Anschauungen der Zivilistik des 19. Jahrhunderts zurückführen, wie die Willenstheorie (man denke z.B. an die früher beliebte Unterschiebung eines stillschweigend geäusserten Willens). Darüber eingehend Demogue I, nos 27 et s.; auch Planiol/Ripert/Esmein VI, nos 14, 15 (beide zit. N.3); Waline 171; Ripert/Boulanger, nos 17 et s. (beide zit. N.1). Das sind Übertreibungen, die die schweizerische Praxis wenig zu beeinflussen vermochten und heute in der Doktrin verschiedener Länder, namentlich auch der Schweiz, grossen Teils überwunden sind.
[22] Sie scheint unter den französischen Zivilisten noch jetzt viel vertreten zu sein, Waline (zit. N.1) 202 ff. Über die philosophische Herkunft der Lehre von der Privatautonomie (Kant ist einer ihrer wichtigsten Förderer); Waline 169 ff.; Welzel, Über die ethischen Grundlagen der sozialen Ordnung, Süddeutsche Juristen-Zeitung 1947, 409.
[23] Statt vieler Oser/Schönenberger (zit. N.2) S. 23 N.34, Art. 19 N.7; Schnitzer (zit. N.19) 413; Savatier (zit. N.1) 53; Max Weber, Wirtschaft und Gesellschaft (Tübingen 1922) 413; Oftinger, ZSR 57, 497a—498a; derselbe, SJZ 37, 225—226; besonders nachdrücklich Waline (zit. N.1) 210, 219.

Schranken, beruht positivrechtlich auf dem gleichen Fundament: der Rechtsordnung, dem Gesetz. Die Schranken sind nicht ein nachträglicher Einbruch in einen ursprünglichen Zustand völliger Freiheit; sie sind als Teil der Rechtsordnung von vornherein mit dieser vorhanden. Das Gesetz lässt die Freiheit nur innerhalb des von ihm bestimmten Rahmens zu.

Diese Konstruktion anerkennt somit die Befugnis des Staates, das Gebiet der Privatautonomie zu verkleinern, eben durch die Errichtung neuer Schranken. *Dogmatisch* gesehen ist die Fähigkeit dazu unbegrenzt; der Staat könnte völlig auf die Privatautonomie verzichten und zu einer rein öffentlich-rechtlichen, schlechthin verstaatlichten, einen absoluten Zwangscharakter tragenden Rechtsordnung gelangen. Die ungeheure Bedeutung des ideologischen Entschlusses, die Privatautonomie, die Vertragsfreiheit zuzulassen, liegt jedoch darin, dass hier ein für allemal eine den Staat bindende *Wertordnung* aufgestellt ist: der Mensch wird um seiner selbst willen anerkannt, er wird als frei betrachtet, soll grundsätzlich der Herr seines Schicksals sein. Deshalb dürfen die Schranken nicht ein Übermass erreichen; sie müssen vielmehr die Ausnahme bilden, und die Freiheit — die Vertragsfreiheit im besonderen — muss die Regel darstellen.

Das ist denn auch die Lösung des geltenden Rechts. Nur dort herrscht nicht Freiheit, wo dies aus dem Gesetz hervorgeht; die Schranken sind die Ausnahmen[24]. Das gibt dem Vertragsrecht und damit weithin dem Privatrecht das Gepräge: es ist eine freiheitliche Ordnung[25]. Die Privatautonomie und mit ihr die Vertragsfreiheit muss sich freilich dem allgemeinen Streben der Rechtsordnung fügen: dem Ausgleich des Wohles des Einzelnen und des Gemeinwohles. Dabei liegt jedoch die Richtlinie in der einfach klingenden, doch so weit reichenden Feststellung: *Recht und Staat bestehen um des Menschen willen;* es gilt nicht das Umgekehrte[26]. Damit ist die Antwort erteilt auf die Kernfrage der gesellschaftlichen Ordnung, derjenigen nach dem *Verhältnis von Einzelmensch und Gemeinschaft.* Es ist die im Privatrecht wie im öffentlichen Recht, also in der ganzen schweizerischen Rechtsordnung[27] verwirklichte Lösung: die freiheitliche. Sie beruht auf der Über-

---

[24] So vor allem OR 19; Oftinger, SJZ 37, 227—228.

[25] Näheres bei Wiget (zit. N. 10) 1 ff.; Oftinger, ZSR 57, 496a ff.; derselbe, SJZ 37, 225—226.

[26] Es ist bezeichnend für die heutige Lage, dass dieser Satz mit besorgtem Unterton öfters wiederholt wird; Savatier 11; derselbe, Travaux de l'Association Henri Capitant I 163, II 55 (alles zit. N. 1); derselbe, Recueil Dalloz, Chronique, 1946, 28. Ferner Waline (zit. N. 1) 317, 415.

[27] Nachweis der ideologischen Gleichheit von privatem und öffentlichem Recht im einzelnen bei Oftinger, SJZ 37, 225 ff. Über die Parallele zwischen Vertragsfreiheit und Handels- und Gewerbefreiheit erübrigen sich hier Ausführungen. Die individualistische Bedeutung der letzteren hebt hervor Rappard, L'individu et l'état (Zurich 1936) 367 ff.

zeugung, dass der Sinn des Menschendaseins nur erfüllt werde, wenn dem Individuum Freiheit gegeben sei, sich im Dienste seiner sittlichen Bestimmung zu entfalten. *Hier* liegt letztlich der ideologische Kern der im geltenden Recht verankerten Vertragsfreiheit[28]; sie gehört in ganz entschiedenem Mass zur «Freiheit des Bürgers im eidgenössischen Recht».

II. Heutige Lage

Mit den soeben getroffenen Feststellungen ist nichts ausgemacht über den *tatsächlichen Umfang der Vertragsfreiheit.* Er bestimmt sich durch eine Untersuchung des jeweils geltenden Rechts. Die gegenwärtige Situation kennzeichnet sich, wie sich zeigen wird, durch ein beträchtliches Anwachsen der Schranken der Vertragsfreiheit. Im folgenden mögen sie als *juristische Schranken* bezeichnet werden (A). Es fragt sich, ob dort, wo rechtlich Vertragsfreiheit besteht, diese tatsächlich ausgeübt werden kann. Wie sich erweisen wird, trifft dies vielfach nicht zu; die Vertragsfreiheit unterliegt somit nicht nur rechtlichen, sondern auch *faktischen Schranken* (B), für die sich ebenfalls eine Zunahme festellen lässt.

A. Juristische Schranken der Vertragsfreiheit

Aus den früheren Darlegungen ergibt sich, dass diese Schranken zum *Normalbestand der Rechtsordnung* gehören. Wie jedes moderne Recht, so hat das schweizerische sie seit jeher in beachtlichem Umfang aufgewiesen: in den eidgenössischen und kantonalen Erlassen des *öffentlichen Rechts* (als Beispiel diene das Verbot des unkontrollierten Handels mit Betäubungsmitteln), vorweg aber in den privatrechtlichen *Kodifikationen* selber. Einige Belege genügen. Das Sachenrecht beschränkt die vertragliche Errichtung dinglicher Rechte auf den sog. Numerus clausus der gesetzlich vorgesehenen Typen (ZGB 958, 793 u.a.); das gleiche gilt im Familienrecht für die Bestimmung des Güterstandes (ZGB 179 II). Das Obligationenrecht, zwar bekannt als das freieste Rechtsgebiet, enthält doch eine ansehnliche Reihe von Begrenzungen des Vertragsinhalts[29], wie das Wucherverbot (Art. 21), die Beschränkung der sog. Freizeichnungsklauseln (Art. 100—101), den Grundsatz des Schutzes von Vertrauensverhältnissen (so Art. 34, 404, 541).

---

[28] Sie ist also keineswegs bloss «une règle technique», wie RIPERT / BOULANGER (zit. N. 1) no 16 annehmen.
[29] Einzelheiten bei SCHAFFNER (zit. N. 10) 8, 10 ff.; WALINE (zit. N. 1) 179 ff.

Zahlreiche Schranken sind von der Gerichtspraxis im Rahmen der General-klausel der guten Sitten (Art. 19 II, 20) errichtet worden, besonders zum Schutz der Persönlichkeit (ZGB 27 II); man denke an die Verhütung über-mässiger Bindung der «wirschaftlichen Persönlichkeit». Das Arbeitsrecht verfügt seit langem über einen wirksamen Bestand an zwingenden Vor-schriften, zunächst im revOR, dann in mannigfachen *Spezialgesetzen,* von denen das Fabrikarbeitsgesetz von 1914 genannt sei. Unter den Spezialge-setzen anderer Gebiete ist das Versicherungsvertragsgesetz von 1908 eines der eindrücklichsten, besteht es doch zu drei Fünfteln aus zwingenden Vor-schriften (Art. 97—98)[30]. Der Kontrahierungszwang zulasten von Mono-polbetrieben (wie den Eisenbahnen) gilt als altes Requisit der Gesetzge-bung, gehört indessen nach einer anderen Auffassung überhaupt nicht ins Privatrecht[31].

In den letzten Jahrzehnten zeigt sich die Tendenz zu einer *raschen Ver-mehrung* der Schranken der Vertragsfreiheit, zunächst in verschiedenen Tei-len der *ordentlichen Gesetzgebung,* wie wiederum an Beispielen gezeigt werde. Voran steht das Arbeitsrecht; es ist an Erlasse zu erinnern wie das Berufsbildungsgesetz (1930), das Heimarbeitsgesetz (1940), das BG über das Anstellungsverhältnis der Handelsreisenden (1941)[32], vor allem an den BB über die Allgemeinverbindlicherklärung von Gesamtarbeitsverträgen (1943), überhaupt an das ungemein weitreichende Institut des Gesamtar-beitsvertrags (OR 322—323): durch einen eigenartigen, mit den Mitteln des herkömmlichen Obligationenrechts gar nicht erfassbaren Vorgang werden grosse Gruppen einzelner Verträge zwangsweise der individuellen Gestal-tung entzogen. Auffallend sind ferner Vorgänge wie die neuerliche Be-tonung der Form beim Vertragsschluss (z.B. revOR 493, verschiedene Vor-schriften des Arbeitsrechts[33]), die starken Eingriffe in die vertraglichen Gläubigerrechte durch die zahlreichen Erlasse über die Nachlassverfahren des sog. Sanierungsrechts[34] oder die Einführung einer Pfandbelastungs-grenze im BG über die Entschuldung landwirtschaftlicher Heimwesen (1940). Ein nach diesem Gesetz entschuldeter Bauer kann 25 Jahre lang sein Heimwesen nicht ohne behördliche Bewilligung veräussern (Art. 75). Neu-

---

[30] M. Picard, L'affaiblissement contractuel du contrat d'assurance, Recueil *Lambert* V (zit. N. 1) 159 ff.
[31] Darüber Oftinger, ZSR 57, 509 a ff.
[32] Ein als Gegenstück zu diesem Gesetz gedachtes BG über den Agenturvertrag wird vorberei-tet.
[33] So Berufsbildungsgesetz von 1930 Art. 6, Handelsreisendengesetz von 1941 Art. 3 I.
[34] Zum Beispiel Löschung von Pfandrechten, Erlass und Herabsetzung von Zinsen, Erleichte-rungen für Bürgen, Umwandlung von Obligationen (d.h. Schuldverpflichtungen) in Aktien.

erworbene landwirtschaftliche Grundstücke sind allgemein nicht vor sechs Jahren weiter veräusserlich; wo Ausnahmen gestattet werden, unterliegt der Preis amtlicher Kontrolle (revOR 218, 218 [bis]).

Eine in drei Perioden einsetzende *ausserordentliche Gesetzgebung* hat die Zurückbindung der Privatautonomie ungewöhnlich ausgedehnt. Der *Erste Weltkrieg* nötigt den Gesetzgeber zu zahlreichen Massnahmen, die die Freiheit der Wirtschaft und damit des Vertrages einengen [35]. Die *Weltwirtschaftskrise* der dreissiger Jahre lässt den Staat verstärkt in das Tätigkeitsgebiet des Privaten — in allen Teilen der Wirtschaft — intervenieren. Das öffentliche Recht beeinträchtigt an vielen Stellen das Privatrecht, indem es alle Auswirkungen der Privatautonomie, namentlich aber die Vertragsfreiheit, beschneidet. Bloss zwei Stichworte seien erwähnt: die am 27. September 1936 eingerichtete allgemeine Preiskontrolle, welche die wichtigsten Verträge, vor allem den Kauf und die Miete, der freien Gestaltung entzieht; dann das Clearingrecht, das die Abwicklung eines sehr grossen Teils der über die Landesgrenzen zu erfüllenden Verträge berührt [36]. Es lässt sich ein umfassendes System solcher «Eingriffe» aufstellen [37], deren Bilanz das Privatrecht zwar in seinem traditionellen Bestand äusserlich kaum verändert, aber in seiner Wirksamkeit einzelnen Betrachtern doch angetastet zeigt [38]. Das Krisenrecht steht in voller Geltung, als der *Zweite Weltkrieg* ausbricht und ein gewaltiges Kriegswirtschaftsrecht [39] entstehen lässt, das trotz fühlbarer Rückbildung noch heute in beträchtlichem Umfang gilt. Es verschärft zwangsläufig die Tendenzen des bisherigen Notrechts. Wenige Belege müssen ausreichen: Neben die in verschiedenen Spielarten durchgeführte Preisbindung treten die Kontingentierung und Rationierung aller wichtigen Waren. Durch Anschluss an ein «kriegswirtschaftliches Syndikat» konnte ein Unternehmen als Ganzes einer «Indienststellung [40]» unterworfen werden. Eine Arbeitsdienstpflicht — als aufschlussreicher Fall des Kontrahierungszwanges — entzog den Betroffenen der gewöhnlichen dienstvertraglichen Rechtsstellung. Ein umfassendes Zwangsregime besteht für den Mietvertrag. Der gesamte landwirtschaftliche Boden ist der freien Vereinbarung unzugänglich, indem die Verträge

---

[35] BAER, Die schweizerischen Kriegsverordnungen I—IV (Zürich 1916 / 19); EGGER, Rechtsethik (zit. N. 1) 58; weitere Zitate ZSR 57, 540 a N. 64.

[36] FRED RÜTTIMANN, Eingriffe des Clearingrechts in die Vertragsfreiheit (Diss. Bern 1944) 60 ff.

[37] COMMENT und OFTINGER (beide zit. N. 1).

[38] RIPERT, Régime; COMMENT 786 a ff.; OFTINGER 680 a ff. (alle zit. N. 1).

[39] Umfassend bearbeitet von LAUTNER, System des schweizerischen Kriegswirtschaftsrechts (Zürich 1942 ff.).

[40] KARRER, SJZ 37, 39.

namentlich auf Eigentumsübertragung und Errichtung von Pfandrechten bewilligungspflichtig sind.

Zu den durch die ordentliche und die ausserordentliche Gesetzgebung eingeführten *direkten Beschränkungen* der Vertragsfreiheit kommen *indirekte*. Ein seit Jahrzehnten wachsender Etatismus, durch Krise und Krieg gefördert, entzieht zahlreiche wirtschaftliche Tätigkeiten dem privaten Bereich: staatliche (und sog. halbstaatliche, aber mit öffentlich-rechtlichen Kompetenzen und Monopolen ausgestattete) Organismen erzeugen, importieren, exportieren, verteilen Waren; nicht bloss — wie betont sei — im Rahmen der Kriegswirtschaft. Insoweit wird die Vertragsfreiheit gegenstandslos, oder es verschwindet zum mindesten *eine* private Partei. Muss z.B. eine Ware, statt wie bisher von einem Kaufmann, jetzt von einer staatlichen Importstelle bezogen werden, so ist die Vertragsfreiheit nicht nur (direkt) bezüglich der Wahl der Gegenpartei aufgehoben, sondern auch (indirekt) dadurch berührt, dass eben kein Privater mehr als Verkäufer auftreten kann. Das öffentliche Recht reglementiert nicht mehr bloss die Verträge der Privaten, wie im herkömmlichen Recht, sondern übernimmt selber in steigendem Umfang früher private Tätigkeiten.

B. Faktische Schranken der Vertragsfreiheit

Der Grundsatz der Vertragsfreiheit und deren Schranken sind Teile der Rechtsordnung. Sie umschreiben ein Verhältnis des Privaten zum *Staat*. Wird die Vertragsfreiheit als Postulat aufgefasst, so bedeutet sie die an den Staat gerichtete Aufforderung, die rechtsgeschäftliche Betätigung möglichst frei zu lassen. Es soll nunmehr die Frage erörtert werden, was in der Wirklichkeit aus dem von der Rechtsordnung gewährten Bereich der Freiheit wird. Die Erfahrung zeigt, dass ihre Ausübung durch Umstände der verschiedensten Art *faktisch gehemmt* ist. Seit jeher hat sich — um *einen* Fall zu nennen — der ökonomisch Schwächere dem Willen des Stärkeren anpassen müssen, war also in diesem Sinn unfrei. Die Existenz der Vertragsfreiheit als Rechtsgrundsatz sagt darüber nichts aus, wie die *Privaten im Verhältnis unter sich* diese Freiheit auswerten; sie bestimmt nichts über das Mass ihrer tatsächlichen Benützung. Vielmehr gewährt sie bloss die *Chance* des freien rechtsgeschäftlichen Verhaltens[41].

Ein Kennzeichen der heutigen Lage ist die auffällige Zunahme der faktischen Schranken, wofür einige Anhaltspunkte gegeben seien. Diese Ent-

---

[41] Max Weber (zit. N. 23) 453—454.

wicklung[42] lässt sich auf zwei Hauptursachen zurückführen, deren Wirkungen sich um Teil überschneiden. Zunächst das Auftreten immer mächtigerer *organisierter Gruppen von Vertragsparteien:* Gewerkschaften[43], Verbände von Produzenten und Händlern, besonders Kartelle. Sie nehmen durch die mannigfachsten Massnahmen Einfluss auf den Inhalt der individuellen Verträge, die ihre Mitglieder mit Dritten abschliessen. Namentlich die Angebotsmenge, die Qualität und der Preis der Ware werden durch die Anordnungen der Verbände einseitig der freien vertraglichen Diskussion entzogen. Das Mitglied hat sich im Verkehr mit den Kunden an die vom Verband festgelegten «Konditionen» zu halten, vor allem aber an die Verbandspreise. «Kundenschutzverträge» verhindern, dass der Abnehmer nach den Regeln des Wettbewerbs gewonnen wird. Kartelle «höherer Ordnung» zentralisieren den Absatz, so dass ihre Mitglieder gar nicht mehr in der Lage sind, mit den Kunden Verträge abzuschliessen. Massive Sanktionen, wie Konventionalstrafen, bedrohen unerwünschte Selbständigkeitsgelüste. Eine interne Verbandsgerichtsbarkeit entzieht die Streitfälle der unabhängigen Jurisdiktion des staatlichen Richters[44]. Es ist Paradoxon des Rechtslebens, dass all dies im Rahmen der (juristischen) Vertragsfreiheit geschieht: der Vertrag als Institut wird mittels des Vertrags aufs schärfste beeinträchtigt, indem es Verträge sind[45], durch die sich die Mitglieder dem Verband unterwerfen. Die Verbände geniessen auch den Schutz der Handels- und Gewerbefreiheit, die sie in gleicher Weise aushöhlen können, weil dieser Grundsatz, wie derjenige der Vertragsfreiheit, bloss das Verhältnis des Privaten zum Staat betrifft. Es gilt als feststehend, dass dieser Sachverhalt in der Schweiz, als einem der an Kartellen relativ reichsten Länder, die freie Preisbildung und Konkurrenz erheblich ausgeschaltet hat; man spricht statt von einer freien von einer «verbandlich durchorganisierten Wirtschaft[46]». Bereits vor dem Zweiten Weltkrieg wurde angenommen, das Mass dieser Bindungen gehe über das sehr umfangreiche der staatlichen

---

[42] Dazu JOSSERAND, Revue trimestrielle 1937, 8 ff.; DERSELBE, Recueil *Lambert* 144 ff.; RIPERT, Régime, nos 92 et s.; EGGER, Rechtsethik 28 ff.; OFTINGER, ZSR 57, 688 a ff. (alle zit. N. 1); SCHNITZER (zit. N. 19) 420—421.

[43] Im Rahmen des Gesamtarbeitsvertrages; von ihm soll hier nicht weiter gesprochen werden.

[44] Vgl. etwa BGE 57 I 205; 67 I 214—216; 72 I 90. Angesichts der zahlreichen, in den BGE zu findenden Urteile, die die Schärfe der Verbandspolitik beleuchten (57 II 345: «Faustrecht»; 57 II 491—492), mutet das den Verbänden sehr viel Kredit einräumende Urteil 73 II 69—71 etwas panegyrisch an.

[45] Daneben besteht der Weg der Begründung solcher Pflichten in den Statuten juristischer Personen.

[46] MARBACH, im Handbuch der schweizerischen Volkswirtschaft II (Bern 1939) 20 ff.

Interventionen in die Wirtschaft hinaus[47]. Seither dürfte sich die Tendenz unter dem Einfluss der Kriegswirtschaft verstärkt haben.

Die andere Hauptursache der jetzigen Entwicklung zu einer im faktischen Bereich stark gehemmten Vertragstätigkeit liegt in der *Standardisation der Verträge*. Zahlreiche grössere Unternehmen, dann wiederum die Wirtschaftsverbände haben ihre Verträge (oder diejenigen ihrer Mitglieder mit Dritten) zum voraus inhaltlich bis in alle Einzelheiten festgelegt, gewöhnlich in Vertragsformularen und Allgemeinen Geschäftsbedingungen; das bekannteste Beispiel sind die Allgemeinen Versicherungsbedingungen. Ihr Inhalt ist — mit geringfügigen Ausnahmen — von der Gegenpartei wie er lautet anzunehmen. Die Vertragsfreiheit der inhaltlichen Gestaltung besteht hier faktisch nicht; man besitzt nur die Freiheit, den Vertrag als ein gegebenes Klischee einzugehen oder darauf zu verzichten, und diese Freiheit ist häufig aufgehoben, indem die Verhältnisse einen zum Vertragsschluss zwingen. Der Automobilist z.B. darf sein Fahrzeug nur verwenden, wenn er einen Haftpflichtversicherungsvertrag abgeschlossen hat; auf seinen Inhalt hat er keinen nennenswerten Einfluss, bei keiner Versicherungsgesellschaft, weil die das Haftpflichtgeschäft betreibenden Unternehmen des ganzen Landes sich auf einheitliche Bedingungen geeinigt haben. Wer den Vertrag diktieren kann, lässt sich ungern die Gelegenheit entgehen, die der Gegenpartei günstigen Bestimmungen des dispositiven Rechts auszuschliessen[48]. Die Gefahr der Ausnützung von Machtpositionen lässt sich dort korrigieren, wo auf beiden Seiten starke Partner auftreten, etwa Verbände von Produzenten und von Abnehmern, die für ihre Mitglieder gemeinsam einen Rahmenvertrag schaffen. Ein anderer, vereinzelt gebliebener Weg ist die staatliche Genehmigung der Allgemeinen Versicherungsbedingungen. Die Standardisation als solche wird dadurch nicht berührt. Seit langem sind, was ebenfalls hierher gehört, die Preise der meisten Waren im Einzelverkauf und die Entgelte für viele Arbeitsleistungen der Diskussion entzogen, indem sie als festes Angebot gedacht sind; die Preise werden der Packung aufgedruckt oder angeschrieben, es bestehen Tarife. Das Überhandnehmen der standardisierten Verträge hat mancherlei Ursachen. Es ist nicht nur der Wunsch massgebend, sich durch die zum voraus erfolgende Festlegung des Vertragsinhalts Vorteile zu sichern; sondern die Bedürfnisse des modernen Massenbetriebs erheischen gebieterisch

---

[47] BBl. 1937 II 849.

[48] Wofür die Bankpraxis der Bürgschaftsverträge vor der Revision von 1941 ein Beispiel liefert; STAUFFER, ZSR 54, 511a—512a; GUHL, Vom Bürgen, Universität Bern, Dies Academicus 1939 (Bern 1939) 10.

die Vereinheitlichung. Grossunternehmen wie Versicherungsgesellschaften und Banken, die Tausende, ja viele Zehntausende von Verträgen über die gleichen Gegenstände abschliessen, sind auf die Standardisation angewiesen. Sie vereinfacht nicht nur den Abschluss und die Handhabung der Verträge, sondern auch die Kalkulation. Dasselbe gilt für die einheitlichen Preise und Tarife. Ein weiteres Motiv ist das Bestreben, bewährte Vertragsinhalte immer wieder zu verwenden; es hat seit ältester Zeit der Kautelarjurisprudenz gerufen.

Die Wirklichkeit hat sich weit von der idealen Vorstellung der älteren Rechtswissenschaft entfernt, wonach der Vertrag das Erzeugnis des allmählich, durch Überlegungen und Verhandlungen, entstehenden Konsenses zweier sich gleichberechtigt gegenübertretender Parteien sei.

III. *Würdigung*

Die Ergebnisse der bisherigen Darlegungen lassen sich wie folgt *zusammenfassen:*

1. Die im schweizerischen Recht verankerte, auf einer ideologischen Entscheidung beruhende, als Tatsache und als Postulat anzusehende Vertragsfreiheit steht unter dem Vorbehalt, dass ihr Umfang durch die Rechtsordnung in wechselndem Umfang beschränkt wird.

2. Die neuere Entwicklung zeigt eine erhebliche Einengung des Gebiets der Vertragsfreiheit, indem der moderne Staat der freien wirtschaftlichen Betätigung einen merklich verkleinerten Raum zubilligt.

3. Auf dem verbleibenden Gebiet ist die Vertragsfreiheit zudem faktisch stark vermindert, weil die heutige Organisation der Wirtschaft und ihre Geschäftspraktiken die individuelle Gestaltung des Vertragsinhalts auf weiten Strecken ausschliessen.

Die beiden letzten Ergebnisse rufen einer *Würdigung;* zunächst die dritte Feststellung. Der gleiche Staat, der die *Vertragsfreiheit* gewährt, lässt zu, dass sie *von den Beteiligten teilweise illusorisch gemacht* wird. Er müsste, so denkt man, darüber wachen, dass innerhalb des der privaten Betätigung überlassenen Raumes mehr als bisher der Schwache gegen den Starken, der Zurückhaltende gegen den Anmassenden, der Anständige gegen den weniger Anständigen geschützt sei. Das würde, wirtschaftlich gesprochen, Verfälschungen des Konkurrenzverhältnisses vermindern und, juristisch ausgedrückt, die Vertragsfreiheit wieder sinnvoller gestalten. Die rechtlichen

Mittel stehen bereit. Es sei auf öffentlich-rechtlichem Boden einzig hingewiesen auf Massnahmen gegen Auswüchse der Kartelle (revBV 31 [bis] III d) [49],
im privatrechtlichen Gebiet auf die Möglichkeiten einer verfeinerten
Anwendung der Vorschriften über den Schutz der Persönlichkeit, über die
Übervorteilung, Täuschung und Drohung, die guten Sitten [50]. Niemand
erwartet von Interessentengruppen die Wahrung des Gemeinwohles. Um
so bedrückender wirkt es, wenn der Staat ihnen unkontrollierte Macht in
die Hände legt, sich schliesslich zu ihrem Werkzeug verwenden und einzelne seiner Bereiche von ihnen okkupieren lässt, wofür die neuere Wirt-
schaftsgeschichte Beispiele kennt. Hier liegt Gefahr, die nicht verschwiegen
werden darf. Eine «verbandlich durchorganisierte Wirtschaft» erleichtert
die Aufgaben einer Kriegswirtschaft. Ebenso gewiss ist indessen, dass sie
dem Staat, wenn er sich einmal unfreiheitlichen Zielen verschreiben sollte,
den Weg ungemein verkürzte; das Beispiel anderer Länder sollte eine Warnung bilden [51].

Wie die Behandlung der gerade berührten Fragen, so müsste auch die
eingehende Würdigung der von der *Rechtsordnung selber vorgekehrten
Einengung der Vertragsfreiheit* auf sehr viel breiterem Plan erfolgen, als er
dieser Studie zugrunde liegt. Doch dürfen einige Feststellungen angebracht
werden. Die heutige Lage bietet ein Augenblicksbild im säkularen Ringen
um die Ausmarchung der Sphären des Individuums und der Gemeinschaft [52]. Das geltende Recht ist freiheitlich gedacht; wir kennen die

---

[49] Statt Angabe der reichen jüngsten Literatur *eine* Stimme aus einem früher sehr kartellfreudi-
gen Gebiet, aus Deutschland; Böhm, Kartellauflösung und Konzernentflechtung, Süddeutsche Juristen-Zeitung 2 (1947) 496: «Die Frage (der Kartelle) wird von Völkern, die Wert auf
Freiheit legen, die um diese Freiheit in inneren Kämpfen gerungen haben und infolgedessen
von einem unbesiegbaren Misstrauen gegen jede Art von unkontrollierter Macht erfüllt sind,
als eine Verfassungsfrage empfunden, die jeden angeht.»

[50] Im Fall BGE 43 II 803 ist es den Gerichten nicht gelungen, einen Darlehensvertrag mit insgesamt 37½% an offenem und verstecktem Zins für ungültig zu erklären.

[51] Böhm (zit. N. 49) 504 erwähnt, dass «die überaus starke Kartell- und Konzernentwicklung in
der deutschen Wirtschaft es ... dem Nationalsozialismus ganz ausserordentlich erleichtert
haben, die gesamte deutsche Wirtschaft ... in die Gewalt zu bekommen ...»

[52] Decugis, Les étapes du droit II (2e éd. Paris 1946) 361 et s. Eugen Huber schreibt 1893: «Am
Horizont steigen bereits Anzeichen auf, dass dieses selbe Individuum schwereren Fesseln
unterworfen werden könnte, als es sie früher getragen» (System und Geschichte IV [zit. N. 19]
299).
Wie in N. 1 erwähnt, ist die *französische* Literatur zu diesen Fragen für uns aufschlussreich.
Die Tragweite der Beschränkungen der Vertragsfreiheit wird nicht immer zugegeben; vgl.
etwa H. Mazeaud, Recueil Dalloz, Chronique, 1946, 17; Flour 191 ff.; Josserand, Revue
trimestrielle 1937, 30; derselbe, Recueil *Lambert* 143 et s.; Durand, Revue trimestrielle 1944,
97 (alle zit. N. 1); auch Szladits (ungarischer Autor), Les tendances modernes du droit des
obligations, Bulletin de la Société de législation comparée 1937, 121. Ein so abgeklärter
Schriftsteller wie Savatier bezeichnet die Vertragspartei heute als «citoyen chargé d'un ser-
vice public»; Recueil Dalloz, Chronique, 1946, 25; vgl. aber denselben, Du droit civil au

Gründe. Es war aber nie doktrinär freiheitlich, sondern gab dem aus der Natur des Menschen und den Notwendigkeiten des gesellschaftlichen Lebens fliessenden Bedürfnis nach Gebundenheit erheblichen Raum. Es ist nicht zu übersehen, dass sich an einigen Stellen der neueren Gesetzgebung Gedankengänge verwirklicht haben, die mit dem freiheitlichen Grundzug unseres Rechts nicht im Einklang stehen. Hier ist Aufmerksamkeit angezeigt, weil die Unfreiheit vom wirtschaftlichen Gebiet leicht auf andere Bereiche übergreift; ein autoritärer Staat braucht gefügige Geister. Die Aufgabe unserer Generation ist es, die Gewichtsverteilung zwischen Freiheit und Zwang *im einzelnen* zu überprüfen, ohne den auf der Überzeugung der Besten beruhenden *Grundgedanken* in Frage zu stellen: «die Freiheit des Bürgers». Daraus ist die Richtschnur zu gewinnen für die Bewertung der freiheitsbeschränkenden Massnahmen; sie sollen letztlich dem gleichen Ziel dienen wie die Freiheit der Person selber — der Entfaltung im Dienste ihrer sittlichen Bestimmung. Das gilt in der Überlegung, dass der Einzelne des Schutzes der Gemeinschaft bedarf und diese selber zu seinem eigenen Wohl erhalten werden muss. Insofern nur geht ihr Daseinsrecht demjenigen des Einzelnen vor. Das Privatrecht ist anpassungs- und wandlungsfähig. Jedoch unterstehen die Veränderungen an seiner Struktur, vor allem eben die Errichtung von Schranken der Privatautonomie, der geschilderten, den Staat bindenden Wertordnung. Ihre Bewahrung oder Zerstörung darf nicht als das völlig unbeeinflussbare Ergebnis des Schicksals betrachtet werden, sondern unterliegt nicht zuletzt unserem Willen. Darin ruht eine Verpflichtung. Der heutige Betrachter hat Grund, sich der immer erneuerten Erfahrung zu erinnern, dass zu viel Macht in öffentlicher und privater Hand nur Unheil bringt. Der Mensch ist sehr von der libido dominandi beherrscht[53]. Es darf nicht unbeachtet bleiben, dass die moderne Entwicklung der juristischen und faktischen Vertragsschranken zu ungewöhnlicher Machtkonzentration führt. Hier heisst es wachsam sein, damit des Bürgers Freiheit nicht bedroht werde.

---

droit public (zit. N.1) 7, 9, und Travaux de l'Association Henri Capitant I 163, wo die Gefahren der heutigen Entwicklung unterstrichen werden.
Eindrucksvoll ist die starke Betonung des Persönlichkeitswertes in neuen Publikationen in *Deutschland,* hat man doch dort seine Erfahrungen mit einer unfreiheitlichen Ordnung gemacht. Vgl. etwa HALLSTEIN, Süddeutsche Juristen-Zeitung 1 (1946) 1, COING, dort 2 (1947) 641, SCHMID, Deutsche Rechtszeitschrift 1 (1946) 2; 2 (1947) 205.
Wichtig ferner EGGER, Rechtsethik (zit. N.1), besonders 28 ff., 130 ff.; SCHNITZER (zit. N.19) 283 ff.; STAMMLER, Lehrbuch der Rechtsphilosophie (2. A. Berlin / Leipzig 1923) 318.
[53] BERTRAND RUSSEL, Macht (Zürich 1947) 9: «Von den unendlichen Begierden des Menschen zielen die wesentlichen nach Macht und Herrlichkeit.»

August Simonius

August Simonius

1885—1957

August Simonius hat keine grossen umfassenden Darstellungen geschrieben in der Art von Walther Burckhardts «Organisation der Rechtsgemeinschaft», von Karl Oftingers «Schweizerisches Haftpflichtrecht» oder von Andreas von Tuhrs «Allgemeiner Teil des schweizerischen Obligationenrechts». Er hat «eine scheinbar zufällige Reihe von Monographien, knappen, aber immer eleganten Arbeiten zu besonders heiklen Einzelfragen» hinterlassen, «in denen Irrtümer und Ungerechtigkeiten, Ratlosigkeit und Verwirrung die Oberhand zu gewinnen drohten; mit feiner Hand, mit Elastizität, aber auch mit Klarheit und Nachdruck wusste er hier die wahren Grundgedanken unseres Rechts zum Siege zu führen ... »; so auch in seinem Beitrag zur Kommentierung des Sachenrecht im bei Schulthess Polygraphischer Verlag erscheinenden Zürcher Kommentar zum Schweizerischen Zivilgesetzbuch[1]. Seine Arbeiten entspringen einer universellen Einstellung zur Rechtswissenschaft. Sie verraten eine tiefe Liebe zum Gedanken der Humanität, dem sein unbeirrtes und leidenschaftliches Einstehen für die Freiheit des Einzelnen entsprungen ist, wo immer er sie bedroht sah.

Das kommt im Aufsatz «Ein verkanntes Freiheitsrecht» besonders deutlich zum Ausdruck: Zum wachsenden Interventionismus der öffentlichen Hand gesellen sich die durch private Verträge bewirkten Zwangsmassnahmen gegen Aussenseiter. «Das lässt die bange Frage aufkommen, ob unser Privatrecht, das stets wieder seines freiheitlichen Geistes wegen gepriesen wird, wirklich die Mittel an die Hand gibt, unter Anwendung von Zwang die freie Konkurrenz auf einem Wirtschaftszweige zu beseitigen.» Leider erweckt — so Simonius im Zeitpunkt der

---

[1] Karl Spiro, ZSR 76, 1957, I, 413 ff.; siehe auch die Würdigungen von Persönlichkeit und Werk bei Hans Hinderling, ZSR 76, 1957, I, 418 ff., und bei Max Gutzwiller, ZSR 74, 1955, I, 349—352 (nicht paginiert).

Abfassung des Aufsatzes — die neuere Rechtsprechung des Bundesgerichts in Boykottfällen den Eindruck, dass dem so sei. Die für diese Rechtsprechung massgebende Frage, ob der Boykott sittenwidrig sei (Art. 41 Abs. 2 OR), ist falsch gestellt. Es geht nicht um die Abwägung gegenseitiger wirtschaftlicher Interessen, wobei dann alles legitim sein soll, was der Zweckverwirklichung der boykottierenden Gruppe dient. Es genügt auch nicht, den Boykott nur als unerlaubt anzusehen, wenn er mit verwerflichen Mitteln oder zu nicht wirtschaftlichen Zwecken oder mit dem Ziel der Vernichtung des Aussenseiters betrieben wird. Es fehlt die Besinnung auf die Persönlichkeitsrechte, die das Bundesgericht noch in einem Boykotturteil des Jahres 1896 geleitet hat und die seither verlorengegangen ist. Unter Berufung auf FRANÇOIS GUISAN wird des näheren ausgeführt, dass Art. 28 ZGB die massgebende Norm für die Beurteilung kollektiven Zwangs ist. Das Recht auf freie wirtschaftliche Betätigung ist ein absolutes Persönlichkeitsrecht. Seine Verletzung ist widerrechtlich und bedarf einer besonderen Rechtfertigung. Die Berufung auf die von den Boykottierenden ausgeübte Vertragsfreiheit vermag sie nicht zu liefern, weil die Vertragsfreiheit die Schranke zu respektieren hat, welche einem ausgeübten absoluten Recht entspringt.

Massgebend ist sodann auch die privatrechtliche Reflexwirkung der verfassungsmässig garantierten Grundrechte, hier des Rechts auf Handels- und Gewerbefreiheit. «Bestand und Inhalt des öffentlichen Freiheitsrechts» entfalten auch Wirkung im Privatrecht. Das öffentliche Freiheitsrecht würde weitgehend seines Wertes beraubt, wenn der Staat nicht die Pflicht hätte, die gleiche Freiheit auch im Verhältnis unter den Privaten anzuerkennen. Bei der Beurteilung einer Sperre ist ausschliesslich auf das Mass der Freiheitsbeschränkung zu achten, nicht auf die finanzielle Tragfähigkeit des Gesperrten.

Die beiden Hauptgedanken des Aufsatzes, die Anerkennung eines Persönlichkeitsrechts privater Wettbewerbsfreiheit und die Bedeutung der verfassungsrechtlichen Regelung der Handels- und Gewerbefreiheit für Umfang und Wirkung des durch Art. 28 ZGB gewährleisteten privatrechtlichen Persönlichkeitsrechts auf freie wirtschaftliche Betätigung haben Lehre und Rechtsprechung entscheidend beeinflusst und geprägt, Doktrin und Gerichtspraxis und vor allem auch der Gesetzgeber der Kartellgesetze von 1962 und von 1985 haben, Unsicherheiten und Anfechtungen zum Trotz, immer wieder Halt und Verankerung

darin gefunden, dass die Wettbewerbsfreiheit als Persönlichkeits-
gut und damit als absolutes Recht anerkannt und dass gleichzeitig die institutionelle Natur des Wettbewerbs, seine zentrale Stellung in der Rechts- und Wirtschaftsverfassung der Marktwirtschaft hervorgehoben wird. Es ist das bleibende Verdienst von
AUGUST SIMONIUS, dem Gedanken der Einheit der Rechtsordnung, wie ihn vornehmlich auch WALTHER BURCKHARDT, AUGUST
EGGER, FRANÇOIS GUISAN und KARL OFTINGER vertreten haben,
im Gebiet des Wettbewerbs in einem Zeitpunkt seiner Gefährdung zu erneuter Geltung verholfen zu haben.

Hans Merz

Ein verkanntes Freiheitsrecht[*]

Bemerkungen zur Rechtsprechung des Bundesgerichts in Boykottfällen

von August Simonius

Jedermann weiss, dass heute das durch die Bundesverfassung gewährleistete Recht auf Handels- und Gewerbefreiheit, namentlich seit der 1947 beschlossenen Revision des Artikels 31, stark gefährdet ist. Das wurde in letzter Zeit mehrmals eindrücklich hervorgehoben[1]. Einzelne wollten sogar annehmen, dass das Recht überhaupt beseitigt sei[2]. Die Sorge um die Freiheit erfasst allmählich weite Kreise, wenn auch manchen noch der Gedanke zu beruhigen vermag, dass immerhin eine Mehrheit des Schweizervolkes jedes auf Grund der sogenannten Wirtschaftsartikel erlassene Gesetz ablehnen kann.

Neuerdings vernimmt man aber, dass nicht nur bei Einzelnen, sondern sogar bei Behörden des Bundes die Absicht besteht, die Regelung eines Wirtschaftszweiges, die das Volk bereits verworfen hat, durch private Verträge zu errichten, und zwar durch Verträge, die scharfe Zwangsmassnahmen gegen jeden Aussenseiter vorsehen[3]. Das lässt die bange Frage aufkommen, ob unser Privatrecht, das stets wieder seines freiheitlichen Geistes wegen gepriesen wird, wirklich die Mittel an die Hand gibt, unter Anwendung von Zwang die freie Konkurrenz auf einem Wirtschaftszweige selbst gegen den Willen der Mehrheit zu beseitigen und damit, vulgär gesprochen, dem schweizerischen Souverän eine Nase zu drehen.

---

[*] Erschienen bei Helbing & Lichtenhahn in «Festgabe zum siebzigsten Geburtstag von Erwin Ruck», Basler Studien zur Rechtswissenschaft, Heft 33, Basel 1952, S. 261—282.

[1] HANS HUBER, «Das Staatsrecht des Interventionismus», ZSR Bd. 70, S. 173 ff.
[2] GIACOMETTI, Bundesstaatsrecht, S. 289, 291.
[3] Vgl. Basler Nachrichten, 29. April 1952, Nr. 180: «Die Ato ist tot, es lebe die Ato».

Sonderbarerweise erweckt die neuere Rechtsprechung des Bundesgerichts in Boykottfällen den Eindruck, dass dem so sei. Das letzte 1950 ergangene Urteil[4] betrachtet einen Boykott, der zur Verdrängung und damit, wie das Gericht sagt, zur wirtschaftlichen Vernichtung eines neugegründeten Unternehmens hätte führen müssen, nur aus folgenden Gründen als unerlaubt: Die boykottierte Firma hatte sich von vornherein bereit erklärt, in den Verband, der den Boykott auslöste, einzutreten und sich den von diesem für Absatz und Preise aufgestellten Vorschriften bedingungslos zu unterwerfen[5]. Ferner war nicht nachgewiesen, dass für eine erfolgreiche Geschäftsführung und eine befriedigende Erfüllung allfälliger, dem Verband gegenüber eingegangener Verpflichtungen den Leitern der neuen Firma die erforderlichen Sachkenntnisse und finanziellen Mittel abgingen. Auch wurde nicht erbracht, dass das in das neue Unternehmen eingelegte Kapital von Personen stammte, die gegen den Verband eingestellt waren. Zu untersuchen, ob an diesem Kapital nicht das Ausland beteiligt sei, hielt das Gericht allerdings für überflüssig, weil das neue Unternehmen eine Aktiengesellschaft war, und infolgedessen Art. 711 OR eine genügende Garantie gegen übermässigen ausländischen Einfluss zu bieten schien[6]. Endlich war nach Ansicht des Gerichts die Wirtschaftslage nicht so beschaffen, dass das Aufkommen eines Konkurrenten das Gedeihen der im Verband zusammengeschlossenen Unternehmen ernstlich hätte gefährden können[7]. In der Doktrin[8] ist dazu die Meinung geäussert worden, in Betracht komme das Gedeihen der schwächsten am Boykott beteiligten Firma.

Aus diesen Entscheidungsgründen geht hervor, dass bereits die Berufung auf den höchst dehnbaren Begriff der Notlage genügen soll, um einen Verdrängungsboykott zu rechtfertigen. Die Notlage abzuschätzen, müsste in das Ermessen des Richters fallen, und schwerlich könnte die Ablehnung einer Gesetzesvorlage durch das Volk diesen daran hindern, sie im Zeitpunkt des Prozesses anzuerkennen.

---

[4] BGE 76 II 281. Ein Verband von Grosshändlern sanitärer Apparate hatte mit sämtlichen Produzenten in der Schweiz vereinbart, dass sie ihre Artikel nur an Mitglieder des Verbandes liefern, und sich gleichzeitig vom schweizerischen Verband der Spenglermeister und Installateure versprechen lassen, dass diese nur von Mitgliedern des Händlerverbandes gelieferte Apparate zum Einbau übernehmen. Einer neuen Grosshändlerfirma war vom Verband, unter Anzeige an die Mitkontrahenten, die nachgesuchte Aufnahme verweigert und damit unmöglich gemacht worden, ihren Betrieb durchzuführen.

[5] BGE 76 II 281, Erw. 4a.

[6] ebenda, Erw. 4b.

[7] ebenda, Erw. 4c.

[8] Henri Deschenaux, «Licéité et limites du boycott», ZSR Bd. 70, S. 127 ff., insbesondere S. 165: «pourvu qu'elle repose sur une base financière saine et qu'elle soit convenablement gérée.»

Da der Unterwerfungswille des Boykottierten eine weitere Voraussetzung für die Unzulässigkeit des Boykottes bildet, dürfte selten noch ein blosser Unterwerfungsboykott, der aufhören soll, sobald der Boykottierte nachgibt, als unerlaubt gelten[9].

Dass das Bundesgericht Fälle vorbehält, in denen die boykottierende Organisation mit ihrem Monopol Übergewinne anstrebt, fällt nur schwach ins Gewicht, denn das sind Dinge, die sich von einem Richter kaum mit Sicherheit feststellen lassen[10]. In casu begnügen sich denn auch die Motive damit, die Behauptung des beklagten Verbandes, seine Marktregelung übe eine für die Konsumenten günstige Wirkung auf die Preise aus, einfach wiederzugeben[11]. Dass sie ernstlich auf ihre Richtigkeit geprüft worden sei, ist nicht ersichtlich.

Offenkundig geht das Gericht vom Gedanken aus, dass die Beseitigung des freien Wettbewerbs auf einem Wirtschaftszweige im Interesse der Allgemeinheit liege und dass darum, wer an der freien Konkurrenz festhält, regelmässig aus verwerflichem Eigennutz handle[12]. Da jedoch der Zivilprozess die Aufgabe hat, die den Parteien in ihrem Interesse zustehenden Rechte festzustellen, bedeutet die Rücksichtnahme auf das allgemeine Wohl eine ihm fremde Überlegung, und es ist daher fraglich, ob sie, ganz abgesehen davon, dass dem Richter dafür meistens die Sachkenntnis fehlt, jemals zu einem gerechten Ergebnis führen kann.

Nur jener Gedanke erklärt aber, dass für eine Rechtfertigung des Boykotts, wie wir sahen, mehrere Gründe als denkbar bezeichnet werden, die, soweit der Wettbewerb frei ist, vollkommen in der Luft hängen. Nur daraus ist auch zu verstehen, wieso das Gericht andeutet, dass die durch Einzelne unter Anwendung von privaten Zwangsmassnahmen getroffene Regelung eines Marktes unter Umständen geeignet sei, den Bundesbehörden den

---

[9] Das geht schon aus früheren Urteilen hervor, vgl. u.a. BGE 62 II 280; 62 II 100. In 62 II 280 wird den Boykottierten zugemutet, sich der Marktregelung ihrer Gegner zu unterwerfen, obwohl sie nicht glauben, unter ihr bestehen zu können.

[10] Vgl. BGE 33 II 117; 37 II 211; 54 II 168; 62 II 97 u.a.

[11] 76 II 281, Erw. 4a.

[12] Vgl. 76 II 281, Erw. 4c. Siehe zum Folgenden: SIMONIUS, «Die Persönlichkeitsrechte des Privatrechts in ihrem Verhältnis zu den öffentlichen Freiheitsrechten» in «Die Freiheit des Bürgers», Festgabe der juristischen Fakultäten 1948, S. 291 ff. Das Argument findet sich schon in älteren Urteilen, z.B. 54 II 168. Dagegen: FRANÇOIS GUISAN, «La protection de la personnalité et le boycott commercial», Beiträge zum Handelsrecht, Festgabe für CARL WIELAND, Basel 1934, S. 173. Nach BGE 62 II 276 scheint das Wohl der schweizerischen Volkswirtschaft von der Regelung der Preise für Schachtelkäse abzuhängen.

Erlass eines Gesetzes auf Grund der Wirtschaftsartikel zu ersparen[13]. Das Bundesgericht gibt sich damit den Anschein, den Abbau der Handels- und Gewerbefreiheit als dermassen erwünscht anzusehen, dass es den Abbau auf einem anderen Wege, als die Verfassung vorschreibt, kaum für bedenklich hält. Das alles sieht so aus, als habe das Bundesgericht den Boden des Rechts verlassen und, was zu tun ein Richter sonst vermeidet, den Kampfplatz widerstreitender wirtschaftspolitischer Ansichten betreten, denn es ist klar, dass der Ansicht, die das Bundesgericht, wie man annehmen muss, zugrunde legt, andere Ansichten diametral entgegenstehen[13a].

Nun haben anerkanntermassen die Verfasser des ZGB und des OR eine ihrer wichtigsten Aufgaben darin erblickt, Voraussetzungen und Grenzen des Schutzes zu bestimmen, den die Persönlichkeit erhalten soll. Schwer kann man sich daher vorstellen, dass gerade in Boykottfällen, wo es vornehmlich um diesen Schutz der Persönlichkeit geht, ein Versagen der Kodifikation den Richter zwingt, sich auf Überlegungen zu stützen, die von rechtlichen Erwägungen weit abzuliegen scheinen.

Letztlich will zwar auch das Bundesgericht eine Regel des Gesetzes anwenden. Nach Massgabe der angeführten Gründe soll sich entscheiden, ob, im Sinne des Art. 41 II OR eine absichtliche Schadenzufügung gegen die guten Sitten vorliegt, und zugleich, was zwar nicht ganz logisch ist, «das Recht der wirtschaftlichen Persönlichkeit» verletzt wird. Auch bedeutet das Urteil von 1950 keine grundsätzliche Änderung der bisherigen Praxis, sondern vielmehr eine Bestätigung derselben[14] und höchstens, wenn man will, eine Weiterbildung in einer Richtung, die bereits festgelegt war. Beinahe von Anfang an unterschied das Bundesgericht zwischen erlaubtem und unerlaubtem Boykott, und seit langem bildet die Zulässigkeit die Regel[15], die Unzulässigkeit die Ausnahme, wie überhaupt seit langem die Tendenz erkennbar ist, die Grenze des Erlaubten zugunsten der Boykottierenden zu verschieben.

---

[13] 76 II 281, Erw. 4c. Nach 75 II 305 kann der Boykott die Allgemeinverbindlichkeitserklärung eines Gesamtarbeitsvertrages ersetzen. Das Prinzip der wirtschaftlichen Freiheit soll den Verbänden erlauben, statt des zweiten den ersten Weg zu wählen, um dem Gesamtarbeitsvertrag eine möglichst weitreichende Wirkung zu sichern. Erw. 6, 7a und b.

[13a] Die Gefahr, dass die Rechtsprechung über den Boykott den Richter in den Kampf wirtschaftlicher Interessen verstrickt, hat das Bundesgericht vor Jahren selbst gesehen: 34 II 254; dazu Guisan l. c. S. 173.

[14] Die Anwendung von OR 41 II beginnt mit BGE 51 II 525 ff.

[15] Seit BGE 25 II 792 ff.; zum folgenden siehe unten S. 272. Dass der Boykott eine zulässige Kampfhandlung sei, erscheint als déclaration de principe seit zwanzig Jahren sozusagen in jedem Urteil. (Eine Ausnahme: 58 II 225.)

Doch beseitigt das neueste Urteil den letzten Zweifel darüber, dass die Annahme eines erlaubten Boykotts, wie auch seine Grenze gezogen wird, die Anerkennung eines «droit de contrainte économique», eines «Rechts zum Boykott» bedeutet. DESCHENAUX [16], der diese Konsequenz zieht, hat hier durchaus richtig gesehen. Ein Recht zum Boykott stellt jedoch, man verzeihe den starken Ausdruck, ein juristisches Monstrum dar. Während sonst die Persönlichkeitsrechte, und zu diesen müsste es zählen, darauf beruhen, dass die Persönlichkeit Rechtsschutz gegen bestimmte Angriffe geniesst und somit einen Anspruch auf Unterlassung dieser Angriffe hat, stände hier dem Recht keine einklagbare Pflicht gegenüber, so dass es allein auf dem Wege der Selbsthilfe durchsetzbar wäre. Wie sich ein solches Recht aus Art. 28 ZGB, einer Norm, die unbefugte Verletzungen der persönlichen Verhältnisse verbietet, ableiten liesse, ist darum vollkommen unerfindlich. Merkwürdig mutet auch an, dass es, wie DESCHENAUX annimmt, möglich sein soll, anhand des Art. 2 ZGB festzustellen, wann der Missbrauch, d. h. die unanständige, gegen Treu und Glauben verstossende Ausübung eines Rechtes beginnt, das die Befugnis bedeutet, zur Wahrung eigener materieller Interessen andere unter den eigenen Willen zu zwingen und sogar wirtschaftlich zu vernichten. Da sonst niemand ein Recht dazu besitzt, müsste überdies das «Recht zum Boykott» ein Privileg sein, das mit dem Grundsatz der Rechtsgleichheit kaum vereinbar wäre.

Demnach dürfte nicht zu bestreiten sein, dass die Praxis in Boykottfällen noch eine Anzahl heikler Probleme stellt. Ihre Lösung setzt in erster Linie voraus, dass volle Klarheit darüber besteht, nach welchen Regeln und Grundsätzen des Privatrechts über Erlaubtheit oder Unerlaubtheit eines Boykottes zu befinden ist. Diese Frage nochmals zu prüfen und damit den Versuch zu verbinden, von Ansichten über Interessen zu einer Untersuchung über die Rechte der Boykottparteien zurückzukehren, erscheint

---

[16] DESCHENAUX, l. c. S. 146. Das Bundesgericht erwähnt das Recht nicht, doch haben die Voraussetzungen für einen Verstoss gegen die guten Sitten, die es in zahlreichen früheren Urteilen aufzählt (Unerlaubter Zweck oder unerlaubtes Mittel, ferner Missverhältnis zwischen Mittel und Zweck oder Missverhältnis zwischen den entgegengesetzten Interessen der Parteien), eine äussere Ähnlichkeit mit den Kriterien eines Rechtsmissbrauchs. Ihre Funktion ist aber nicht dieselbe. Da kein vorweg verliehenes Recht mit bestimmtem Zweck einen Massstab abgibt und erst nachträglich aus der Limitierung des Verstosses gegen die guten Sitten auf das Vorhandensein und den Umfang einer Befugnis, andere zu einem Verhalten zu zwingen, geschlossen werden muss, ist nur die Feststellung des an sich unerlaubten Mittels selbständig möglich und sicher, während die Bestimmung des erlaubten Zweckes und des ihm angemessenen Mittels, sobald der als wirtschaftliche Kampfhandlung bezeichnete Boykott nicht ausserwirtschaftliche Ziele verfolgt, mit der Schätzung der Interessen zusammenfällt und scheinbar davon abhängt. 76 II 281 hält sich übrigens, wie der Text zeigen wird, nur sehr lose an das beschriebene Schema.

schon deshalb gerechtfertigt, weil sich davon auch eine Entscheidung über die eingangs gestellte Frage erwarten lässt, die Frage, ob das geltende Privatrecht die Freiheit des Einzelnen noch in gerechter Weise zu schützen vermag. Die Untersuchung wird sich auf das Problem der Zulässigkeit beschränken, eine Reihe von Einzelfragen daher weglassen, und namentlich, wenn sie auch Bekanntschaft mit den verschiedenen Erscheinungsformen des Boykotts voraussetzt, nicht auf die voneinander abweichenden Definitionen seines Begriffes eingehen, da sie für die Lösung der vorgesetzten Frage nicht wesentlich sind[17]. Boykott heisst hier jedes kollektive Verhalten, das sein Opfer vom freien Wettbewerb ausschliesst.

In der Doktrin[18] hat die Rechtsprechung des Bundesgerichts zwar weitgehend Zustimmung, zum Teil aber auch Widerspruch erfahren[19]. Dass ein dem Boykottierten zustehendes Recht auf wirtschaftliche Freiheit nicht genügend beachtet werde, hat bereits vor Jahren VODOZ hervorgehoben[20]. Seither gab vor allem die im Zweifel zu vermutende Zulässigkeit des Boykotts Anlass zu Bedenken. GERMANN, der diese Bedenken teilt, hat ausserdem mit Recht darauf hingewiesen, dass ein Boykott nicht selten zugleich den Tatbestand des unlauteren Wettbewerbs erfüllt[21]. Die schärfste Kritik wurde 1934 von GUISAN geäussert[22]. Seiner Ansicht nach verletzt die Praxis ein Prinzip «de l'égalité dans la liberté», dessen Wurzel zwar im Naturrecht liegt, das jedoch vom ZGB gleichfalls anerkannt wird. Am Ende seiner Abhandlung finden sich die Worte[23]: «Qu'on se libère du mirage des ‹buts›,

---

[17] Über den Begriff und die Erscheinungsformen des Boykottes vgl. die sehr klaren Ausführungen von DESCHENAUX, l.c. S.129—137.

[18] Vgl. die Besprechung der Doktrin und die Literaturübersicht bei DESCHENAUX, l.c. 127ff. Erwähnt seien MILLER und BOLLA, Referate zum Schweizerischen Juristentag 1927, ZSR Bd. 46, S.173aff. und 219aff., ferner OSER-SCHÖNENBERGER, Kommentar zu Art. 41 OR, Nr. 40—52.

[19] Zustimmung wird allerdings oft sehr zurückhaltend geäussert, siehe namentlich BECKER, Kommentar zu Art. 41, 2. Auflage, Nr. 76 bis 86; VON TUHR-SIEGWART, Allg. Teil ds Obligationenrechts, I. Bd., S. 352f.

[20] VODOZ, «Le boycottage en droit civil suisse», 1926, vgl. auch L. VOGT, «La mise à l'interdit et la responsabilité des syndicats ouvriers», 1911; HOLER «Zur Rechtsprechung über Boykott», SJZ 16, 149f.

[21] O. A. GERMANN, Unlauterer Wettbewerb, 1945, S. 254ff., 299ff., 313ff. Durchaus richtig ist, dass der Tatbestand des unlauteren Wettbewerbs, namentlich die Behinderung von Mitbewerbern, den Tatbestand des Boykotts nahe berührt und in der Judikatur oft gleichzeitig beurteilt wurde. Auch ist nichts einzuwenden, wenn einmal der Urheber eines Boykotts von den Sonderbestimmungen über den unlauteren Wettbewerb getroffen wird. Vgl. darüber auch DESCHENAUX, l.c. S.144f.
Doch soll hier gezeigt werden, dass der Boykott als Verdrängung eines andern aus der Konkurrenz über den Missbrauch des freien Wettbewerbs hinausgeht und gegen allgemeine Regeln von OR und ZGB verstösst.

[22] FRANÇOIS GUISAN, l. c. S.149ff.

[23] GUISAN, l.c. S.178.

du bluff des ‹nécessités économiques› et de la chimère de ‹l'organisation›, qu'on souffle sur ces châteaux de cartes pour voir le fond des choses, qu'on réduise toute cette matière à ses éléments simples, qu'on la plie enfin aux principes axiomatiques et immuables du droit commun: on verra que le vrai droit privé suffit à rendre à chacun le sien.» Die folgenden Erörterungen werden zu entscheiden versuchen, ob er recht hatte.

Man liesse allerdings dem Bundesgericht nicht volle Gerechtigkeit widerfahren, wenn man übersehen wollte, wie es im einzelnen sich bestrebt und noch in 76 II 281 versucht, seine Entscheidungsgründe mit Rechtsregeln in Verbindung zu setzen. Der Boykott wird, wie gesagt, nach Art. 41 Absatz II OR beurteilt[24]. Die Frage ist demnach, wann der Schaden des Boykottierten, falls er, wovon es übrigens Ausnahmen gibt, beabsichtigt ist, als in einer gegen die guten Sitten verstossenden Weise zugefügt gelten muss. Die Antwort soll sich in erster Linie durch eine «objektive Abwägung der Interessen» gewinnen lassen[25]. Gegen diesen «Grundsatz» hat GUISAN vor allem seine Kritik gerichtet[26]. Dass diese übertrieben war, lässt sich nach näherer Prüfung nicht behaupten. Unklar ist zunächst, Interessen welcher Art gegeneinander abzuwägen sind. Man könnte sich zwar DESCHENAUX darin anschliessen, dass es wirtschaftliche, also geldwerte Interessen, sein müssen, und hätte damit scheinbar einen Massstab gewonnen[27]. Noch bliebe aber fraglich, wessen Interessen mit dem Interesse des Boykottierten verglichen werden sollen, die Interessen aller am Boykott Beteiligten zusammengerechnet oder nur das Interesse eines jeden Einzelnen von ihnen. DESCHENAUX entscheidet sich für das letztere. Doch wirft er zu Gunsten der Boykottierenden noch das Interesse am Bestand ihrer Organisation in die Waagschale ein, ein Interesse also, dessen Geldwert nicht zu schätzen ist und dessen Anerkennung bereits, wie es für das vom Bundesgericht erwähnte allgemeine Interesse der Wirtschaft zutrifft, von einer bestimmten wirtschaftspolitischen Auffassung abhängt. Die Schwierigkeiten werden durch den Umstand erheblich vermehrt, dass nicht schlechthin der Grössenunterschied der Interessen den Ausschlag geben soll, sondern ihre richtige Proportion oder, wie in BGE 76 II 281 gesagt ist, ihr «vernünftiges» Verhältnis, jedoch alle Anhaltspunkte dafür fehlen, worin diese Proportionalität, diese «Vernünftigkeit» besteht. Art. 41 II OR gibt keinen Auf-

---

[24] Über BGE 51 II 525 BOLLA l. c. S. 228a. Der Einfluss der deutschen Rechtsprechung, die den Boykott nach BGB § 826 beurteilt, ist nicht zu verkennen.
[25] Siehe oben Anm. 16; BGE 76 II 281, Erw. 3; vgl. 62 II 276 u. a. Siehe auch unten S. 271.
[26] GUISAN, l. c. S. 161 ff.
[27] DESCHENAUX, l. c. S. 157 ff.

schluss. Die absichtliche Schädigung eines andern durch rücksichtslose, nicht eindeutig auf einem Recht beruhende Durchsetzung eigener Interessen verletzt an sich schon die «guten Sitten». Unmöglich kann sich daher aus diesem Begriff das Verhältnis ergeben, in dem die verletzten zu den von den Urhebern des Schadens gewahrten Interessen stehen müssen, damit ihr Verhalten einwandfrei sei. Ebenso wenig gewinnt man einen Anhaltspunkt, wenn man mit DESCHENAUX und andern auf den Boykott Art. 41 I OR anwendet, was übrigens zeitweise auch das Bundesgericht getan hat[28]. Der Begriff des Missbrauchs, der dann in Frage steht, leitet sich aus dem Grundsatz ab, dass Rechte nach Treu und Glauben auszuüben sind. Abgesehen davon, dass es, wie schon angedeutet, überhaupt unmöglich scheint, die Ausübung eines «Rechts zum Boykott» nach diesem Prinzip zu bewerten, leuchtet ohne weiteres ein, dass der Grundsatz nicht erlaubt, so wenig wie der Begriff der guten Sitten, die Grenze zwischen dem, was anständig, und dem, was unanständig ist, nach der Grösse der Interessen zu bestimmen, die zufällig im Spiele stehen, und dass er darum auch über eine richtige Proportion, ein vernünftiges Verhältnis dieser Interessen nichts auszusagen vermag. Wo sonst der Umfang von Interessen für die Entscheidung über einen Rechtsmissbrauch von Bedeutung sein kann, sind die Umstände sehr verschieden. Da ist zunächst ein Recht vorhanden, das zu einem bestimmten Zwecke erteilt ist. Nach diesem Zweck richtet sich das Ausmass der Interessen, die der Berechtigte Treu und Glauben gemäss zu wahren befugt ist, und bestimmt sich zugleich, wenn man den Ausdruck verwenden will, das «vernünftige» Verhältnis zu den Interessen derjenigen, die eine Ausübung des Rechts zu dulden haben. Stellt sich dann die Frage, ob eine Verschiebung der Interessen eingetreten sei und diese Verschiebung die Ausübung des Rechts als Verstoss gegen Treu und Glauben kennzeichne, lässt sich die Verschiebung durch Vergleich mit den Interessen feststellen, für die das Recht seinem Zwecke nach gewährt ist. Notwendig geht auch aus dieser Feststellung hervor, ob das Recht seinem Zweck entfremdet wird und das Verhalten des Berechtigten darum unanständig ist. Beim Neidbau z. B. liegt die Zweckentfremdung darin, dass der Grundeigentümer ohne nachweisbaren eigenen Nutzen dem Nachbarn Schaden zufügt. Ähnliches ist von den sogenannten Clausulafällen zu sagen, sofern sie, wie es heute richtigerweise geschieht, nach Art. 2 ZGB beurteilt werden. Das durch eine unvorhersehbare Änderung der Verhältnisse herbeigeführte Missverhältnis der

---

[28] Entscheide vor 1926; siehe übrigens Anm. 16.

Leistungen wird der Lastenverteilung gegenübergestellt, die der Vertrag vorgesehen hat. Stellt sich dabei heraus, dass eine vollständige Erfüllung den Schuldner bedeutend schwerer belasten würde, als er bei Abschluss des Vertrages erwarten konnte, und gleichzeitig dem Gläubiger einen Gewinn brächte, auf den er ohne die Änderung der Verhältnisse niemals hätte rechnen dürfen, stellt sich das Beharren auf der ursprünglichen Forderung als eine Zweckentfremdung derselben dar. Zu einem Vergleich mit einer «normalen», durch das Recht gedeckten Interessenlage, fehlt aber beim Boykott jede Möglichkeit. Schon deshalb ist unersichtlich, was sich mit einer vergleichenden Abschätzung der Interessen, selbst wenn sie durchführbar wäre, erreichen liesse.

Tatsächlich spielt in BGE 76 II 281 die Interessenabwägung, obwohl sie den Motiven als «Grundsatz» vorangestellt wird, höchstens die Rolle einer rhetorischen Formel, die auf eine Gleichbehandlung der Parteien hinweist. Die einzelnen Entscheidungsgründe stehen mit ihr in gar keinem sichtbaren Zusammenhang. Es zeigt sich nicht die geringste Spur eines Versuches, den Umfang von Schaden und Vorteil zu bemessen, was doch unerlässlich gewesen wäre, um in das Verhältnis der Interessen Einsicht zu gewinnen. Vielmehr dreht sich alles um die Folgen eines zweiten, neben der Interessenabwägung genannten «Grundsatzes[29]». Danach soll der Boykott mit Art. 41 II OR noch vereinbar und deshalb unanfechtbar sein, wenn, um den Zweck zu erreichen, für den die Boykottierenden ihre Organisation geschaffen haben, die Verdrängung des Boykottierten aus dem von ihm gewählten Wirtschaftszweige notwendig war. Ob dieser Zweck, und damit auch das Interesse, das die Boykottierenden verfolgen, berechtigt seien, erfährt keine nähere Untersuchung, weil, wie wir sahen, ihre Berechtigung für das Bundesgericht ohnehin feststeht, solange der Eingriff in den freien Wettbewerb nicht in der offenkundigen Absicht geschieht, ungebührliche Gewinne zu erzielen, und, was nach der bisherigen Praxis selbstverständlich ist, hier aber noch beigefügt werden mag, solange der auf den Boykottierten ausgeübte Zwang ausschliesslich wirtschaftliche Ziele verfolgt[30]. Damit nähert man sich wieder jener wirtschaftspolitischen Ansicht, die mit der gesetzlichen Norm, auf die das Bundesgericht sich beruft, nur dann

---

[29] BGE 76 II 281, Erw. 3. — Bezieht sich auf den Gedanken der Zweckproportionalität, wobei die Berechtigung des Zweckes aus dem nach wirtschaftspolitischen Überlegungen als höher bewerteten Interesse ohne weiteres hervorgeht. Siehe Anm. 16. Ähnlich 62 II 280; 75 II 305 u. a.

[30] Siehe Anm. 16.

eine Berührung hätte, wenn alles, was aus wirtschaftlichen Gründen verständlich ist, eo ipso den «guten Sitten» entspräche[31].

Die Anwendung des Art. 41 II auf Boykottfälle hat, abgesehen davon, dass sie in unser System nicht passt[31a], den schweren Nachteil, dem Richter keinen zwingenden Anlass zu geben, sich über die Rechte der Parteien vollkommen klar zu werden. Da sie die Auslegung des Art. 41 I nach dem sogenannten objektiven Widerrechtlichkeitsprinzip voraussetzt[32], darf in der Übernahme dieses Prinzips eine erste Ursache der Unsicherheit gesehen werden, die sich in den rechtlichen Erwägungen der Praxis bemerkbar macht. Wäre man vom subjektiven Widerrechtlichkeitsprinzip nicht abgewichen[33], wonach jede Schädigung widerrechtlich ist, sofern sich ihr Urheber nicht auf ein eigenes Recht berufen kann, hätte notwendig der Untersuchung über ein allfälliges Recht der Boykottierenden grössere Sorgfalt gewidmet werden müssen. Man wäre überhaupt zu einer gründlichen Besinnung über die Persönlichkeitsrechte gekommen, die, in Anlehnung an die frühere Rechtsprechung, der Art. 28 ZGB anerkennt, was auch zu einer präziseren Vorstellung über das Recht geführt hätte, das in der Person des Boykottierten verletzt wird. Statt dessen ist es bei wenig bestimmten Aussagen über diese Rechte geblieben.

Zwar hat anfänglich das Bundesgericht, 22, 184, ein Recht des Boykottierten auf Achtung und Geltung seiner Persönlichkeit im Verkehr anerkannt, das den gegen ihn ausgeübten Zwang als rechtswidrig erscheinen lässt. Damals war die Norm des Art. 41 II noch nicht in das Gesetz aufgenommen, so dass noch allein die Widerrechtlichkeit in Frage stand. Sehr bald ist dem aber die Annahme gefolgt, dass die Boykottierenden dasselbe Recht besitzen und mit ihrer Massnahme nichts anderes tun, als dieses Recht auszuüben, 25 II 802. Der Boykott konnte von da an als eine im freien Wettbewerb zulässige Handlung gelten, 44 II 475, und war nur dann unerlaubt, wenn er sich verwerflicher Mittel bediente oder nicht wirtschaftliche, sondern politische und ähnliche Ziele verfolgte, 51 II 530, denn nur

---

[31] Zuweilen sieht es aus, wie wenn das Bundesgericht dieser Ansicht wäre: BGE 54 II 174 nennt den Boykott ein nach «den Gepflogenheiten des Lebens» geeignetes Mittel, auf die Entschliessung einzuwirken. — Vgl. ähnliche Ansichten bei der Auslegung des BGB § 826, STAUDINGER, Kommentar zu BGB § 826, 9. Aufl. Über die Relativität der «guten Sitten», namentlich GUISAN, l. c. S. 166 ff.

[31a] SIMONIUS, ZSR 66, S. 21 ff.

[32] Zu den beiden Widerrechtlichkeitsprinzipien vgl. SIMONIUS, Über die Grundsätze des Privatrechts, ZSR Bd. 71, Jubiläumsausgabe, S. 242, 250 f., 262 ff.

[33] Noch BGE 32 II 370 lässt offen, nach welchem Prinzip zu verfahren sei.

damit überschritten die Boykottierenden die Grenzen ihres Rechts, 25 II 802. Allein die Vernichtung der wirtschaftlichen Existenz des Boykottierten sollte eine weitere Grenze bilden, 32 II 367; 40 II 619. An die Stelle des Rechts auf Geltung der Persönlichkeit im Verkehr trat das engere Recht auf Erhaltung der Existenz. Mit der Zeit ist aber auch dieses Recht von einem Gegenrecht überschattet worden. Die wirtschaftliche Existenz des Boykottierten konnte vernichtet werden, wenn die Urheber des Boykotts diesen für die Behauptung ihrer eigenen wirtschaftlichen Existenz als notwendig betrachten durften, 54 II 175; 61 II 252; 62 II 105. Warum ihre Existenz vor der Existenz des andern den Vorzug verdiente, wurde zwar nicht näher begründet. Wenn nicht schlechthin die grössere Macht den Ausschlag gab, lag das darin, dass die in späteren Urteilen deutlich hervortretende wirtschaftspolitische Ansicht bereits eine Wirkung ausübte. Schliesslich wurde die auf das Recht zur Erhaltung der wirtschaftlichen Existenz gegründete Schranke überhaupt fallengelassen, andererseits aber betont, dass auch ein Boykott, der die Existenz des andern nicht vernichtet, unerlaubt sein kann. Massgebend sollte jetzt die an Hand von 76 II 281 besprochene Proportionalität der Interessen sein, 56 II 436; 57 II 271; 58 II 226; 62 II 105; 62 II 280; 73 II 76. Wohin die Unfruchtbarkeit dieser «Norm» geführt hat, ist oben gezeigt worden[34].

Dass das Recht auf wirtschaftliche Existenz fallengelassen wurde, ist allerdings nicht zu bedauern. Wiederholt wurde darauf hingewiesen, dass die Zulässigkeit eines Verhaltens nicht von der wirtschaftlichen Tragfähigkeit des Opfers abhängen kann[35]. Sodann ist mit dem freien Wettbewerb ein Recht dieser Art überhaupt nicht vereinbar[36]. Die «Vernichtung der wirtschaftlichen Existenz», insbesondere wenn sie von den Urhebern eines Boykottes als drohend hingestellt wird, ist überdies schwer nachweisbar und an sich schon ein höchst dehnbarer Begriff. So ist zweifelhaft, ob er sich noch verwenden lässt, wenn, wie in 76 II 281, eine neugegründete Aktiengesellschaft Gefahr läuft, ihre Tätigkeit nicht aufnehmen zu können und zur Liquidation mit Verteilung der Aktiven schreiten zu müssen.

Gibt es aber kein Recht auf Erhaltung der wirtschaftlichen Existenz, können sich auch nicht die Urheber eines Boykotts mit der Behauptung einer Notlage darauf berufen.

---

[34] Sie hat nicht wenig dazu beigetragen, dass die Erwägungen der Gerichte am Gesetz vorbeigehen; siehe Anm. 16.
[35] BOLLA, l. c. S. 243a. DESCHENAUX, l. c. S. 162 u. a.
[36] Vgl. SIMONIUS, Festgabe 1948, S. 292; im Zusammenhang mit dem unlauteren Wettbewerb, GERMANN, l. c. S. 254 ff.

Um weiterzukommen, wird im Lichte des subjektiven Widerrechtlichkeitsprinzips und des Art. 28 ZGB nach den Rechten der Boykottparteien zu forschen sein. Nun will DESCHENAUX, wie schon gesagt, nach einem Rechtsmissbrauch fragen, was eigentlich schon dem subjektiven Prinzip entspricht. Doch lässt er alles bestehen, was die Praxis bisher unter Anwendung des entgegengesetzten Prinzips geschaffen hat, weshalb seine Untersuchung schliesslich in die Feststellung mündet, dass die vom Bundesgericht angenommenen Voraussetzungen eines Verstosses gegen die guten Sitten mit den Bedingungen zusammenfallen, unter denen das Recht zum Boykott seiner Ansicht nach missbraucht wird[37]. Wenn er wirklich eine Wendung vollzieht, setzt diese viel zu spät ein. Der Gedankengang, der im Laufe der Zeit zur gegenwärtigen Praxis geführt hat, ist von seinem Ursprung an zu überprüfen.

Wird nun Art. 41 I nach dem subjektiven Widerrechtlichkeitsprinzip ausgelegt und mit Art. 28 ZGB in Beziehung gesetzt, ergibt sich, dass jede Zufügung eines Schadens den Eingriff in ein absolutes subjektives Recht des Geschädigten bedeutet, ein Recht, das, wenn es kein Vermögensrecht ist, ein Persönlichkeitsrecht sein muss. Dieses Recht zu kennen, ist schon deshalb wichtig, weil von seiner Natur abhängt, ob die Boykottierenden ihrerseits ein Recht besitzen, dessen Ausübung dem betroffenen Recht eine in dessen Begriff nicht enthaltene Grenze setzt, mit andern Worten, ob ihnen ein konkurrierendes Recht zusteht. Somit ist die Beschaffenheit des Rechts, in das der Boykott einbricht, keineswegs gleichgültig, wie DESCHENAUX annimmt[38], und es genügt auch nicht, mit dem Bundesgericht in 76 II 281 von einem «Recht der wirtschaftlichen Persönlichkeit» im allgemeinen zu sprechen[39, 40].

---

[37] DESCHENAUX, l. c. S. 137, 149 ff.

[38] DESCHENAUX, l. c. S. 148.

[39] BGE 76 II 281, Erw. 3.

[40] Nach dem Rechte des Verletzten nicht forschen zu müssen, wurde zuweilen als Vorteil angesehen: BOLLA, l. c. S. 420a. Allerdings muss ein Persönlichkeitsrecht eine sichere Grundlage haben, vgl. EGGER, Kommentar zu Art. 28, 2. Aufl. N 8—69, und darf nicht eines Interesses von fraglicher Berechtigung wegen willkürlich konstruiert werden: dazu GERMANN, l. c. S. 254. Wurde aber mit ZGB 28 der Begriff der Persönlichkeitsrechte eingeführt, ist daraus für die Rechtsanwendung soweit möglich Nutzen zu ziehen. SIMONIUS, Grundsätze, ZSR 71, S. 262 ff. Weil er im Boykottrecht für den Richter ein überflüssiges Beiwerk geblieben ist, kam es schliesslich so weit, dass man ausrufen möchte: «Dieu nous protège de l'équité du parlements.» Auch die «höheren» Interessen können den Einbruch in ein Recht nur rechtfertigen, wenn sie ihrerseits durch ein Recht, in der Regel ein Persönlichkeitsrecht, gedeckt sind, das mit dem betroffenen Rechte konkurriert (siehe unten).

Die erste Wirkung eines Boykotts besteht darin, dass dem Boykottierten die Möglichkeit genommen wird, auf dem von ihm gewählten Wirtschaftszweige nach seinem Belieben tätig zu sein. Der Vermögensverlust, der die Grundlage einer Schadenersatzforderung bilden kann, bedeutet erst eine zweite Folge. Nun ist die erste Folge allmählich aus den Erwägungen des Bundesgerichts gänzlich verschwunden. Die «Abwägung der Interessen» jedenfalls nimmt auf seiten des Boykottierten allein auf den erlittenen Schaden, das heisst auf die eingetretene Verminderung oder die ausgebliebene Vermehrung seines Vermögens Rücksicht, in keiner Weise jedoch auf die Beschränkung seiner Freiheit. Und doch könnte gerade in ihr die Rechtsverletzung liegen. In Boykottprozessen geschah es allerdings zuweilen, dass der Kläger diese Beschränkung unter Berufung auf den verfassungsmässigen Grundsatz der Handels- und Gewerbefreiheit geltend machte, was dem Bundesgericht Gelegenheit gab zu betonen, dass das durch Art. 31 BV garantierte Freiheitsrecht sich nur gegen den Staat, nicht gegen Private richte, und deshalb in einem Zivilprozess unbeachtlich sei[41].

So richtig aber die Auffassung ist, dass die Verfassung ausschliesslich Rechte gegen den Staat gewährt, so falsch ist es, daraus den Schluss zu ziehen, dass Bestand und Inhalt der öffentlichen Freiheitsrechte im Bereich des Privatrechts jede Wirkung verlieren. Wie ein privates Persönlichkeitsrecht, dessen Gegenstand eine Freiheit ist, letzten Endes sinnlos wäre, wenn der Staat nicht die Pflicht hätte, die gleiche Freiheit anzuerkennen, müsste ein öffentliches Freiheitsrecht weitgehend seines Wertes beraubt sein, wenn sich kein Privater daran zu kehren brauchte. Darum liegt es im Sinn des Art. 28 ZGB, dass den öffentlichen Freiheitsrechten private Persönlichkeitsrechte entsprechen[42]. Wenn sich auch die Rechte voneinander nicht nur durch die Person des Verpflichteten, sondern auch darin unterscheiden, dass, im Gegensatz zum öffentlichen, das private durch das konkurrierende Recht eines andern eine Beschränkung erfahren kann, ist doch ihr Inhalt unvermeidlich der gleiche[43]. Hat deshalb die Handels- und Gewerbefreiheit hauptsächlich die Bedeutung, dass jeder einen Wirtschaftszweig nach Belieben auswählen und darauf tätig sein darf, wie er für

---

[41] BGE 32 II 368; 52 II 384; 62 II 100.

[42] SIMONIUS, Festgabe 1948, S. 282 ff. H. P. TSCHUDI, Koalitionsfreiheit und Koalitionszwang, ZSR 67, S. 360 ff.; vgl. schon EGGER, l. c. N. 10.

[43] Nur wegen dieser Beschränkung, und weil die des öffentlichen Wohles wegen gezogenen Grenzen des öffentlichen Freiheitsrechts auch das private Persönlichkeitsrecht betreffen, lässt sich sagen, dass jenes den äusseren Rahmen abgibt, innerhalb dessen dieses geschützt werden kann. SIMONIUS, Festgabe 1948, S. 286.

gut findet, gibt das parallele Persönlichkeitsrecht jedem die Befugnis, von allen andern Einzelnen zu verlangen, dass sie ihn in dieser freien Wahl und dieser freien Gestaltung seiner wirtschaftlichen Tätigkeit nicht stören[44]. Man spricht zwar oft von einem privaten Recht auf freie wirtschaftliche Betätigung, ist sich aber in Boykottfällen anscheinend nur selten bewusst, dass es die genannten Freiheiten zum Gegenstand hat, während das in anderem Zusammenhang nicht dem geringsten Zweifel unterliegt. Jeder weiss, dass er von einem Konkurrenten, dessen Aufkommen oder dessen Betriebsart ihm Schaden zufügt, keinen Ersatz fordern kann, weil der Konkurrent, solange er sich eines unlauteren Wettbewerbs nicht schuldig macht, im Rahmen eines ihm zustehenden Rechtes handelt. Der Zwang, der einem Boykottierten verwehrt, auf einem Wirtschaftszweige in den freien Wettbewerb einzutreten oder darin zu verbleiben, stellt somit notwendig einen Einbruch in sein Recht auf freie wirtschaftliche Betätigung dar.

Doch frägt es sich, ob nicht, wie immer wieder behauptet wurde, ein konkurrierendes Recht die Widerrechtlichkeit des Einbruchs ausschliesst. Von einem konkurrierenden Recht lässt sich dann sprechen, wenn bereits die seinem Zweck entsprechende Ausübung Rechte anderer Personen zu hemmen vermag. Konkurrenz in diesem Sinne kommt bei verschiedenen absoluten Rechten vor, ist aber vor allem eine Eigentümlichkeit gleichgerichteter Freiheitsrechte. Wie das Recht auf freie wirtschaftliche Betätigung einer Person mit dem gleichen Recht einer andern konkurriert, zeigt das vorhin erwähnte Beispiel einer Schädigung durch Ablenken von Kunden.

Der Boykott hat aber mit der Ausübung dieses Rechtes nichts zu tun. Daher kann ein unzulässiger Boykott nicht wie der unlautere Wettbewerb ein Missbrauch desselben sein. Die Befugnis zur Teilnahme am freien Wettbewerb übt aus, wer z.B. durch günstigere Angebote seine Konkurrenten auszustechen trachtet, niemals aber, wer einen andern unter eine im Hinblick auf eigene Interessen aufgestellte Marktordnung zwingen oder überhaupt aus dem Markte verdrängen will. Es war daher ein verhängnisvoller Irrtum, den Boykott als eine Wettbewerbshandlung zu bezeichnen und damit zugleich die Vermutung aufzustellen, dass alle wirtschaftlichen Inter-

---

[44] Dass dieses Recht nicht bestehen könne, weil keiner in seinen wirtschaftlichen Überlegungen vollständig frei ist, BOLLA, l.c. S.234a, wird schon dadurch widerlegt, dass die Judikatur beständig z.B. 75 II 305 mit diesem Rechte, allerdings fälschlicherweise, die Urheber eines Boykotts rechtfertigt. Das Argument wäre jeder Anerkennung eines Freiheitsrechts entgegenzuhalten.

essen, die seine Urheber verfolgen, berechtigt sind[45]. Da der Boykott nicht der Beteiligung am freien Wettbewerb dienen, sondern diesen geradezu beseitigen soll, hätte er von Anfang an gleichsam als das Gegenteil davon gelten müssen. Dass er wirtschaftliche Ziele verfolgt, ändert nichts daran; denn zur Wahrung wirtschaftlicher Interessen gegeben zu sein, ist keineswegs eine Besonderheit des Rechtes auf freie wirtschaftliche Tätigkeit.

Fraglich kann demnach nur noch sein, ob das Verhalten der den Boykott Auslösenden in einer anderen Befugnis eine Rechtfertigung findet. In Doktrin und Rechtsprechung findet sich die Erwähnung des Rechts auf freien Abschluss von Verträgen[46]. Wenn die über den Boykottierten verhängte Sperre als eine Wirkung von Verträgen oder von Verpflichtungen erscheint, die durch den Bestand eines Verbandes bedingt sind, ist sie oft als eine unvermeidliche Folge der Vertrags- und der Vereinsfreiheit betrachtet worden. Da jedem freisteht, den Abschluss von Verträgen und die Begründung der damit zu schaffenden rechtlichen Beziehungen abzulehnen, muss auch, sagt man, jeder frei sein, sich zu verpflichten, Verträge nur mit bestimmten Personen einzugehen oder auf Verträge mit bestimmten Personen zu verzichten. Wie Pflichten dieser Art durch Verträge gültig entstehen können, sollen sie auch aus der Zugehörigkeit zu einem Verband hervorgehen, gleichgültig, ob sie bereits in den Statuten vorgesehen sind oder ob sie auf Weisungen der Organe beruhen, denen sich die Mitglieder nach den Statuten zu fügen haben. Auch können nicht, soweit ein Versprechen, von der Begründung rechtlicher Beziehungen abzusehen, gültig ist, das Auffordern dazu, wenn es sich an eine Mehrheit noch nicht gebundener Personen richtet, und das freiwillige Befolgen der Aufforderung unerlaubt sein. In der Tat hängt alles von der Frage ab, wieweit Enthaltungsverträge gültig sind. Niemand denkt, dass da keine Schranke besteht; denn das Vorkommen eines unzulässigen Boykotts wurde noch nie bestritten. Statt aber genau zu untersuchen, wo den Bestimmungen über die Grenzen der Vertragsfreiheit gemäss die Schranke liegen muss, ist man in der Regel, wie sich noch zeigen

---

[45] Bereits in BGE 25 II 802. Dagegen ist in 58 II 228 gesagt, dass der Boykott keine gewöhnliche Handlung im freien Wettbewerb sei, sondern eine künstliche Zwangsmassnahme; die einzige richtige Konsequenz wird aber daraus nicht gezogen.

[46] Vgl. DESCHENAUX, l.c. S.129ff. Von Missbrauch der Vertragsfreiheit ist da und dort in Urteilen die Rede (z.B. 25 II 802). L. VOGT, l.c., und HOLER, l.c., sprechen von Missbrauch der Koalitionsfreiheit. Die Schranken der Vertragsfreiheit sind zugleich Schranken der Vereinsfreiheit. Dagegen kann ein Überschreiten jener Schranken kein «Missbrauch» mehr sein (siehe unten).

wird, nach der Feststellung, dass die Ausübung jener Freiheit Ursache eines Boykotts sein kann, auf eine andere Überlegung abgesprungen.

Dass sich aus dem Grundsatz der Vertragsfreiheit auch die Befugnis ableitet, auf Verträge zu verzichten, ist selbstverständlich. Das ist einfach, wie man sagen könnte, die negative Seite des Persönlichkeitsrechts auf freie Eingehung von Verträgen. Richtig dürfte gleichfalls sein, dass die Übernahme der Pflicht, Verträge nur mit bestimmten Personen abzuschliessen, noch durch die Vertragsfreiheit gedeckt ist. Demgegenüber sieht GUISAN[47] in jeder Verpflichtung, die dem Verpflichteten den freien Rechtsverkehr mit andern abschneidet, bereits eine Überschreitung der dem Prinzip gesetzten Grenzen. Doch scheint kaum denkbar, dass der Verpflichtete damit schon in eine Beschränkung seiner Freiheit einwilligt, die, nach Art. 27 ZGB, einen die Sittlichkeit verletzenden Grad erreicht, denn sonst müsste die Gültigkeit sämtlicher Konkurrenzverbote zweifelhaft sein. Etwas anderes ist es, wenn der Verpflichtete sich auch einverstanden erklärt, dass nach einem Bruch seines Versprechens gegen ihn selbst Boykottmassnahmen ergriffen werden[47a]. Doch berührt das nicht den Streit zwischen dem zuerst Boykottierten und seinen Gegnern.

Dagegen geht aus den Wirkungen, die mehrere, miteinander in Verbindung stehende Enthaltungsverträge für Dritten haben können, eine Grenze der Vertragsfreiheit hervor. Sind diese Wirkungen derart, dass sie einem Dritten den freien Wettbewerb auf einem Wirtschaftszweige sperren, verletzen sie sein Recht auf freie wirtschaftliche Betätigung. Das allgemeine Verbot aber, absolute Rechte zu verletzen, setzt auch der Vertragsfreiheit eine unverrückbare Schranke. Dass es meistens mehrerer Verträge oder der Statuten eines Verbandes bedarf, um dem Recht auf freie wirtschaftliche Betätigung Abbruch zu tun, rührt von der Eigenart der Freiheit her, die den Gegenstand des Rechtes bildet, schliesst jedoch die Beachtung seiner Verletzung nicht aus.

In einem älteren Urteil, 25 II 802, wurde allerdings gesagt, dass, was dem Einzelnen erlaubt ist, auch einer Mehrheit erlaubt sein muss und dass deshalb der Verzicht einer Mehrheit, mit einer Person in rechtliche Beziehungen zu treten, so wenig widerrechtlich sein kann wie der Verzicht eines Einzelnen. Der Umstand, dass es sich um eine kollektive Massnahme handelt, soll lediglich von wirtschaftlicher, nicht von rechtlicher Bedeutung sein. Damit wird jedoch verkannt, dass gerade in der Verdrängung aus dem

---

[47] GUISAN, l. c. S. 174 ff.
[47a] 22, 184.

freien Wettbewerb die Verletzung des dem andern zustehenden Rechtes liegt. Infolgedessen besteht eben doch zwischen der Einzel- oder der Kollektivmassnahme, die diese Verdrängung erst bewirkt, auch ein rechtlicher Unterschied[48, 49].

Entscheidend ist darum allein, ob Verträge, ob, mittelbar oder unmittelbar, Statuten eines Verbandes oder ob an eine Mehrheit gerichtete Aufforderungen für den Dritten die Wirkung einer Sperre haben oder nicht. Bei der Beurteilung dieser Frage ist dem Ermessen des Richters ein Spielraum gelassen. Eine Sperre kann absolut sein, wenn dem Betroffenen unmöglich ist, Waren zu beziehen und abzusetzen[50]. Oft genügt aber eine relative Sperre, um ihn, worauf es ankommt, vom freien Wettbewerb auszuschliessen. Er erhält noch Waren, aber nur zu Bedingungen, die allen vernünftigen kaufmännischen Überlegungen widersprechen[51], oder er erleidet, als Arbeitnehmer, eine im Sinne von OR 357 unbillige Erschwerung seines wirtschaftlichen Fortkommens[52]. Dabei ist aber ausschliesslich auf das Mass der Freiheitsbeschränkung zu achten und nicht etwa auf die finanzielle Tragfähigkeit, was einer Rückkehr zum unhaltbaren Kriterium der Existenzvernichtung gleichkommen könnte. Der Richter ist dagegen nicht frei, noch Gründe gelten zu lassen, weswegen die Sperre nicht widerrechtlich wäre. Insbesondere ist auch die Verletzung einer vertraglichen Pflicht kein Grund dieser Art. Zum Durchsetzen einer Forderung gibt das Recht andere Mittel, und diesen einen Vergeltungsboykott vorzuziehen, müsste verbotene Selbsthilfe bedeuten[53]. Das Recht auf freien Abschluss von Ver-

---

[48] Vgl. WINFIELD, Cases on the Law of Torts. 1942, S. 83: «An act which done by an individual, would not be unlawful may, if done in combination, amount to a conspiracy, if the essentials stated above are present.»

[49] Der Grenzfall, in dem die Weigerung eines Einzelnen, Verträge abzuschliessen, eine Sperre verursacht, ist in der Rechtsprechung nie vorgekommen. Hier müsste allerdings im Zweifel das Recht des sich Weigernden vorgehen. Vgl. 62 II 280.

[50] Zum Beispiel 76 II 281. Widerrechtlich war hier nicht erst die Verweigerung der Aufnahme in den beklagten Verband, sondern bereits die Sperre des vom Kläger gewählten Wirtschaftszweiges.

[51] Zum Beispiel 62 II 280.

[52] Zum Beispiel 73 II 65. Hier hätte übrigens die Sperre als widerrechtlich angesehen werden müssen, auch wenn sie notwendig gewesen wäre, um das Ziel des gegnerischen Verbandes zu erreichen.

[53] So auch 69 II 80. Im übrigen gab der Vergeltungsboykott besonderen Anlass zu problematischen Entscheiden. 69 II 80 weist doch die Klage des Boykottierten ab, und zwar wegen seines ausserkontraktlichen Verhaltens, ohne Rücksicht darauf, ob die Fortdauer des Boykottes nicht eine unverhältnismässig harte Sühne darstellte. (Über die Aufgabe des Rechts, die Privatfehde auszuschliessen, vgl. GUISAN, l. c. 171.) In 62 II 65 ist dagegen gesagt, der auf ein Jahr befristete Boykott sei eine angemessene Strafe für das Verhalten des Opfers, eine höchst eigentümliche Rechtsschöpfung praeter legem.

---

trägen konkurriert nicht mit dem verletzten Recht. Es ist nur im Rahmen der Vertragsfreiheit auszuüben und kann daher nicht darüber hinaus, etwa bis zur Grenze eines Missbrauchs, die durch eine Interessenabwägung zu bestimmen wäre, befugterweise in die wirtschaftliche Freiheit eines Dritten eingreifen. Gerade das Bestreben, ohne klare Vorstellung über das Recht durchwegs die Kriterien des Missbrauchs zu verwenden, hat hier die Schranke der Vertragsfreiheit verkennen lassen[53a]. Somit wird der Urheber eines Boykotts auch durch die aus dem Prinzip der Vertragsfreiheit hervorgehende Befugnis nicht entschuldigt.

Dass ihm noch eine andere gewährt sei, ist nie behauptet worden und auch nicht denkbar. Daher ist die Feststellung nicht zu umgehen, dass die Anerkennung eines erlaubten Boykotts, eines «Rechts zum Boykott» dem geltenden Privatrecht nicht entspricht. Das Ergebnis, zu dem GUISAN seinerzeit auf einem andern Wege gelangt ist, wird damit bestätigt.

Die einzelnen Rechtsfolgen, die sich aus dem Gesagten ergeben, können an dieser Stelle nicht ausführlich dargelegt werden. Ein kurzer Hinweis muss genügen. Soweit Verträge oder statutarische Bestimmungen die Verdrängung eines Dritten aus dem freien Wettbewerb zur Wirkung haben, sind sie nach Art. 20 OR nichtig[54]. Störungen, die aus der Erfüllung ungültiger Pflichten oder der Befolgung einer Aufforderung zum Boykott ohne vertragliche oder statutarische Grundlage hervorgehen, sind gemäss Art. 28 ZGB zu beseitigen. Ob die Verdrängung beabsichtigt war oder nicht, ob sie bei Anwendung der zumutbaren Sorgfalt hätte vermieden werden können, betrifft die Frage des Verschuldens, die bei der Entscheidung über einen Schadenersatz zu beurteilen ist[55].

Die Provokation durch den Boykottierten wird selbstverständlich bei der Beurteilung des Verschuldens zu berücksichtigen sein, die Widerrechtlichkeit der Sperre kann sie jedoch nicht aufheben, sofern der Boden des Privatrechts nicht verlassen werden soll.
Aus dem Rahmen einer Lückenausfüllung im Bereich des Privatrechts fällt die Festsetzung von durch einen Unterwerfungsboykott erzwungenen «Solidaritätsbeiträgen» nach freiem Ermessen zu 75 II. 305.

[53a] Siehe oben S. 277 / 8 und Anmerkung 16.

[54] So entschieden in 73 II 65. Wie sich dagegen die einseitige «Lockerung» gegenseitiger Verträge vollziehen soll, wozu in 76 II 281 der boykottierende Verband verurteilt wurde, bleibt problematisch.

[55] Ist die Sperre bloss Reflexwirkung zu andern Zwecken abgeschlossener Verträge, dürfte in der Regel ihr Vorhandensein eingehender zu prüfen sein, als wenn eine Verdrängungs- oder Unterwerfungsabsicht vorliegt. Drohung mit Boykott ist Drohung mit widerrechtlicher Zufügung eines Übels. Anders 62 II 104.

Nun wird hier nichts Geringeres vorgeschlagen, als die Abkehr von einer Rechtsprechung, mit der man sich während mehr als eines halben Jahrhunderts, wenn nicht unbedingt zufrieden gegeben, so doch weitgehend abgefunden hat. Wie sich aber die Verhältnisse allmählich gestaltet haben, lässt sich heute nicht mehr übersehen, dass die von der Rechtsprechung eingeschlagene Bahn höchst gefährlich ist. Wenn eine gründliche Neubesinnung auf die Grundsätze, die für die Beurteilung des Boykotts massgebend sind, ausbleiben sollte, würden sehr bald die Gefahren für die Freiheit, die in neueren Verfassungsbestimmungen liegen, geradezu harmlos erscheinen neben der Bedrohung, die das Privatrecht ihr brächte[56]. Denn die Beschränkung des freien Wettbewerbs durch Gesetze wird einer Beseitigung durch in Wahrheit rechtswidrige Massnahmen Einzelner stets noch vorzuziehen sein.

Dass sich einmal die Praxis in der Schweiz der Rechtsprechung in Staaten annähert, wo das private Recht auf wirtschaftliche Freiheit nicht in so eigentümlicher Weise verkannt worden ist[57], und damit aufhört, Wirtschaftsgruppen ein ungesetzliches Privileg zu gewähren, dürfte ein Jurist kaum bedauern.

Er hätte übrigens auch dann noch einer Gefahr für die privatrechtliche Freiheit Beachtung zu schenken, der Gefahr, dass vollkommen freiwillige Zusammenschlüsse und freiwillig errichtete Monopole den Grundsatz der Vertragsfreiheit mit der Zeit seines Sinnes berauben[58]. Da liegt allerdings ein Problem vor, das wohl nur der Gesetzgeber zu lösen vermöchte.

---

[56] Bedenklicher noch als die immerhin zählbaren Fälle, in denen die Klage eines Boykottierten zu Unrecht abgewiesen wurde, sind die Wirkungen, die, wie sich leicht vermuten lässt, das öffentlich anerkannte Recht zum Boykott auf das Verhalten vieler, die nicht vor Gericht kamen, hat ausüben müssen.

[57] Über die Behandlung der mise à l'index in Frankreich, SAVATIER, Traité de la responsabilité civile, t. I § 184 ff.; vgl. auch einen neuesten Entscheid: Bulletin des arrèts de la Cour de Cassation (Chambres civiles) 1951 II, p. 75 n° 102. Über die «conspiracy» als tort, GELDART, Elements of English Law, p. 178 ff.; POLLOCK, Principles of the Law of Torts, u. a. Der Text will nicht sagen, dass der Schutz der wirtschaftlichen Freiheit in den genannten Ländern den Grundsätzen des schweizerischen Privatrechts vollständig entspricht. In England (vgl. WINFIELD l. c.) liegt übrigens das Problem etwas anders, da eine Regelung, die ein Monopol anstrebt, als «restraint of trade» verboten ist. In Deutschland haben die Erlasse über Kartelle das Bild der Rechtsprechung auf Grund von BGB 826 verändert.

[58] Auf das Problem hat namentlich OFTINGER «Die Vertragsfreiheit», in Festgabe 1948, S. 331 hingewiesen.

Andreas von Tuhr

Hans Reichel

Andreas von Tuhr

1864—1925

Hans Reichel

1875—1939

Andreas von Tuhr und Hans Reichel haben beide sowohl in Deutschland wie auch in der Schweiz gelehrt, und sie haben beiden Ländern ein wissenschaftliches Werk von hohem Rang hinterlassen.

Andreas von Tuhr, Sohn eines im russischen Staatsdienst stehenden hohen Justizbeamten deutscher Staatsangehörigkeit, blieb dem alten Russland seiner frühen Jugend innerlich zeitlebens verbunden. Gymnasium und Hochschule besuchte er in Deutschland. Im Alter von 21 Jahren legte er 1885 in Heidelberg das juristische Doktorexamen summa cum laude ab. Hochbegabte wurden damals offenbar in ihrer Entwicklung gefördert und nicht durch reglementarische Minimalfristen gehindert. Nur mit der Habilitation musste er aus Altersgründen noch drei Jahre warten. Die ersten Arbeiten gehören ins Gebiet der Romanistik. Die Beschäftigung mit dem modernen Zivilrecht wurde in Basel, wohin er 1891 als Professor berufen worden war, durch die nebenamtliche Tätigkeit am Appellationsgericht (unter dem Präsidium von Andreas Heusler) vorbereitet. Sie kam nach der Übersiedlung an die deutsche Universität Strassburg im Jahre 1898 zu voller Entwicklung, als es galt, die Gedanken des auf den 1. Januar 1900 in Kraft getretenen deutschen bürgerlichen Gesetzbuches der Praxis zuzuleiten. Der noch in Basel entstandenen Studie über die Mängel des Vertragsschlusses nach schweizerischem Obligationenrecht folgten Abhandlungen zur Lehre von den abstrakten Schuldverträgen, zur Anweisung, zur ungerechtfertigten Bereicherung, zum Recht der Vollmacht, um nur weniges zu nennen. Aus diesen Arbeiten rundete sich das System zu seinem dreibändigen Werk über den Allgemeinen Teil des

Bürgerlichen Gestzbuches (1910, 1914, 1918), ein Werk, das auf die Theorie und auf die Praxis den allergrössten Einfluss ausgeübt hat.

Der Ausgang des Ersten Weltkrieges beraubte den letzten Rektor der deutschen Universität Strassburg seines persönlichen, familiären und wissenschaftlichen Wirkungsraumes, ein Schlag, den er nie überwunden hat. Nach kurzer Tätigkeit an den Universitäten Halle und Köln folgte er 1920 einem Ruf der Universität Zürich. Hier entstanden dann neben einer grösseren Zahl von Aufsätzen, vorwiegend zum schweizerischen Recht, die zwei Bände Allgemeiner Teil des schweizerischen Obligationenrechts, ein Werk, das August Simonius in einer ausführlichen Rezension in seiner ganzen Bedeutung gewürdigt hat, «das reifste Werk des letzten glänzenden Vertreters der Pandektenschule» (ZSR 50, 1931, S. 281/89), «im Aufbau glänzend, in der Sprache von kristallener Klarheit und in der Entwicklung der Gedanken einfach und gross» (Fritz Fleiner in seinem schönen, tiefempfundenen Nachruf, der neben dem Werk auch die ganz auf das Geistige gestellte Persönlichkeit des verehrten Kollegen würdigt. — SJZ 22, 1925/26, S. 214/16). Die unverminderte Bedeutung des Buches geht daraus hervor, dass es 1942 in der Bearbeitung von Siegwart in 2. Auflage, 1978 in der Bearbeitung von Peter und Escher in 3. Auflage (bei Schulthess Polygraphischer Verlag) erschienen und auch ins Französische übersetzt worden ist. Ihm sind alle Arbeiten zum schweizerischen Schuldrecht in hohem Masse verpflichtet.

Dr. iur. et phil. Hans Reichel war, wie Andreas von Tuhr, von Haus aus Romanist. Wie dieser ist er jedoch nicht romanistischer Quellenforscher. Vom dogmatischen Wert des römischen Rechts überzeugt und seine Quellenkenntnis dogmengeschichtlich souverän heranziehend, wendet er sich von Anfang an aktuellen Problemen zu. Schon in seine Jenenser Dozentenzeit gehören sachenrechtliche und schuldrechtliche Studien. Sie dienen ebenfalls der Erschliessung des 1900 in Kraft getretenen deutschen Bürgerlichen Gesetzbuches. 1911 wurde er auf den Zürcher Lehrstuhl für römisches Recht, modernes Zivilrecht und Rechtsphilosophie berufen, den er bis 1920 innehatte, um dann an die Hamburger Universität überzusiedeln, deren Lehrkörper er bis zu seinem 1938 krankheitshalber erfolgenden Rücktritt angehörte.

Das wissenschaftliche Vermächtnis Reichels besteht aus zahlreichen, in schweizerischen (fast ausschliesslich in der von

Schulthess Polygraphischer Verlag herausgegebenen Schweizerische Juristen-Zeitung) und ausländischen Zeitschriften und Festgaben erschienenen, zum Teil umfangreichen Aufsätzen, die immer in anschaulicher Formulierung praxisorientiert und grösstenteils auch heute nicht veraltet sind. Zu erwähnen sind beispielsweise die Behandlung der Schuldübernahme, der Mäklerprovision und der auf Auslandwährung lautenden Schulden. Es verwundert nicht, dass REICHEL seine Aufmerksamkeit neben dem Privatrecht auch dem Prozessrecht widmete, dies aus der in der Schweiz nur unvollkommen anerkannten Einsicht heraus, dass beide Gebiete notwendig zusammengehören und deshalb auch einheitlich geregelt werden sollten. Von seinen weitgespannten Interessen zeugt der vor der Berliner juristischen Gesellschaft gehaltene Vortrag «Forensische Psychologie», deren Einbezug in das Lehrprogramm juristischer Fakultäten er postulierte. Dem Vortrag folgte eine ganze Reihe medizinrechtlicher Arbeiten.

Mit methodenrechtlichen Problemen befassen sich die oft (so auch von ARTHUR MEIER-HAYOZ in seiner umfassenden Kommentierung von Art. 1 ZGB) zitierten Arbeiten «Gesetz und Richterspruch» (1915) und «Zu den Einleitungsartikeln des schweizerischen Zivilgesetzbuches» (in der Stammlerfestgabe 1926). In diesen immer noch aktuellen Studien kommt zum Ausdruck, dass sich REICHEL zu jener Auslegungsmethode bekennt, die nach dem wahren Sinn der gesetzlichen Anordnung fragt und eine weitgehende Freiheit gegenüber dem Wortlaut der Norm vorbehält, allerdings unter Ablehnung einer subjektivistischen Freirechtslehre.

Für diese Stellungnahme zeugt nun auch die 1909 erschienene gewichtige Abhandlung über die Behandlung formnichtiger Verpflichtungsgeschäfte. Im nachstehend wiedergegebenen zusammenfassenden Schlusswort warnt REICHEL vor einem leider die damalige Gerichtspraxis leitenden übertriebenen Formalismus, vor einer Überspannung der Formnichtigkeit. Er betont, dass Formvorschriften dem Grundsatz von Treu und Glauben, von der Redlichkeit des Rechtsverkehrs widersprechen, dass sie deshalb enger und strenger Auslegung bedürfen, dass sie nicht als Selbstzweck angesehen werden dürfen und deshalb nur dort einzusetzen sind, wo sie die sachlichen Zwecke des sozialen Lebens fördern.

Mit ähnlichen Überlegungen weist ANDREAS VON TUHR im nachstehend wiedergegebenen Passus aus seinem Aufsatz zur Eigentumsübertragung nach schweizerischem Recht darauf hin, dass die Formvorschriften den Hauptzweck haben, die Parteien vor Übereilung zu schützen, dass dieser Zweck aber dahinfalle, wenn der einen Formmangel aufweisende Vertrag beiderseits freiwillig erfüllt worden sei. Ein Rechtssatz dieses Inhalts fehle allerdings im deutschen wie auch im schweizerischen Recht; mit guten Gründen habe jedoch HANS REICHEL einen solchen Rechtssatz befürwortet.

Die Anregungen VON TUHRS und REICHELS sind nicht unbeachtet geblieben, haben sich aber nur zögernd durchzusetzen vermocht. Das Ordnungsziel der Nichtigkeit wird etwa verneint, wenn jemand in seinem gutgläubigen Partner schuldhaft den Eindruck der Gültigkeit des mit einem Formmangel behafteten Vertrages erweckt. In der Hauptfrage, ob die freiwillige Erfüllung den Formmangel zu heilen vermöge, befinden sich schweizerische Lehre und Rechtsprechung schrittweise auf dem Weg zu praktikabeln Konkretisierungen. Das Bundesgericht ist beim Ergebnis stehengeblieben, dass die Berufung auf Formnichtigkeit unstatthaft ist, wenn sie gegen Treu und Glauben verstösst und einen offenbaren Rechtsmissbrauch darstellt. Ob dies im Einzelfall zutreffe, hat der Richter nicht in starren Regeln zu entscheiden, sondern in Würdigung aller Umstände des konkreten Falles unter Berücksichtigung von Rechtsempfinden, Rechtsethik und Rechtssicherheit. Der freiwilligen Erfüllung kommt bei dieser Würdigung besondere Bedeutung zu. In der Lehre wird mehrheitlich und immer entschiedener die Auffassung vertreten, der Satz von der Heilung des Formmangels durch freiwillige Erfüllung dürfe als Ergebnis der zutreffenden Auslegung der gesetzlichen Formvorschriften angesehen werden[1].

Diese Entwicklung in einer Zeit angeregt zu haben, in welcher die massgebende Literatur, insbesondere die führenden Kommentare OSER/SCHÖNENBERGER und BECKER noch die Auffasung von der unbedingten Nichtigkeit des mit einem Formmangel behafteten Geschäftes vertreten haben, ist bleibendes Verdienst HANS REICHELS und ANDREAS VON TUHRS.

Hans Merz

---

[1] Näheres mit Nachweisen bei *Merz*, Vertrag und Vertragsschluss, Freiburg 1988, N 429—457; SCHMIDLIN im Berner Kommentar, 1986, N 41 ff. zu Art. 11 OR; DERSELBE, Der formungültige Grundstückkauf. Bemerkungen zur neueren Lehre und Rechtsprechung, ZSR 109 (1990) I, S. 223 ff.

Eigentumsübertragung nach schweizerischem Recht [*]

(Teilabdruck)

von Andreas von Tuhr

Ist der Kaufvertrag durch Eintragung und Zahlung beiderseits erfüllt, so widerstrebt es in vielen Fällen unserem Rechtsgefühl, eine Umstossung des Vertrags wegen eines Formfehlers zuzulassen. Denn der wesentliche Zweck der Form liegt darin, die Parteien gegen die Folgen unüberlegter und übereilter Entschlüsse zu schützen. Ist aber der Vertrag beiderseits freiwillig erfüllt, so kann man in der Regel annehmen, dass der Inhalt der Verabredung einwandfrei war und dass der Versuch, diesen Vertrag wegen eines unbemerkt oder unbeachtet gebliebenen Formfehlers rückgängig zu machen, in der Absicht unternommen wird, eine mittlerweilen eingetretene Änderung der Konjunktur auszunützen. Bei steigenden Grundstückpreisen ist es ein unverhofftes und unverdientes Glück für den Verkäufer, wenn er im Vertrage einen Formfehler entdeckt, welcher der Aufmerksamkeit des Grundbuchbeamten entgangen ist. Soll es zulässig sein, solche Zufälle auszunutzen? Ein Rechtssatz des Inhalts, dass Formfehler durch beiderseitige Erfüllung geheilt werden, findet sich weder im deutschen Rechte [41], noch im ZGB. Jedoch bietet ZGB Art. 2 eine Handhabe gegen missbräuchliche Geltendmachung eines Formfehlers. Der Unterschied gegen BGB § 313, 2 besteht immer noch darin, dass nicht schon die Eintragung, sondern erst die beiderseitige Erfüllung des Kaufvertrags die Berufung auf den Formfehler nach Art. 2 ausschliessen kann.

---

[*] Aus «Eigentumsübertragung nach schweizerischem Recht», erschienen in Zeitschrift für Schweizerisches Recht 40 (1921) (S. 41—74), S. 55.

[41] Einen solchen Rechtssatz befürwortet mit guten Gründen REICHEL.

Behandlung formnichtiger Verpflichtungsgeschäfte *
(Teilabdruck)

von Hans Reichel

Schlusswort

Wer die vorliegenden vier Aufsätze im Zusammenhange verfolgt hat, wird eine gemeinsame Grundtendenz nicht haben verkennen können. Der rote Faden, der sich durch unsere Darstellung hindurchzieht, ist die Warnung vor übertriebenem Formalismus, der zu einer Überspannung der Formnichtigkeit und ihrer Folgen führt. Die Formvorschriften der Gesetze haben ihren guten Sinn; aber man darf ihre Bedeutung nicht übertreiben, ihre Tragweite nicht überschätzen. Die Wohltat darf nicht zur Plage, das formale Recht nicht zur Schikane werden. Sehen wir recht, so entgeht unsere gerichtliche Praxis nicht immer der Gefahr, einer allzu formalistischen Behandlungsweise der gesetzlichen Formvorschriften das Wort zu reden. Dies gilt nicht nur für das Gebiet der freiwilligen, es gilt, wie mir scheint, auch für das Feld der streitigen Gerichtsbarkeit.

Es sind mannigfache Gründe, die hier massgebend sind. Nicht zu leugnen ist, dass unter ihnen hier und da auch der Wunsch mitspielt, nach dem Prinzip des kleinsten Kraftmasses zu arbeiten, das Brett an der dünnsten Stelle zu bohren. In den Entscheidungsgründen unserer Urteile kommen Erwägungen dieser Art natürlich nicht zum Ausdruck. Statt ihrer findet man zuweilen eine emphatische Betonung der hohen Bedeutung, welche den gesetzlichen Formvorschriften innewohne, und die durch Rücksichten

---

* Aus «Behandlung formnichtiger Verpflichtungsgeschäfte», erschienen in Archiv für die civilistische Praxis, Band 104, 1909 (S. 1—150), S. 147—150.

auf Treu und Glauben und dergleichen nicht vermindert werden dürfe. Prüft man indes diese Darlegungen genauer, so findet man nicht selten, dass sie ihre Beweiskraft in der Hauptsache dem suggestiven Eindruck allgemeiner Schlagworte entlehnen.

Ein solches Schlagwort und weiter nichts ist das immer und immer wieder ausgegebene Losungswort von der öffentlichen Ordnung. Dieser Hinweis besagt alles und nichts. Gewiss sind die Formvorschriften im Interesse der öffentlichen Ordnung, im öffentlichen Interesse überhaupt, erlassen. Allein welche Rechtsbestimmung wäre dies nicht? Wesen und Zweck alles Rechtes ist Ordnung. Immer also ist die Frage am Platze, wieviel im einzelnen Falle im Interesse dieser Ordnung unerlässlich sei. Was darüber hinaus ist, ist vom Übel; denn es beengt die Freiheit. Libertas omnibus rebus favorabilior, sagt schon der römische Jurist (122 D. 50, 17)[59]. Niemals aber ist das allzu pedantische Festklammern an Ordnungsvorschriften so sehr vom Übel als dann, wenn sie blosse Formvorschriften sind. Nur gar zu leicht nämlich geschieht es, dass der leidigen Form die gerechte Sache zum Opfer fällt. Vgl. STAMMLER, Richtiges Recht 1902 S. 259, 533.

Es unterliegt nicht dem geringsten Zweifel, dass die Formvorschriften des materiellen Rechtes, speziell die in § 125 BGB. ins Auge gefassten, *einen bewussten und grundsätzlichen Einbruch in den Grundsatz von Treu und Redlichkeit des Verkehrs darstellen.* Nach Treu und Glauben heisst es: *ein Mann, ein Wort*[60]. Die Formvorschrift aber sagt: ist die Form nicht gewahrt, so ist ein Wort kein Wort, und wer auf solches Wort vertraut, der baut auf Sand[61]. Lex ita scripta est: die zwingende Gesetzesvorschrift in allen Ehren. Aber immer bleibt sie eine Ausnahmevorschrift, welche enger und strenger Auslegung bedarf, und eine unbedacht ausdehnende Interpre-

---

[59] «Oberster Zweck des Rechtes ist das Gedeihen der Gemeinschaft, innerhalb deren das Recht gilt. Was dieses Gedeihen erfordert, ist im Rechtssinne *nötig*. Und dieser Erwägung muss auch der einzelne stets sein Privatinteresse unterwerfen. *Unnötig* dagegen ist jede Beschränkung des Privatinteresses, welche das öffentliche Wohl nicht verlangt. Mehr als dies: sie ist gemeinschädliche Gesetzestyrannei.» WAHRMUND, Ehre und Eherecht 1906, S. 60.

[60] Mit tiefem Rechte hat das RG. entschieden, die Ehefrau dürfe das eheliche Zusammensein verweigern, wenn der Mann ihr seine *wenn schon formell ungültige* Zusage, die Ehekinder in religiöser Hinsicht in bestimmtem Sinne erziehen zu wollen, gebrochen habe (Seuff. Arch. 61 S. 155). Wortbruch ist und bleibt eben Wortbruch.
Ebenso zutreffend ist seine Entscheidung (Lpzg.Ztschr. 1908 947), auch wer eine durch *form-losen* Grundstückskaufvertrag zugesagte Leistung bewirke, könne die Vermutung für sich haben, er habe *erfüllen*, nicht aber seine Gläubiger benachteiligen wollen. Ein anständiger Mann hält eben Wort, auch wenn ihn das Gesetz bei diesem Worte nicht festhält.

[61] Es ist darum nicht völlig korrekt, wenn das RG. sagt, der Grundsatz von Treu und Glauben beherrsche das BGB. und den *ganzen* rechtsgeschäftlichen Verkehr: Zutreffend STAMMLER im Verw. Arch. 15, 53.

tation sowie eine blind unentwegte Konsequenzenreiterei bedeutet einen groben Verstoss gegen die Anforderungen von Treu und Glauben. Grave est fidem fallere[61a]. Hüten wir uns, diesem Lebenselement alles Verkehrs ohne zwingenden Grund auch nur um eines Fingers Breite zu nahezutreten. Sobald wir diese Warnung ausser Betracht lassen, versündigen wir uns schwer an dem Rechtsempfinden aller Volkskreise. Alsdann können wir uns insoweit nicht beschweren, wenn uns scholastische Engherzigkeit, gemütlose Rabulisterei und verstockte Lebensfremdheit vorgeworfen wird. Ja, wir müssen beschämt eingestehen, dass der Volksmund insoweit noch heute recht hat, wenn er uns Juristen seit alters als «schlechte Christen» brandmarkt.

Entschliessen wir uns also, gerade den Formvorschriften des materiellen Rechtes — diejenigen des Prozessrechtes mögen vielleicht strikter zu behandeln sein — mit derjenigen geistigen Freiheit und Selbständigkeit gegenüberzutreten, wie sie wissenschaftlichen Juristen ziemt. Der Buchstabe der Form tötet; nur der Geist, der hinter der Form wohnt, macht lebendig. Eine formalistische Jurisprudenz wird immer eine tote sein[62]. Dem Leben gerecht wird nur eine Rechtspflege, welche niemals vergisst, dass die Formen des Rechtsverkehrs und die Formvorschriften des Gesetzes nicht um ihrer selbst willen da, nicht Selbstzweck sind, sondern dass sie weiter nichts darstellen, als technische Notbehelfe, deren sich das Recht als blosser Mittel bedient, um die sachlichen Zwecke des sozialen Lebens zu fördern.

[61a] Dieser Gesichtspunkt war es, der den römischen Prätor veranlasste, die Klagbarkeit *formloser* pacta zu proklamieren; vgl. 1 pr. D. 13, 5.
[62] Ein betrübliches Beispiel solch formalistischer Gesetzeshandhabung liefert das von REICHEL in Gruch. Beitr. 52, 356 kritisierte Amtsgerichtsurteil. Recht unbefriedigend auch RGE, 63, 323; dawider mit Recht HEILFRON im Recht 1907 171.

Alois Troller

1906—1987

Der Schwerpunkt des publizistischen Schaffens und der Lehr-
amtstätigkeit von ALOIS TROLLER lag im Recht des geistigen
Eigentums. Seine Bibliographie[1] umfasst gewichtige rechtsdog-
matische Werke (allen voran das zweibändige Lehrbuch «Immaterialgüterrecht[2]», dessen Vorläufer, das 1948 erschienene Werk
«Der schweizerische gewerbliche Rechtsschutz[3]» und die auch
heute noch grundlegenden Monographien «Das internationale
Privat- und Zivilprozessrecht im gewerblichen Rechtsschutz und
Urheberrecht[4]» sowie «Die mehrseitigen völkerrechtlichen Verträge im internationalen gewerblichen Rechtsschutz und Urheberrecht[5]»); aber auch die zahlreichen Beiträge zu Kommenta-
ren, Lexika, Sammelwerken und Zeitschriften befassen sich
mehrheitlich mit Problemen des Immaterialgüterrechts.

Wer das publizistische Œuvre von ALOIS TROLLER oberfläch-
lich betrachtet, könnte somit versucht sein, ihn als *reinen Spezia-
listen* des Immaterialgüterrechts einzustufen. Eine solche Qualifikation würde aber der Wirklichkeit nicht gerecht: Wer sich mit
den Publikationen eingehender auseinandersetzt, erkennt
unschwer, auf welchen umfassenden rechtsphilosophischen und
rechtsdogmatischen Grundlagen ALOIS TROLLER seine rechtliche
Sicht des geistigen Eigentums aufbaute. Er betrachtete das Immaterialgüterrecht gerade *nicht* als eine Spezialwissenschaft, sondern war als Autor wie Lehrer stets bemüht, es als Teil des Pri-

---

[1] Vgl. *W. Krawietz und W. Ott (Hrsg.):* Formalismus und Phänomenologie im Rechtsdenken der Gegenwart, Festgabe für ALOIS TROLLER zum
80. Geburtstag, Berlin 1987, S. 511 ff.
[2] 1. Auflage Basel, Stuttgart, 1959—1962; 2., überarbeitete und erweiterte
Auflage Basel, Stuttgart, 1968—1971; 3., völlig überarbeitete Auflage
Basel, Frankfurt a. M., 1983—1985.
[3] Basel, 1948.
[4] Basel, 1952.
[5] Basel, 1965.

vatrechts zu begreifen und in das System des Privatrechts einzuordnen. Von diesem Bemühen zeugt auch der 1950 entstandene Aufsatz «Der gute Glaube im gewerblichen Rechtsschutz und Urheberrecht», der nicht zuletzt als Beitrag zur damals hängigen Patentgesetzrevision zu verstehen ist:

Die *Vermutung des guten Glaubens* ist als Grundsatz des schweizerischen Privatrechts in der Einleitung (Art. 3) des ZGB verankert. Der *Gutglaubensschutz* findet sich in zahlreichen Bestimmungen des Familien-, Erb-, Schuld- und namentlich des Sachenrechts konkretisiert. Dass die Gutglaubensvermutung von Art. 3 ZGB Anwendung über den Bereich des Zivilgesetzbuches und des Obligationenrechts hinaus beansprucht, ist unumstritten; schwieriger ist es, Umfang und Grenzen des Gutglaubensschutzes in anderen Gebieten des Zivilrechts abzustecken.

ALOIS TROLLER beginnt mit einer prägnanten *Formulierung des Problems:* Die Immaterialgüterrechte entstehen ohne rechtlichen Formalakt, sie sind gleichsam körperlos; ausserdem ist es möglich, sie nach ihrem Inhalt, zeitlich und örtlich in viele Einzelbefugnisse aufzuspalten. Diese Besonderheiten der Immaterialgüterrechte in Verbindung mit ihrer formlosen Übertragbarkeit führen dazu, dass ihnen «die Usurpation von Anfang an» droht; die Gefahr eines rechtsmangelhaften Erwerbs ist deshalb bei Immaterialgüterrechten wesentlich höher als im Falle von Fahrnis oder Forderungen, und entsprechend — so muss der Leser folgern — steigt auch das Bedürfnis nach Gutglaubensschutz.

Im Abschnitt «Register und guter Glaube» zeigt der Autor vor allem am Beispiel des *Patentrechts,* dass dem Gutglaubensschutz im Immaterialgüterrecht positivrechtliche Grenzen gesetzt sind. So ist insbesondere ein *gutgläubiger Erwerb der Erfindungstatsache vom Nichtberechtigten* ausgeschlossen (Art. 16 Ziff. 2 aPatG); ALOIS TROLLER rechtfertigt diese Begünstigung des Erfinders gegenüber dem Eigentümer von Fahrnis mit der Tatsache, dass die Erfindungstatsache für den Erfinder oft existenznotwendig ist. Einen breiten Raum nehmen die Ausführungen zu den Konsequenzen eines *unrichtigen Registereintrags* (Art. 9 aPatG) ein. ALOIS TROLLER befasst sich zunächst mit der doppelten Übertragung der Rechte aus dem Patent durch den eingetragenen Berechtigten; er setzt sich kritisch mit BGE 79 II 125 auseinander und befürwortet eine Ablösung von Art. 9 aPatG durch eine Regelung, welche — analog dem damaligen französischen und italienischen Recht — den Übergang der

Patentrechte vom Eintrag im Register abhängig macht[6]. ALOIS TROLLER zeigt ferner auf, dass ein Erwerb der Patentrechte vom eingetragenen Nichtberechtigten nur innerhalb enger Grenzen möglich ist, nämlich wenn der erste Erwerber sich nicht im Register eintragen lässt und der noch eingetragene Veräusserer zum zweitenmal veräussert; wer von einem zu Unrecht eingetragenen Veräusserer erwirbt, kann nur — aber immerhin — eine Position des *Rechtsscheins* erwerben, welche ihm nützt, solange nicht der wirklich Berechtigte mit der Abtretungsklage oder ein interessierter Dritter mit der Nichtigkeitsklage auf den Plan tritt.

Im Zusammenhang mit dem *Markenrecht* geht ALOIS TROLLER davon aus, dass wegen des in Art. 11 MSchG normierten Verbots der Leerübertragung eine mehrmalige Veräusserung von Marken gar nicht möglich, dass aber für den Fall einer Zulassung der Leerübertragung[7] der Schutz des guten Glaubens ebenso notwendig sei wie im Patent- und im Muster- und Modellrecht. Deutliche — und berechtigte — Kritik übt der Autor sodann am schweizerischen System der Gebrauchspriorität, welches dem Wettbewerber die Orientierung über die Existenz prioritätsälterer Marken unbillig erschwert und es dem Erstbenützer gestattet, die Marke erst einzutragen, wenn der gutgläubige Dritte seinerseits hinterlegt und in die Markenbenützung möglicherweise bereits erhebliche Mittel investiert hat. TROLLER spricht sich dafür aus, den gutgläubig Eintragenden zu schützen und den Beweis des bösen Glaubens — entsprechend der allgemeinen Regel von Art. 3 ZGB — dem nicht eingetragenen Konkurrenten aufzuerlegen[8].

Eine konzise Zusammenfassung der Wirkungen, welche sich aus dem gutgläubigen Erwerb widerrechtlich erzeugter oder gehandelter Gegenstände ergeben, bildet den Schlussabschnitt des Artikels. ALOIS TROLLER stellt insbesondere in wenigen Sätzen die vermögensrechtlichen Ansprüche des Berechtigten aus dem widerrechtlichen Verkauf an den gutgläubigen Erwerber

---

[6] Dieser Anregung ist der Gesetzgeber anlässlich der Patetgesetzrevision von 1954 allerdings nicht gefolgt (vgl. Art. 33 Abs. 2 PatG).

[7] Vgl. Entwurf und Bericht des *Eidgenössischen Justiz- und Polizeidepartements* betreffend die Totalrevision des MSchG vom 15. August 1988 (Art. 17 des Entwurfs bzw. S. 11 des Berichts) sowie Botschaft zu einem Bundesgesetz über den Schutz von Marken und Herkunftsangaben (Markenschutzgesetz, MSchG) vom 21. November 1990, BBl 1991 I 1 (Art. 17 des Gesetzesentwurfs und S. 27 f.).

[8] Vgl. Art. 6 und 14 des Revisionsentwurfs sowie S. 5 f. des Begleitberichts (Fn. 7); BBl 1991 I, S. 23 und 26 f.

dar, und er zeigt auf, dass der Berechtigte auch gegen den gut-gläubigen Erwerber selbst Ansprüche — aus Geschäftsführung ohne Auftrag — stellen kann[9].

Der Aufsatz über den guten Glauben im gewerblichen Rechtsschutz und Urheberrecht lässt erkennen, was dem Juristen ALOIS TROLLER zeitlebens am Herzen lag: eine Jurisprudenz, welche von der *Verbindung und gegenseitigen Durchdringung* von Wissenschaft und Praxis lebt.

Felix H. Thomann

---

[9] Diese Auffassung hat sich in BGE 97 II 177 das Bundesgericht zu eigen gemacht.

Der gute Glaube im gewerblichen Rechtsschutz und Urheberrecht [*]

von Alois Troller

A. Gefahren der Formfreiheit

Die Immaterialgüterrechte sind formlos übertragbar; eine mündliche oder konkludente Vereinbarung genügt. Dieser freieste Rechtsverkehr bringt Gefahren. Veräusserer und Erwerber sind öfter selber darüber uneinig, welche Befugnisse übertragen wurden. Dritte können nur aus äussern Merkmalen Schlüsse auf den Rechtsträger ziehen, wobei die Anhaltspunkte von demjenigen gezeigt werden, der den Rechtsbesitz geltend macht. Diese Hinweise sind je nach der Befugnis, die dokumentiert werden soll, verschieden. Das Patentregister lässt das Patent- oder Lizenzrecht vermuten, ebenso die eingetragene Musterhinterlegung; eine Gewissheit wird aber nicht verschafft. Der Name des Autors auf einem Werkexemplar benennt in der Regel den Urheber. Weil aber schon das Grundrecht (Recht des Erfinders auf ein Patent, des Schöpfers am Geschmacksmuster auf die Hinterlegung, Urheberrecht) nur durch die schöpferische, physisch wahrnehmbare Leistung erworben wird, ohne dass ein rechtlicher Formalakt zu erfüllen ist, droht die Usurpation von Anfang an. Das Patentrecht anerkennt daher den Erstanmelder nur als mutmasslichen Berechtigten, gewährt aber dem wirklich Berechtigten gegen den Patentnehmer seine Hilfe (Abtretungsklage PatG 20); ebenso anerkennt das URG nur eine widerlegbare Vermutung, dass auf dem Werkexemplar der richtige Urheber genannt ist. Damit ist also nicht vermieden, dass ein Unberechtigter das Patent vom Amt erlangt oder sich als Urheber gebärdet, dass ferner ein Dritter im guten Glauben auf die geschaffene Vermutung Rechte erwerben will, die dem Vertragspartner gar nicht zustehen. In analogen Fällen schützt das Sachenrecht den gutgläubi-

[*] Erschienen in Schweizerische Juristen-Zeitung 46 (1950) S. 181 ff., 204 ff.

gen Erwerber und verlangt das OR die schriftliche Zession. Jene Tatbestände sind aber einfacher: Besitz an der Fahrnis und Belege über die Entstehung der Forderung — nur mündlich oder durch einseitigen Akt (z. B. unerlaubte Handlung) begründete Ansprüche werden meistens nicht ohne Beweise erworben. Überdies sind diese Rechte (Eigentum, Forderung, Pfand) einheitlich, sie lassen sich nicht in zahlreiche Befugnisse aufspalten. Der Inhaber des Patentes und der Urheber hingegen erwerben ein ganzes Bündel von Befugnissen, die sie einzelnen übertragen, die sie nach ihrem Inhalt zerlegen (Fabrikation, Anwendung, Verkauf, Widergabe, Aufführung, Bearbeitung usw.), territorial und zeitlich trennen können —; jegliche derartige Verfügung ist formlos zulässig. Sobald ein Unbefugter nicht das Recht als Ganzes beansprucht, sondern es teilweise verletzt und z. B. nach einem patentierten Verfahren Erzeugnisse herstellt oder ein urheberrechtlich geschütztes Werk vervielfältigt und auf den Markt bringt, ist ein unübersehbarer Kreis von Käufern in der Gefahr, gutgläubig und ohne Kontrollmöglichkeit widerrechtlich erzeugte Objekte zu kaufen und sie im In- und Ausland weiter zu veräussern.

B. Register und guter Glaube

I. Patentrecht

Durch den Eintrag des Patentes im Register werden dem Erfinder oder seinem Rechtsnachfolger die mit dem Patent verknüpften besonderen Befugnisse erteilt, vorausgesetzt, dass dem Patent eine Erfindung zugrunde liegt (Neuheit, technischer Fortschritt, Erfindungshöhe). Wenn ein Unbefugter die Erfindung angemeldet hat, erwirbt er diese Rechte nicht; das Patent ist nichtig (PatG 16 Ziff. 2); der wirklich Berechtigte kann überdies verlangen, dass er als Inhaber des Patentes eingetragen wird (PatG 20).

1. Gutgläubiger Erwerb der Erfindungstatsache vom Nichtberechtigten

Die Grundlagen für die Erfindung (Kenntnisse, Notizen, Zeichnungen) können entwendet und vom Usurpator mit seinem prätendierten Erfinder- und Anmeldungsrecht an einen gutgläubigen Dritten verkauft werden, der gestützt darauf das Patent anmeldet und erhält. Sein guter Glaube schützt ihn nicht, das Patent ist nichtig (PatG 16 Ziff. 2)[1]. Dieser Nichtigkeitsgrund

---

[1] WEIDLICH / BLUM, Das schweizerische Patentrecht, Bd. 1 (1934) S. 286; ebenso für das deutsche Recht: REIMER, Patentgesetz 1949 S. 186 ff.; nach italienischem Recht: GHIRON, Corso di diritto industriale (1948) S. 41 f.; im französischen Recht ist dieser Nichtigkeitsgrund

bedroht das unrechtmässig entnommene Patent während der ganzen Dauer seiner Existenz und bei jedem Träger; er kann auch einredeweise geltend gemacht werden[2].

Das Patentrecht unterscheidet nicht wie das Sachenrecht zwischen der Weitergabe anvertrauten oder entwendeten Gutes (ZGB 933, 934). Der Erfinder ist oft gezwungen, die Erfindungstatsachen einem Dritten zu offenbaren, so dass sein Risiko zu gross wäre, wenn er die Entnahme als Folge eines Vertrauensmissbrauches nicht beheben könnte. Zwar muss auch der Besitzer von Fahrnis öfters die Sache anvertrauen. Der Gesetzgeber hat also den Erfinder etwas begünstigt, man wird ihm aber diese Bevorzugung gern gönnen, denn für ihn steht nicht selten seine Existenz auf dem Spiel.

2. Abtretungsklage

Gegen den bös- und gutgläubigen nichtberechtigten Patentträger kann innerhalb von drei Jahren seit dem Tage der Patentanmeldung vom wirklichen Erfinder oder seinem Rechtsnachfolger die Klage auf «Abtretung» des Patentes eingereicht werden (PatG 20). Der Ausdruck «Abtretung» ist unrichtig. Das Gesetz sollte von der Eintragung eines neuen Patentes sprechen, weil der Unberechtigte nicht Rechte abtreten kann, die ihm gar nicht zustehen. Es handelt sich um einen behördlichen Gestaltungsakt und nicht um eine Parteimassnahme. Das Patentrecht ist, bevor der Berechtigte eingetragen wird, gar nicht entstanden. Für den Erfinder bringt PatG 20 den Vorteil, dass noch ein gültiges Patent erteilt werden kann, obgleich die Patentschrift des nichtigen Patentes vorher veröffentlicht und die Erfindung selber bekannt geworden war. Würde das Gesetz nicht diese Regel enthalten, so könnte der Erfinder mangels Neuheit das Patentrecht nicht mehr erwerben und wäre nur auf die Nichtigkeitsklage angewiesen. Der gute Glaube desjenigen, der mit dem unberechtigten Patentnehmer einen Kauf- oder Lizenzvertrag abgeschlossen hat, wird dadurch berücksichtigt, dass er gegenüber dem wirklich Berechtigten einen Anspruch auf Erteilung einer gesetzlichen Lizenz gegen angemessene Entschädigung hat, wenn er zur gewerbsmässigen Benützung der Erfindung schon Veranstaltungen getroffen hat. Der Vorentwurf zum neuen Patentgesetz (VE III 32) hat

---

erwähnt; der Erfinder kann nur die Abtretungsklage geltend machen; doch weist CASALONGA auf einen Entscheid hin (Traité technique et pratique des brevets d'interventions, Bd. 1 1949 S. 341), der dem Erfinder die Nichtigkeitsklage zugestand; CASALONGA möchte die Nichtigkeit entsprechend seiner Ansicht, dass der Erfinder mit der Allgemeinheit einen Vertrag abschliesse und gestützt darauf das Patent erhalte, mit einem Mangel dieses Vertrages begründen.

[2] So REIMER (a.a.O. S. 190); KLAUER/MÖHRING, Patentgesetz 1937, § 4, Anm. 11; doch ist die Frage kontrovers.

diese Regelung im wesentlichen beibehalten, jedoch die Schadenersatzansprüche des gutgläubigen Erwerbers gegenüber dem bösgläubigen Entwender ausdrücklich erwähnt[3]. VE III 34 sieht eine Klagefrist von zwei Jahren seit dem amtlichen Datum der Veröffentlichung der Patentschrift vor; gegenüber dem bösgläubigen Beklagten ist die Verwirkungsfrist aufgehoben.

Wird die Abtretungsklage abgewiesen, weil der Kläger sein besseres Recht nicht darzutun vermochte, kann er nachher noch die Nichtigkeitsklage einreichen, sofern die Beweislage ihm dies gestattet. Auch das Eventualbegehren auf Nichtigerklärung ist zulässig und dann empfehlenswert, wenn der Kläger selber seine Rechte durch Übertragung vom Erfinder ableitet und Schwierigkeiten hat, den Übergang der Erfinderrechte an ihn zu beweisen, die Nichtberechtigung des Beklagten aber evident ist.

3. Unrichtiger Registereintrag

PatG 9 sagt: «Zur Übertragung eines Patentes bedarf es des Eintrags im Patentregister nicht; jedoch gilt gegenüber gutgläubigen Dritten als berechtigt, wer im Patentregister als Patentinhaber eingetragen ist. Gutgläubigen Dritten gegenüber sind Lizenzerteilungen nur wirksam, wenn sie im Register eingetragen sind.»

Der gutgläubige Erwerb von einem nichtberechtigten Patentinhaber in Konkurrenz mit dem Erwerb vom wirklich Berechtigten kann in verschiedenen Variationen vorkommen.

a) Doppelte Übertragung

aa) Durch den eingetragenen Berechtigten. Wenn der Erfinder oder sein Rechtsnachfolger die Rechte aus dem Patent zweimal veräussert, so ist nach den zivilrechtlichen Zessionsregeln nur die erste Übertragung gültig, weil der Erfinder nachher keine Rechte mehr in der Hand hat, über die er verfügen kann. Dieser zivilrechtliche Grundsatz soll dann gelten, wenn der im Register Eingetragene am Patent berechtigt ist und seine Rechte zweimal

---

[3] Der Bericht des Eidg. Amtes für geistiges Eigentum zum III. Vorentwurf stellt die Frage, ob dieser Hinweis nicht als selbstverständlich gestrichen werden könne. Das ist für den Regelfall zu bejahen, weil der bösgläubige Entnehmer den gutgläubigen stets täuscht; wenn er von ihm ein Entgelt entgegennimmt, betrügt er; er haftet dann nicht nur für die Rückgabe des erschwindelten Kaufbetrages, sondern auch für jeglichen weitern Schaden. Nur dann, wenn der bösgläubige Patentträger oder Anmelder die Rechte unentgeltlich übertragen hat, wird die gesetzliche Haftung notwendig, weil in einem derartigen Fall die Übertragung nicht rechtswidrig zu sein braucht, es sei denn, man nehme sittenwidriges Handeln an. Doch werden derartige Fälle geschenksweiser Überlassung von Scheinrechten praktisch kaum vorkommen; überdies könnte der Bedachte die Verantwortlichkeit des Schenkenden (OR 248) anrufen.

abgetreten hat. Dazu haben sich der Bundesrat in seiner Botschaft[4] und das Bundesgericht geäussert[5]. Es zog die Parallele zur Zession und sagte, das Recht des Ersterwerbers sei in diesem Fall das stärkere, er habe vom Berechtigten erworben, während der Zweite das Recht von dem ableite, der es nicht mehr besass; wolle man zugunsten der Beklagten — sie war im Patentregister als Nachfolgerin eingetragen worden, währenddem das für den Ersterwerber nicht zutraf — urteilen, würde man dem Register eine rechtsbegründende Wirkung zuerkennen, die der Gesetzgeber ausdrücklich abgelehnt habe.

Die Frage, ob der Registereintrag in jenem Fall der Zweiterwerberin das Patentrecht verschaffte, war aber erst zu beantworten, nachdem der Schutz des guten Glaubens geprüft war; dass dieser der Zweiterwerberin nicht zuteil wurde, ist nicht ganz so klar, wie die bundesrätliche Botschaft und das Bundesgericht voraussetzten. Das zeigt die folgende Überlegung: Wenn die eingetragene Zweiterwerberin das Patentrecht sofort weiterveräussert hätte, dann hätte sich der neue Erwerber auf PatG 9 berufen können; derjenige der vom eingetragenen Inhaber erwarb, wäre ihm gegenüber mit einer Verletzungsklage unterlegen; ihm hätte gegen den Neueingetragenen weder die Nichtigkeits- noch die Abtretungsklage genützt, weil das Patent dem Berechtigten erteilt wurde, somit weder der Nichtigkeitsgrund von PatG 16 II noch der Tatbestand von PatG 20 gegeben war. Der gute Glaube des Letzterwerbers hätte den Mangel im Recht geheilt und den ebenfalls gutgläubigen Ersterwerber um sein Recht gebracht. Diese Folgerung könnte man nur dadurch abwenden, dass man behauptet, PatG 9 III sei auf die Konkurrenz von zwei Ansprechern beschränkt, von denen der erstere vom nichteingetragenen Berechtigten, der zweite aber vom eingetragenen Nichtberechtigten erworben habe — gegenüber demjenigen, der vom eingetragenen Berechtigten die Rechte erhielt, könne der gute Glaube nicht durchdringen; diese Auffassung ist aber weder aus dem Gesetz noch aus den Materialien zu entnehmen. Ein solcher Tatbestand ist auch ausserordentlich selten, weil er voraussetzt, dass zuerst ein eingetragener Berechtigter die Recht übertrug, so dass ein nichteingetragener Berechtigter vorhanden war und dass dann dieser seine Rechte weiter zedierte und erst dieser Zessionar in Konkurrenz zu demjenigen kommt, der von einem eingetragenen Nichtberechtigten die Ansprüche ableitet — nämlich immer dann,

[4] Botschaft des Bundesrates vom 17. Juli 1906, Bundesblatt 1906 S. 250: «...dass von zweien, die beide vom eingetragenen Eigentümer erworben haben, der erste Erwerber dem zweiten vorangeht, braucht nicht ausdrücklich gesagt zu werden.»
[5] BGE 70 II 125 f.

wenn der Erfinder oder sein Rechtsnachfolger das Patent nicht erhielten, weil ein Nichtberechtigter es entnahm, wäre der Tatbestand der Konkurrenz des Erwerbers vom Berechtigten nicht erfüllt, weil der nicht eingetragene Erfinder ja nicht am Patent berechtigt ist, sondern nur den Abtretungsanspruch hat.

Es ist unrichtig, im Rahmen von PatG 9 III die obligationenrechtlichen Zessionsregeln anzuwenden, nachdem sie an dieser Stelle durch einen Rechtserwerb kraft Gesetzes auf Grund des guten Glaubens auf die Seite geschoben wurden. Nachdem da verschiedene Auffassungen immerhin möglich sind, wäre eine gesetzliche Regel keineswegs überflüssig und im neuen PatG zu wünschen.

Man müsste sich entschliessen: Entweder das Prinzip des guten Glaubens durchzuführen und allen denen, die vom Eingetragenen Rechte ableiten, gemeinsame Befugnisse gewähren, indem man z.B. Miteigentum entstehen, oder wenigstens dem Zweiterwerber diejenigen Rechte einräumen würde, die dem gutgläubigen Vorbenützer zustehen (PatG 8). Oder nur dem ersten Kontrahenten, möge er vom Berechtigten oder Nichtberechtigten erworben haben, den Schutz zu geben; dies wäre aber dann ungerecht, wenn er den Eintrag des Rechtsüberganges im Register nicht veranlasste und derart selber zur Täuschung der spätern Käufer oder Lizenznehmer beitrug. Oder, das wäre die klarste Regel, den Übergang der Rechte vom Eintrag im Register abhängig zu machen; damit würde nur gesagt, dass der Käufer die mit der Patenturkunde bewiesenen Befugnisse erhält, der Eintrag würde das Nachfolgeverhältnis betreffen; Grundmängel des Patentes (Fehlen der Neuheit, der Erfindungshöhe und des technischen Fortschrittes) wären nicht geheilt [5a].

bb) Erwerb vom eingetragenen Nichtberechtigten. Die bundesrätliche Botschaft und das Bundesrecht sprechen a.a.O. vom eingetragenen Eigentümer und Nichteigentümer. Dieser sachenrechtliche Analogiebegriff mag dann noch zutreffen, wenn ein gültiges Patent dem Erfinder oder seinem Rechtsnachfolger erteilt wurde und wenn erst nachher die Diskrepanz zwischen Registereintrag und Berechtigung aus dem Patent entstanden ist; so wenn der Eingetragene sein Patentrecht veräusserte, ohne dass der neue Erwerber

---

[5a] Derart berücksichtigen das französische und italienische Recht den gutgläubigen Erwerb (CASALONGA a.a.O. Bd.1 S.422; MASIUS, Traité des brevets d'invention, 1931, S.187ff.; POUILLET, Traité théorique et pratique des brevets d'invention, 1909, S.278f.; GHIRON, Corso di diritto industriale, Bd.2, 1937, S.320f.

Im deutschen Recht schwankten Wissenschaft und Praxis. So betrachtete ISAY (Patentgesetz, 1920, S.401) den Eintrag als massgebend. Die neue Literatur vertritt die entgegengesetzte Ansicht (KLAUER/MÖHRING a.a.O. S.325; REIMER a.a.O. S.399).

im Register genannt wurde. Bei diesem Tatbestand hat der Nichteingetragene die Rechte in seiner Hand, verfügt er über die Immaterialwerte, wie der Eigentümer über seine Sache, währenddem der Eingetragene nur den Schein seiner Rechte aus dem Register ableiten kann.

Wurde aber das Patent einem Nichtberechtigten erteilt, dann gibt es überhaupt keinen, der die eigentumsähnlichen Befugnisse besitzt. Der Erfinder hat das Patent nicht und daher auch nicht die daraus abzuleitenden Rechte; er hat, wenn die Erfindung durch die Patentschrift oder sonst bekannt geworden ist, nicht einmal das Recht auf die Erteilung eines neuen Patentes; er ist auf die Abtretungsklage angewiesen — bevor das richterliche Urteil rechtskräftig ist, besitzt er keine patentrechtlichen Befugnisse. Der eingetragene Nichtberechtigte hat ebenfalls keine Rechte, da sein Patent nichtig ist, und zwar von Anfang an. Das Patent ist jedoch für ihn nicht wertlos, weil er aus seinem Besitz Verbotsrechte abzuleiten vermag, die zwar nicht fundiert, jedoch nur demjenigen als nicht existent bekannt sind, der über die unberechtigte Entnahme des Patentes unterrichtet ist. Wir müssen daher unterscheiden, ob der Nichtmehrberechtigte oder der von Anfang an wegen ungerechtfertigter Patententnahme Nichtberechtigte als Veräusserer auftritt.

α) *Vertrag mit dem Nichtmehrberechtigten*

Dieser Vertrag wurde vom Gesetzgeber als Basis von PatG 9 III angenommen. Wenn der eingetragene Patentinhaber über die Rechte zweimal verfügt, soll derjenige, der durch den Registereintrag getäuscht wurde, geschützt sein. Die verschiedenen Varianten wurden zuvor unter lit. aa behandelt. Hier wird der Tatbestand so angenommen, wie er in der bundesgerichtlichen Botschaft umschrieben ist: Konkurrenz zwischen demjenigen, der vom eingetragenen Nichtberechtigten und dem, der vom nichteingetragenen Berechtigten erworben hat. Wie zuvor dargelegt wurde, wird diese Sachlage nur dann geschaffen, wenn der eingetragene Berechtigte die Rechte an einen Erwerber übertrug, ohne dass dieser sich eintragen liess und dieser dann die Rechte weiterveräusserte, und hierauf der Eingetragene die Rechte zum zweitenmal abtritt. Der erste Erwerber hat dafür zu sorgen, dass das Register sogleich geändert wird; er trägt das Risiko der Verzögerung.

Massgebend für die Wirkung des Registereintrages wird das Datum des Vertragsabschlusses sein. Hat der Zweiterwerber beim Eidg. Amt sich erkundigt und schliesst er gestützt auf die erhaltene Auskunft nachher den Vertrag ab, wurde aber in der Zwischenzeit das Register geändert, so ist der Tatbestand von PatG 9 III wohl nicht erfüllt. Man könnte zwar auch die

Ansicht vertreten, dass der Moment, in welchem die Auskunft erteilt wurde, entscheiden müsse, wobei zu überlegen wäre, ob das Datum des Absendens des Berichtes durch das Amt, oder dessen Eintreffen beim Anfrager massgebend sei. Doch wird man die klarere Regel zu wählen und sich für den Zeitpunkt des Vertragsabschlusses zu entscheiden haben; der Erwerber kann im Zweifelsfall sich stets durch Hinterlegung seiner Leistung sichern. Auch diese Präzisierung von PatG 9 III wäre im neuen Gesetz von Nutzen, sofern man den Übergang des Rechts nicht vom Registereintrag abhängig macht.

β) *Vertrag mit dem Usurpator*

Wer von demjenigen erwirbt, dem zu unrecht das Patent erteilt wurde, kann sich nicht auf den Schutz des guten Glaubens berufen. Er kann zwar geltend machen, dass er den Eingetragenen als Berechtigten habe betrachten dürfen und dass daher die Rechte, die der Registereintrag bestätige, an ihn übergegangen seien, dass sie also kraft PatG 9 III und wegen des guten Glaubens ihm zustehen.

Weil der Registereintrag nur deklaratorisch wirkt, ist der Grundmangel des Patentes, seine ursprüngliche Nichtigkeit, durch ihn nicht geheilt. Die Rechte des Eingetragenen können daher, weil sie nach PatG 16 Ziff. 2 nie bestanden haben, auch nicht an einen gutgläubigen Käufer übergehen. Dieser hat allerdings einen Anspruch darauf, im Register als Nachfolger eingetragen zu werden; er kann derart den Rechtsschein verteidigen, aber nur so lange, als nicht der wirkliche Erfinder oder dessen Rechtsnachfolger die Abtretungsklage einreichen oder irgendeiner die Nichtigkeit geltend macht. Hätte der Gesetzgeber den gutgläubigen Erwerber auch in diesem Fall schützen wollen, so hätte das ausdrücklich gesagt werden müssen. Die doppelte Übertragung durch den Usurpator kann auf Grund der allgemeinen zivilrechtlichen Regeln und von PatG 9 III überhaupt nicht entschieden werden. Er verpflichtet sich zweimal, die Rechte aus dem Patent zu übertragen, verspricht somit zwei Personen etwas zu geben, was nicht besteht. Solange die Nichtberechtigung des Patentnehmers den Beteiligten nicht offenkundig ist, wird man den Fall nach den Regeln über die doppelte Veräusserung der Rechte durch den Berechtigten behandeln müssen, weil im Rechte nicht die objektive innere Wahrheit entscheidet, sondern der äussere Rechtsschein. Solange der Nichtigkeitsgrund nicht bekannt ist, kann der Patentinhaber als Träger der Nutzungs- und Verbotsrechte auftreten, den Schutz der Gerichte anrufen und diese Befugnisse übertragen. Er ist in derselben Lage wie der Erfinder, dessen Patent an einem nur ihm bekannten

Nichtigkeitsgrund leidet. Erst wenn die Nichtigkeit festgestellt ist, wird die Verbotstafel, die der Patentträger zu unrecht aufgestellt hat, beseitigt.

Wenn dann aber der Patentdiebstahl offenkundig ist, wird der Rechtsschein ausgelöscht. Der erste und zweite Erwerber, handle es sich um Kauf oder Lizenzen, hat keine Beweisvermutung mehr, die ihm die Nachfolge in die Stellung des Patentinhabers verschafft. Der Streit um das Erstrecht ist damit hinfällig, es sei denn, dass der Nichtigkeitsgrund nur den Beteiligten bekannt ist. Die Nichtigkeitsklage oder die Nichtigkeitseinrede jedes Interessierten hindert die Erwerber, die Rechte aus dem Patent geltend zu machen. Für solche gutgläubige Kontrahenten besteht nur die Chance, dass der wirkliche Erfinder die Abtretungsklage nach PatG 20 einreicht und dann, sofern sie selber Veranstaltungen zur gewerbsmässigen Benützung des Patentes getroffen haben, Zwangslizenzen erteilen muss. Ob beide Anspruch auf die Zwangslizenz haben, kann wiederum weder logisch noch nach Billigkeit entschieden werden; der gute Glaube ist beiden zuzuerkennen. Der Gesetzgeber müsste, um die Unsicherheit zu beseitigen, die Entscheidung treffen. Man kann eine Gesetzesergänzung wegen der Seltenheit dieser Konstellation als unnötig betrachten; ist das aber ein stichhaltiger Grund, um die Entscheidung der Praxis zu überlassen? Man sollte auch dieses Problem zusammen mit den vorher erwähnten Fragen regeln.

b) Einfluss des Registereintrages auf die Passivlegitimation des Patentinhabers

aa) Nichtigkeitsklage. Die Aktivlegitimation des wirklichen Trägers der Patentrechte ist bei Klagen wegen Patentverletzung vom Registereintrag unabhängig, das Register hat nur Beweisfunktion[6]. Das ergibt sich daraus, dass nur der Berechtigte seine Befugnisse ausüben kann. Verworren ist hingegen die Lage in bezug auf die Passivlegitimation im Nichtigkeitsprozess, wenn das Patentrecht übertragen wurde, ohne dass man den Registereintrag korrigiert hat.

Die eine Auffassung will den Schutz des guten Glaubens nach PatG 9 III auch auf die Passivlegitimation des Nichtigkeitsbeklagten anwenden; es soll dabei der gute Glaube des Klägers massgebend sein[7]; die andere möchte nur die materielle Lage berücksichtigen[8]; ein dritter Vorschlag will ohne Rücksicht auf den guten Glauben des Klägers de lege ferenda nur denjenigen als passivlegitimiert erklären, der bei der Klageeinleitung im Regi-

---

[6] BGE 36 II 612 f.; WEIDLICH / BLUM a.a.O. S. 246.
[7] WEIDLICH / BLUM a.a.O. S. 247.
[8] TROLLER, Der schweizerische gewerbliche Rechtsschutz, 1948, S. 241.

ster eingetragen ist[9]. — Der gute Glaube des Klagenden kann nicht massgebend sein. Nach den zivilprozessualen Regeln ist derjenige der richtige Beklagte, der zum Rechtsverhältnis, das Gegenstand des Prozesses ist, die nächste Beziehung hat: Schuldner, angeblicher Eigentümer usw.; die materielle Rechtslage entscheidet. Sollte nun an ihrer Stelle eine formale Registeraussage die Passivlegitimation begründen, so müsste eine solche Regel, die einer prozessualen, ungeschriebenen, aber festverwurzelten Tradition widerspricht, im Gesetz niedergelegt sein. Das Zürcher Obergericht hat PatG 9 III schon in diesem Zusammenhang zitiert, ohne aber einen Entscheid zu fällen, der für die vorliegende Diskussion ergiebig ist[10]. Die Verbindung der Passivlegitimation mit PatG 9 III ist unrichtig, was aus dem Wortlaut und dem Satzbau dieser Stelle hervorgeht. Es wird zuerst gesagt: «zur Übertragung eines Patentes bedarf es des Eintrages im Patentregister nicht», dann im selben Satz, durch Strichpunkt getrennt: «jedoch gilt gegenüber gutgläubigen Dritten als berechtigt, wer im Patentregister als Patentinhaber eingetragen ist.» Die Verbindung der beiden Teile durch den Strichpunkt deutet an, dass in einer gedanklich übergeordneten Einheit zwei Elemente zusammengefasst sind, die selbständige Sätze erforderten. Die Gesamtkonzeption bezieht sich auf den Schutz des guten Glaubens bei abgeleitetem Erwerb. Das Wort «berechtigt» kann nicht dazu führen, aus ihm die Passivlegitimation abzuleiten; es bezieht sich nur auf die Verfügungshandlungen des Eingetragenen, ohne über den Bestand des Patentrechtes etwas auszusagen; die Rechtsvermutung zugunsten des gültigen Patentes ist hier nicht niedergelegt. Was würde übrigens der gute Glaube des Klägers bedeuten? Es würde nur sagen, dass der Kläger durch den Registereintrag darüber getäuscht wurde, wer das Patentrecht beansprucht. Da sprechen wir aber doch besser davon, dass er in einen Irrtum versetzt wurde, statt dass bei ihm der gute Glaube entstand. Der Begriff des guten Glaubens ist mit dem Rechtserwerb verbunden und auch in diesem Sinne in PatG 9 III verwendet.

Nachdem die Frage nach der Passivlegitimation beim Auseinanderfallen von Registereintrag und Patentträger so dringlich gestellt wurde und hier teilweise beantwortet ist, mag es gestattet sein, das Thema des guten Glaubens für eine kurze Weile zu verlassen und die begonnene Gedankenreihe weiter zu führen[11].

---

[9] MÜLLER, Totalrevision des Patentgesetzes, Mitteilungen der Schweizergruppe des J. V. f. G. R. Serie III, Heft 2, S. 57.

[10] ZR XXVI S. 1.

[11] MÜLLER hat a.a.O. betont, welche Bedeutung die Lösung dieses Problems für die Praxis hat.

Hat der Eingetragene oder sein Rechtsnachfolger die engere Beziehung zum Nichtigkeitsprozess? Das Nichtigkeitsurteil wirkt nicht gestaltend; es hat nicht den Zweck, den Eintrag im Patentregister zu beseitigen; seine Aufgabe ist es, die Nichtigkeit des Patentes festzustellen, somit klarzulegen, dass dem Patentträger keinerlei Ausschlussrechte an dem technischen Tatbestand, auf den sich das Patent bezieht, zustehen. Diese Feststellung richtet sich vorerst gegen denjenigen, der die Existenz der bestrittenen Rechte zu seinen Gunsten behauptet, also nicht gegen den Eingetragenen, sondern gegen dessen Rechtsnachfolger, der durch seine Prätentionen die Klage herausfordert. Trotzdem er der eigentliche Gegenspieler des Nichtigkeitsklägers ist, weil da die Interessen völlig gegenüberstehen, bleibt auch der Eingetragene dem Streitverhältnis nicht gänzlich fremd. Sein Rechtsnachfolger vermag, solange er nicht selber eingetragen ist, das beanspruchte Patentrecht nicht aus seiner Person zu beweisen, er muss es aus dem Eintrag mit dem Nachweis des Rechtsüberganges ableiten. Die Existenz des Patentrechtes ist daher prozessual auf dem Register aufgebaut; der Eingetragene bleibt der Schildhalter des wirklichen Patentinhabers, er ist ebenfalls im Konnex des umstrittenen Rechtsverhältnisses, wenn auch nur prozessual und nicht materiell. So wäre es weder unlogisch noch unbillig, wenn die Nichtigkeitsklage gegen den Eingetragenen eingereicht werden könnte, weil die Feststellungsklage auf der Kläger- und der Beklagtenseite nur das Interesse an der Klärung der Rechtslage voraussetzt und daher nicht so eng an bestimmte Personen gebunden ist, wie Vindikations-, Forderungs- oder Genugtuungsklagen[12]. Diese Erkenntnis würde am besten berücksichtigt, wenn im neuen Gesetz die Nichtigkeitsklage nach Wahl des Klägers gegen den Eingetragenen oder dessen Rechtsnachfolger oder auch gegen beide als Streitgenossen am Wohnsitz eines der beiden eingereicht werden könnte. Wenn man die obige Argumentation als richtig betrachtet und den prozessualen Argumenten ihr Gewicht zuerkennt, besteht dieser Rechtszustand schon de lege lata, doch wäre es gut, bei dieser immerhin schwankenden Lage die Grundsätze im neuen Gesetz zu verankern[13].

bb) Abtretungsklage. Die Abtretungsklage (PatG 20) hat eine negative und eine positive Aufgabe. Sie soll die Nichtberechtigung des Usurpators oder

---

[12] Diese Rechtfertigung für eine gesetzlich statuierte Passivlegitimation des Eingetragenen hatte der Schreibende nicht beachtet, als er sie als Prozessstandschaft und daher als etwas Ungewöhnliches bezeichnete (TROLLER a.a.O. S. 241).

[13] Im deutschen Recht entscheidet der Registereintrag (REIMER a.a.O. S. 581); das französische Recht ist nicht eindeutig, anerkennt aber doch eher die Passivlegitimation des Eingetragenen (CASALONGA a.a.O. Bd. 1 S. 364 f.).

seines angeblichen Rechtsnachfolgers feststellen und überdies bewirken, dass an Stelle des bisherigen nichtigen Patentes ein neues gültiges erteilt wird. Das Urteil hat daher Feststellungs- und Gestaltungscharakter. Es lässt zwar nicht das Patentrecht auf jeden Fall entstehen, aber es verschafft dem Erfinder einen neuen Ausweis und erlaubt ihm, gestützt darauf, die patentrechtlichen Befugnisse auszuüben, bis von einem Dritten bewiesen wird, dass sein Recht doch nicht besteht, weil andere Nichtigkeitsmängel vorhanden sind. Da der Prozess somit vor allem das Entstehen einer neuen Beweisurkunde und durch sie das Erlangen der patentrechtlichen Befugnisse zum Ziele hat, ist die Verbindung zum Registereintrag noch enger als im vorher behandelten Fall. Doch bleibt der Rechtsnachfolger des Eingetragenen trotzdem der am meisten interessierte Gegner des Abtretungsklägers. Man wird daher auch hier die Passivlegitimation dem Eingetragenen und seinem Rechtsnachfolger aufbürden.

4. Doppelerfindung

Unabhängige Arbeiten am gleichen technischen Problem, die zu denselben Lösungen führen, sind nicht selten. Der Erstanmelder erhält das Patent. Der zweite Erfinder muss verzichten oder kann, wenn er vor der Anmeldung Anstalten zur Verwendung der Erfindung im eigenen Betrieb getroffen hat, sie in diesem Rahmen weiter benützen. Derjenige, der gutgläubig von ihm nur die Erfinderrechte, nicht aber den Geschäftsbetrieb erwirbt, kann gegen den Inhaber des zuerst angemeldeten Patentes nicht durchdringen. Dasselbe gilt für diejenigen, die Rechte an einer Erfindung erwerben, die nach der ersten Anmeldung vollendet wurde. Da wegen der Frist der Unionspriorität und wegen des öfters auch in der Schweiz längere Zeit beanspruchenden Patenterteilungsverfahrens sogar Jahre von der Anmeldung bis zur Patenterteilung verfliessen können, kann dem Zweiterfinder und seinem gutgläubigen Kontrahenten grosser Schaden entstehen, der beim gegenwärtigen Rechtszustand nicht zu vermeiden ist. Die einzige Abhilfe würde wohl in der Bekanntgabe der Anmeldung bestehen, doch wären damit wiederum ausserordentliche Nachteile für die Erfinder verbunden. Massnahmen wurden bisher nicht verlangt, so dass man annehmen kann, es seien nicht häufig derartige unbillige Fälle vorgekommen.

II. Muster und Modellrecht

Dem Patentrecht ist nach der formalen Seite das Musterrecht am nächsten verwandt; hingegen besteht in materieller Hinsicht ein grosser Unterschied, weil das Musterrecht sich mit der ästhetischen und nicht mit der technischen Leistung befasst, also dem Urheberrecht am nächsten steht. Es bedarf auch des rechtsvollendenden Formalaktes, der Eintragung im Register, um dem Schöpfer eines neuen Musters den Rechtsschutz zu verleihen. Seine Neuheit darf vor der Hinterlegung ebenfalls nicht zerstört sein, zudem ist es frei und formlos übertragbar. Auch da sind alle Variationen der verschiedenen Berechtigungen, des Widerspruches zwischen Eintrag und Recht möglich. Der Entwender des Musters erwirbt ebenfalls kein Recht; das eingetragene Muster ist nichtig. Trotzdem das MMG nicht darüber spricht, hat das Bundesgericht in Analogie zum Patentgesetz die Abtretungsklage zugelassen[14]. Das Urteil führt aus, unter der Herrschaft des alten Patentrechts sei die Einführung der Abtretungsklage im Sinne einer Lückenausfüllung abgelehnt worden[15], aber nur deshalb, weil verschiedene Punkte nicht geregelt waren, so vor allem die Stellung des gutgläubigen Lizenznehmers. Da diese Fragen im PatG 20 beantwortet seien, lasse sich diese Regelung zwanglos auch im Musterrecht anwenden. Nachdem bei der Beratung des Patentgesetzes die Position des gutgläubigen Dritten im Verhältnis zur Abtretungsklage sehr eingehend behandelt wurde[16], wird der Folgerung des Bundesgerichts auch hierin zuzustimmen sein.

Kann auch PatG 9 III im Musterrecht analog angewendet werden? Darüber sollte der Gesetzgeber entscheiden. Wie wir sahen, bleibt in PatG 9 so vieles unklar, dass man vielleicht besser den Grundsatz, dass niemand mehr übertragen kann, als er selber hat, anerkennen und von einem Schutz des guten Glaubens absehen würde. Wenn im revidierten PatG die zutreffenden Lösungen gefunden sind, kann man von ihrer Vortrefflichkeit so überzeugt sein, dass man dann das Musterrecht ohne sie als ungerecht und mangelhaft empfindet. Gegenwärtig wird man lieber eine Härte gegenüber dem gutgläubigen Erwerber in Kauf nehmen, statt mit der unfertigen Antwort von PatG 9 III, so wie sie vom Bundesgericht verstanden wurde, die Rechtsunsicherheit ins Musterrecht hineinzutragen. Scheint aber der Schutz des gutgläubigen Erwerbers, der dem Registereintrag vertraute, notwendig, so sollte jeder, der das Recht vermeintlich erwirbt, ein Gebrauchsrecht erhalten. Der erste Erwerber sollte sich wegen der Mitberechtigung des Zweit-

---

[14] BGE 73 II 228 ff. Dieser Entscheid, dem man im Resultat zustimmen kann, spricht zu Unrecht von einer Vindikationsklage. Auch da ist festzustellen, dass das Urteil rechtsgestaltende Wirkung hat, indem nicht das nichtige Recht des Beklagten übertragen werden kann, sondern erst ein neues gültiges Musterrecht entsteht, dem die vorherige Bekanntgabe, die durch den Unberechtigten erfolgte, nicht schadet.

[15] Vgl. BGE 33 II 164 ff.

[16] Amtl. Sten.Bull. 1906, Beratungen des Ständerates, S. 1513 ff.

erwerbers nicht beklagen, weil ihn selber auch ein Verschulden trifft, wenn er die Eintragung nicht sogleich ändern lässt.

III. Markenrecht

Das Recht an einer Marke kann nach schweizerischem Recht nur zusammen mit dem Geschäftsbetrieb, für dessen Erzeugnisse sie verwendet wird, übertragen werden (MSchG 11). Eine mehrmalige Veräusserung ist daher nicht möglich. Sollten aber die eifrigen Bemühungen, die leere Übertragung in der Schweiz zu gestatten, Erfolg haben, so wäre der Schutz des guten Glaubens ebenso notwendig, wie im Patent- und Musterrecht.

Eine besondere Lage wird dadurch geschaffen, dass nach schweizerischem Recht für die Rechtspriorität an der Marke nicht der erste Eintrag im Markenregister, sondern der erste Gebrauch entscheidend ist. Da der Eingetragene oft keine Möglichkeit hat, die Konkurrenzmarke zu kennen, ist er durch diese Regelung benachteiligt. Man kann nicht etwa vermuten, dass ihm alle Konkurrenzmarken bekannt sind. Sogar gut eingeführte Firmen sind manchmal über ihre gegenseitigen Marken nicht orientiert; vor allem bleiben Marken auf Engros-Packungen oft längere Zeit unentdeckt. Neue schweizerische Firmen oder ausländische Konkurrenten, die zum ersten Mal den schweizerischen Markt beliefern, kennen in der Regel nur einen Bruchteil der Konkurrenzmarken. Der erste Verwender einer Marke ist, wenn er das Zeichen nicht einträgt, offensichtlich zu unrecht bevorzugt. Er allein hätte es in der Hand, durch den Eintrag den Konkurrenten Gelegenheit zu geben, sich zu orientieren. Man sollte ihm nicht erlauben, erst dann die Marke einzutragen, wenn er feststellt, dass gutgläubige Dritte das Zeichen hinterlegt, die Reklame aufgenommen und in den meisten Fällen schon Druckaufträge gegeben haben. Der erste Gebrauch wurde als prioritätsbegründend betrachtet, weil das Markenrecht längere Zeit als Persönlichkeitsrecht galt. Diese Theorie wird aber kaum mehr vertreten; auch dürfte sie nicht dazu führen, derartige Unbilligkeiten zu fördern. Man sollte dazu gelangen, denjenigen zu schützen, der gutgläubig das Zeichen eintragen liess, wobei der gute Glaube zu vermuten und dem Gegner der Gegenbeweis aufzuerlegen wäre. Auf diese Weise wäre der bösgläubige Missbrauch eines allgemein eingeführten, aber noch nicht eingetragenen Warenzeichens verhindert. Wir würden damit eine Parallele zur Pariser Verbandsübereinkunft Art. 6 [bis] ziehen, wo untersagt wird, dass Warenzeichen, die im Inland allgemein bekannt, aber nicht hinterlegt sind und an denen ein Verbandsangehöriger im Ausland das Markenrecht erworben hatte, im Inland von einem Dritten hinterlegt werden; dabei ist nur die allgemeine Notorietät des Zeichens notwendig, der gute Glaube des Konkurrenten, der ein derartiges Zeichen gebrauchen will (Branchenneuling), ist unbehelflich. Das entgegen dieser Vorschrift eingetragene Zeichen ist nichtig. Hingegen kommt es dann auf den bösen Glauben einer Person an, wenn diese ein Zeichen, das ihrem Wissen nach im Ausland zugunsten eines andern eingetragen ist oder von diesem gebraucht wurde, im Inland schützen will; ein derartiges Vorgehen widerspricht Treu und Glauben und ist daher abzulehnen[17]. Mit diesem Grundsatz ist noch nicht entschieden, ob die so im Inland eingetragene Marke nichtig ist oder ob sie nur vom ausländischen Berechtigten angefochten werden kann. Der Schutz von Treu und Glauben ist zwingendes Recht und dient der öffentlichen Ordnung und Sicherheit; ZGB 2 muss von Amtes wegen angewendet werden; aber die verletzte Partei kann auf ihre Rechte verzichten[18]. Daraus wäre die Nichtigkeit der Marke zu folgern, die von jedem Interessierten geltend gemacht und gerichtlich festgestellt werden könnte. Man würde damit auch im Klagensystem der Immaterialgüterrechte bleiben, das die Anfechtbarkeit, d.h. die durch eine besonders berechtigte Partei herbeigeführte rechtliche Unwirksamkeit, nicht kennt. Trotzdem das Streben nach möglichster Einfachheit und Übersichtlichkeit des Rechtssystems ein wichtiges Anliegen sein soll, darf man darob besondere Fälle nicht vernachlässigen und sie nicht in das Prokrustesbett der angestammten Ordnung zwingen. Wenn der ausländische Markenträger kein Interesse daran hat, sein Zeichen in der Schweiz zu verwenden, so ist nicht einzusehen, weshalb nicht eine schweizerische Firma dasselbe hier eintragen sollte. Die Nichtigkeit könnte von Dritten missbraucht werden, die für einen unangefochtenen Gebrauch des Zeichens durch sie mit der Löschungsklage den Weg freilegen würden. Man sollte daher nur dem ausländischen Markenberechtigten zum Schutz seiner besonderen Interessen die Anfechtungsklage zur Verfügung halten, aber nicht die allgemeine Nichtigkeitsklage zulassen. Diese Rechtsprobleme entstehen aber nur dann, wenn das Bundesgericht das Universalitätsprinzip endgültig fallenlässt und unter Vorbehalt der zwei erwähnten Ausnahmefälle den Erstgebrauch im Ausland nicht mehr berücksichtigt; in bezug auf ihn sind die Bedenken wegen des Schutzes des gutgläubigen schweizerischen Erstanmelders noch viel schwerer; man darf aber wohl annehmen,

---

[17] BGE 63 II 125 f.; Matter, Komm. MSchG S. 51.
[18] Egger, Komm. ZGB, Art. 2 N 12.

dass die allseits gewünschte Praxisänderung des Bundesgerichtes bei nächster Gelegenheit dokumentiert wird.

C. *Gutgläubiger Erwerb widerrechtlich erzeugter oder gehandelter Gegenstände*

Dem Träger des Exklusivrechtes am Patent, Muster oder Modell und Kunstwerk steht allein das Recht zu, das geschützte Objekt zum gewerbsmässigen Gebrauch herzustellen, zu verkaufen, feilzuhalten oder sonstwie in den Verkehr zu bringen. Wer diese Befugnisse ohne Zustimmung des Berechtigten ausübt, handelt widerrechtlich, selbst dann, wenn er das verletzte Recht weder kannte noch kennen musste; die objektive Widerrechtlichkeit schützt nicht vor der zivilrechtlichen Verteidigung des Klägers (Klage auf Unterlassung der Störung, Konfiskation der widerrechtlich hergestellten Objekte). Die ohne Erlaubnis des Berechtigten hergestellten Gegenstände bleiben mit dem Makel der Widerrechtlichkeit behaftet, solange sie dem gewerbsmässigen Güterumsatz dienen; jeder, der sie benützt oder in den Handel bringt, verletzt das Recht des Patentinhabers oder Urhebers; der gute Glaube des Erwerbers ist unbeachtlich; es kommt nur darauf an, ob der erste Verkäufer berechtigt war oder nicht.

Aus dem Wortlaut der Gesetze, die nur dem Berechtigten die Befugnis zur Weitergabe einräumen, könnte abgeleitet werden, dass nicht nur der erste, sondern auch die weitern Verkäufe vom Träger des Exklusivrechts ausgehen müssen oder seine Zustimmung erfordern; er könnte auf diese Weise am Weiterverkauf immer wieder teilnehmen. Um den Markt nicht unerträglich zu belasten, nahm man zuerst an, der Rechtsträger räume den Abnehmern und ihren Nachfolgern eine stillschweigende Lizenz ein[19]. Heute wird der Vorgang richtiger als Konsumtion des Benutzungsrechtes durch den Berechtigten oder als Verbrauch seines Exklusivrechtes erfasst[20]; das geschützte Objekt wird mit dem ersten legalen Verkauf aus dem Schutzkreis entlassen. Eine Ausnahme von diesem Grundsatz wird in einigen Ländern unter bestimmten Voraussetzungen zugunsten des Urhebers von Werken der bildenden Kunst und von Manuskripten gemacht; den Autoren soll ein bescheidener Anteil am Weiterverkaufspreis dieser Objekte zukommen, um so einen schon beim ersten Verkauf potentiell vor-

---

[19] REIMER a.a.O. S. 302.
[20] REIMER a.a.O. S. 302; WEIDLICH/BLUM a.a.O. S. 199; StenBull. NR 1907 S. 153; RGZ 142, 168.

handenen aber nicht realisierbaren Mehrwert zu berücksichtigen und, weil das spätere Schaffen des Künstlers auch den Preis seiner früheren Schöpfungen beeinflusst (droit de suite)[21].

Daraus, dass ein Gegenstand (Maschine, Buch usw.) ohne Zustimmung des patentrechtlich oder urheberrechtlich Befugten in den Verkehr gebracht wurde, ergeben sich folgende Wirkungen:

I. Gewerbsmässiger Gebrauch

1. Unterlassungsanspruch

Der Berechtigte kann von jedem Erwerber verlangen, dass er auf die Benützung des Objektes verzichtet. Dieses Recht richtet sich also nicht nur gegen den ersten Käufer, sondern auch gegen alle seine Rechtsnachfolger. Hier kann man von Rechtsnachfolge sprechen, währenddem das bei der Veräusserung der Exklusivrechte durch den Nichtberechtigten falsch gewesen wäre — im vorliegenden Fall wird nicht das Recht zur Benützung, sondern eine Sache übertragen, an der der Käufer das Eigentum zwar erwirbt, aber nicht das mit dem Eigentum sonst verbundene freie Verfügungsrecht; er kann die Sache zu all den Zwecken gebrauchen, die das Patent- oder Urheberrecht nicht verletzen, so dürfte er zum Beispiel eine patentierte Maschine verschrotten.

Um den Unterlassungsanspruch zu sichern, kann der Rechtsträger, wenn das notwendig erscheint, auch gegenüber dem gutgläubigen Erwerber die Konfiskation oder Vernichtung des widerrechtlich hergestellten oder veräusserten Objekts verlangen.

2. Geldmässige Ansprüche des Berechtigten aus dem widerrechtlichen Verkauf an den gutgläubigen Erwerber

a) Schadenersatzforderung

Die Schadenersatzforderung wird durch ein schuldhaftes Verhalten des Täters begründet. Der gutgläubige Erwerber und Veräusserer kann daher nicht schadenersatzpflichtig sein. Der Berechtigte muss den bösgläubigen Verletzer belangen. In der Regel wird zum mindesten der erste Veräusserer bösgläubig handeln — es sei denn, dass ihm der Bestand des Rechts noch nicht bekannt sein konnte. Wenn mehrere Verkäufe stattgefunden haben, darf nicht nur auf den ersten Eigentumswechsel abgestellt werden. Ein

---

[21] Vgl. die eingehende Darstellung und Übersicht bei DUCHEMIN «Le droit de suite des artistes» 1948. Auch im revidierten schweizerischen Urheberrecht wird man wohl das droit de suite anerkennen.

Schaden ist dem Berechtigten erst dann entstanden, wenn seine eigene Verkaufsmöglichkeit geschmälert wurde, wenn also der Artikel bis zu den Verbrauchern gelangte oder unbekannten Händlern übergeben wurde, so dass der Weiterverkauf nicht mehr verhindert werden kann. Wenn hingegen die Ware zwar von einer gutgläubigen Firma gekauft, von dieser aber noch nicht an die letzten Abnehmer weitergegeben wurde, ist der Berechtigte noch nicht geschädigt, weil er bei dieser Firma die Ware sperren kann. Dieser Tatbestand vermöchte dann als Basis einer Schadenersatzforderung zu dienen, wenn die Firma vom Berechtigten selber gekauft hätte, dies aber nun wegen der besonderen Lage nicht tut, und der Berechtigte keinen andern Abnehmer findet.

Der Träger des Patent- oder Urheberrechtes hat selber dafür besorgt zu sein, dass gutgläubige Dritte über die widerrechtlich hergestellten oder verkauften Erzeugnisse nicht weiter verfügen. Soweit ihm dabei Kosten entstehen, wird er dafür den schuldhaften Verletzer haftbar machen können, weil er sie indirekt verursacht hatte.

b) Geschäftsanmassung

Der Beweis des entstandenen Schadens ist somit beim Weiterverkauf an gutgläubige Wiederverkäufer oft nicht leicht zu erbringen. Der Berechtigte wird sich daher mit Vorteil auf Geschäftsanmassung berufen (OR 423). Der bös- und gutgläubige Verletzer haftet im Patent-, Muster- und Urheberrecht aus unechter Geschäftsführung ohne Auftrag[22]. Wer die geschützten Gegenstände weiter veräussert, hat unter diesem Titel den aus der Rechtsverletzung erzielten Gewinn an den Berechtigten auszuhändigen — ohne Rücksicht darauf, ob dieser die Verkaufsmöglichkeit auch gehabt hatte oder ob letztlich die Aufnahmefähigkeit des Marktes geschmälert ist. Wenn der Berechtigte sich auf Geschäftsanmassung beruft, wird er anerkennen müs-

---

[22] OSER/SCHÖNENBERGER, Komm. OR Art. 423 N 2; VON TUHR/SIEGWART, Allg. Teil des Schweizerischen Obligationenrechts, S. 434/35; GUHL, Das Schweizerische Obligationenrecht, 4. Aufl. S. 330; MOSER, Zur Frage der Gewinnherausgabe, insbesondere im Wettbewerbsrecht, SJZ 42 S. 2 ff.; FRIEDRICH, Die Voraussetzungen der unechten Geschäftsführung ohne Auftrag (Art. 423 OR), ZSR 64 S. 39 ff. FRIEDRICH weist darauf hin, dass die schweizerische Auffassung, die nur darauf abstellt, ob objektiv ein fremdes Geschäft zu eigenem Nutzen geführt wurde und den Willen des Geschäftsführers dabei nicht beachtet, von unsern Nachbarstaaten Deutschland und Frankreich nicht geteilt wird und dass die Frage in Italien wohl nicht klar beantwortet werden kann. Für das schweizerische Recht wird man vor allem zögern, den Anspruch aus Geschäftsanmassung zu geben, wenn es sich um eine eigene Leistung handelt (z. B. Parallelerfindung), die nur wegen der Priorität des Berechtigten nicht ausgenützt werden kann. In einem solchen Fall der rein formalen Begründung des Fremdgeschäftes scheint es zu hart zu sein, wenn der gutgläubige Benützer der eigenen Erfindung den aus ihr gezogenen Gewinn abliefern muss. Da mit der Publikation des Patentes der gute Glaube zerstört wird, kommt diesem Tatbestand wohl selten grössere Bedeutung zu.

sen, dass durch die Handlung des Verletzers das Exklusivrecht ebenso konsumiert wurde, wie wenn er selber gehandelt hätte; er kann nicht geltend machen, dass der Täter seine Geschäfte besorgt habe und ihm daraus den Gewinn schulde, ohne auch die Konsequenz zu ziehen und das Geschäft gegen sich gelten zu lassen. Würde man ihm erlauben, bei jedem Weiterverkauf den Gewinn abzuschöpfen, so wäre er weit besser gestellt, als wenn er selber den ersten Verkauf vorgenommen hätte.

II. Gutgläubiger Erwerb zu privatem Gebrauch

Die Benützung von patentierten Objekten oder urheberrechtlich geschützten Werken für den persönlichen Gebrauch ist frei. Man wird daher denjenigen, die für ihre privaten Zwecke widerrechtlich hergestellte oder umgesetzte Objekte erworben haben, den Gebrauch nicht untersagen und diese Gegenstände bei ihnen nicht beschlagnahmen können. Hingegen kommt es nicht darauf an, ob die geschützten Gegenstände, solange sie für gewerbliche Zwecke bestimmt sind, vom gutgläubigen Erwerber zum Weiterverkauf oder zur Verwendung in seinem Betrieb angeschafft wurden; der Berechtigte kann auch im letztern Fall die Benützung untersagen.

III. Widerrechtlicher Verkauf ins Ausland

Die Immaterialgüterrechte sind territorial gebunden. In jedem Land entsteht, sei es auf Grund eines staatlichen Aktes (Patenterteilung) oder durch den Schöpfungsakt (Urheberrecht) ein besonderes Recht, das nur für dessen Territorium gilt und das ein völlig eigenes Schicksal hat.

Die Patentrechte an derselben Erfindung können an verschiedene Personen übertragen werden; der Urheber kann für jedes Land besondere Verlagsverträge abschliessen usw. Meistens wird der Patentschutz nur in einigen Ländern beansprucht, so ist es möglich, dass Gegenstände in einem Lande durchaus rechtmässig erzeugt und gehandelt wurden, dass sie aber im Nachbarland nicht verkauft werden dürfen. Wenn die widerrechtliche Einfuhr in die Schweiz aus einem anderen Land vorgenommen wird, gelten die zuvor umschriebenen Grundsätze. Für die Lieferung von der Schweiz in andere Staaten sind deren Rechte anzuwenden.

Eugen Curti *

1851—1917

Im Jahre 1879 erschien «in Commission bei F. Schulthess» die Dissertation eines achtundzwanzigjährigen Absolventen, dessen Name in Juristenkreisen bis heute hohen Bekanntheitsgrad behalten sollte. Es handelte sich um EUGEN CURTI «den älteren», wie er in der Familiengeschichte, die sein Neffe im zweiten Grad, ARTHUR CURTI (1872—1942), verfasste[1], genannt wird[2]. Das Thema der Arbeit war recht hoch gegriffen, ging es doch um die vollständige systematische Darstellung eines erst zehn Jahre vorher abgeschlossenen Staatsvertrages (völkerrechtlichen Vertrages, wie wir heute sagen würden) auf einem Gebiet, in dem es ausser den Vorläufern des Abkommens mit Frankreich selber noch gar nichts gab, wenn man von den in neuerer Zeit wieder zu Ehren gekommenen Verträgen der meisten Kantone mit der Krone Württemberg, dem Königreich Bayern und dem Königreich Sachsen auf dem Gebiete des Konkursrechtes absieht[3].

Die Qualität der Arbeit des jungen Juristen, der sich in der Folge zunächst dem Rechtsanwaltsberuf, später aber vornehmlich wirtschaftlichen Fragen, u.a. der Eisenbahnpolitik[4], wid-

---

* Dem Verlag war keine Archiv-Fotografie des Autors zugänglich.

[1] ARTHUR CURTI, Durch drei Jahrhunderte, St. Gallen 1936.
[2] ARTHUR CURTI war zusammen mit seinem Bruder EUGEN CURTI «dem jüngeren» (1865—1951) Gründer der Schweizerischen Juristen-Zeitung. Beide waren Rechtsanwälte und traten durch Publikationen hervor. EUGEN CURTI war zudem längere Zeit Präsident des Kassationsgerichts des Kantons Zürich. Da dessen gleichnamiger Sohn wiederum den Rechtsanwaltsberuf ergriff und durch juristische Abhandlungen bekannt wurde, müsste unser Autor heute EUGEN CURTI «der älteste» genannt werden. Sein weiterer Neffe im zweiten Grad war übrigens Bundesrichter CARL JAEGER (1869—1947).
[3] Alle drei sind abgedruckt bei JAEGER/WALDER, Schuldbetreibung und Konkurs, 12. Auflage, Zürich 1990, Nr. 109, 109a, 109b.
[4] Von ihm erschien die Abhandlung «Neue Irrwege der schweizerischen Eisenbahnpolitik», Zürich 1895. Auch gab er während fünf Jahren eine Zeitschrift über Eisenbahnfragen heraus.

mete, geht in der Erfassung der wesentlichen Fragen, in der Gedankenführung und in der Formulierung weit über das hinaus, was wir heute von einem Dissertanden erwarten würden. Das Bundesgericht hat sich vor allem mit zwei von jenen Fragen auseinandergesetzt, die im hier vorgelegten Teil über das Konkursrecht («Zweiter Abschnitt: Concurs process») behandelt werden.

Art. 6 Abs. 1 des Vertrages lautet: «Der Konkurs über einen Franzosen, der in der Schweiz ein Handelsgeschäft hat, kann von dem Gerichte seines Wohnortes in der Schweiz, und umgekehrt kann der Konkurs über einen Schweizer, der in Frankreich ein Handelsgeschäft hat, von dem Gerichte seines Wohnortes in Frankreich ausgesprochen werden.» In § 26 stellt CURTI zunächst fest, dass der Gerichtsstand trotz des Wortes «kann» (französischer Text: «pourra») ein ausschliesslicher sei. Anschliessend schreibt er, bei Handelsniederlassungen in beiden Staaten sei zu untersuchen, welches die Hauptniederlassung sei, um dann fortzufahren: «Etwas heikler gestaltet sich die Sache, wenn Jemand in beiden Staaten selbständige, besonders verwaltete Handelsniederlassungen besitzt. Hier kann man sich fragen, ob nicht die absolute Einheit des Concurses dahinfallen und die Bildung von Specialmassen Platz greifen müsse. Indess ist der Schuldner auch in diesem Falle eine und dieselbe Person und daher muss der Concurs gleichfalls wenigstens insofern ein einheitlicher sein, als der Concurs über das eine Etablissement jenen über das andere nothwendig nach sich zieht.» In diesem Sinne hat das Bundesgericht übereinstimmend mit der französischen Rechtsprechung anerkannt, «qu'au-delà de son texte même, l'art. 6 de la Convention pose le principe de l'unité et de la force attractive de la faillite dans les rapports entre les deux Etats contractants, comme l'art. 55 LP le dit expressément pour le droit interne» (BGE 93 I 719). Diese Rechtsprechung geht bis auf einen Entscheid vom 1. Juni 1877 (BGE 3 S. 321 ff.) zurück, auf den aber EUGEN CURTI bei Abfassung der Dissertation, wohl weil es sich um die Behandlung einer ausgeschlagenen Verlassenschaft handelt, nicht eingehen wollte. Jedenfalls aber heisst es dort bereits, dass der Vertrag mit Frankreich die Einheit des Konkurses und seiner ‹liquidation judiciaire› gewährleiste (S. 330 Erw. 2). Es konnte dafür auch der Text der Botschaft (BBl 1869 II 512) herangezogen werden.

Bei der Frage nach der Bildung einer ‹Specialmasse› im Falle zweier selbständiger Handelsniederlassungen ergibt sich zunächst, dass es dieses Phänomen mindestens seit Inkrafttreten des IPRG nicht mehr geben kann. Gemäss Art. 160 Abs. 1 Satz 1 IPRG kann eine Gesellschaft mit Sitz im Ausland in der Schweiz eine Zweigniederlassung (aber nicht ihren Sitz) haben. Die Frage des Separatkonkurses stellt sich nur bezüglich der Zweigniederlassung, über die aber nach Art. 50 SchKG der Konkurs in der Schweiz eröffnet werden kann, solange er am Hauptsitz (in Frankreich) nicht eröffnet worden ist. (BGE 93 I 720 f. Erw. 1 b): «La question de l'unité ne se posera que si la faillite de l'établissement parisien est également prononcée: dans ce cas, la faillite de Genève sera paralysée et l'ensemble des biens de la recourante rentreront dans la masse de la faillite de Paris.» Demgegenüber meinte CURTI in Anm. 1 zu § 26: «Entweder verstösst Art. 6 Abs. 1 nur scheinbar, infolge einer mangelhaften Redaction gegen die Einheit des Concurses (dies ist die im Text vertretene Ansicht) oder Art. 6 Abs. 1 wollte mit Absicht in dergleichen Fällen (d. h. wenn dieselbe Person in beiden Staaten Niederlassungen hat, bzw. im einen Staate domiciliert ist und im andern ein Etablissement betreibt) die Jurisdiction theilen und dann kann von der Einheit des Concurses nicht mehr die Rede sein. Etwas drittes gibt es nicht.» Dieses dritte hat aber das Bundesgericht für den Fall der schweizerischen Zweigniederlassung einer in Frankreich domizilierten Schuldnerin, wie dargelegt, gefunden.

Bekanntlich regelt der Vertrag mit Frankreich vom 15. Juni 1869[5] die direkte Zuständigkeit der Gerichte, die Vollstreckung der Urteile (und Anerkennung) sowie die Rechtshilfe. Seine Art. 6—9, die von der Massgeblichkeit der Konkurseröffnung im einen Staat für die Vermögenswerte des Konkursiten im andern Staat handeln, finden sich im Abschnitt über die Zuständigkeit, stellen aber nichts anderes dar als Internationales Konkursrecht.

Bis heute konnte von der Schweiz kein weiterer Vertrag über Konkursrecht abgeschlossen oder mitunterzeichnet werden. Dagegen bemühte sie sich darum, die Universalität und die Attraktivkraft des Konkurses in einem realisierbaren Masse gesetzlich herzustellen. Hier mag ein kurzer Vergleich der hierfür eingesetzten Art. 166—175 IPRG mit den Bestimmungen des von CURTI dargestellten Vertrages von Interesse sein.

Die in § 28 behandelte Frage, ob der Streit über Pfandrechte vom Gericht im Staate des Konkurses oder von demjenigen im Staate der gelegenen Sache behandelt werden soll, ist für all jene Fälle, in denen ein «Anschlusskonkurs» nach Art. 170 Abs. 1 IPRG stattfindet, im Sinne der Zuständigkeit des am schweizerischen Konkursort anzurufenden Gerichts gelöst, denn sofern die Gegenstände, an denen die dinglichen Rechte geltend gemacht werden, in der Schweiz liegen, fallen diese unter den Separatkonkurs[6]. Ihre Zulassung ist nach Art. 172 Abs. 2 IPRG das Thema eines schweizerischen Kollokationsprozesses. Der nicht in der Schweiz wohn-

---

[5] SR 0.276.193.491; auszugsweise abgedruckt bei JAEGER/WALDER (zit. Anm. 4) Nr. 113.
[6] DANIEL STAEHELIN, Die Anerkennung ausländischer Konkurse und Nachlassverträge in der Schweiz, Basel 1989, 153 f.

hafte Gläubiger wird für den Pfandausfall allerdings auf den ausländischen «Heimatkonkurs» zu verweisen sein[7].

Die weitere Frage, ob der in Frankreich eröffnete Konkurs in
der Schweiz sofort oder erst mit dem Anerkennungsentscheid
wirksam wurde, beantwortet CURTI in § 27 dahin, dass die Wirkung sofort eintrete, doch müssten die im Staate des Konkursge-
richts bestellten Massaverwalter die Anerkennung des Konkursdekrets erwirken, bevor auf ihre Veranlassung Vollstreckungshandlungen vorgenommen werden könnten. Nach Art. 166 und
167 IPRG dagegen erfolgt die Anerkennung des ausländischen
Konkursdekrets «auf Antrag der ausländischen Konkursverwal-
tung oder eines Konkursgläubigers» durch ein schweizerisches
Gericht. Es besteht also keine Wirkung ipso iure[8]. Der Unterschied ergibt sich aus der Sache. Im Bereich des Vertrages mit
Frankreich wird das in der Schweiz befindliche Vermögen durch
das Urteil des französischen Gerichts direkt vom Konkurs
erfasst. Im Bereich des IPRG dagegen wird der Konkurs vorläufig
nur mit Wirkung für das Staatsgebiet des ausländischen Kon-
kursgerichts eröffnet und ist seine Ausdehnung auf die Schweiz
von einem an die Voraussetzungen des Art. 166 Abs. 1 IPRG[9]
geknüpften schweizerischen Konkursdekret abhängig.

Hans Ulrich Walder

---

[7] So auch sinngemäss STAEHELIN (zit. Anm. 6) 155 f. sowie (e contrario)
ROBERT GILLIÉRON, Le chapitre 11 de la loi fédérale sur le droit international privé (loi de DIP) et le droit international suisse de l'exécution for-
cée générale et collective, BlSchK 52/1988, 209.

[8] Sobald aber die Anerkennung des ausländischen Konkursdekrets bean-
tragt ist, kann das Gericht auf Begehren des Antragstellers die sichernden
Massnahmen nach den Artikeln 162—165 und 170 SchKG anordnen.

[9] Vollstreckbares ausländisches Dekret, Fehlen von Verweigerungsgrün-
den und Gegenrecht des Urteilsstaates.

Der Staatsvertrag
zwischen der Schweiz und Frankreich

betreffend den Gerichtsstand und die Urtheilsvollziehung
vom 15. Juni 1869 [*]

(Teilabdruck)

von Eugen Curti

Zweiter Abschnitt   Concursprocess

1. Internationale Behandlung im Allgemeinen[1]

§ 24   Die internationale Behandlung des Concurses hat eine ähnliche Entwicklung durchgemacht, wie jene des Erbrechts. Anfangs sind die Ausländer als solche, zumal in der Schweiz, auch hier den Inländern gegenüber vielfach zurückgesetzt. Nachdem aber diese Benachtheiligung theilweise unter dem Einfluss der Staatsverträge, dem immer rückhaltloser angenommenen Princip der gleichen Rechtsfähigkeit der Inländer und Ausländer hatte weichen müssen, blieb wenigstens die Beschränkung des Concurses und seiner Wirkungen auf das Staatsgebiet noch so ziemlich überall bestehen. Es bezeichnet einen weitern, am sichersten im Wege des Staatsvertrags erreichbaren Fortschritt, wenn die Einheit der Jurisdiction auch in dieser Materie anerkannt wird. Dies geschieht freilich in der neuern Theorie — aber eben nur in der Theorie. Die positiven Gesetze — soweit sie diesen

---

[*] Erschienen bei Schulthess, Zürich 1879.

[1] Vgl. hierüber folgende Monographien: FIORE, Del fallimento secondo il diritto privato internazionale. Pisa 1873. — CARLE, La faillite dans le droit international privé, traduit et annoté par E. DUBOIS. Paris 1875.

Punkt überhaupt berühren[2] — und noch mehr die Gerichtspraxis[3] versagen dem ausländischen Concurserkenntniss regelmässig jede Wirkung im Inlande und machen von der auf der Territorialsouveränetät beruhenden Befugniss, das im Staatsgebiete befindliche Vermögen den inländischen Rechtsnormen zu unterwerfen, einen weitgehenden Gebrauch, indem sie über die inländischen Vermögenstheile des ausländischen Gemeinschuldners zu Gunsten der inländischen Gläubiger ein besonderes Concursverfahren eröffnen. «Dieses Raubsystem des auf die Ausländerqualität gestützten Separatconcurses», wie es treffend genannt wurde[4], entspricht weder dem Wesen des Concurses, noch den allgemeinen Interessen des privatrechtlichen und insbesondere des Handelsverkehrs. Der Concurs bezweckt seinem Begriffe nach, mittels einer Generalexecution in das Vermögen des Gemeinschuldners den Gläubigern verhältnissmässige Befriedigung zu verschaffen. Dieser Zweck lässt sich nur erreichen, wenn das Verfahren unter der Herrschaft eines und desselben Gesetzes stattfindet. Es ist irrationell, dass der zufällige Umstand des Zerstreutliegens des Vermögens innerhalb verschiedener Rechtsgebiete auch ein getrenntes Verfahren herbeiführen soll. Ein solches Verfahren vermehrt die Kosten, führt zu Verwicklungen, erleichtert die Begünstigung einzelner Gläubiger und erzeugt endlich das sonderbare Resultat, dass die in dem einen Staate im Concurs befindliche Person es nicht nothwendig gleichzeitig auch in dem andern ist. Zumal für die kaufmännischen Beziehungen ist bei der kosmopolitischen, über die Grenzen des einzelnen Staates hinausreichenden Bedeutung des Handels die gleichmässige, einheitliche und rasche Liquidation von hervorragendem Interesse. Da nun eine solche, im Hinblick auf den gegenwärtigen Stand der Particulargesetzgebung, sich lediglich im Vertragswege erreichen lässt, scheint das Bedürfnis einer internationalen Regelung des Concursverfahrens ein unbestreitbares. Die hierauf bezüglichen Bestimmungen des Staatsvertrags (Art. 6—9) bilden einen beachtenswerthen, wenn schon nicht durchaus gelungenen Versuch zur Anbahnung einer derartigen Regelung. Für den intercantonalen Rechtsverkehr ist die Einheit des Concurses,

---

[2] Vgl. z. B. das zürcherische Gesetz betr. das Concursverfahren vom 23. August 1871, § 4 und 5. Auch preussische Concurs-Ordnung vom 8. Mai 1855, § 292 f.

[3] Vgl. z. B. den Entscheid des Bundesraths i. S. der Fallimentsmasse Chamecin et Fontaine c. Herrli und Graeub, Bundesblatt 1867, I, 575 (sammt den vorhergehenden Urtheilen abgedruckt in der Zeitschr. des bern. Juristenvereins III, 102, 249, 278). Ferner ULLMER I, No. 596. Für Frankreich: SIREY 1870, II, 297; 1873, I, 17; 1874, II, 33; 1875, II, 37; Journal I, 180, 242; II, 269; IV, 40. Die Einheit des Concursgerichts (Art. 59 § 7 C. pr. civ.) wird nur für das interne Recht anerkannt.

[4] Vgl. ENDEMANN, 63.

wenigstens in Ansehung des Mobiliarvermögens, bereits in den Concordaten vom 15. Juni 1804, 7. Juni 1810 und 8. Juli 1818 anerkannt worden.

Im Vertrage von 1828 war diese Materie noch nicht behandelt. Der genannte Vertrag enthielt in Art. 4 (wie bereits jener von 1803 in Art. 13) lediglich die Zusicherung der gegenseitigen Gleichstellung der Franzosen und Schweizer in Betreff der Collocation. Im jetzigen Vertrage wird diese Gleichstellung nur noch beiläufig berührt. Art. 6 Abs. 4 sagt nämlich, die Vertheilung der Concursmasse unter die Gläubiger solle «sans distinction de nationalité» erfolgen. Ähnliche Zusicherungen wurden in Übereinkünften mit Baden (im Jahre 1808), Württemberg (1826), Bayern (1834) und Sachsen (1837) ausgetauscht. In allen diesen Vereinbarungen wurde ausserdem bestimmt, dass nach erfolgter Concurseröffnung im einen Staate Arrestlegungen im anderen Staate nicht mehr stattfinden dürfen. Die Übereinkunft mit Württemberg spricht in Art. 4 noch den Satz aus, dass das gesammte bewegliche und unbewegliche Vermögen in die Concursmasse fällt und enhält in Art. 5 Vorschriften über die durch den Richter und nach den Gesetzen des Ortes der belegenen Sachen erfolgende Befriedigung gewisser dinglich berechtigter Gläubiger.

2. Voraussetzungen

§ 25   Die Vorschriften der Art. 6—9 werden anwendbar, sobald das im einen Vertragsstaate eröffnete Concursverfahren irgendwie in den andern Vertragsstaat hinüberreichen soll. In subjectiver Hinsicht spricht Art. 6 zunächst von der Eröffnung des Concurses über einen in der Schweiz wohnhaften Franzosen (bzw. in Frankreich wohnhaften Schweizer). Art. 9 erklärte sodann die Bestimmungen über den Concursprocess auch dann für anwendbar, wenn der Gemeinschuldner ein im Gebiete der Vertragsstaaten domicilirter Fremder ist, verwirft also ausdrücklich die bei Art. 1 gerügte Beschränkung auf Staatsangehörige. Ein dritter und gerade der gewöhnlichste Fall, jener nämlich, in welchem der Cridar in seinem Heimatstaate wohnt, im andern Staate aber Vermögen besitzt, wird damit infolge einer allzu casuistischen Redaction nicht betroffen. Selbstverständlich wollte man diesen Fall nicht ausschliessen.

In objectiver Beziehung wird lediglich ein Concursverfahren vorausgesetzt, ohne dass gerade ein Handelsconcurs erforderlich wäre[5], wie die

---

[5] Vgl. Urtheil des Bundesgerichts vom 19. April 1877 i. S. der Banque générale suisse, Entsch. III, 332.

Worte: «la faillite d'un Français ayant un établissement de commerce en Suisse» glauben lassen könnten. Allerdings wird der Concurs eines Kaufmanns, bzw. einer Handelsgesellschaft am häufigsten über die Grenzen des Inlandes hinausreichen, allein der deutsche Text, der «faillite» mit «Concurs» wiedergibt und die diesbezüglichen Bemerkungen der Botschaft (S. 496) lassen keinem Zweifel darüber Raum, dass da, wo das Concursverfahren, wie es in den meisten Cantonen geschieht, unterschiedslos für Kaufleute und Nichtkaufleute gilt, die Bestimmungen der Art. 6—9 gleichfalls entsprechend Anwendung finden.

3. Concursgericht

§ 26 In Art. 6 Abs. 1 geben die Vertragsstaaten dem nach allen Particularrechten am Wohnsitze des Gemeinschuldners begründeten Gerichtsstand des Concurses die internationale Sanction. Dabei ist es lediglich auf eine incorrecte Fassung zurückzuführen, wenn der Text das facultative «pourra» statt dem imperativen «sera» anwendet, denn nach der ganzen Anlage der Art. 6—9 kann der Gerichtsstand des Concurses nur als ein ausschliesslicher gedacht werden.

Thatsächlich kann die Fixirung des Gerichtsstandes auf Schwierigkeiten stossen, zumal wenn eine juristische Person, die in beiden Staaten zugleich Handelsniederlassungen hat, in Frage steht. In solchen Fällen haben die Gerichte zu untersuchen, an welchem Orte der wirkliche Sitz, also der rechtliche und factische Mittelpunkt der Geschäftsthätigkeit sich befindet[6]. Charakterisirt sich — was regelmässig zutrifft — das eine Eta-

---

[6] Vgl. den wichtigen Entscheid des Bundesraths i. S. des Crédit foncier suisse vom 20. Januar 1875. (Bundesblatt 1876, II, 246; Dalloz 1875, II, 169; 1876, V, 222; Journal I, 95, 154; II, 80, 462.) Beinahe gleichzeitig war in Genf und Paris über den Crédit foncier suisse der Concurs eröffnet worden. Es entstand nun Streit darüber, an welchem der beiden Orte das Verfahren durchzuführen sei. Der Bundesrath der diesen Competenzconflict in Ansehung der Zuständigkeit der Genfer Gerichte zu entscheiden hatte, gelangte zu dem an sich richtigen Schlusse, die Liquidation habe in einem Concurse und zwar in Paris stattzufinden. Eigenthümlich ist indess die Motivirung dieses Entscheides. Sie liefert einen schlagenden Beleg für die Mangelhaftigkeit der Redaction des Art. 6 Abs. 1. Zunächst wird anerkannt, Art. 6 habe wesentlich den Zweck, die Einheit des Concurses im Interesse der Gläubiger und behufs Erzielung einer raschen Liquidation zu wahren. Sodann heisst es aber wörtlich: «Was nun die unter der Herrschaft der Gesetze des Cantons Genf gegründete Actiengesellschaft des Crédit foncier suisse anbelangt, so anerkennen beide Theile, dass dieselbe einen zweifachen Sitz der Handelsunternehmung hatte, den einen in Genf, das die Statuten als Sitz der Gesellschaft (siège social) bezeichnen, den andern in Paris, das durch Statuten und Reglemente als Sitz der Verwaltung (siège administratif) bezeichnet wird. Demzufolge und nach Art. 6 der Übereinkunft waren sowohl die Genfer Gerichte als diejenigen von Paris befugt und berechtigt, den C. f. s. in Concurs zu erklären. Mit Unrecht würde man diese Befugniss auf die Genfer Gerichte beschränken auf

blissement als die Hauptniederlassung, zu der das andere im Verhältniss einer Zweigniederlassung steht, so ist der Concurs am Sitze der Hauptnie-

Grund des Umstandes, dass der Sitz der Gesellschaft ihrem Bereiche unterstehe. Der Art. 6 der Übereinkunft spricht nicht vom Sitze der Gesellschaft, dem gesetzlichen Wohnsitze des Concursiten, sondern bloss vom Handelsgeschäft (établissement) und vom Wohnsitz (résidence) und es ist von keiner Seite bestritten, dass der C. f. s. ein Handelsgeschäft und einen Wohnsitz unter der Gerichtsbarkeit des Handelsgerichts des Seinedepartements hatte. Beide am 3. und am 5. Februar, zuerst in Genf, sodann in Paris, über den C. f. s. erkannten Concurse haben sonach ihre Rechtfertigung in der Übereinkunft und beruhen auf der stricten Anwendung des besagten Vertrags, welche die angerufenen Gerichte nicht verweigern konnten.» Nach dem Vorstehenden scheint der Schluss auf die Zuständigkeit des Genfer Gerichts logisch unvermeidlich. Die Motive kehren jedoch wieder auf die Einheit des Concurses zurück und versuchen darzuthun, dass zwei getrennt durchgeführte Concurse, «die einem der Hauptzwecke der Übereinkunft zuwidergehende Wirkung haben müssten, Anstände über die Gerichtsbarkeit und eine doppelte Liquidation herbeizuführen und dadurch alle in Frage kommenden Interessen schwer zu gefährden». Hieraus folgert der Bundesrath, er habe die Einheit des Concurses zu wahren. Zu diesem Behufe untersucht er — und dieser Theil der Erwägungen verdient volle Billigung — an welchem Orte der Crédit foncier suisse «den Mittelpunkt, den wirklichen Haupthérd seiner Geschäfte und seines Betriebs» habe. Eine Reihe von Thatsachen führt nun dazu, Paris als den eigentlichen Sitz der Gesellschaft anzuerkennen. Die Entscheidung lautet wie folgt: «Die Liquidation der Activen und die Vertheilung der Passiven und insbesondere die Zulassung der von der Gesellschaft des C. f. s. ausgegebenen Obligationen fallen dem in Paris eröffneten Concurse zu. Die Concursmasse hat jedoch die Zuständigkeit der Genfer Gerichte für alle Klagen anzuerkennen, welche auf Verpflichtungen beruhen, die vom C. f. s. in Genf eingegangen worden sind.» — Indem der Bundesrath die Einheit des Concurses erzwang, obschon die Concurseröffnung seiner Ansicht nach gemäss Art. 6 Abs. 1 in beiden Staaten gültig erfolgte, stellte er sich gewissermassen über den Vertrag. Streng genommen war folgende Alternative in's Auge zu fassen: Entweder verstösst Art. 6 Abs. 1 nur scheinbar in Folge einer mangelhaften Redaction gegen die Einheit des Concurses (dies ist die im Texte vertretene Ansicht), oder Art. 6 Abs. 1 wollte mit Absicht in dergleichen Fällen (d. h. wenn dieselbe Person in beiden Staaten Niederlassungen hat, bzw. im einen Staaten domicilirt ist und im andern ein Etablissement betreibt) die Jurisdiction theilen und dann kann von der Einheit nicht mehr die Rede sein. Ein drittes gibt es nicht. Es hiesse ein arge Anomalie in den Vertrag hineinlegen, wollte man annehmen, derselbe habe das Princip der Einheit des Concurses und zugleich die Zulässigkeit einer mehrfachen Concurseröffnung ausgesprochen, denn unmöglich konnte die Competenz zur Eröffnung mehreren Gerichten, nur einem hingegen die Competenz zur Durchführung übertragen werden. Entweder war die Eröffnung des Verfahrens in Genf vertragswidrig oder nicht; war sie es nicht, dann hatte der Bundesrath keine Befugniss, jenes Verfahren aufzuheben. Die Ursache dieser Verwirrung liegt einfach in der fehlerhaften Fassung des Art. 6 Abs. 1. Scheinbar deutet diese Bestimmung darauf hin, dass im Verhältnisse zwischen den Vertragsstaaten die Concurseröffnung schon über einen Fremden, der im Inlande lediglich ein «établissement» bzw. eine «résidence» hat, zulässig sei. Da die Competenz des Wohnsitzgerichts daneben unzweifelhaft fortbestünde, würde sich die Möglichkeit einer mehrfachen Concurseinleitung ergeben. In der Absicht des Vertrags lag dies aber nicht. Ausdrücklich wird in der bundesräthlichen Botschaft das Princip der Einheit betont, mit den Worten: «Die absolute Herrschaft des Gerichtsstandes des Wohnortes des Concursiten hat aber die wichtige Änderung zur Folge, dass künftig nur ein Concurs bestehen kann, dass ein Separatconcurs im andern Staate unzulässig ist, und dass alle Activen, wo solche sich befinden mögen, an den Concursrichter abgeliefert werden müssen». Dieses Princip wird durch die freilich mangelhafte und revisionsbedürftige Fassung des Art. 6 Abs. 1, der statt «établissement principal» bloss «établissement» und statt «domicile» ungenau «résidence» anwendet, nicht zerstört. Einfacher liesse sich die Bestimmung, mit Einschluss des in Art. 9 Gesagten, etwa wie folgt ausdrücken: «Zur Eröffnung des Concurses über das Vermögen eines innerhalb der Vertragsstaaten wohnhaften Schuldners sind die Gerichte desjenigen Staates ausschliesslich zuständig, in welchem derselbe seinen Wohnsitz hat». Daran liesse sich zweckmässig eine Modification für den Fall, dass der Gemeinschuldner in beiden Staten besondere Handelsniederlassungen besitzt, anfügen.

derlassung einzuleiten. Etwas heikler gestaltet sich die Sache, wenn Jemand in beiden Staaten selbständige, getrennte, besonders verwaltete Handelsniederlassungen besitzt. Hier kann man sich fragen, ob nicht die absolute Einheit des Concurses dahinfallen und die Bildung von Specialmassen Platz greifen müsse. Indess ist der Schuldner auch in diesem Falle eine und dieselbe Person und daher muss der Concurs gleichfalls wenigstens insofern ein einheitlicher sein, als der Concurs über das eine Etablissement jenen über das andere nothwendig nach sich zieht. Dagegen bleibt es fraglich, ob die Gläubiger, die unmittelbar mit dem einen Etablissement contrahirten, nicht zunächst aus der Vermögensmasse dieses Etablissements und nach Massgabe der dortigen Gesetze Befriedigung erlangen können.

Trotz der Vertragsbestimmungen treten in dieser Materie Collisionen ein, wenn in einem bestimmten Falle Gerichte beider Staaten das wirkliche Domicil in ihrem Bereiche annehmen, wobei eben wiederum der Mangel einer Begriffsbestimmung des Domicils und eines Organs zur Lösung von Competenzconflicten fühlbar wird.

4. Universalität und Attractivkraft

§ 27   Das gemäss Art. 6 Abs. 1 am Wohnsitze des Gemeinschuldners eröffnete Verfahren ist innerhalb der Vertragsstaaten — ohne Rücksicht auf die Lage des Vermögens und den Wohnsitz der Gläubiger — ein einheitliches. Dies ergibt sich nicht allein daraus, dass überhaupt der Gerichtsstand des Concurses am Wohnsitze des Gemeinschuldners und damit die daran sich knüpfenden Folgen im Verhältniss beider Staaten zu einander Anerkennung erlangt haben, sondern ebensosehr aus dem Inbegriff der in Art. 6 Abs. 2—4 enthaltenen Einzelbestimmungen. Der oberste, den ganzen Concursprocess beherrschende Grundsatz lautet somit: Das Verfahren umfasst das gesammte, im Geltungsbereiche des Staatsvertrags befindliche Vermögen des Schuldners und wirkt allen dort wohnhaften Betheiligten gegenüber. Nun erhebt sich aber die überaus wichtige Frage: Äussert das im einen Staate eröffnete Verfahren diese Wirkung ipso facto im andern Staate, oder bedarf es hiezu erst der Vollstreckbarkeitserklärung? Es sind dabei zwei Punkte scharf auseinander zu halten: einmal die Wirkung der res judicata (l'autorité de la chose jugée) und sodann die Vollstreckbarkeit (la force exécutoire). Dass die letztere erst eintritt, wenn das Concurserkenntniss nach Massgabe der für die Urtheile überhaupt geltenden Vorschriften die Vollziehungsbewilligung erhalten hat, darüber besteht kein Zweifel. Wie verhält es sich aber bezüglich der erstgenannten Wirkung? Ist auch diese durch die Vollziehungsbewilligung bedingt? Der Vertrag gibt darüber keine deutliche Auskunft. Es ist dies um so bedauerlicher, als Folgen von grosser praktischer Tragweite hiemit verknüpft sind. Von der Entscheidung dieser Frage hängt es ab, ob der Gemeinschuldner nach der im einen Staat erfolgten Concurseröffnung die Verfügungs- und Verwaltungsbefugniss auch über das im andern Staate befindliche Vermögen verliere, ob die individuelle Rechtsverfolgung seitens einzelner Gläubiger auch dort gleichzeitig gehemmt werden, endlich ob der im Staate des Concursgerichts bestellte Masseverwalter als solcher unmittelbar nach der Concurserklärung auch im andern Vertragsstaate anzuerkennen sei. Keine dieser Wirkungen ist im Vertrage völlig klar gestellt. Ja, es liegt sogar nahe, will man sich ängstlich an den Buchstaben des Art. 6 Abs. 2 anklammern, dem im einen Staate erlassenen Concurserkenntniss im andern Staate vor der Vollziehungsbewilligung überhaupt jede Wirksamkeit abzusprechen. Nichtsdestoweniger ist eine solche Interpretation entschieden abzuweisen. Es würde damit die von den contrahirenden Theilen zweifellos gewollte Universalität des Concurses durchbrochen und gerade der Zweck nicht erreicht, welcher bei der internationalen Regelung des Concursverfahrens zunächst vorschwebte: die gleichmässige Vertheilung des Vermögens unter sämmtliche Gläubiger. Offenbar wäre eine solche Vertheilung vereitelt, wenn die ausländischen Gläubiger zum Nachtheil der inländischen zwischen der Concurseröffnung und der Vollstreckbarkeitserklärung auf die auswärtigen Vermögenstheile greifen könnten. Dazu tritt noch Folgendes: Die Nichtanerkennung der Rechtskraft des Concurserkenntnisses im Auslande müsste für das ausländische Gericht nothwendig die Befugniss zur Eröffnung eines Separatconcurses involviren. Nun ist aber ein solcher Concurs mit dem ganzen System der Art. 6—9 unvereinbar, zumal er unter allen Umständen mit der Production des vom Wohnsitzrichter ausgehenden Concursdecrets sein Ende erreichen müsste. Abgesehen davon würde der Vertrag, wäre jene Interpretation richtig, hinter den ohnedies bestehenden Rechtszustand zurückgehen, da sogar die der Anerkennung auswärtiger Urtheile nicht eben günstige französische Gerichtspraxis den ausländischen Concurserkenntnissen nicht jede Wirkung versagt und insbesondere den Masseverwaltern die Vornahme provisorischer Massnahmen gestattet[7]. Man darf desshalb unbe-

---

[7] Vgl. SIREY 1841, II, 263; 1848, II, 228; 1864, II, 122; 1869, II, 172; 1872, II, 90; Journal I, 32; II, 18; III, 181; IV, 144; auch DEMANGEAT bei FOELIX II, 111 Note b; MASSÉ II, No. 809; AUBRY et RAU I § 31, p. 97.

denklich schliessen, dass die universelle Bedeutung des Concurses im Geltungsbereiche des Staatsvertrags unmittelbar mit der Concurseröffnung und nicht etwa erst nach der Vollstreckbarkeitserklärung eintritt, welch' letztere freilich zur Vornahme von Vollstreckungshandlungen unbedingt erforderlich ist[8].

Das bisher Gesagte lässt sich folgendermassen zusammenfassen: Das Wohnsitzgericht des Schuldners ist allein für die Eröffnung des Verfahrens zuständig. Ein Separatconcurs im andern Staate ist desshalb absolut unstatthaft. Nach der Concurseröffnung können die ausländischen Gläubiger weder Arreste erwirken oder Zwangsvollstreckungen vornehmen, noch Pfand- und Hypothekenrechte erwerben. Das gesammte Vermögen fällt in die Concursmasse. Die im Staate des Concursgerichts bestellten Masseverwalter sind im andern Staate ebenfalls anzuerkennen, nur müssen sie, um behufs Liquidation des dortigen Vermögens Vollstreckungshandlungen vornehmen, bzw. bei den zuständigen Behörden beantragen zu können, für das Concurserkenntniss vorerst die Vollziehungsbewilligung erwirken.

5. Pfand- und Vorzugsrechte

§ 28   Die Einheit des Concurses kann nur soweit durchgeführt werden, als sie die nach den Gesetzen des andern Vertragsstaates wohlerworbenen Rechte nicht gefährdet. Es muss desshalb ein Verfahren gesucht werden, das unter Aufrechthaltung der Universalität des Concurses zugleich diejenigen Rechte sichert, welche in Ansehung der ausserhalb des Staates des Concursgerichts liegenden Vermögenstheile bestehen. Dieses Problem hat in den vereinzelten positiven Normen, die bisher eine internationale Regelung des Concursprocesses versuchten, eine verschiedene Lösung erfahren[9]. Je nachdem man mehr die Einheit des Concurses betont, oder umgekehrt die Gesetze der belegenen Sache in ihrem ganzen Umfange aufrecht erhalten wissen wollte, hat man entweder die mit Pfandrechten behafteten Sachen gleichfalls in den Concurs gezogen, den Erlös aber vom Concursgericht in Gemässheit der lex rei sitae vertheilen lassen, oder aber die Befriedigung der dinglich berechtigten Gläubiger am Orte der belegenen Sache vorgesehen. Das letztere Verfahren, das auch in der bundesrechtli-

---

[8] Dubois bei Carle, p. 90, gelangt in einer kurzen Kritik des Art. 6 zu dem nämlichen Resultate.
[9] Vgl. hierüber Savigny, 292; Carley et Dubois, 123; ferner Art. 5 der schweizerisch-württembergischen Übereinkunft. Vorzüglich ist diese Materie geregelt in den §§ 15—17 des deutschen Rechtshülfegesetzes. S. Endermann, 69—81.

---

chen Praxis befolgt wird [10], erscheint desshalb als das zweckmässigere, weil die Festhaltung der nach der lex rei sitae begründeten Rangordnung hinsichtlich einzelner Vermögenstheile seitens des Concursrichters mit Schwierigkeiten verknüpft ist. Es erhellt nicht sofort, welchem Verfahren der Staatsvertrag folgt. Nach Art. 6 Abs. 3 hat der Masseverwalter die Befugniss, die auswärtigen beweglichen und unbeweglichen Vermögensstücke zu veräussern, bzw. veräussern zu lassen, wobei er sich nach den am Orte der belegenen Sache geltenden Gesetzen richten muss (en se conformant aux lois du pays de leur situation). Der folgende Absatz bestimmt sodann, dass der Erlös in die allgemeine Concursmasse (masse chirographaire) am Orte des Concursgerichts fällt, um dort unter die sämmtlichen Gläubiger vertheilt zu werden. Von der Behandlung der Pfand- und Vorzugsrechte ist darin nicht die Rede. Dagegen enthält Absatz 5 Bestimmungen über die Wahrung der an Immobilien bestehenden dinglichen Rechte. Aus der Gesammtheit dieser Vorschriften hat man nun das einzuhaltende Verfahren zu construiren. Was zunächst die in Ansehung der Immobilien geltenden Pfandrechte betrifft, so sagt Art. 5 ausdrücklich, dass der Erlös aus den unbeweglichen Sachen nach den am Orte der Lage geltenden Gesetzen zu vertheilen ist. Wer diese Vertheilung vornehmen soll, wird nicht gesagt. Es unterliegt indes nach der Tendenz des Vertrags hinsichtlich der Wahrung der lex rei sitae und im Hinblick auf Art. 4 keinem Zweifel, dass über die Existenz der Pfandrechte und deren Collocation im Streitfalle der Richter der belegenen Sache zu entscheiden hat. Hienach findet, sobald auf die Requisition des Concursrichters, bzw. den Antrag des Masseverwalters zur Zwangsversteigerung der ausländischen Immobiliarmasse geschritten wird, aus dem Erlöse die Befriedigung der nach den Gesetzen der belegenen Sache mit dinglichen Rechten versehenen Gläubiger statt. Nur ein allfälliger Überschuss wird in die Concursmassse abgeliefert. Obschon nun in Betreff der auf Mobilien bezüglichen Pfand- und Vorzugsrechte eine ausdrückliche Bestimmung fehlt, wird doch die Annahme das Richtige treffen, dass dieselben in analoger Weise zu behandeln seien. Was zunächst diejenigen Gläubiger betrifft, welche nach dem Rechte der belegenen Sache die Befugniss zusteht, sich, unabhängig vom Concursverfahren, aus einer bestimmten Sache Befriedigung zu verschaffen, so können sie diese Befugniss genau in derselben Weise ausüben, wie wenn der Concurs im Inlande eröffnet worden wäre; denn ihr dingliches Recht kann durch den Umstand, dass die Concurseröffnung im Ausland erfolgt, offenbar nicht alterirt wer-

[10] Vgl. Entsch. I, 203; III, 486.

den. Das Nämliche gilt von den Vindicationsansprüchen. Ferner ist anzunehmen, dass Specialpfandgläubiger und Retentionsberechtigte die Ablie-
ferung der betreffenden Vermögensstücke an das Concursgericht so lange
verweigern können, als sie nicht Befriedigung erlangt haben. Ungleich
schwieriger ist die Frage, inwieweit Pfand- und Vorzugsrechte genereller
Art auf Berücksichtigung nach Massgabe des Rechts der belegenen Sache
Anspruch haben. Dergleichen Rechte, bei denen das dingliche Element
kaum mehr fühlbar wirkt, und die eigentlich nur eine Vorzugsstellung bei
der Collocation andeuten, dürften füglich [11] von der Gesetzgebung des
Concursortes abghängig gemacht werden. Indess lässt die Fassung des
Absatzes 5, welcher ganz allgemein von den «droits de privilège ou d'hypo-
thèque sur les immeubles» spricht, kaum bezweifeln, dass dergleichen
Rechte, soweit sie sich, wenn auch nur subsidiär, auf Immobilien beziehen,
also namentlich die Generalhypotheken, gleichfalls nach der lex rei sitae
und nicht nach dem Gesetze des Concursgerichts zu beurtheilen sind. Es
erhellt aus dem Gesagten, dass trotz der im Princip aufgestellten Attractivkraft des Concurses für die Liquidation der auswärtigen mit dinglichen
Rechten behafteten Vermögenstheile ein besonderes Verfahren stattfindet.
Dieses Separatverfahren ist aber noch keineswegs ein Separatconcurs, und
zwar — abgesehen davon, dass die Concurseröffnung nicht von dem
Gerichte der belegenen Sache ausgeht — schon darum nicht, weil durchaus
nicht alle Gläubiger an diesem Verfahren theilnehmen und zudem ein allfälliger Überschuss in die Concursmasse fliesst.

6. Ansprüche der Concursmassse

§ 29 Noch in anderer, als der eben besprochenen Richtung schien eine
Schonung des Particularrechts gegenüber einer allzu schroffen Durchführung der Einheit des Concurses geboten. Nach einigen Gesetzgebungen —
und zwar namentlich nach der französischen [12] — wird bekanntlich die
Competenz des Concursgerichts in der Weise ausgedehnt, dass selbst
Rechtsstreitigkeiten, in denen die Concursmasse klagend auftritt, sobald sie
nur durch die Concurseröffnung veranlasst sind, vor dieses Forum kommen. Bedeutsam wird diese für den internationalen Rechtsverkehr bedrohliche Competenzerweiterung hauptsächlich insofern, als es von der Aner-

---

[11] Wie dies in § 15 des deutschen Gesetzes über die Rechtshilfe geschieht. Vgl. ENDEMANN, 72.
[12] Vgl. Art. 635 C. com.; Art. 59 § 7 C. pr. civ.

kennung derselben abhängt, ob die Concursmasse die nach dem Rechte des Concursgerichts der Eröffnung beigelegte rückwirkende Kraft den im andern Vertragsstaate wohnhaften Personen gegenüber wirksam geltend machen kann oder nicht. Sobald die Masse ihre Ansprüche — man denke besonders an die Paulianische Klage — vor das Wohnsitzgericht des Beklagten zu bringen hat, fällt die Berufung auf die rückwirkende Kraft des Concursdecrets dahin, da jenes Gericht die nach den Gesetzen des Concursortes, nicht aber nach seinen Gesetzen eintretenden Wirkungen nicht anzuerkennen braucht. Die französischen Gerichte, die wiederholt schon aus dem Vertrage von 1828 die Attractivkraft des Concurses herleiten wollten, versuchten, darauf gestützt, die Competenz des französischen Concursgerichts in demselben Umfange, wie dieselbe innerhalb Frankreichs begründet ist, auch schweizerischen Beklagten gegenüber aufrecht zu erhalten. Die damals schweizerischerseits mit gutem Grunde zurückgewiesene [13], weil mit Art. 3 (dem jetzigen Art. 1) in Widerspruch stehende Anschauung, ist gegenwärtig ausdrücklich verworfen, indem Art. 7, unter Aufzählung der wichtigsten Fälle, alle von der Concursmasse gegen Gläubiger oder dritte anghobenen Klagen, sollen dieselben auch durch den Concurs erzeugt worden sein, vor den Wohnsitzrichter bzw. den Richer der belegenen Sache weist.

7. Zwangsvergleich

§ 30 Die Gültigkeit eines nach dem Rechte des Concursgerichts zu Stande gekommenen Zwangsvergleichs (concordat) im Bereiche des Staatsvertrags fliesst, genau genommen, schon aus dem Princip der Einheit des Concurses und der dem Concursgericht für alle zwischen der Gläubigerschaft und dem Gemeinschuldner schwebenden Rechtsverhältnisse ertheilten Competenz. Trotzdem hat man es für angemessen erachtet, diese Consequenz besonders auszusprechen (Art. 8), was um so mehr zu billigen ist, als die Wirksamkeit eines im Auslande zu Stande gekommenen Concordats gegenüber den inländischen, nicht theilnehmenden oder nicht zustimmenden Gläubigern in der Theorie des internationalen Privatrechts äusserst bestritten ist [14]. In der Festsetzung der Verbindlichkeit des Zwangsver-

---

[13] Vgl. Entscheid des Bundesraths i. S. Fallimentsmasse Hornung c. Erben GERBER. Bundesblatt 1867, I, 568. (Auch Zeitschriften des bernischen Juristenvereins III, 59.)
[14] Vgl. CARLE et DUBOIS, 103—113 über die in Frankreich herrschende Meinung. Ferner FOELIX II, No. 368; v. BAR, 279.

gleichs im Geltungsgebiete des Staatsvertrags liegt daher eine nicht unwesentliche, den Bedürfnissen der Handelswelt entsprechende Errungenschaft.

Indess taucht hier abermals die oben hinsichtlich der Wirkung der Concurseröffnung berührte Frage auf. Auch die Geltung des Zwangsvergleichs ausserhalb des Staates des Concursgerichts scheint der Text von der vorgängigen Vollstreckbarkeitserklärung abhängig zu machen. Man wird aber, soll Art. 8 nicht in seinen wichtigsten Folgen paralysirt werden, hier ebenfalls zu der dort gemachten Unterscheidung greifen und annehmen müssen, der Zwangsvergleich bedürfe der Vollziehungsbewilligung einzig behufs Vornahme eigentlicher Vollstreckungshandlungen, äussere aber auch in Ermangelung derselben die Wirkungen eines rechtskräftigen Erkenntnisses und genüge desshalb, um den im andern Vertragsstaate gegen den Gemeinschuldner auftretenden Gläubigern die exceptio rei judicatae entgegenzuhalten [15].

---

[15] Dubois bei Carle, 111 interpretirt den Art. 8 gleichfalls in diesem Sinne.

Hans Fritzsche

Hans Fritzsche

1882—1972

Die Zivilprozessrechtswissenschaft hat sich im gesamtschweizerischen Bereich eigentlich erst im 20. Jahrhundert richtig entwickelt. Sieht man von einzelnen Gelehrten wie FRIEDRICH LUDWIG KELLER (1799—1860) ab, die sie aber nicht um ihrer selbst willen betrieben, so muss man feststellen, dass das Rechtsgebiet auf kantonalem Boden gepflegt wurde und dort zur Spezialität lokaler Kapazitäten gehörte, die es der heimischen Gesetzgebung nutzbar zu machen wussten. Einer der ersten, die — im Zusammenhang mit der Privatrechtsvereinheitlichung und wachsender Bedeutung der Rechtspflege des Bundesgerichts — das Zivilprozessrecht in einen grösseren Zusammenhang zu stellen suchten, war Bundesrichter EMIL SCHURTER (1864—1921), der im Auftrag des Schweizerischen Juristenvereins ein Werk begann, das EUGEN HUBERS System und Geschichte des schweizerischen Privatrechts auf dem Gebiet des zivilgerichtlichen Verfahrens entsprechen sollte. Als der Tod ihm die Feder vorzeitig aus der Hand nahm, war es HANS FRITZSCHE, der die in mehrjährigen Abständen erscheinenden drei Bände zu einem glücklichen Abschluss brachte [1].

Dieser zielstrebige Jurist hatte eine eher unauffällig wirkende Laufbahn hinter sich, als er die kaum übersehbare Aufgabe in Angriff nahm. Als Sohn eines Spitalarztes in Glarus aufgewachsen, studierte er an mehreren Hochschulen im In- und Ausland. Seine Habilitation fällt in das Jahr 1919, aber schon ein Jahr später wurde er als Nachfolger seines Lehrers EMIL ZÜRCHER (1850—1926) zum Extraordinarius gewählt. Damals galt an der Universität Zürich noch die Regel, dass sowohl die Habilitation als auch die Aufnahme in die Professorenschaft zu einer Antrittsrede verpflichteten; so entstand FRITZSCHES Betrachtung «Richteramt

---

[1] EMIL SCHURTER/HANS FRITZSCHE, Das Zivilprozessrecht der Schweiz, Zürich (Rascher & Cie) 1924, 1931, 1933.

und Persönlichkeit» und folgte kurz darauf «Wahrheit und Lüge im Zivilprozess». Die beiden Vorträge sind mit Anmerkungen in einem kleinen Band bei Rascher & Cie. erschienen. Es zeugt von der Familienverbundenheit des Verfassers, dass er das Büchlein seinem Vater zum 70. Geburtstag widmete; das Gewicht wiederum, das er Geburtstagen beimass, kommt in den Vor- und Nachworten seiner grossen Werke zum Ausdruck[2].

Die erste und nachstehend abgedruckte Antrittsrede hielt HANS FRITZSCHE am 24. Juli 1920. Im selben Jahr wurde er zum nebenamtlichen Ersatzrichter am Obergericht des Kantons Zürich berufen, hatte also damals noch keine eigene Amtserfahrung erworben, wohl aber die richterliche Arbeit als Gerichtsschreiber des damals noch grösstenteils aus Nichtjuristen zusammengesetzten Bezirksgerichts Horgen aus nächster Nähe kennengelernt. Die Tätigkeit auf diesen beiden Stufen und später als Mitglied und Präsident des Kassationsgerichts boten HANS FRITZSCHE, wie sein Schüler und Nachfolger MAX GULDENER (1903—1981) schreibt[3], «reichlich Gelegenheit, seine wissenschaftlichen Erkenntnisse praktisch auszuwerten; anderseits hat seine Tätigkeit in der Rechtspflege befruchtend auf seine wissenschaftlichen Anliegen gewirkt». Von letzterem ist im vorliegenden Text schon manches zu spüren. So etwa dort, wo der Referent die Interdependenz von Rechts- und Tatfragen im Prozess darstellt und etwas später, wenn er vor vereinfachenden Vorstellungen von Recht und Unrecht warnt (beides im Abschnitt I). Dann wiederum bei seinem Aufruf zum Mitgehen bei der Rechtsentwicklung (im heutigen Ausmass dürfte er sie sich allerdings nicht vorgestellt haben) und zum praktischen Auswerten des juristischen Instrumentariums (beides im Abschnitt II).

Gegen den Schluss des Vortrags hin finden sich die heute aktuellsten Überlegungen, wird doch gegenwärtig die Frage nach der Unabhängigkeit der Gerichtspersonen mit besonderer Intensität gestellt und ist der Ruf nach Beseitigung der Herrschaft der politischen Parteien bei der Besetzung der Stellen — von FRITZSCHE als eine «furchtbare Gefahr» bezeichnet — bis heute

[2] Vorwort zu SCHURTER/FRITZSCHE I vom 22. Januar 1924, zu SCHURTER/FRITZSCHE II/1 vom 22. Januar 1931, zu SCHURTER/FRITZSCHE II/2 vom 22. Januar 1933 (42., 49. und 51. Geburtstag von HANS FRITZSCHE; der letzte Band ist der Universität Zürich zu ihrem 100. Stiftungstag gewidmet) und Nachwort zu Schuldbetreibung und Konkurs nach schweizerischem Recht, 2. Auflage, Bd. 2, Zürich 1968 (Schulthess & Co. AG) vom 22. Januar 1968 (86. Geburtstag des Verfassers).
[3] Universität Zürich, Jahresbericht 1972/1973 S. 101 f.

nie verstummt. Die Aussage schliesslich, wonach Hass und Nichtverstehen vielfach als politischer Weisheit letzter Schluss gelten, mag den Betrachter der heutigen Verhältnisse beinahe tröstlich stimmen.

Dass das eingangs erwähnte Werk von SCHURTER und FRITZSCHE sich nicht in ein kodifiziertes eidgenössisches Zivilprozessrecht umsetzten liess und dass diese inhaltsreichen Bände, nachdem MAX GULDENER mit seiner systematischen Darstellung[4] die Problematik der Rechtszersplitterung bestmöglich überwunden hatte, der Vergessenheit anheimzufallen schienen[5], hat HANS FRITZSCHE schmerzlich empfunden, doch gelang es seiner Tatkraft, durch ein grossangelegtes Lehrbuch über Schuldbetreibung und Konkurs den auf die Zeitumstände zurückzuführenden Verlust an Leserschaft auszugleichen. So hat er nicht allein den Grundstein gelegt zu MAX GULDENERS Leistungen im Zivilprozessrecht, sondern auch seine Autorität als ebenso hervorragender Vertreter der Zwillingswissenschaft unter Beweis gestellt.

Wenn der Vortrag «Richteramt und Persönlichkeit» mit dem Hinweis auf die Bedeutung der letzteren endigt, so entspricht dies auch insofern dem Wesen des Autors, als er es liebte, grosse Schweizer Juristen prägnant darzustellen[6]. In ihre Reihen ist er unverrückbar eingegangen.

Hans Ulrich Walder

---

[4] Schweizerisches Zivilprozessrecht, drei Auflagen, letzte Zürich 1979 (Schulthess Polygraphischer Verlag).

[5] Neuerdings hat sich die Bedeutung dieser Arbeit etwa bei der durch das Lugano-Übereinkommen (BBl 1990 II 265 ff.) ausgelösten Erforschung der Grundlagen von Art. 59 BV wieder gezeigt.

[6] Besonders schön etwa der Beitrag über JOHANN JAKOB BLUMER in: Schweizer Juristen der letzten hundert Jahre, Zürich 1945 (Schulthess & Co. AG) 225 ff. Dazu gehören auch zahlreiche Hinweise über die Referenten der Schweizerischen Juristentage in: HANS FRITZSCHE, Der Schweizerische Juristenverein 1861—1960, Basel 1961 (Helbing & Lichtenhahn).

Richteramt und Persönlichkeit[*]

von Hans Fritzsche

Es ist eine der am meisten beachteten Eigentümlichkeiten unserer schweizerischen Zivilgesetzgebung, dass sie dem Richter eine besonders freie und verantwortungsvolle Stellung gibt. Das Gesetz stellt vielfach für gewisse Fragen keine bindende Regel auf, sondern es überlässt den Entscheid von Fall zu Fall dem Richter, der dadurch eine Macht erhält, die ihn dem Gesetzgeber annähert[1].

Während so der Richter und sein Amt in der Gesetzgebung besonders herausgehoben ist, fehlen in unserem eidgenössischen und auch in den kantonalen Staatsrechten alle die Garantien, durch welche in unseren Nachbarländern dafür gesorgt werden will, dass nur fähige und unabhängige Menschen in ein Richteramt gelangen. Alle anderen Staaten verlangen von ihren Richtern juristische Universitätsbildung und den Nachweis mehrjähriger Vorbildung im praktischen Justizdienst. Das Richteramt selbst aber wird anderwärts ausgestaltet mit wichtigen Vorrechten, die alle dazu dienen sollen, den Richter nach oben und unten unabhängig zu machen. Der Richter wird auf Lebenszeit gewählt und kann nur abgesetzt werden nach schweren Verfehlungen, die zudem konstatiert sein müssen durch ein besonderes, die Rechte der Verteidigung schützendes Verfahren. Der Richter ist auch nicht beliebig versetzbar, sondern nur mit seiner Zustimmung. Durch auskömmliche Besoldung und Pensionsberechtigung wird ökonomische Sorge nach Möglichkeit von ihm ferngehalten, um auf diesem Wege die von der Seite des Erwerbslebens der richterlichen Unabhängigkeit drohenden Gefahren möglichst auszuschalten.

---

[*] Akademische Antrittsrede, erschienen bei Rascher, Zürich 1921.

[1] Vgl. hierzu Kommentare von A. EGGER I. Einleitung XXXII, M. GMÜR, I. 2. Aufl. Allgemeine Einleitung S. 20. = Neuerdings besonders interessant P. LUCIEN-BRUN. Le Rôle et les pouvoirs du juge dans le Code Civil Suisse. Genève 1920.

In der Schweiz fehlen in der Regel gesetzliche Forderungen einer besonderen Fachausbildung oder praktischer Vorbildung völlig. Wer 20 Jahre alt, Schweizerbürger, männlichen Geschlechts und nicht geistlichen Standes ist, kann Bundesrichter werden. Aber auch die Garantien der Lebenslänglichkeit und Unabsetzbarkeit fehlen bei uns. Für hohe und niedere Richter besteht das Recht der periodischen Neuwahl mit oft recht kurzer Amtsdauer, für den Richter also die Aussicht auf Abberufung ohne Grundangabe und schützendes Verfahren. Dazu als Wahlkörper das Volk, das — sei es in direkter Volkswahl oder durch seine Repräsentanten — ohne Fachausweise und Dienstzeugnisse den Richtigen finden muss![2]

Also gesteigerte Anforderungen an den Richter auf der einen Seite, vollkommene Abwesenheit der Sicherungen, die man anderwärts als die wichtigsten Garantien für die Gewinnung eines seiner hohen Aufgabe gewachsenen Richterstandes betrachtet, auf der andern! Und doch will offenbar das Schweizervolk nicht weniger als alle andern Völker den Tauglichsten und Besten zum Richter gemacht wissen! Nicht, weil sie der Sache keinen Wert beimässen, lassen Verfassung und Gesetzgebung den Zugang zum Richteramt fast völlig frei, sondern umgekehrt: Man scheut alle schematischen Wahlanforderungen, um jederzeit den Besten, den Tauglichsten zum Richter berufen zu können.

Wenn dies der Sinn unserer Einrichtungen ist — und ein anderer wird sich kaum finden lassen — so ergibt sich daraus, dass für schweizerische Verhältnisse die Frage eine ganz besondere Bedeutung beansprucht: Wie beschaffen muss der Mensch sein, den man zum Richter machen darf? Denn nicht irgendein Fachminister muss sie auf Grund von Bildungs- und Führungszeugnissen beantworten, sondern der Aktivbürger oder der

---

[2] Vgl. *Bundes*-Verfassung 108 in Verbindung mit 75 für das Bundesgericht. = Zürich. Gesetz betr. das Gerichtswesen im allgemeinen Art. 2, 23, 41, 87. Darnach besteht für keines der Zürcher Gerichte das formelle Erfordernis wissenschaftlicher Vorbildung. Einzig für die Zulassung zur Rechtsanwaltschaft besteht das Erfordernis einer wissenschaftlichen Prüfung. Bemerkenswert bleibt aber, dass auch da kein formeller Ausweis eines akademischen Studiums verlangt wird. Vielmehr wird jeder handlungsfähige (männliche oder weibliche) Schweizerbürger zum Examen zugelassen, der sich über einen guten Ruf und einjährige Praxis bei einem Zürcher Gericht oder Anwalt ausweist. (Gesetz betr. die Ausübung des Rechtsanwaltsberufes § 2.) Das Examen selbst stellt ernsthafte Anforderungen an Wissen und Können des Kandidaten. Allein der Weg, auf dem er dazu gelangt, ist freigestellt.
Die Besonderheiten der schweizerischen Einrichtungen, verglichen mit denen der andern alten Demokratien, treten besonders klar in Erscheinung bei K. ULRICH, Die Bestellung der Gerichte in den modernen Republiken. 1904. Interessante Untersuchungen bei HANS REICHEL, Bestellung und Stellung der Richter in der Schweiz und im zukünftigen Deutschland, Tübingen 1919. (Mit beachtenswerten Ausführungen schweizerischer Juristen über praktische Erfahrungen mit der Volkswahl der Richter.)

Volksvertreter selbst, und zwar ohne alle solchen Hilfsmittel. Nur wenn diese Frage von Fall zu Fall eine richtige Lösung findet, kann die Freiheit der Wahl und des Zugangs zu den Richterämtern den Vorteil bringen, den die Schöpfer dieser freiheitlichen Einrichtungen von ihnen erwartet haben.

Welches sind nun die Anforderungen an einen neuzeitlichen schweizerischen Richter? Ein Thema, viel zu gross und umfassend, als dass es im knappen Zeitraum einer Stunde zu erschöpfen wäre. Und doch mag der Versuch gewagt werden, wenigstens auf dies Problem erneut hinzuweisen und seine Bedeutung gerade in unserer bewegten Zeit hervorzuheben.

I.

Man kann die Frage: Wer ist der berufene Richter? nicht lösen, ohne dass man sich von der richterlichen Tätigkeit ein klares Bild zu machen sucht. Sie ist unzweifelhaft verschieden, je nach dem Kulturstand eines Volkes. Der Priester-Richter einer primitiven Zeit, der aus seinem direkten Verkehr mit der Gottheit das Recht kündet, die Dorfältesten unserer mittelalterlichen Volksgerichte, die aus mündlicher Überlieferung das Recht «weisen», üben eine ganz andere Tätigkeit aus, als ein heutiger Zivilrichter. Wir müssen für unseren heutigen Zweck alle historische Betrachtung ausschalten. Wir stellen die Frage: Welches sind die grundlegenden Tätigkeiten eines modernen Richters, wobei wir uns im weiteren auf die Zivilgerichtsbarkeit beschränken müssen.

Da tritt auch heute noch an erster Stelle die Forderung ins Bewusstsein, dass der Richter das Recht kennen muss. Der Richter muss mit dem Inhalt dessen vertraut sein, was wir unser objektives Recht nennen. Unsere unendlich vielgestaltigen Lebensverhältnisse haben ihren Niederschlag gefunden in einer grossen Masse rechtlicher Vorschriften, die ihrer grossen Hauptsache nach in zahlreichen Gesetzen, Verordnungen, Staatsverträgen, niedergelegt sind. Es ist nicht einfach und ohne eingehende Beschäftigung mit dem Gegenstand nicht möglich, sich in diesem Rechtsstoff zurechtzufinden. Die äusserliche Vertrautheit mit diesen Rechtsvorschriften ist es, was noch heute verbreiteter Volksmeinung nach den Juristen ausmacht. Man stellt sich vor, dass er die auf jeden vorkommenden Fall passende Gesetzesschablone im Kopf habe, den betreffenden Paragraphen aus dem Gedächtnis müsse hersagen können, und dass damit die Sache getan sei. Eine naiv-falsche Vorstellung vom Wesen juristischer Tätigkeit! Gewiss muss der Jurist und vornehmlich der Richter sich in der oft schwer übersehbaren Fülle eidgenössischer und kantonaler Vorschriften zurechtfinden. Allein das ist nur der Anfang seiner rechtlichen Kenntnis! Das Wissen vom Recht erschöpft sich nicht in einer Leistung des Gedächtnisses. Juristisches Denken ist eine Methode, an deren Ausbau berufene Denker während Jahrhunderten gearbeitet haben. Unsere grossen Gesetzgebungswerke sind Höchstleistungen menschlichen Denkens und menschlicher Arbeit und müssen schon allein deswegen wissenschaftlichen Studiums würdig erklärt werden. Ihre bei oberflächlicher Durchsicht teilweise selbstverständlich erscheinenden, teilweise aber auch fast unverständlich abstrakten Sätze enthüllen sich dem Wissenden als ein reiches System eines wohlgefügten Ganzen. Aus dem trockenen Zusammenhang schälen sich einzelne weittragende Rechtsgedanken heraus, nach denen zahllose Vorgänge des Rechtslebens gemessen und geordnet werden können. Andere dieser Normen treten zurück als scheinbar zwecklose Glieder, bis gelegentlich ein Rechtsausfall auch sie zum Leben erweckt. So sehen wir an Stelle abstrakter Regeln lebensvolle Gebilde treten, die für den Wissenden alles andere, als die traditionelle Langeweile und Wortklauberei bedeuten. Es ist keine Geheimlehre, wie etwa berühmte Gesetzesworte alter Zeiten, die nur in den Händen einer Priesterkaste lagen. Es ist sogar, insbesondere bei der Abfassung des Schweizerischen Zivilgesetzbuchs, alles geschehen, um das Gesetzeswort so einfach und verständlich zu halten, als das immer möglich ist[3]. Allein, ist etwa unser vielgestaltiges Leben so einfach zu erfassen und zu übersehen? Ist es nicht naturnotwendig, dass auch die vielfachen Normen, die berufen sind, dies Leben zu ordnen, gewisse Schwierigkeiten für die Erkenntnis bieten? Unsere Gesetze verlangen Arbeit, geistige Versenkung, das ehrliche Streben, in ihren Inhalt einzudringen.

So ergibt sich als erste unabweisliche Forderung an den heutigen Richter: die gründliche Kenntnis des positiven Rechts, die sich nur durch ernstliches Studium seines Werdens und seines systematischen Baues erreichen lässt. Man redet heute verächtlich vom positiven Wissen. Aber ohne einen guten Schulsack positiven Wissens gibt es keinen Juristen und keinen Richter. Nur genügt dies positive Wissen vom Bau und Wesen unseres Rechtes nicht für den Richter!

[3] Für die vielbesprochene Frage der sprachlichen Technik des *ZGB* ist immer wieder auf die klassischen Ausführungen von EUGEN HUBER in seinen Erläuterungen zu verweisen. (2. Ausgabe S. 14 ff.) Wo die Interpretation von den hier entwickelten Grundsätzen abgeht, setzt sie sich mit dem Geiste des Gesetzes in Widerspruch. (Vgl. Näheres hierüber in meiner Schrift *Aus der Rechtspflege einer Demokratie*, S. 16 ff. und dortige Zitate.)

Denn der Richter muss das Recht nicht nur kennen, sondern er muss es in einem eigenartigen geistigen Prozess anwenden. Sein Amt verlangt kein blosses Wissen, sondern ein Können. Er hat keine abstrakten Rechtssätze aufzustellen, sondern er hat Willenskonflikte, die ihm unterbreitet werden, nach richtiger rechtlicher Regel zu entscheiden. Er hat den richtig erkannten sog. Tatbestand nach richtiger Methode unter die richtig verstandene Rechtsregel zu bringen. Diese sogenannte Subsumtionstätigkeit lässt sich relativ einfach beschreiben, aber nur schwer und durch grosse Übung erlernen, sofern wenigstens die unentbehrlichen Anlagen vorhanden sind.

Damit sind wir bereits von der Rechtstätigkeit des Richters zu einer weiteren, mit dem Richteramt untrennbar verbundenen gelangt: zu der Feststellung und Beurteilung der rechtlich erheblichen Tatsachen. Von der richtigen Handhabung dieser Tätigkeit ist das richtige Urteil ebenso abhängig wie von der richtigen Wahl, Auslegung und Anwendung der Regeln des objektiven Rechts. Die Parteien geraten nämlich nicht nur über die richtige Lösung von Rechtsfragen in Streit, sondern ebenso häufig darüber, ob und wie gewisse der Vergangenheit angehörende rechtserhebliche Tatsachen sich abgespielt haben. Schon SALOMO der Weise hatte nicht die Rechtsfrage zu entscheiden, ob eine Mutter berechtigt sei, das von ihr geborene Kind bei sich aufzuziehen, sondern die Tatfrage: Welche der beiden streitenden Frauen hat das Kind geboren? Die geniale Art, wie der weise Richter diese Tatfrage löste, indem er die Mutterliebe zum Prüfstein der Wahrheit machte und sich diese Naturkraft offenbaren liess, macht die ergreifende Grösse dieses vielleicht berühmtesten Rechtsspruches aus. Auch wo sonst in Sage und Dichtung berühmte Richter auftreten, ist es vielfach nicht die Aufstellung oder Anwendung einer neuen Rechtsregel, sondern die eindrucksvolle Art der Tatsachenfeststellung, die den Richter berühmt macht[4]. Wenn auch unsere Prozessgesetze es ausschliessen, dass der Richter auf Grund geistreicher Einfälle und origineller Experimente die Wahrheit aufdeckt, wenn also auch an die Stelle solcher wissenschaftliche Methoden getreten sind, so stellt doch diese Wahrheitsermittelung den Richter alltäglich vor die schwierigsten Probleme. Nur einige Beispiele: Welchen von zahlreichen, einander vielfach widersprechenden Zeugen über einen gewissen Hergang darf der Richter Glauben schenken? Darf der Richter aus dem Vorhandensein gewisser Tatsachen, sogenannter Indizien, auf das Vorhandensein von andern schliessen? Wie soll der Richter entscheiden, wenn ihm in gewissen

---

[4] Man sehe daraufhin die Rechtsprechung des Landvogtes SALOMON LANDOLT bei DAVID HESS und ihre poetische Verklärung bei GOTTFRIED KELLER durch.

Fragen fachtechnischer Art einander widersprechende Gutachten von Sachverständigen vorliegen? Es sind dies die Fragen der sog. Beweiswürdigung, die nach unseren heutigen Gesetzen mit besonderem Nachdruck der freien, gewissenhaften Prüfung des Richters anheimgestellt werden.

Es ist schwer, von der unerhörten Mannigfaltigkeit gerade dieser Tätigkeit einen richtigen Begriff zu vermitteln. Was immer von Naturvorgängen, menschlichen Handlungen, selbst menschlichen Gesinnungen, Gegenstand rechtlicher Konflikte werden kann, das muss auch vom Richter auf Wesen und Wirken geprüft und im Streitfall festgestellt werden. Ohne alle Übertreibung darf man sagen: Nil humani judici alienum!

Rechtsanwendung und Tatsachenfeststellung gehen in erstinstanzlichen Prozessen in der Regel Hand in Hand. Kein Prozess ohne Rechtsfragen, aber auch selten ein Prozess ohne Streit über Tatfragen. Je höher der Gerichtshof auf der Stufenleiter der Gerichtsorganisation steht, um so mehr verschiebt sich das Verhältnis zugunsten der Rechtstätigkeit. Während vor Bezirksgericht die Aufklärung von Tatfragen durch Beweiserhebungen einen breiten Raum einnimmt, tritt schon vor Obergericht diese Aufgabe zurück. Kassationsgericht und Bundesgericht sind fast ausschliesslich auf die Beurteilung von Rechtsfragen beschränkt.

Neben der Lösung von Tat- und Rechtsfragen mag hier noch die neueste interessante Tätigkeit des Richters genannt werden: die sog. freie Rechtsfindung. Wo weder das Gesetz für einen streitigen Rechtsfall eine rechtliche Regel enthält, wo auch aus sog. Gewohnheitsrecht keine solche zu entnehmen ist, wo also eine eigentliche Lücke in der Rechtsordnung vorhanden ist, da soll nach dem berühmten Artikel 1 des Zivilgesetzbuches der Richter die rechtliche Regel, nach der er entscheiden will, selbst aufstellen. Der Richter soll «nach der Regel entscheiden, die er als Gesetzgeber aufstellen würde.» Dass diese freie Rechtsfindung heute noch keine grosse praktische Bedeutung hat, darf nicht daran hindern, auch diese Tätigkeit des Richters in unsere kurze Skizze aufzunehmen. Denn diese freie Rechtsfindung bildet den Schlussstein und die Höchstleistung, die man vom heutigen Richter erwartet. Er wird hier zum Gesetzgeber[5].

---

[5] Seitdem diese Ausführungen vorgetragen wurden, ist EUGEN HUBERS Werk: *Recht und Rechtsverwirklichung* erschienen, in dem die tiefsten Einsichten eines reichen, der Rechtswissenschaft gewidmeten Lebens niedergelegt sind. Hier hat auch die richterliche Tätigkeit im Zusammenhang mit den Grundproblemen des Rechts ihre grossartige Würdigung gefunden. Auf dieses Werk, insbesondere auf die Ausführungen S. 347 ff., ist zu verweisen, wer sich für die in dem Vortrag angedeuteten Probleme näher interessiert.

Und nun noch einige der Praxis entnommene Beobachtungen: Man darf sich alle diese richterlichen Tätigkeiten nicht als leicht vorstellen. Man stellt sich den Kampf ums Recht gern vor als den Kampf eines Gerechten mit dem Ungerechten, wobei es nicht schwerfallen könne, den Bösen zu entlarven und dem Guten zum Siege zu verhelfen. In Wahrheit liegen die Dinge meist nicht so einfach. Prozesse mit klaren Rechtsfragen gibt es selten. Meist lassen sich die beiden einander bekämpfenden Standpunkte in guten Treuen verteidigen. Und noch viel weniger einfach liegen meist die tatsächlichen Probleme. Sehr oft ist es kein einzelner tatsächlicher Vorgang, sondern eine ganze Kette solcher, die durch das Urteil abgeklärt werden müssen. Und so stellen sich denn unsere Zivilprozesse äusserlich oft dar als schwere dicke Aktenbündel, die genau studiert und mit dem Aufwand grosser Geduld und ernster Gedankenarbeit erfasst sein wollen. Der geistreichste Jurist, der tiefste Kenner der Menschen und Dinge kann nicht Richter sein, wenn er sich auf diese hervorragenden Fähigkeiten verlässt und nicht Geduld und Beharrlichkeit aufbringt, sich diese unentbehrlichen Grundlagen des einzelnen Falles anzueignen.

II.

Nachdem so versucht wurde, von der richterlichen Tätigkeit in ihren Hauptzügen ein Bild zu entwerfen, treten wir an die Frage heran: Welcher Art muss die Persönlichkeit sein, der unser Volk ein Richteramt anvertrauen darf?

Ein Teil der notwendigen Eigenschaften ergibt sich aus den bisherigen Ausführungen von selbst.

Ohne gute Rechtskenntnisse, ohne die Fähigkeit, auch schwierigen rechtlichen Ausführungen mit klarem Verständnis zu folgen und sie selbständig auf ihre Richtigkeit zu prüfen, ohne die Fähigkeit, sich nach eigenem reifem Urteil über die Rechtsfragen schlüssig zu machen, kann auch der Richter unserer ersten Instanzen sein Amt nicht richtig bekleiden. Ohne dieses Mass von Selbständigkeit in rechtlichen Dingen wird ein solcher Richter abhängig, entweder von den Advokaten oder von seinen Kollegen. Kann man im Ernst der Meinung sein, dass für einen Richter die Abhängigkeit gerade in rechtlichen Fragen unschädlich sei? Kann es die wahre Meinung des Volkes sein, die Anwendung der von ihm selbst angenommenen Gesetze in die Hände von Männern zu legen, die diese Gesetze und deren Handhabung nicht verstehen? Ich will gar nicht behaupten, dass das notwendige Wissen nicht in anderer Weise, als durch einen abgeschlossenen Studiengang an der Universität, zu erreichen sei. Es ist zwar ganz sicher, dass der durch methodische Schulung in die Rechtswissenschaft Eingeführte einen schwer einzuholenden Vorsprung vor aus der Schule der Praxis hervorgegangenen Autodidakten hat. Doch gibt es Fälle — ich habe selbst solche zu beobachten die Freude gehabt — in denen besondere Begabung und jahrelange Übung juristischer Kunst den Unterschied bis fast zur Unkenntlichkeit ausgleicht. Solchen Glücksfällen stehen zweifellos auch andere gegenüber. Ich glaube, dass in unseren ersten Instanzen auch Richter sitzen, welche die unentbehrliche Freiheit juristischer Beurteilung nicht mitbringen und auch mangels der erforderlichen besonderen Begabung nie erreichen. Solche Mitglieder eines Kollegiums mögen schätzenswerte Fachkenntnisse aus ihrem Berufskreis mitbringen. Aber abgesehen von den Prozessen, wo solche gelegentlich zur Geltung kommen können, leisten solche Richter nicht nur nichts, sondern sie schaden, weil sie volles Stimmrecht haben und sich leicht der falschen Meinung anschliessen. Dass die Anforderungen an rechtliches Wissen und Können für den Aufstieg in obere Gerichte zu steigern sind, ergibt sich aus unseren früheren Ausführungen über die steigende Bedeutung der Rechtstätigkeit bei den oberen Gerichten von selbst.

Und nun nur noch eine Betrachtung über das unentbehrliche Wissen vom Recht: Das Recht wandelt sich und ändert sich jeden Tag und mit ihm auch das Wissen vom Recht. Und es ist gerade die Gerichtspraxis eine wichtige Trägerin des Fortschrittes im Recht, ob sie es nun wisse und wolle oder ob sie sich im Einzelfall davon nicht Rechenschaft gebe. Wer nicht als Richter den Zwang in sich fühlt, mit den Fortschritten der Rechtswissenschaft in Fühlung zu bleiben, wer nicht in sich das Bedürfnis fühlt nach der Entwicklung und Erweiterung seiner eigenen Einsichten in Wesen und Werden des Rechts, der wird als Richter nicht das Höchste erreichen!

Aber auch der mit den rechtswissenschaftlichen Methoden und Kenntnissen seiner Zeit gut Ausgerüstete ist noch kein Richter. Diese Kenntnisse befähigen ihn noch nicht zur richtigen Beurteilung der vorher besprochenen Tatfragen. Sie verschaffen ihm keinen Einblick in das Wirtschaftsleben der Gegenwart, keine Fähigkeit, Menschen in ihren Eigenschaften, Wünschen, Fehlern zu erfassen, keine Einsicht in das alltägliche Getriebe von Handel und Wandel, in die Kette von Ursachen und Wirkungen im täglichen Leben und Treiben der Rechtsgenossen. Sie verschaffen ihm nicht die Fähigkeit zu klarer Beurteilung der Folgen, die ein von ihm gesprochenes

Urteil für die Betroffenen haben wird. Kurz: Es kann einer ein ordentlicher Schuljurist, aber daneben für die Beurteilung praktischer Lebensfragen ein unmündiges Kind sein, dessen Händen man die Geschicke von Erwachsenen nicht anvertrauen kann[6].

Ein berühmter Rechtslehrer pflegte uns Hörern einzuschärfen: Der Jurist muss alles wissen! Und er meinte damit die Wahrheit, dass der praktische Jurist (und insbesondere auch der Richter) sich jederzeit bereithalten muss, für die verschiedensten Lebensverhältnisse Verständnis aufzubringen. Unübersehbar ist die Mannigfaltigkeit von menschlichen Interessen, die zum Richterstuhl dringen. Da kämpft vielleicht ein Erfinder in schwierigem Prozess um die materielle Frucht seiner Geistestätigkeit. Unmittelbar nachher führt eine geplagte Hausfrau Klage über eine freundliche Hausbewohnerin, die ihren Staub zum Fenster hinaus in die frischgereinigte Stube der Klägerin ausschüttet. Hierauf tritt ein bedrängtes Ehepaar an die Schranken, und legt dem Richter seine Seelennöte vor, um abgelöst zu werden von Parteien, die seit Jahren über ein Wasserrecht streiten und es für richtig halten, ihren vielfachen Prozessen über den Gegenstand einen neuen beizufügen. Der Richter muss in sich den Zugang finden zu Menschen aller Art und zu grossen und kleinen Dingen. Er wird ein Beobachter sein müssen, ein Mensch, der täglich und stündlich bereit ist, Neues zu verstehen, neue Menschenschicksale mitzuerleben, bereit auch, bisher von ihm als richtig Anerkanntes preiszugeben und sich belehren zu lassen. Angeborene Gaben sprechen hier gewichtig mit, aber auch die bewusste Pflege dieser Tätigkeit des Sicheinlebens und verständnisvollen Eingehens auf ihm bisher Fremdes[7]. Dass es sich auch hierbei nicht um ein Gedächtniswissen irgendwelcher Art handelt, ist klar. Nicht auf gedächtnismässiges Reproduzieren von Wissensstoff, sondern auf die Meisterschaft steten Neuerwerbes kommt es an. Ein Vielwisser, einer der sich alles zutraut, darf der Richter unter keinen Umständen sein. Vielmehr ist klar, dass er in einer sehr grossen Zahl von Fällen aus eigenem Wissen nicht entscheiden kann. Bei aller

---

[6] Vgl. hierzu das von HUBER S. 357 zitierte Wort von Kant: «Ein Richter oder ein Staatskundiger kann viele schöne juristische oder politische Regeln im Kopfe haben, in dem Grade, dass er selbst darin ein gründlicher Lehrer werden kann, und wird dennoch in der Anwendung derselben leicht verstossen, entweder weil es ihm an natürlicher Urteilskraft (obgleich nicht an Verstand) mangelt und er zwar das allgemeine in abstracto einsehen, aber ob ein Fall in concreto darunter gehört, nicht unterscheiden kann, oder auch darum, weil er nicht genug durch Beispiele und wirkliche Geschäfte zu diesem Urteil abgerichtet worden ist.» (Kritik der reinen Vernunft, Ausg. ROSENKRANZ, Band 2 S. 119.)

[7] Pectus facit jurisconsultum, das Herz macht den Juristen, sagt ein altes schönes Wort. In der Novellette von JAKOB BOSSHART, Der Richter Dâmigh, *Träume der Wüste*, 1918, erfährt diese Wahrheit eine packende Darstellung.

Vielseitigkeit ernsthafter Interessen muss er strenge Selbstkritik üben. Er muss es verstehen, sich durch Fachleute in richtiger Weise helfen zu lassen, die richtigen Fragen an sie zu richten, so dass sie aus ihrem Fachwissen ihr Bestes bieten, ohne doch den rechtlichen Entscheid dem Richter aus den Händen zu nehmen.

In dieser Seite richterlicher Tätigkeit wurzelt die berechtigte Anforderung, dass der Richter über ein gewisses Mass von Lebenserfahrung verfügen muss. Nach PLATO muss der Richter ein Greis sein, eine Forderung, die im «Staat» wie folgt begründet wird: «Der Richter herrscht über die Seelen mit seiner Seele, einer Seele, die weder von Jugend an unter schlechten Seelen erzogen sein und mit ihnen verkehren, noch alle Verbrechen aus eigener Erfahrung kennengelernt haben darf, also, dass sie aus sich selbst die Verbrechen anderer beurteilen könnte. Vielmehr muss sie unschuldig und unbefleckt schon von Jugend an allem schlechten Wesen gegenübergestanden sein, wenn sie, selbst schön und gut, gesunden Blicks das Gerechte beurteilen soll. Darum auch zeigen sich tüchtige junge Leute so einfältig und lassen sich unschwer von den Ungerechten täuschen; fehlen doch ihren Seelen die Vorbilder, die ihnen zeigen könnten, wie es in den Schlechten aussieht. — Darnach zu schliessen kann nicht ein Junger, nein, nur ein Greis einen guten Richter abgeben, der spät erst erfahren hat, was Ungerechtigkeit ist, und dann hat er sich diese Kenntnis nicht aus seiner eigenen Seele erworben, sondern er hat sich bemüht, die Ungerechtigkeit der fremden Seelen, als fremde Eigenschaft, lange Zeit zu beobachten, um das Wesen dieses Übels zu erkennen. Sein Studium, nicht das Erlebnis an sich, war seine Hilfe[8].»

Gross gedacht! Und doch die Überspannung eines richtigen Gedankens. Man wird nicht ausser acht lassen dürfen, dass gewisse Lebenserfahrungen, mögen wir sie nun an uns selbst machen oder aus der blossen Beobachtung anderer ziehen, einen übermächtigen Einfluss auf menschliches Verstandes- und Gemütsleben gewinnen können und dass darunter die entscheidende Kraft der klaren Einstellung auf neue Menschen und Dinge leidet. Es stellt sich leicht eine gewisse Starrheit des Urteils ein. Darum ist nicht jeder Alte ein Richter. Umgekehrt mag auch ein Junger, wenn er die nötigen Anlagen mitbringt und die Augen offen hat, den Schatz praktischer Lebensweisheit erwerben, den wir für den Richter unentbehrlich halten. Wenn unser Richter keinen andern Fehler hat, als den der Jugend, so möchte ich ihm den verzeihen!

---

[8] Übersetzung KARL PREISENDANZ, Jena 1916. S. 123.

Auf der Verbindung von rechtlichem Wissen und Können mit der lebendigen Kenntnis von Menschen und Dingen beruht zum Teil die Rechtfertigung unserer Laiengerichte. Man weiss, dass der Jurist, wenn er sich selbst überlassen ist, zur Überschätzung des logischen Elementes im Rechte neigt. Man weiss auch, dass sich Lebenserfahrung nirgends besser gewinnen lässt, als durch aktive Teilnahme am tätigen Berufsleben. Man setzt sie daher zusammen, den Juristen und den Laien, damit jeder sein Bestes gebe und durch gemeinsame Arbeit das Ziel erreicht werde[9]. Dass in den Oberinstanzen der Laie zurücktreten kann, ergibt sich aus unseren früheren Ausführungen über das Vorwalten der Rechtstätigkeit bei diesen Gerichten.

Den mit dem rechtlichen Wissen seiner Zeit und mit der Gabe der Einfühlung in die verschiedenartigsten menschlichen Interessen ausgestatteten Richter begleiten wir nun in seine geheimste Werkstätte. Alles Wissen vom Recht und von den Menschen genügt nicht: er muss die ihm vorgelegten Konflikte lösen, er muss einen Weg suchen durch oft schwieriges Gelände, er muss zu einem *Entschluss* gelangen. Eine Aufgabe, die oft um so schwerer wird, je gründlicher der Richter sich in die Besonderheiten des Falles eingelebt hat. Der Richter wird vielfach den wahren Kern des Wortes erfahren: tout comprendre — c'est tout pardonner. Er wird bei eindringender Analyse manches menschliche Tun verstehen und berechtigte Bestrebungen wirksam finden in einem Verhalten, das zunächst mit dem Wortlaut eines überkommenen Gesetzes sich nicht will in Einklang bringen lassen. Er wird sich stets vor Augen halten, wie unendlich viel für die Beteiligten oft von

---

[9] Die andere Wurzel der Erscheinung ist eine politische: die feste Verankerung der Rechtspflege im Volksbewusstsein. Ein guter Bekannter schrieb dem Verfasser zu dieser Stelle: «Als gewiegter Jurist gehen Sie um die Hauptsache herum und begnügen sich mit dem, was allgemeine Zustimmung findet.» Und er stellte im übrigen verschiedene Fragen über die Bewährung unserer Laiengerichte, verglichen mit den Juristengerichten anderer Länder.
Es war leicht zu antworten. Das Thema: Laiengerichte oder Juristengerichte konnte hier nur gestreift werden. Die erstinstanzlichen Laiengerichte sind aber eine absolut gesicherte Institution der schweizerischen Kantone, an der im Ernste kaum jemand rüttelt. Der Verfasser ist überzeugt — und er hat das in seinen Schriften nie verhehlt —, dass sich diese Einrichtung vorzüglich bewährt, sobald sie in richtigem Geiste gepflegt wird. Die Institutionen allein bedeuten wenig, ihre Belebung durch die richtigen Persönlichkeiten alles. Dem Probleme, wie solche Persönlichkeiten beschaffen sein müssen, seien es nun Juristen oder Laien, gelten unsere Ausführungen. Nichts würde dem Verfasser willkommener sein, als dass sie allgemeine Zustimmung — und entsprechende Verwirklichung finden möchten. Es mag hier noch ein Wort aus Hubers schönem Werke Platz finden: «Über aller Gelehrsamkeit steht die ursprüngliche Kraft, die Verhältnisse richtig zu beurteilen, und dieser Kraft ist ein Laie an sich ebenso mächtig wie ein Gelehrter, oder auch der eine so wenig mächtig wie der andere.» (S. 448.)

seinem Spruche abhängt, gerade wenn er und weil er sich in der geforderten Weise in die Innerlichkeit jeder der Parteien zu versetzen sucht. So wird der Richter jederzeit eine hohe Verantwortlichkeit empfinden und daher den Entscheid nie leicht nehmen. Es gibt ehrenhafte Persönlichkeiten, die diese Schwierigkeiten nicht überwinden, die sich keinen Entschluss abringen können oder schliesslich, weil sie in solcher Art gehemmt sind, zu halben Massnahmen gelangen. Ein Richter ohne Entschlusskraft, ohne starkes, aber mutiges Verantwortlichkeitsgefühl, ist nicht zu gebrauchen, mag er daneben noch so gelehrt und vielerfahren sein.

Wir haben damit das Gebiet intellektueller Anforderungen an den Richter verlassen und stehen bereits mitten in den Problemen des Charakters. Hierbei müssen wir nun noch einen Augenblick verweilen, trotz des bekannten Wortes von «Auch Einer»: Das Moralische versteht sich immer von selbst. Nicht, dass wir untersuchen wollten, wie sich der Richter im allgemeinen den Geboten der Moral gegenüberzustellen hätte. Wer zu entscheiden hat, ob gewisse Rechtsgeschäfte «unsittlich» sind, ob jemand einen «unehrenhaften» oder «unsittlichen Lebenswandel» führt, der wird nicht lang zu fragen haben, was für Ansprüche er an seine eigene Führung zu stellen hat. Hier halten wir es mit «Auch Einer».

Es sei hier nur die Rede von den mit dem Richteramt in besonderer Weise verbundenen Charaktereigenschaften. Es ist einfach, sie aus der richterlichen Stellung abzuleiten, schwierig, ausserordentlich schwierig, sie in die Tat umzusetzen. Dies moralische Wesen des Richters ergibt sich schon in Anknüpfung an die herkömmliche Einrichtung unserer Gerichtssäle: der Richter sitzt *über* den Parteien. Überparteilichkeit, Unparteilichkeit, ist der oberste Leitstern richterlichen Handelns. Unparteilich aber kann nur ein selbständiger, unabhängiger Mensch sein. Von der richterlichen Unabhängigkeit ist das Wohl und Wehe aller Justiz abhängig. Die ganze moralische Kraft des Richters muss dahin gerichtet sein, dass er diese Unabhängigkeit in allen den geschilderten Richtungen seiner Tätigkeit besitzt und täglich neu erlangt. Ein kategorischer Imperativ, von dem abzugehen keine wie immer geartete Rücksicht gestattet. Mit allen ihm zu Gebote stehenden Mitteln wird der Richter diese seine Achillesferse hüten. Immer und immer wieder wird er besorgten Herzens ausspähen nach den Gefahren, die jeder richterlichen Unabhängigkeit, und seiner eigenen insbesondere, drohen.

Von solchen Gefahren richterlicher Unabhängigkeit seien hier einige wenige noch gestreift.

Da ist die wirtschaftliche Gefahr. In Zeiten wirtschaftlicher Kämpfe muss der Richter wünschen, ausserhalb aller wirtschaftlichen Zusammenhänge zu stehen. Da dies nicht möglich ist, so wird er sich als die erträglichste Form wirtschaftlicher Abhängigkeit eine direkte Leistung der Allgemeinheit wünschen, die ihn und seine Familie vor materieller Sorge sicherstellt. Dabei wird er sich aber die warnende Stimme des Sprichworts zu Gehör bringen: Wess' Brot ich ess', dess' Lied ich sing'. Wie oft hat er nicht Prozesse für und gegen seinen eigenen Staat zu entscheiden!

Da ist die politische Gefahr, die seiner Unparteilichkeit gefährlich droht von seiten der Partei, der anzugehören er nach der politischen Gliederung unseres Volkes gezwungen ist, wenn er nicht auf richterliche Tätigkeit überhaupt verzichten will. Eine furchtbare Gefahr, zumal in Zeiten, da Hass und gegenseitiges Nichtverstehen-Wollen vielfach als politischer Weisheit letzter Schluss gilt![10]

Da sind die Gefahren seines eigenen Innern. Er ist ein Mensch unter Menschen, er kann nicht hindern, dass gewisse Volkskreise seinem Denken und Empfinden näherstehen als andere. Er lebt in seiner Zeit und mit seiner Zeit. Wie seine körperliche Gesundheit nicht gefeit ist vor Ansteckungen, so bedrohen ihn auch die geistigen Massenkrankheiten seiner Zeit, jene uns nun zur Genüge bekannten Massensuggestionen und furchtbaren seelischen Irrwege ganzer Völker.

Man mag einen Teil der von aussen drohenden Gefahren durch weise politische Einrichtungen mit Erfolg bekämpfen. Ganz beseitigen kann man sie nicht. Und noch weniger die von seiten der eigenen Innerlichkeit des Richters drohenden. Sie sind der Preis, mit dem der Richter seine Gabe des Verstehens anderer bezahlt, aus dem bewegten eigenen Innern stammt die Fähigkeit des Verstehens und Miterlebens fremder Schicksale. Wo aber von dieser Seite Gefahren drohen, da steht er allein im Kampf. Hier kann nichts anderes helfen, als die sittliche Kraft seiner Persönlichkeit.

Nun steht der Richter in seinen wesentlichen Eigenschaften vor uns: Er kennt das Recht und beherrscht die wissenschaftlichen Methoden seiner Anwendung. Er nimmt mit lebendigem Verständnis Anteil an den rechtlichen Mühen und Sorgen derer, die ihn anrufen. Er findet mit sicherem Entschluss einen den Prinzipien des Rechts entsprechenden Weg durch das

---

[10] Es ist hervorzuheben, dass die politischen Parteien sich, mit seltenen Ausnahmen, bemühen, persönlich geeignete Bewerber vorzuschlagen und nicht bloss Verdienste um die Partei — eine sicherlich höchst zweifelhafte Empfehlung für einen richterlichen Beamten — entscheiden lassen. Aber sie suchen natürlich den Kandidaten in ihren eigenen Reihen und sie werden immer Leute finden, mit denen sie ihrer Meinung nach in den Kampf ziehen können. Es ist daher tatsächlich kaum möglich, dass ein Richteramt an einen Mann vergeben würde, der sich keiner politischen Partei angeschlossen hat.

Wirrsal der ihm unterbreiteten Konflikte. Mit der charaktervollen Kraft seiner sittlichen Persönlichkeit trotzt er den Gefahren, die seinem klaren Denken und der Selbständigkeit seines rechtlichen Urteils drohen.

Dieser Richter wird das hohe Amt würdig verwalten, das sein Volk ihm anvertraut hat. Er wird sein, wie unsere alten Quellen sagen, ein «gleicher und gemeiner Richter». Er wird richten «ohn' Anseh'n der Person». Er wird die hohe Kraft haben, wenn es das Recht verlangt, auch so zu richten, wie es einer irregeleiteten Menge nicht gefällt. Er wird die Hand des Rechtes halten über den Unschuldigen, von dem sein Volk fordert: Kreuzige ihn!

Er wird seine Seele freihalten von dem Schmutz, mit dem sein Amt ihn täglich in Berührung bringt. Er wird leiden unter den Eindrücken menschlichen Jammers und menschlicher Schwäche, die immer wieder auf ihn eindringen. Er wird vielleicht leiden unter hämischer Kritik, die seinen reinen Willen anficht.

Aber er wird auch die Freuden der Pflichterfüllung geniessen, und er wird die Wahrheit des Dichterwortes erleben: Höchstes Glück der Erdenkinder ist nur die Persönlichkeit.

Hans Felix Pfenninger

Hans Felix Pfenninger

1886—1969

Generationen von Absolventen der Universität Zürich ist Hans Felix Pfenninger mit seinen jeweils um acht Uhr vormittags beginnenden Strafrechts-Vorlesungen im Gedächtnis geblieben. Deren Inhalt war streng systematisch geordnet und wurde in einem den Offizier rasch erkennen lassenden Tonfall vorgetragen. Hie und da unterbrach sie der Dozent mit Lichtbildern über die verschiedenen Systeme von Strafanstalten, die er auch etwa mit Hilfe von Exkursionen erläuterte. Pfenninger war Schüler der Professoren Franz von Liszt (1851—1919) und Karl Binding (1841—1920) und blieb dem Strafrecht und seinen zugehörigen Wissenschaften als Staatsanwalt, Universitätslehrer, Grossrichter und Präsident des Militärkassationsgerichts zeitlebens zuinnerst verbunden, obgleich seine Dissertation einem zivilrechtlichen Thema gegolten hatte [1]. Bis in die letzten Jahre seines Lebens hinein war er publizistisch tätig und es war wohl seiner stark mit der praktischen Rechtsanwendung verknüpften Lehrtätigkeit zuzuschreiben, dass er sich vor allem noch mit Fragen des Verfahrensrechts beschäftigte.

Die vorliegende Betrachtung erschien am 14. April 1966 in der «Neuen Zürcher Zeitung» [2]. Ausgangspunkt der darin behandelten Gesetzesnovelle für den Kanton Zürich war BGE 78 (1952) IV Nr. 33 mit seiner knappen Zusammenfassung «Art. 277

---

[1] «Übung und Ortsgebrauch» im schweizerischen Zivilgesetzbuch, Diss. Zürich 1911, genehmigt auf Antrag von August Egger (1875—1954).

[2] Sie ist auch abgedruckt in «Probleme des schweizerischen Strafprozessrechtes,» Zürich, Schulthess & Co. 1966, 287 ff. Es handelt sich dabei um eine Auswahl von Aufsätzen Hans Felix Pfenningers, die ihm der Verlag mit einem Vorwort von Karl S. Bader überreichte «als Festschrift zu seinem achtzigsten Geburtstage, aus Dankbarkeit für seinen unermüdlichen Einsatz im Dienste des Rechts, vornehmlich aber dankbar für seine Mitarbeit an der SJZ: während vierundfünfzig Jahren als Verfasser von Beiträgen und während vierunddreissig Jahren als Redaktor für Strafrecht und Strafprozessrecht».

BStP ist auch gegenüber Urteilen von Schwurgerichten anzuwenden.» Was das bedeutete, umschreibt Pfenninger im ersten Abschnitt. Dass ein als Geschworenengericht bezeichnetes Schöffengericht[3] eingeführt werden sollte, musste er, der das Schwurgericht schon in der Festgabe für Carl Stooss (1849—1934)[4] und dann wieder in der Schweizerischen Juristen-Zeitung[5] vehement verteidigt hatte, als unabwendbar hinnehmen. Freilich hatte sich der Zürcher Kantonsrat noch mit einer Gesetzesinitiative zur Wehr gesetzt, «um eine Änderung der genannten bundesrechtlichen Vorschriften zu erreichen, mit dem Zweck, die kantonalen Schwurgerichte weiterhin von der Begründung ihrer Schuldsprüche zu befreien. Indessen führten diese Bemühungen nicht zum Ziel»[6]. Erfolgreich blieb Pfenninger dagegen mit seiner Kritik an der Akteneinsicht für die Geschworenen[7], während hinwiederum die Rechtsbelehrung derselben seitens des Gerichtspräsidenten durch seine Einwände nicht zu retten war[8].

Heute ist auch das Geschworenengericht oder, wie Pfenninger gerne betonte, «Geschwornengericht» Anfechtungen ausgesetzt, und zwar nicht allein im Kanton Zürich. Pfenninger fühlte sich hier als Weltbürger und berief sich auf etwas, was heutzutage mehr und mehr verschwindet: Ehrfurcht vor einer

---

[3] Das heisst in Pfenningers Umschreibung «ein aus ständigen Richtern und nichtständigen Laien zusammengesetztes Kollegium, in welchem zwar die Mitwirkung des Volkes der Form nach gewahrt wird, dessen Befürworter aber für diese Lösung in der Überzeugung eintreten, es werde den ständigen Berufsrichtern des Gerichtshofes stets gelingen, durch ihre grössere Rechts- und Aktenkenntnis die nichtständigen Laien der Schöffenbank zu ihrer Auffassung zu belehren, auch wenn ihnen diese an Zahl mehrfach überlegen sind» (SJZ 48 (1952) 351).

[4] Gedanken zum Schwurgerichtsproblem, ZStR 43 (1929) 295 ff., auch in dem in Anm. 2 zitierten Band, 265 ff.

[5] Bundesgericht gegen Schwurgericht, SJZ 48 (1952) 349 ff.

[6] Beleuchtender Bericht zur Revision von Gerichtsverfassungsgesetz und Strafprozessordnung vom 20. April 1967, Amtsblatt des Kantons Zürich 1967, 642.

[7] «Keine Aktenkenntnis ist besser als eine mangelhafte, die häufig zu falschen Schlüssen führen kann» (Beleuchtender Bericht, zit. Anm. 6, 650). Auch die Mitglieder des Gerichtshofes (abgesehen vom Präsidenten, der ohne Aktenkenntnis die Verhandlung nicht leiten könnte) erhielten keine Akteneinsicht, weil andernfalls «ein Gegensatz zwischen besser und schlechter instruierten Richtern entstünde» (a.a.O.) und natürlich ein zusätzlicher Einbruch in das Unmittelbarkeitsprinzip.

[8] «Es ist weder notwendig noch nützlich, wenn der Eindruck erweckt wird, das Gericht sei an eine Auffassung gebunden, die der Präsident zum voraus bekannt gibt» (Beleuchtender Bericht, zit. Anm. 6, 650).

Institution. In der zunächst im englischen Recht beheimateten Jury sah er die «gesunde Reaktion gegen Inquisitionsprozess, Folter, Heimlichkeit, Schriftlichkeit und gelehrtes Richtertum»[9]. So verstanden werden die manchmal hartnäckig wirkenden Argumente in Einzelfragen zum Element einer Hinwendung zu den Errungenschaften des liberalen und volksnahen Rechtsstaates, die auch vor der Komplikation und Ausdehnung des Verfahrensablaufs und vor den Schwierigkeiten, welche die Urteilsüberprüfung mit sich bringt, nicht zurückschreckt. Die hohe Sensibilität PFENNINGERS, der leicht das Grundsätzliche in Gefahr sah, äusserte sich ebensosehr in seinen dem künstlerischen Erlebnis gewidmeten Empfindungen[10]. Wenn er nunmehrigen Diskussionen zu diesem und anderen Themen nicht mehr seine kraftvolle Sprache widmen kann, so bleiben doch seine Schriften Zeugnis einer Denkweise, die auch in der modernen Gesetzgebungsarbeit nicht ganz ausser acht zu lassen ist.

Hans Ulrich Walder

---

[9] SJZ 48 (1952) 350.
[10] Dazu finden sich schöne Beispiele bei JONA GRÜBEL-BACH, Professor HANS FELIX PFENNINGER, Erinnerungen und Briefe aus seiner Studentenzeit im Wilhelminischen Berlin, Bern (ohne Jahrzahl).

Vom Schwurgericht zum Geschwornengericht im Kanton Zürich[*]

von Hans Felix Pfenninger

Als ich in den Jahren, da ich in der strafrechtlichen Praxis meiner zürcherischen Heimat tätig war, zuerst als Verteidiger, später als öffentlicher Ankläger Angeklagte zu verteidigen oder anzuklagen hatte, war ich ein begeisterter Anhänger der *Institution des Schwurgerichtes englischer Observanz*, weil ich nicht nur seine rechtshistorische Bedeutung voll anerkannte — mit ihm wurde der mittelalterliche Inquisitionsprozess beseitigt —, sondern auch seine kriminalpolitische Bedeutung als beste Form, in welcher sich die Volksgemeinschaft an der Strafrechtspflege beteiligen konnte. Auch als ich die Praxis verliess und Professor an der Universität Zürich wurde, hielt diese Anhänglichkeit unentwegt an, und ich verfocht die Idee der Jury wissenschaftlich in meinem Beitrag «Gedanken zum Schwurgerichtsproblem» in der Festgabe für CARL STOOSS und 1938 in meinem Referat an den Schweizerischen Juristenverein über «Schwur- und Schöffengericht in der Schweiz» (ZSR n.F. Bd. 57, S. 697a bis 747a), wo an der Tagung in Genf die Gegner des Schwurgerichtes bereits in Mehrheit waren und die Verhinderung einer Resolution zum Nachteil der Schwurgerichtskantone als Erfolg gebucht werden durfte.

I. Die erzwungene Notlösung

Ich war aber seit 1932 vor Schwurgericht nicht mehr tätig und habe deshalb die bedauerliche Entwicklung nicht mitgemacht, in welcher das zürcheri-

---

[*] Erschienen bei Schulthess in «Probleme des schweizerischen Strafprozessrechtes», Ausgewählte Aufsätze Hans Felix Pfenningers, Zürich 1966, S. 287—295.

sche Schwurgericht nach einem im Jahre 1952 gefällten *Bundesgerichtsentscheid* die Pflicht hatte, seine *Urteile zu begründen,* und dies, wollte es innerhalb zürcherischem Gesetz handeln, nur tun konnte, dass anstelle der einen Schuldfrage den Geschwornen eine Menge von Fragen gestellt werden mussten, die selbst dem Juristen das Verständnis erschwerten. Wie in der regierungsrätlichen Weisung mit Recht ausgeführt wird, hätte in Zukunft das Bundesgericht jedes Urteil des zürcherischen Schwurgerichtes kassieren können, das über die Frage von Schuld oder Nichtschuld nur den einfachen Wahrspruch der Geschwornen enthielt, wie es die zürcherische Strafprozessordnung § 252 vorschrieb, und es hätte kein Angeklagter wider seinen Willen verurteilt werden können, wenn sich die zürcherische Praxis nicht zu der *Notlösung* entschlossen hätte, statt der einzigen Frage über Schuld oder Unschuld den eingeklagten Tatbestand zu zergliedern und den Geschwornen eine *ganze Reihe von Fragen* vorzulegen und über alle erheblichen Merkmale des Tatbestandes und deren rechtliche Würdigung Antworten zu erteilen und ins Urteil aufzunehmen, was das Bundesgericht als Minimum der Prüfungsmöglichkeit hinstellte, obwohl es wissen musste, dass es damit jedes vernünftige Verfahren verunmöglichte.

Strenggenommen, wäre es ausgeschlossen gewesen, mit dieser Fragestellung die eigentliche Begründung zu ersetzen, und es macht die Weisung mit Recht darauf aufmerksam, dass auch die minuziöseste Fragestellung keine hinreichende Begründung hätte sein können. Mit Recht weist der Regierungsrat auch darauf hin, dass die Gefahr besteht, dass das Bundesgericht nach einer gewissen Übergangszeit auch diese Lösung nicht mehr anerkennen würde und dass diese detaillierte Fragestellung die Geschwornen der Freiheit beraubt, zu sagen, was ihnen wesentlich scheint, und ihren Wahrspruch leicht verfälscht.

II. Sekundäre Revisionspunkte

Nachdem im Jahre 1957 die zürcherische Standesinitiative, die den bisherigen Zustand wieder herstellen wollte, von den eidgenössischen Räten abgelehnt worden war, musste erwartet werden, das der *Regierungsrat* früher oder später dem Kantonsrat eine Vorlage unterbreiten werde, durch welche das *bisherige Schwurgericht englischer Observanz in ein Schöffengericht verwandelt* würde. Dies ist mit Weisung vom 13. Januar 1966 geschehen, und es wird nun auch Pflicht der einstigen Anhänger des Schwurgerichtes sein, sine ira et studio zu untersuchen, ob die vorgeschlagene Regelung billigen

Anforderungen entspricht. Dabei können wir uns nicht bei Kleinigkeiten aufhalten, können aber doch nicht umhin zu fragen, warum Gesetzesentwurf und Weisung stets nach deutschem Vorbild (§ 81 GV) von «Geschworenen» und «Geschworenengericht» sprechen, während wir in *Zürich* bisher lediglich «Geschworne» kannten und auch *Bern* (§ 29 StPO) und *Aargau* (§ 172 StPO) nur «Geschworne» und «Geschwornengericht» kennen. Hier dürfte eine Korrektur am Platze sein, während die weitere Behauptung der Weisung (S. 10), das zürcherische Schwurgericht stehe «im Widerspruch zu den Vorschriften des Bundes» schon dadurch widerlegt wird, dass die *Bundesassisen* die genau gleiche Regelung aufweisen, von *Bundesrechtswidrigkeit* daher nur beim bedauerlichen *Bundesgerichtsentscheid* gesprochen werden kann.

Aber ich möchte mich bei diesen Fragen ebensowenig aufhalten wie bei der weitern, ob die neue Gerichtsform *«Schöffengericht»* oder *«Geschwornengericht»* genannt werden sollte. Wissenschaftlich-rechtshistorisch wäre meines Erachtens die Bezeichnung *«Schöffengericht»* allein am Platze, aber sie ist unserem Rechtsleben fremd, und wenn man, wie es der deutsche Gesetzgeber tat, der neuen Gerichtsform den alten Namen belassen will, was ich für unzulässig erachte, dürfte der Ausdruck «Geschwornengericht» der neuen Organisation als Gegensatz zum bisherigen Schwurgericht am ehesten entsprechen und den bisherigen Anhängern des Schwurgerichts den Übergang zum neuen Schöffengericht erleichtern. Zu den weniger wichtigen Fragen gehört auch, ob das *Quorum für die Geschwornen* von 500 auf 1000 erhöht werden soll. Dagegen ist sehr zu überlegen, ob man, wie vorgeschlagen wurde, den *Gerichtshof* statt mit einem Oberrichter und zwei Bezirksrichtern mit drei Oberrichtern besetzen soll, wie dies in Bern und im Aargau geschehen ist. Das wird offensichtlich nicht wegen der Bedeutung der Beisitzer verlangt, sondern entspringt dem Bestreben, die Autorität des Gerichtshofes gegenüber den ihm zahlenmässig überlegenen Geschwornen zu verstärken und ist mit dem Regierungsrat abzulehnen. Sie hätte wohl auch zur Folge, dass die Stellen von ein bis zwei Oberrichtern neu geschaffen werden müssten, was dem heutigen Gebot staatlicher Sparpolitik nicht entsprechen würde.

Wichtiger als die bisher genannten Reformpostulate sind dagegen zwei Fragen, die sowohl im Kantonsrat wie in der spätern Volksabstimmung starker Diskussion rufen werden: Die *Abschaffung der Rechtsbelehrung im Einzelfall* und die *Einführung der obligatorischen oder fakultativen Akteneinsicht für alle Richter*. Zu diesen Fragen äussert sich ein *Gutachten des Obergerichtes*, das vom Regierungsrat eingeholt, aber nicht veröffentlicht wurde, so dass man seine Gründe lediglich der regierungsrätlichen Weisung entnehmen muss.

III. Die Abschaffung der Rechtsbelehrung?

Im bisherigen Recht lautete § 251 StPO: «Der Präsident setzt den Geschwornen ihre Aufgabe auseinander. Er zergliedert die Merkmale des in Frage stehenden Vergehens; damit kann er eine geordnete Übersicht über die Ergebnisse des Beweisverfahrens, wobei er die belastenden und entlastenden Umstände gleichmässig berücksichtigen soll, verbinden.» In seiner Weisung findet nun der Regierungsrat, Rechtsbelehrung und Fragestellung seien «mit der gemeinsamen Beratung von Gerichtshof und Geschwornen schwerlich vereinbar», was meines Erachtens für die *Fragestellung* ohne weiteres zutrifft, nicht aber für die *Rechtsbelehrung*. Der Regierungsrat wird vom Obergericht mit der Begründung unterstützt, «dass nur jene Rechtsauffassung massgeblich sein könne, für welche sich das Gericht in der Beratung entscheide; eine öffentliche Rechtsbelehrung durch den Präsidenten müsste aber dem Ansehen der Strafrechtspflege abträglich sein und Verwirrung stiften, wenn ein widersprechender Entscheid gefällt würde, auch würde die geplante Rechtsbelehrung nur die ohnehin starke Stellung des Präsidenten noch verstärken, denn die übrigen Richter hätten Hemmungen, in der Beratung seiner Ansicht entgegenzutreten. Auch der Regierungsrat schliesst sich dieser Auffassung an und führt aus, sowenig die Rechtsbelehrung für das Gericht verbindlich sei, sowenig für den Präsidenten selbst, und auch die Kontrolle durch die Parteien könne noch in der Beratung durch die Kontrolle der Beisitzer ersetzt werden.

Diese Begründung scheint mir an einem *Grundirrtum* zu kranken: *Weder im Gesetz noch in der von mir erlebten Praxis wurde die Rechtsbelehrung mit «Stellungnahme des Präsidenten» identifiziert*. Die Rechtsbelehrungen so ausgezeichneter Schwurgerichtspräsidenten, wie wir sie damals in OTTO LANG und ERNST FEHR besassen, waren von solcher *Klarheit* und *Objektivität*, dass auch wir ständigen Organe der Strafrechtspflege sie in Zergliederungen des Tatbestandes und der Erörterungen der rechtlichen Möglichkeiten als durchaus fördernd für das Urteil empfanden und nicht als persönliche Stellungnahme oder ungehörige Beeinflussung der Geschwornen und uns nicht selten darüber stritten, welcher Auffassung nun wohl der Präsident sei. Ähnliches habe ich mir auch vom gegenwärtigen Schwurgerichtspräsidenten sagen lassen. Fällt nun aber die Rechtsbelehrung dahin, haben wir die Tatsache, dass die acht Geschwornen ohne jede Rechtsbelehrung im Einzelfall in die Beratung gehen und so oft völlig hilflos den ständigen und meist auch juristisch gebildeten Mitgliedern des Gerichtshofes gegenüberstehen. Das war schon immer ein Mangel des Schöffengerichtes, der durch die Rechtsbelehrung nicht behoben, aber einigermassen gemildert würde.

IV. Ablehnung der Akteneinsicht

Eine weitere Frage wirft der Antrag auf, es sei *den Geschwornen und wohl auch den Beisitzern obligatorische oder fakultative Akteneinsicht zu gewähren.* Jeder Schwurgerichtsverhandlung geht bei uns eine Voruntersuchung voraus, die bei uns schon deswegen sehr ausführlich durchgeführt wird, weil man oft lange nicht weiss, ob der Fall vor Schwurgericht oder (bei Geständnis) vor Obergericht kommt, so dass sich vielfach sehr ansehnliche Aktendossiers ergeben. Von diesen Akten stehen heute den Geschwornen im Beratungszimmer nach § 260 StPO nur die in der Hauptverhandlung «vorgelegten Gegenstände, Pläne und Zeichnungen und die ebendort verlesenen Urkunden und Protokolle» zur Verfügung, ein beredtes Zeichen dafür, dass man jede Aktenkenntnis ausserhalb der Hauptverhandlung für unzulässig hielt. Volle Aktenkenntnis besitzt nur der Präsident als notwendige Voraussetzung der Verhandlungsleitung, während das urteilende Gericht dem *Prinzip der Unmittelbarkeit* untersteht; denn die Geschwornen sollen, wie die Weisung (S. 19) mit Recht ausführt, «ihr Urteil lediglich auf ihren unmittelbaren Eindruck von den Aussagen der Person des Angeklagten, der Zeugen und Sachverständigen sowie auf die Parteivorträge abstützen».

Zu dieser Frage hat sich nun offenbar das *Obergericht* besonders ausführlich geäussert. Es sei, sagt es, das *Prinzip der Unmittelbarkeit* nicht Selbstzweck, sondern nur einer der verschiedenen Wege zur Erforschung der materiellen Wahrheit, und wenn diese einen Rückgriff auf die Akten nötig mache, dürfe die Akteneinsicht nicht unter Berufung auf die Unmittelbarkeit verweigert werden. Es schlägt daher vor, es seien allen Richtern wenigstens während der Beratung «alle Akten zur Verfügung zu stellen, deren Inhalt Gegenstand der Hauptverhandlung war», ja es geht eine Minderheit noch weiter mit dem Antrag, es seien die Akten wenigstens während der Hauptverhandlung allen Richtern zugänglich zu machen oder aber wenigstens die Mitglieder des Gerichtshofes neben dem Präsidenten zum Aktenstudium vor der Verhandlung zu verpflichten. In seiner Weisung anerkennt der *Regierungsrat* «die grundsätzliche Richtigkeit dieser Ausführungen» und meint, es sollte auch ein unmittelbares Verfahren durch die Möglichkeit der Akteneinsicht ergänzt werden. Er ist aber der Auffassung, dieses Postulat lasse sich praktisch nicht verwirklichen, die Akten seien in der Regel sehr umfangreich, und es könne den Geschwornen, die im Aktenlesen wenig Übung hätten, die Bewältigung dieser Dossiers ganz einfach weder vor noch während der Hauptverhandlung noch in der Beratung zugemutet werden. Der Regierungsrat lehnt auch die Akteneinsicht der Beisitzer ab; denn das widerspreche der Einheit des Gerichtes. Man müsse sich damit abfinden, dass nur der in der Verhandlung abgeklärte Tatbestand, nicht aber der Inhalt der Untersuchungsakten eine Rolle spielen dürfe (Weisung S. 19/20).

Der Standpunkt des Regierungsrates, mit dem ich im Ergebnis, der Ablehnung der Akteneinsicht, einiggehe, wird unterstützt durch die Tatsache, dass nicht nur das Schwurgericht, sondern auch das deutsche Schöffengericht und in der Schweiz die Kantone, die vom Schwurgericht zum Geschwornengericht übergegangen sind, mit einer einzigen Ausnahme die *Akteneinsicht nicht kennen*. Diese *Ausnahme* ist der Kanton *Aargau*, der zwar in § 27 StPO das Prinzip der «Unmittelbarkeit der Beweiserhebung» proklamiert, aber in § 176 II StPO die grösste Einschränkung vorsieht, die dieses Prinzip je erfahren hat, nämlich *Aktenzirkulation als Regel*, und, «sofern auf eine solche aus besondern Gründen ganz oder teilweise verzichtet wird, ist den Mitgliedern des Gerichts Gelegenheit zu geben, vorgängig der Verhandlung in die Akten Einsicht zu nehmen». Wenn Staatsanwalt und Verteidiger ihre Pflicht tun und den Akten in der Hauptverhandlung alles entnehmen, was nach ihrer Auffassung für den Fall wesentlich ist, und wenn sie in diesem Bestreben vom Präsidenten ergänzend unterstützt werden, wird vermutlich in den Akten nicht mehr viel enthalten sein, was für den Fall wesentlich ist, so dass diese Belastung der Geschwornen durch gleichzeitige Anwendung von Schriftlichkeit und Mündlichkeit sich nicht rechtfertigt, den Geschwornen unnötige Mehrarbeit und dem Staate recht viel Kosten verursacht; denn man wird den Geschwornen doch wohl nicht zumuten, dem Aktenstudium unentgeltlich obzuliegen.

Dagegen kann ich dem zürcherischen Regierungsrat in seiner *grundsätzlichen Zustimmung zum obergerichtlichen Gutachten nicht beistimmen*. Ich empfinde es als einen Treppenwitz der Geschichte, dass man zwar mit den Grundsätzen der Unmittelbarkeit, Mündlichkeit und Öffentlichkeit im 19. Jahrhundert den schriftlich-geheimen Inquisitionsprozess als solchen beseitigt hat, dass man aber heute in Zürich zum Gutachter über eine Beschränkung des Prinzips der Unmittelbarkeit ein Gericht heranzieht, das selbst sowohl als erste Instanz (in Geständnisfällen) wie auch als Berufungs- instanz fast ausschliesslich auf Grund der Akten urteilt. Es liegt darin eine *Überschätzung der Akten vor allem der Einvernahmeprotokolle,* auf die schon mein Vorgänger PROF. DR. v. CLERIC aufmerksam gemacht hat; denn diese Protokolle geben durchaus nicht immer die Einvernahmen so wieder, wie sie von Angeklagten oder Zeugen getan worden sind.

PROF. DR. v. CLERIC, der damals zürcherischer Bezirksanwalt war und sich viel mit Psychologie beschäftigte, schreibt über das bloss *aktenmässige Verfahren,* das Unmittelbarkeit und Mündlichkeit ignoriere, es werde heute (vor 50 Jahren!) allgemein abgelehnt, sei aber im Kanton Wallis und de facto im Kanton Zürich vorhanden, wobei er allerdings nur vom *bezirksge- richtlichen Verfahren* spricht. Aber wie weit ist das *obergerichtliche Verfah- ren* auch heute noch vom bezirksgerichtlichen verschieden? PROF. v. CLERIC sagt ausdrücklich, dieses Verfahren sei nicht geeignet, der materiellen Wahrheit zu dienen, wobei er auf mögliche Fehlerquellen, wie suggerierte und blinde Aussagen, hinweist und vor allem auf die Tatsache, dass die Ein- vernahmeprotokolle, auf die es doch wohl hauptsächlich ankommt, oft mehr der Individualität des Untersuchungsbeamten als der des Einvernom- menen entsprechen. Mit ihm gelange ich daher zum Schluss, dass ein *Beizug der Akten der Voruntersuchung* bei pflichtgemässer Gründlichkeit der unmittelbaren Verhandlung nicht nur nicht notwendig, sondern sogar *schädlich* wäre.

Was aber in der bisherigen Diskussion und auch in der Weisung des Regierungsrates nicht berührt wurde, ist die *Beeinträchtigung,* die das *Ver- teidigungsinteresse des Angeklagten* durch Aktenbeizug erfahren würde. Das Prinzip der Unmittelbarkeit ist nicht nur ein Weg zur materiellen Wahrheit, sondern bietet dem Angeklagten auch die Gewähr, dass nur die Belastungsmomente, gegen die er sich selbst in der Hauptverhandlung ver- teidigen konnte, in der Beratung der Richter gegen ihn geltend gemacht werden können, und nicht irgendein Aktenstück, das ein Geschworner aus seinem Aktenstudium gewonnen hat und in der Beratung geltend macht. Das war auch in der Geschichte für die Unmittelbarkeit im Gegensatz zur Heimlichkeit des Inquisitionsprozesses ein sehr wesentliches Moment, das für die Fernhaltung aller Akten geltend gemacht werden muss, die in der Hauptverhandlung nicht produziert wurden.

V. Kosten und Zeitverlust

Richtig ist nun allerdings, dass Unmittelbarkeit und Mündlichkeit in der Hauptverhandlung vor Geschwornengericht mehr Zeit und Kosten verursachten als der vor den zürcherischen Bezirksgerichten und dem zürcherischen Obergericht übliche Aktenprozess, hat es doch das Obergericht vor allem in Feriensitzungen schon auf mehr als zehn Strafurteile im Tag gebracht und pflegen auch die Bezirksgerichte in diesem Punkte Rekorde zu erzielen, während das bisherige Schwurgericht in der Regel täglich nur einen Fall zu behandeln pflegt und nicht selten auch für einen Fall mehr als einen Tag beansprucht. Aber den kleinlichen Seelen, die über Kosten und Zeitverlust dieses unmittelbaren Verfahrens jammern, wäre zu erwidern, dass es sich hier durchwegs um schwere und sehr oft im Schuldpunkt hartumstrittene Straffälle handelt, für welche die bestmögliche Wahrheitserforschung gerade gut genug ist. Auch wäre ihnen darin entgegenzukommen, dass die Anklage nach Gesetzesvorschrift § 162 StPO stets «kurz aber genau» lauten würde, was in der Vergangenheit nicht immer der Fall war, und dass vor allem der Vorsitzende bei der ersten Befragung des Angeklagten nach Aktenverlesung diesen, wie es in § 231 II StPO heisst, lediglich veranlasst, «sich über das Tatsächliche der Anklage auszusprechen», wie es kurz und bündig noch unter Schwurgerichtspräsident OTTO LANG geschah, während es nicht zum Vorteil der Wahrheitserforschung schon unter seinen Nachfolgern Brauch wurde und bis heute, wie ich höre, Brauch blieb, den Angeklagten stunden-, ja in besondern «causes célèbres» tagelang über den Inhalt der Akten zu befragen, die ja erst durch den unmittelbaren Beweis in der Hauptverhandlung zur Kenntnis der Geschwornen gelangen sollten. In meinen Bemerkungen *Zum Urteil im Schwurgerichtsfall Rinaldi* habe ich in der «NZZ» vom 7. April 1959 (Nr. 1036) zu dieser meines Erachtens gesetzwidrigen Praxis bemerkt, es wäre ihr nur zu wünschen, dass der Angeklagte bei dieser Befragung mehr als bisher von seinem Schweigerecht Gebrauch machen würde.

*

Es ist ja schon so, wie die Weisung (S. 15) ausführt, dass vor allem in den uns umgebenden Staaten eine Tendenz vom Schwur- zum Schöffengericht feststellbar ist. Dies erscheint mir zwar nicht als Zeichen dafür, «dass ein Zusammenwirken von Geschwornen und Gerichtshof einem allseits anerkannten Bedürfnis entspricht» (Weisung S. 15), aber es ist ein Zug der Zeit, und ich erkläre offen, dass ich *ohne das bundesgerichtliche Urteil* und seinen Schutz durch die eidgenössischen Räte *noch heute für das klassische Schwurgericht,* wie wir es im Kanton Zürich besitzen, eingetreten wäre. Es ist auch typisch, dass in den europäischen Grossstaaten die Wandlung jeweilen *nur unter ausserordentlichen Umständen* erfolgte und sogar in der Schweiz das Volk nur einmal zur Frage «Schwur- oder Geschwornengericht» Stellung nehmen durfte, nämlich im Kanton Zürich 1941, wo es sich mit Zweidrittelmehrheit für das Schwurgericht entschied. Das will aber besagen, dass das Schwurgericht, wie es nun im Kanton Zürich mehr als hundert Jahre Recht sprach, seine Beliebtheit im Volke nicht verloren hat und dass man das Geschwornengericht nicht mit einer Hypothek wie der Akteneinsicht, die ebenso überflüssig wie schädlich wäre, belasten darf, will man nicht Gefahr laufen, dass die vorgeschlagene Reform abgelehnt wird.

Max Guldener

Max Guldener

1903—1981

Das Leben MAX GULDENERS ist ein Beispiel dafür, dass die akademische Laufbahn in der Schweiz nicht einfach etwas ist, das man «ergreift». Es brauchte bei ihm besondere Ereignisse, damit es dazu kam. Nach der Promotion mit einem Thema aus dem Internationalen Privatrecht[1] versah der trotz oder vielleicht wegen seiner hohen Begabung sehr zurückhaltende Jurist Gerichtsschreiber-Funktionen, zuletzt als damals einziger «Sekretär» des Zürcher Kassationsgerichtes, wo er unter dem Präsidium von HANS FRITZSCHE dessen Praxis wesentlich mitzubestimmen begann. Das führte zu seiner Habilitationsschrift über die Nichtigkeitsbeschwerde im Kanton Zürich und damit zu seiner immer stärkeren Beschäftigung mit dem Zivilprozessrecht. Noch vor der Ernennung zum Extraordinarius hatte GULDENER sein Lehrbuch «Schweizerisches Zivilprozessrecht»[2] abgeschlossen. Es gelangte zu seiner über die Landesgrenzen hinaus anerkannten Bedeutung vor allem dadurch, dass sein Autor die ausserhalb der kantonalen Gesetzgebung vorhandenen Quellen erkannt hatte. In dieser Richtung ging er anschliessend auch mit seinen Untersuchungen über die materiellen Wirkungen der Streitverkündung[3], Zwangsvollstreckung und Zivilprozess[4] bis hin zu seinem denkwürdigen Referat anlässlich der Hundertjahrfeier des Schweizerischen Juri-

[1] Zession, Legalzession und Subrogation im internationalen Privatrecht, Diss. Zürich 1930, genehmigt auf Antrag von HANS FRITZSCHE (1882—1972).
[2] Es erschien zunächst in zwei Bänden 1947/48 bei Schulthess; die zweite Auflage von 1958 wurde mit zwei Supplementen ergänzt und die dritte Auflage vom bereits stark von Krankheit gezeichneten Autor unter Mithilfe vor allem des Kommentators der Zürcher ZPO, HANS STRÄULI (1902—1986), im Jahre 1979 abgeschlossen.
[3] Über die materiellen Wirkungen der Streitverkündung, ZSR NF 68 (1949) 235 ff.
[4] Zwangsvollstreckung und Zivilprozess, ZSR NF 74 (1955) 20 ff.

stentags in Zürich[5]. Seine besonders den Zusammenhängen und den Spannungsfeldern zwischen eidgenössischem und kantonalem Recht sich widmende Forschertätigkeit blieb wichtige Grundlage sowohl für die gesetzgeberische Fortbildung prozessualer Fragen als auch für die Entwicklung der Bundesgerichtspraxis.

Die vorliegende kurze Abhandlung erörtert ein ähnliches Problem, wobei für einmal eine Strafrechtsnorm involviert ist. Es geht um den Umfang des Berufsgeheimnisses. Der Verfasser verwendet zunächst die Interessenabwägung, um darzutun, dass die Tatsache des Beizugs eines Rechtsanwaltes an sich kein der Geheimhaltung unterstehender Tatbestand sei, eine Ansicht, die von der zürcherischen Aufsichtskommission über die Rechtsanwälte zunächst geteilt[6], später dann aber doch relativiert wurde[7]. Wichtiger ist indessen die durch den Aufsatz vermittelte zweite Erkenntnis, die gegenüber der in Beweisschwierigkeiten für den Zivilprozess befindlichen Partei das Beharren des Gegners auf dem Geheimhaltungsrecht in dem Sinne ungeschützt lässt, als das Gericht bei der Beweiswürdigung entsprechende Schlüsse ziehen kann. Als Umkehrung der Beweislast, wie im vorliegenden Text, hat GULDENER jedoch im Lehrbuch[8] den Vorgang nicht bezeichnet, was auch der Formulierung in Art. 40 BZP und in derjenigen des noch von ihm selber inspirierten § 148 der Zürcher ZPO von 1976 entspricht.

Hans Ulrich Walder

[5] Bundesprivatrecht und kantonales Zivilprozessrecht, ZSR NF 80 (1961) II 3 ff. Ebenso bedeutsam ist das am selben Anlass vorgelegte Referat von JOSEPH VOYAME, Droit privé fédéral et procédure civile cantonale, ZSR 80 (1961) II 76 ff.
[6] ZR 48 (1949) Nr. 4.
[7] ZR 58 (1959) Nr. 115. Vgl. aber auch ZR 79 (1980) Nr. 61 Erw. 4a.
[8] Schweizerisches Zivilprozessrecht 3. Auflage 322 bei Anm. 20.

Berufsgeheimnis und Honorarforderung des Rechtsanwaltes *

von Max Guldener

I.

Bekanntlich ist es dem Rechtsanwalt sowie seinen Hilfspersonen verboten, ein Berufsgeheimnis ohne Einwilligung des Berechtigten zu offenbaren (Art. 321 StGB). Zulässig ist aber die Offenbarung auf Grund einer auf Gesuch des Rechtsanwaltes erteilten schriftlichen Bewilligung der Aufsichtsbehörde (Art. 321 Ziff. 2 StGB). Darf die Aufsichtsbehörde die Bewilligung zur Offenbarung von Berufsgeheimnissen erteilen, wenn die Honorarforderung des Rechtsanwaltes gegen den Klienten streitig ist, der Rechtsanwalt seine Forderung einklagen und zur Begründung der Klage Tatsachen bekanntgeben möchte, die unter das Berufsgeheimnis fallen? Die Honorarforderung bemisst sich im allgemeinen nach der Bedeutung der Interessen, welche Gegenstand des Auftrages gebildet haben (Streit- bzw. Objektwert), nach der Schwierigkeit des Falles und dem Umfang der Bemühungen des Rechtsanwaltes. Um das Quantitative seiner Forderung begründen zu können, wäre es daher für den Rechtsanwalt wichtig, im einzelnen bekannt zu geben, was Gegenstand des Auftrages gebildet hat. Über den Gegenstand seines Auftrages hat aber der Rechtsanwalt Stillschweigen zu beobachten, es sei denn, dass er vom Berechtigten oder der Aufsichtsbehörde von der Schweigepflicht entbunden wird. Es ist daher zu verstehen, dass die zürcherische Aufsichtsbehörde nicht selten ersucht wird, den Rechtsanwalt im Hinblick auf eine streitige Honorarforderung von der Schweigepflicht zu entbinden, falls die Einwilligung des Berechtigten nicht erhältlich ist.

---

* Erschienen in Schweizerische Juristen-Zeitung 44 (1948), S. 173—175.

II.

Das StGB spricht sich nicht darüber aus, unter welchen Voraussetzungen die Aufsichtsbehörde den Rechtsanwalt von der Schweigepflicht entbinden darf. Zieht man in Betracht, dass die Verschwiegenheit des Rechtsanwaltes notwendige Voraussetzungen eines Vertrauensverhältnisses zwischen ihm und dem Klienten und damit auch Grundlage anwaltlicher Tätigkeit ist, so leuchtet ein, dass die Bewilligung zur Offenbarung eines Berufsgeheimnisses wider Willen des Berechtigten von der Aufsichtsbehörde nur erteilt werden darf, sofern es Interessen zu wahren gilt, die schwerer wiegen als das Berufsgeheimnis. Das folgt auch aus der Entstehungsgeschichte des StGB. Der Entwurf vom Jahre 1918 hatte in Art. 285 bestimmt: «Die Offenbarung ist nicht strafbar, wenn sie... zur Wahrung eines höheren Interesses notwendig ist» (BBl. 1918 IV S. 192). In der parlamentarischen Beratung ist diese Bestimmung gestrichen und durch den heute geltenden Grundsatz ersetzt worden, dass die Aufsichtsbehörde den Rechtsanwalt vom Berufsgeheimnis entbinden kann. Der Grund der Änderung dürfte darin zu suchen sein, dass es nicht dem Rechtsanwalt überlassen bleiben sollte, persönlich zu entscheiden, ob im Einzelfall ein höheres Interesse die Offenbarung eines Berufsgeheimnisses rechtfertige. Bei der parlamentarischen Beratung ist zum Ausdruck gebracht worden, der Aufsichtsbehörde werde das Recht zur Entbindung vom Berufsgeheimnis eingeräumt, «um höhere öffentliche Interessen zu berücksichtigen» (Sten.Bull. St.R 1936 S. 253). Dabei wurde vor allem an Fälle gedacht, in denen es sich darum handelt, der Verübung eines Vergehens zuvorzukommen oder gegen seine Folgen anzukämpfen[1]. Entgegen der angeführten Äusserung können aber auch private Interessen die Bewilligung zur Offenbarung rechtfertigen. Das kann zutreffen, wenn der Rechtsanwalt feststellt, dass der Klient geisteskrank ist und seine vermögensrechtlichen Interessen schwer gefährdet. Der Rechtsanwalt soll durch das Berufsgeheimnis nicht gehindert sein, die nötigen vormundschaftlichen Massnahmen zu erwirken, auch wenn keine öffentlichen Interessen direkt tangiert werden.

---

[1] Unter diesem Gesichtspunkt kann dem Rechtsanwalt bewilligt werden, die ihm bekanntgewordenen Vermögensverhältnisse des Klienten zu offenbaren, wenn sich dieser in der Betreibung für die Honorarforderung eines Pfändungsbetruges oder des betrügerischen Konkurses schuldig gemacht hat.

III.

Die zürcherische Aufsichtskommission über die Rechtsanwälte steht auf dem Standpunkt, «dass die Notwendigkeit der Substanzierung einer Honorarforderung im Prozess ein höheres Interesse darstelle», welches die Bewilligung zur Offenbarung von Berufsgeheimnissen rechtfertigt, soweit sie zum Zwecke der Prozessführung notwendig ist (ZR 45 Nr. 11a und 11b). Dazu wurde in einer Entscheidung noch ausgeführt, dem Rechtsanwalt könne nicht zugemutet werden, unrichtige Angaben über den Streitwert hinzunehmen, um auf diese Weise in seinem Honoraranspruch verkürzt zu werden. Auch dem Richter, der über den Honoraranspruch zu entscheiden habe, sei nicht zuzumuten, unrichtige Angaben einer Partei ohne mögliche Berichtigung durch den Gegner hinzunehmen (Entscheidung vom 3. März 1948).

1. Das Interesse der Rechtspflege an einer wahrheitsgemässen Feststellung des Tatbestandes im Honorarprozess fällt indessen von vorneherein ausser Betracht. Selbst als Zeuge ist dem Rechtsanwalt gestattet, die Aussage über ein Berufsgeheimnis zu verweigern, es sei denn, dass er vom Berechtigten von der Schweigepflicht entbunden wird (Zürich 187 Ziff. 2 ZPO, 130 StrPO). Dadurch, dass der Gesetzgeber auf die Statuierung einer Aussagepflicht verzichtet hat, ist klar zum Ausdruck gebracht, dass er das Interesse an der Wahrung des Berufsgeheimnisses höher einschätzt als dasjenige an der Wahrheitsermittlung und am Obsiegen des wirklich Berechtigten im Prozess.

2. Welches Interesse der Klient im Einzelfall an der Wahrung des Berufsgeheimnisses hat, lässt sich überhaupt nicht von vorneherein ermessen. Es kann überaus gross sein, man denke nur an den Fall, dass sich der Klient eines entehrenden Verbrechens schuldig gemacht und den Rechtsanwalt beauftragt hat, vor der Entdeckung seiner Täterschaft im Rahmen des Möglichen eine Wiedergutmachung herbeizuführen. Da der Rechtsanwalt nicht berechtigt ist, vor der Entbindung von der Schweigepflicht den in Betracht fallenden Sachverhalt der Aufsichtsbehörde bekanntzugeben, kann die Frage, ob das Interesse an der Wahrung des Berufsgeheimnisses oder an der zutreffenden gerichtlichen Feststellung der Honorarforderung überwiegt, überhaupt nur prinzipiell entschieden werden. Die Entscheidung kann nur dahin lauten, dass das Interesse an der Wahrung des Berufs-

geheimnisses vorgeht[2]. Das dürfte schon daraus folgen, dass das Berufsgeheimnis die Geheimsphäre, mithin das Persönlichkeitsrecht, gewährleistet, das seinem Wesen höhere Bedeutung zukommt als vermögensrechtlichen Belangen. Das Berufsgeheimnis wird denn auch um seiner grossen Bedeutung willen strafrechtlich geschützt. Die gegenteilige Ansicht der Aufsichtskommission läuft darauf hinaus, die Wahrung des Berufsgeheimnisses von der Erfüllung der Vertragspflichten des Klienten abhängig zu machen. Das Berufsgeheimnis ist aber unbekümmert um die zivilrechtlichen Beziehungen zwischen Rechtsanwalt und Klient zu wahren. Selbst mit der Annahme, der Klient sei des Schutzes des Berufsgeheimnisses unwürdig, wenn er die Erfüllung der Honorarforderung böswillig verweigere, wäre nichts gewonnen, weil sich die Aufsichtsbehörde kein abschliessendes Urteil darüber bilden kann, ob die vom Rechtsanwalt geltend gemachte Forderung überhaupt begründet und die Zahlungsverweigerung des Klienten unberechtigt sei.

IV.

Es ist aber auch nicht so, dass der Rechtsanwalt jeder Aussicht auf erfolgreiche Prozessführung beraubt wird, wenn er das Berufsgeheimnis zu wahren hat.

1. Zunächst kann dem Rechtsanwalt im Honorarprozess nicht verboten sein, die Tatsache anzuführen und zu beweisen, dass ihn der Klient beigezogen hat, dass er für ihn tätig gewesen ist und welche Zeit er für ihn aufgewendet hat. Ein schutzwürdiges Interesse daran, dass die Tatsache des Beizuges eines Rechtsanwaltes im Prozess um das Honorar geheim bleibe, hat der Klient offensichtlich nicht, weshalb diese Tatsache auch nicht unter das Anwaltsgeheimnis fallen kann. Freilich darf der Rechtsanwalt auf den Inhalt seiner Tätigkeit nicht Bezug nehmen und auch nicht bekanntgeben, mit welchen Personen er im Auftrag seines Klienten in Verbindung getreten ist. Das braucht aber den Beweis für die Entfaltung der anwaltlichen Tätigkeit als solcher und für ihren Umfang (insbesondere für die aufgewendete Zeit) nicht auszuschliessen.

---

[2] v. OVERBECK, Der Schutz des Berufsgeheimnisses. ZSR 43 S. 48a; BOSSI, Protezione del segreto professionale, ZSR 43 S. 92a.

2. Vor allem fällt aber in Betracht, dass für die richterliche Entscheidung nicht nur das Vorbringen und die Beweisführungen der Parteien massgebend sein kann. Zu berücksichtigen ist auch ihr Verhalten im Prozess[3], insbesondere die Tatsache, dass eine Partei eine Beweisführung des Gegners verunmöglicht hat. Das trifft aber auf den Klienten zu, wenn er es ablehnt, den Rechtsanwalt von der Schweigepflicht zu entbinden, so dass er nicht alle wesentlichen Tatsachen geltend machen kann. Vernünftiger- und billigerweise kann dem Rechtsanwalt nicht zugemutet werden, dass er alle klagebegründenden Tatsachen in den Prozess einführe und beweise, wenn ihm die Bekanntgabe solcher Tatsachen strafrechtlich verboten ist. Was dagegen den Klienten betrifft, so geniesst dieser den Vorteil des Berufsgeheimnisses, weshalb ihm auch zugemutet werden darf, die Nachteile auf sich zu nehmen, wenn im Prozess um das Honorar Tatsachen deshalb beweislos bleiben, weil sie unter das Anwaltsgeheimnis fallen[4]. M.a.W.: es hat eine sog. Umkehrung der Behauptungs- und Beweislast einzutreten, soweit der Rechtsanwalt durch die Weigerung, ihn vom Berufsgeheimnis zu entbinden, gehindert ist, alle wesentlichen Tatsachen bekanntzugeben. Dadurch werden die Interessen des Rechtsanwaltes gewahrt, ohne dass das Berufsgeheimnis preisgegeben werden muss. Und der Nachteil, der dem Klienten erwachsen kann, wird dadurch aufgewogen, dass das Berufsgeheimnis zu seinen Gunsten gewahrt bleibt.

---

[3] GULDENER, Zivilprozess I S. 286.
[4] Dass er diese Nachteile trage, darf dem Klienten auch dann zugemutet werden, wenn seiner Weigerung, den Rechtsanwalt vom Berufsgeheimnis zu entbinden, legitime Motive zu Grunde liegen.

Max Gutzwiller

Max Gutzwiller

1889—1989

MAX GUTZWILLER wäre im Oktober 1989 hundert Jahre alt geworden; er starb im Februar desselben Jahres.

Als junger Jurist zuerst im diplomatischen Dienst tätig wurde er bereits im Alter von 32 Jahren auf den Lehrstuhl für römisches Recht und internationales Privatrecht an die Universität Freiburg i. Ue. berufen, und schon vier Jahre später lehrte er in Heidelberg bürgerliches Recht und internationales Privatrecht. Dort blieb er bis zur gefährlichen Stunde, als ihn die Nazis verjagten und er nur knapp der Verhaftung entging. 1936 in die Schweiz zurückgekehrt, übernahm er alsbald wieder seinen früheren Lehrstuhl, den er bis zu seiner Emeritierung im Jahre 1956 innehatte.

MAX GUTZWILLER war eine Juristenpersönlichkeit von universalem Zuschnitt und erreichte auf internationaler Ebene ein Ansehen, wie es nur wenigen zuteil wird. Er vertrat unser Land während vielen Jahren an den Haager Konferenzen für internationales Privatrecht, war Mitglied des Institut de Droit international, Präsident der Schweizerischen Vereinigung für Internationales Recht sowie der International Law Association. Aber auch die einheimische Rechtswissenschaft verdankt ihm Bestes: von 1949—1970 war er Herausgeber und Redaktor der «Zeitschrift für schweizerisches Recht», welcher er ohne Hilfskräfte — und vielleicht gerade deshalb — ein einmaliges Gepräge verlieh. Das bereits in mehreren Bänden vorliegende Kompendium «Schweizerisches Privatrecht» geht auf seine Initiative zurück. Zu unserem nationalen Juristenalltag hielt MAX GUTZWILLER eine ironische Distanz: unvergesslich bleibt sein Festvortrag zum 100. Geburtstag des Schweizerischen Juristenvereins, wo er das «Volk der Hirten»[1] nicht nur juristisch durchleuchtet hat.

---

[1] So der Titel des 1955/56 in der Schweizer Rundschau erschienenen Aufsatzes.

Was MAX GUTZWILLER immer wieder fasziniert hat, ist das Recht als universale Kulturerscheinung, als grenzüberschreitende, völkerverbindende einheitliche Rechtsidee. Schon früh sind seine Publikationen geprägt von der geschichtlichen und der rechtsvergleichenden Dimension[2]. In diesem Licht erhalten denn auch so «erdnahe» Abhandlungen wie die nachfolgend abgedruckte ihr besonderes spezifisches Gewicht.

Der Ordre public ist ein ständiger Begleiter des IPR, und darüber wird mit schöner Regelmässigkeit geschrieben. Man fragt sich nun, ob wir seit dem Erscheinen von GUTZWILLERS Aufsatz im Jahre 1939 wesentlich klüger geworden sind. Dass die Probleme, die der Autor anhand der Rechtsprechung des Bundesgerichtes diskutiert, im Kern die gleichen geblieben sind, wird man bald einmal erkennen. Stellenweise muten die Ausführungen des Meisters geradezu modern an, so etwa seine Warnung vor der «Tendenz, überall Schutzbestimmungen zugunsten des ‹wirtschaftlich Schwachen› zu entdecken, welche dann, entsprechend, leicht mit der Note des ‹absolut zwingenden›, prohibitiven, versehen werden» (S. 399). Einen verhältnismässig breiten Umfang widmet GUTZWILLER den wirtschaftspolitischen (Eingriffs-) Normen, damals (in der Zwischenkriegszeit) besonders relevant in der Form von Währungsvorschriften. Die heute vehement geführte Diskussion, ob und wie weit ausländische Normen dieser Art vom iudex fori anzuwenden oder zu berücksichtigen sind[3] — vgl. v. a. Art. 13, 17 und 19 des neuen IPRG —, ist hier teilweise vorweggenommen. GUTZWILLER erblickt die Grenzschwelle in dem, was heute immer mehr als «universaler» Ordre public in den Vordergund tritt[4]; in seinen Worten: die «stillschweigenden Voraussetzungen eines ‹kollegialen› Verkehrs inter gentes» (S. 208).

Nicht zu folgen vermag ich meinem Lehrer — diese letzte Bemerkung sei noch gestattet —, wenn er dem Art. 2 ZGB nicht das Gewicht einer Ordre public-Norm beimessen will (S. 204 f.).

---

[2] Vgl. z. B. «Vom gemeinsamen Erbe — Ein Stück Weltbild der Rechtslehre», in ZSR 88 I 21 ff.

[3] Vgl. etwa F. VISCHER, Zwingendes Recht und Eingriffsgesetze nach schweizerischem IPR-Gesetz, in: RabelsZ 1989, S. 438 ff.; A. HEINI, Ausländische Staatsinteressen und internationales Privatrecht, in: ZSR 1981, S. 65 ff.

[4] Vgl. HEINI, a.a.O. S. 82 bei Fn. 65.

Für die Schiedsgerichtspraxis der neueren Zeit gehört das Prinzip «de la bonne foi et de l'interdiction de l'abus de droit»[5] zu jeder Rechtsordnung, die diesen Namen verdient.

Anton Heini

---

[5] POUDRET, Les recours au Tribunal fédéral suisse en matière d'arbitrage interne et international, in: Bulletin ASA 1988/1, S. 62.

Der «ordre public» im schweizerischen Internationalprivatrecht[*]

von Max Gutzwiller

I.

Wie auch das Schweizerische Bundesgericht mehrfach ausgesprochen hat, sind die Regeln des sog. zwischenstaatlichen oder internationalen Privatrechts nicht Ausfluss eines überstaatlichen Rechts: sie sind vielmehr ein Teil der schweizerischen Rechtsordnung und aus ihr auch da zu entwickeln, wo ausdrückliche Gesetzesnormen fehlen; wobei insbesondere an eine seit Jahrzehnten bestehende Gerichtspraxis angeknüpft werden kann. Das IPR der Schweiz ist inländisches Recht (*Law of the country*), auch da, wo es mit den Ergebnissen anderer «nationaler» Rechtsordnungen oder mit den Feststellungen «supranationaler» Gerichtsorgane, wie der Haager *Cour permanente de Justice internationale,* in einzelnen Punkten übereinstimmt.

Das gilt auch bezüglich jener Lehre, die man, seitdem der französische *code civil* von 1804 sie zum ersten Male verankert hat, in der ganzen Welt «la doctrine de l'ordre public» nennt. Sie besagte, dass man dem in Frankreich reisenden Fremden zwar Schutz und Gastlichkeit schuldet. «Mais il y doit aussi, de son côté, respecter l'ordre public, et il y est, à cet égard, soumis aux lois de police et de sûreté. C'est là le Droit de tous les gouvernements[1].» Diese Vorschrift besagt an sich nur, dass der in Frankreich befindliche Ausländer — mag er dort Wohnsitz haben oder mag er sich dort nur aufhalten

---

[*] Erschienen bei Helbing & Lichtenhahn in «Elemente der Rechtsidee», Ausgewählte Aufsätze und Reden, Basel und Stuttgart 1964, S.194—211. Nachdruck aus: Mélanges Streit I, Athen 1939, 457 ff.

[1] Cc. Art. 3 I: «Les lois de police et de sûreté obligent tous ceux qui habitent le territoire».

— den französischen *lois d'ordre public* unterworfen ist, dass also soweit die Anwendung seines (an sich massgebenden) Auslandsrechts ausgeschlossen ist.

Die französische *jurisprudence* hat sich an diesen engen Sinn nicht gehalten. Sie hat nicht nur z. B. eine Scheidung, die nach dem auf die fremden Staatsangehörigen an sich anwendbaren persönlichen Recht zuzulassen war, verweigert[2], die Anwendung eines ausländischen Rechts, welches als Voraussetzung einer gültigen Eheschliessung eine gewisse Konfession oder Rasse voraussetzt, als den Errungenschaften der Französischen Revolution widersprechend ausgeschlossen[3] — sondern sogar, wenn das auf die Wirkungen der Ehe grundsätzlich massgebende Recht die Legitimation eines unehelichen Kindes verneinte, die Legitimation auf Grund der französischen Gesetze positiv ausgesprochen[4].

Diese wenigen Beispiele zeigen: einmal, dass es sich beim ordre public um ein Blankett handelt, um einen Typenbegriff, dessen Ausfüllung bzw. spezialisierende Klassifizierung der Gesetzgeber für unmöglich hält, dessen Anpassung an den Einzelfall er also dem richterlichen Ermessen überlassen muss. Ausserdem aber auch, dass sich erst aus der mosaikartigen Zusammensetzung der einzelnen Richtersprüche das Bild ergeben kann, welches den besonderen «nationalen» Charakter der ordre public-Judikatur enthüllt, ihre besondere «Linie»: ebenso wie etwa die Rechtsprechung über die «Sittenwidrigkeit» des Vertragsinhalts[5] zwar in gewissen Grundlinien gemeinsam sein kann, seine besondere «Prägung» aber erst in den feineren Einzelzügen preisgibt. So haben etwa englische Sachverständige auf die Frage, unter welchen Voraussetzungen man in ihrem Lande die Anwendung ausländischen Rechts als ausgeschlossen betrachten müsse, geantwortet: jedenfalls dann, wenn diese Anwendung widersprechen würde: entweder den Grundsätzen des *statute law* oder denjenigen der *good morals* oder der *natural justice.* Wann das letztere zutrifft, insbesondere soweit Verstösse gegen die englische Auffassung von «natürlicher Gerechtigkeit» vorliegen, das kann nur die vergleichende Zusammenstellung einzelner Fälle lehren.

---

[2] Marseille 21.2.1902, Clunet 1904, 188.
[3] Paris 17.11.1922, Clunet 1923, 85; «prohibitive» oder «negative» Funktion des ordre public.
[4] So schon Cass. 23.11.1857, Sirey 1858.1.293. BARTIN, Principes de Droit i.p.fr. I 1930, S. 243: «imperative» oder «positive» Funktion des ordre public.
[5] OR Art. 19 II, BGB § 138.

II.

1. Für dieses «Bild», welches die schweizerische ordre-public-Rechtsprechung darbietet, ist zunächst charakteristisch der Hintergrund, auf dem es erscheint. Wie schon im Bundesgesetz «betr. die zivilrechtlichen Verhältnisse der Niedergelassenen und Aufenthalter» (1891) der Gesetzgeber von der Vorstellung ausgeht, dass die zwischenstaatlichen Rechtsverhältnisse der einheimischen oder einer fremden Rechtsordnung «unterstehen[6]», so sprechen auch die Einfügungen, die Art. 59 des Schl.-Titels des ZGB vom 10. Dezember 1907 an dem genannten Gesetze anbringt, wiederum davon, dass «die Gültigkeit einer Eheschliessung...» nach dem heimatlichen Rechte «beurteilt wird[7]»; dass sich «die Form einer in der Schweiz erfolgenden Eheschliessung» «nach schweizerischem Rechte» «bestimmt[8]»; dass die «Trennung oder eine ihr nach ausländischem Recht entsprechende Aufhebung der ehelichen Gemeinschaft» «unter dem gleichen Rechte» «steht» wie die Scheidung[9]. So auch der französische Text: «La loi qui régit le divorce»...; «la validité d'un mariage célébré entre deux personnes dont l'une ou toutes deux sont étrangères, est régie pour chacune d'elles par sa loi nationale.»

Noch eindeutiger ist die Ausdrucksweise der Rechtsprechung. «Es liegt auf der Hand», «dass das Rechtsverhältnis zwischen Ch. und der Gesellschaft T.N. durchaus dem Herrschaftsgebiet des französischen Rechts angehört[10].» «La question litigieuse au fond tombe en tout sous l'empire des lois françaises[11].» «C'est le Droit suisse qui régit le litige[12].» Es entsteht die Frage, ob ein streitiges Rechtsverhältnis vom schweizerischen oder vom deutschen Recht «beherrscht wird[13].» Die Verpfändbarkeit von anteilen einer deutschen GmbH ist «selbstverständlich nach deutschem Rechte zu beurteilen[14].»

---

[6] Vgl. etwa Art. 8: «Der Familienstand einer Person, insbesondere... bestimmt sich nach dem heimatlichen Recht und unterliegt der Gerichtsbarkeit der Heimat»; Art. 9: «Die elterliche Gewalt bestimmt sich nach dem Rechte des Wohnsitzes.»
[7] Art. 7c I.
[8] Art. 7c II.
[9] Art. 7i II.
[10] BGE 11 S. 364; ebenso 15 S. 336.
[11] BGE 12 S. 324.
[12] BGE 54 II S. 265.
[13] BGE 49 II S. 223.
[14] BGE 39 II S. 428.

Das schweizerische IPR, obgleich weitgehend, insbesondere auf dem Gebiete des Obligationenrechts «im Wege der richterlichen Rechtsfindung» entwickelt[15], steht also mit besonderer Entschiedenheit auf dem Standpunkte, «dass bei jedem Rechtsverhältnis dasjenige Rechtsgebiet aufgesucht werde, welchem dieses Rechtsverhältnis seiner eigentümlichen Natur nach angehört oder unterworfen ist[16].» Denn ihm ist es «normalement soumis[17]». BGE 20 S. 77: «Da das eidgenössische Recht keine positiven Vorschriften über die örtliche Anwendung des Rechts enthält, so ist aus der Natur des streitigen Rechtsverhältnisses zu beurteilen, ob und inwieweit dasselbe vom einheimischen Recht regiert werde.»

2. Wandelt das Bundesgericht bezüglich seiner Grundauffassung des IPR in den Fussstapfen SAVIGNYS, so folgt es damit «bewährter Lehre und Überlieferung». Schon das Privatrechtliche Gesetzbuch für den Kanton Zürich (1853) und die ihm folgenden Kodifikationen (so Zug und Schaffhausen) vertraten den gleichen Standpunkt. Diese Gefolgschaft zeigt sich noch in einem zweiten entscheidenden Punkte, wenn auch hier — wie sofort gezeigt werden soll — mit einer nicht unerheblichen Abweichung. Der grosse deutsche Rechtslehrer hatte erkannt, dass sein Prinzip nicht ausnahmslos gelten könne, und dass die Bestimmung der Grenzen für diese Ausnahmen vielleicht die schwierigste Aufgabe unserer ganzen Lehre sei[18]. Er stellt fest: einmal, dass gewisse Gesetze des eigenen Staates von so «streng positiver, zwingender Natur» sein können, dass sie auch auf solche Ausländer Anwendung finden müssen, deren Rechtsordnung die durch unsere Gesetze ausgeschlossenen Wirkungen anerkennen würde. Solche Gesetze können beruhen auf sittlichen Gründen (Ausschluss der Polygamie) oder auf Gründen des öffentlichen Wohls (Einschränkung des Grundeigentums gewisser Personenklassen). Ausserdem aber verbieten sich «Rechtsinstitute eines fremden Staates, deren Dasein in dem unsrigen überhaupt nicht anerkannt ist, die also deswegen auf Rechtsschutz in unserem Staate keinen Anspruch haben» (wie der «bürgerliche Tod» in der damaligen französischen und russischen Gesetzgebung, die Sklaverei als Rechtsinstitut). Beide Klassen kommen darin überein, «dass sie sich der für die Kollision des örtlichen Rechts im allgemeinen geforderten Rechtsgemein-

---

[15] BGE 49 II S. 224.
[16] SAVIGNY, System, VIII 1848, S. 28.
[17] BGE 38 II S. 732.
[18] A.a.O. VIII S. 32 ff.

schaft aller Staaten entziehen»[19] Ihre Erkennung als solche hängt vor allem von der Absicht des Gesetzgebers ab; sodann von einer wahren Einsicht in ihre Natur als absolute Gesetze.

Die schweizerische Judikatur folgt dieser Lehre insofern, als auch für sie die Nichtberücksichtigung desjenigen Auslandsrechts, welchem das Rechtsverhältnis an sich «untersteht», eine Ausnahme darstellt, die einer sorgfältigen Begründung bedarf: eine Ausnahme, die einer «Vorbehalts-klausel» entspringt. Diese schweizerische Vorbehaltsklausel unterscheidet aber nicht zwischen der aus Gründen der öffentlichen Ordnung gebotenen regelwidrigen «Ausdehnung hiesigen Rechts auf fremdes Gebiet[20]» und der aus demselben Grunde perhorreszierten Nichtanwendung des Auslands-rechts[21], sondern begnügt sich damit, in besonderen Ausnahmefällen das Schweizer Recht dem an sich anwendbaren Auslandsrecht vorzuziehen. Wie das Bundesgericht einmal ausspricht, besteht «der sog. ordre public der Schweiz» darin, dass ausnahmsweise eine absolut zwingende, entgegenste-hende schweizerische Norm angerufen wird[22]. Diese letztere verlangt dann vorzugsweise Anwendung: d.h. in solchen Ausnahmefällen wird nicht das in casu grundsätzlich anwendbare Auslandsrecht, sondern das schweizeri-sche der Entscheidung zu Grunde gelegt. «Denn man kann dem inländi-schen Richter nicht zumuten, eine nach inländischem Recht unsittliche oder das inländische öffentliche Wohl sonstwie gefährdende auswärtige Norm anzuwenden[23].»

So wird denn auch in Theorie und Praxis übereinstimmend angenom-men[24], dass Art. 2 Schl.-T. (wonach die Bestimmungen des ZGB, «die um der öffentlichen Ordnung und Sittlichkeit willen aufgestellt sind», «mit dessen Inkrafttreten auf alle Tatsachen Anwendung» finden) nicht nur für das intertemporale, sondern auch für das internationale Privatrecht Gel-tung beanspruchen darf. Die schweizerische Vorbehaltsklausel dürfte dem-nach etwa der Fassung des Art. 1770 des Entwurfs eines Schweizerischen Obligationenrechts von 1905 entsprechen: «Die Bestimmungen des schweizerischen Zivilrechts, die um der öffentlichen Ordnung und Sittlich-keit willen aufgestellt sind, haben vor dem schweizerischen Richter aus-

---

[19] A.a.O. VIII S. 38.
[20] So § 1 des Privatr. GB für den Kanton Zürich.
[21] So Art. 30 des EG zum BGB: «Die Anwendung eines ausländischen Rechts ist ausgeschlos-sen, wenn...».
[22] BGE 43 II (1917) S. 555.
[23] BGE 43 II S. 555.
[24] BGE 42 III S. 175.

nahmslos und ausschliesslich Geltung.» Woraus weiter folgt, dass die eingangs erwähnte Unterscheidung zwischen der «prohibitiven» (negativen) und «imperativen» (positiven) Funktion des ordre public, wie sie z. B. in der französischen Rechtsprechung festgestellt werden konnte, bei uns ganz zurücktritt. Die schweizerische Vorbehaltsklausel geht zwar von der ausnahmsweisen Nichtanwendung des an sich «massgebenden» Auslandsrechts aus; diese führt aber regelmässig zur vorzugsweisen Anwendung des Schweizer Rechts.

3. Kommt demnach der schweizerischen Vorbehaltsklausel der Charakter einer *exceptio legis propriae* zu gegenüber der «Herrschaft» des an sich in casu anwendbaren Auslandsrechts, so handelt es sich nun doch darum, die Voraussetzungen ihres Eingreifens etwas schärfer zu bestimmen: nach einem Wort von ZITELMANN «den bedenklichen Abstand zwischen der abstrakten Formel von der öffentlichen Ordnung und der konkreten Wirklichkeit noch etwas zu verringern».

In seinem Bestreben, die von ihm als Grundlage des IPR geforderte «Völkerrechtsgemeinschaft der zivilisierten Staaten» möglichst zu unterstreichen und zu fördern, hatte SAVIGNY, wie die von ihm angeführten Beispiele zeigen, vorwiegend an grundlegende, «massive» Dissonanzen zwischen den einzelnen Rechtsordnungen gedacht. Die schweizerische Rechtsprechung ist von diesem «liberalen» — hier ist das Wort am Platze — Standpunkt, leider, abgerückt. Man ist versucht, an das römische Institut der *alluvio* zu denken: an die Anreicherung des Ufergrundes durch unmerkliche Anschwemmung. Und zwar aus einer doppelten Ursache. Einmal hat die Geschlossenheit des neugeschaffenen ZGB den Eindruck von der Eigenart der schweizerischen Rechtsordnung ungemein verstärkt; wozu der am Beginne des Jahrhunderts herrschende Legismus bzw. «Positivismus» das Seinige beigetragen hat. Ausserdem aber bricht sich zur selben Zeit das «soziale» Motiv Bahn: die Tendenz, überall Schutzbestimmungen zugunsten des «wirtschaftlich Schwachen» zu entdecken, welche dann, entsprechend, leicht mit der Note des «absolut zwingenden», prohibitiven, versehen werden.

In der Gerichtspraxis stösst man schon früh auf «Ehescheidungssachen» — eine Materie des ordre public par excellence. Auf sie alle ist «ausschliesslich das Gesetz des Klageortes bzw. das schweizerische Recht anzuwenden[25]».

---

[25] BGE 8 S. 82; 5 S. 264.

Im Gebiete des Obligationenrechts begegnet man sehr bald und immer wieder der Klaglosigkeit des Differenzgeschäfts[26]. Sodann wird in einem bedeutsamen Entscheid die richterliche Befugnis zur Herabsetzung der Vertragsstrafe (OR 163 II) den um der öffentlichen Ordnung willen aufgestellten Bestimmungen zugerechnet, als ein «dem sozialen Bewusstsein des Gesetzgebers entspringender Grundgedanke[27]». Endlich sollen, einer gelegentlichen Andeutung zufolge, überhaupt Rechtsgeschäfte, die eine für den schweizerischen Rechtsstandpunkt unerträgliche Beschränkung der persönlichen Freiheit involvieren, ebenfalls vom ordre public erfasst werden[28].

Jahrzehntelang hatte das Bundesgericht zur Begründung der Vorbehaltsklausel immer nur von Rechtssätzen gesprochen, die, «weil auf Gründen des öffentlichen Wohles beruhend, zwingender Natur» sind[29], oder (noch in dem bekannten *leeding case* Hackerbräu gegen Bauer[30]) von Fragen «der öffentlichen Ordnung und der Sittlichkeit»: Ausdrücke, die *tels quels* der SAVIGNYSCHEN Lehre entstammen. Erst der Fall Hildebrand gegen Schoop statuiert eine neue Formel[31]. Ihr zufolge sollen nicht nur diejenigen Vorschriften um der öffentlichen Ordnung willen erlassen sein, «die ein öffentliches Interesse schützen wollen, das die höchsten Güter des Staates betrifft, dessen Erfüllung zu den elementarsten Bedingungen des Staates gehört, ohne dessen Befriedigung das Staatswohl in seinen Grundpfeilern erschüttert wird». Denn der Begriff der öffentlichen Ordnung ist ein weiterer als derjenige des «Staatswohls». «Eine im Interesse der öffentlichen Ordnung aufgestellte Vorschrift» wird vielmehr schon dann angenommen, «wenn aus ihrer Fassung hervorgeht, dass sie unter allen Umständen Anwendung finden soll, weil sie auf gewissen sozialpolitischen und ethischen Anschauungen des Gesetzgebers beruht, deren Verwirklichung durch die Abmachungen der Parteien nicht soll in Frage gestellt werden können[32].»

Die Neuheit dieser Begründung ist auch HOMBERGER nicht entgangen. Er kommentiert sie folgendermassen: «Man wird der Wendung (gewisse sozialpolitische und ethische Anschauungen) kaum eine Bedeutung zumessen können, die erheblich über den zur Beurteilung stehenden Fall hinaus-

---

[26] BGE 22 S.512; 22 S.544; 23 I S.250; 31 II S.60, und zu diesen Urteilen insbesondere A. HOMBERGER, Die obligatorischen Verträge usw., 1925 S.66 ff.
[27] BGE 41 II S.141 und HOMBERGER S.72.
[28] BGE 40 II S.236 zu OR Art.20; HOMBERGER a.a.O. 71 f.
[29] BGE 38 II S.73; 31 II S.61; 22 S.483 usw.
[30] BGE 40 II (1914) S.236.
[31] BGE 41 II (1915) S.141 ff.
[32] A.a.O. 142.

ginge. Sie wäre zu unbestimmt, um eine einigermassen sichere Abgrenzung zu bieten. Die Ausführungen zeigen aber allgemein die Tendenz, den ordre public auszudehnen und damit der eigenen Rechtsordnung vermehrte Berücksichtigung zu verschaffen; in diesem Sinne handelt es sich um einen bedeutsamen grundsätzlichen Entscheid. Das Bundesgericht hat sich somit in Gegensatz zur neueren Entwicklung des IPR auf dem Gebiete des ordre public gestellt, die sich immer mehr von dem Grundsatze der *lex fori* abgekehrt und damit auch die Rechtssätze, die *d'ordre public* sein sollen, eher enger umschreibt[33].»

Allein: der neuen Formel des Bundesgerichts stehen auch grundsätzliche Bedenken entgegen. Einmal nämlich verstärkt sie die Gefahr, alle für den normalen Inlandsverkehr zwingenden Normen des schweizerischen Privatrechts (worunter auch zahlreiche Formvorschriften fallen) mit dem ausschliesslich gegen wirklich «skandalöse» Vorschriften des massgebenden Auslandsrechts gerichteten Vorbehalt auf die gleiche Stufe zu stellen. Den Unterschied zwischen diesen beiden Schichten des sog. zwingenden Rechts (welche die Doktrin seit CH. BROCHER, 1876, als ordre public «interne» bzw. «international» bezeichnet) stellen die *Actes de la deuxième Conférence de la Haye (1894)* mit folgenden Worten fest: «Au point de vue interne l'ordre public comprend l'ensemble des dispositions légales auxquelles il n'est pas permis aux citoyens de déroger par des conventions particulières. Dans cet ensemble se classent à part les dispositions que le législateur lui-même ne pourrait modifier sans changer, ébranler ou détruire l'ordre social ou constitutionnel de son pays. Ce sont ces dernières lois qui seules sont d'ordre public au point de vue international. Contre elles les lois étrangères ne peuvent jamais prévaloir[34].»

Ausserdem ist die ordre public-Formel vom Jahre 1915 augenscheinlich eine nach rückwärts gerichtete Zusammenfassung der damaligen Präjudizien, die mehr oder weniger alle eine sittlich-soziale Note aufweisen. Bei dem Versuch, sie auf die spezifisch wirtschaftlichen Dissonanzen zwischen dem «massgebenden» ausländischen und dem Schweizer Recht anzuwenden, wie sie sich in den Nachkriegsjahren herausbildeten, muss sie versagen.

Wie sehr derartige Umschreibungen des ordre public den Akzent ihrer Entstehungsjahre an sich tragen, wie leicht sie also veralten, möge ein köstliches Idyll zeigen. In der Schweizerischen Juristenzeitung 14 133 ff. führt GIESKER-ZELLER als Fallgruppen des ordre public, neben «Freiheit und all-

[33] A.a.O. 73.
[34] Actes, S. 52 oben.

gemeiner Rechtsfähigkeit», «Monogamie», «Bildung und Erziehung der Bevölkerung», der «für den Staat unbedingt erforderlichen Sittlichkeit» und «Volkshygiene» (?) auch die «Glaubensfreiheit» an (S. 156). Die Rechtsfähigkeit «einer im Ausland anerkannten Gesellschaft Jesu» will er «mit Rücksicht auf Art. 51 Bundesverfassung» in der Schweiz nicht verneinen. Aber: «anders wäre es vielleicht schon, wenn der auswärtige Orden sich an einem Kirchen- oder Schulbau finanziell beteiligen wollte, weil damit unter der Decke(!) regelmässig(!) eine religiöse Beeinflussung verbunden sein wird». Man stelle sich die bedrohte schweizerische Glaubensfreiheit vor, nachdem der Marienaltar der Herz-Jesu-Kirche in X. von «jesuitischem Golde» errichtet ist: jeden senkrechten Eidgenossen überläuft bei seinem Anblick ein Schaudern.

So bewegt sich denn vorläufig auch die ordre public-Rechtsprechung im Gebiete des Obligationenrechts im Fahrwasser jener behaglichen «Sozialpolitik» der Vorkriegszeit. Noch die Handels- und Zahlungsverbote und die Moratorien bei Kriegsbeginn werden von GIESKER-ZELLER unter diesem Gesichtspunkte beurteilt. Er setzt voraus: ein französischer Schuldner werde «von seinem deutschen Gläubiger aus einem Rechtsgeschäft, das der Regel nach dem französischen Recht untersteht, in der Schweiz belangt». «So fragt es sich, ob auch das französische Zahlungsverbot Anwendung finde.» GIESKER-ZELLER ist «mit dem Bundesgericht für Verneinung». Warum? «Denn unser Grundsatz der strikten Neutralität, der, wenn irgendeiner, zum eisernen Bestande unserer Staats- und Rechtsordnung gehört, erheischt gebieterisch, dass wir die zivilrechtlichen Ansprüche gewähren (vom Verfasser unterstrichen, M. G.) gleichviel, ob sich Feind und Freund, oder Feind und Neutrale oder Neutrale allein gegenüberstehen.» «Der bisher ganz selbstverständliche und daher auch nirgends ausdrücklich normierte Grundsatz unseres Privatrechts, dass die Zugehörigkeit der Parteien zu einander feindlichen Staaten weder ein Grund für die Nichtigkeit, noch ein Grund für die Nichterfüllung des Rechtsgeschäfts ist», «besitzt Exclusivkraft.» «Ganz gleich verhält es sich übrigens auch mit allen anderen fremden Vorschriften, die dem Handelskrieg dienen[35].»

Nun haben aber 1. die 1500 französischen Franken, die ein französischer Spielwarenhändler einem sächsischen Unternehmer für gelieferte Waren schuldet, mit dem Grundsatz der schweizerischen Neutralität nicht das Geringste zu tun. Vor allem aber 2. berührt dieses Schuldverhältnis zwischen einem Franzosen und einem Deutschen, welches zudem vorausset-

---

[35] S. 157.

zungsgemäss dem französischen Recht «untersteht», das «schweizerische» materielle Privatrecht überhaupt nicht und 3. wenn der schweizerische Richter die (falsch verstandene) GISKERSCHE Neutralität verletzen will, so kann er es nicht besser, als eben dadurch, dass er in den Ablauf dieses «kriegsrechtlichen» Geschehens eingreift, indem er in dieser uns völlig gleichgültigen Streitsache «interveniert» und dem erstaunten Deutschen auf «neutralem» Boden zu den «feindlichen» 1500 Franken verhilft.

Andererseits sollen bei uns Moratorien «sehr wohl anwendbar» sein, «da dieselben keinen kriegerischen Zweck verfolgen[36]». Hier frage ich: sind wir, im Namen der Neutralität, zu einem Urteilsspruch über den charakter bellicosus der von einer auswärtigen Macht getroffenen Massnahme vielleicht berechtigt oder sogar verpflichtet? Ganz abgesehen davon, dass der Begriff des Krieges — auch völkerrechtlich — einer ständigen Entwicklung unterliegt und ausserdem hüben und drüben in wichtigen Punkten differiert. Was speziell die sog. Moratorien anbetrifft, d.h. die durch Akt der ausländischen Staatsgewalt dem Schuldner gewährten Indulte bei der Erfüllung fremder Verbindlichkeiten, so sind sie von Fall zu Fall so verschieden (man vergleiche etwa die konkrete Rechtslage, wie sie sich aus dem Kreisschreiben des Bundesrates an die Kantonsregierungen vom 6. Juni 1915 ergibt[37]), dass einerseits ein allgemeines Urteil über sie gar nicht möglich ist; andererseits aber, unter besonderen Voraussetzungen (etwa anlässlich eines Dauerzustandes, bei gleichzeitig sinkender Währung des ausländischen Schuldnerstaates) doch die Interessen der schweizerischen Gläubiger empfindlich getroffen werden können.

III.

In der Nachkriegszeit entstand auch im zwischenstaatlichen Verkehr der Schweiz und hier in besonders brennender Weise ein ganz neuer Fragenkomplex: die Probleme der Währung. Während die Zahlungsverbote und die Moratorien die Erfüllung überhaupt betrafen (das Ob der Zahlung), handelt es sich nun in zahlreichen Fällen in der Hauptsache um die Modalitäten der Zahlung, um die feineren Nuancen des Wie und des Wieviel. Ausserdem waren jene früheren Massnahmen durch den Krieg bedingt, wurzelten in den monetären Vorstellungen der Vorkriegszeit und durften als vor-

---

[36] A.a.O.
[37] BAER, Die schweizerischen Kriegsverordnungen, I 1914—1915, S. 111.

übergehende angesehen werden. Die Währungsprobleme unserer Tage hingegen entstanden im vollen «Frieden», zeigen ungeahnte wirtschaftliche Entwicklungen auf, die auch ins private Schuldrecht hineinwirken und müssen als ein *provisoire* angesehen werden, *qui dure*.

In einem Falle aus dem Jahre 1911 hatte das Bundesgericht für einen Lieferungsvertrag, der in ausländischer Währung zu erfüllen war (in Mark), das Recht des deutschen Erfüllungsortes als massgebend zugrunde gelegt und damit die Währung als ein Hauptindiz für die Massgeblichkeit der *lex loci solutionis* anerkannt [38]. Daran wird festgehalten. «Les obligations sont payables à Genève»: also ist die Schweiz Sitz des Anleihensrechtsverhältnisses [39], wobei «die im Interesse der Gläubiger im Ausland begründeten Zahlstellen» bei ausländischen Obligationen-Anleihen nichts anderes sind als Erfüllungsorte [40]. Das gilt auch für Goldwertklauseln: «La valeur or de l'étalon monétaire est in obligatione; quant à savoir quelle est la monnaie qui sera in solutione, c'est la législation du pays dans lequel l'obligation est exécutable qui décide, faute de convention contraire des parties. En Suisse p. ex. ce serait l'art. 84 CO qui serait applicable, c.-à-d. que c'est la contrevaleur réelle de tant et tant des grammes or qui serait payable en signes monétaires ayant cours légal en Suisse [41].» Und zwar darf der Gläubiger einer Goldklauselverpflichtung der Goldklausel den wirklichen Sinn geben, also *or effectif* oder *valeur or* verlangen [42]: wie schon im Falle Huttinger am Beispiele Frankreichs ausgeführt worden war, wonach die französischen Gesetze vom 12. August 1870 und vom 5. August 1914 «ont un caractère d'ordre public, qu'elles doivent donc s'appliquer dans les limites du territoire français, mais dans ces limites seulement, nonobstant toutes clauses contraires, tandisqu'à l'étranger les clauses contraires, soit notammet la clause valeur or restent valables [43]».

Diese Entscheidung bedingt, dass auch die monetären Gesetze des Erfüllungsortes zur Anwendung kommen sollen. Wenigstens dann, wenn sie «friedlich» sind. Nicht friedlich sind die deutschen Devisenbstimmungen. Das Bundesgericht «hat bereits wiederholt erklärt, dass die deutschen

---

[38] BGE 37 II (1911) S. 346.
[39] 54 II (1928) S. 257 ff.: Huttinger et Bernet contre CFFC; ebenso in dem bekannten Falle Guggenheim gegen Diessenhofenbank, 54 II S. 314 ff. Erwägung 2 und 57 II (1931) S. 69 ff.: Société d'Héraclée contre Badan.
[40] BGE 59 II (1933) S. 360.
[41] 57 II (1931) S. 77 unter Bezugnahme auf das Referat BARTH aus den Verhandlungen des Schweizerischen Juristenvereins 1924, 204a.
[42] A.a.O. S. 76.
[43] BGE 54 II (1928) S. 274 ff.

devisenrechtlichen Forderungsbeschränkungen mit der schweizerischen öffentlichen Ordnung unvereinbar sind und vom schweizerischen Richter infolgedessen auch da nicht zur Anwendung gebracht werden können, wo das Rechtsverhältnis an sich vom deutschen Recht beherrscht ist[44]»; denn sie enthalten einen «spoliativen Eingriff» in die Gläubigerrechte[45]: d.h. sie widersprechen jedenfalls der im Art. 2 ZGB aufgestellten grundsätzlichen Verpflichtung, wonach «Jedermann… in der Ausübung seiner Rechte und in der Erfüllung seiner Pflichten nach Treu und Glauben zu handeln» hat. GIESKER-ZELLER lehrt nämlich, diesem Satze komme der Charakter einer Vorschrift des sog. ordre public international in der oben unterschiedenen Weise zu. «Die ehrliche Schweiz muss diesen Satz festhalten, selbst wenn es sich um ein in Südamerika oder Australien eingegangenes Geschäft handelt, das zufällig bei uns auf Grund eines Arrestes zum Prozess führt[46].»

Auch dieser Standpunkt kann vor einer grundsätzlichen Betrachtung nicht bestehen. Rein technisch, d.h. im Sinne der BURCKHARDTSCHEN «Organisation der Rechtsgemeinschaft» gesehen, sind sowohl das französische Handelsverbot wie die deutsche Devisengesetzgebung und wie Art. 2 ZGB im strengsten Sinne «d'ordre public[47]»: sie alle gelten für «Jedermann», d.h. soweit irgend die durch das Völkerrecht bestimmte staatliche Personalhoheit und Gebietshoheit reicht. Sie betreffen also «tout acte… passé soit en territoire français ou de protectorat français par toute personne, soit en tous lieux par des Français ou protégés français», bzw. gelten «ohne Rücksicht auf die Rechtsnatur (natürliche oder juristische Person), Staatsangehörigkeit oder Ansässigkeit der Person, welche die Rechtshandlungen vornimmt» und «für Rechtshandlungen, die im Ausland vorgenommen werden insoweit, als sich die Wirksamkeit dieser Rechtshandlungen nach deutschem Recht bestimmt». Wobei diese deutsche Abgrenzung (z.B. bezüglich der im Ausland ansässigen Ausländer) doch wohl völkerrechtsgemäss auszulegen ist, da die Durchführungsverordnung zum Gesetz über die Devisenbewirtschaftung vom 4. Februar 1935 § 4 Ziff. 1 einmal ausdrücklich auf die «allgemeinen völkerrechtlichen Grundsätze» Bezug nimmt[48].

---

[44] BGE 62 II (1936) S. 110 unter Bezugnahme auf 60 II S. 310 und 61 II S. 246 Erwägung 3.
[45] BGE 61 II (1935) S. 242 ff.
[46] A.a.O. 174.
[47] In dieser Beziehung zeigen Art. 2 des *Décret du 27 septembre 1914 relatif à l'interdiction des relations commerciales avec l'Allemagne et l'Autriche-Hongrie*: NIBOYET-GOULÉ, Textes usuels de Droit international, I p. 122 f., und die Ziffer 7 der Richtlinien für die Devisenbewirtschaftung, Neufassung durch Verordnung vom 19. Dezember 1936, RGBl 1936 I S. 1026, eine überraschende Ähnlichkeit.
[48] RGBl. 1935 I S. 115.

Ebenso verhält es sich mit dem Grundsatz des Art. 2 ZGB: «Jedermann hat in der Ausübung seiner Rechte und in der Erfüllung seiner Pflichten nach Treu und Glauben zu handeln.» Er ist ein Gebot (und gleichzeitig Verbot aller Rechtshandlungen, die diesem Gebot zuwiderlaufen). Er verlangt, dass, abgesehen von allen besonderen zivilrechtlichen Bestimmungen und in Ergänzung zu ihnen, private Rechtsgeschäfte den schweizerischen Anforderungen von «Allem was rächt isch» entsprechen. Und auch dieses Gebot ist in der Tat «absolut», gehört zu den Grundpfeilern unserer Privatrechtsordnung und teilt mit ihr seinen Geltungsbereich, d.h. es gilt für Rechtshandlungen, die im Ausland vorgenommen werden, insoweit, als sich (schweizerischem Internationalprivatrecht zufolge) die Wirksamkeit dieser Rechtshandlungen nach schweizerischem Rechte bestimmt.

Trotzdem geben uns selbst die nach unserer (derzeitigen) Auffassung von Vertragsfreiheit und Eigentum exorbitantesten Bestimmungen der deutschen Devisengesetzgebung so lange nicht das leiseste Recht zu einer «Intervention» im Interesse unserer Auffassung von Treu und Glauben, als es in casu an einer materiell gerechtfertigten «Anknüpfung» mangelt, d.h. solange die Berührung des Falles mit der schweizerischen Rechtsordnung nur eine «zufällige», eine «künstliche» ist. Denn es liegt auch hier genauso wie bei jenem GIESKER-ZELLERSCHEN Handelsverbotsfall: wohin sollte es führen, wenn unsere Gerichte, die zur Verwirklichung des Schweizer Rechts innerhalb seines völkerrechtlich zu begrenzenden Herrschaftsgebiets eingesetzt sind, ein Vermögensstück, das ein im Ausland ansässiger Deutscher in der Schweiz besitzt, zum Anlasse nehmen wollten, um für einen Australier seine in Deutschland eingefrorenen Kastanien (s.v.v.!) aus dem Feuer zu holen, unter entrüsteter Ausschaltung des Rechts, dem das Rechtsverhältnis nach schweizerischem Internationalprivatrecht «untersteht», und obendrein unter Einschaltung derjenigen Rechtsordnung, mit der die in Frage stehende konkrete Rechtswirkung gar keine wirkliche Beziehung hat.

Ein solches Urteil ist für alle Beteiligten absurd: was uns betrifft deshalb, weil es eine unberechtigte Ausdehnung der *lex fori* involviert und damit in Wirklichkeit zu einer Einmischung, zu einer wirklichen «Kollision», zu einer neuen und völlig unnötigen Verwicklung führt.

M.a.W.: selbst dann, wenn Rechtsinstitute eines fremden Staates, «deren Dasein im unsrigen nicht anerkannt ist», und «gewisse Gesetze des eigenen Staates, die auch auf Fremde Anwendung finden sollen» (SAVIGNY), in casu kollidieren, kommt es 1. noch darauf an, ob die in concreto in Frage stehende besondere Rechtswirkung jenes fremden Rechtsinstituts (der sog.

Devisengesetzgebung) bei uns nicht anerkannt werden kann. Die deutsche Devisengesetzgebung ist ein höchst mannigfaltiges Mosaik von Anzeigepflichten, Handelsverboten, Moratorien, Einschränkungen der Vertragsfreiheit und des Eigentums, Prozedurvorschriften, zivil- und strafrechtlichen Sanktionen usw. und ist in ständiger Weiterbildung begriffen. Ihre Anfänge gehen bis auf eine Ermächtigung der Reichsregierung zurück, «Vorschriften zu erlassen über den Verkehr mit ausländischen Zahlungsmitteln und Forderungen in ausländischer Währung, in Anlehnung an die Devisenordnung vom 8. November 1924», durch VO des Reichspräsidenten vom 15. Juli 1931, § 2[49]. 2. aber kommt es ausserdem darauf an, ob, selbst beim Vorliegen der Bedingung 1, die örtliche Beziehung (sog. «Anknüpfung») unserer eigenen Rechtsordnung so geartet ist, dass wir, je nach der Intensität dieser Anknüpfung, nunmehr entweder a) jene Rechtswirkung des an sich massgebenden ausländischen Rechts (z. B. Nichtigkeit eines der devisenrechtlichen Regelung unterliegenden Geschäfts) bei uns lediglich verneinen — negative Funktion des ordre public — oder b) weiter dazu übergehen müssen, die durch Nichtanwendung des an sich anwendbaren Auslandsrechts entstehende Lücke durch unser eigenes Recht auszufüllen (und die Schuldnerpflichten unter Zugrundelegung unseres Art. 2 ZGB zu bestimmen) — positive Funktion des ordre public.

Wann diese Voraussetzungen zutreffen, das kann, wiederum, allgemein nicht bestimmt werden. Soviel aber kann gesagt werden, dass, sei es von einer generellen Nichtanwendung der sog. deutschen Devisengesetzgebung, sei es von einer statt ihrer eintretenden generellen Ersatzanwendung unseres eigenen Rechts, keine Rede sein kann.

Setzen wir z. B. voraus, es sei nach schweizerischem Internationalprivatrechtsregeln in casu der deutsche Erfüllungsort massgebend. Dann wird immer dann das deutsche Devisenrecht tatsächlich zugrunde gelegt werden müssen: 1. wenn es dem schweizerischen ordre public nicht widerspricht[50]. Hier gebietet unser eigenes Recht in gewissem Umfange die Anwendung der deutschen Devisengesetze. 2. Wenn die Anknüpfung zu unserer Rechtsordnung so lose ist, dass sich nach dem früher Ausgeführten die Nichtanwendung des deutschen Rechts verbietet (z. B. im Falle unseres Australiers). 3. Wenn auch das schweizerische Recht das von einem Deutschen mit einem Schweizer in der Schweiz eingegangene Devisengeschäft

---

[49] RGBl. 1931 I S. 365.
[50] Zum Beispiel in Verbindung mit unseren Stillhalteabkommen; vgl. Richtlinien vom 21. Dezember 1936, RGBl. 1936 I S. 1025.

als gegen die guten Sitten verstossend perhorresziert (z. B. eine Sperrmark-schiebung, die auch in der Schweiz, etwa nach Art. 27 ZGB in Verbindung mit Art. 19 II OR, als nichtig zu gelten hat; wobei die deutsche Devisenge-setzgebung in casu immerhin auch juristisch kausal sein kann).

Andererseits ist es ebenso klar, dass tatsächlich entweder gewisse «For-derungsbeschränkungen», wie sie das deutsche Devisenrecht anordnet, nach schweizerischer Auffassung, falls die entsprechend intensive Bezie-hung vorliegt, nicht berücksichtigt werden können oder ausserdem, falls Vermögensteile der anderen Partei in der Schweiz liegen, das Schweizer Recht als Exclusivsatz in die Bresche zu springen hat. So verdienen etwa Einschränkungen, wie sie die §§ 16 ff. des Gesetzes über die Devisenbewirt-schaftung vom 4. Februar 1935 aufstellen [51], wirklich die Bezeichnung «exorbitant». Denn sie verlangen auch von solchen Ausländern, welche die in Frage stehenden Reichsmarkguthaben mit alten Goldfranken erworben haben, selbst für die Verfügung in Mark und im deutschen Inland, die Genehmigung der sattsam bekannten «Devisenstellen», und diese lehnen allgemein sogar Anträge ab, die auf Ankauf (mit Reichsmark) deutscher Waren im deutschen Inland gerichtet sind. Dieses Vorgehen hat zur Folge: einerseits die weitgehende Entwertung der sog. Sperrmark, andererseits den Zwang, trotz bestehender Reichsmarkguthaben deutsche Waren in sog. Goldmark zu bezahlen, wodurch dem Reiche neue «Devisen» zufliessen. *Salus publica suprema lex:* das gilt auch zu unseren eigenen Gunsten: ich würde eben darum Abwertungen fremder Währungen, Goldausfuhrver-bote, Moratorien und dgl. keineswegs ohne weiteres, sondern erst nach reiflicher Prüfung als Verstösse gegen Prohibitivsätze der schweizerischen Rechtsordnung werten. Bestimmungen aber, wie die angeführten, verraten ein solches Mass nationaler Rücksichtslosigkeit, dass sich hier tatsächlich jene Kluft zwischen fremdem und einheimischem Rechtsdenken auftut, welche, richtig verstanden, allein den *méchanisme extraordinaire* des ordre public rechtfertigt.

IV.

In einem äusserst eindringlichen und gedankenreichen Urteil des Bundes-gerichts vom 1. Februar 1938 in Sachen der Golddollaranleihe der Osram

---

[51] RGBl. 1935 I S. 108.

GmbH von 1925 finden sich Erwägungen, die mit den hier vertretenen weitgehend übereinstimmen[52]. Es wird diesen ausführlichen Erörterungen für die typisch wirtschaftlichen «Kollisionen» unserer Tage eine ähnliche Bedeutung zukommen wie jenem noch auf das «Friedensrecht» zugeschnittenen Judikat aus dem Jahre 1915. Wie hatte die (offenbar auch im Falle Hildebrand gegen Schoop bekannte) Formel des deutschen Reichsgerichts vom Jahre 1905 gesagt? Ein Verstoss «gegen den Zweck eines deutschen Gesetzes» (Art. 30 EGBGB) soll dann vorliegen, wenn er «so erheblich ist, dass die Anwendung des ausländischen Rechts direkt die Grundlagen des deutschen staatlichen oder wirtschaftlichen Lebens angreifen würde[53]». Wenn das Bundesgericht in seinem neuesten ordre public-Entscheid zur Präzisierung seiner Haltung gegenüber der deutschen Devisengesetzgebung ausführt, diese letztere bedeute «eine bewusste und gewollte Schädigung der ausländischen Gläubiger zugunsten der deutschen Volkswirtschaft und des deutschen Staates», und es erfordere daher nicht nur «schon der elementare wirtschaftliche Selbsterhaltungstrieb auf schweizerischer Seite eine Abwehr», sondern es liege auch «auf der Hand, dass durch diese Gewaltmassnahmen auch das schweizerische Rechtsempfinden aufs tiefste verletzt werden müsste[54]», so bezieht es damit eine ähnliche Stellung wie damals der Leipziger zweite Zivilsenat. «Das Rechtsempfinden eines gesund denkenden Volkes lehnt es ab, dass seine Angehörigen unter Verhältnissen, wie sie hier vorliegen, sich als Gläubiger mit der abgewerteten Valuta begnügen müssen, als Schuldner aber dem Goldwert entsprechende Leistungen erbringen sollen. Darüber kann der Richter nicht hinwegsehen, ohne eine wohlverständliche Vertrauenskrise im Rechtsleben heraufzubeschwören. Das zu vermeiden ist Sache des ordre public[55].»

Damit ist zugegeben:

1. Nicht die deutsche Devisengesetzgebung an sich weist einen «spoliativen Charakter» auf, sondern nur gewisse Verstösse gegen die «für die Kollision des örtlichen Rechts im allgemeinen geforderte Rechtsgemeinschaft aller Staaten». Kehrt sich ein Land ab von diesen stillschweigenden Voraussetzungen eines «kollegialen» Verkehrs *inter gentes* (also gewissermassen von den Spielregeln, auf denen das ganze IPR beruht), dann darf es in diesem Betracht nicht mehr erwarten, dass die andern mitmachen. Worin diese

---

[52] BGE 64 II S. 88 ff.
[53] RGZ 60 S. 300.
[54] A.a.O. 99.
[55] A.a.O. 103.

internationalen Anstandsregeln bestehen, ist positiv schwer zu umschreiben; denn sie erweisen ihr Vorhandensein oft erst im Falle einer Verletzung (wie man etwa am Beispiel Russlands sehen konnte).

2. Es wäre verfehlt, jeden Eingriff in bestehende Privatrechte, wie sie die einzelnen Staaten in allen denkbaren Schärfegraden und Richtungen und mit den verschiedensten technischen Mitteln vornehmen, ebenso zu beurteilen. Indem das Bundesgericht die Verpflichtung fühlt, sein Verdikt gegen die deutsche Devisengesetzgebung sorgfältig zu begründen, werden seine Erwägungen gleichzeitig massgebend für die beiden z.Z. im Vordergrunde der privatrechtlichen Diskussion stehenden Eingriffe: Abwertung und Invalidierung der Goldklausel. Zwar wird eine ausdrückliche Stellungnahme zur amerikanischen *Joint Resolution* vom 5. Juni 1933 abgelehnt[56]; aber doch versucht, den Unterschied zwischen ihr und den deutschen Massnahmen deutlich herauszustellen. Während nämlich der Beschluss des amerikanischen Parlaments als «Stützungsmassnahme» für eine Währungsabwertung erlassen worden ist[57], d.h. einen Währungs-Sachverhalt zum Gegenstande hat, ein Verbot, das alle trifft, das sich also notwendigerweise auch (und gerade!) gegen die sehr zahlreichen inländischen Goldgläubiger richtet, die durch ihre Flucht ins Gold eine Privilegierung vor den andern Gläubigern erstrebten und damit die gegen den Fortbestand eines unerwünschten Bimetallismus gerichtete gesetzgeberische Absicht zu durchkreuzen hofften, hat es die deutsche Massnahme «offenbar im Grunde» nur auf die ausländischen Gläubiger «abgesehen». Das Schweizerische Bundesgericht stimmt nach diesen vorläufigen Andeutungen fast wörtlich überein mit den Feststellungen des schwedischen Reichsgerichts, welches in seinem bekannten Skandia-Entscheid vom 30. Januar 1937 ausgeführt hat[58]: «Im vorliegenden Falle erfasst die fragliche Gesetzgebung gleichermassen alle Schuldverpflichtungen, welche in der Landeswährung eingegangen waren, so dass z.B. ausländische Gläubiger nicht in eine andere und verschiedene Stellung gesetzt sind, verglichen mit einheimischen Gläubigern. Überdies ist der erklärte und offenbar auch der tatsächliche Zweck, eine Reform des Münzgesetzes des Landes durchzuführen, welche die Zubilligung eines gleichen Wertes für alle im allgemeinen Gebrauch befindlichen Zahlungsmittel in sich schliesst. Unter solchen Umständen ist für die schwedische

---

[56] S. 102.
[57] S. 102.
[58] In englischer Sprache Bull. Inst. Jur. Int. 37, 1937 S. 327 ff.

Gerichtsbarkeit kein gültiger Grund vorhanden, den oben erwähnten engen Zusammenhang der Bonds mit dem Staate New York zu verkennen und die Gesetzgebung dieses Staates, welche die Goldklausel annulliert, ihrer Wirkung bezüglich der gesetzlichen Beziehungen zwischen Schuldner und Bondsinhaber zu berauben[59].»

Im Zusammenhang mit den deutschen und den amerikanischen werden auch die schweizerischen Währungsmassnahmen vom Bundesgericht zu einem Vergleich herangezogen[60] und implicite den amerikanischen, nicht aber den deutschen an die Seite gestellt (denn von jenen unterscheiden sie sich in der Tat nicht «qualitativ», sondern nur dem Masse nach). Damit ist auch in dieser Richtung eine erwünschte Klärung eingetreten[61], insbesondere seitdem untere Gerichte in «wilden» Ausführungen gegen die Anwendbarkeit der amerikanischen Goldklauselverordnung Stellung genommen hatten[62].

3. Ein dritter Punkt tritt leider etwas zurück. Das Erfordernis von «Beziehungen» bzw. «Berührungspunkten» mit der Schweiz, die «der zu beurteilende Tatbestand» aufweisen muss, um die «Sanktion» von schweizerischen Grundnormen rechtlicher Gesittung zu rechtfertigen, scheint zunächst nur für die Anwendung der amerikanischen, nicht aber der deutschen Währungsgesetzgebung in Betracht gezogen.

In einem Entscheid vom 4. Februar 1936, den das Bundesgericht in seinem Urteil vom 1. Februar 1938 zitiert[63], erklärt die *Cour d'Appel de Bruxelles:* «La notion de l'ordre public varie non seulement dans l'espace, mais aussi dans le temps.» Was das erstere betrifft, so hat, wie wir sahen, die Schweiz «je und je» mit grosser Entschiedenheit am «Internationalitätsprinzip» festgehalten, d.h. an dem Grundsatze, dass Rechtsverhältnisse mit ausländischen Beziehungen dem Rechte desjenigen Staates unterstehen, in dem sie

---

[59] Vgl. auch den Aufsatz des Vertreters der Minderheit in der besagten Sache, Reichsgerichtsrat A. BAGGE, L'effet international de la législation clause-or, etc., Revue de Droit int. et de lég. comp., 1937 S. 817: «La Joint Resolution fait partie des mesures qui ne sont pas contraires à des principes économiques généralement reconnus et le décret ne contient pas de faveurs injustes aux débiteurs du pays du legislateur, au détriment des créanciers étrangers.»

[60] BGE 64 II 99.

[61] Vgl. dazu jetzt K. OFTINGER, Gesetzgeberische Eingriffe in das Zivilrecht, Verhandlungen des Schweizerischen Juristenvereins, 1938 S. 481 ff.

[62] So das Handelsgericht des Kantons Bern am 22. September 1938 und das Bezirksgericht Zürich am 14. Dezember 1937; beide Urteile abgedruckt bei PLESCH, Die Goldklausel, III, Paris 1938, S. 85 ff., 55 ff.

[63] A.a.O. 101.

ihren natürlichen Schwerpunkt haben. Es besteht kein Grund, diese «Plattform», die für unser Land die gegebene ist, einer Revision zu unterziehen. Was die zeitliche *évolution* betrifft, so ist sie selbstverständlich. Allein es gilt auch hier stets, den in jenem Grundsatz verankerten Rechtsgedanken eventuellen romantischen Versuchungen voranzustellen. Dabei fällt den Höchstgerichten eine wichtige (und über den engeren Bezirk des ordre public hinaus folgenreiche) Aufgabe zu. Man darf es wohl auch als eine spezifisch schweizerische Auffassung ansprechen, dass bei uns der Richter bestimmt, was rechtens ist. Darin liegt keine Unterschätzung der Theorie, deren in der Aufzeigung der historischen und systematischen Zusammenhänge sich äussernde kritische Stimme noch immer Beachtung gefunden hat.

In einem Gutachten hat E. RABEL einmal darauf hingewiesen, dass der ordre public aus dem allmählich verfeinerten System des Internationalprivatrechts zurücktrete «in die Ursphäre der Territorialität des Rechts». Um so wichtiger werde es, diese Territorialität zu definieren, d.h. die Grenzen des Machtbereichs eines Staates möglichst genau zu bestimmen. Das ist nun natürlich (wie auch der berühmte Versuch ZITELMANNS gezeigt hat) nicht angängig: schon deshalb nicht, weil aus dem unbekannten Schosse neuer «Verhältnisse» immer wieder neue Möglichkeiten zur Demonstration von «Macht» hervorgehen werden, denen das geltende Recht, soweit es Völkerrecht ist, oft zunächst hilflos gegenüberstehen wird. Ausserdem: für den, der die sogenannte «Territorialität des Rechts» unter die Lupe wissenschaftlicher Betrachtung gestellt hat, ist sie nicht nur eine höchst problematische, sondern auch (soweit nicht Sachen mit fester Raumbeziehung in Frage stehen) eine ganz unzulängliche Vorstellung. Trotzdem muss sie festgehalten werden, wäre es auch nur als fruchtbare Arbeitshypothese. Denn mit Begriffen wie dem «räumlichen» Schwer-«Punkt» der Rechtsverhältnisse, den «Grenzen des staatlichen Rechts», der «Reinerhaltung» der «nationalen» Rechtsordnung (auf diesem Gedanken beruht das neue Buch von P. VALLINDAS in Athen über den ordre public) usw. steht (und fällt) das sog. Internationalprivatrecht. Darum müssen, soll das zwischenstaatliche Recht sich nicht in ein System nationaler Mythen verwandeln, die sich in Abwehrstellung immer mehr voneinander sondern, auch die Voraussetzungen für die Einschaltung der Vorbehaltsklausel unter dem Gesichtspunkt geprüft werden: *Iustitia est constans et perpetua voluntas ius suum cuique tribuendi.*

Werner Niederer

Werner Niederer

1906—1981

WERNER NIEDERER habilitierte sich im Jahre 1939 an der Universität Zürich für das Gebiet des schweizerischen und internationalen Privatrechts mit einer Schrift über die «Frage der Qualifikation als Grundproblem des Internationalen Privatrechts». Auch die später folgenden Publikationen hatten ihr Schwergewicht im internationalen Privatrecht. Heraus ragt das erstmals 1954 erschienene Lehrbuch «Einführung in die allgemeinen Lehren des Internationalen Privatrechtes» (3. Auflage 1961), welches internationale Verbreitung und Anerkennung gefunden hat.

Von 1946 bis zu seinem Rücktritt im Jahre 1967 lehrte WERNER NIEDERER an der Rechts- und staatswissenschaftlichen Fakultät der Universität Zürich als Extraordinarius vor allem internationales Privatrecht. Als Mitinhaber eines renommierten Zürcher Anwaltsbüros stand er voll in der Praxis, auf die er nicht verzichten wollte, weshalb er denn auch die Übernahme eines Ordinariats stets abgelehnt hat. Obwohl er als Rechtsanwalt sich vorwiegend mit dem Gesellschaftsrecht befasste — er war Vorsitzender bedeutender Unternehmen — und sich auf diesem Gebiet durch bahnbrechende innovative Ideen einen Namen machte, galt seine wissenschaftliche Vorliebe dem internationalen Privatrecht. Der auf diesem Gebiet latenten Versuchung, sich grauer Theorie und einem sterilen Dogmatismus zu verschreiben, ist WERNER NIEDERER gerade wegen seiner Verwurzelung in der Praxis nie erlegen. Dies zeigte sich vor allem, wie der Schreibende als Student es selber erfahren durfte, in seinen lebensnah gehaltenen Übungsstunden.

Wie kommt es nun — so wird manch einer fragen —, dass der praxisorientierte WERNER NIEDERER ein derart «unpraktisches» Thema wie das nachfolgend abgedruckte aufgreifen konnte? Es dürfte nicht das Streben nach romanistischem Gelehrtenschein gewesen sein, welches den Nichtromanisten zu dieser Studie bewog; und wie er in Fussnote 1 antönt, war er auf die Mithilfe seines romanistischen Fakultätskollegen JULIUS LAUTNER nicht wenig angewiesen. Vielmehr dürfte er wie andere vor und nach ihm[1] von wissenschaftlicher Neugier geleitet worden sein, mag es auch zu seiner Zeit mehr als heute zum guten Ton gehört haben, «sein» juristisches Forschungsgebiet mit dem römisch-rechtlichen Herkunftsausweis zu adeln. Aber die Frage nach den Ursprüngen ist doch in allen menschlichen Belangen berechtigt.

Das «Ceterum quaero . . .» musste ja reizen: dass es auch im römischen Weltreich Partikularrechte («consuetudines» und «statuta») gab, die gegeneinander abzugrenzen waren, steht fest[2]. Konflikte musste es also geben, und der Cambridger Professor PETER STEIN meint in seiner 1980 publizierten Studie: «the classical jurists must have given opinions of conflict of laws»[3]. Und doch gelangt NIEDERER zum Schluss (S. 131): «Im alten Rom gab es demnach kein Kollisionsrecht im eigentlichen Sinne». Verschiedene Gründe dafür werden im Aufsatz vorgetragen; über andere mag man spekulieren. So ist es u. a. denkbar, dass erst seit dem 12. Jahrhundert, zur Zeit der Glossatoren, die «consuetudines» und «statuta» sich von der Umklammerung des ius commune zu lösen vermochten[4] und damit die Geschichte des modernen internationalen Privatrechts eingeleitet haben[5].

Anton Heini

---

[1] Vgl. etwa die in Fn. 2 des Aufsatzes erwähnte bekannte Abhandlung LEWALDS aus dem Jahre 1946, bzw. die nur zwei Jahre nach der hier abgedruckten erschienene Abhandlung YNTEMAS, Die historischen Grundlagen des internationalen Privatrechts, FS Rabel I, S. 513 ff. (1954).
[2] NIEDERER, S. 120.
[3] PETER STEIN, Bartolus, the Conflict of Laws and the Roman Law, in: FS Lipstein, S. 251
[4] Vgl. A. WOLF, Gesetzgebung und Kodifikationen, in: Die Renaissance der Wissenschaften im 12. Jahrhundert, hg. von Peter Weimar, Zürich 1981, S. 143 ff.
[5] Vgl. auch STEIN a.a.O. 253: «The statutum was now jus commune in its own area and Justinian's law was only law when the statutum was silent.»

Ceterum quaero
de legum Imperii Romani conflictu[*]

von Werner Niederer[1]

I.

Die Geschichte des modernen internationalen Privatrechts beginnt mit der Zeit der frühmittelalterlichen Stammesrechte im 9. und 10. Jahrhundert (professio iuris). Im 13. und 14. Jahrhundert folgt die zweite Epoche der kollisionsrechtlichen Entwicklung, die Statutentheorie der italienischen Kommentatoren oder Postglossatoren (Bartolus). Sie wurde im 16. und 17. Jahrhundert durch die französische und die niederländisch-flandrische Statutenlehre abgelöst (D'ARGENTRÉ, VOET, ULRICUS HUBER). Und diese hatte wiederum in der ersten Hälfte des 19. Jahrhunderts dem modernen internationalen Privatrecht zu weichen (STORY, SAVIGNY, MANCINI).

Diesen historischen Epochen entsprechen verschiedene dogmatische Grundgedanken in der Behandlung der Gesetzeskonflikte: Die Blütezeit der germanischen Stammesrechte war gekennzeichnet durch die *persönliche Bindung* an das Recht, die italienische Statutentheorie ging von der *universellen Geltung* der angeblich aus dem gemeinen römischen Recht abgeleiteten Kollisionsregeln aus, und die französisch-niederländische Statutenlehre baute auf dem Grundsatz der strengen *Territorialität des Rechtes* auf. Das moderne internationale Privatrecht aber griff auf die verschiedenen Schulen

[*] Erschienen beim Polygraphischen Verlag in «Fragen des Verfahrens- und Kollisionsrechts», Festschrift zum 70. Geburtstag von Prof. Dr. Hans Fritzsche, Zürich 1952, S. 115—132.

[1] Herr Prof. J. LAUTNER hatte die grosse Liebenswürdigkeit, mir mit zahlreichen Literaturangaben und andern nützlichen Hinweisen bei meiner Arbeit behilflich zu sein. Ich möchte ihm herzlich dafür danken.

der Vergangenheit zurück. Die Namen seiner drei Begründer sind gleichzeitig Symbole für die angeführten im Ablauf der Geschichte entwickelten Dogmen (STORY's Territorialitätsprinzip — SAVIGNY's Universalitätsprinzip — MANCINI's Personalitätsprinzip oder Nationalitätsprinzip). Und diese Dogmen stehen nun seit über hundert Jahren gegeneinander im Kampfe, wobei bald das eine, bald das andere die Oberhand gewinnt.

Es mag seltsam erscheinen, dass in einem Rechtsgebiet wie dem internationalen Privatrecht, das den Romanisten so viel zu verdanken hat, nicht auf das alte römische Recht zurückgegriffen wird. Gab es denn dort keine kollisionsrechtlichen Regeln, die uns als Vorbild dienen könnten?

II.

Gesetzeskonflikte waren im römischen Reiche zweifellos eine häufige Erscheinung. Innerhalb des Reichsverbandes standen schon frühzeitig neben dem Volksrecht der römischen Bürger, dem ius civile romanum, auch andere Volksrechte in Geltung. Nicht nur die römischen Bürger in der Metropole und in den römischen coloniae lebten nach ihrem eigenen Rechte, sondern auch die Angehörigen anderer mehr oder weniger autonomer Gemeinschaften (civitates, municipia, provinciae)[2]. Während Jahrhunderten hatten die Römer immer häufiger den civitates liberae ac foederatae sowie den halb- oder ganz unterworfenen Provinzen und Völkerschaften, die dem Reichsverbande nach und nach eingegliedert wurden, die Beibehaltung ihres angestammten Rechtes gewährt. Sogar die vor dem Niedergang des Reiches innerhalb der Grenzen angesiedelten Germanen liess man im Genusse ihres eigenen Rechtes, etwa die auf öffentlichem Boden angesiedelten laeti, oder seit Valentinian I. die im Heere zugelassenen Barbaren[3].

---

[2] LEWALD, Conflits de lois dans le monde grec et romain, in: Archaion idiotikou dikaiou, Sonderabdruck 1946, S. 27 / 28; — KUNKEL, Römische Rechtsgeschichte, Heidelberg 1947, S. 49 unten ff.; — GIRARD/SENN, Manuel élémentaire de droit romain, Paris 1929, S. 124 ff.; — SIBER, Römisches Recht, Berlin 1928, S. 9; — PHILLIPSON, The international law and custom of ancient Greece and Rome, Bd. 1, 1911, S. 272, und die dortigen Nachweise; — MITTEIS, Reichsrecht und Volksrecht, Leipzig 1891, S. 91 ff.; — VON BAR, Theorie und Praxis des IPR, Bd. 1, 1889, S. 20; u. a. m. — Im besonderen für Sizilien vgl. SCHÖNBAUER, Studien zum Personalitätsprinzip im antiken Recht, in: Savigny-Z. Bd. 49, S. 397, und die dort zit. Stellen aus CICERO (in Verrem II 13, 32); — Ägypten, das allerdings nicht als gewöhnliche Provinz behandelt wurde, genoss volle privatrechtliche Autonomie, vgl. LEWALD, op. cit., 1946, S. 38 ff.
[3] PIRENNE, Les grands courants de l'histoire universelle, 1. Bd., Neuchâtel 1945, S. 426; — BRUNNER, Deutsche Rechtsgeschichte, 1. Bd., Leipzig 1906, S. 54.

So entstand im römischen Reiche ein buntes Nebeneinander verschiedener «nationaler» Rechte oder Volksrechte. Allerdings wurde im Verlaufe der Zeit das römische Bürgerrecht in immer grösserem Umfange auch den Angehörigen der verbündeten oder unterworfenen civitates verliehen[4], bis unter Caracalla mit der Erhebung aller Gemeindebürger des Reiches, also eines Grossteils, aber nicht der Gesamtheit der freien Bevölkerung, ins römische Bürgerrecht die Unterscheidung zwischen cives romani und peregrini an Bedeutung verlor. Doch ist umstritten, wie weit diese Bürgerrechtsverleihung durch die Constitutio Antoniniana vom Jahre 212 eine Änderung des persönlichen Rechts mit sich brachte. Nach Ansicht massgeblicher Rechtshistoriker war auch nachher — ganz abgesehen von den peregrini dediticii, die ohnehin keines Bürgerrechts teilhaftig waren — die privatrechtliche Einheit im Reiche bei weitem nicht verwirklicht[5]. Insbesondere scheinen die bisherigen Volksrechte zahlreicher civitates des Reichsverbandes damit nicht ausser Kraft gesetzt worden zu sein.

Das zivilrechtliche Gesamtbild des römischen Reiches der frühern Kaiserzeit kann etwa mit dem Rechtssystem des britischen Empire vor der Zeit der Weltkriege verglichen werden, wo sich ebenfalls um das seinen Geltungskreis ständig erweiternde englische common law herum in unendlicher Vielfalt die zahllosen angestammten Rechte der dem Reiche eingegliederten unterworfenen, verbündeten oder kolonisierten Völkerschaften gruppierten — mit dem einzigen Unterschied, dass im britischen Reiche die verschiedenen Rechte mit Ausnahme der muselmanischen und anderer Ein-

[4] GIRARD-SENN, 1929, S. 126 ff.; — auch individuelle Verleihungen, z. B. an die im römischen Heere dienstleistenden Soldaten oder an Magistraten sowie an andere verdienstreiche peregrini der Provinzen kamen vor, vgl. MITTEIS, Reichsrecht und Volksrecht, 1891, S. 145 ff.; — vgl. ferner die Zitate unten in Anm. 17, insbes. SCHÖNBAUER, Savigny-Z., Bd. 49, S. 398 oben. — Es kamen auch kollektive und individuelle Verleihungen eines Teils des Bürgerrechts vor; vgl. betr. Verleihung des conubiums (auch an Einzelpersonen): JÖRS/KUNKEL/WENGER, Römisches Recht, 3. Aufl., Berlin 1949, § 172, N. 1, lit. b, S. 273. (Dieses und die nachfolgenden Zitate aus JÖRS/KUNKEL/WENGER, 1949, können auch bei JÖRS/KUNKEL, 2. Aufl., Berlin 1935, nachgeschlagen werden.)

[5] Dass die Constitutio Antoniniana sich nicht auf alle peregrini dediticii erstreckte, wird heute, nachdem die Frage eine Zeitlang strittig war, wieder mehrheitlich angenommen. Vgl. dazu die bei JÖRS/KUNKEL/WENGER, 1949, § 33, in Anm. 10 zit. Lit. — Betreffend die Weitergeltung der einzelnen Volksrechte des Reiches nach der Constitutio Antoniniana vgl. KUNKEL, Römische Rechtsgeschichte, 1947, S. 50 unten ff.; — LEWALD, op. cit., 1946, S. 31 ff., insbesondere S. 33 und 51; — JÖRS/KUNKEL/WENGER, 1949, § 33, S. 58 oben, sowie ibidem Anm. 11 und die dort zit. Lit., insbesondere MITTEIS, Reichsrecht und Volksrecht, 1891, S. 159 ff.; — SCHÖNBAUER, Studien zum Personalitätsprinzip im antiken Rechte, in Savigny-Z., Bd. 49, S. 398 oben, weist darauf hin, dass die in der Provinz individuell mit dem Bürgerrecht ausgezeichneten Griechen dennoch Angehörige ihrer Nationalität und ihrer civitas blieben (unter Berufung auf VON PREMERSTEIN, Savigny-Z., Bd. 48, und die dort behandelten Edikte des Augustus aus Kyrene); — vgl. ferner: PHILLIPSON. The international law and custom of ancient Greece and Rome, 1. Bd., London 1911, S. 281.

geborenenrechte nicht personell, sondern territorial voneinander abgegrenzt waren.

III.

Und noch etwas steht fest — nämlich die jedem Juristen wohlbekannte rein persönliche Geltung des römischen ius civile. Das römische Zivilrecht war das Volksrecht der cives Romani. Die Römer betrachteten es als eine Art «Eigentum», das ihnen kraft ihrer Eigenschaft als römische Bürger gehörte, oder als eine Art von Besitztum der römischen civitas, das jedes Mitglied des Gemeinwesens mit-«besass». Nur der civis Romanus konnte am ius civile teilhaben.

Wie streng das römische Volksrecht auf den Rechtsverkehr zwischen den Bürgern beschränkt blieb, zeigen am besten die wenigen Ausnahmen, denen wir begegnen. So kündigte etwa der Prätor im edictum perpetuum an, dass er einem bestohlenen Bürger die Beanspruchung der nach ius civile den Dieb treffenden Busse auch dann gewähren werde, wenn nicht beide, der Bestohlene und der Dieb römische Bürger seien, wie dies dem strengen Rechte eigentlich entsprochen hätte. Selbst die Form der actio ficticia, mit der dieses Ziel erreicht wurde, ist aufschlussreich für die selbstverständliche Beschränkung des ius civile auf Rechtsverhältnisse zwischen römischen Bürgern. Der Prätor beauftragte nämlich mit seiner actio den iudex so zu entscheiden, wie wenn die des ius civile nicht teilhafte Prozesspartei die Eigenschaft eines römischen Bürgers gehabt hätte — «si civis Romanus esset»[6].

---

[6] GAIUS IV, 37; — vgl. die Rekonstruktion des Formeltextes bei Lenel. Das Edictum Perpetuum, 3. Aufl., Leipzig 1927, S. 324 ff.; — zur Deutung der angeführten Gaius-Stelle vgl. auch WLASSAK, Römische Prozessgesetze. Leipzig 1888, II, S. 147 ff., und WENGER, Institutionen des römischen Zivilprozessrechts, München 1925, S. 150; — auch in der Provinz war die Bürgerrechtsfiktion anzutreffen, vgl. WLASSAK, op. cit., II, S. 149 Anm. 19 — Weitere Ausnahmen von der streng persönlichen Geltung des ius civile: Erstreckung der lex Aelia Sentia unter Hadrian auf die peregrini, KÜBLER, im Art. «peregrinus» in: Pauly/Wissowa, Real-Encyclopädie, S. 643, Zeile 28 ff., unter Zitierung von Gaius I, 47; — Erstreckung des Anklagerechts des römischen Ehemannes aus dem Julischen Ehebruchgesetz seit Africanus auf den Ehebruch der peregrina-Ehefrau, MITTEIS, Römisches Privatrecht. 1908, S. 70; — Zulässigkeit von Soldatentestamenten zugunsten von peregrinischen Bedachten, MITTEIS, op. cit., S. 72, N. 5 — Vgl. auch die Zusammenstellungen von Beispielen der Durchbrechung des Grundsatzes der streng persönlichen Geltung des Rechts bei LEWALD, op. cit., 1946, S. 36; — E. WEISS, im Art. «Ius gentium», unter III, B, Abs. 2, in Pauly/Wissowa, Real-Encyclopädie; — WLASSAK, op. cit., II, S. 152 ff.

Die persönliche Geltung des römischen ius civile ist ebenso ausgeprägt wie diejenige der altgermanischen Stammesrechte. Nur war es keine rein blutgebundene, durch die Abstammung vorgezeichnete Geltungsabgrenzung wie bei den Germanen, sondern die Grenze war durch die Zugehörigkeit zum Kreise der Bürger gezogen, der durch Verleihung des «Bürgerrechts» über die Volksangehörigen hinaus erweiterungsfähig war[7]. Und genau so wie das römische Zivilrecht an das römische Bürgerrecht gebunden war, konnte auch das Recht einer andern civitas nur deren Bürgern «gehören»[8].

IV.

Man sollte nun glauben, ein reichhaltiges kollisionsrechtliches Quellenmaterial gebe uns heute noch Aufschluss darüber, nach welchen Regeln die unvermeidlichen Konflikte zwischen den verschiedenen Partikularrechten gelöst wurden. Denn dass sich die Frage nach dem anwendbaren Rechte immer wieder stellen musste, ist bei dem regen innern Handelsverkehr und der im Verlaufe der Zeit ständig wachsenden Mischung der verschiedenen Bevölkerungsgruppen selbstverständlich. Man stelle sich nur einmal vor, wieviele Angehörige aller möglichen Völkergruppen des Reiches in Rom der frühern Kaiserzeit zusammenkamen, griechische Gelehrte und Künstler, die Söhne gallischer Edler, die in Rom erzogen wurden, germanische Offiziere, batavische Reitergardisten, ägyptische Kaufleute — kurz, ein babylonisches Gemisch von Völkern, Sprachen und Rechten.

Eigenartigerweise enthalten aber die römischen Rechtsquellen, abgesehen von einigen spärlichen Stellen, die wenig aufschlussreich sind, nichts über die Lösung der Gesetzeskonflikte im römischen Reiche[9]. Vergeblich haben sich seit den Postglossatoren die Romanisten aller Zeiten bemüht,

---

[7] Über den Unterschied zwischen dem germanischen und dem graecoitalischen Personalitätsprinzip vgl. WLASSAK, op., cit., II, s. 240, Mitte. — Die «civitas» konnte bekanntlich dem Blutsfremden nicht nur das ganze Bürgerrecht, sondern auch Teile davon «verleihen» — ungefähr so, wie man einem Dritten an seinem Eigentum beschränkte dingliche Rechte einräumt. So waren z. B. die latini der verschiedenen Kategorien (veteres, colonarii, Iuniani) in unterschiedlichem Ausmasse des römischen ius civile teilhaftig geworden — und so wurde nach dem zweiten punischen Krieg den Karthagern das ius commercii eingeräumt.

[8] Vgl. den Art. «peregrinus» in: Pauly/Wissowa, Realencyclopädie, Bd. 37, Col. 643, Zeile 45 ff., sowie das dort angeführte Gaius-Zitat. — Auch die Verleihung eines nichtrömischen Bürgerrechts, etwa an exilierte Römer, kam häufig vor: vgl. z. B. die Stelle bei CICERO, Ep. ad familiares, XIII, 19, wo dieser von seinem Klienten spricht, der «in calamitate exilii sui» zu einem «civis Patrensis» gemacht wurde.

[9] Vgl. die Zusammenstellung der Texte unten, S. 126, Anm. 20.

457

aus dem Corpus Iuris Justinians Anhaltspunkte für die Beantwortung der internationalprivatrechtlichen Fragen zu gewinnen. Die zahlreichen Texte, die dazu herangezogen wurden, sind mit Einschluss der berühmten Stelle «Cunctos populos» (C. I, 1, 1) nach der übereinstimmenden Ansicht der heutigen Wissenschaft für das IPR kaum verwendbar. Man unterschob ihnen eine kollisionsrechtliche Bedeutung, die ihnen in Tat und Wahrheit nicht zukam.

In der Regel wird für die merkwürdige Zurückhaltung der römischen Juristen auf kollisionsrechtlichem Gebiet das ius gentium verantwortlich gemacht[10]. Allein diese Erklärung befriedigt nur teilweise.

V.

Das ius gentium wurde von den Römern im Sinne der stoischen Philosophie als eine Art von Naturrecht betrachtet, das allen freien Menschen zugänglich sei, als ein gemeines Recht, ein «common law», im Gegensatz zu ihrem eigenen ius civile und zu den nationalen Volksrechten der anderen civitates[11].

Ebenso wie zwischen römischen Bürgern immer das römische ius civile galt, standen zweifellos die Rechtsbeziehungen zwischen Peregrinen der gleichen civitas, soweit ihrem Gemeinwesen rechtliche Autonomie zugebilligt war, unter dem eigenen Stadtrecht. Die rechtlichen Beziehungen zwi-

---

[10] Vgl. dazu Paradisi, Osservazioni sul rapporto storico tra diritto internazionale pubblico e diritto internazionale privato, Siena 1945, S. 51 ff., und die dort zitierten Romanisten und Internationalisten. — In ähnlicher Weise erklären einzelne Autoren das Fehlen kollisionsrechtlicher Regeln im englischen Recht bis Mitte des 18. Jahrhunderts damit, der englische Richter habe das materielle Handelsrecht, die «Lex Mercatoria» oder das «Law Merchant» als eine Art überstaatliches ius gentium zur Anwendung gebracht und daher kein IPR benötigt; — vgl. Sack, Conflict of laws in the history of the English law, in: Law, a Century of Progress, Bd. III, New York 1937, S. 375 und die dort in Anm. 254 zitierten Autoren.

[11] Über die verschiedenen Definitionen des ius gentium (als «Naturrecht», «Fremdenrecht», «Weltrecht» usw.) vgl. Schönbauer, op. cit., in: Savigny-Z., Bd. 49, S. 383 ff., VII. — Gewiss war das die naturalis ratio verwirklichende ius gentium positives Recht — d.h. eine «vom römischen Staat sanktionierte und gewährleistete Ordnung» (so: Wenger, Römisches Recht und Rechtsvergleichung, in: Archiv f. Rechts- und Wirtschaftsphilosophie, Bd. 14, S. 108 oben, und die dort zit. Lit.; — ähnlich Jörs/Kunkel/Wenger, 1949, § 34, N. 4, S. 60, oben); aber der Einfluss der stoischen Philosophie auf die Ausbildung dieses Rechts als einer Art Naturrecht ist unleugbar; — vgl. z.B. über den Einfluss des Stoikers Chrysippos auf das Gedankengut des ius gentium: Weiss, im Art. «ius gentium» in: Pauly/Wissowa, Realencyclopädie, unter N. II, lit. a. — Vgl. über die Doppelnatur des ius gentium als positives Fremdenrecht und «überpositive, abstrakte Grundordnung sittlicher und rechtlicher Art» auch Kaser, Altrömisches ius, Göttingen 1949, S. 85, Ziff. 3, und S. 87, Ziff. 4.

schen Bürgern und Peregrinen dagegen, oder zwischen Peregrinen verschiedener civitates, beurteilten sich, da ihnen kein gemeinsames Volksrecht zu «eigen» war, nach ius gentium. Auch den Freien ohne Bürgerrecht, die keinem nationalen Rechtsverbande mehr angehörten, die also kein eigenes persönliches Recht mehr «besassen», stand das ius gentium offen, z. B. den peregrini dediticii, d. h. den keinem Gemeindeverband des Reiches angehörenden unterworfenen Peregrinen [12] — oder gewissen Kategorien von Freigelassenen oder endlich den ehemaligen römischen Bürgern, die strafweise des Bürgerrechts verlustig gegangen und daher gleich den dediticii «rechtlos» waren.

Den Peregrinen mit eigenem personellem Volksrecht standen demnach zwei Rechte zur Verfügung — wie den römischen Bürgern übrigens auch [13] —, je nachdem sie mit Rechtsgenossen oder Rechtsfremden in rechtliche Beziehung traten —, das partikuläre Volksrecht und das gemeine Recht des ius gentium. Es ist anzunehmen, dass ihr Volksrecht immer Anwendung fand, wenn dies nach dem Grundsatz der persönlichen Geltung des Rechts möglich war, also immer dann, wenn sie mit einem Volksgenossen rechtsgeschäftlich handelten. So wird auch im täglichen Geschäftsverkehr auf einen Vertrag, den ein Peregrine mit einem Angehörigen seiner civitas in Rom oder sonst irgendwo im Reiche schloss, das gemeinsame nationale Recht, und nicht das ius gentium zur Anwendung gebracht worden sein, wenn die Kontrahenten die Formen ihres Volksrechtes beachteten [14]. Nur dort, wo eine echte Kollision zweier Volksrechte

---

[12] Wie weit auch den peregrini dediticii noch eine eigene Gerichtsbarkeit und die Anwendung des eigenen Rechts verblieb, sofern sie in geschlossenen Gruppen lebten, ist nicht völlig abgeklärt. Die Juden z. B. waren nach der Zerstörung Jerusalems dediticii, doch lebten sie später wieder nach dem Rechte des Talmud und der Mischna, unter der Gerichtsbarkeit ihres Patriarchen; — vgl. WENGER, op. cit. in: Archiv f. Rechts- und Wirtschaftsphilosophie, Bd. 14, S. 117, Anm. 87.

[13] Ursprünglich galt das ius gentium nur für Peregrinen untereinander und für den Verkehr zwischen Peregrinen und Römer — sehr bald aber eigneten sich auch die Römer im Verkehr untereinander seine Geschäftsfiguren an; so: E. WEISS, op. cit. in Paulys Real-Encyclopädie, III, A, Abs. 3; — ebenso: WENGER, op. cit. in Archiv f. Rechts- und Wirtschaftsphilosophie, Bd. 14, S. 109, oben; — JÖRS/KUNKEL/WENGER, 1949, § 34, N. 4, S. 60, oben; — KASER, Altrömisches ius, Göttingen 1949, S. 86 unten.

[14] JÖRS/KUNKEL/WENGER, op. cit., Berlin 1949, S. 56, § 33, Zeile 7 ff.; — GIRARD/SENN, op. cit., 1929, S. 124; — SCHÖNBAUER, op. cit., in: Savigny-Z., Bd. 49, S. 394; — PHILLIPSON, op. cit. I, 1911, S. 280; — CATELLANI, Il diritto internazionale privato, Bd. 1, 1895, S. 176, N. 163 ff.; — VON BAR, Theorie und Praxis des IPR, Bd. 1, 1889, S. 20. — Doch meint KUNKEL, Römische Rechtsgeschichte, 1947, S. 50 oben, dass die Anwendung des persönlichen Rechts nur vor den Gerichten der heimatlichen civitas gewährleistet gewesen sei, während die vor den römischen Gerichten ihr Recht suchenden Peregrinen nicht nur den römischen Prozessformen, sondern auch dem römischen ius gentium — also nicht ihrem gemeinsamen Heimatrecht! — unterstellt gewesen seien. Vgl. aber die gegenteiligen Meinungen unten in Anm. 19.

drohte (oder überhaupt kein Volksrecht vorhanden war), trat notwendigerweise das ius gentium als Ersatzrecht in Erscheinung. Es war in der Tat kein Platz für die Entwicklung kollisionsrechtlicher Regeln vorhanden — oder vielmehr, es bestand kein Bedürfnis nach einer Regelung des Gesetzeskonfliktes, soweit das ius gentium als materielles Ausweichrecht zur Verfügung stand. Konflikte zwischen den persönlichen Rechten von Peregrinen oder von Peregrinenrechten und ius civile wurden nicht durch Wahl eines der beiden Rechte gelöst, sondern man ging dem drohenden Konflikte durch Anwendung eines Drittrechtes aus dem Wege.

Nun hat diese bequeme Ausweichmöglichkeit auf das mysteriöse ius gentium, von dessen Inhalt übrigens nicht viel bekannt ist, doch nicht alle Schwierigkeiten beseitigt. Das ius gentium — das steht auf alle Fälle fest — war nur eine lex mercatoria, ein Verkehrsrecht oder Geschäftsrecht. In allen Fragen des Ehe-, Familien- und Erbrechts war es nicht anwendbar, weil es entsprechender Institutionen ermangelte [15].

Die Frage der Rechtsanwendung musste sich aber, wenn vielleicht auch weniger häufig, auf diesen Rechtsgebieten ebenfalls stellen: Welches Recht galt z. B. zwischen dem peregrinus einer bestimmten civitas, der die peregrina einer andern civitas ehelichen, adoptieren oder im Testament bedenken wollte? Nach welchem Recht war die Erbfolge eines durch Militärdienst zum römischen Bürger gewordenen Peregrinen zu beurteilen, der in einer nach peregrinischem Recht geschlossenen Ehe gelebt hatte und dessen Kinder Peregrinen geblieben waren? Wie beerbten die Kinder einer römischen Bürgerin und eines Peregrinen mit ius connubii ihren Vater ab intestato — nach römischem Recht oder nach dem Volksrecht des Vaters?

Warum gibt es für derartige Fälle, abgesehen vom allgemeinen Grundsatz der persönlichen Geltung der Volksrechte, keine eigentlichen allgemeingültigen Kollisionsregeln, wie sie später etwa im fränkischen Reiche anzutreffen sind?

---

[15] LEREBOURS/PIGEONNIÈRE, Précis de droit international privé, Paris 1948, S. 10; — LEWALD, op. cit., 1946, S. 30; — MITTEIS, Römisches Privatrecht, 1908, S. 64 (in Anm. 4 nennt der Autor als einzige Ausnahmen von der Abschliessung des ius gentium gegen familien- und erbrechtliche Institute das Fideikommiss, das bis Hadrian auch den Peregrinen zugänglich war, sowie die seit Nerva bestehende Fähigkeit aller, also auch der peregrinischen Städte, ein zivilrechtliches Legat zu erhalten); — CATELLANI, op. cit., Bd. 1, 1895, S. 188—191. — Einzelne Autoren nehmen aber auch ein «matrimonium iuris gentium» an (vgl. die Zitate bei LEWALD, op. cit., pass. cit.). JÖRS/KUNKEL/WENGER, 1949, § 171, am Ende, S. 272, führt aus, oft werde einfach das «matrimonium iniustum» oder «non legitimum» als matrimonium iuris gentium bezeichnet; — auch das Konkubinat soll angeblich Aufnahme im ius gentium gefunden haben, vgl. so schon MITTEIS, Römisches Privatrecht, 1908, S. 71, Anm. 29, unter Bezugnahme auf Meyer; ähnlich WEISS, im Art. «ius gentium» in Pauly/Wissowa, unter N. I, d.

VI.

Die nächstliegende Annahme, auf dem Gebiete des Familien- und Erbrechts habe jede gerichtliche Behörde der einzelnen autonomen Rechtskreise nur das eigene Recht ihrer civitas angewandt, so dass mit der Bestimmung des zuständigen forums der Gesetzeskonflikt bereits gelöst gewesen wäre, könnte zwar das Fehlen kollisionsrechtlicher Quellen glaubwürdig erklären. Doch spricht der Umstand dagegen, dass im römischen Reiche kein ausschliesslicher Gerichtsstand gegeben war. Der Beklagte konnte sowohl vor dem forum originis wie auch vor dem forum domicilii belangt werden [16]; wobei erst noch sowohl ein mehrfaches Stadtbürgerrecht wie ein mehrfacher Wohnsitz möglich waren, so dass ein Reichsangehöriger unter Umständen den Gerichten mehrerer civitates oder municipia gleichzeitig unterstand [17]. Dass für familien- und erbrechtliche Fragen nur eines dieser Gerichte zuständig gewesen wäre, ist meines Wissens durch keine Quelle belegt. Im Gegenteil, der beklagte römische heres fidepromissoris, der — offenbar vor seinem praetor in Rom — belangt wurde, war z. B. entgegen dem römischen Recht aus der fidepromissio des Erblassers verpflichtet, wenn der Erblasser ein Peregrine war «et alio iure civitas eius utatur [18]». Das setzt voraus, dass der für die römischen Bürger in Rom zuständige Prätor das Recht der civitas des als Peregrine verstorbenen Erblassers beachtete. Ebenso kam zweifellos auch der «praetor, qui inter peregrinos aut inter cives et peregrinos ius dicebat», in die Lage, die Stadtrechte anderer civitates anzuwenden, wenn ihm das ius gentium nicht mehr weiterhelfen konnte [19].

---

[16] Vgl. die von SAVIGNY, System, Bd. 8, 1849, S. 72 zit. GAIUS-Stelle: «Incola et his magistratibus parere debet, apud quos incola est, et illis, apud quos civis erit», D. 50, 1, 29. — Konkurrierende Gerichtsstände sind angeführt bei GIRARD/SENN, op. cit., 1929, S. 1063, Anm. 1 (neben dem forum originis und forum domicilii auch forum contractus, forum delicti, forum prorogatum); — ebenso: WENGER, Institutionen des römischen Zivilprozessrechts, 1925, S. 42.

[17] Mehrfaches Bürgerrecht: vgl. Art. «pereginus» von KÜBLER, in: Pauly/Wissowa, Real-Encyclopädie, Bd. 37, Col. 641, Zeile 21 ff.; — vgl. ferner den oben bereits zitierten SCHÖNBAUER, Savigny-Z., Bd. 49, S. 397 oben, und den von ihm angeführten VON PREMERSTEIN.

[18] SAVIGNY, op. cit., S. 79, und die von ihm angeführte Gaius-Stelle III, 120: «... fidepromissoris heres non tenetur, nisi si de peregrino fidepromissore quaeramus et alio iure civitas eius utatur.» — Vgl. dazu: SCHÖNBAUER, op. cit., Savigny-Z., Bd. 49, S. 381, und die dort zit. Lit.

[19] Dass der praetor peregrinus in Rom dem Streite zweier Peregrinen aus derselben civitas nicht das ius gentium, sondern das gemeinsame ius civitatis der Parteien zugrunde gelegt habe, nimmt auch SCHÖNBAUER an, op. cit., Savigny-Z., Bd. 49, S. 394; — WENGER, Institutionen des römischen Zivilprozessrechts, 1925, nimmt als selbstverständlich an, dass die Richter im römischen Reiche (Magistraten und Richter der republikanischen Zeit wie auch die Richter im Kognitionsverfahren) ausserprovinzielles, fremdes Recht anzuwenden hatten, dessen Kenntnis ihnen von den Parteien vermittelt wurde, op. cit., S. 290 oben; — ebenso SIBER, Römisches

Die Lösung von Gesetzeskonflikten blieb daher den gerichtlichen Magistraten in Rom und anderswo im römischen Reiche mit grosser Wahrscheinlichkeit nicht erspart — aber nach welchen Grundsätzen erfolgte die Wahl zwischen zwei konkurrierenden Rechten?

VII.

«Ich halte es für unzweifelhaft, dass das örtliche Recht, dem jede Person unterworfen seyn sollte, wenn diese Person in zwei verschiedenen Städten das Bürgerrecht und den Wohnsitz hatte, durch das Bürgerrecht bestimmt wurde, nicht durch den Wohnsitz», schrieb SAVIGNY schon vor über hundert Jahren (op. cit. S. 87), aber er stützte sich dabei nur auf zwei Stellen (Gaius I, 92 und Ulpian V, 8), die beiläufig auf das «ius civitatis» eines Peregrinen hinweisen.

Bis heute sind diese und einige spärliche weitere Textstellen aus ULPIAN, GAIUS und CICERO die einzigen, die immer wieder dafür angerufen werden, dass im römischen Reiche die kollisionsrechtlichen Entscheidungen vom Gedanken des Vorranges der lex originis vor der lex domicilii getragen waren[20]. Doch darüber, wie im einzelnen zwischen zwei persönli-

---

Recht, Bd. II, 1928, S. 9, und die dort zit. Lit.; — KUNKEL, Römische Rechtsgeschichte, 1947, S. 50 oben, meint allerdings, dass die Peregrinen, soweit sie freiwillig oder gezwungen ihr Recht vor den römischen Gerichten suchten, nicht auf die Anwendung ihres — den Römern unbekannten — ius civitatis originis rechnen konnten, sondern nach ius gentium gerichtet wurden. Doch begründet KUNKEL seine Ansicht nicht weiter; auch schränkt er sie ein durch den Zusatz: «... namentlich im Bereiche des Verkehrsrechts.» — Mir scheint schon aus der persönlichen Zusammensetzung der gerichtlichen Behörden in den Provinzen hervorzugehen, dass die Richter unvermeidlicherweise in die Lage kommen mussten, nicht nur das ihnen geläufige eigene, sondern auch fremdes Stadt- oder Provinzialrecht anzuwenden: So war für Streitigkeiten zwischen Angehörigen verschiedener Städte der Cyrenaika durch das Edikt des Augustus aus Kyrene vorgeschrieben, dass nur Bürger dritter Städte als Richter bestellt werden sollten, vgl. Edikt IV von Kyrene, in: Savigny-Z., Bd. 48, S. 426 und 427 unten, sowie die Ausführungen VON PREMERSTEINS dazu, ibidem, S. 474 ff.

[20] Es handelt sich um die folgenden Stellen: ULPIAN, reg. V, 8: betrifft den Personenstand der Kinder aus Mischehen zwischen Bürgern und Peregrinen. — ULPIAN, reg. XXII, 2: betrifft die Unfähigkeit der dediticii, als Erbe eingesetzt zu werden (dediticiorum numero heres institui non potest, quia peregrinus est). — ULPIAN, reg. XX, 14: betrifft die Unfähigkeit der dediticii zur Testamentserrichtung (is, qui dediticiorum numero est [testamentum facere non potest], quoniam nec quasi civis Romanus testari potest, cum sit peregrinus, nec quasi peregrinus, quoniam nullius certae civitatis civis est, ut secundum leges civitatis suae testetur); — GAIUS, I, 25: betrifft die mangelnde passive Testierfähigkeit der peregrini und der peregrini dediticii (hi qui dediticiorum numero sunt, nullo modo ex testamento capere possunt, non magis quam quilibet peregrinus); — GAIUS, I, 56 und I, 76 und 77: betrifft den Personenstand der Kinder aus Verbindungen zwischen römischen Bürgern und Peregrinen aus civitates mit und ohne ius conubii; — GAIUS, I, 92: betrifft den Personenstand des von einer zur Römerin gewordenen

chen leges originis einer Person zu wählen sei, oder darüber, ob bei Rechtsgeschäften des Familienrechts die lex originis des einen oder andern Beteiligten vorgehe, fehlen sichere Anhaltspunkte. Mehr als die ohnehin auf der Hand liegende allgemeine Feststellung einer Anknüpfung an das Recht der Herkunft (an das angestammte Stadtrecht) kann aus den bisher bearbeiteten Quellen kaum gefolgert werden[21].

Vielleicht müssen wir für die östlichen Reichsgebiete mit ihrer viel älteren hellenischen und ägyptischen Rechtstradition sogar ein Fragezeichen zum Grundsatz der rein persönlichen Geltung des Rechtes machen. Einzelne Urkunden scheinen darauf hinzudeuten, dass dort der Angehörige einer fremden civitas auch des Domizilrechtes teilhaftig werden konnte. Ebenso bestehen Anzeichen dafür, dass bei Abschluss von Verträgen oder bei Eingehung einer Ehe zwischen Angehörigen verschiedener persönlicher Rechtskreise den Beteiligten in gewissen Fällen freistand, das eine oder das andere ihrer persönlichen Rechte zu wählen, z.B. durch Abschluss des Rechtsgeschäftes in der einen oder andern Sprache[22]. Aber wie dem auch

Peregrina geborenen Kindes (peregrina quoque si volgo conceperit, deinde civis Romana fiat et tunc pariat, civem Romanum parit, si vero ex peregrino secundum leges moresque peregrinorum conceperit, ita videtur ex senatus consulto, quod auctore divo Hadriano factum est, civem Romanum parere, si et patri eius civitas donetur). — CICERO, Ep. ad familiares, XIII, 19: hier wird ein junger Mann erwähnt, den der Klient Ciceros, ein Bürger von Patras «Patrensium legibus adoptavit».
Vgl. dazu die Ausführungen bei: LEWALD: op. cit., 1946, S. 34 ff.; — PARADISI, Osservazioni sul rapporto storico tra diritto internazionale pubblico e diritto internazionale privato, Siena 1945, S. 62; — KÜBLER, Pauly/Wissowa, Real-Encyclopädie, Bd. 37, Col. 640; — PHILLIPSON, op. cit., 1911, S. 288; — ASSER, Festschrift Kohler, 1909, S. 121; — WÖRNER, Der Fremdenstreit der alten Kulturvölker, Diss. Leipzig 1902, S. 25 f. (übernommen aus MITTEIS, Reichsrecht und Volksrecht, S. 103 ff.).

[21] Die Autoren, die sich mit der Frage des römischen Kollisionsrechts befassen, kommen nicht über die allgemeine Feststellung einer persönlichen Geltung der einzelnen Volksrechte hinaus: Vgl. LEWALD, op. cit., 1946, S. 29 ff. und S. 50; — PARADISI, op. cit., 1945, S. 54 (principio della personalità); — SCHÖNBAUER, op. cit., Savigny-Z., Bd. 49, S. 378 ff.; — MITTEIS, Römisches Privatrecht, 1908, S. 60 ff., und: Reichsrecht und Volksrecht, 1891, S. 102 ff.; — WLASSAK, op. cit., 1888, S. 126 ff.; — usw.

[22] Das System der persönlichen Gemeinderechte war zweifellos «Gemeingut der graecoitalischen Welt» (so schon WLASSAK, op. cit., 1888, S. 129). Aber MITTEIS stellte in seinem bahnbrechenden Werk «Reichsrecht und Volksrecht» bereits fest, dass sich die griechischen Rechte später eher vom Personal- zum Territorialprinzip entwickelt hätten (op. cit., 1891, S. 74 ff.). Seither besteht eine Meinungsverschiedenheit darüber, wie weit das Personalitätsprinzip in der hellenisch-ägyptischen Welt seit der ptolemäischen Zeit noch gegolten habe und wie weit es vom Gedanken der territorialen Geltung des Rechts abgelöst worden sei; vgl. dazu die Auseinandersetzung SCHÖNBAUERS gegen BICKERMANN in der Savigny-Z., Bd. 49, S. 379 ff.: SCHÖNBAUER bekämpft hier die These BICKERMANNS, der die Geltung des Personalitätsprinzips für Ägypten weitgehend in Abrede stellte; vgl. insbes. op. cit., S. 352 ff. und S. 376 ff. Im einzelnen führt nun neuerdings LEWALD, op. cit., 1946, S. 45, einen Fall an, da ein Vater griechischer Herkunft in Ägypten seine Tochter gestützt auf ägyptisches Partikularrecht (Domizilrecht?) von ihrem Ehemann zurückforderte; — die Anwendung der lex rei sitae für

sei — für Italien und die übrigen Stammlande des Reiches scheint das Personalitätsprinzip im Sinne der Bindung an die lex originis festzustehen, und es leuchtet ein, dass dadurch die Entwicklung eines internationalprivatrechtlichen Systems, wie es später unter der Herrschaft der germanischen Stammesrechte im langobardischen und vor allem im fränkischen Reiche entstand, nur begünstigt werden konnte[23].

Bringen uns aber diese dürftigen quellenmässigen Indizien für die Massgeblichkeit der lex civitatis originis einen Schritt weiter? Sie bestätigen nur eine Selbstverständlichkeit, die wir schon aus dem Charakter des ius civile Romanum als eines Volksrechtes ableiten können! Das Fehlen kollisionsrechtlicher Einzelentscheidungen in der römischen Juristenliteratur wird damit nicht besser verständlich.

VIII.

Die Erklärung für die sonderbare kollisionsrechtliche Zurückhaltung der Römer liegt meines Erachtens darin, dass es damals überhaupt keine allgemeingültigen und keine zweiseitigen internationalprivatrechtlichen Regeln gab, wie sie später im fränkischen Reiche zur Anwendung gelangten oder wie sie im 14. Jahrhundert von den Postglossatoren entwickelt wurden.

Das Personalitätsprinzip hat für sich allein keinen kollisionsrechtlichen Inhalt, es bedeutet zunächst nur, dass sich die innerhalb des Reichsverbandes geltenden Volksrechte auf ihre eigenen Rechtsgenossen beschränkten.

Rechte an Immobilien und der lex actus für bestimmte Rechtsgeschäfte wurde schon von CATTELANI behauptet, op. cit., Bd. 1, 1895, S. 189, und von LEWALD für das Grundbuchwesen in Ägypten bestätigt, op. cit., 1946, S. 40 ff.; ebenso JÖRS/KUNKEL/WENGER, 1949, § 34, S. 59, die zwei letzten Zeilen sowie den dort zit. TAUBENSCHLAG; — die freie Rechtswahl behauptete schon CATELLANI, op. cit., S. 188 f., und neuerdings wieder, in der Form der Wahl der einen oder andern Sprache, auch LEWALD für das ptolemäische Ägypten, op. cit., 1946, S. 25—26.

[23] Zwar liess die ständig fortschreitende Rechtsvereinheitlichung und die langsame Durchdringung von ius civile romanum und ius gentium sowie von römischem und hellenischem Rechtsgut die ursprünglichen nationalen Verschiedenheiten innerhalb des Reiches nach und nach verblassen (vgl. LEWALD, op. cit., 1946, S. 44, und den dort zit. TAUBENSCHLAG, The law of Greco-Roman Egypt in the light of the papyri, New York 1944). Doch war der Boden für die spätere Entwicklung des frühmittelalterlichen Kollisionsrechts der germanischen Volksrechte durch die jahrhundertelange Tradition der persönlichen Geltung des Rechtes im römischen Reiche gut vorbereitet. Einzelne Autoren bringen denn auch das Personalitätsprinzip der Römer mit dem der Langobarden und Franken in direkte Verbindung (so etwa BEALE, Encyclopaedia of the social sciences, Bd. IV, London 1931, S. 187; — PARADISI, op. cit., 1945, S. 79; u.a.m.).

Wie weit nun der Angehörige eines bestimmten Rechtskreises sein persönliches Recht auch im Verkehr mit Fremden anwenden konnte — wie weit also der Bürger einer bestimmten Stadt nach seinem eigenen Recht mit der Angehörigen einer andern civitas z.B. eine Ehe schliessen oder wie weit er in den Formen seines eigenen Rechtes einen Fremden adoptieren oder als Testamentserben einsetzen konnte, das bestimmte sich meines Erachtens nicht nach einer eigentlichen zweiseitigen Kollisionsregel, sondern nach der formell- und materiellrechtlichen Struktur des in Frage stehenden persönlichen Zivilrechtes. Jedes einzelne autonome Recht einer civitas, eines municipium oder einer Provinz grenzte seinen Geltungsbereich selbst ab in der Weise, dass seine Rechtsinstitute von den eigenen Bürgern nur dann auch gegenüber Fremden angewandt werden konnten, wenn dies mit ihrem Inhalte und mit ihrer Form vereinbar war.

Ob und wie z.B. der Bürger der civitas A einen Bürger der civitas B adoptieren könne, erschien dem Römer daher nicht als eine internationalprivatrechtliche Frage, die nach einer bestimmten Kollisionsregel zu lösen sei, etwa nach der Regel: «Die Adoption untersteht dem Heimatrecht des Adoptierenden.» Für den Römer war es zunächst selbstverständlich, dass der Adoptierende nur in der Form seines eigenen persönlichen Rechtes handeln konnte. Ob nun aber das ius civitatis des Adoptierenden die Adoption eines Fremden gestatte oder nicht, hing ausschliesslich von Form und Inhalt der einzelnen von dieser Rechtsordnung ihren Bürgern zur Verfügung gestellten Rechtsinstitute ab: Eine der römischen arrogatio entsprechende Rechtsform musste ihrem Wesen nach für die Adoption eines Fremden als ungeeignet erscheinen. Ein der römischen adoptio ähnliches Verfahren war dagegen, vermutlich auch einem Fremden gegenüber anwendbar [24].

[24] Zur römischen Arrogation war die Mitwirkung der Kuriatkomitien nötig. Wenn diese Mitwirkung später auch nur noch eine Formalität bedeutete, erforderte sie doch auf seiten des Arrogierten die Fähigkeit zur Teilnahme an den Komitien. Sie blieb den peregrini daher verschlossen. Aus dem gleichen Grunde konnte die Arrogation eines Römers nur in Rom stattfinden, wo sich die Komitien versammelten, bis Diokletian gestattete, sie auch in der Provinz vorzunehmen. Frauen konnten erst seit Diokletian und impuberes erst seit Antonius Pius arrogiert werden. Vgl. zur Form der Arrogation Jörs/Kunkel/Wenger, 1949, S. 293 f.; — die Nichtanwendung der arrogatio auf peregrini bestätigt Kübler, im Art. «peregrinus», in: Pauly/Wissowa, Real-Encyclopädie, Bd. 37, Col. 647, Zeile 7. — Umstritten ist die Anwendung der adoptio auf die Peregrinen: Nach Girard/Senn, op. cit., 1929, S. 192, Anm. 4, konnte, wenigstens zu gewissen Zeiten, der peregrinus durch adoptio in die väterliche Gewalt eines Römers übergehen, und zwar in der Form, dass der Fremde sich in die tatsächliche Hausgewalt eines andern Römers begab, der darauf dem Adoptierenden durch in iure cessio die Gewalt übertrug. Nach Kübler, op. cit., in: Pauly/Wissowa, Real-Encyclopädie, Bd. 37, Col. 647, Zeile 8 ff. und den dort angeführten Stellen (Gaius I, 128 und Ulpian X, 3) scheint die Möglichkeit zur Adoption eines Peregrinen zweifelhaft, obschon, wie Kübler sagt, dies «an und für sich denkbar» gewesen wäre.

Dem römischen Juristen musste die Kollision der verschiedenen Volksrechte gar nicht als ein besonderes Rechtsproblem erscheinen: Für ihn war die Selbstbeschränkung der Rechte der einzelnen civitates auf ihre eigenen cives eine Selbstverständlichkeit, die keiner juristischen Begründung bedurfte. Das kollisionsrechtliche Problem erschöpfte sich in der Feststellung einer Tatsache — nämlich der Zugehörigkeit zu einer bestimmten civitas. Stand diese fest, so konnte der betreffende civis die instrumenta, quae ius legesque illius civitatis praestant, so weit im Rechtsverkehr mit Fremden anwenden, als sie sich nach Form und Inhalt dazu eigneten. Das war in jedem einzelnen Volksrecht für jedes einzelne Rechtsinstitut gesondert zu untersuchen [25] und mochte sich überdies im Verlaufe der Zeit mit der Entwicklung und Veränderung der einzelnen Volks- und Stadtrechte ändern.

Dass bei diesem System der blossen Selbstbeschränkung der einzelnen Volksrechte die Begründung familien- oder erbrechtlicher Rechtsverhältnisse zwischen Angehörigen verschiedener Rechtskreise erschwert — wenn nicht in vielen Fällen gänzlich verunmöglicht — wurde, nahmen die Römer in Kauf: Die rechtliche Schlechterstellung einzelner Kategorien von Freien war ja geradezu gewollt (latini Iuniani, peregrini dediticii sine civitate, capitis deminutio media). Warum sollten die ungewollten Erschwerungen des Rechtsverkehrs auf den engern Gebieten des Familien- und Erbrechts, die sich von selbst aus der Struktur der einzelnen persönlichen Rechte ergaben, nicht als natürlich hingenommen werden?

Eine Änderung mag die Constitutio Antoniniana gebracht haben, auch wenn die einzelnen Volksrechte durch sie nicht aufgehoben wurden. Welches die Gründe waren, die zur Verleihung des römischen Bürgerrechts an alle Gemeindebürger des Reiches führten, ist umstritten (fiskalische Motive?). Aber eine — gewollte oder ungewollte — Nebenwirkung war zweifellos die Erleichterung des Rechtsverkehrs zwischen den Angehöri-

---

[25] Eine hübsche Illustration zu unserer im Texte dargelegten Auffassung findet sich im Art. «peregrinus» von KÜBLER, in: Pauly/Wissowa, Real-Encyclopädie, Bd. 37, Col. 648, Zeile 38 ff.: «Ab intestato konnte ein peregrinus einen Römer nach Zivilrecht nicht beerben. Ob er die prätorische bonorum possessio erlangen konnte, ist zweifelhaft. ... Man sollte meinen, dass es zulässig gewesen sein müsste. ... Ob der Römer den peregrinus beerben konnte, hing von dem Rechte des Staates ab, dem der peregrinus angehört. Das hellenistische Recht erkannte die Erbfähigkeit der Römer an...» Vgl. ferner die hier folgenden Zitate (Cicero, Verr. II 2, 116; fam. XIII, 30, 1); — ferner ibidem, Col. 651, Zeile 54 ff.: «Stipulationen konnten Fremde mit Römern abschliessen, ...; nur die Formel dari spondes? Spondeo war ihnen nicht gestattet und den Römern vorbehalten, Gaius III, 92. Ein Fremder konnte daher auch für einen Römer Bürgschaft leisten, wenn auch nicht als Sponsor, so doch als Fidepromissor oder Fideiussor...» Die einseitige Selbstabgrenzung der Volksrechte aus der Struktur ihrer Rechtsinstitute heraus tritt in diesen Beispielen klar zutage.

gen der verschiedenen civitates auf dem Gebiete des Familien- und Erbrechts: Das römische Zivilrecht stand nunmehr neben dem ius gentium ebenfalls als eine Art «gemeines Recht» allen Gemeindebürgern des Reiches immer dann zur Verfügung, wenn sie gegenüber Bürgern anderer civitates ihr eigenes Stadtrecht nicht anwenden konnten.

Im alten Rom gab es demnach kein Kollisionsrecht im eigentlichen Sinne. Die Geschichte des modernen internationalen Privatrechts beginnt in der Tat erst mit den Lehren der Postglossatoren oder frühestens mit den Kollisionsregeln des fränkischen Reiches im 9. und 10. Jahrhundert[26]. Natürlich wäre es dennoch interessant, die einseitige Selbstbeschränkung der einzelnen Volksrechte im römischen Reiche systematisch darzustellen. Die Bewältigung dieser Aufgaben setzt aber die genaue Kenntnis nicht nur des römischen, sondern auch anderer Volks- und Stadtrechte des Imperiums voraus. Wir Internationalisten sind nicht berufen, die Geschichte des antiken Kollisionsrechts zu schreiben. Wir können nur die Rechtshistoriker fragen: «Quid de legum Imperii Romani conflictu?» — Sie mögen uns antworten.

---

[26] Auch SCHÖNBAUER, op. cit., Savigny-Z., Bd. 49, S. 371–372, bestreitet das Vorhandensein eines «internationalen Privatrechts» moderner Prägung im Römischen Reich. Doch bedarf dies einer Präzisierung: Der Autor spricht dem Personalitätsprinzip des fränkischen Reiches die Qualifikation als «internationales Privatrecht» ebenfalls ab (op. cit. S. 368 ff.). Dagegen lässt er sowohl für das fränkische wie für das Römische Reich ein «innerstaatliches Personalitätsprinzip» gelten (op. cit. S. 369 Mitte und S. 372 oben). Seine Kritik richtet sich somit vor allem gegen die Annahme externer, zwischen unabhängigen Staaten wirkender Kollisionsnormen. — Ich glaube, dass SCHÖNBAUER den entscheidenden Unterschied zwischen dem fränkischen und dem römischen «Personalitätsprinzip» verkennt: Im fränkischen Reich gab es zweiseitige und allgemeinverbindliche, über den einzelnen Volksrechten stehende Kollisionsregeln (wobei es gleichgültig ist, dass diese in den Volksrechten selbst verankert waren, vgl. Lex Ribuaria 31, § 3 und 4, ähnlich wie die Regeln des modernen IPR im nationalen Recht der Einzelstaaten zu finden sind) — während wir im Römischen Reiche keine zweiseitigen und allgemeingültigen Kollisionsregeln finden, weder im Reichsrecht noch in den einzelnen Volksrechten. Darum ist es wohl richtig, im Römischen Reiche das Fehlen eines internationalen Privatrechts festzustellen — unrichtig dagegen, dieselbe Schlussfolgerung für das fränkische Reich zu ziehen. Denn zum internationalen Privatrecht zählen wir auch die innerstaatlichen Kollisionsregeln — sie müssen nur zweiseitig sein.